南渡

南渡北歸

第一部

岳南 著

Contents 目次

第十五章　國破花開濺淚流　727

南渡

南渡北歸

第一部

序章
烽火照京都

北平的七月，酷暑已經來臨。

每到這個煙雨縹緲、蛙語蟬鳴的時節，總有一些城裡城外的老漢提了鳥籠，或托一把無邊無沿加無嘴的「三無」茶壺，三三兩兩地聚集到胡同口或馬路邊一棵槐樹下，不時摸兩把落到頭上的槐蠶，拖著圓滑的京腔，議論起多少年前，哪朝皇上娶了幾打妃子，自己的祖上哪朝哪代曾榮幸地伺候過哪位宮中太監大總管等等。

談到得意處，肩膀上那個如兔子扒了皮一樣溫熱的呈紫紅色的肉球，越發晃動搖擺得厲害。原本滿臉蛛網狀的皺溝，因塞了過多辨不清來路的塵沙汙垢，在汗水沖刷浸泡下，如同烏龜殼上的甲骨文，於撲朔迷離中以快速程序不住地變換重組。隨著下部呈元寶狀勢如蛙形的嘴巴一張一合上下劇烈起伏，龜殼上每一個四仰八叉的字符神咒裡，都透著「天下一切人等無足懼者」的傲然神氣。受這股邪乎得令人費解的世風薰染，紅牆黃瓦映照下的古城沉浸在一派浮華、平和、溫馨外加迷迷糊糊勃起、狂歡、天馬行空的大夢之中。

一九三七年的七月，與往昔大為不同，看上去平靜無波的古城，盪動著沉悶、壓抑、神祕並伴有一點腐霉的氣息，一種不祥的預兆，隨著行色匆匆的人流和不時從牆上飛躍而過的狸貓幽靈般的身影，於潮濕酷熱伴有火藥味的空氣中飄動遊蕩。往日提著茶壺在大樹下談天說地的土著們，不再談論狸貓換太子與慈禧老佛爺出殯時棺槨裡填置了三斗四升烏龍珍珠的豪華氣派，而是相互得意地吹噓炫耀著自家的老三或是小五兒，已成為日本駐屯軍司令官毛驢太君手下的翻譯官，或是專門服侍小犬純一郎穿衣洗澡的著名貼身侍衛與端茶送飯的小二兒。期間不時夾雜著一些探詢性質的討論，一旦北平城淪陷，自己將何去何從？

是時，駐紮在北平郊外西南部豐臺、長辛店一帶的日本軍隊，頂著火辣辣的烈日，於塵土飛揚中操槍弄炮頻繁調動演習，不時對天空或宛平城厚實的城牆胡亂放幾聲冷槍，藉以向中國守軍和民眾顯示大日本皇軍的強大無敵。永定河畔，馬隊奔騰，刀槍顯耀，日軍官兵滿布血絲的眼睛透著瘆人的光。即使是一名非職業軍人，也感覺到這股從大海那邊侵襲而來的武裝力量暗藏的銳鋒邪氣已形成了不可遏止的旋風，大樹梢頭響起了民族危難的呼哨。北平城內，極度緊張敏感的二十九軍副軍長兼北平市市長秦德純，已嗅出對方陣營內暗含殺氣與飛揚飄蕩著的血腥氣味，同時清晰地意識到「日方使用武力侵略之企圖，已成彎弓待發之勢」，[1]必須予以防範。於是，這位駐守北平的最高長官，在緊急下令盧溝橋守軍加強警惕和堅守陣地的同時，在一個溽熱的下午，邀請北平教育文化界名流大腕胡適、梅貽琦、傅斯年、張懷九等二十餘人至市政府大廳出席會議，報告平津局勢，共商禦侮圖存大計。

按秦德純在報告中所言，當今北平乃至整個華北局勢，如同一個巨大的火藥筒點燃了引線，煙霧升騰，火星四濺，天崩地裂的時刻就要到來。

胡適等尚以憂國憂民自命的群儒大賢聞此凶訊，無不驚駭。於是，會議在憂憤、激昂、悲壯、失望與希望，甚至激烈的爭吵中，一直持續到夜間十點多鐘方才散去。

秦德純不幸言中，此次會議散罷不到兩個鐘頭，巨大的火藥筒在北平郊外沉沉的墨色中轟然爆響了。

這是一個注定寫入中國乃至世界戰爭史的忌日。

一九三七年七月七日，日本軍隊經過長期密謀策畫，終於採取占領平津，繼而征服整個華北和中國的侵略行動。是夜，早已占領北平市郊宛平城外的日本軍隊，以走失一名士兵為由，強行進入宛平城搜查。在遭到拒絕後，日軍突然向盧溝橋龍王廟中國守軍發起進攻，繼之炮轟宛平城。中國守軍第二十九軍馮治安師何基灃旅吉星文團奮起抵抗，震驚中外的盧溝橋事變爆發，日本全面侵華戰爭由此開始，中國軍民八年抗戰序幕隨之拉開。

駐守在華北地區的二十九軍，其老班底是一代軍閥大老馮玉祥旗下的西北軍舊部。這支軍隊的興起與演變，具有強烈的時代特色，其興亡存續與翻雲覆雨的經過，更是深深打上了清末民初戰亂時期軍閥們相互傾軋、暗算、合縱連橫的烙印。

一九二八年夏，以蔣介石為總指揮的國民革命軍北伐成功，相繼占領平津，定鼎中原。六月二十日，奉系軍閥張作霖兒子張學良在瀋陽老巢承襲父職，自任奉天軍總司令。七月一日，張學良通電南京國民政府蔣介石、馮玉祥、閻錫山、何應欽等軍事巨頭，表示願意用和平手段統一全國。自此，中國軍閥折騰了十幾年的相互攻戰防守、斬腰開膛、砍頭剁腳、水煮油烹的大混戰暫告一段落。

盧溝橋中國守軍

一九三〇年，剛剛在名義上取得統一的中華大地，又爆發了以蔣介石為首的國民政府中央軍與馮玉祥、閻錫山兩個地方割據軍閥聯軍對決的中原大戰——這是民國歷史上最著名的大混戰之一，共有一百三十萬人參戰。交戰之初，雙方勢均力敵，互有勝負。就在彼此打得難分難解，成一團麻花時，蹲在白山黑水間的奉系軍閥張學良，在蔣介石夫人宋美齡親往其密所連番規勸、利誘下，張氏原本因吸食大麻而蔫兒巴唧的身子骨兒，如同每日注射的杜冷丁藥力發作，突然「嘁里喀喳」響了起來，屁股開始由發熱到發燙，隨著脈管血液奔流竄騰，密布的毛孔迅速擴張炸裂，細黃的汗毛如同霜打毛草在苦寒的夕陽中根根直豎。張學良再也按捺不住心中澎湃如濤的激情，在蔣介石與閻、馮聯軍雙方死傷達到三十餘萬眾仍難決勝負的關鍵時刻，突然「嗷」一叫一聲蹦跳而起，抽刀拔劍，親率二十萬東北軍攜槍架炮以虎狼之勢入關助蔣。

「東北虎」突然竄入關內，大戰正酣的馮、閻等群狼組成的地方聯軍土崩瓦解，紛紛作鳥獸散。閻錫山扔下殘兵敗將獨自躲到天津租界一個暗室不再露頭，馮玉祥統率的號稱四十二萬西北軍四散逃亡。原西北軍名將吉鴻昌、韓復榘、梁冠英、焦文典、葛運隆、孫連仲等相繼率部投蔣；龐炳勳、孫殿英、劉春榮等土匪出身的將領率部脫離馮玉祥，自謀生路。約萬餘殘渣餘孽在宋哲元、張自忠、劉汝明、孫良誠、秦德純、馮治安等人的帶領下，於慌亂中自河南之境渡過黃河，退入晉南一隅之地苦苦掙扎，企圖死裡求生。

一九三〇年底，因助蔣有功而榮升中華民國海陸空軍副總司令、在北平設置行營、全權掌控東北軍政兼理整個華北地區軍務的張學良，挾「東北虎」的凌厲威勢，根據國民黨三屆四中全會決議，對西北軍殘兵敗將進行捕獲收編。一九三一年一月，原西北軍殘部被改編為東北邊防軍第三軍，六月改為名義上隸屬於南京中央政府的國民革命軍第二十九軍，由馮玉祥旗下所謂的「五虎上將」之一宋哲元（字明軒）任軍長，轄馮治安、張自忠、劉汝明三個師，駐防山西正太路一帶。

晉東南原為山西軍閥閻錫山經營多年的老巢，二十九軍駐防此地自是處於寄人籬下的地位，軍費菲薄，官兵衣衫襤褸，形同乞丐，其狀淒淒，慘不忍睹。處在夾縫中上不著天、下不著地的宋哲元與二十九軍將士於饑寒交迫加白眼中，做夢都想得到一塊屬於自己的地盤兒，以便東山再起。

機會終於來了。

一九三一年「九一八」事變爆發，「不抵抗將軍」張學良統率的東北軍未放一槍退守關內，東三省淪陷。整個西北、華北局勢立刻變得嚴峻起來。出於多方面考慮，一九三二年八月，國民黨中央行政院會議任命宋哲元為察哈爾省主席兼二十九軍軍長，所屬部隊隨之向西北一帶轉移。未久，其軍隊擴編為三個師轄八個旅。察哈爾雖僅轄十六縣，地狹人稀，天荒地老，但畢竟是個落腳之地，也是命懸一線的二十九軍死裡求生的唯一依託。一九三三年二月，二十九軍被調往北平以東的通縣、三河、薊縣一帶駐防，未久，奉命參加著名的長城喜峰口、羅文峪抗戰，有效地阻擊了日軍侵略，受到中國人民的廣泛讚譽，名震一時。

一九三五年六月，迫於日本的強大壓力，著名的《何梅協定》簽訂，蔣系中央軍關麟徵、黃杰等部撤出平津地區。在日本人的操控施壓下，具有半獨立性質的「冀察政務委員會」成立。二十九軍經過一陣左右搖擺，瞅準了這個千載難逢的發展縫隙，宋哲元趁機坐大，一身兼任二十九軍軍長、冀察政務委員會委員長、冀察綏靖公署主任等三項要職，冀察兩省與平津兩市一切政務、軍務，統歸宋哲元一人節制。

藉了亂世風雲的契機，得到冀、察、平津政權，今非昔比的宋哲元，同樣深知「槍桿子裡出政權」的硬道理，開始利用地方財政收入及截留中央收入的關稅、鹽稅、統稅、鐵路交通稅等錢財，打著準備抗戰的幌子，以各種名目大肆擴軍，並通過種種理由和方式向國外購買軍火。到一九三七年盧溝橋事變前，其部下已有四個步兵師、一個騎兵師、兩個保安旅、一個獨立旅、一個特務旅，共五師四旅的兵力，部別番號分別是：

二十九軍大刀隊長城喜峰口抗戰情形

馮治安三十七師（駐防北平西苑、盧溝橋一帶）；
張自忠三十八師（駐防天津附近韓柳墅、小站、廊坊、馬廠和大沽各地）；
趙登禹一三二師（駐防南苑團河，河北省任丘、河間一帶）；
劉汝明一四三師（駐張家口、宣化、懷來一帶）；
鄭大章騎兵第九師（師部和騎兵一團駐南苑，其餘兩團駐固安、易縣等地）；
孫玉田特務旅（駐南苑，以一團在城內）；
石友三部兩個保安旅（冀東一帶，河北保定一線）。

另外有直屬軍事教導團，冀、察、天津保安隊，總兵力達到了十餘萬眾。二十九軍所屬部隊分別駐守冀、察兩省與平、津兩市，各地區的省市最高行政長官亦分別由駐軍首領兼任，其情形為：馮治安兼任河北省主席；劉汝明兼任察哈爾省主席；張自忠兼任天津市市長（蕭振瀛離職後由張兼任），加上原已任命的宋之嫡系、二十九軍副軍長秦德純為北平市市長，冀察二省與平津二市完全成了宋哲元第二十九軍的天下，並復現以前軍閥割據局面。

以蔣介石為首腦的南京中央政府，對這塊具有特殊性質的半封建半殖民地、半獨立地盤上的一切軍政事務，已無力直接控制指揮。而自認為羽翼豐滿，不可一世的宋哲元在截留稅收、白銀南運、故宮寶物南遷等一系列關乎國家民族大是大非問題上，更是不把中央政府放在眼裡，雙方矛盾加劇。日本人瞅準機會，藉以操控宋哲元並不斷向其施壓，企圖將其變成一個受日本人指使的傀儡政權。日本外務省在〈對華北新政權的方針〉一文中，直呼冀察政務委員會為「宋哲元政權」。[2]對此，蔣介石曾對國民政府軍政部長何應欽慨歎道：「我們只能希望宋哲元等幾個人聽命令，並不能命令他們。」其痛苦、憤恨、無奈之狀溢於言表。也正是這種非驢非馬非騾子的四不像局面的形成，為後來平津乃至整個華北地區危急與淪陷埋下了禍端。

盧溝橋事變之前，宋哲元為躲避日本人的糾纏，正貓在山東樂陵縣老家為死去的父親挖坑修墓，一切軍政事務全部交付駐平的馮治安與秦德純辦理。當宛平城槍聲響起時，秦德純以職業軍人特有的幹練與魄力，當即於二十九軍司令部電令長辛店守軍何基灃旅二一九團團長吉星文率官兵奮起抵抗，並有「保衛領土是軍人天職，對外戰爭是我軍人的榮譽，務即曉諭全團官兵，犧牲奮鬥，堅守陣地，即以宛平城與盧溝橋為吾軍墳墓，一尺一寸國土，不可輕易讓人」[3]等

二十九軍主要將領，前排左起：張維藩、張自忠、宋哲元、劉汝明、石友三，後排左起：鄭大章、馮治安、趙登禹、佟麟閣。

悲壯之語。吉星文得令後率部死打硬拚，給日軍以痛擊。

七月八日晨，秦德純打電話到廬山，向正在牯嶺召開會議的中國軍政最高統帥蔣介石，報告事變經過以及北平面臨的危急情形。蔣介石聞訊，大驚，繼而對日軍製造這一事變的真實意圖，以及中國將如何採取應對策略，做了反覆思考與細緻推敲，其焦慮、矛盾、痛苦、猶豫之神情，從蔣氏本人當天的日記中可以看出：「一，倭寇已在盧溝橋挑釁，彼將乘我準備未完之時使我屈服乎？二，與宋哲元為難乎？使華北獨立乎？三，決心應戰，此其時乎？」[4]

此時，中國的形勢是，包括熱河在內的東北四省已經淪亡於日寇之手。就在「七七」盧溝橋事變一年半以前，日本又迫使中國政府承認「滿洲國」和華北特殊化，這就意味著平津地區成為中國北方抵制日寇最前沿的堡壘，若平津失陷，整個華北將不可收拾。因而，經過反覆思索權衡，蔣介石認為對方此次明火執仗的行動，絕非往日任何一次軍事爭端與挑釁能比，華北大難臨頭，中國政府和軍隊很難再有退路，非戰即降，非死即活，有關中華民族生死存亡的最後時刻到來了。

面對危局，蔣介石採取外交斡旋與不惜開打的戰略思想。一方面命令外交部部長、資深外交家王寵惠向日本駐華大使提出嚴重口頭和書面抗議，要求日軍立即撤回原防，中國保留一切合法要求。同時立即向宋哲元、秦德純等二十九軍將領發出了「宛平城應固守勿退，並須全體動員，以備事態擴大」[5]的電令。

此時躲在山東樂陵老家的宋哲元，早已從秦德純發來的電報中得知盧溝橋事變情形，但這一事件似乎沒有引起他的興趣和警覺，他本人也沒有立即回平處理事務的打算。面對宋的曖昧態度，秦德純焦急萬分，電令冀察政務委員會委員兼河北省高等法院院長鄧哲熙火速自保定抄近道赴樂陵，促宋速返北平，以應付危局。當鄧氏抵達樂陵時，宋哲元擺出一副運籌帷幄、決勝千里的大將軍氣派，表示目前日本還不至於對中國發動全面戰爭，只要自己表示讓步，局部解決仍有可能。於是下了一道「只許抵抗，不許出擊」[6]的命令，讓秦德純向前線官兵傳達，並表示自己將考慮與日軍方面談判，力爭和平解決盧溝橋事件。由於宋哲元的遲鈍和迷幻式夢想，導致事件風起浪湧，波詭雲譎，整個平津前途命運落入凶險的泥淖而不能自拔。

七月九日，蔣介石採取積極軍事反擊的決心已定，在迅速調兵遣將的同時，於廬山牯嶺海會寺致電宋哲元，告已調第二十六路軍總指揮孫連仲部兩個師、龐炳勳部及高桂滋部開赴保定、石家莊一線助戰。並警告宋哲元放棄固執、幼稚的幻想，盡快從沉醉的迷夢中醒來，速到保定指揮戰事，嚴令「守土應具必死決戰之決心與積極準備之精神相應付。至談判，尤需防其奸狡之慣技，務須不喪失絲毫主權為原則」。[7]同時電召正在重慶主持川康軍事整理會議的軍政部長何應欽速返南京，盡快著手編組軍隊，對中國空軍實施緊急動員，準備抵抗即將到來的日軍全面侵華戰爭。與此同時，日本軍政首腦機關採取利用和擴大宋哲元與南京中央政府矛盾的政治策略及外交手段，行施挑撥離間之術，設法控制和麻痺宋哲元，將南京政府的勢力排除在華北以外，促使宋哲元部放棄抵抗，以達到迅速占領華北之目的。

蔣介石透過各種軍事情報網絡，覺察到日本方面的陰謀，在公開聲明中嚴正指出，任何協定都須經南京國民政府批准。面對宋哲元一直搖擺於戰、和之間，置中央政府訓令於不顧，頑固地寄希望於日軍妥協求和的心理與做派，蔣介石甚為擔憂和不滿，於七月十日先後兩次發出電令，恩威並施地對宋哲元指示道：「務望在此期間，從速構築預定之國防線工事，星夜趕築，如限完成為要。」「守土應具決死決戰之決心與積極準備之精神相應付。至談判，尤需防其奸狡之慣技，務須不喪絲毫主權為原則。吾兄忠直亮節，中所素稔。此後尚希共為國家民族前途互勉。」[8]

電令發出後，蔣介石於廬山召開緊急國防軍事會議，制定了三項應變措施：

（一）編組第一線戰鬥部隊一百個師，預備部隊八十個師，於七月底前，組建好指揮大本營及各集團軍、軍團等一切事宜。

（二）把可供半年之需的彈藥存放長江以北三分之二，長江以南三分之一。一旦兵工廠被日軍摧毀，則從法國、比利時購買軍火，經香港、越南運回國內。

（三）準備後備兵員一百萬人，軍馬五十萬匹及半年的軍糧等。

此時，南京國民政府幾次電令宋哲元速赴保定相機處理戰事，但宋不但置若罔聞，反而與鄧哲熙等幕僚於七月十一日化裝打扮，悄然無聲地趕到了天津。而去天津的目的，正如當時的一一〇旅旅長何基灃後來所言：「不是抗戰，而是求和。」[9]

七月十二日下午七點，根據國民政府軍事委員會指令，陝西、河南、湖北、安徽、江蘇境內的國民黨軍隊接到動員令，向以鄭州為中心的隴海鐵路與平漢線集結；山東境內的部隊擔任津浦鐵路北段防守；在南昌的三十架軍用飛機立即編隊飛行北上。

宋哲元一行潛往津門後，與三十八師師長兼天津市長張自忠密謀求和，這一做法得到了張氏明確支持。宋哲元心懷忐忑，試探性地與駐天津日軍首領進行談判，企圖靠自己縱橫捭闔之術予以「轉丸」。惜宋氏與張自忠的幻想，皆與時代大勢相違，結果自是一廂情願。當盧溝橋事變發生時，日本關東軍和日本駐朝鮮軍首腦機關，頻頻致電日本中央軍事統帥部，強烈要求當機立斷，痛下決心，以盧溝橋事變為契機，實現徹底征服中國之「雄圖大業」。面對國內外局勢，駐華北日軍對前來求和的宋哲元採取了虛與委蛇，以等待大批援軍到來的戰略決策。對日軍首領的陰謀，沉浸在「和談」美夢中的宋哲元全然不覺，迷醉中於十二日匆忙對外發表談話：「此次盧溝橋事件發生，實為東亞之不幸，局部之衝突，能隨時解決，尚為不幸中之大幸……希望負責者以東亞大局為重。若只知個人利益，則國家有興有亡，興亡之數，殊非盡為吾人所能意料」云云。[10]

此番妄言傳到廬山，蔣介石與奉召前來開會議政的各方人士大為不滿。為防宋氏以華北軍政之主的新式軍閥心態，一意孤行地沉浸在「苟和」迷夢中昏睡不醒，做出有損國格、人格和民族大義的遜事，七月十三日，蔣介石再次致電宋哲元，嚴明而又措辭強硬地指出：「盧案必不能和平解決……中正已決心運用全力抗戰，寧為玉碎，不為瓦全，以保持我國家與個人之人格……此次勝敗，全在兄與中央共同一致，無論和戰，萬勿單獨進行。不稍予敵方以各個擊破之隙，則最後勝算必為我方所操。請兄堅持到底，處處固守，時時嚴防，毫無退讓餘地。今日對倭之事，唯能團結內部，激勵軍心，絕對與中央一致，勿受敵欺則勝矣。」[11]對此指令，宋哲元不屑一顧，來了個反其道而行之。竟下令自十四日起北寧鐵路正常運行，取消北平戒嚴，嚴禁二十九軍與日軍摩擦，並釋放雙方交戰中被俘的數十名日軍官兵。

七月十五日，宋哲元針對海內外愛國志士紛紛匯寄到北平的錢款財物，通電全國，謝絕國人「捐款募軍之舉」，以免讓日本人找到藉口，妨礙「和平」大計。當天，蔣介石在日記中有：「……接明軒電，有放棄天津之意，嚴令禁止。豈其已允倭寇退出天津乎？可疑之至。」

七月十六日，鑑於外交路線直接談判無效，南京政府邀請英國駐華大使出面進行「調停」，但為日方所拒絕，中日關係向惡化的方向急遽發展。此時日本國內的情形是：七月十一日，日首相近衛文麿覲見日皇，就中日戰爭形勢舉行了緊急會議，根據會議制定的方案，於十六日派遣十萬陸軍向中國進發。十七日，東京五相緊急會議決定，立即動員增派四十萬日軍赴華助戰。日方決心已定，中國方面即使不惜以重大犧牲為條件，來換取所謂「盧案」和平解決，亦無半點可能了。日本軍隊本著「軍刀既已拔出，焉能不見血而入鞘」[12]的既定方針，加緊調集大軍向平津地區急速推進，全面戰爭氣氛在華北進一步擴大蔓延開來。

日本的強硬姿態再度給蔣介石和中國軍民以極大刺激。七月十六日，蔣介石邀集全國各界人士一百五十八人在廬山舉行談話會，討論必要的「應戰宣言」。該宣言堅決聲稱：「如果戰端一開，就是地無分南北，年無分老幼，無論何人，皆有守土抗戰之責任。」

七月十七日，蔣介石在廬山發表了抗戰史上最為激動人心的演講，極其乾脆地提出了解決盧溝橋事變四項條件，同時以慷慨悲壯的語調提醒全國軍民：「盧溝橋事件能否擴大為中日戰爭，全繫日本政府的態度，和平希望續絕之關鍵，全繫日本軍隊之行動。」積貧積弱的中華民族已經到了生死存亡的最後關頭，而一旦被逼到「最後關頭，只有抗戰到底。我們希望和平，但不求苟安，準備應戰而絕不求戰。我們知道全國應戰以後之局勢，就只有犧牲到底，無絲毫僥倖存免之理……如果放棄尺寸土地與主權，便是中華民族的千古罪人，那時候只有拚全民族的生命，求我們最後的勝利」。[13]

此次關於中華民族已到了「最後關頭」的講話，標誌著蔣介石既慎重又決絕的態度，確立了國民政府對日政策、戰略的總方針，標誌著中國政府徹底拋棄忍讓、克制、退縮的政治軍事策略，堅定地轉入共赴國難、全力抗戰、生死存亡在此一舉的戰略軌道。這一誓死捍衛國土，不惜身家性命與日軍血戰到底的戰鬥檄文，令全國軍民為之大振。同日，國民政府緊急撥發三百萬發子彈與大批武器裝備運往二十九軍，命令孫連仲統率的第二十六軍、商震第三十二軍、龐炳勳第四十軍及國民黨中央嫡系李默庵第十師、關麟徵第二十五師、劉勘第八十三師等部隊立即開拔，沿平漢、津浦路北上，火速推進至保定與石家莊一線布防，協同二十九軍與日軍決一死戰。

當這一切布置完畢，蔣介石於二十日由廬山返南京，再度召集軍政要員會議，商討對日長期抗戰的總戰略。

在天津一直尋求與日本人談和的宋哲元，於十八日偕張自忠初次會見了新上任的日本駐屯軍司令官香月清司，回歸後當即對人表示：「談得很好，和平解決已無問題。」[14]這個時候的宋、張二人尚不知已落入日本人的圈套，日軍真正的目的是等待援軍到達，一舉將二十九軍擊潰，徹底占領、掌控冀察與平津政務。

自信摸到日本人底牌的宋哲元於十九日悄悄溜回北平後，仍把蔣介石在廬山慷慨激昂的陳詞和一次次急促的電令置之腦後。宋氏像一個醉酒的猛漢，兩腿打晃，在戰、和之間左右搖擺，並在焚香燃燭對天神禱告、向地祇求法的苦苦尋覓中，出現了短暫的眩暈與幻覺，滿腦子寄希望於日本軍方因種種原因突發慈悲，手下留情，放下屠刀，立地成佛，使「事變」得以無聲無火地平息。在這一錯覺與虛幻的迷醉下，宋哲元不顧有識之士再三提醒與竭力勸阻，置中央政府大政方針與蔣介石的命令於不顧，擅自下令拆除部隊官兵與北平民眾在北平城內各通衢路口用血汗乃至生命築起的準備巷戰的防禦工事，將關閉數日的各道城門全部打開，放棄一切警戒，命令各部擱置備戰計畫，向城外增兵的軍隊立即撤退，電請已火速北上的中央軍孫連仲、萬福麟、龐炳勳等部停止前進，將主戰甚力的馮治安師與主和的趙登禹師換防，以為日軍做出「求和」的榜樣。按宋哲元設想的鉤鉗之術，在大戰一觸即發之際，榜樣的力量是無窮的，只要中國軍隊做出放棄一切、任人宰割的羔羊式「榜樣」，日軍就會被深深感動並大發慈悲，開始以真誠和平的姿態與中國軍民共同建設宏偉瑰麗的大東亞樂土。

令宋哲元沒有想到的是，這個時候，日本駐朝鮮的第二十師團近萬人已悄然開抵唐山、天津，並在塘沽卸下十萬噸軍火。日本關東軍三個旅團，已相繼祕密調入華北，二十一日抵達豐臺，完成了圍攻平津的軍事戰略部署。另外日軍八個師團約十六萬人正日夜兼程沿不同路線向平津撲來。面對宋哲元極其反常的荒唐之舉，在南京坐鎮指揮的蔣介石聞訊暴跳如雷，在大呼一陣「娘希匹」之後，於盛怒中再度致電秦德純轉宋哲元：「聞三十八師陣地已撤，北平城內防禦工事亦已撤除。如此，則倭寇待我北平城門通行照常後，彼必有進一步之要求，或竟一舉而占我平城，思之危險萬分。務望刻刻嚴防，步步留神，勿為所算。」[15]同時叮囑宋氏一定要守住平津，並將在津期間與日軍簽訂的祕密協議立即報告中央政府，不得自以為是，擅自隱瞞。[16]

七月二十五日，日軍已完成軍事部署，大規模攻擊平津的戰爭前奏——廊坊之戰打響。二十九軍所部愛國將士奮起反擊，敵我雙方傷亡慘重。

七月二十六日，日軍增援部隊趕到，並有二十七架飛機前來助戰轟炸。中國守軍抵擋不住，撤出廊坊。蔣介石再次致電宋哲元，令其務必丟掉幻想，立即恢復一切城防戒備，死守勿失，決心大戰，並擬親至保定指揮戰事。

七月二十七日，二十九軍所部攻復廊坊，激戰後不支，隨之撤出，廊坊失守。

與此同時，日本軍隊在華北駐屯軍司令官香月清司的親自指揮下，開始對北平守軍展開大規模進攻。集結在京郊南苑一帶約七千餘名二十九軍所部將士被迫倉卒上陣，與凶悍的日軍展開血戰。日軍憑藉優良武器和大批坦克戰車步步緊逼，並以飛機數十架低空輪番轟炸，由晨至午，片刻不停。因宋哲元一度求和的戰略指導思想，南苑直到大戰到來前的最後一刻都未能構築堅固的防禦工事，僅以簡陋的營圍做掩體，在敵機瘋狂轟炸掃射下，營圍被撕成碎片，營房變為一堆廢墟，守軍部隊受到極大鉗制而無法反擊。隨著通信設備被炸毀，各部隊與指揮部聯絡斷絕，指揮失靈，致使秩序大亂。戰至二十八日拂曉，守軍傷亡慘重，南苑失守，官兵奉命向北平城撤退。在大血戰、大混亂、大潰退中，二十九軍副軍長佟麟閣、一三二師師長趙登禹及其所屬三千餘名官兵陣亡。

七月二十八日夜，宋哲元、秦德純、馮治安以及北平城防司令張維藩等高官大員，率部倉皇南撤。[17]

七月二十九日，北平淪陷。

當日傍晚，駐守北平郊外西苑至八寶山一線的何基灃一一〇旅，在掩護各部撤退完畢後，奉命向長辛店一帶南撤。消息傳出，北平民眾悲憤交集。北京大學、清華大學、北平大學、北平師範大學等一千多名高校學生，紛紛聚集起來，走出古城，悲憤交加地向這支打響盧溝橋第一槍的部隊告別。

一年之前，受抗戰愛國人士的影響和鼓動，在三十七師師長馮治安授意下，一一〇旅旅長何基灃在西苑成立了「北平大中學生暑假軍事集訓隊」，組織幾千名大中學生進行集訓。作為集訓總隊副總隊長的何基灃，在和學生們相處的日子裡被青年學子的愛國熱情所感染，特別是那些從關外淪陷區流浪而來的東北學生，內心的悲愴與強烈的抗戰愛國熱情，使何基灃深為感動，幾次演講皆聲淚俱下。為此，何旅長成為力促宋哲元放棄軍閥割據，與南京中央政府保持一致，堅決實行抗日救國的主要將領之一。

駐守宛平城的二十九軍官兵被迫迎戰

當盧溝橋事變發生時，第二期集訓隊正在進行，何基澧等官兵返回部隊，集訓隊解散，青年學生們紛紛要求上前線與官兵並肩戰鬥。正在妙峰山演習游擊戰術的學生迅速返校，同北平民眾一道，積極投入到擁軍抗戰的熱潮中。群情激憤的學生們喊出了「保衛盧溝橋」「發動華北民眾，援助二十九軍，抗日到底」的肺腑之音。

許多大學生和社會各階層服務人員、市民，甚至車夫走卒，紛紛自發組織起一個又一個不同形式的「勞軍團」，前往盧溝橋和南苑一線慰勞英勇守土的二十九軍愛國將士。另有為數眾多的學生和北平民眾攜手並肩，奔走在七月火辣滾燙的毒日下，布滿塵土的臉上淌著汗水，逐街逐巷徵集麻袋，與守軍官兵一道，扛沙運土，構築防禦工事。時在前線指揮作戰的何基澧聞知學生們的行動，心靈受到強烈震撼，在訓令中對他的部下感慨地說道：「這些青春年少的中華兒女，散發出的是何等強大、熱血噴湧的澎湃激情，我們如不奮勇殺敵，何以對得起他們的一片忠膽赤誠！」

而如今，麻袋構築的防禦工事被當局下令自行拆除了，華北守軍的最高統帥宋哲元走了，北平最高長官秦德純走了，城防司令張維藩走了，自己的頂頭上司、三

二十九軍士兵鐵盔。1987年重修宛平城牆時在護城河中出土。據研究者推測，盔頂長孔應為敵軍子彈擊穿，士兵重傷或死亡的瞬間，頭顱一低，鐵盔落於城下。現藏於中國人民抗日戰爭紀念館。

抗日名將何基灃

十七師師長馮治安走了。北平守軍的兄弟部隊，除了部分人員身不由己地被迫留下來，能自由行動的軍隊都撤走了。在這場潰退大潮中，一一〇旅獨木難支，自然也不能留下，必須盡快撤離北平這塊險惡之地。夾在撤退隊伍中的何基灃於倉皇中百感交集。遙想當年，在這些熱血噴湧的青年學子面前，自己曾慷慨陳詞，高呼著誓與北平共存亡的口號，走在訓練隊伍的前列。如今壯志未酬，不但拋棄了自己當初的誓言，也拋棄了這些滿腔熱忱的青年學子和滿城的百姓，開始一場前程未卜、不知身歸何處的軍事流浪。想到這裡，淚水模糊了視線。

北平市民用沉默表示了對守軍的不滿與憤慨，沒有人為之送行，惟年輕的學子們真情不減，懷著一顆赤誠之心與對未來的期望，向這支敗軍與敗軍中的將士戀戀不捨地做最後辭別。學生們跟在隊伍後面，送了一程又一程，不住地呼喊著送別的口號。眼看離北平城已經很遠了，天空漸漸暗了下來，只有西方天際透著一絲血色的微光。夾雜在隊伍中的何基灃於心不忍，策馬衝出隊列，勒住馬頭，側轉身，望著緊跟在隊伍之後滿面悲情的學生們，熱淚盈濕了眼眶。淚眼婆娑中，他突然看到那高高舉起的分明是學生們用自己的鮮血書寫的標語：

「何基灃將軍不要走！」

「抗戰到底！」

「我們要從軍，與日寇決一死戰！」

「何將軍與一一〇旅將士不要走！」

「北平不能丟！」

……

「同學們——」何基灃旅長的聲音已經嘶啞，他抬頭挺胸，強行抖了一下精神，用最大的氣力繼續喊道，「同學們！北平——，我們一定會打回來的！」

話到此處，何基灃哽咽不能語，他抬手向學生們敬了個標準的軍禮，溢滿眼眶的淚水泫然而下。隨著一陣旋風颳過，座下戰馬的長鬃迎風飄動。何基灃趁勢抖動韁繩，棗紅色的戰馬前蹄騰空，馬頭驀地仰起，在急速旋轉中衝烏雲壓城的長空一聲短促的悲鳴，載著淚流滿面的主人箭一樣向前衝去。身後，甩下了一座正在陸沉的千年古城和沉浸在驚恐迷惘中的芸芸眾生。

次日，天津陷落。

注釋

1 秦德純，〈七七盧溝橋事變經過〉，收入戴守義、秦德純，《正面戰場：七七事變：原國民黨將領抗日戰爭親歷記》（北京：中國文史出版社，一九八六），頁一三、一四。

2 南開大學馬列主義教研室、中共黨史教研組編，《華北事變資料選編》（鄭州：河南人民出版社，一九八三），頁四一七。

3 秦德純，〈七七盧溝橋事變經過〉，收入戴守義、秦德純，《正面戰場・七七事變：原國民黨將領抗日戰爭親歷記》（北京：中國文史出版社，一九八六），頁一三、一四。

4 秦孝儀主編，《總統蔣公大事長編初稿》（臺北：中國國民黨中央黨史會，一九七八）。以下蔣介石日記除特別注明外，均引自《總統蔣公大事長編初稿》。

5 李勇、張仲田編，《蔣介石年譜》（北京：中共黨史出版社，一九九五）。以下所引電文同。

6 何基灃等，〈七七事變紀實〉，收入戴守義、秦德純，《正面戰場・七七事變：原國民黨將領抗日戰爭親歷記》（北京：中國文史出版社，一九八六），頁五一。

7 李勇、張仲田編，《蔣介石年譜》（北京：中共黨史出版社，一九九五）。以下所引電文同。

8 同前注。以下所引電文同。

9 何基灃等，〈七七事變紀實〉，收入戴守義、秦德純，《正面戰場・七七事變：原國民黨將領抗日戰爭親歷記》（北京：中國文史出版社，一九八六），頁五一。

10 同前注。

11 國防部史政編譯局編纂，〈第五章　七七事變與平津作戰〉，《抗日戰史》（臺北：國防部史政編譯局，一九八五），轉引自李惠蘭、明道廣、潘榮主編，《七七事變前後：抹去灰塵的記憶》（北京：中國檔案出版社，二〇〇七）。

12 尹家民，《誰為中國聲辯：八年抗日外交風雲錄》（北京：解放軍文藝出版社，一九九五）。

13 羅家倫主編，〈蔣委員長對於盧溝橋事件之嚴正表示〉，《革命文獻》六九期（臺北：中央文物供應社，一九七六）。

14 何基灃等，〈七七事變紀實〉，收入戴守義、秦德純，《正面戰場・七七事變：原國民黨將領抗日戰爭親歷記》（北京：中國文史出版社，一九八六），頁五一。

15 日本產經新聞古屋奎二編著，中央日報社譯，《蔣總統秘錄：中日關係八十年之證言》一一冊（臺北：中央日報社，一九七四），轉引自李惠蘭、明道廣、潘榮主編，《七七事變前後：抹去灰塵的記憶》（北京：中國檔案出版社，二〇〇七）。

16 此處，蔣介石所擔心和焦慮的是宋哲元瞞著中央政府私下與日本人簽訂不利於抗戰協議事。此前宋哲元因不甘心放棄他所經營掌控的平津地盤和權力，斷然拒絕了蔣介石讓其到保定指揮戰事的命令，悄悄潛往天津與日本人談和。此舉引起國內輿論界譁然，但南京政府一直得不到真實的消息。蔣介石根據外間盛傳的風聲，於十八日致電宋哲元，指出：「倭寇不重信義，一切條約皆不足為憑。當上海『一・二八』之戰，本於開戰之前已簽和約，乃於簽字後八小時仍向我滬軍進攻。此為實際之經驗，特供參考，勿受其欺」（李勇、張仲田編，《蔣介石年譜》）。宋得到蔣的命令後，似有所悟，於十九日藉故離津赴平。宋走後，一直處在親日分子包圍中、力主和談的張自忠與他的拜把子兄弟張允榮（後為漢奸）代表冀察政務委員會，於七月二十日凌晨與日本駐屯軍司令官香月清司簽訂了一份有七條之多的密約，世稱《香月細目》。主要內容為五個方面：一、中國正式向日軍道歉；二、中國軍隊後撤，包括撤出北平市；三、懲罰、罷免抗日人員，首以懲「主戰甚力」的馮治安為主，秦德純因與馮相附和，亦在撤懲之列；四、撤離冀察境內屬於排日組織及人員；五、厲行反共和取締排日的宣傳、教育及學生、民眾運動。這個時候，宋哲元並不知張自忠已在密約上簽字，當然更不知日本人已有了讓張取宋而代之的許諾。

何以張自忠會像後來媒體所說的那樣「自以為忠」，如此膽大妄為地與日本人簽訂密約？除了張本身具有山東人剛強的性格外，還要追溯到二十九軍組建時的背景。因當時張帶來的部隊較為完整，宋隱然倚為重心。當然，南京政府及張學良之所以能收留馮玉祥殘部，與一個叫蕭振瀛的人四處奔走不無關係。蕭是馮的舊部，腦瓜子聰明，嘴巴靈便，當年很得馮的歡心，頗受重用。就是這個蕭振瀛憑三寸不爛之舌，在南京與北平張學良行營奔走權要，為加重砝碼，遊說中對張自忠大加抬捧，稱為傑出的軍事將才云云。被說動的孔祥熙曾至陽泉檢閱二十九軍，對張自忠特致嘉勉。迨二十九軍在冀察穩住陣腳並擴大局面後，張自忠覺得整個軍隊之有今日，他的威望與力量起了關鍵作用，乃自我膨脹，做事多表現出自負驕傲之色，並以「二頭兒」自居。當冀察政務委員會成立後，張因各師補充兵員及地盤分配問題，對宋哲元心懷不滿（當時蕭振瀛因救二十九軍有功而任天津市市長），宋對張亦有戒心，但對其「故示優容，安其反側」，後來讓張當了天津市市長。在這種情形下，自視在二十九軍位高權重的張自忠，因急於與日本人談和，且自信有能力緩和危局，才頭腦發熱，簽署了密約。

密約既簽，張自忠在天津無法完成《香月細目》的規定內容，遂於七月二十五日離開防地，祕密潛往北平，未向軍部報到，背著宋哲元和其他將領，與張璧、潘毓桂、江朝宗等一群親日分子，謀畫具體執行的方針大計，以謀求日本人的歡心。這是張自忠背上漢奸嫌疑最顯著的一步。假如就此打住，張自忠尚能為輿論界和軍民所諒解，可惜他沒有就此止步，造成了後來無可挽回的痛悔之局。

17 關於宋哲元與二十九軍將領率部撤退事，有如下兩種截然相反的說法：

第一種是宋「丟卒保車」，張「臨危受命」說。此說以時任二十九軍獨立二十六旅旅長、駐守廊坊的李致遠為代表。李在〈張自忠談留平的經過〉一文中說：「張師長（對我）說，七月中旬，他接到北平冀察政務委員會委員長宋哲元密電，叫他祕密去北平，商談華北抗日局勢。到平後，他們進行了多次談話。宋哲元說：『西北軍是馮（玉祥）先生的一生心血建的，留下的這點底子（二十九軍），我們得給他保留著。這個事情非你不能做到。馮治安師已被日軍打了多日，劉汝明師在察哈爾省也被打了，一三二師師長趙登禹率部隊從石家莊以南開到南苑作戰，趙已陣亡。你的部隊由廊坊到塘沽，戰線拉得很長。二十九軍的隊伍，很容易被日軍消滅，只有你能和日本人談，你拖上一個星期的時間，我們就能把部隊收容起來，改變局勢。望你忍辱負重，好自為之。」宋對張又說：「我去保定以南收容隊伍，劉汝明師正在南撤，趙登禹師正由南苑回轉，部隊將全部撤到保定到滄州一線。我走之後，你在北平每天宣布就一個職。」張自忠聽罷，不表同意，宋再三說服，最後宋說：「我命令你在北平任這些職務，好把部隊保留下來！」兩人痛哭。宋又給張寫了證明，委任了職務。然後宋說：「我今晚就走，明天你就和日本人接觸，你來維持這個局面。我一定向蔣介石說明這些情況」（張自忠將軍史料徵集出版工作委員會編輯，《盡忠報國：張自忠將軍史料專輯》（北京：中國文史出版社，一九九一））。

對於李致遠這一說法的真實性，天津師範大學歷史學教授李惠蘭提出質疑，認為李文提供的兩個時間都不對。一是張自忠於七月中旬奉宋密電抵平，而事實是，自七月十一至十九日，宋、張二人都在天津。二是趙登禹陣亡於七月二十八日，在這之前的任何時候，宋、張都不可能預見到趙會犧牲，而七月二十八日下午，宋哲元曾召開會議，有五人在場（宋哲元、秦德純、張維藩、馮治安、張自忠），宋與張沒有單獨見面之機會，因而不可能說這些話。李致遠本人以及與李氏說法、觀點相近者，皆有偽造史料、篡改歷史之嫌疑，屬於歪風邪氣，不足憑信。

第二種是張自忠「逼宮」與「篡權」說。此說以李世軍、蕭振瀛等為主體。據時任二十九軍駐南京辦事處主任，充當蔣介石、宋哲元之間聯絡員的李世軍在〈宋哲元和蔣介石關係的始末〉一文中說：「宋哲元（二十八日）上午甫經發出願與北平共存亡的通電，而下午四時張自忠突然離開天津跑到北平武衣庫宋哲元寓所見宋，宋愕然變色地問：『你來幹什麼？』（因宋在最後一次離津時，曾囑張自忠坐鎮天津，非有命令，不得離開，而張自忠竟於宋離開天津的第三天，祕密來平，與漢奸齊燮元、潘毓桂等暗中來往。）宋哲元聽了張自忠對他說『有人說委員長（指宋）如果離開北平，日本不會再打』的逼宮表示，宋面色蒼白，便一言不發地拿起筆來，寫了一張『本人離平，冀察政務委員會委員長交由張自忠接替』的手條之後，匆匆偕秦德純等二三幕僚，傍晚乘汽車離開寓所經頤和園、門頭溝繞道退往保定。」就這樣，「張自忠在漢奸慫恿撥弄下，逼走了宋哲元，當上了『冀察政務委員會』的委員長」（引自李惠蘭、明道廣、潘榮主編，《七七事變前後：抹去灰塵的記憶》〔北京：中國檔案出版社，二〇〇七〕）。

與張自忠共事的蕭振瀛在抗戰期間著文回憶道：宋哲元撤離北平後，「余於泊頭鎮與宋哲元相晤，二人握手，相對而泣」。宋曰：「如此巨變，非所預料，本正與日方談判中，潘毓桂、齊協民（南按：燮元？）二賊忽然變臉恫嚇，云日寇松井令其等轉告，由張自忠代余，可了此局。我斥之……不料下午三點藎臣（南按：張自忠字）突然來平至余處，威脅要我離開，他有辦法。余與紹文（南按：秦德純字）遂即出走，家人均未得攜帶一同離平。馮仰之（南按：馮治安）歸攏部隊南下。」說罷，宋哲元歎曰：「藎臣何至如是。」言下痛楚。秦德純言同宋語。蕭振瀛文中還說：「張自忠離北平至濟南。余即乘專車趕往相見，張抱余大哭曰：『對不起團體，對不起大哥。』余詢事之究竟。張曰：『宋一味圖與日本妥協，七七戰起，軍隊已與日血戰，宋竟接受日本條件，故急至北平制之……潘毓桂明告，宋已接受日所有條件，日本認為軍隊不聽從宋命令，故要余代之。余在問清談判情況後，方趕往北平，代之以控制局勢，不意演變如是。』余責之曰：『此漢奸之計也，宋並未接受，其錯在汝。』張痛哭曰：『此心可對天日。現百口莫辯矣。惟求蔣委員長容余死在戰場，有以自白。』余哭曰：『余當向委員長力陳，同進退，共生死。』二人相抱而哭」（蕭振瀛遺著，《華北危局紀實》，一九四四年九月十八日於重慶西山新村完成〔北京：中國國際廣播出版社，一九八九〕）。

另據時任二十九軍副參謀長的張克俠回憶：「二十八日下午二時，宋哲元召開軍政首腦會議討論撤退問題……張自忠在會上向宋表示，和談不成是由於日本人對宋有意見，並說：『如果委員長暫時離開北平，大局仍有轉圜的希望。』據說宋一聽，臉色都變了，立即決定二十九軍撤出北平，並馬上寫條子，委派張自忠代理冀察政務委員會委員長、冀察綏靖公署主任兼北平市市長。把三個職務一起交給了張，當晚即偕同馮治安、秦德純等帶領三十七師撤至保定」（張克俠，〈「七七事變」後實況〉，轉引自李惠蘭、明道廣、潘榮主編，《七七事變前後：抹去灰塵的記憶》〔北京：中國檔案出版社，二〇〇七〕）。

對於以上回憶與論述，史家魯榮林認為張自忠留守北平，絕不是臨危受命，代人受過。張要求宋交權在先，宋被迫寫給張手令在後，此點應更具真實性。張自忠以危局脅逼宋哲元並敢於取而代之，根本原因在於張此時錯誤地估計了形勢和私心作怪，特別是過高地估計了自己的能力和作用。平津淪陷後，張曾親口對友人說：想不到鬧了這麼一下子，好像被鬼所迷，深感有愧於宋。一九四〇年，當張自忠得知宋哲元死訊時，曾痛哭流涕道：「宋哲元先我而去，是天不許我有贖罪的機會了。」從此，張自忠死心益決，終至壯烈殉國（參見魯榮林，〈關於張自忠的一段公案〉，收入李惠蘭、明道廣、潘榮主編，《七七事變前後：抹去灰塵的記憶》〔北京：中國檔案出版社，二〇〇七〕）。

宋哲元率部南撤後，張自忠到北平冀察政務委員會就職，未經向南京國民政府請示，擅自將原冀察政務委員會委員秦德純、蕭振瀛、戈定遠、劉熙哲、門致中、石敬亭等八人開除，同時任命張璧、張允榮、潘毓桂、江朝宗、冷家驥等為冀察政務委員會委員，以潘毓桂為北平市警察局局長。潘氏一上臺，即發表講演，「痛責南京中央之非，並招待新聞界，不得有反日言論。」（一九三七年八月十五日，前敵總指揮孫連仲呈何應欽電報）從此，冀察政務委員會淪為漢奸組織，其委員統統變成日本人的鷹犬。同時，張自忠命令二十九軍撤離後留在北平的兩個獨立旅接受改編，聽從漢奸指揮操縱（劉汝明之弟劉汝珍等部不聽張的命令，突圍而出，輾轉回歸軍隊在察省一帶繼續與日軍作戰）。此為張自忠踏入汙泥濁水的第二步。當時的社會輿論皆指責張已淪為漢奸，有報紙以「張逆自忠」「自以為忠」，實則乃一賣國求榮的漢奸相責，南京軍政高層不少大員發出了對其懲辦的呼聲。清華大學教授吳宓於一九三七年七月三十日日記載：「聞人談及二十八之戰，宋氏事前未多布畫，戰時，軍士忠勇異恆。而張自忠附敵，由南苑攻我軍之後，並以陣勢軍情隨時報告敵營，致我軍大敗。重要將領均殉（見報），兵士死者尤眾。今宋已率殘軍退保定，但二十九軍已損過半矣」（吳宓著，吳學昭整理、注釋，《吳宓日記》第三冊〔北京：生活．讀書．新知三聯書店，一九九八〕）。吳宓記載顯然有道聽塗說的意味，但足見張自忠附逆的傳說已遍及各界。

未久，日本人先後在平津扶植、建立了偽地方治安維持會，並直接指派張璧、潘毓桂等漢奸辦事，張自忠被日本人一腳踢開。至此，張的幻想變成了一場噩夢，處於責詬滿天下的困境之中，而無法洗刷自拔。八月十八日，名存實亡的冀察政務委員會宣布解散。鑑於越來越險惡的環境和各方指責施壓，深感大勢已去的張自忠於驚恐中化裝打扮，祕密由北平隻身逃往天津，乘英國輪船轉駛青島後乘火車抵達濟南。蔣介石聞知張的動向，立即指令山東省政府主席韓復榘將張扣押，解送南京候審。此時的平津算是徹底淪為敵手。

關於張自忠留平的是非曲直，一九三八年四月一日和二日，《申報》（香港版）刊發過一篇該報特派員志厚寄自鄭州的〈張自忠將軍訪問記〉，內有張的自辯。張說：「盧案爆發之初，我們在和平未絕望以前，本不願演出大流血的慘劇，所以曾竭力進行和平談判，誰知敵人的侵略是無止境的，我們只有起而應戰。一般人大概還不至於健忘吧，七月中旬廊坊的一役，那不是所部三十八師的戰績嗎？至於飛機拚命投炸天津市政府一事總可以證明我和敵人的關係了。各方面都因為我暫留北平，發生許多懷疑，殊不知我之留平，還另有苦衷，但所能告於國人的只有三點：一，為北平市百萬生命和歷代故都的文物免遭塗炭；二，為二十九軍全部及各高級將領安全撤至安全地帶；三，為我們和平願望的最後掙扎，所以才忍淚吞罵，接受□□長官的命令，暫留北平。以後和平絕望，被截在北平城內的各部隊都已安全退出，我的使命既告完成，於是即設法脫險而出。」在這篇專訪中，張始終未透露他留在北平的「苦衷」是什麼，這也為後來的是是非非及人事糾葛埋下了隱患。

平津淪陷後，全國軍民與社會輿論皆以二十九軍軍長宋哲元與張自忠為罪魁禍首，其他將領受指責和非議較少。據說，宋哲元一直到死都念念不忘平津失守之責到底該由誰來承擔。這個問題不但在當時，即使在以後的若干歲月也一直爭論不休，且波及宋、張甚至趙登禹等人的親屬、後代。宋哲元的外甥女李惠蘭認為，在「七七」抗戰中犧牲的趙登禹的家屬，於一九五二年就得到了新中國民政部門頒發的「革命烈士證明書」，而張自忠的「烈士證書」直至一九八二年四月十六日才頒發，其因就是二十九軍健在的將領都說「七七」抗戰之初，張自忠有漢奸或附逆行為，民政部門對此頗有顧慮，故遲遲未發。也有研究者對李惠蘭之說不以為然，並以佟麟閣的事例加以駁斥。當年與趙登禹一起在南苑犧牲的佟麟閣將軍，直至一九七九年八月才被中共北京市委追認為抗日陣亡革命烈士，隨後國家民政部為其家屬頒發「烈士證書」。不能說佟麟閣的證書比趙登禹晚發了近三十年，就說他當年有漢奸和附逆行為，證書頒發的時間不同，當另有原因，李惠蘭推斷的理由實為荒唐可笑，不足為信云云。

除了宋氏家族後代，趙登禹與原三十八師副師長李文田的後人，也對張自忠後人特別是張廉雲，在父輩問題上的宣傳與功過是非的評價深感不滿並加以指斥。國恨家仇，糾結在一起，雖是七十餘年過去，仍是扯不斷，理還亂，給世人留下了無限的感慨。

第一章

往事再回首

一、慌亂大逃亡

盧溝橋事變爆發後，隨著隆隆炮火與日機轟鳴，平津地區人心惶惶，謠言四起，各政府機關及工商界人士於紛亂中開始自尋門路，紛紛撤離逃亡。以北大、清華、南開、北平大學、燕京大學等著名高校為代表的教育界，同樣呈現出一派驚恐、慌亂之象，一些人悄然打點行裝，拖兒帶女，呼爹喊娘，隨著滾滾人流，頂著盛夏酷暑和瀰漫的煙塵，紛紛向城外擁去。一時來不及逃亡或因特別情形而不能逃亡的各色人等，則在恐懼與焦灼的煎熬中苦苦等待與觀望，心中暗暗祈禱並希望中國軍隊或許能贏得神助和佛靈保佑，盡快擊退日軍，保住北平這座千年古城與儲存著民族文化血脈的校園。

時在廬山的蔣介石，除接二連三向宋哲元、秦德純等拍發「固守勿退」的電令外，分別邀請各界人士火速趕往廬山牯嶺，頻頻舉行談話會及國防參議會，共商救國圖存大計。北京大學校長蔣夢麟和文學院院長胡適、清華大學校長梅貽琦、天津南開大學校長張伯苓、中央大學校長羅家倫、中央研究院史語所所長傅斯年等一大批學界要人應邀參加會議。

此時，平津兩地各高校正逢暑期，被邀請到廬山參加會議的各大學校長、院長與著名教授，以及部分在外地的教職員工，由於遠離平津，對戰事進展的真相難辨真偽，而混亂時局伴著恐怖謠言，如同風中野火四處流竄飛騰。面對來自四面八方的消息，在廬山的蔣、梅、張等三校校長坐臥不安，其情狀「實屬腸一回而九折」。[1]為此，三校校長與學術界資深人士紛紛陳情，渴盼中央政府盡快做出決斷，以挽救平津，挽救在日軍槍刺與炸彈下苦苦掙扎的高校和學界同人。

七月十六日，面對華北當權者宋哲元等戰和不定的曖昧態度，北平高校的查良釗、羅隆基、潘光旦、鄭天挺、金岳霖以及中國營造學社的梁思成、劉敦楨等二十六位教授和文化名人，聯名致電正在廬山參加座談會的軍政要員，籲請政府堅決抗日：「廬溝橋抗戰以來，全國振奮，士氣激昂。幾日來忽有天津談判之舉，敵人重兵深入腹地，城下之盟——求不喪權辱國，豈能幸免。務請一致主張守土抗戰之決心，在日軍未退出以前，絕對停止折衝，以維國權。」[2]

七月十七日，梅貽琦自廬山密電清華大學教務長潘光旦：「今日重要會議，當局表示堅決，並已有布置。」[3]可惜梅貽琦說的是廬山而不是北平，政府的軍令部署與時局反覆不定，令平津地區望眼欲穿、度日如年的師生和民眾看到的不

被炸毀的天津市內原河北省政府樓房

是守軍的積極「布置」，而是棄守潰退。

七月二十九日凌晨二時，天津守軍三十八師副師長李文田根據宋哲元撤離北平途中拍發的密電，指揮所部對天津海光寺日軍華北駐屯軍指揮部、東局子飛機場、大沽軍用碼頭等日軍占領點發起猛攻。「全市民眾殆如除夕之守歲，大多數為炮聲驚起，通宵不眠」。[4] 戰鬥持續十三個小時後，於二十九日下午三時許，接到繼任冀察政務委員會委員長張自忠從北平發來的「和平有望」電報，加之日軍援軍已到，敵特漢奸大肆活動，李文田忍痛下令棄守天津，率部且戰且退，向已撤往保定的二十九軍司令部靠攏。日軍趁勢反攻，地處天津城南八里臺的南開大學，突遭海光寺日軍兵營炮火襲擊，射擊的第一個目標是校內高聳的木齋圖書館大圓頂，第一炮從圓頂旁擦肩而過，第二炮擊中目標，巨大的衝擊力將圖書館圓頂整個切掉拋入空中，因圓頂又大又重，當翻轉抖動著落下時，整個書庫被壓塌。緊接著，日軍數炮齊發，南開大學校園內彈如雨下，秀山堂、芝琴樓女生宿舍、單身教師宿舍區均被日軍炮彈擊中，頓時樓塌屋倒，幾十萬冊寶貴圖書和珍稀資料灰飛煙滅。炮擊過後，日機凌空在校園內外投放炸彈，校園內殘存的建築以及相鄰的南開中學、南開女中、南開小學均被炸毀。轟炸過後，凶殘的日軍又派出大股騎兵與汽車數輛，滿載煤油闖入南開大學校園四處投彈，縱火焚燒，整個校園彈片橫飛，黑煙滾滾，烈焰升騰。這所由著名教育家張伯苓等人創辦，靠各界人士贊助，經過千辛萬苦發展起來的中國當時最傑出的私立大學，在戰火中成為一片廢墟。時已轉往南京的張伯苓聞此凶訊，當場昏厥，爾後老淚縱橫，悲愴不能自制。

當天下午，張伯苓強忍劇痛，以悲壯的語調和不屈的精神對《中央日報》記者發表談話：「敵人此次轟炸南開，被毀者為南開之物質，而南開之精神，將因此挫折而愈奮勵。」[5]七月三十一日，蔣介石約見張伯苓，以同樣的情緒表示：「南開為中國而犧牲，有中國即有南開。」[6]

蔣介石與張伯苓的談話，給茫然四顧的平津教育界人士注入了一支強心劑，由此增添了一份慷慨悲歌之氣。此時的日本人十分清楚，要徹底擊垮一個民族，除動用武力在政治、經濟、軍事諸方面予以摧毀，更重要的是精神上的徹底征服。但「自瀋陽之變，我國家之權威逐漸南移，惟以文化力量，與日本爭持於平津，此三校實為其中堅」[7]，因此，日本軍隊絕不會輕易放過平津高校和高校中的民族文化菁英以及珍貴的文化遺產。事變前就把平津高校作為重要征服目標而虎視眈眈的日本軍隊，終於將南開大學置於炮火之中，開始了精神上的征服。

南開大學被轟炸後所遺之水塔，似在告知敵人，中國人民精神不倒。

在民族生死存亡之際，保護和搶救平津地區教育、文化界知識分子與民族菁英，越來越顯得重要和迫在眉睫。中央研究院院長蔡元培、北京大學校長蔣夢麟、清華大學校長梅貽琦、南開大學校長張伯苓、北平研究院院長李煜瀛、同濟大學校長翁之龍、中央大學校長羅家倫、中央研究院史語所所長傅斯年等一百零二人聯合發表聲明，揭露日軍破壞中國教育機關的罪行，提出了「教育為民族復興之本」的口號，要求政府採取果斷措施，將一些高校遷往內地辦學。

八月十七日上午，國民政府國防最高會議參議會在南京汪精衛寓所召開，共邀請十六人參加，分別是：

張伯苓、蔣夢麟、黃炎培、張嘉森、張耀曾、沈鈞儒、曾琦、▲李璜、▲蔣方震、▲梁漱溟、▲陶希聖、▲傅斯年、毛澤東、馬君武、晏陽初、▲胡適。由汪精衛主席，列席者有蔣作賓、王世杰、吳達詮三部長及祕書長張群。

所邀人員大約有一半出席（有▲標誌者），時在延安的中共領袖毛澤東由周恩來代表出席。從受邀人員名單可以看出，此次會議除了軍事上的討論，更多的是對文化教育方面的關注，平津地區教育、學術界何去何從，已經上升到國家戰略的高度予以討論。

九月十日，國民政府教育部發出第一六六九六號令，正式宣布在長沙和西安兩地設立臨時大學。由國立北京大學、清華大學、私立南開大學組成長沙臨時大學。以北平大學、北平師範大學、天津北洋工學院（原北洋大學）和北平研究院等院校為基幹，設立西北（西安）臨時大學。兩個臨時大學以原各校校長任籌備委員會常務委員，迅速赴當地選址籌備，盡快組織師生撤出平津地區在新校舍開課。

九月十三日，長沙臨時大學籌備委員會召開第一次會議，北大、清華、南開三校校長為當然委員，另有北大胡適、清華顧毓琇、南開何廉，外加中央研究院史語所所長傅斯年、湖南大學校長皮宗石、湖南省教育廳廳長朱經農等為委員。教育部部長王世杰為主任委員，教育部次長周炳琳為主任祕書，因周炳琳不得脫身赴長沙，其主任祕書一職由楊振聲代理。會議確定租賃地處長沙市韭菜園一號原美國教會所辦聖經書院作為臨時校舍，明確院系設置、組織結構、經費分配等事宜。此時的長沙聖經書院已經停辦，校內教室、宿舍、家具及辦公用具較為齊備，另外還有一個大禮堂地下室，正好作為臨時大學師生的防空洞，以避日機轟炸。

九月二十日，北大校長蔣夢麟與三校同人陸續到達長沙緊急籌備。九月二十八日，各項事宜就緒，開始啟用國立長沙臨時大學關防，校務由三校校長及主任祕書組成的常務委員會負責。[8]與此同時，西北臨時大學也在西安擇好了校址並基本籌備就緒，戰時的中國教育即將揭開新的一頁。

在此之前，由教育部發出的撤退命令已在平津各校師生中用書信和電報祕密傳達，早已心力交瘁、翹首以盼的各校教職員工和學生接到通知，紛紛設法奪路出城，盡快逃離淪於敵手的平津兩地，輾轉趕赴湖南長沙和古城西安——中國現代歷史上最為悲壯的知識分子大撤退開始了。這一決定是在時局激變的緊急情況下倉卒做出，因而，此次撤退實際上是一次毫無組織和秩序可言的慌亂大逃亡。

校園成為一片焦土的南開大學師生接到命令，乘船沿海路陸續南下。南開大學祕書長黃鈺生、理學院院長楊石先，早在宋哲元、張自忠等輩與日本人拉拉扯扯，欲談和屈就時，已感到凶多吉少，遂著手組織部分留守師生向校外轉移圖書、設備，並組織教授眷屬盡可能撤出校園，轉往安全之處。當戰爭打響，日軍炮擊、轟炸南開校園後，黃鈺生、楊石先與郭屏藩等教授冒著滾滾濃煙和零星的槍炮聲，在校內檢點情況。當撤離校園時，黃鈺生從自家倒掉的廢墟中扒出了未燒著的被褥和一件襯衣，楊石先則只有身上的一套單衣和一架相機，二人帶著這點僅有的身外之物，率領南開師生踏上了去往長沙的路途。

鄭天挺（鄭克揚提供）

坐落於北京城中心地帶，建校歷史最為悠久的北京大學，由於校長蔣夢麟、文學院院長胡適等名流均赴廬山參加政府會議，各項善後工作落到了北大祕書長兼歷史系教授鄭天挺身上。隨著北平淪陷，日軍進城，一些骨氣與民族氣節都呈「五短身材」狀的文人、學者紛紛「下水」，開始與日寇狼狽為奸，企圖阻止師生南下，局勢異常嚴峻。面對危局，鄭天挺顧不得夫人新喪、子女年幼的悲痛與拖累，全部身心用於保護校產和組織師生安全轉移。他先是決定向經濟困難的滯校學生每人發款二十元，促其迅速離校，爾後想方設法使北大教授及其家屬安全撤離。對此，鄭天挺回憶說：「蔣夢麟校長等離北平後久無來信，對學校下一步如何處理，大家都不清楚，只能臨時應付。日寇進城，形勢更加惡化，當時教職工到校者寥寥可數，多數同仁都想早離危城，但又無路費。當時我仍每天到校辦公，解決職工教授生活、安全、校產保護等問題。未走教授如孟森、湯用彤、羅常培、邱椿、毛子水、陳雪屏等也多次開會，建議給低薪職工每人發三十元維持費。並表示全力協助我共同支撐、維持學校局面。當時大家也常為我的安全憂慮。」[9]

撤離北平十幾年後的一九四八年，北大中文系教授羅常培對鄭天挺的傾心竭力仍念念不忘：在大家淒涼慘痛的氛圍中仍舊主張鎮定應變，共維殘局，「但是自從七二九以後大家的精神實在已經逐漸渙散了。城陷的那天，逵羽（南按：樊際昌，時為北大教務長）就避入了德國醫院。上午十時我到第二院巡視只碰見了鄭毅生（南按：鄭天挺）、章矛塵（廷謙）、梁實秋和潘光旦。十一時到第一院，聽說盧吉忱曾經來過一會兒，後來連工友的影兒都不見了。到了八月七日平津試行通車，海道可航，於是逵羽便首先離開了北平。第二天河邊率日軍入城，分駐天壇、旃壇寺和鐵獅子胡同等處，人心更加浮動。八月九日毅生、樹人、公超、端升和我在歐美同學會晤談，一部分同仁便主張早離危城。於是十一日清晨公超、樹人、實秋和姚從吾就陪同胡適之太太離平赴津。在張皇失措中從吾還給胡太太丟了一只箱子。同仁既然紛紛南下，北大的重擔幾乎完全壓在毅生一人的肩頭。」而「八月二十五日日本憲兵四人到第二院校長室檢查，由毅生獨自支應，後來周作人聞訊趕到，用日語和日憲兵駁辯，那時他還站在北大同仁的立場說話。過了兩天日人又到圖書館索取中俄畫界地圖並且請孟心史（南按：孟森）先生給他們解釋，這時的情勢已經越逼越緊了」。[10]

關於羅常培所說日人強行索地圖事，北大教授錢穆在他的回憶文章中就具體細節有過這樣的補充：「日本軍隊進北平，聞心史曾在北大圖書館發現一舊地圖，於中俄兩國蒙古邊疆問題有新證據之發現。遂派人特訪心史，於其宅前並曾攝一像而去。而心史不久以病進醫院。雙十節後，北大同仁陸續離北平南下。余赴醫院與心史話別，不謂心史竟已不起。」[11]

北大同人南撤後，一代史學大師孟森於一九三八年去世，身後沒有像樣的財產傳給親屬，只有《清初三大疑案考實》等名著供後世學人追思紀念。當年他發現的那張舊地圖為日本人掠去「收藏研究」，從此再也不曾面世。

九月三日，大批日軍進駐北大第一院和灰樓新宿舍，於門口掛上了各分隊、小隊的日文牌號。在如此嚴峻紛亂的局勢中，鄭天挺仍每天到校負責料理校產與未能脫身的教授們生活，直到十月十八日，地方維持會將保管北京大學的布告掛在北大二院門口，鄭天挺才和在平全體職員合攝一影，又於二院門前地方維持會的布告底下單獨拍了一張小照，算是與他恪守的崗位做了最後告別。

十一月十七日，鄭天挺與羅常培、陳雪屏、羅膺中、魏建功、邱椿、趙乃摶、周作人（南按：經濟系，非魯迅之弟）、王霖之、周濯生、包尹輔等北大教授，最後一批離開淪陷的北平，轉道南下長沙。正如羅常培所說：「北平淪陷後的北大殘局就這樣暫時結束了！」[12]

1937年7月底，日軍開進北平。（Jozef R. Michalik 攝）

就在北平淪陷的七月二十九日下午，日軍竄入京城西北郊樹木參天、荷花飄香的清華園進行騷擾。隨即又數次以參觀為名，將竊取的大批珍貴圖書、儀器設備用卡車裝運出校園。因梅貽琦在南京未歸，局勢越來越惡化，代理校務的葉企孫與陳岱孫等幾位教授會商決定，盡快組織師生及其家屬撤退，同時決定由校祕書處事務科科長畢正宣與汪健君、施廷鏞、陳傳緒、傅任敢等五人留守，組成「清華大學保管委員會」，以保護校園與校產。驕狂的日軍見此情形，索性派遣牟田口等部隊侵入學校公開搜查，強占部分校舍，劫掠校產，直至把「校產保管委員會」人員驅逐出校。自此，「清華園內，遂不復有我人之足跡矣」。[13]

據時為清華大學文學院院長兼哲學系主任的馮友蘭回憶：在炮火連天，北平危急，人心驚恐之際，除了逃難的人群，還有四處張羅準備男歡女愛，以成百年之好者。此種做法雖與整個北方硝煙瀰漫、國破家亡的氛圍極不諧調，但那些痴男情女們卻不管這些，由著自己的性子繼續在情思夢境中生活。就在北平失守的這天，清華一位教員正在城中舉行婚禮，特邀馮友蘭主婚。想不到當天晚上城門關閉，這對痴男怨女在清華園預備的新房已無法進入，只有坐看北平淪陷，扼腕歎息。

從北平淪陷到清華師生南遷的這段時間，整個清華園在一陣大亂過後漸漸沉寂下來，幾乎成了真空。馮友蘭回憶說：「我們參加校務會議的這幾個人，還住在清華，說的是要保護學校。我在圖書館內對圖書館的工作人員說，中國一定會回來，要是等中國回來，這些書都散失了，那就不好，只要我人在清華一天，我們就要保護一天。有一次，夜裡我和吳有訓在學校裡走，一輪皓月當空，四周一點聲音都沒有，吳有訓說：『可怕，可怕，靜得怕人！』」

此情此景，使馮友蘭想起了黃仲則的兩句詩「如此星辰非昨夜，為誰風露立中宵」，幾近泫然淚下。後來日本軍隊正式進入北平城，開始到處接管搜查，馮友蘭等幾個留守教授覺得政權已經失掉，保管已經沒有意義了，事實上是替日本保管，等他們來接收。於是大家決定南遷，「南遷的人和留守的人，都痛哭而別」。[14]

馮友蘭與吳有訓二人一起離平南下，到達鄭州時，馮突然建議上館子吃一頓黃河鯉魚，因為這一別，不知道什麼時候才能回來，有機會先吃一頓再說。正在這時，意外碰到了清華的同事熊佛西，於是三人一同去館子吃了一頓黃河鯉魚，算是了了一樁心願。當時熊佛西喜歡養狗，他面帶憂戚地對馮、吳二人說：「北平有許多人都離開了，狗沒法帶，只好拋棄了。那些狗，雖然被拋棄了，可是仍守在門口，不肯他去。」馮聽罷，滿目淒然，道：「這就是所謂喪家之狗，我們都是喪家之狗呵！」[15]

二、別了，北總布胡同三號

就在北大、清華、南開、北平大學、北平師範大學等校師生紛紛南下西行之際，眾多與這些學府無緣的知識分子在淪陷的北平茫然四顧，不知命運維繫何處。按照南京政府的遷移綱要，鑑於時局危殆，政府資金短缺，除天津南開大學之外，整個華北地區包括燕京、輔仁在內的著名私立大學、私立文化科研機構，一概棄之不顧。這些學校和機構是存是亡，是死是活，除了自己設法尋找門徑求得一線生路，只有聽天由命，看閻王爺以及身邊手捧鬼錄的助手們興趣如何了。此時，著名建築學家梁思成、林徽因夫婦所服務的中國營造學社，正是一所民辦機構，自然屬於中央政府「棄之不顧」之列。

儘管政府無力顧及，但梁思成和劉敦楨這兩根支撐中國營造學社「宏大架構」的支柱，曾在七月十六日於清華、北大潘光旦、查良釗等教授和文化名人致南京國民政府要求抗日的公開呼籲書上簽過自己的名字，且這批名單已被日本特務機關密切關注，他們自然不能留在已淪陷的北平。在內外交困、險象環生的大混亂大動盪的危難時刻，梁思成於匆忙中來到中山公園內營造學社總部，找老社長朱啟鈐和同人商量對策。商量的結果是：在如此混亂的局勢下，中國營造學社已無法正常工作，只好宣布暫時解散，各奔前程，是死是活，各自保重。老社長朱啟鈐因年老體衰不願離開北平，學社的遺留工作以及學社未來的希望，都託付給梁思成負責。此時令眾人最擔心和放心不下的是，學社同人工作的成果——大量的調查資料、測稿、圖版及照相圖片等如何處置。為了不使這批珍貴文化資料落入日本侵略者之手，朱啟鈐、梁思成、劉敦楨等決定暫存入天津英租界英資銀行地下倉庫，「所定提取手續，由朱啟鈐、梁思成和一位林行規律師共同簽字才行」，[16] 三人缺一，不能開啟。

正當中國營造學社同人緊鑼密鼓地處理各種繁雜事務之時，梁思成突然收到了署名「東亞共榮協會」的請柬，邀請他出席會議並發表對「東亞文化共榮圈」的看法。梁思成深知日本人已經注意到自己的身分和在北平文化界的影響，要想不做和日本人「共榮」的漢奸，就必須立即離開北平。於是，他與愛妻林徽因一面聯繫可結伴流亡的清華大學教授，一面盡快收拾行李，準備第二天出城。

正在這時，清華大學物理系教授趙忠堯突然來到梁家，神色緊張地對梁說自己剛從外地潛回北平，有約五十毫克放射性鐳還在清華實驗室的保險櫃中，這是自己從英國劍橋大學卡文迪許實驗室學成歸國時，盧瑟福博士出於對中國的好意而特別贈予的。

為了這一份全世界都禁運的極其珍貴的高能物理材料，趙忠堯歷盡艱難險阻，終於把它帶回祖國。如今北平淪陷，日軍已進入清華園，如果這個東西落到日本人之手，後果不堪設想。為此，趙忠堯想起梁思成這位「鐵桿」校友有一輛雪佛蘭牌小轎車，決定找梁幫忙，一同進入清華園，搶救出這份關乎國家民族未來發展的科學珍寶。

梁思成聽罷，立即答應冒險一試。黃昏時分，梁、趙二人開車出城，冒著被日本軍隊和隨日本人來到中國的高麗浪人打劫的危險，一路狂奔駛入清華園，進入顯然是被日軍騷擾過，散亂不堪、人去樓空的實驗室，在特殊偽裝的角落將盛裝鐳的鉛筒啟出。二人藉著朦朧的夜色，驅車駛出已變得陰森恐怖的清華園，躲過日軍的盤查，伴著「咚咚」心跳，返回城中。

趙忠堯在一個偏僻的胡同下車後，攜帶這份珍寶悄然隱入夜幕不見蹤影。梁思成將車開回家中，顧不上吃飯，與林徽因一道收拾家什。倉皇中，除了必須攜帶的幾箱資料和工作用品，生活方面只帶了幾個鋪蓋捲和一些隨身換洗的衣服，其他所有東西包括梁思成心儀的小轎車，不管貴重與否，只好採取國民政府對待營造學社的政策，一概「棄之不顧」了。國破家亡，英雄末路，心中自有說不出的悽楚與愴然。在休息的空檔，林徽因拿出紙筆，給她的美國好友費慰梅寫了一封告別信：「思成和我已經為整理舊文件和東西花費了好幾個鐘頭了。沿著生活的軌跡，居然積攢了這麼多雜七雜八！看著這堆往事的遺存，它們建立在這麼多的人和這麼多的愛之中，而當前這些都正在受到威脅，真使我們的哀愁難以言表。特別是因為我們正淒慘地處在一片悲觀的氣氛之中，前途渺茫……」[17]

一九三七年九月五日凌晨，梁思成夫婦攜帶兩個孩子和孩子的外婆，與清華大學教授金岳霖及另外兩位教授走出了自己的住所——北總布胡同三號院大門。眾人行色匆匆，許多往事已來不及細想與回憶，時間的分針秒針走過心頭猶如針刺，臨上車的一瞬，多愁善感的林徽因，心像被什麼東西拽了一把，一陣酸痛襲過，淚水奪眶而出。她知道，這一別，不知何時才能回到心愛的故園。儘管此前醫生曾經有所警告，說她的身體難以承受千里奔徙的顛沛流離之苦，但林徽因只有面對嚴酷的現實，無奈中悲戚地答道：「我的壽命是由天的了！」

天地茫茫，江山蒼黃，不只是林徽因的壽命由天決定，一旦離開了與自己相伴了十幾年的居所，梁家五口的命運之舟也只有隨波逐流，聽陰曹地府的閻王爺，甚或哪個主事的判官、小鬼來打發處置了。

林徽因與女兒梁再冰、兒子梁從誡在北平北總布胡同三號家中。

這個時候北平的情形是：東面有日本傀儡「冀東防共自治政府」偽軍萬餘人駐守；北面的熱河集結著大量日本關東軍；西北面的察哈爾有偽蒙軍約四萬人駐防。三面受困的北平只剩下向南的一條通道——平漢鐵路，而這條緊挨盧溝橋的交通大動脈，由於戰爭爆發被切斷。流亡的路，只有從北平乘車到天津，轉水路繞道南下。許多年後，梁林夫婦的兒子，當時只有五歲的梁從誡道出了淒風苦雨中離別北平的情形：

臨行那天應是一個特別悲涼的場面，但我什麼都不記得了，倒記住了在去天津的火車上，坐滿了全副武裝的日本兵，我們竟然和他們擠在一節車廂裡。爹爹閉著眼在那裡假寐，我卻極有興趣地在那裡觀察日本兵手裡的「真槍」，一個日本兵衝我笑笑，還招招手。我就挨了過去。他讓我摸摸他的槍，正在我十分興奮的當兒，只聽見背後一聲怒吼：「小弟，回來！！」一回頭，爹爹正怒不可遏地瞪著我。我不知道自己做錯了什麼，嚇得半死，不敢再看那個日本兵，趕緊擠回媽媽身邊。就這樣，我們告別了北總布胡同三號。[18]

到達天津後，梁思成一家和清華的金岳霖等稍事休整，然後乘聖經號輪船到青島，再經濟南、鄭州、漢口，最後到達長沙。在天津上船前，梁思成無法預料自己和家人的前途命運，遂把他此前用英文寫就的幾篇關於發現古建築的學術論文與林徽因寫的信一同寄給美國的朋友費慰梅，請她設法把自己的心血之作在國外發表，並附上一張紙條，說：「發生了這麼多事，我們都不知道從何說起。總之我們都平安，一個星期前我們抵達天津，打算坐船到青島，從那裡途經濟南，去到換車船不超過五次的任何地方——最好是長沙，而這期間盡可能不要遇上空襲。等到戰爭打贏了，我們就可以結束逃難生涯。」[19]

輪船鳴笛啟航，站在聖經號甲板上的梁思成一家，眺望漸漸遠去的陸地與岸邊的點點漁火，一定沒有想到他們到了長沙之後再轉昆明，最後輾轉到一個未曾聽說過的地方——四川南溪李莊隱居下來。他們或許認為中國很快會打贏這場戰爭，自己也會很快隨之返回留下了無數人生美好與溫馨記憶的故園。但正如此時同他們一道站在甲板上，眼望浪花翻騰、海鷗飛舞的寶貝兒子梁從誡在許多年後所說：我的父母「也許沒有料到，這一走就是九年。此時他們都年輕、健康、漂亮，回來時卻都成了蒼老、衰弱的病人」。[20]

且將懷想寄清風，明月依依送遠客。慘澹的星光照耀下，梁思成一家與金岳霖等隨船到達青島，爾後轉乘火車向濟南駛去。經過近二十天的奔波，總算到達了長沙。按照老金致費慰梅信中的說法，「一路上沒出什麼大岔子，不過有些麻煩已經夠難應付了。我們繞來轉去到了漢口，最後總算到達長沙，這時已是十月一日了。聯合大學十一月一日開學」。[21]

身體本來單薄、瘦弱的林徽因，經過近一個月的顛沛流離，早已疲憊不堪，剛剛抵達長沙，就患病發燒，只好暫借朋友處休息。待病情稍有好轉，梁思成奔波幾天，總算在火車站旁租到了一棟二層樓房上層的三間作為全家的棲身之所。

此時，流亡的北大、清華、南開等高校的學生、教授及部分家屬，幾經輾轉紛紛來到長沙，相聚於這個對大多數人來說十分陌生的地方。大家相互見面，自是感慨多多，當初在北平夜幕中與梁思成分手的趙忠堯，把盛裝鐳的鉛筒放在一個鹹菜罈子裡，夾雜在逃難的人群中向長沙進發。為躲避日本軍人與偽軍的盤查，他絞盡腦汁，晝伏夜行，一路風餐露宿，幾乎丟掉了所有的行李，只有手中的鹹菜罈子與他形影不離，雙手磨出了道道血痕。當破衣爛履、蓬頭垢面的趙忠堯，在離北平一個多月後，拄著一根木棍，手提鹹菜罈子，晃晃悠悠地來到臨時大學辦事處報到時，工作人員認為是一個乞丐未加理睬。待這個「乞丐」將罈子慢慢放下，聲稱要找梅校長單獨說話時，梅貽琦正從內室出來送客。趙忠堯一聲低沉沙啞的「梅校長」，梅貽琦先是一驚，繼而淚水湧出了眼眶……

趙忠堯得知梁思成、林徽因一家已抵達長沙，專程登門看望和拜謝，其間遇到了梁家的許多朋友和清華的熟人。這些來自淪陷區的朋友相聚一堂，除了尋找一點家庭的溫暖，更多的是懷著抗戰的熱情與對淪陷區親人的牽掛，抒發胸中塊壘，預測戰爭局勢和中國的未來。大約十幾天後的一個傍晚，兩位從南京來的學者又主動找上門來，梁思成夫婦一看，大為驚喜。來人一是老友李濟，一是自己的弟弟梁思永。在這戰火連綿、危機四伏的異地他鄉，思成、思永兄弟相見，手足之情自不待言。而梁思成夫婦與李濟的會面，亦非一般朋友故舊可比，雙方自是百感交集，別有一番滋味在心頭。

三、大師雲集清華園

站在面前的李濟，與梁氏家族兩代人有著非同尋常的淵源，其深厚的友誼肇始於清華國學研究院。

一九二一年初，北京大學在蔡元培校長積極倡導下創建研究所國學門，蔡元培親任所長，由國學大師章太炎的門生、北大教授沈兼士任國學門主任。所聘教授除本校名師，還聘請社會上名聲顯赫的鴻學碩儒羅振玉、王國維為通信導師。此舉開創了在大學校園內設立研究機構專門研究學問的先河，一時為天下儒林所重。與北大同為北方教育重鎮的清華學校，自一九一一年建立後，其體制只是作為一所普通的留美預備學校設置，學生進入清華園，主要學習英文和一些歐美文化知識，中國傳統文化知識相對薄弱。[22]眼見蔡元培把北大國學門搞得紅紅火火，清華學校教授與社會各界有識之士，不斷發出清華亦應仿效北大，增強國學教學研究，以傳播民族文化香火於天下的籲請。

在各方鼓譟和社會大潮湧動中，一九二四年初，清華學校當權者報請政府批准，欲正式「改辦大學」，校長曹雲祥專門函請周詒春、胡適、范源濂、張伯苓、張景文、丁文江等六位名重一時的學術教育界大腕擔任清華大學籌備處顧問。六人中，除前任清華校長周詒春婉言未就，其餘五人均接聘。這年十月，根據清華大學籌備委員會草擬的組織綱要，決定在籌建大學部的同時，籌備創建研究院。由於財力、人力、研究方向等諸方面限制，經過多次商討、斟酌，最終決定研究院先設國學門一科，也就是後來被社會廣泛稱謂的國學研究院。培養目標是「訓練以著述為畢生事業的國學研究人才」，[23]學科範圍包括中國歷史、哲學、文學、語言、文字學，同時吸收歐美、日本等國際學術前沿的積極成果，重建中國傳統學術之魂。

清華學堂（1917-1919）

重修後的原清華大學校門，現稱為「二校門」。（作者攝）

計畫既定，清華校長曹雲祥即動員早在一九一七年就「暴得大名」的北大教授胡適到清華國學研究院主持院務。尚不算糊塗的胡適立即推辭，表示只做顧問不就院長，並建議曹校長根據中國學界的優秀傳統，採用宋、元時代書院的導師制，兼取外國大學研究生院學位論文的專題研究法來辦研究院。曹校長深以為然，表示請胡氏出任導師，廣招天下士子名流，親身示範，綿延中國文化血脈。但此時的胡適沒敢忽視王國維、梁啟超等諸前輩那「高山仰止」的國學氣勢和學界泰斗的真實存在，以及王、梁等人作為文化崑崙在天下儒林所展現的高山之高、大師之大的偉岸身影，他再次清醒又謙虛地說道：「非一流學者，不配做研究院導師，我實在不敢當。你最好去請梁任公（啟超）、王靜安（國維）、章太炎（炳麟）三位大師，方能把研究院辦好。」[24]

一九二五年二月，在曹雲祥校長主持下，清華學校國學研究院籌備處鳴鑼開張，聘請由美國哈佛大學歸國的一代名士吳宓主持研究院籌備處事宜。自此，吳宓開始協助校長曹雲祥積極物色延聘國內精博宏通的國學大師來院執教。[25]

按照當初胡適的建議，曹雲祥讓吳宓拿著自己簽發的聘書前往幾位大師居處一一聘請。時年四十九歲的王國維（號觀堂），作為清王朝最後一位皇帝——溥儀的「帝師」，自然屬於舊派人物（南按：王曾任清宣統朝五品銜南書房行走職）。半年前，王國維因不滿北大國學門沈兼士等人的一些做法，憤然辭去通信導師一職。一九二四年秋，直系軍閥將領馮玉祥率部在與奉系軍閥張作霖、張學良父子的戰爭中，中途倒戈，悄然拉著隊伍從前線回到北京，發動了著名的「北京政變」。馮玉祥下令將國民政府總統曹錕囚禁，未久又把清朝末代皇帝溥儀驅逐出紫禁城，取消國民政府對皇室的一切優厚待遇。一九二四年十一月五日上午，馮玉祥擅自派出的國民軍包圍了紫禁城，宣布廢止對清王室優待條件的函文，限令清遜帝溥儀三個小時內搬出皇宮。仍以皇帝自居的溥儀看了函告，驚惶失措，在軍隊脅迫下，召開了最後一次「御前會議」，交出了皇帝印璽，收拾了私物，遣散了太監和宮女。當天下午，被監護離開皇宮紫禁城，搬到後海甘水橋生父的居處醇王府暫避鋒芒。

溥儀被逐出宮，王國維的南書房行走差事自然也化為泡影，王氏只好在家著書度日。正在這樣的節骨眼上，曹雲祥校長託胡適向王國維轉交一封非正式的印刷體聘書，並讓胡對王就研究院性質與教授程序做一番解釋說明。王氏生怕機關中人事傾軋，本不欲就聘，後經胡適說和，加上胡又動用自己的汽車專門拉著王國維到清華園轉了一圈，王始有進清華的念頭。

此次吳宓再次登門，對王國維這位晚清遺老的生活、思想習性專門做過一番了解研究，計定了對付方法，力爭一舉成功。待吳到了北京城內地安門織染局十號王國維住所後，採取入鄉隨俗策略，先行三拜如儀大禮，然後再提聘請之事。此招令王國維深受感動，覺得眼前這個吃過洋麵包的年輕人很尊重自己，心中頗感痛快。王氏「事後語人，彼以為來者必係西服革履，握手對坐之少年。至是乃知不同，乃決就聘」。[26]吳宓的一番心思總算沒有白費。

決定就聘的王國維，覺得這樣重大的工作調動，應該稟報「皇上」，看「上面」是否「恩准」，再最後決定行止。於是，王氏在家中吭吭哧哧地憋了些時日，硬著頭皮偷偷摸摸地跑到天津張園見到前清遜帝溥儀，在「面奉諭旨命就清華學校研究院之聘」[27]後，才放下心來，收拾行李，於四月十八日，攜家遷往清華園古月堂居住（秋遷入西院十六、十八號），就任國學研究院教授之職。

身材瘦小的王國維，臉龐黑黃，八字鬚，頭戴瓜皮帽，身後拖著一根豬尾巴狀的小辮子，一副頹喪委靡的樣子，屬於現代文學與影視作品中塑造的典型的清朝遺老形象，看上去不是很酷，且有些醜陋。當年與王相識的魯迅曾說他「老實到像火腿一般」，[28]胡適也曾直言不諱地說王國維「人很醜，小辮子，樣子真難看，但光讀他的詩和詞，以為他是個風流才子呢！」[29]正應了那句「人不可貌相，海水不可斗量」的古訓，此人肚子裡的學問，可謂如江河湖海，浩瀚無涯，並世罕有其匹。

一八七七年出生於浙江海寧的王國維，早年立志研究哲學、美學，繼而詞曲，通過自己的天才加勤奮，精通英文、德文、日文等多種文字，對西方哲學、美學、文學，特別是蘇格拉底、柏拉圖、亞里斯多德及後世的叔本華、尼采等大師的思想理論，有獨特的研究和深刻洞見。憑藉「獨上高樓，望盡天涯路」「衣帶漸寬終不悔」的求學治學精神，王氏經過多年苦心鑽研，終成利用西方文學原理批評中國舊文學的第一人，對宋元戲曲史的研究更是獨樹一幟，達到了「驀然回首，那人卻在，燈火闌珊處」，只可意會不可言傳的神奇境界。[30]一九〇六年，王國維所著〈教育之宗旨〉一文，首次提出「美育」一詞，在中國教育史上第一個宣導德、智、美、體四育並舉的教育理念，明確提出教育之宗旨為培養「完全之人物」，為中國現代教育理論的創建做出了劃時代的貢獻。辛亥革命後，王國維隨亦師亦友的清朝遺老、古文字學家羅振玉避居日本，開始隨羅專治經史、古文字學、考古學，先後在歷代古器物、甲骨鐘鼎、齊魯封泥、漢魏碑刻、漢晉簡牘、敦煌唐寫經，以及殷周秦漢古史的考釋研究領域取得了驚人成就。最驚世駭俗和令人欽佩的，是對出土甲骨文與傳世金文的研究成果。通過對殷墟出土甲骨文研究這一視若生命的追求，王國維最終以不足五十公斤的瘦弱之軀，借助思想學術的浩然銳氣，轟然撞開了迷蒙遁隱幾千年的殷商王朝大門，使中國有文字可考的歷史，一下子向前延伸了近一千年。王國維也因這一具有里程碑意義的劃時代學術貢獻，一舉成為甲骨學的鼻祖和「新史學的開山」（郭沫若語）。後世評價王國維學問之博大精深，有「幾若無涯岸之可望，轍跡之可尋」（陳寅恪語）的高度讚美。一九二二年八月二十八日，胡適在日記中寫道：「現今的中國學術界真凋敝零落極了。舊式學者只剩王國維、羅振玉、葉德輝、章炳麟四人。其次則半新半舊的過渡學者，也只有梁啟超和我們幾個人。內中章炳麟是在學術上已半僵化了，羅與葉沒有條理系統，只有王國維最有希望。」[31]

此時的胡適雖然有點謙虛地把自己大名列入「半新半舊」的圈子之內，但就他的國學功底與成就而言，與王國維相較，不能說無法望其項背，至少是不能與王國維齊肩並立，更談不上與其匹敵。就「究天人之際，通古今之變，成一家之言」這一學術框架和標高論，自兩千多年前偉大的史學之祖司馬遷與世長辭，過了一百多年才出了班固；班固死後五十多年出了荀悅；荀悅死後過了二十多年出了陳壽。陳壽死後七百多年，直到十一世紀才出了歐陽修、司馬光及其助手劉恕和范祖禹。十二世紀出了鄭樵。鄭氏死後五百餘年，到十八世紀才出了趙翼、錢大昕、王鳴盛、全祖望、章學誠等幾位名家。繼趙、錢、王、全、章等人死後約百年，才有曠世天才王國維橫空出世。而王氏不僅「古史及文字考證之學冠絕一世」（吳宓語），其學問博大精深，是繼魏晉時期寫出不朽名著《三國志》的大史學家陳壽死後一千六百多年來，歷代史學名宿所不能匹敵的。正是有了如此偉大的創舉，後人遂有「不觀王國維之學問，不知大師之大，高山之高」的名言警句。

王國維到校後，鑑於他如雷貫耳的顯赫聲名，曹雲祥校長請其出任國學研究院院長一職，王氏卻以「院長須總理院中大小事宜，堅辭不就，執意專任教授。曹雲祥校長復請吳宓任之，吳乃允就主任之職」。[32]與王國維處事風格不同，時年五十三歲的梁啟超一見吳宓送達的聘書，極其痛快地欣然接受。

梁啟超此舉，不是一時興起，而是有其深厚的歷史淵源。當時北平學界幾乎盡人皆知，梁氏與清華學校有著相當長的密切關係與感情，而梁家的三位公子又先後求學於清華學校。梁啟超長子梁思成，一九一五年入學，一九二三年畢業，次年留學美國賓夕法尼亞大學；次子梁思永，一九一六年入學，一九二四年畢業後留學美國哈佛大學；三子梁思忠，一九一八年入學，一九二六年畢業後留學美國，步入著名的西點軍校。梁啟超本人於一九一四年前後，曾數次來清華學校做「名人演講」，開始與清華建立起真摯的感情與友誼。晚清至民國初年的梁啟超不僅是名滿天下的國學大師，還是一位具有世界聲譽的「言論界的驕子」和「輿論界的權威」，他那宏闊深邃的思想、詞鋒如劍的演說，如一道道耀眼刺目的閃電，在昏沉沉的中國放射出灼人的光芒，無論是他主辦《時務報》時期、《新民叢報》早期、反對袁世凱稱帝時期，還是反對張勳復辟時期，其思想鋒芒皆具有氣貫長虹、移山填海的浩浩威勢，袁世凱的「太子」，曾野心勃勃想當皇帝接班人的袁克定，曾公開坦承梁啟超是一位罕見的領袖名流，並有「得渠一言，賢於十萬毛瑟也」[33]的讚許。許多年後，已成為文學家、名教授的梁實秋在回憶清華求學時代聆聽梁啟超某次演講時說：「在一個風和日麗的下午，高等科樓上大教堂裡坐滿了聽眾，隨後走進了一位短小精悍禿頭頂寬下巴的人物，穿著肥大長袍，步履穩健，風神瀟灑，左右顧盼，光芒四射，這就是梁任公先生。他走上講臺，打開他的講稿，眼光向下面一掃，然後是他極簡短的開場白，一共只有兩句，頭一句是：『啟超沒有什麼學問——』眼睛向上一翻，輕輕點一下頭：『可是也有一點嘍！』這樣謙遜同時又這樣自負的話是很難得聽到的。」又說：「那時候的青年學子，對梁任公先生懷著無限的景仰，倒不是因為他是戊戌政變的主角，也不是因為他是雲南起義的策畫者，實在是因為他的學術文章對於青年確有啟迪領導的作用。過去也有不少顯宦以及叱咤風雲的人物蒞校講話，但是他們沒有能留下深刻的印象。」[34]

梁啟超五十四歲時留影

對這一歷史因緣，梁啟超曾自言「我與清華學校，因屢次講演的關係，對於學生及學校情感皆日益深摯」。[35]除了演講，梁氏還不時來清華休假「小住」，著書立說，並對國學的前途有所關注。他在一次校方組織的教授座談會上直言不諱地說：「清華學生除研究西學外，當研究國學。蓋國學為立國之本，建功之業，尤非國學不為功。」[36]因有了這樣的感情與私誼，梁啟超常在清華兼課和講演。一九一四年，即清華建校三周年之際，梁氏親赴清華演講，講題名為「君子」，他用《周易》中兩句關於「君子」中乾坤二卦的卦辭做發揮，以此激勵清華學子發憤圖強：「乾象言，君子自勵，猶天之運行不息，不得有一暴十寒之弊。且學者立志，尤須堅忍強毅，雖遇顛沛流離，不屈不撓……坤象言，君子接物，度量寬厚，猶大地之博，無所不載，君子責己甚厚，責人甚輕……」在闡發「天行健，君子以自強不息；地勢坤，君子以厚德載物」的君子「大道」後，梁啟超明確提出：「他年遨遊海外，吸收新文明，改良我社會，促進我政治，所謂君子人者，非清華學子，行將誰屬？深願及此時機，崇德修學，勉為君子，異日出膺大任，足以挽既倒之狂瀾，作中流之砥柱。」[37]梁氏江河狂瀉、中流砥柱般的演講，在清華師生心靈深處打下了深深的烙印，並對清華學校優良學風和校風的養成產生了巨大而深遠的影響。後來，清華大學校委會決定把「自強不息，厚德載物」定為校訓並鐫刻在校徽上，以勵師生。自此，內含真正「強大」「不息」玄機奧祕的八字校訓，如同一座高聳的路標，昭示著清華師生前行的方向。

正因為有了如此深厚的歷史淵源和情感交結，梁啟超接到聘書之後立即萌動了應聘之心。當然，除了梁氏與清華在感情上的瓜葛，還有另外一個插曲。這便是，出於對國學的摯愛和對國學發揚光大的目的，此時梁啟超正準備在天津籌辦一個專門用來培養國學人才的「文化學院」，正在他苦其宏願而總不得實現之際，清華國學研究院鳴鑼開張且適時來聘，於是便有了梁啟超放棄舊構，欣然前往的抉擇。

王、梁二位大師應聘後，按當初胡適的提議，清華方面欲聘另一位名蓋當世、為天下士子服膺的大師，外號「章瘋子」的章太炎前來聚會。但自視甚高，目空天下士，且素與梁啟超不睦的章氏，不願與王、梁二人共事。因為章氏在日本時，常和梁啟超為「革新改良」還是「革命共和」等社會政治問題打筆墨官司；另外，章太炎公開反對世間有甲骨文之說，他認為無論是社會上流傳的還是安陽殷墟出土的甲骨文，都是奸商們鼓搗的假冒偽劣產品，信它就是替騙子張目的妄人，而王國維恰是以研究甲骨文並從中發現了殷商先公先王名號而聞名於世的。鑑於這眾多的瓜葛，章瘋子得此禮聘，「瘋」勁頓起，拒聘不就，當場把聘書摔到地上並踩了幾腳，表示決絕之態度。自此，章太炎失去了在清華園一試身手的機會，清華園失去了一位儒林宗師。[38]

國學研究院既開，僅王、梁二位導師顯然不足以應付各科學業，於是，清華教務長張彭春積極薦舉與他同期留美，時年三十四歲，才華超群，號稱「漢語言學之父」的哈佛博士趙元任前來任教。曹校長聞知，欣然同意，立即發電聘請。身為國學研究院主任的吳宓，一看張彭春薦了自己的同學，也不失時機地向校長曹雲祥強力推薦自己在哈佛讀書時的同學，時正在德國柏林大學研究院攻讀的史學奇才，三十七歲的陳寅恪前來清華擔當導師之職。經過吳宓的力薦與梁啟超、王國維的共同用力，曹校長在反覆權衡之後，終於同意，並由吳宓電請陳寅恪歸國就聘。——這就是當年令天下學界為之震動，被後世廣為流傳並影響深遠的清華國學研究院「四大導師」。

清華校方為聘請「四大導師」任教，可謂不遺餘力，其中一個被後世廣為稱道的鮮明特點是，重視真才實學，不慕虛名，不輕信文憑。在「四大」之中，只有趙元任一人懷揣美國哈佛大學博士學位證書，而王、梁、陳等三位，均無博士、碩士頭銜，較為年輕的陳寅恪連個學士學位也未拿到。梁啟超的「文學博士」稱號，則是他到清華國學研究院任教之後由美國耶魯大學贈予的。儘管頭上沒有金光閃閃的博士帽子，但三位卻學貫中西，堪稱當之無愧的學術大師。陳寅恪放洋十幾載，於哈佛、柏林等美國和歐洲名校轉過一遍，終未能揣一張博士文憑回來，完全是為求知而讀書。[39]當年在哈佛大學讀書的中國學子，陳寅恪、吳宓、湯用彤等三人被譽為「哈佛三傑」，[40]鋒頭強健，為同輩所矚目。而陳寅恪更是人中之龍，其學問之廣博精深，已達到了出神入化的奇境，為學術界推崇備至。至於清華園內新來的「四大教授」或「四大導師」稱號最先由誰呼起，研究者已難考證，據趙元任夫人楊步偉回憶：「『四大教授』這個稱呼，不是我們自謅的，這實在是張仲述找元任時信上如此說，第一次見面也是如此說。而校長曹雲祥開會時也是如此稱呼的……其實正式名稱是『四位導師』。」[41]

留學柏林大學時的陳寅恪

緊隨這「四大」之後進入國學院的另一位導師，就是後來被譽為中國人類學和考古學之父的年輕「海龜」李濟。

一八九六年六月二日生於湖北鍾祥縣的李濟（字濟之），四歲即入書房，從一個表叔開始念「盤古首出，天地初分」之類的古書。一九〇七年，李濟隨時為清朝內務府小京官的父親進入北京兩個著名中學之一——南城的五城中學（北師大附中前身）讀書，十四歲考入清華學堂，一九一八年畢業後留美。

李濟留美的這一年，與他同船離開上海浦江碼頭的一批官費、自費留學生與考察人員中，有後來成為教育部長的朱家驊，清華大學理學院院長葉企孫，著名學者董時進、張道宏、查良釗、劉叔和，詩人徐志摩，還有一個同船赴美籌備造反事宜的一代美男兼職業革命家汪兆銘（精衛）。船抵舊金山，李濟與諸友分手，同徐志摩等幾人進入麻薩諸塞州伍斯特城的克拉克大學就讀。李與徐同居一幢公寓，後同居一室，二人由此結下了深厚友誼。李主攻心理學，徐讀財政、銀行學專業。一年之後，徐志摩轉赴紐約哥倫比亞大學攻讀政治經濟學（一九二〇年暑期後轉赴倫敦），李繼續留在克拉克大學作為研究生攻讀社會學，並於一九二〇年獲碩士學位，同年轉入哈佛大學攻讀人類學專業，成為當時哈佛大學人類學研究院唯一的外國留學生，同時也是哈佛創建以來這個專業中最早到校的唯一研究生。哈佛三年，李濟隨具有國際威望的人類學大師胡頓（E. A. Hooton）、羅蘭・B・狄克森（Roland B. Dixon）等教授，「利用民族學的一個觀點，也就是中國歷史上所指的中國與夷狄的說法，把中國的歷史材料做一種分析」，進一步弄清整個中國民族是怎麼形成和移動的，「這個最突出的現象」。[42]

一九二三年，李濟以他那凝聚了三年心血的〈中國民族的形成〉論文獲得哈佛大學哲學（人類學）博士學位，此為第一位中國人獲此殊榮。這一年，李濟二十七歲。

獲得博士學位的李濟旋即收拾行裝，告別了風景秀麗的查理斯河畔和浸潤著自己三年青春汗水的哈佛校園，踏上了歸國之路。一隻意氣風發的「海龜」，懷揣滿腔熱血，穿過波湧浪滾的浩瀚大洋，攜西學文化的新風與銳氣，精神抖擻豪氣飛揚地爬上了黃土凝成、板結乾裂的遠東大陸，回到了賦予他青春和夢想的故都北京。此時的「海龜」與若干年後作為新生代的「海龜」或者「假洋鬼子」皆有較大不同，在李濟的夢想裡，有成就一位學術界大師的心願，卻沒有撈個大官或弄個百萬富翁或千萬大亨的追求。從徐志摩於哥倫比亞大學致李濟的信中可以看出，這個被徐稱作「剛毅木訥，強力努行，凡學者所需之品德，兄皆有之」的「老兄」，[43]心中裝填的是「新文化，科學救國，振興民族」等一類理想與抱負。這一鮮明的時代特徵，正如若干年後李濟所說：「那時的留學生，沒有一個人想在美國長久地待下去，也根本沒有人想做這樣的夢。那時的留學生，都是在畢業之後就回國的。他們在回國之後，選擇職業的時候，也沒有人考慮到賺多少錢和養家餬口的問題。我就是在當年這種留學風氣之下，選擇了我所喜愛的學科——人類學。」[44]

回國後的李濟在一位名叫淩冰的美國克拉克大學時期結識的學長舉薦下（南按：時淩擔任南開大學部主任，一說教務長），接受天津南開大學校長張伯苓之聘，先是擔任人類學、社會學兼及礦科教授，第二年兼任文科主任。其間，由於礦科專業的關係，結識了當時中國著名的礦物學家、地質學家翁文灝，並通過翁結識了在李濟人生旅途上具有重要轉折意義的國際級地質學大師丁文江（字在君），二人成為終生摯友。

丁氏作為曾在歐洲劍橋、格拉斯哥等大學求學七載，並於一九一一年辛亥革命爆發時歸國的老字號「海龜」，此時已取得了中國地質界的領袖地位，擔任中國地質學會祕書長，對田野考古發掘和野外收集資料頗為熱心。正在這個時候，河南新鄭古墓出土一批青銅器的消息傳到北平，引起了學術界注意，丁文江得知，立即鼓勵李濟親自到那裡做些發掘工作，並籌了兩百塊錢作為發掘經費，另外派了地質調查所譚錫疇作為李的助手協助工作。

李濟接受了丁文江的好意，於一九二三年秋赴河南新鄭做了第一次試探性小規模考古發掘，由於土匪搗亂與當地土著不合作，加上墓葬幾乎被盜墓賊盜掘一空，發掘收穫不盡如人意。李濟自覺有「失敗」之感。正是這次「失敗」，使年輕的李濟從具體實踐探索中積累了可貴的田野工作經驗，並有簡短的英文報告〈新鄭的骨〉一文問世。按李濟的說法：「由這些無數的寶貴經驗中，我們可以深切體會到丁文江先生對我們的一番苦心。」自此，李濟邁出了由人類學家向考古學家轉變的第一步。這一步在中國考古學史上的意義，正如許多年後美國太空人阿姆斯壯在走下飛船舷梯，邁向月球加里加特梯死海之時，對地球人類說出的那句永垂不朽的名言：「這是我的一小步，卻是人類的一大步。」正因了李濟在新鄭發掘的第一步，具有科學性質的考古學大幕在中國遼闊的大地上轟然開啟，神祕的東方古代文明之門再度洞開，整個地球人類

在南開大學任教時的李濟（李光謨提供）

將隨著中國田野考古發掘一步步推進和豐碩成果的展示，為遠東大陸如此不可思議的高度發達的古代文明而驚歎。

一九二四年，美國華盛頓史密森學會弗利爾藝術館（The Freer Gallery of Art），派畢士博（C. W. Bishop）率領一個代表團到中國進行考古發掘和研究，鑑於李濟在學術界日漸顯赫的名聲，以及他在中國近現代考古學史上邁出了關鍵性一步的機緣，畢士博代表團駐北京團部寫信至天津南開大學，邀請李濟加入他們的工作隊，共同進行田野考古發掘工作。李濟接信後，頗為躊躇，最後在丁文江支持下，決定與對方合作。他在給畢士博的回信中首先提出了當時並沒有多少人意識到，但卻關乎國家與民族大義的兩個至關重要的條件：

一、在中國做田野考古工作，必須與中國的學術團體合作。

二、在中國掘出的古物，必須留在中國。

畢士博接信後，立即回華盛頓向他的上司——弗利爾藝術館館長洛奇彙報，並將李濟讚揚一番，終於達成一致意見。不久，李濟收到畢士博的回信，稱：「我們可以答應你一件事，那就是我們絕不會讓一個愛國的人做他所不願做的事。」[45]李濟對這個答覆很滿意，於是辭去南開大學教職，於一九二五年初，加入畢士博等人的行列。李濟所提的兩個合作條件，開創了「既維護主權，又公平合作」，利用外資搞科研的先河，直接的收益不僅為後來著名的「殷墟第二、三次發掘的資金問題的解決」打下了基礎，更重要的是，為後來中國學者與外國

1925年冬，清華國學研究院教師合影。前排左起：李濟，王國維，梁啟超，趙元任。後排左起：章昭煌，陸維釗，梁廷燦。時陳寅恪尚未到校。（轉引自《清華年刊》1925年26期）

學者的國際性合作樹立了堅實穩定的座標。

李濟加入畢士博考古工作隊不久，清華國學研究院招聘天下一流人才的計畫開啟，作為籌備處顧問的丁文江建議李濟去研究院，一邊任教一邊做研究工作，並把情況介紹給老朋友梁啟超。梁啟超深以為然，二人共同出面向清華校長曹雲祥推薦，曹一聽李是哈佛博士，且正與美國人合作田野考古發掘項目，當場表示這樣的人才實在難得，趕快請進清華園。於是，時年二十九歲的李濟，以講師的身分出任國學研究院導師。

一九二五年六月十五日，清華校長曹雲祥正式宣布國學研究院教職員名單：

教授：王國維、梁啟超、趙元任、陳寅恪；

講師：李濟；

助教：陸維釗（同年九月辭職，由趙萬里接任）、梁廷燦、章昭煌；

主任：吳宓；

事務員：衛士生；助理員：周光午。

如此精簡幹練的教職員陣營，頗為校內外同人稱讚，向來以木訥寡言著稱的王國維更感欣喜，認為此舉正合他早年關於治校之論述：「一校之中實行教授之人多，而名為管理之人少，則一校之成績必可觀矣！」[46]可惜的是，王氏此言，在日後的清華與全國教育界被視為㪍屣和歪理邪說被無情地扔到垃圾堆中，代之而起的是一個龐大的官僚體制和管理隊伍控制的大學，其辦學成績自可想見。

從清華國學研究院整個聘任過程可以看到，由於當時中國學術界人數，特別是有名望的「海龜」不可多得，學者間的相互推薦和學者出身的校方負責人之認同，發揮了交疊影響和作用。就整個導師隊伍論，此時的李濟雖有大師的身價，並且是研究院的五位導師之一，但後世士林卻沒有把他與王、梁、陳、趙「四大導師」並列而成為「五大」，究其原因，表面上看是他沒有前「四大」的教授頭銜，其實內中還有更多複雜的原因與詳情，而這些詳情隨著歲月的流逝逐漸模糊淡遠，成為後來剪不斷、理還亂的一樁歷史公案。[47]

四、梁啟超與李濟的友誼

李濟以大師的身價、講師的頭銜做了清華國學研究院導師，擔任的課程先後有普通人類

1921年10月，瑞典地質學家安特生與中國地質學家袁復禮在仰韶村野外調查時所攝。左起：袁復禮，安特生，老王，村長兼當地福音牧師。

學、人體測量學、古器物學、考古學等，其間還主持了一個考古學陳列室並兼任歷史系教授。令人稍感遺憾的是，在清華任教期間，李濟重點指導的研究生只有一個半。一個是後來中國龍山文化和南詔文化的發現者，著名考古學家吳金鼎；另半個是後來成為著名古文字學家的徐中舒。因徐氏主要從王國維研讀古文字學與殷周民族史，故在李濟的名下只能算半個。

在清華的日子，李濟與各位教授關係融洽，但走得最近的則是比自己大二十三歲的梁啟超，不僅緣於梁對李進清華有推薦保舉之恩，主要是二人對近現代田野考古這門新興學科具有相同的眼光和熱情。梁啟超是最早介紹西方考古學理論、方法，並系統總結中國傳統金石學成果，極富遠見卓識的史學大師，也是一位非常重視遺址搜尋和田野發掘的熱心倡導者。此時的梁啟超正擔任著中國考古學會會長。而李濟則是一位血氣方剛，朝氣蓬勃，渾身透著西方文明浸染的富有科學知識與理念的青年才俊，用他自己的話說，像「剛出籠的包子」，熱氣騰騰，許多想法都與梁啟超一拍即合，二人遂成亦師亦友的莫逆之交。由於梁、李都極為重視田野考古發掘所取得的第一手材料，李濟進入研究院後，在梁啟超的鼓動和弗利爾藝術館畢士博的支持下，即著手讓考古人類學這門新興學問突破厚重的清華園圍牆，把教研課堂搬到田野之中，放開手腳做一番實實在在的現代學術事業。於是，便有了李濟在中國考古史上具有里程碑性質和決定未來田野考古學這門學問路徑走向的山西考古之旅。

一九二六年二月五日，李濟與地質學家——曾隨瑞典著名學者安特生發掘聞名於世的仰韶文化的袁復禮同赴山西，沿汾河流域到晉南做考古調查。[48]其間發現了幾處新石器時代的彩陶遺址，取得了一些標本。在初步確定幾個可供發掘的地點後，二人於

安特生拍攝的河南澠池縣仰韶村風情。在這個村的野外，安特生發現了彩陶，一個轟動世界的考古學文化——仰韶文化由此誕生。（引自安特生著作〔J. G. Andersson, *Children of the Yellow Earth: Studies in Prehistoric China* New York: The Macmillan Company, 1934〕）

三月底返回清華園。同年十月，由李濟直接協調洽談，清華校長曹雲祥出面，清華國學研究院和美國弗利爾藝術館共同組織，並由對方出大部分經費，李濟、袁復禮主持的山西夏縣西陰村田野考古發掘協議達成。按照協議規定，發掘古物永久留在中國，論文用中英文撰寫並在中美兩國學術刊物上發表。[49]——這是中國人自己主持的第一次正式的近代科學考古發掘嘗試，也是李濟在清華任教的幾年間做成的唯一一次田野考古發掘事業。對於這次發掘的意義，許多年後，李濟的學生、哈佛大學人類學系主任、著名考古學家張光直曾言：「這第一個中外考古合作計畫所採取的立場是明確的：學術是天下之公器，中外合作是可以的，而且在當時條件下還是必需的，但古物是公有的，而且是國有的。李濟先生的國際地位與國際眼光並沒有使他在愛國、在維護國家權益上做出任何讓步。這種眼光遠大的愛國精神是李濟先生一生從事學問從事事業的特色。」[50]此次發掘，由於其在中國考古史上具有開創性意義與奠基性地位而載入史冊。

梁啟超對於此項中外合作發掘事宜極感興趣，主動給予大力關懷與支持，李濟後來曾深情地回憶道：「梁啟超教授是非常熱心於田野考古的人，他主動地把我推薦給山西省模範省長閻錫山。」[51]因有了閻老西政府的撐腰和關照，這次考古發掘非常順利。

當此之時，梁啟超的次子梁思永正在大洋彼岸美國哈佛大學就讀，主攻考古人類學專業。這一專業的選擇來自梁啟超的精心策畫與安排。具有遠大學術眼光和強烈民族責任感的梁任公，眼望世界範圍的考古學迅猛發展，而號稱有五千年文明史的中國境內，從事考古工作的人都是以各種名義來華的外國學者，如瑞典人安特生（J. G. Andersson），加拿大人步達生（Davidson Black），德國人魏敦瑞（J. F. Weidereich），法國人德日進（Pierre Teilhard de Chardin），日本人鳥居龍藏、水野清一等等。對這種現狀頗為不滿和不服氣的梁啟超，很希望由中國人自己出面做這一工作，認為「以中國地方這樣大，歷史這樣久，蘊藏的古物這樣豐富，努力往下做去，一定能於全世界的考古學上占有極高的位置」。[52]

正是有了這樣一種眼光和信心，決心以學術薪火傳家立業的「飲冰室主人」，才讓長子梁思成赴美國學習建築，次子梁思永學習考古。這一安排，皆是為了讓當時不受中國學術界重視的冷僻專業，能夠在中國大地上生根、發芽、成長、壯大，「為中華民族在這一專業學問領域爭一世界性名譽」。他在致子女的信中說：「思成和思永同走一條路，將來互得聯絡觀摩之益，真是最好沒有了。」[53]後來的事實證明，梁啟超的目的達到了，梁思成與梁思永學成歸國後，分別成為自己專業學科中領一代風騷的宗師，只是天不假年，梁啟超沒能親眼看到這一天的到來。

一九二六年十二月十日，梁啟超在寫給次子梁思永的家信中，多次提到李濟的田野考古發掘：「李濟之現在山西鄉下（非陝西）正採掘得興高采烈，我已經寫信給他，告訴以你的志願及條件，大約十日內可有回信。我想他們沒有不願意的，只要能派作實在職務，得有實習機會，盤費、食住費等等都算不了什麼大問題。」[54]此前，梁思永在美國學習期間，曾參加了印第安人遺址的發掘，他寫信給父親梁啟超，表示想回國實習並搜集一些中國田野考古資料。為此，梁啟超向這位遠在異國他鄉的兒子提供了有關統計資料，還為其回國後的實習機會和條件做了精心安排。從信中可以看出，梁思永一旦回國，則可跟隨李濟到田野去一試身手。

李濟和袁復禮在山西工作了兩個多月，直到十二月三十日方結束。此次發掘收穫頗豐，共採集了七十六箱出土器物，分裝九大車，於次年元月初，歷盡數次艱險磨難和幾個晝夜的風餐露宿，總算把古物安全無損地押運到清華國學研究院。山西夏縣西陰村遺址的成功發掘，揭開了中國現代考古學的序幕，標誌著現代考古技術在遠東這塊古老大地上做出了突破性示範。作為人類學家的李濟也由這次發掘正式轉到了考古學領域探索與實踐中，從而奠定了其在中國現代考古學發展史上開一代先河的大師地位。

一九二七年一月十日，清華國學研究院歡迎李濟、袁復禮二人山西考古發掘成果的茶話會在眾人期待中召開。繼張彭春之後出任清華大學教務長兼理國學研究院事務的梅貽琦，國學院導師王國維、梁啟超、陳寅恪、趙元任及全體助教、研究生出席了會議。[55]李濟首先介紹發掘西陰村遺址的情況，選擇這個遺址是因為《史記》上記載「堯都平陽，舜都蒲阪，禹都安邑」，這些行政名城都在今天的山西省南部。

又說這次發掘不是亂挖的，而是嚴格地一層一層挖下去。袁復禮插話補充說：「我同李先生從某地尋找到某地，我敢於同他賭咒：如果能在這裡找到新石器文化遺址的話，我絕不相信。後來到了西陰村，真的找到了，我就認輸。我們用的『刮地皮』（的方法），一層層刮……」[56]當時罵軍閥搜括民財稱「刮地皮」，袁復禮把這個名詞移到考古發掘的方法上，頗為形象生動，師生們聽罷不禁開懷大笑。

西陰村遺址的出土物大都是殘破的陶片，因知識與眼界所限，研究生們看罷有點不知所云，當一個半腐的、經過人工切割的小小蠶繭現身時，大家的興趣才一下子提了上來。只見。

> 助教王庯端著一盒子遺物上來，其中有被割裂過的半個蠶繭。同學都伸長了脖子看。有人說我不相信年代那麼久還是這樣白（實際是用棉襯著）；有人說既然是新石器時期的遺物，究竟用什麼工具割它？靜安先生說，那時候未始沒有金屬工具。（他）同時提到加拿大人明義士的話說，牛骨、龜骨是用耗子牙齒刻的。李老師拿出一塊彷彿石英一樣的石片，說這種石頭是可以刻（割）的……[57]

呈絲狀的半個繭殼，顯然是用銳器切割過，用顯微鏡觀察，割的部位平直，繭殼仍舊發光，與西陰村現在的蠶繭比較，比那最小的還要小一點。展覽中，李濟特別強調：「這繭埋藏的位置差不多在坑的底下。它不會是後來的侵入，因為那一方的土色沒有受擾的痕跡；也不會是野蟲偶爾吐的，因為它是經過人工的割裂。」而這半個經銳器切割的蠶繭，當是一種「文化的遺留……這個發現替我們闢了一條關於在中國北部史前研究的新途徑。中國有歷史就有關於蠶業的記載，它是中國文化的一個指數，較之安特生所說的陶鼎與陶鬲尤為可靠」。[58]

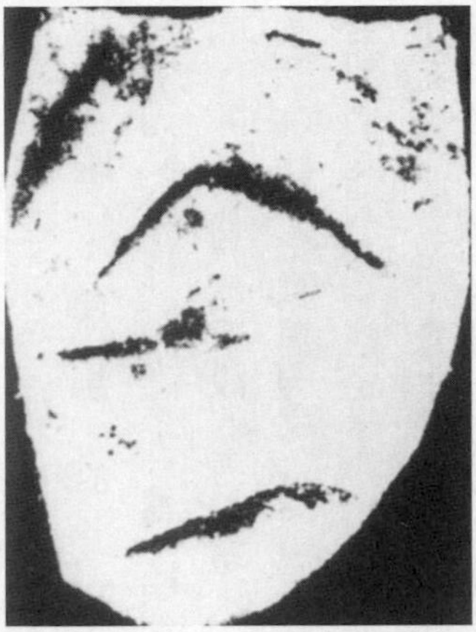

1926年，西陰村出土的蠶繭，1.36cm×1.04cm，上部被割去。（李光謨提供）

梁啟超聽取了李、袁二人做的長篇報告並觀摩了實物，精神亢奮，欣喜逾常，回到寓所的當天晚上，便以極大的興致給遠在大洋彼岸的兒子梁思永寫了一封長達兩千餘字的信。信中充滿激情地說道：「他（南按：李濟）把那七十六箱成績，平平安安運到本校，陸續打開，陳列在我們新設的考古室了。今天晚上，他和袁復禮（是他同伴學地質學的）在研究院茶話會裡頭做長篇的報告演說，雖以我們的門外漢聽了，也深感興味。他們演說裡頭還帶著講他們兩個人『都是半路出家的考古學者（濟之是學人類學的），真正專門研究考古學的人還在美國——梁先生的公子』。我聽了替你高興又替你惶恐，你將來如何才能當得起『中國第一位考古專門學家』這個名譽，總要非常努力才好。」[59]

梁啟超在信中談到出土器物有銅器、石器、骨器以及複雜的陶器花紋時說：「此外，他們最得意的是得著半個蠶繭，證明在石器時代已經會製絲……這幾年來（民國九年以後）瑞典人安特生在甘肅、奉天發掘的這類花紋的陶器，力倡中國文化西來之說，自經這回的發掘，他們想翻這個案。」「（李濟）所說『以考古家眼光看中國，遍地皆黃金，可惜沒有人會撿』真是不錯。」梁啟超再次建議兒子回國後「跟著李、袁二人做工作，一定很有益」。又說，「即使因時局動盪而無法外出做田野發掘，在室內跟著李濟整理那七十六箱器物，也斷不致白費這一年光陰……」酣暢淋漓的翰墨，透著一個父親對兒子的舐犢之情與殷切期望。按梁啟超的打算，他還想讓梁思永豐富古文物方面的知識，多參觀幾個新成立的博物館，然後再去歐洲深造幾年，那時再回國於田野考古這門學科一試身手，定會創造一番偉業。

梁思永接受了父親的建議，於一九二七年七月回國。令人扼腕的是，此時的國學研究院

「四大導師」之一的王國維已鑽入湖底，命赴黃泉，李濟的田野發掘計畫也成為泡影。

王國維在清華執教的兩年中，儘管生活趨於平靜，學問越發精進，但仍「時時以津園為念」，每年春節都要去天津覲見早已遜位的「皇上」，常為「有君無臣」而憂慮。[60]一九二七年五月間，聽說蔣介石為總司令的北伐軍一路勢如破竹，攻城掠地打到了河南，即將北渡黃河，掃蕩華北，入主京師。又聽說兩湖學者葉德輝、王葆心等一代名儒為北伐軍或農民協會的人抓起來砍了頭，王氏甚為恐懼，認為北伐成功之後，自己也不會為國民黨所容，乃於驚恐中常與吳宓、陳寅恪等朋友密謀應變之策。

期間有人勸其避居國外，但王大師總躊躇不定，只是經常深夜枯坐居室流淚。[61]延至六月一日，清華國學研究院第二屆學生畢業，典禮過後，下午舉行「師生敘別會」。梁啟超、王國維、陳寅恪、趙元任四位教授各入一席，李濟、梅貽琦等在座，師生暢談別情。據當時在場的研究生柏生回憶說：「座中（王國維）先生為吾儕言蒙古雜事甚暢，其雍容淡雅之態，感人至深。」宴席將散，梁啟超起立致辭，歷述同學們之研究成績，並謂：「吾院苟繼續努力，必成國學重鎮無疑。」[62]眾皆聆聽，王國維亦點頭表示同意此說。宴畢，王國維與眾師生作別如平時，爾後隨陳寅恪至南院陳宅，二人暢談至傍晚。是日晚，王氏在自家宅中會見謝國楨等同學，依舊是談笑和怡。六月二日晨，王國維餐畢，八時至研究院辦公，料理事務如常，並與同人談及下學期招生事宜。隨後離奇地向事務員侯厚培借了五元錢，獨自悄無聲息地走出清華園，在校西門雇一輛洋車徑赴三里地外的頤和園，花六角錢買了一張門票，囑車夫在原地等候，十時左右獨自向園內走去。在園內，王國維悶不作聲地徘徊於長廊之間，後踱步至魚藻軒前的昆明湖畔獨立沉思，盡紙煙一支，十一時左右，懷揣剩餘的四元四角和一紙寫有「五十之年，只欠一死，經此世變，義無再辱。我死後當草草棺殮，即行槀葬於清華塋地」等字樣的簡短遺書，縱身一躍，沉入湖底。雖有園丁「忽聞有落水聲，爭往援起」，[63]但王的頭顱已插入淤泥，前後不過兩分鐘即氣絕身亡。一代國學大師由此告別了凡塵滾滾，充滿血腥、苦痛與悲傷的世界，時年五十一歲。

王國維沉湖而死的消息傳出，全國學界一片譁然。清華國學研究院「四大導師」之一的陳寅恪懷著極度的悲傷與哀痛，以他深厚的學術造詣與犀利的洞世眼光，揮毫寫下了哀婉淒絕的輓聯：

十七年家國久魂銷，猶餘剩水殘山，留與累臣供一死。
五千卷牙籤新手觸，待檢玄文奇字，謬承遺命倍傷神。[64]

陳寅恪詩文向來以隱晦難解著稱，此詩算是較為淺白的一個例外，但對個別字詞的理解也曾引起學術界不休的爭論。王國維在遺書中曾有「書籍可託陳、吳二先生處理」之語，陳詩中所謂「謬承遺命」當特指王氏遺書所言。顯然，王國維是把陳寅恪、吳宓視作他的知己。面對知己，陳氏於「倍傷神」中又發出了「敢將私誼哭斯人，文化神州喪一身」「風義平生師友間，招魂哀憤滿人寰」的深切悲鳴。[65]

王國維之死，之所以引起陳寅恪如此悲傷，自是與二人在過往的歲月裡結下深厚友誼，並對天命人事在心靈深處產生共鳴有極大關聯。

面對王氏離奇的跳湖自盡，學術界產生強烈震動的同時，坊間對他的死因也產生了種種猜測議論，以致有多種說法流傳於世，如「殉清」說，「自殉文化」說，「悲觀哀時」說，「羅振玉逼債致死」說，王國維「妻妾出軌受辱」說等等，一時甚囂塵上，莫衷一是。王氏之死遂成為一個人言言殊的謎團。[66]

王國維的遺體入葬後，陳寅恪在〈王觀堂先生輓詞並序〉中，對其死因做了解釋和評價，其說成為眾說紛紜中最有說服力的論斷，為天下士林廣為矚目和重視。在陳寅恪眼中，王國維是亦師亦友的人物，也是極少可以引為知己者，王的自殺絕非世人所說的由於個人恩怨，或後來的溥儀所說是經濟方面的索債等等。王氏真正的死因，是殉文化而死，是不忍見到即將衰亡的中國文化那令人心酸的悲愴結局而死，其一死是對當時混亂無序的時局和世風日下的現實做出的近似「屍諫」的抗爭。陳寅恪以他對師友的深切理解與同情，在輓詞中云：「凡一種文化，值此衰落之時，為此文化所化之人，必感苦痛，其表現此文化之程量愈宏，則其受之苦痛亦愈甚；迨既達極深之度，殆非出於自殺，無以求一己之心安而義盡也。」又說：「蓋今日之赤縣神州，值數千年未有之鉅劫奇變。劫盡變窮，則此文化精神所凝聚之人，安得不與之共命而同盡？此觀堂先生所以不得不死，遂為天下後世所極哀而深惜者也。至於流俗恩怨榮辱委瑣齷齪之說，皆不足置辨，故亦不之及云。」[67]

陳寅恪輓詞和序文一出，時人紛紛讚之，王國維的好友兼親家、著名甲骨學家羅振玉更是讚譽有加，謂：「辭理並茂，為哀輓諸作之冠，足與觀堂集中〈頤和園詞〉、〈蜀道難〉

諸篇比美；忠慤（南按：前清遜帝溥儀賜給王氏的諡號）以後學術所寄，端在吾公矣。」[68]

顯然，陳氏之說較之世人流傳或溥儀道聽塗說，更能接近事實本質和王氏內心之痛楚。作為死者的知己，陳寅恪對其深剖追思至此，王國維九泉之下自當頷首。

> 是大詩人，是大學人，是更大哲人，四昭炯心光，豈謂微言絕今日。
> 為家孝子，為國純臣，為世界先覺，一哀感知己，要為天下哭先生。

——這是一九二二年，王國維的知己，也是陳寅恪的師輩人物，清末著名詩人與學者沈曾植去世時，王國維為其撰寫的輓聯，其悲慟愴懷之情溢於言表。當王國維紀念碑在清華園落成後，陳寅恪再以悲天憫人的大情懷、大心願，以明晰的哲理與深邃的思想，為其書寫了光照千秋、永垂不朽的碑文：

> 士之讀書治學，蓋將以脫心志於俗諦之桎梏，真理因得以發揚。思想而不自由，毋寧死耳。斯古今仁聖所同殉之精義，夫豈庸鄙之敢望。先生以一死見其獨立自由之意志，非所論於一人之恩怨，一姓之興亡。嗚呼！樹茲石於講舍，繫哀思而不忘。表哲人之奇節，訴真宰之茫茫。來世不可知者也，先生之著述，或有時而不章。先生之學說，或有時而可商。惟此獨立之精神，自由之思想，歷千萬祀，與天壤而同久，共三光而永光。[69]

陳寅恪藉碑文而抒發的「獨立之精神，自由之思想」的文化情懷，如天光突裂，地火迸噴，再次展現了內在的文化精髓與人性光輝，於蒼茫的天地間揚波激浪，振聾發聵。此文一出，世人莫不為之動容。

王國維奇特、詭異、神祕地離去，在給世界留下一串謎團的同時，也昭示了一個不祥的預兆，清華國學院「四大」支柱轟然斷裂一根，另外一根也岌岌可危，馬上就要坍崩——這便是學界中號稱泰山北斗，被陳寅恪譽為「清華學院多英傑，其間新會稱耆哲」[70]的梁啟超。

早在一九二六年初，梁啟超因尿血症久治不癒，他不顧朋友們的反對，毅然住進北京協和醫院，於三月十六日做了腎臟切除手術。極其不幸的是，手術中卻被「美帝國主義派出的醫生」、協和醫院院長劉瑞恆與其助手，誤切掉了那個健全的「好腎」（右腎），虛弱的生命之泉只靠殘留的一隻「壞腎」（左腎）來維持供給。

此時西醫在中國立足未穩，大受質疑，而手術主要主持者乃是畢業於美國哈佛大學的醫學博士、協和醫學院院長劉瑞恆。劉的副手則是純種的美國人，聲名赫赫的外科醫生。為了維護西醫社會聲譽，以便使這門科學在中國落地生根，對於這一「以人命為兒戲」的事故，作為親身的受害者，在「他已證明手術是協和孟浪錯誤了，割掉的右腎，他已看過，並沒有絲毫病態，他很責備協和粗忽，以人命為兒戲。協和已自承認了。這病根本是內科，不是外科」[71]的情形下，梁啟超不但沒有狀告院方，相反的在他的學生陳源、徐志摩等人以「白丟腰子」（徐志摩語）通過媒介向協和醫院進行口誅筆伐、興師問罪之時，梁啟超仍把西醫看作是科學的代表，認為維護西醫的形象就是維護科學，維護人類文明的進步事業。他禁止徐志摩等人上訴法庭，不求任何賠償，不要任何道歉，並艱難地支撐著病體親自著文為協和醫院開脫。一九二六年六月二日，《晨報副刊》發表了梁啟超〈我的病與協和醫院〉一文，內中詳述了自己此次手術的整個過程，同時肯定協和的醫療是有效的。梁啟超說：「出院之後，直到今日，我還是繼續吃協和的藥，病雖然沒有清楚，但是比未受手術之前的確好了許多。想我若是真能拋棄百事，絕對休息，三兩個月後，應該完全復原。至於其他的病態，一點都沒有。」至於該不該割去右腎的問題，梁啟超提出責任不在協和。他說：「右腎是否一定該割，這是醫學上的問題，我們門外漢無從判斷。但是那三次診斷的時候，我不過受局部迷藥，神智依然清楚，所以診查的結果，我是逐層逐層看得很明白的。據那時的看法罪在右腎，斷無可疑。後來回想，或者他『罪不該死』，或者『罰不當其罪』也未可知，當時是否可以『刀下留人』，除了專門家，很難知道。但是右腎有毛病，大概無可疑，說是醫生孟浪，我覺得冤枉。」文章的最後極為誠懇地講道：「我盼望社會上，別要藉我這回病為口實，生出一種反動的怪論，為中國醫學前途進步之障礙。——這是我發表這篇短文章的微意。」

梁啟超默默承受著內心的煎熬與苦痛，維護著他篤信的科學與進步事業，而代價是他的整個生命。與其說梁啟超「白丟腰子」是被他所「篤信的科學」所害，不如說是他為科學所做出的犧牲更具理性和人道。[72]

這年六月五日，梁啟超在致女兒梁思順的信中委婉地說道：「近來因我的病惹起許多議論。北京報紙有好幾家都攻擊協和（《現代評論》、《社會日報》攻得最厲害），我有一篇短文在《晨報副刊》發表，帶半辯護的性質，諒來已看見了。總之，這回手術的確可以不必用，好在用了之後身子沒有絲毫吃虧（唐天如細細珍視，說和從前一樣），只算費幾百塊錢，捱十來天痛苦，換得個安心也還值得。現在病雖還沒有清楚，但確已好多了，而且一天比一天好，或者是協和的藥有效（現在還繼續吃），或者是休息的效驗，現在還不能十分休息（正在將近畢業要細閱學生們成績），半月後到北戴河去，一定更好了。」[73]但梁思順看到的是，不但梁啟超的北戴河之旅未能成行，原有的理想也被擊得粉碎。

隨著時間推移，特別是黨人、軍閥之間無休止的混戰和社會在一片「革命」與「打倒」的號角聲中急遽動盪，病中的梁啟超陷入了憂心悽惶的境地。一九二七年一月二日，他在給孩子們的信中說道：「時局變遷極可憂，北軍閥末日已到，不成問題了。北京政府命運誰也不敢做半年的保險，但一黨專制的局面誰也不能往光明上看。尤其可怕者是利用工人鼓動工潮，現在漢口、九江大大小小鋪子十有九不能開張，車夫要和主人同桌吃飯，結果鬧到中產階級不能自存（我想他們到了北京時，我除了為黨派觀念所逼不能不亡命外，大約還可以勉強住下去，因為我們家裡的工人老郭、老吳、唐五三位，大約還不致和我們搗亂。你二叔那邊只怕非二叔親自買菜，二嬸親自煮飯不可了），而正當的工人也全部失業。放火容易救火難，黨人們正不知如何以善其後也。現在軍閥遊魂尚在，我們殊不願對黨人宣戰，待彼輩統一後，終不能不為多數人自由與彼輩一拚耳。」[74]

此時的梁啟超對北方軍閥、共產黨和國民黨人皆不滿意，認為全是胡鬧，屬於社會的亂源與民眾的剋星。他在公開發表的演講和給朋友、孩子們的信中，多次坦白地表述這一思想觀點：「近來的國民黨本是共產黨跑入去借屍還魂的。民國十二、三年間，國民黨已經到日落西山的境遇，孫文東和這個軍閥勾結，西和那個軍閥勾結——如段祺瑞、張作霖等——依然是不能發展。適值俄人在波蘭、土耳其連次失敗，決定『西守東進』方針，傾全力以謀中國，看著這垂死的國民黨大可利用，於是拿來了八十萬塊錢和一大票軍火做釣餌。那不擇手段的孫文，日暮途遠（窮），倒行逆施，竟甘心引狼入室。孫文晚年已整個做了蘇俄的傀儡，沒有絲毫自由（孫文病倒在北京時，一切行動都在鮑羅廷和汪精衛監視之下，凡見一客都先要得鮑羅廷的許可，每天早半天鮑或鮑妻在病榻前總要兩三點鐘之久，鮑出後孫便長太息一聲，天天如是，此是近來國民黨人才說出來的，千真萬真）。自黃埔軍官（學校）成立以來，只有共產黨的活動，哪裡有國民黨的活動。即專以這回北伐而論，從廣東出發到上海占領，哪一役不是靠俄人指揮而成功者（說來真可恥，簡直是俄人來替我們革命）。黨中口號皆由第三國際指定，什麼打倒帝國主義、打倒資本階級等等，哪一句不是由莫斯科的喊筒吹出來。除了這些之外，國民黨還有什麼目標來指導民眾？」又說：「思永來信說很表同情於共產主義，我看了不禁一驚，並非是怕我們家裡有共產黨，實在看見像我們思永這樣潔白的青年，也會中了這種迷藥，即全國青年之類此者何限，真不能不替中國前途擔驚受怕。」[75]

此時的梁啟超不只是替兒子擔驚受怕，隨著形勢發展，自己也越發驚恐緊張起來。一九二七年四月二日，他給女兒梁思順信中說：「我大約必須亡命，但以現在情形而論，或者可以捱到暑假。本來打算這幾天便回天津，現在擬稍遲乃行。」十九日給孩子們的信中又說：「南海先生忽然在青島死去，前日我們在京為他而哭，好生傷感。我的祭文，諒來已在《晨報》上見著了。他身後蕭條得萬分可憐，我得著電報，趕緊電匯幾百塊錢去，才能草草成殮哩。」[76]五月三十一日又說：「本擬從容到暑假時乃離校，這兩天北方局勢劇變，昨今兩日連接城裡電話，催促急行，乃倉皇而遁，可笑之至。好在校閱成績恰已完功，本年學課總算全始全終，良心上十分過得去。今日一面點檢行李（因許多要緊書籍稿件擬帶往津），下午急急帶著老白鼻往墳上看一趟（因為此次離開北京，也許要較長的時日才能再來），整夜不睡，點著蠟結束校中功課及其他雜事，明日早車往津。」[77]

第二天，梁啟超入城，尚未登車回津，突然得到王國維自沉頤和園的噩耗，驚愕中復奔回清華料理王氏後事，直至八日才返回天津。

天命人事，伴著刀割針刺般的噩夢不斷糾纏於梁氏的身心，原本十分虛弱的病體越發不支，而北伐軍勢如破竹的銳風與王國維自殺身死的悲劇，給梁啟超以巨大刺激。兔死狐悲，梁氏身體一下子垮了下來，不得不反覆到醫院救治，且不斷靠輸血予以維持生命，其人生之旅已是日薄西山，即將走到盡頭。

這年夏天，梁思永自海外歸來，本想做一番事業，因時局變幻紛亂，黨人與各派軍閥之間激戰正酣，使得李濟精心籌畫，準備與梁思永一道去山西和西北地方的兩次田野考古發掘皆成泡影。梁思永無奈，只好以清華國學研究院梁啟超助教的名分暫時留下來，除到城內故宮博物院、歷史博物館參觀，並向郭寶昌等鑑瓷名家和文物專家請教外，大多數時間憋在清華國學研究院古物陳列室，整理、研究李濟從西陰村田野考古發掘帶回的古物標本。

一九二八年五月底，清華國學研究院學期結束，梁啟超將學生論文評閱完畢，身體不支，即請假回天津養病。六月八日，北伐軍擊潰奉系軍閥，攻占京師，北洋政府宣告覆滅，國民政府旋改北京為北平。清華學校由梅貽琦「暫代校務」，聽候接管。未久，梁思永帶著未完成的研究報告和一顆痛苦、滴血之心，再度赴美深造。當他剛踏出國門，死神悄然逼近梁任公的府第，父子倆這一別竟成永訣。

八月十七日，南京國民政府議決，清華學校改為國立清華大學，任命五四運動學生領袖之一、留學歐美的著名「海龜」羅家倫為校長。自此水木清華進入了一個新的時代。

這年九月底，梁啟超再度入協和醫院，治病期間託人覓辛棄疾材料，以便撰寫《辛稼軒年譜》。一日，忽得一朋友送來的《信州府志》等書，梁氏不勝狂喜，遂不顧病情未癒，攜書出院回到天津家中扶病連續筆耕七日。此時死神已開始「嘭嘭」叩擊梁府大門那個怪獸狀的銅環，梁任公的生命之火已是油乾薪盡，回天乏術，只能聽從死神的召喚了。

一九二九年一月十九日，梁啟超在北京協和醫院病逝，享年五十七歲。噩耗傳出，學界政壇天下同悲，清華同人撫棺慟哭，梁的友朋故舊、學生與家人泣不可抑。泰山崩塌，梁柱摧折，哲人已去。尚在人間的生者在巨大的悲痛中發出了「痛斯人之難再，嗟舉世之皆瘖，天喪斯文悲天憫人」的哀歎。[78]

六個月後，盛極一時的清華國學研究院宣告解體。[79]

一九三〇年夏，梁思永於美國哈佛大學獲得碩士學位後歸國，此時李濟已離開清華，投奔中央研究院歷史語言研究所出任考古組主任。感念舊情，李濟把梁思永推薦給史語所所長傅斯年，分配到考古組工作。自此，繼梁啟超之後，命運之神又賦予了李濟一段奇特的因緣，與梁思成、梁思永兄弟，開始了近二十年密切合作與交往的人生之旅。

注釋

1 趙新林、張國龍，《西南聯大：戰火的洗禮》（上海：上海教育出版社，二〇〇〇）。

2 同前注。

3 同前注。

4 天津《益世報》，一九三七年七月三十日。

5 南京《中央日報》，一九三七年七月三十一日。

6《南開大學校史．大事年表》，南開大學檔案館檔案。

7〈國立西南聯大紀念碑碑文〉，轉引自馮友蘭，《馮友蘭自述》（北京：中國人民大學出版社，二〇〇四）。據時為南開大學祕書長的黃鈺生在〈被日寇洗劫的南開大學〉一文中回憶：當時學校已放暑假，師生大都已離校，「七月二十八日夜間，留守在校舍的有楊石先和我，還有幾位職工。二十九日凌晨一時，我們聽見多處的槍聲，拂曉，駐在海光寺的日軍開炮了。第一炮打河北省政府，第二炮打南開大學。接著就是對南大各建築連續的炮轟」（梁志生主編，祝寶鐘副主編，南開大學校長辦公室編，《日軍毀掠南開暴行錄》（天津：南開大學出版社，一九九五年）。

何以日軍面對中國守軍的進攻的同時還要拿出精力炮擊、轟炸南開校園呢？除了日軍華北駐屯軍指揮部所居的海光寺，位於南開大學與中學之間這個特殊的地理位置，使日軍需在附近展開火力以保指揮首腦安全外，另一個重要原因就是對南開大學師生長期積聚的嫉恨。早在一九二七年，南開大學校長張伯苓赴東北考察時，親見日本人經營滿蒙之精心與野心，「今東北各省陷於危局，而我國人士能言之、知之者鮮」，本著「匹夫有責之義」，回校後成立了「滿蒙研究會」（後改名為「東北研究會」），組織教授赴東北調查實況，搜集資料證據，開展學術研究，並利用其成果教育民眾，提醒軍民注意日本人之野心。一九三一年「九一八」事變後，南開「東北研究會」編寫了二十萬言的《東北經濟地理》，系統介紹了東北各省的自然資源和人文地理，作為南開大、中學必修課教材，令學生「加深了解何以東北對祖國是那樣重要、神聖」。之後南開大學一直作為天津抗日救亡運動中心，與日軍、漢奸展開長期或明或暗的鬥爭，從而播下了日本人仇恨的種子，一旦戰爭來臨，南開首當其衝地置於日軍炮火之下，也就不感意外了，南開大學遂成為抗戰以來中國第一個罹難的高等學府。（參見郭建榮主編，《國立西南聯合大學圖史》〔昆明：雲南教育出版社，二〇〇六〕，頁二三）。

8 據曾擔任過清華大學法學院院長的陳岱孫說，北大、清華和南開三校南下，並在長沙辦臨時大學，主要是以下幾個方面的原因：我們剛到長沙時住在聖經學院，是教會辦的，在長沙西門外。為什麼叫「長沙臨時大學」，因為在抗戰前兩年，清華已感到北京這個地方有危險，所以停止建設一座大樓，把這個錢拿出來，在南方找一個根據地，以備後患。選中了長沙，在嶽麓山底下，是鄉下，那是個空曠的地方，投資大概三十萬塊的樣子，那時三十萬塊錢很值錢。一九三七年戰爭爆發時，那個房子還沒蓋好，裡面沒整修，恐怕還得幾個月的時間才能用。在南京，幾個校長開會的時候，認為這個地方既然有清華那個底子在那裡，幾個學校搬到那去，幾個月後就可以利用，所以決定搬到長沙。臨時這幾個月怎麼辦呢？就看看長沙有什麼房子可以利用。到長沙一看，有個聖經學院。因為是打仗，他們人都散了。當時就說把這個聖經學院給租下來。聖經學院有兩個地方。一個是主校，就在長沙，另外一個是分校，在衡山底下，叫聖經暑期學校。夏天他們到那去，可能是嫌長沙太熱了。我們兩邊都租下了，主要是在長沙西門外。在長沙只有半年。到長沙後，文學院是在衡山底下的那個聖經學院，法學院是在長沙，我是在長沙，金岳霖先生等是在衡山，兩個地方（見王中江，〈金岳霖其人其學訪問記——陳岱蓀先生訪問記〉，收入金岳霖學術基金會學術委員會編，劉培育主編，《金岳霖的回憶與回憶金岳霖》〔成都：四川教育出版社，一九九五〕）。

9 鄭天挺，〈南遷歲月——我在聯大的八年〉，收入南開大學校史研究室編，《聯大歲月與邊疆人文》（天津：南開大學出版社，二〇〇四）。

10 羅常培，〈七七事變後北大的殘局〉，收入陳平原、夏曉虹編，《北大舊事》（北京：生活・讀書・新知三聯書店，一九九八）。

11 錢穆，《八十憶雙親・師友雜憶》（北京：生活・讀書・新知三聯書店，一九九八）。

12 羅常培，〈七七事變後北大的殘局〉，收入陳平原、夏曉虹編，《北大舊事》（北京：生活・讀書・新知三聯書店，一九九八）。

13 清華大學校史研究室編，《清華大學史料選編》卷三（上）（北京：清華大學出版社，一九九四），頁一八。

14 馮友蘭，《馮友蘭自述》（北京：中國人民大學出版社，二〇〇四）。

15 同前注。

16 單士元，〈中國營造學社的回憶〉，《中國科技史料》一九八〇年二期。

17（美）費慰梅（Wilma Fairbank）著，成寒譯，《中國建築之魂：一個外國學者眼中的梁思成林徽因夫婦》（上海：上海文藝出版社，二〇〇三）。

18 梁從誡，〈北總布胡同三號——童年瑣憶〉，《不重合的圈：梁從誡文化隨筆》（天津：百花文藝出版社，二〇〇三）。

19（美）費慰梅（Wilma Fairbank）著，成寒譯，《中國建築之魂：一個外國學者眼中的梁思成林徽因夫婦》（上海：上海文藝出版社，二〇〇三）。

20 梁從誡，〈北總布胡同三號——童年瑣憶〉，《不重合的圈：梁從誡文化隨筆》（天津：百花文藝出版社，二〇〇三）。

21（美）費慰梅（Wilma Fairbank）著，成寒譯，《中國建築之魂：一個外國學者眼中的梁思成林徽因夫婦》（上海：上海文藝出版社，二〇〇三）。

22 清華學校的建立要追溯到清光緒二十六年（庚子〔一九〇〇年〕）。這一年中國爆發了震驚中外的義和團運動，又稱「庚子之變」。這一號稱「扶清滅洋」的運動，在慈禧太后暗中唆使鼓動下，導致中國境內許多外國傳教士被殺，教堂被焚毀。最後的結果是，八國聯軍（德、英、法、美、俄、日、義、奧）糾集在一起向大清國發動戰爭，並打進了北京城，慈禧太后、光緒皇帝率王公大臣倉皇出逃西安避難。次年（辛丑〔一九〇一年〕），清政府被迫與侵略者簽訂了喪權辱國的《辛丑和約》，賠償八個國家白銀四億五千萬兩（年息四釐，分三十九年付清），其中美國分贓三千二百多萬兩。七年以後（一九〇八年），美國國會認為中國的「庚子賠款」，美國索取「實屬過多」，從而通過了把「額外」賠款逐年退還中國以選派學生赴美留學的議案，俗稱「退款辦學」

案。宣統元年（一九〇九年）五月二十三日，外務部、學務部以「會奏收還美國賠款遣派學生赴美留學辦法摺」上奏朝廷。說：「此項賠款，業於宣統元年正月起，按照議定減收數目逐月攤還，在彼既已實行，則選派學生一事，在我自應舉辦，以昭大信。」

於是，這年六月，清政府在北京設立了「遊美學務處」，負責選派留美學生和籌建「遊美肄業館」。同年八月，外務部和學務部一同奏准，由內務部把北京西北郊圓明園旁一座荒蕪的皇家花園——清華園撥給遊美學務處修繕使用。宣統三年（辛亥〔一九一一年〕）二月，遊美學務處遷入清華園，並將校名定為清華學堂。四月二十九日（舊曆四月初一），清華學堂正式開學，清華歷史由此開始（此前以「遊美學務處」名義已輸送三批學生赴美，梅貽琦、胡適分別為第一、二期赴美留學生）。後來，學校把每年四月的最後一個星期日定為校慶日。一九一二年十月，清華學堂更名為清華學校。但辦學宗旨、學制、課程設置並未變動，仍是一所留美預備學校。因而一九一四年英國著名哲學家羅素來華講學並到清華學校參觀後，「給了一個批評，就是：清華學校恰像一個由美國移植到中國來了的大學校」（邱椿，〈清華教育政策的進步〉，收入清華大學校史研究室編，《清華大學史料選編》卷一〔北京：清華大學出版社，一九九一〕）。

23　吳宓，〈清華開辦研究院之旨趣及經過〉，《清華週刊》三五一期（一九二五年九月十八日）。

24　藍文徵，〈清華大學國學研究院始末〉，《清華校友通訊》新三二期（一九七〇年四月二十九日）。

25　吳宓（一八九四—一九七八），字雨生，又字雨僧，陝西涇陽人。一九一六年畢業於清華學校高等科，一九一七年赴美留學，初進維吉尼亞大學，後轉入哈佛大學，獲學士學位，繼入哈佛研究院，師從新人文主義美學大師白璧德（Irving Babbitt, 1865-1933）攻研哲學，一九二一年獲碩士學位。當此之時，與其在哈佛共讀並友善者，還有中國的陳寅恪、湯用彤等，因吳、陳、湯三人學業成績超群，故有「哈佛三傑」或「三劍客」之稱。至於這頂帽子是別人給戴上還是自己扣到頭上，似無確切的說法，但三人作為一個優秀的小群體為眾生所矚目，當是不爭的事實。當時在哈佛就讀且與「三傑」友善者，還有陳寅恪的表弟俞大維，以及梅光迪、張鑫海、林語堂、樓光來、顧泰來等人，此等人物大都拿到了碩士、博士學位，歸國後在學術界成為呼風喚雨的人物。

一九一九年十月，梅光迪受南開大學之聘歸國任教，一年後受他的同學好友，畢業於美國西北大學的哲學博士，時任東南大學副校長兼文理科主任的劉伯明邀請，轉赴南京高師兼東南大學任英國文學教授。一九二一年七月，吳宓受梅氏舉薦，回國出任東南大學西洋文學教授，講授「中西詩之比較」等課程，自此開中國比較文學先河。按當時規定，清華留美公費生為五年學制，吳宓本應繼續學習深造，一舉拿下博士學位，可他經不住梅氏的蠱惑，還是決定提前歸國了。按吳宓的女兒吳學昭的說法，「他實在是太關心中國文化的命運了，迫不及待地回國參加弘揚民族文化、溝通中西文明的戰鬥」（吳學昭編，《吳宓與陳寅恪》〔北京：清華大學出版社，一九九二〕）。也就在這一年九月，陳寅恪離美，進柏林大學研究院研究梵文及東方古文字學。吳宓回到國內至上海兩周後的一九二一年八月，即與陳心一女士結婚，自此開始在起伏跌宕、飛轉騰挪的愛情與婚姻旋渦中打起滾兒來。一九二二年初，吳宓同劉伯明、梅光迪、胡先驌等一幫志同道合的留美學者共同創辦《學衡》雜誌，吳出任總編輯，這個文化團體，時人稱之為「學衡派」。

此時正值國內新與舊、傳統與西洋文化交織爭鬥的關鍵時刻，學衡派的知識分子成了專一和陳獨秀、胡適為首的號稱新文化派作對的一個學術團體。

此前，中國留學生在海外反對胡適否定傳統文化，搞另類文化，以梅光迪為最早。梅和胡適是安徽同鄉，二人關係很好，並以兄弟相稱，常在通信中討論學問，梅對胡很是欽敬。但當胡適提出「要須作詩如作文」之後，立即受到梅的批評，開始以朋友的口氣討論、相勸，但無效。二人關係越來越僵，說話的口氣也越來越生硬，往來書信中漸漸夾雜著火藥味道。胡適回國後，得到一批知音，特別是陳獨秀以及錢玄同等北大教授支持，聲名大噪，劍鋒所指，大有所向披靡、無堅不摧之勢。此舉令哈佛相當一部分中國留學生為之憤怒，張鑫海曾憤然曰：現在我們「羽翼未成，不可輕飛，他年學問成，同志集，定必與若輩鏖戰一番！」到了一九二二年《學衡》創刊後，很快雲集了一群文化菁英與宏通博學之士，除了吳、梅與胡先驌三人，尚有劉伯明、吳芳吉、劉朴、易峻、曹慕管、張鑫海、李思純、浦江清、張蔭麟、趙萬里、郭斌龢、馬宗霍、湯用彤、黃華、蕭純錦、柳詒徵、徐則陵、張其昀、王煥鑣、徐鎮鄂、束世澂、向達、劉永濟、劉盼遂、林損、王易、王浩、黃節、劉善擇等。另外還有大師級人物如梁啟超、王國維、陳寅恪等，均為《學衡》撰稿人，其陣營與聲勢可謂浩大壯觀。為此，倒胡的積極分子梅光迪曾在《學衡》創刊號上發表戰鬥檄文，引春秋時楚國申包胥對伍子胥說的話，「子能覆楚，我必復之」，準備與《新青年》周圍的陳獨秀、胡適、周豫才（魯迅）等另類文化派來一番「鏖戰」。

其後的十餘年間，學衡派與陳、胡領導的《新青年》派展開決戰，兩派在各個文化領域的爭論都圍繞著這一個大的戰線展開，即如何對待祖國傳統文化和西洋文化的問題：對中國傳統文化是全盤否定，一概打倒，還是甄別優劣，優者保存繼承，劣者揚棄的問題；對西洋文化是盲目崇拜，臣服在地，全盤引入，還是有區別地明白辨析，審慎取擇，供我所用的問題。學衡派號稱要以「論究學術，闡求真理，昌明國粹，融化新知。以中正之眼光，行批評之職事……」為宗旨；以陳獨秀為首的另類文化派則倡導全盤西化，對中國文化特別是儒家吃人的禮教文化一概打倒，並云：正因為二千年吃人的禮教法制都掛著孔丘的招牌，故這塊孔丘的招牌——無論是老店，是冒牌——不能不拿下來，搥碎，燒去！等等。

對以梅、吳、胡先驌為首的學衡派之行為舉動，當時和之後的社會人士有毀有譽。毀者，斥其為保守復古，反對新文化運動，逆歷史潮流而動，在死路上爬行。譽者，稱其不隨時尚為轉移，挽中國文化狂瀾於既倒，為繼承綿延優秀傳統文化血脈做了重大貢獻云云。道不同，不相為謀。兩派的大多數中堅，直到死都未能與對方和解，吳宓更是如此。當時的周氏兄弟對吳宓與學衡派人士不以為然，周作人指斥學衡派為復古主義；魯迅亦為：「夫所謂《學衡》者，據我看來，實不過聚在『聚寶之門』左近的幾個假古董所放的假毫光；雖然自稱為『衡』，而本身的稱星尚且未曾釘好，更何論於他所衡的輕重的是非。所以，絕用不著較準，只要估一估就明白了」（魯迅，〈估《學衡》〉）。周氏兄弟的文章，當時反響並不是太大，只是令魯迅也沒有想到的是，他的文章竟在半個世紀之後的「文革」時期，給上海的一個寫作班子「石一歌」提供了炮彈，藉此對學衡派人物一頓猛烈開炮，指斥整個學派「對新舊學問都是一竅不通的」，並扣上了買辦資產階級和封建勢力結合的復古逆流「遺老遺少」以及「穿西裝的衛道士」等等幾頂頗為嚇人的帽子，大有讓其遺臭萬年之勢，為此吳宓等人倒了大楣，成為批鬥整治的對象。當然，這都是後話了。

此處主要敘述吳宓到清華園的情形。據云，當時東南大學管理完善，學風甚好，學生頗為上進，為各方所矚目。吳宓在日記中載：「又適為東南大學前後多年優秀之兩班學生」正為自己所教，乃深受鼓舞，「以東南大學學生之勤敏好學，為之師者，亦不得不加倍奮勉。是故宓嘗謂『一九二一至一九二四的三年中，為宓一生最精勤之時期』者，不僅以宓編撰之《學衡》雜誌能每月按期出版，亦以宓在東南大學之教課，積極預備，多讀書，充實內容，使所講恆有精采，且每年增開新課……」（《吳宓與陳寅恪》）由此可看出，吳宓當時確是意氣風發，頗有一番作為的。

一九二三年下學期，由於一個意外插曲，吳宓最終與清華有了淵源，他的事業也達到了一生中最為輝煌的高峰。這個插曲的製造者就是後來在文壇大名鼎鼎且被魯迅罵為「喪家的」「資本家的乏走狗」的梁治華，也就是後來頗有文名的梁實秋。

這年下學期開學之後，清華學校高等科四年級（本年畢業留美）學生梁治華（字實秋）等幾人到南京東南大學遊覽、參觀，順便聽了吳宓的幾堂課，梁為吳之風采和學問傾倒，回到清華後做出了積極反應。據吳宓日記載：「梁君本人，連聽宓課兩三日。適值宓講授《歐洲文學史》，正至盧梭之生活及其著作。梁君回校後，即在《清華週刊》中著論，述東南大學學風之美，師飽學而盡職，生好讀而勤業。又述其聽宓講盧梭課，宓預先寫大綱於黑板，講時，不開書本，不看筆記及任何紙片，而內容豐富，講得井井有條，滔滔不絕。清華今正缺乏良好教授，此人之所共言。吳先生亦是清華畢業遊美同學，而母校未能羅致其來此，寧非憾事哉！」云云。

梁實秋的文章發表後，在清華引起了較大反響，也引起了立志改革，正準備辦國學研究院的校長曹雲祥的重視。鑑於東南大學俊彥雲集，士氣高昂，整個學校蒸蒸日上的態勢，曹校長沒有採取挖牆腳，強行將吳拉入清華的打算與行動，而是引而不發，靜靜地等待機會，想不到這個機會很快就到來了。

一九二三年夏天，劉伯明代校長郭秉文主持校務，秋初赴湖南講學，積勞成疾，十月二十七日陡感頭痛，以後診斷為腦膜炎，醫治無效，二十餘天後去世，年僅三十七歲。劉伯明英年早逝，全校師生為之悲痛。吳宓曾撰一長聯哀悼。據《吳宓日記》載：隨著劉氏的溘逝，「事變紛來。本年（一九二四年）四五月之交，校中宣布裁併西洋文學系。於是諸同道如梅（光迪）、樓（光來）、李（思純）諸君，均散之四方。」此時的吳宓自然「亦處不可留之勢，一再審思計議，卒於五月底，決然就聘奉天東北大學」，為英語系教授，主講《世界文學史大綱》等課程。一直暗中關注吳宓的清華校長曹雲祥，在得知東南大學變故與吳宓人生轉折後，適時向吳伸出了橄欖枝，吳接到聘書自是心中歡喜，樂意回母校任教。待一個學期結束，吳宓便決然地離開東北大學，來到他曾生活過八年的清華園，開始了一生最為輝煌的事業。作為研究院籌備處主任的吳宓為了實踐新的辦學宗旨，特別提出並通過了聘任教授及講師的嚴格標準：一、受聘者必須具有中國文化之全部知識；二、必須具備正確和精密的科學研究方法；三、熟悉歐美日本學者研究東方語言及中國文化之成果；四、願意和學員親近、接觸、熱心指導，期其於最短時間內學到豐富的知識和治學方法。此一標準不可謂不高，而吳宓也確實是以此高標準聘請到了王國維、梁啟超、趙元任、陳寅恪四位教授和講師李濟。其標準和操作過程令後人為之欽佩的同時，也為一個大師消失的時代至堪扼腕。

26 吳宓著，吳學昭整理，《吳宓自編年譜》（北京：生活・讀書・新知三聯書店，一九九五）。

27 趙萬里編，〈王靜安先生年譜〉，《國學論叢》一卷三號（一九二八年四月）。
王國維受清華之聘還有一個重要原因，那便是生活所迫與溥儀「小朝廷」的喧囂混亂。據顧頡剛回憶，最早推薦王國維至清華是他向胡適提出的。顧在〈我是怎樣編《古史辨》的〉一文中說：王國維「以南書房行走的名義教溥儀讀中國古書。溥儀出宮，這個差使當然消失；同時，他又早辭去了北大研究所導師的職務，兩只飯碗都砸破，生計當然無法維持。我一聽到這個消息，便於這年（一九二四年）十二月初寫信給胡適，請他去請清華大學校長曹某，延聘王國維到國學研究院任教。胡適跟這個校長都是留學生，王國維又有實在本領，當然一說便成。」
從胡適保存的資料看，顧說不妄，有書信為證。顧頡剛在給胡適的信中說：「靜安先生清宮殿俸既停，研究所薪亦欠，餘月入五十元，何以度日。曾與幼漁先生談及，他說北大功課靜安先生不會擔任，惟有俟北京書局成立時，以友誼請其主持編輯事務。然北京書局不知何日能成立，即使成立而資本有限，亦不能供給較多之薪水。我意，清華學校既要組織大學國文系，而又託先生主持此事，未知可將靜安先生介紹進去否？他如能去，則國文系已有中堅，可以辦得出精采。想先生亦以為然也。清宮事件，報紙評論對於先生都好作（多）尖酸刻薄之言，足見不成氣候的人多」（耿雲志主編，《胡適遺稿及秘藏書信》手稿本（合肥：黃山書社，一九九四)〉。

由此看出，顧信寫於清華國學研究院籌備甚至醞釀前，說是他首先向胡推薦王國維入清華並不為過，而從胡與曹雲祥書信來往可知，胡正式薦王任教國學院都在此信之後。但從整個過程看，薦王之頭功，還屬於胡，這也就是為什麼在王國維死後，陳寅恪在〈王觀堂先生輓詞並序〉中有「魯連黃鷂績溪胡，獨為神州惜大儒。學院遂聞傳絕業，園林差喜適幽居」的詩句。按陳的弟子蔣天樞解釋：陳詩中的前一句，來自《昌黎集》嘲魯連子詩，詩云：「魯連細而黠，有似黃鷂子。田巴兀老蒼，憐汝矜爪觜。」胡適乃安徽績溪人，蓋胡憐王氏之身世處境，薦入清華也（吳學昭編，《吳宓與陳寅恪》）。

另，當時住在天津張園的溥儀，身邊一幫舊臣隨從仍陰魂不散，相互傾軋，鬥法爭寵。與王國維亦師亦友的羅振玉在角逐中漸漸敗下陣來，不再受寵。而鄭孝胥等一幫孤臣孽子藉此得勢，開始在「皇上」身邊出謀畫策，發號施令，整個張園「小朝廷」充滿了無休止的爭論、表演、欺騙與榨取，在這種汙濁的環境之下，已被折騰得暈頭轉向的前清遜帝溥儀，整日沉浸在一連串的熱鬧、煩躁、激動、夢想、失望、希望、滑稽之中不能自拔。耳聞目染這種環境和人事，王國維大為苦惱，於是較痛快地答應了清華之聘。此事在王氏給友人蔣汝藻的信中可見得分明：「數月以來，憂惶忙迫，殆無可語。直至上月，始得休息。現主人（南按：指溥儀）在津，進退綽綽，所不足者錢耳。然困窮至此，而中間派別意見排擠傾軋，乃與承平時無異。故弟上月中已決就清華學校之聘，全家亦擬遷往清華園，離此人海，計亦良得。數月不親書卷，直覺心思散慢，會須收召魂魄，重理舊業耳！」蔣汝藻回覆曰：「頃知已毅然決定，為之頷首不置。從此脫離鬼域，重入清平，為天地間多留幾篇有用文字，即吾人應盡之義務」（王國維，《王國維全集．書信集》〔北京：中華書局，一九八四〕）。或許，王國維這一無奈中的選擇，不只對他自己是個解脫，對中國文化而言亦算是一大幸運吧。

28 魯迅，《而已集．談所謂「大內檔案」》，《魯迅雜文全集》（鄭州：河南人民出版社，一九九四）。

29 胡頌平編，《胡適之先生晚年談話錄》（臺北：遠流出版公司，一九九〇）。

30 王國維在他的《人間詞話．貳陸》云：「古今之成大事業、大學問者，必經過三種之境界：『昨夜西風凋碧樹。獨上高樓，望盡天涯路。』此第一境也。『衣帶漸寬終不悔，為伊消得人憔悴。』此第二境也。『眾裡尋他千百度，回頭驀見，那人正在，燈火闌珊處。』此第三境也。此等語皆非大詞人不能道。」

31《胡適的日記》第三冊（臺北：遠流出版公司，一九九〇）。

32 孫敦恆，〈吳宓與清華國學研究院〉，收入李賦寧、孫天義、蔡恆編，《第一屆吳宓學術討論會論文選集》（西安：陝西人民教育出版社，一九九二）。

33 轉引自傅國湧，《主角與配角：近代中國大轉型的臺前幕後》（武漢：長江文藝出版社，二〇〇五）。

34 梁實秋，〈記梁任公先生的一次演講〉，《梁實秋散文》第一集（北京：中國廣播電視出版社，一九八九）。

35 孫敦恆編著，《清華國學研究院史話》（北京：清華大學出版社，二〇〇二）。

36 同前注。

37〈梁任公先生演講詞〉，《清華週刊》二〇期（一九一四年十一月十日）。

38 章太炎（一八六九—一九三六），名炳麟，字枚叔。據云因傾慕明末清初顧炎武之行事、志向，改名絳，號太炎。浙江餘杭人。國學造詣極高，以能文善論著稱於士林，被時人譽為最著名的國學家與金石家。此人對時勢政治亦特別感興趣，堪稱革命家，為當時文壇政界備受矚目的名士。其受業弟子多一時俊傑，如著名的錢玄同、黃侃、沈兼士、胡以魯、周樹人（魯迅）、周作人、朱希祖、許壽裳、沈尹默、馬裕藻、吳承仕、黃子通、劉文典等。由於弟子之多之出眾，章氏大有天下儒林盟主之勢，更受社會各界所重。當年袁世凱稱帝，懼其憑藉在學界身分和地位，以言論惑眾煽亂，遂禁章於京師龍泉寺，欲殺之。內史監阮斗瞻慕章之才華，不忍，欲救之。乃謂袁皇帝曰：「武曌讀駱賓王之檄布，猶許為人才，燕王受方孝孺之口誅，尚欲其不死。章之文章學術不可多得，無罪而戮之，公之智豈下於燕王、武曌乎？」袁動容，乃止（陳贛一，《新語林》卷二〔上海：上海書店出版社，一九九七〕南按：方孝孺終被燕王朱棣所殺）。

僥倖撿得一命的章氏仍性情不改，繼續從事他的學術與政治主張，只是後來思想和學術眼光越來越僵化死板，尤其在對待安陽殷墟出土的甲骨文問題上，更是頑固不化，後來他的弟子也造起反來。據董作賓云：章太炎是那些不相信甲骨文並反對對其進行任何研究的學者之一。他認為，「龜甲刻文不見於經史」；而龜甲乃「速朽之物」，不能長久，焉能埋於地下三千多年不腐爛；「龜甲文易作偽」，是最不可信的。他還說羅振玉「非貞信之人」，那麼他流傳的甲骨文也不可信（董作賓，《甲骨學五十年》（臺北：藝文印書館，一九五五））。同時，李濟也說道：「本世紀（二十世紀）頭二十五年裡，甲骨文在收藏家心目中之所以重要，主要因為這些骨片上發現的契文是中國最早的文字。它們受到宗教式的尊敬，一些中國的古文字學家把它們視為中國古代最神聖的文字。但也並不是沒有不同的看法。這一時期的經學名家、古典音韻學大師、革命家並為孫逸仙博士的朋友的章炳麟，就認定甲骨文是以羅振玉為首的一群江湖騙子偽造的假古董」（李濟，〈安陽的發現對譜寫中國可考歷史的重要性〉，《安陽》（石家莊：河北教育出版社，二〇〇〇））。關於章氏弟子造反事，李濟舉例說：有一件逸事有趣地記述了關於章太炎對待這些古代遺物，即殷代甲骨文的內心感受：「在章太炎做生日那天，他的弟子黃季剛（侃）送了一份禮物，是用紅紙包紮著的長方形東西，看去像一盒子點心。過後章打開一看，原來是一部羅振玉寫的四卷本《殷墟書契前編》……」逸事的結尾僅提到，他弟子的這份禮物沒被擲掉，被放置在自己的床頭枕邊。很顯然他真的讀了這些被他認為應判罪的假文字。但據李濟說，「章的看法，在安陽科學發掘證實這些新發現的甲骨卜辭存在後，仍未改變」（李濟，《安陽》）。

39 關於陳寅恪放洋十數載未得學位而獨得學問事，學界坊間多有讚賞者，但豈不知正是沒有博士這頂帽子，才讓好友吳宓「費盡力氣」。可以想像，陳氏倘有一頂博士帽戴在頭上，清華聘請事應該更加順利，至少無須舉薦者多費口舌，趙元任、李濟都是極好的例子。據云，陳氏應清華之聘，除了吳宓竭力相薦外，還得到了王國維與梁啟超的讚許與鼎力相助。

王國維與梁啟超皆陳家舊識，王國維與陳寅恪均受過晚清大學者沈曾植（一八五〇—一九二二）的指導與影響。沈是浙江嘉興人，光緒六年（一八八〇年）進士，歷任刑部主事、郎中、江西廣信、南昌知府、總理衙門章京、安徽提學使，署布政使。光緒二十一年，與康有為等開強學會於京師，主張維新。曾受湖廣總督張之洞聘主講兩湖書院。清亡後為遺老，寓居上海。學識淵博，早年通漢宋儒學、文字音韻，中年治刑律，治遼金元史、西北南洋地理，並研究佛學。又究心經世之學，提倡學習西歐。餘事為詩，鄭孝胥、陳衍推他為「同光體之魁傑」，詩篇有〈病僧行〉等。工書法，由帖入碑，結體險峻，用筆生辣，生拙高古，奇趣橫生。著有《蒙古源流箋證》、《元祕史箋注》等幾十種。一九一五年，王國維經羅振玉引識沈曾植，後二人情誼甚篤。沈為寅恪父執，與陳三立酬唱密契，作詩吟賦，共為「同光體」詩派領袖。寅恪作為晚輩亦對沈抱極大崇敬，向其求教問難。陳寅恪後來從事梵文、西北史地、蒙古史研究，與沈之影響頗有關係。通過沈氏這一仲介，王國維與陳家相識相交並成好友。陳寅恪遊學巴黎得識法國著名漢學家伯希和，即得王國維作書引介（按：伯希和氏曾把敦煌藏經洞的經卷運出國外，引起了中國人的憤怒。但作為漢學家，曾在傅斯年的幫助下，於一九三五年到河南安陽殷墟發掘現場等地做過考察）。

梁啟超不僅是陳家舊識，且與寅恪祖父寶箴、父親三立、長兄衡恪祖孫三代交誼篤厚。據《民國人物碑傳集・陳三立傳略》（吳宗慈〔北京：團結出版社，一九九五〕）載：陳三立（一八五三—一九三七），字伯嚴，因中年於金陵築散原精舍，故以「散原」為號。清光緒八年（一八八二年）鄉試中舉，光緒十二年進士及第，在京師以主事分吏部行走。此時朝廷部吏弄權，成積重之勢，吏部尤甚。而父親寶箴頗有政聲，名揚海內，三立遂決定辭官隨從父親，親侍左右，並藉與當世賢士大夫交遊，講文論學。光緒二十一年，寶箴詔授巡撫湖南，一切新政，裒然並舉，「一時賢哲如朱昌琳、黃遵憲、張祖同、楊銳、劉光第輩，或試以事，或薦之於朝。又延譚嗣同、熊希齡、梁啟超等，創立時務學堂、算學堂、湘報館、南學會之屬，風氣所激厲，有志意者，莫不慷慨奮發，迭起相應和。於是湖南士習為之丕變，當時談新政者，輒以湘為首倡，治稱天下最。凡此為政求賢，皆先生所贊識別勸而羅致之者也」。

一八九七年，也就是戊戌變法（一八九八年）前一年，已有才名的梁啟超受時任湖南巡撫陳寶箴與其助手陳三立之聘，出任長沙時務學堂中文總教習，從此，梁氏與陳家結交，有機會對祖籍義寧的陳氏家學有所了解，並極為崇敬。據云，一九二四年，梁啟超夫人李蕙仙去世，葬於北京香山臥佛寺東面小山，梁啟超曾想讓陳三立為之書寫墓碑文，後因故作罷。

正因為陳寅恪與王、梁二人有如此淵源和交情，後者為其進清華園助力當是合乎常情與人情的。據清華研究院第三屆學生藍文徵回憶，當年梁啟超曾親自向校長曹雲祥面薦過陳寅恪，當時的情形是：「曹說：『他是哪一國博士？』梁答：『他不是學士，也不是博士。』曹又問：『他有沒有著作？』梁答：『也沒有著作。』曹說：『既不是博士，又沒有著作，這就難了！』梁先生氣了，說：『我梁某也沒有博士學位，著作算是等身了，但總共還不如陳先生寥寥數百字有價值，好吧！你不請，就讓他在國外吧！』接著梁先生提出了柏林大學、巴黎大學幾位名教授對陳先生的推譽。曹一聽，既然外國人都推崇，就請」（陳哲三，〈陳寅恪先生軼事及其著作〉，《傳記文學》一六卷三期（一九七〇））。陳哲三是藍文徵的再傳弟子，關於梁曹對的故事，是陳從藍處得來的，因而有人謂「頗具小說家之描述」，只能「為一種傳聞」，不能全部置信。其理由是到了陳哲三氏這裡，與梁曹已隔三代，時間久遠，難免有以訛傳訛之嫌，即使真有此事，也多有演義，致使後人難辨真偽了。如同顧頡剛氏搞出的「層累地造成的古史傳說」一樣，年代越往後，編造的成分越大，色彩越濃，當年清華園中的梁曹對亦當如此吧。

40 吳學昭編，《吳宓與陳寅恪》（北京：清華大學出版社，一九九二）。另據吳宓晚年〈自編年譜〉云：吳於一九一八年秋到哈佛大學後，與初到哈佛的中國留學生俞大維相識並成為要好的朋友，後又與進入哈佛就讀的陳寅恪相識。俞與陳是姑表兄弟，此前「俞大維君又多稱道其姑表兄義寧陳寅恪君之博學與通識，並述其經歷。詩人陳伯嚴先生（名三立），前夫人羅氏，生長子衡恪（字師曾），為詩人、畫家。繼配夫人俞明詩（俞大維之姑母，能詩），生（二、三、四，早夭）五子隆恪、六子寅恪、七子方恪（字彥通，能詩，而狂放佻達），八子登恪，留學法國，撰有《留西外史》小說（宓按：陳寅恪君一八九〇年庚辰年生）。年十一（吳學昭按，此處疑為年十五之誤。南按：應為年十三）留學日本。兩度遊學歐洲，先居巴黎，後再赴歐洲，今始到美國。一九二五年，由宓薦，清華聘為國學研究院教授，月薪四百圓，乃回國。計其在外國留學之時期凡十八年，與玄奘同。宓深為佩仰」（轉引自吳學昭編，《吳宓與陳寅恪》（北京：清華大學出版社，一九九二））。

當吳宓向曹雲祥舉薦陳寅恪時，陳仍在德國柏林大學研究院研究梵文、巴利文、藏文和佛經。一九二五年二月十六日，吳以曹雲祥校長的名義致電柏林，陳有過遲疑，後決定就聘，但言不能即刻到校。據吳宓日記四月二十七日載：「陳寅恪覆信來。（一）須多購書；（二）家務，不即就聘。」為此，吳宓感慨道：「介紹陳來，費盡力氣，而猶遲疑，難哉。」於是，吳再致電陳寅恪勸說。此後，吳、陳之間電報頻傳，往返協商。六月二十五日，吳在他的日記中又出現了「晨接陳寅恪函，就本校之聘，但明春到校」之語。同年八月十四日，吳宓再記道：「陳寅恪有函來，購書殊多且難。」面對陳的困難，吳宓幾次面謁校長曹雲祥，請求設法予以資助，最後曹校長同意先預支薪金數千元，兌成美金匯至柏林，陳寅恪得款並料理一切事務後，於同年十二月十八日由馬賽啟程回國，直到次年七月七日方到京。

據云，除陳寅恪外，吳宓還向曹雲祥薦介了柳詒徵、張爾田兩位前輩和湯用彤、樓光來幾位哈佛同學，皆學界一時之名流，不過作為研究院主任的吳宓，並無人事決定權。陳寅恪之來校，都令吳感「費盡氣力」與「難哉」，而薦介另外幾人就更難上加難了，其結果是皆成鏡中之花。當陳寅恪到校時，吳已辭去研究院主任職，改任新制大學部外文系教授。

41 趙楊步偉，〈四年的清華園〉，《傳記文學》七卷四期（一九六五年十月）。

趙元任（一八九二—一九八二），字宣重，江蘇常州人。清著名學者趙翼（號甌北，有《廿二史劄記》、《陔餘叢考》等著作）是其六世祖。宣統二年（一九一〇年）十八歲時考中遊美學務處第二批庚子賠款留學生，該批留學生在全國四百多名投考者中錄取七十名。從當年金榜題名、後來成為著名氣象科學家的竺可楨保留的一份原始放榜名單看，江蘇震澤縣的楊錫仁排名第一，趙元任名列第二。全體留學生中，後來在社會上名氣較大的有：張彭春，排名第十；沈祖偉，第十三；竺可楨，第二十八；胡憲生，第四十三；胡適，第五十五；胡達，第五十七；周仁，第六十七。處於古代科舉考生「孫山」地位的最末一名是浙江平湖的張寶華。至於誰是「名落孫山」者，已不可考。

又，楊步偉文中所說的張彭春（字仲述），乃著名的南開大學校長、教育家張伯苓之弟。一九一〇年，張彭春與趙元任同期以第十名的成績考取庚款二期生放洋留美，在克拉克大學獲文學學士學位後轉入哥倫比亞大學就讀，研究文學、歐美現代戲劇。一九一五年獲哥倫比亞大學文學碩士及教育學碩士學位，為杜威的得意門生，此後在美國任中國留美學生聯合會指導。一九一六年歸國，任南開中學部主任，並兼南開新劇團副團長，開始了他在天津的話劇創作活動。周恩來、萬家寶（曹禺）等均為南開新劇團張彭春的學生。同年十月，南開新劇團公演了張彭春在美國創作的《醒》。一九一九年張彭春再度赴美國攻讀哲學，一九二二年獲哲學博士學位，離美赴英、法、德、丹麥等國考察。一九二三年任清華大學教授兼教務長。一九二六年因與校長曹雲祥、吳宓等派系矛盾發展到相互傾軋，你死我活之不能容忍地步，被迫辭職回天津任南開中學和南開女中代理校長，兼南開大學教授，協助其兄發展南開教育事業，抗戰爆發後從事外交活動。

42 李濟，〈我在美國的大學生活〉，《傳記文學》一卷五、六期（一九六二）。

43 李光謨編，《李濟與清華》（北京：清華大學出版社，一九九四）。

44 同前注。

45 李濟，〈我與中國考古工作〉，《新時代》創刊號（一九六一）。

46 王國維，〈靜安文集續編〉，《王國維遺書》第五冊（上海：上海古籍書店，一九八三）。

47 關於圖片中後面三人，現代學者有考證中間之人並非陸維釗，而是接替其職的趙萬里，真相仍待詳考。另，關於李濟沒有成為「五大」的原因，據一九二六年考入清華研究院的第二屆研究生戴家祥說，李濟當時正和美國弗利爾藝術館合作組織考古發掘事宜，在時間分配上，考古發掘占相當比重，因而大部分薪水由美方撥發，每月三百元，清華每月發一百元，二者合在一起，正好和王、梁、陳、趙「四大」教授的薪水持平（參見戴家祥，〈致李光謨〉，收入李光謨編，《李濟與清華》〔北京：清華大學出版社，一九九四〕）。另據戴家祥信中云：當時的清華研究院有王、梁、陳、趙等教授四人，各有工作室一間，助教一名。李濟同樣得到了一間工作室、一名助教的待遇，其助教是第一屆畢業生王庸（字以中）。根據院方安排，研究生可以直接找導師談話。因清華支付的一百元並不是教授的薪水，故只能給個特別講師的帽子戴在頭上。想不到這「教授」與「講師」兩頂帽子的不同，造成了儒林士子多年的疑惑與不解。

另一種說法是，當丁、梁二人向曹雲祥推薦李濟時，曹一開始欲聘李為研究院專職教授，與前四人所戴的帽子等同，搞出個「五大導師」，即當年西蜀霸主劉備手下「五虎上將」的陣營，並借助「五虎」的實力與名氣，以威天下。但當研究院籌備處主任吳宓奉命與李濟接洽後，發現情況並不如曹校長所想的那樣簡單，對田野工作特別傾心的李濟，因此前與畢士博已經簽約，不太願意完全放棄在弗利爾藝術館考古隊的工作，但又不忍捨其回母校效勞的機會，對是否到清華做全職教授猶豫不決，他向吳宓提出的公開理由是，怕不能「長年住院，任教授與指導之事」。此兩難情形由吳宓稟報曹雲祥，經過曹、梁、吳、丁等人共同商談，認為李濟雖然年輕，但畢竟是中國第一位攻讀人類學的「海龜」，其學術前景不可限量，決定採取讓李濟一擔挑的方式兩頭兼顧，聘為特別講師。丁文江更是不遺餘力地對李勸說，認為清華研究院的工作性質與南開畢竟不同，在南開是純粹的教書，而在清華則以研究為主，所帶學生不過幾人而已，謂李「不要放棄做第一手科學研究的機會」云云。李濟聽了丁的勸導，遂欣然就聘。此情形在《清華週刊》三四五期「新聞」欄曾有披露，文曰：「二十六日，李先生來校，與吳宓博士晤談。聞校中擬請其任教授，惟恐有礙Bishop（畢士博）先生方面之考古事業，則李先生暫任講師云云。」另吳宓在日記中也有如下記述：「下午二時，李濟如約來，願就聘。以特別講師為宜。」據清華國學研究院院史研究專家孫敦恆稱，如此聘法是按當時清華學校的有關規章制度辦事的，如此聘任者並非李氏一人，稍後與李濟一同去山西進行考古發掘的袁復禮，因先任職於地質調查所，來清華講課，被聘為清華新制大學部地質學講師。再後，著名學者梁漱溟、馬衡被聘為清華國學研究院講師，也是因為二人都是北大的在職教授。另一個更典型的例子是，趙元任此時已是正式入圍「四大」的教授，但自一九二九年他去中央研究院史語所擔任研究員，並兼任語言組主任後，再來清華授課，其頭上頂的也是中文系講師銜的帽子。據清華檔案館所藏《研究院紀事》稱，一九二七年六月，清華學校評議會在討論李濟函詢其下年度待遇問題時，議決：「如畢士博方面仍續約，則本校繼續聘李濟為研究院講師；如畢士博方面不續約，則本校聘李濟為大學部教授。結果畢士博繼續聘李濟與之一同進行考古發掘，李濟下年度仍任研究院講師。」

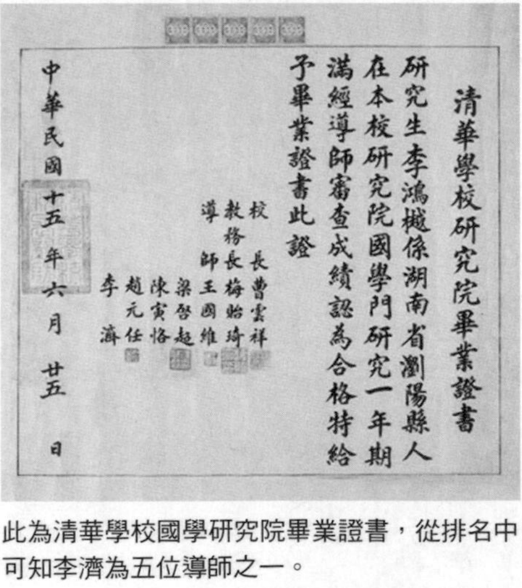
清華學校研究院畢業證書
研究生李鴻樾係湖南省瀏陽縣人
在本校研究院國學門研究一年期
滿經導師審查成績認為合格特給
予畢業證書此證
校長曹雲祥
教務長梅貽琦
導師王國維
梁啓超
陳寅恪
趙元任
李濟
中華民國十五年六月廿五日

此為清華學校國學研究院畢業證書，從排名中可知李濟為五位導師之一。

關於這段公案，李濟之子、中國人民大學教授李光謨後來有一補充推斷：「可能李濟教的是人類學、考古學，不被人們視為『國學』，登不上大雅之堂；再則——這一點或許最關緊要，李濟受聘入國學院時，年齡尚不足二十九歲，太不夠『大師』的身價了。當時的助教和第一、二兩屆研究生裡，比李濟年長好幾歲的也不乏其人。儘管如此，他確是貨真價實的導師，也是第一位以特約講師身分任研究生導師的，這是有官方文件為證的。對此，季羨林教授於一九九二年主持紀念趙元任先生百歲誕辰的座談會的發言中明確提到，「成立時的導師應是五位，其中李濟之先生當時的職稱是講師，但他屬於五位導師之一」。李光謨在分析了幾乎與孫敦恆所述一致的清華的聘任制度之後，又說：「看來，清華國學研究院終其『一生』（四年之久），也僅僅在第一批導師中有四位是教授銜的，稱他們為『四大』，也的確是實至名歸」（李光謨，〈「好像剛出籠的包子」——記李濟二進清華園〉，《永遠的清華園：清華子弟眼中的父輩》（北京：北京出版社，一九九九））。或許，這便是李濟沒有被後世譽為「五大」之一，而只稱「五位」之一的緣由和內情吧。當然，那時的李濟並不知道日後會為「幾大」問題產生如此繁亂的糾葛與爭論，他只是帶著自己的興趣與志向滿懷激情地走進了清華園。

48 袁復禮（一八九三—一九八七），字希淵，河北徐水人。一九一五年清華學校畢業後赴美留學，先後在布朗大學、哥倫比亞大學學習教育學、生物學、考古學和地質學，一九二〇年獲碩士學位。一九二一年十月回國後，入北京地質調查所工作。在此期間，隨瑞典地質學家安特生參加了河南仰韶文化的考古發掘。一九二三年五月至一九二四年八月，在甘肅做地質調查，對中國石炭紀地層劃分和古地理研究做出了重要貢獻。一九二六年，與李濟赴山西省西陰村遺址發掘。一九二七至一九三二年，袁作為成員之一參加了由中、瑞雙方合作組成的中國西北科學考察團到西北考察，並任中方代理團長三年（瑞典方面團長是斯文·赫定）。在長達五年的蒙新地質考察中，全靠騎馬、步行，克服了難以想像的困難。一九二八年在新疆吉木薩爾縣三臺大龍口首次發現了水龍獸、二齒獸和袁氏闊口龍等三疊紀爬行動物化石，受到國際學術界高度稱讚，為此獲得了瑞典皇家科學院頒發的「北極星勛章」。一九三二年，參加創辦了清華大學地質系，擔任教授和系主任。一九三七年後，在西南聯大地質地理氣象系任教授。一九五二年院系調整後，任北京地質學院教授，為中國地貌和第四紀地質學的創始人。

49 就山西省夏縣西陰村發掘事宜，畢士博代表弗利爾藝術館，曹雲祥代表清華學校共同商訂如下協定（見清華國學研究院檔案）：

（一）考古團由清華研究院組織；

（二）考古團的經費大部分由弗利爾藝術館承擔；

（三）報告用中文英文兩份：英文歸弗利爾藝術館出版，中文歸清華研究院出版；

（四）所得古物歸中國各處地方博物館，或暫存清華學校研究院，俟中國國立博物館成立後永久保存。

50 張光直，〈對李濟之先生考古學研究的一些看法〉，收入李光謨編，《李濟先生百年誕辰紀念系列活動》（資料），手稿，一九九六年六月。

51 李濟，《安陽》（石家莊：河北教育出版社，二〇〇〇）。

52 丁文江、趙豐田編，《梁啟超年譜長編初稿》（上海：上海人民出版社，二〇〇八）。

53 同前注。

54 同前注。

55 此次茶話會沒有吳宓在座的原因，是由於吳已辭研究院主任之職，由梅貽琦兼理。吳宓辭研究院主任之職，情形頗為複雜，但總體而言是清華的吳宓一派與教務長張彭春意見不合，相互傾軋導致的。當時的張彭春與胡適、趙元任等庚款二屆留美同學往來密切，與學衡派成員或支持學衡派者則成對立狀態，想當初吳宓進清華乃學校正急需人才之時，且是曹雲祥校長一手促成，作為教務長的張彭春與「暴得大名」的胡適都不好從中作梗，於是乃有了吳宓順利到來並成為研究院主任的機緣。但自吳主持研究院工作後，情形就變得複雜微妙起來。校長曹雲祥在行將出國之時，薦張以自代，因長期在校政施教方面不和，吳宓和張彭春徹底決裂，成為勢不兩立的冤家對頭。由於派系的成見，吳與胡適、趙元任的關係也越來越生硬。當時深受校長曹雲祥器重的張彭春，正在青雲直上、一飛沖天之際，並不把吳宓放在眼裡，並認為吳宓的為人為學是不值一提的，在人前人後很不應該地表露出輕視意味，這一點從吳宓日記中可以看出。一九二五年十月二十二日，吳宓初任國學研究院主任不久，正在志得意滿之際，受邀為清華普通科學生做「文學研究法」講演，萬沒想到的是，講完之後，卻被張彭春藉機當場諷刺戲弄了一頓。為此，吳覺得自己「空疏虛浮，毫無預備，殊自愧慚。張仲述結束之詞，頗含譏訕之意。宓深自悲苦。緣宓近兼理事務，大妨讀書作文，學問日荒，實為大憂。即無外界之刺激，亦決當努力用功為學。勉之勉之。勿忘此日之苦痛也」。言辭中見出吳宓的書生本色，也透露出他處境的尷尬與內心的痛苦。

一九二六年一月十九日，在校長曹雲祥主持下，清華學校校務會議舉行臨時會議討論研究院事務。張彭春和趙元任、李濟主張研究院只任專門研究，不容納普通國學。趙元任同時主張「研究院為大學院，先辦國學，久後乃設科學」等等。吳宓在梁啟超的支持下，異議力爭，王國維初無意見，後亦附張，校務會議最終否定了吳宓意見。研究院同學會代表全體師生為此發表了宣言，以「破壞研究院」等語句，對張彭春等給予指責，同時指責吳宓保護研究院不力，在全校師生中引起震動。在雙方的擠壓下，心情焦慮的吳宓被迫表示提出辭職。這個時候，吳、張兩個派系的矛盾已發展到不可調和的地步，其情勢不是魚死就是網破，絕無緩和並肩共事之可能。吳在表示辭職的同時，張彭春的所作所為也引起了校長曹雲祥的警覺與吳派盟友和研究院學生的強烈不滿，藉此機會，吳派聯盟決定實施絕地反擊，一舉將張彭春斬於馬下。在鬥士王祖廉、莊澤宣、徐然三位資深教授的公開操縱、指揮下，清華學校爆發了要求張彭春去職的學潮。在一片人喊馬叫的吵鬧、混亂聲中，不知如何是好的曹雲祥聽從了身邊謀士與號稱世外高人的指點，突然改變擁張的態度，決定令張即刻離校，越快越好。曹氏這一急轉直下的姿態，令張彭春如同吃了一記悶棍，頓覺暈頭轉向，天旋地轉，完全失去了回應和反擊能力，只好甘拜下風，強忍怨恨，打起鋪蓋含淚向他的同派人物胡適、趙元任等話別，出走天津，回到他老兄經營多年的南開大學，以圖東山再起。

張彭春在決戰中滾鞍落馬，令吳宓大大地舒了一口氣，他在日記中寫道：「此次張氏去職離校，如竟成事實，則實為權臣威加於主者之普通下場。各方反對雖烈，然已司空見慣，久已無足重輕。此次去張，純由校長自決。而校長之為此，必自有不得已之原因，或緣大權旁落，恐駕馭為難；或張竟有圖謀去校長而代之之舉動，為所覺察，故而出此。諸人之讒言，以及宴會表示，不過適湊其機，校長亦樂於俯從而利用之耳」（《吳宓日記》第三冊，頁一四二）。

就吳宓的性情言，在學術教育界中，算不上一個熱中於派系爭鬥的人，只是偶然捲入了這個圈子，所謂人在江湖，身不由己。但吳畢竟不是個糊塗人，得勝之際，也心生惴惴，自起反思。一九二六年一月二十七日，吳在日記中寫道：「念宓初無與人為仇之意，惟此次倒張運動，竟以研究院事件及宓之辭職，用為導火線，作為張氏大罪狀之一，則宓所不及料，亦無術洗清者也。平心而論，張君仲述實有勝過諸人之處，允稱清華辦事唯一人才……宓之捲入與張氏為敵之黨，實亦不得不然者也。中立而不倚，強哉矯。宓庸碌，愧無能。直至此時，則更不能完全置身事外，而不與敵張氏者敷衍。語云，在山泉水清，出山泉水濁。蓋若出身任事，捲入政治，則局勢複雜，不能完全獨立自主。其結果，不得不負結黨之名，亦不得不為違心之事」（《吳宓日記》第三冊）。此可謂吳氏一段切身體會領悟的慘痛經驗，要獨立不倚地做人行事，在這個世俗社會和利益糾葛的紛擾人群中，只能是可望而不可即的烏托邦。此時的吳宓不但無法從這紛亂的糾葛中抽身，且事態的發展已非他能預料，他雖有憫人之心，而人不我憫，不久即輪到了他的大尷尬、大狼狽。

一九二六年二月四日，張彭春離校的當天，在胡適派與張的鐵桿心腹合力鼓動、組織下，清華部分師生集會遊行，強烈要求學校當局挽留張氏，並對校長曹雲祥是否包藏私心大加指斥、攻伐。至次日，集會的師生強迫校方命所謂「反張元凶」王祖廉、莊澤宣、徐然三教授立即辭職，否則此事將繼續鬧將下去，不達目的絕不甘休。被列為「陪凶」的吳宓，此時正居於城內，得到心腹報告後，頓感大事不妙，「遂決久住京中，以避內潮焉」（《吳宓日記》第三冊）。

二月二十一日，清華學生賀麟、張蔭麟、陳銓向吳宓報告，言昨晚學生評議會又議決驅逐曹校長。三月六日，清華校務委員會在研究《清華學校組織大綱》時，國學研究院原辦學宗旨中有幾條被改變或裁撤。是日吳宓記道：「惟念去年三月六日，研究院中，英文章程，方在大學籌備會中通過，而今年此日，復在委員會之《組織大綱》中取消之。由我做成，復由我手破壞。我乃如殺身自焚之蟬兒。因為顧大局，希望全校改良，協助錢（端升）、子孟（憲承）諸君，並願以身作則之故，乃自在委員會中，將研究院主任之職位取消。如此高尚之心情，誰復諒解？」（《吳宓日記》第三冊）同意裁撤研究院的辦學宗旨，是校方向張彭春一派的妥協，而研究院的學生又因此質問吳宓：身為研究院主任，為何不為研究院爭利益云云。

三月九日和十日，研究院學生出面約吳宓在教室談話，雙方不歡而散。十一日，研究院學生會派吳其昌和杜鋼百作為代表向吳宓遞交要求其辭職的「哀的美敦書」。吳進退不得，乃以「研究院之性質及發展方向，已與宓所持之國學研究院之說完全反背」為由，向校長提出辭職請求，並另抄一份，送交研究院學生會。曹雲祥正為張彭春辭職出走之事被部分師生搞得心煩意亂，見吳自動送上門來，正好藉此機會給吳一刀，以平息張派的憤怒。於是，曹雲祥不但立即批准了吳的請求，還把吳調離研究院，安排到大學部外文系任教授，研究院事務由曹本人「兼理」。在中國現代學術史和教育史上留有光榮一面的清華國學研究院，是吳宓生前身後久被人讚譽的輝煌，但最後還是被迫辭職。從吳留下的日記可知其此時的心境，同時也顯出即便如學術重鎮之堂堂清華學校乃至象牙之塔國學研究院，亦並非理想的聖潔之地。此時的吳宓，就是在這種矛盾與相互傾軋的處境中搞得心憔神悴，最終如他在日記中所言「如殺身自焚之蟬兒」，「以自己的手結束了自己的事業」。

張彭春辭職離校後，改由梅貽琦任教務長，未久，又「兼理研究院事務」。自此，梅貽琦在清華嶄露頭角，終得大用，而吳宓的身影從清華國學研究院消失了。

56 戴家祥於一九八九年致李濟之子李光謨的信。轉引自李光謨編，《李濟與清華》（北京：清華大學出版社，一九九四）。

57 同前注。

58 李濟，《西陰村史前遺存》（清華學校研究院叢書第三種）（北京：清華學校研究院，一九二七）。

59 梁啟超，〈給梁思成等孩子們書信十一封〉，收入梁從誡選編，《薪火四代》上（天津：百花文藝出版社，二〇〇三）。下同。

60 孫敦恆編著，《清華國學研究院史話》（北京：清華大學出版社，二〇〇二）。

61 葉德輝其人與被殺經過：葉德輝（一八六四—一九二七），字奐彬，號郋園，又號直山。祖籍江蘇吳縣。太平天國動亂之時，其父葉雨村始遷居湖南，占籍長沙（後葉德輝在嶽麓書院讀書時，又買了個湘潭縣籍）。葉德輝出生於長沙，故自稱是「半吳半楚之人」。年少時，曾一度棄學經商，又棄商就學。光緒十八年（一八九二年）進士，與張元濟、李希聖為同年，三人均分部主事，葉德輝到吏部不久便辭歸湘裡居住，以提倡經學為己任，與王闓運、王先謙為湘中三名士。葉德輝政治上不贊成相互砍頭式的革命，在生活上沉溺聲色，常夜御十女。一九〇三年，他編輯出版《雙梅景闇叢書》，含《素女經》等六種，道學家譁然，斥為淫書，而葉之名益著。一九二七年，時任長沙總商會會長的葉德輝對國民黨北伐大為不滿，對時興的農民協會和「一切權力歸農會」（毛澤東，《湖南農民運動考察報告》）更視為寇仇。對此，他送給農民協會一副對聯：「農運宏開，稻粱菽麥黍稷，盡皆雜種；會場廣闊，馬牛羊雞犬豕，都是畜生。」橫額是：「斌尖卡傀」（長沙方言）。意為不文不武，不小不大，不上不下，非人非鬼。正因了這副對聯，不贊成相互砍頭式革命的葉德輝被農民協會的梭鏢隊抓去，並在一九二七年四月十一日砍了頭。

關於王葆心其人與死因，可參見一九二七年六月十五日，梁啟超致信在北美的女兒梁思順，告以王國維之死事，並涉王葆心之死。信中說：「靜安先生自殺的動機，如他遺囑上所說：『五十之年，只欠一死，遭此世變，義無再辱。』他平日對於時局的悲觀，本極深刻。最近的刺激，則由兩湖學者葉德輝、王葆心之被槍斃。葉平日為人本不自愛（學問卻甚好），也可說是有自取之道，王葆心是七十歲的老先生，在鄉里德望甚重，只因通信有『此間是地獄』一語，被暴徒拽出，極端棰辱，卒置之死地。靜公深痛之，故效屈子沉淵，一瞑不復視。此公治學方法，極新極密，今年僅五十一歲，若再延壽十年，為中國學界發明，當不可限量。今竟為惡社會所殺，海內外識與不識莫不痛悼。研究院學生皆痛哭失聲，我之受刺激更不待言了」（丁文江、趙豐田編，《梁啟超年譜長編初稿》〔上海：上海人民出版社，二〇〇八〕）。對於梁氏之說，後世學者多有考證，但不得其詳，王葆心其人其事可能係誤傳。

62 孫敦恆編著，《清華國學研究院史話》（北京：清華大學出版社，二〇〇二）。

63 同前注。

64 陳寅恪，〈王觀堂先生輓聯〉，收入陳寅恪著，陳美延、陳流求編，《陳寅恪詩集》（北京：清華大學出版社，一九九三）。

65 陳寅恪著，陳美延、陳流求編，《陳寅恪詩集》（北京：清華大學出版社，一九九三）。

66 關於王國維為何拖著辮子自沉昆明湖，後世臆測大致分幾種：一為「愚忠殉清」說；二為「逼債」說（王曾與羅振玉合作做生意虧本，欠下巨債）；三為「驚懼」說（王國維自殺是怕自己這個前清遺老落入北伐軍手中，蒙受恥辱）；四為「諫阻」說（以「屍諫」勸阻溥儀東渡日本避難）；五為「文化殉節」說；六為「妻妾出軌受辱」說。

王國維的親家兼師友羅振玉認為是殉清而死，而前清遜帝溥儀卻認為是羅振玉逼迫而死。在溥儀所著《我的前半生》（北京：中華書局，一九七七）第四章中，曾經說過這樣一段話：「羅振玉並不經常到宮裡來，他的姻親王國維能替他『當值』，經常告訴他當他不在的時候，宮裡發生的許多事情。王國維對他如此服服帖帖，最大的原因是這位老實人總覺得欠羅振玉的情，而羅振玉也自恃這一點，對王國維頗能指揮如意。我後來才知道，羅振玉的學者名氣，多少也和他們這種特殊瓜葛有關。王國維求學時代十分清苦，受過羅振玉的幫助，王國維後來在日本的幾年研究生活，是靠著和羅振玉在一起過的。王國維為了報答他這份恩情，最初的幾部著作，就以羅振玉的名字付梓問世。羅振玉後來在日本出版、轟動一時的《殷墟書契》，其實也是竊據了王國維甲骨文的研究成果。羅、王二家後來做了親家（南按：羅女嫁王氏子），按說王國維的債務更可以不提了，其實不然，羅振玉並不因此忘掉了他付出過的代價，而且王國維因他的推薦得以接近『天顏』，也要算作欠他的情分，所以王國維處處都要聽他的吩咐。我到了天津，王國維就任清華大學國文教授之後，不知是由於一件什麼事情引的頭，羅振玉竟向他追起債來，後來不知又用了什麼手段再三地去逼迫王國維，逼得這位又窮又要面子的王國維，在走投無路的情況下，於一九二七年六月二日跳進昆明湖自盡了。」

又，溥儀在「不知是由於一件什麼事情引的頭」一句後，加了一個「附注」，注云：「我在特赦後，聽到一個傳說，因已無印象，故附記於此，聊備參考。據說紹英（南按：清室內務府大臣）曾託王國維替我賣一點字畫，羅振玉知道了，從王手裡要了去，說是他可以辦。羅振玉賣完字畫，把所得的款項（一千多元）作為王國維歸還他的債款，全部扣下。王國維向他索要，他反而算起舊帳，王國維還要補給他不足之數。王國維氣憤已極，對紹英的催促無法答覆，因此跳水自盡。據說王遺書上『義無再辱』四字即指此而言。」因溥儀的名聲和特殊地位，在後世流傳的諸種說法中，以「羅振玉逼債而死」說影響最大。這一「逼債」說後被郭沫若著文加以肯定並傳播，遂成為王氏之死諸說中的主流觀點並為時人廣泛採信。

另有史家商承祚提出王國維妻妾有外遇，王氏不願受辱而一死之說。此說由於為尊者諱之故，罕有見於文字者。羅振玉之孫羅繼祖主編《王國維之死》一書，所引商承祚之說語焉不詳，只有「中冓不可道」一句，羅繼祖理解為親戚之間的矛盾，似不符合商氏本意。常任俠一九四〇年一月十二日日記載：「晨，商錫永（南按：

即商承祚）來，留其在舍午餐，雜談男女瑣事，商云王靜安以婦有外遇，故憤而自殺，未知信否也」（常任俠，《戰雲紀事》（深圳：海天出版社，一九九九），頁二三二。後世有研究者認為，溥儀只是道聽塗說，任意捏造事實，賣畫之事純係子虛烏有，羅振玉「逼債」說難以成立，商承祚「妻妾出軌受辱」說也不大靠得住。從王國維遺書上的「五十之年，只欠一死，經此世變，義無再辱」十六字可以看出，他的死正如陳寅恪所說「凡一種文化值衰落之時，為此文化所化之人，必感苦痛，其表現此文化之程量愈宏，則其所受之苦痛亦愈甚；迨既達極深之度，殆非出於自殺，無以求一己之心安而義盡也」。陳氏之「殉文化」說，與梁啟超之論王國維死因相接近，因而陳氏之說最為接近本真，亦多為後世研究者贊同。

67 陳寅恪，《陳寅恪集・寒柳堂集》（北京：生活・讀書・新知三聯書店，二〇〇一）。

68〈羅雪堂先生致陳寅恪書〉，《國學論叢》一卷三號（一九二八年四月）。

69 碑文見陳寅恪著，《陳寅恪集・金明館叢稿二編》（北京：生活・讀書・新知三聯書店，二〇〇一），頁二四六。關於為王國維立紀念碑情形，有一插曲。據時在清華國學研究院就讀的研究生戴家祥回憶：王國維跳湖自盡後，一九二八年初冬研究院同學會更選，最後選出宋玉嘉為會長，吳其昌副之，戴家祥為文書，姚名達任會計，然後決定為王國維立碑紀念。為此，梁啟超捐資五百元，陳寅恪兩百元，馬衡（南按：字叔平，當時被聘為研究院講師）一百元，新任校長嚴鶴齡二十元（南按：曹雲祥已辭職，被師生逐出校園），李濟二十元，大多數教授、講師、助教及學生都捐了款，共得銀三千元。碑由陳寅恪撰文，馬衡書丹，梁思成設計，於一九二九年夏豎立於清華園工字廳東南土坡之下，前書「海寧王靜安先生紀念碑」，背為陳氏撰文。當時「只有趙元任和助教楊某（趙師母的內侄）一文不名（南按：即楊時逢），他們是另有看法的」（戴家祥，〈致李光謨〉，收入李光謨編，《李濟與清華》（北京：清華大學出版社，一九九四））。趙對王國維有何看法或成見，戴家祥未明言，但從當時的情形看，「老實到像火腿一般」的王國維並未參加清華派系鬥爭，平時亦不好自命不凡，盛氣凌人，究竟何時何地與趙產生過節，或許如吳宓所言之情形？一九二八年三月二十三日，吳宓日記載：「戴家祥、姚名達持捐冊來，欲強宓捐助研究院學生為王靜安先生立紀念碑經費。且謂宓昔為研究院職員，義當捐助云云。宓極不贊成此舉，又憤若輩之無禮，但含忍之。晚七至八時訪陳寅恪，託其惋告彼等，言宓家庭負擔重，又常捐鉅款於《學衡》，故不克捐助云云」（《吳宓日記》第三冊）。查吳氏日記，內中有大量施捨金錢於朋友學生的記錄，如吳芳吉、王堯城、毛彥文等用他的金錢都是千元以上的大數，而張歆海、張蔭麟、胡徵、高棣華等學生輩也常向吳借錢並得到資助。但吳宓此時在金錢處置上卻顯得很不近人情，亦很不明智。儘管戴家祥、姚名達輩不盡懂禮數，言語中引起吳之反感，但此事非彼事，看在王國維臨終託孤的分上，亦應略盡綿薄，何況梁啟超與陳寅恪所捐都是五百元與二百元的數目。吳宓書生意氣在此，或許趙元任亦類似吧。

70 陳寅恪，〈王觀堂先生輓詞並序〉，《陳寅恪集．寒柳堂集》。梁啟超是廣東新會人，故陳寅恪在詩中以「新會」代之。

71 丁文江、趙豐田編，《梁啟超年譜長編初稿》（上海：上海人民出版社，二〇〇八）。

72 就在梁啟超去世四十多年後的一九七一年，清華大學教授梁思成因病入住協和醫院，於一個偶然機會，從自己的醫生那兒得知父親早逝的真相。具體情形是：當梁啟超入住協和醫院後，鑑於其在社會上的顯赫名聲，協和醫院相當慎重，決定由留學美國的中國人、協和醫院院長劉瑞恆親自主刀，美國醫生副之，其他人員也是從各方面選拔而出，可謂陣營強大，應該不會有什麼閃失。意想不到的是，閃失還是發生了。據當時參加手術的兩位實習醫生後來私下對同行說：「病人被推進手術室後，值班護士就用碘在肚皮上標位置，結果標錯了地方。劉博士（南按：劉瑞恆）就動了手術，切除了那健康的腎，而沒有仔細核對一下掛在手術檯旁邊的X光片。這個悲慘的錯誤在手術之後立刻就發現了，但因關乎協和醫院的聲譽，被當成『最高機密』歸檔」（〔美〕費慰梅（Wilma Fairbank）著，成寒譯，《中國建築之魂：一個外國學者眼中的梁思成林徽因夫婦》〔上海：上海文藝出版社，二〇〇三〕）。未久，不少傳媒把此事炒得沸沸揚揚，且成為一件祕聞流傳於坊間。其實，梁啟超出院不久協和醫院就已默認了，梁啟超也已確切得知自己的好腎被割掉，但為何割掉仍是霧中看花，不甚明瞭。梁氏在一九二六年九月十四日給孩子們的信中曾這樣寫道：「……伍連德（大夫）到津，拿小便給他看，他說『這病絕對不能不理會』，他入京當向協和及克禮等詳細探索實情云云。五日前在京會著他，他已探聽明白了……

他已證明手術是協和孟浪錯誤了，割掉的右腎，他已看過，並沒有絲毫病態，他很責備協和粗忽，以人命為兒戲。協和已自承認了。這病根本是內科，不是外科。在手術前，克禮、力舒東、山本乃至協和都從外科方面研究，實是誤入歧途。但據連德的診斷，也不是所謂『無理由出血』，乃是一種輕微腎炎……他對於手術善後問題，向我下很嚴重的警告。他說割掉一個腎，情節很是重大，必須俟左腎慢慢生長，長到大能完全兼代右腎的權能，才算復原。」「當這內部生理大變化時期中，左腎極吃力，極辛苦，極嬌嫩，易出毛病，非十分小心保護不可。唯一的戒令，是節勞一切工作，最多只能做從前一半，吃東西要清淡些……我屢次探協和確實消息，他們為護短起見，總說右腎是有病（部分腐壞），現在連德才證明他們的謊話了。我卻真放心了。所以連德忠告我的話，我總努力自己節制自己，一切依他而行」（《梁啟超年譜長編》）。

有研究者分析認為，協和誤割好腎當然是一劫，也是梁啟超致命的一個重要原因。但他若切實按照伍連德提出的要求進行療養（南按：伍連德為梁啟超好友，留英、德等國學醫和研究，醫學博士。回國後創辦多所醫院並任院長，一九三五年，為諾貝爾生理學或醫學獎候選人提名），還是有可能多活一些歲月的。而不良生活習慣，也是導致梁啟超患病和屢醫無效的重要原因之一。加上後來夫人李蕙仙病故等刺激，又成為他發病的一個導因。再有就是梁氏的寫作欲過於旺盛，夜以繼日地寫作，不願過「享清福」的療養生活，「家人苦諫節勞」而不聽，沒有認真考慮勞累為病體帶來的惡劣後果，是他早逝的第三個重要的甚至是最主要的原因。梁思成在追述父親得病逝世經過時說：「先君子曾謂『戰士死於沙場，學者死於講座』，方在清華、燕京講學，未嘗辭勞，乃至病篤仍不忘著述，身驗斯言，悲哉！」

二〇〇六年八月十日，北京協和醫院舉辦了一次病案展覽，一大批珍貴的病案走出歷史塵封，其中包括梁啟超病例檔案。經專家對其觀察研究，與梁思成聽說的原因基本相同。至此，歷經八十年的梁啟超「錯割腰子」一案，總算塵埃落定。

73　丁文江、趙豐田編，《梁啟超年譜長編初稿》（上海：上海人民出版社，二〇〇八）。
74　同前注。
75　一九二七年五月五日，梁啟超給女兒梁思順的信。同前注。

76 林洙編，《梁啟超家書》（北京：中國青年出版社，二〇〇九）。南海先生，指康有為，康氏一九二七年三月三十一日在青島病逝。

77 丁文江、趙豐田編，《梁啟超年譜長編初稿》（上海：上海人民出版社，二〇〇八）。老白鼻，梁啟超小兒綽號。墳上，指位於北京西山臥佛寺旁的梁啟超夫人李蕙仙墓塋，李夫人於一九二五年歿，墓塋有梁啟超預留穴位，梁歿後與夫人合葬此地。

78 同前注。

79 清華國學研究院從一九二五年興辦至一九二九年停辦，只存在了四年，共錄取學生七十四人，除二人退學、四人病故外，實際完成學業六十八人。先後在研究院任教的教職員共十七人。辦學規定：「學生研究一年完成論文一篇，經導師核可即准畢業，畢業證書由校長及全體導師簽名蓋章。第二年起准許成績優良者繼續研究一二年，每年畢業一次，照發畢業證書，但不授予學位」（《梁任公先生年譜長編初稿》）。從這個規章制度看，即表現出鮮明的「重學問而輕學位」的態度，這是中國教育史上極為罕見的成功案例。短短四年中，清華研究院人才輩出，碩果累累。畢業的六十八人，後來大都成為海峽兩岸以至海外教授與研究中國學術的棟梁。一九九五年七月，清華大學特別舉辦了「紀念清華國學研究院七十周年國際學術討論會」，主題有三：一，紀念創辦研究院的六位學者——王、梁、陳、趙、李、吳；二，清華人文學術範式的建立及其當代意義；三，國學研究院人才培養與學術研究的成就與經驗（《清華校友通訊》三一輯〔北京：清華大學出版社，一九九五〕）。二〇〇九年十一月一日，清華大學再次成立國學研究院。據校方稱，「希望以此續寫其在該領域創造的輝煌歷史」云云。

第二章

英雄輩出的時代

一、波滾浪湧的北大校園

李濟從清華大學轉到中央研究院歷史語言研究所就職，離不開時勢造英雄的際遇，但更多的是他自身的學識與人格光輝所鑄就的必然結果。以李氏在天下儒林中所具有的身分、地位和聲望，倘若一生沒有入主中研院史語所，並位居前幾把最為顯赫的交椅，不僅是不可思議的，同時亦是中國乃至世界考古人類學這門科學的損失。

一九二八年十月底，李濟以清華研究院導師的身分赴美講學歸國，路經香港，就在停留的短暫空隙，與一位在中國未來政壇與學界掀起滔天巨浪的重量級人物——傅斯年相遇了。

關於二人初識的經過，李濟後來有一個簡單的敘述：「因為我向來不曾到過廣東，所以順便到廣州去看看。又因為我不懂廣東話，而那時剛成立的中山大學，有許多從北方來的教授在那兒教書，我也不知道有什麼人在那兒，我只是去碰碰看。誰知一去，在門口碰到清華的老教授莊澤宣先生，我們彼此很熟。他一見我就說，你什麼時候來的？正有人在這兒找你呢！快去快去！我帶你見他去！我不免吃了一驚，問他什麼人要找我呢？他說：這個人你也知道的，就是傅孟真先生。」李濟大吃一驚，他雖沒見過其人，但在美國的時候經常聽羅家倫談到其人在五四運動中的所作所為，心中不免生出一種敬佩之情，於是便隨莊去見傅。李濟說：「他跟我談的事就是在中央研究院辦歷史語言研究所這件事。談了不久，他就要我擔任田野考古工作。」[1]正是這次會談，決定了李濟未來五十年的考古學術歷程。

李濟偶然結識的這位傅孟真，名斯年，字孟真，山東聊城人，一八九六年出生於一個儒學世家兼破落貴族家庭，其七世祖傅以漸乃大清開國後順治朝第一位狀元，後晉升為光祿大夫、少保兼太子太保、兵部尚書、武英殿大學士，掌宰相職，權傾一時，威震朝野。傅以漸之後，傅門一族家業興旺，歷代顯赫，故聊城傅宅「狀元及第」的金匾高懸於門額，在當地有「相府」之稱。據說傅以漸的這位後世子孫——傅斯年，自幼聰穎好學，熟讀儒學經典，號稱「黃河流域第一才子」，繼孔聖人之後兩千年來又一位「傅聖人」。這位現代「聖人」經歷了十餘年家塾與官學訓練，於一九一三年十八歲時考入北京大學預科一類甲班就讀，憑藉其深厚的國學根基與聰穎頭腦，連連奪魁，四年考試三次列全班第一，一次屈居第二。一九一六年秋，轉入國學門繼續深造，大有羽翼豐滿、一飛沖天之勢。而這個時候的傅斯年自我感覺良好，一般的同學甚至教授很難被他放在眼裡，氣焰之盛為同學側目。據傅的同班同學伍淑回憶說：「民國五年下半年，（我）在北大上課的第一天，大約在一個上午，上什麼歷史，一位有長鬍子的教員來了，分到三張講義，彷彿都是四個字一句的。上課半小時，黑板上寫滿了講義校勘記，感覺到乏味，於是開始注意班上的同學；發現第二排當中一位大胖子有點特別，因為教員的眼睛老是注意他的身上。下了課，這位胖子同一位像阿拉伯馬一樣的同學在課堂的角落談起天來了，圍起一班同學來聽，議論風生，夾雜些笑聲，我就很欣賞他的風度，到他檯子上一看，放了幾本檢論，上面有了紅色的批點，卻沒有仔細去看它。下了課，回到宿舍，才打聽到他就是山東傅斯年。有幾個老同學就說：『他是孔子以後第一人』，這是我對孟真的第一個印象。」

在北大讀書時的傅斯年

正因這個場面與印象，傅斯年在伍淑的心目中高大起來，且有點高不可及。伍淑繼續回憶道：「以後我就常常走近他的身邊，想同他打招呼，他總是若理不理。一天，我是忍不住了，很唐突地同他談起天來，說不到幾句，他回過頭去，背起書來了，我也只好很不高興地走開。」[2]

傅氏這種耿直、張揚的性格，為人與處世態度，以及盛氣凌人的做派，可謂一直到死，都沒有改變。也正因如此，才成就了一個譽滿天下、謗亦隨之的「最稀有的天才」和「最有組織才幹的天生領袖人物」[3]的偉大學人。

傅在北大學習的後期，因有了陳獨秀、胡適之等幾位新式教授像孫悟空一樣翻著筋斗來回折騰，使原來就不平靜的北大校園風生水起。隨著李大釗、魯迅、周作人等驍將加入到陳獨秀主編的《新青年》行列，有別於傳統文化思想的文化主張，更是領一時風騷，「歐風美雨」外加從伏爾加河畔刮來的馬克思主義學說，在這座古老的校園中吸收融合，在文化、教育界產生了極大震動，一場被傳統派視為另類文化運動的號角就此吹響。具有革命性的新文化運動，伴隨著「德先生」與「賽先生」（democracy 和 science，即民主與科學）的理想與主義，於「鐵屋子的吶喊」中向四面八方呈波浪式輻射。

大潮湧動中，傅斯年與同學好友羅家倫、汪敬熙、楊振聲等二十餘位學生，以陳獨秀、胡適等人主編的《新青年》為樣板，搞起了一個叫作《新潮》的刊物，聘請胡適擔任該雜誌顧問，學著《新青年》的樣子與吳宓等人搞的《學衡》大唱反調，猛力鼓吹與傳統學術觀念、文化思想不同的另類思想與文學。[4]這一做法得到許多同樣具有另類思想的年輕人與激進分子歡呼與追捧的同時，也遭到了以吳宓、梅光迪等學衡派，特別是北京大學校園內「拖辮子復辟的辜鴻銘，籌安六君子的劉師培」「兩足書櫃陳漢章」（羅家倫語），以及章太炎的頭號大弟子黃侃等名流大腕的強烈反對與拚死抵制，雙方皆以手中的筆做投槍、匕首，你來我往地對刺起來，並有不把對方刺倒打垮絕不收兵之勢。

當此之時，無論是被呼曰國粹派的黃侃、辜鴻銘等老夫子，或被稱為大搞「歪理邪說」的陳獨秀、李大釗、胡適之輩，還是剛剛嶄露頭角、大受時髦青年歡迎追捧的傅斯年、羅家

《新青年》2卷1號雜誌封面

《新潮》1卷1號雜誌封面

倫等在一旁敲邊鼓的文化新銳，甚至包括張國燾、段錫朋、許德珩、汪敬熙等等各色人物，心中極為清楚真正讓他們在北大校園內興風作浪、交鋒對壘的後臺老闆，乃是北大校長蔡元培。也只有蔡氏秉持「相容並包」的辦學方針，才使一座製造官僚政客的京師大學堂從一具殭屍中蛹化而出，成為「改進的運動的先鋒」和「有著希望的前途」[5]的新北大。

蔡元培

出生於浙江紹興府的蔡元培，作為光緒皇帝御筆欽點的翰林，曾經在日本和上海等地與他的同鄉，也就是那位整天高呼要造反殺人的女界名流——秋瑾祕密聯繫，躲在一個陰暗的角落裡，埋頭為革命黨人製造炸彈，準備搞一場震撼世界的恐怖活動——刺殺大清國皇親國戚與王公名臣，以達改朝換代的目的。[6]就中國的恐怖分子或曰刺客而言，自戰國末年的荊軻之後似乎再沒有形成什麼像樣的氣候，是謂「荊軻之後無荊軻也」。直至清末民初，這一職業才又復甦，於大風起兮雲飛揚的動盪社會中再度勃興。當此之時，整個世界都似乎沉浸在打悶棍、刺殺與劫掠的風浪之中，無政府主義暗殺更是風靡全球。熱血青年趨之若鶩，大街小巷不時傳出「砍頭不要緊，只要主義真」「慷慨歌燕市，從容作楚囚。引刀成一快，不負少年頭」「一死心期殊未了，此頭須向國門懸」的嘯叫，更有「人頭作酒杯，飲盡仇讎血」「斷頭臺上淒涼夜，多少同儕喚我來」等等狂吼。流風所及，中國留學生和革命黨人如徐錫麟、秋瑾、汪兆銘、蔡元培、任鴻雋、周豫才（魯迅）等等，紛紛投入到這股大潮之中。[7]

蔡元培生就一副典型的南方人形象，身材矮小，行動俐落穩當，「讀書時，伸出纖細的手指迅速地翻著書頁，似乎是一目十行的讀，且並有過目不忘之稱。他對自然和藝術的愛好使他的心境平靜，思想崇高，趣味雅潔，態度懇切而平和，生活樸素而謙抑。他虛懷若谷，對於任何意見、批評或建議都欣然接納」。[8]樸素謙抑的蔡元培，骨子裡又有北方梁山好漢造反舉事的志氣與血性，「他在紹興中西學堂當校長時，有一天晚上參加一個宴會，酒過三巡之後，他推杯而起，高聲批評康有為、梁啟超維新運動的不徹底，因為他們主張保存滿清皇室來領導維新。說到激烈時，他高舉右臂大喊道：『我蔡元培可不這樣。除非你推翻滿清，否則任何改革都不可能！』」[9]這是蔡元培給青年學人、後來一度出任北大校長的蔣夢麟留下的印象。

就蔡元培本人而言，把硫黃和硝酸包裹在鐵片和石塊裡製造出的炸彈，可以將一個王朝殘破的軀體炸出幾個血洞，讓其在流血中慢慢死去；而改造一所墮落的國立大學堂，同樣可以製造出爆炸力驚人的文化炸彈，把整個中國腐朽沒落的思想和體制炸個天翻地覆。為此，一九一六年正在法國考察避居的蔡元培，受教育部電召回國，於十二月二十二日的「大風雪中」，邁著滄桑的步伐，伴著「風雨如晦，雞鳴不已」[10]的呼號，跨進剛剛經歷過一回帝制復辟的古城北京，接受時任北洋政府大總統黎元洪簽發的任命狀，出任北京大學校長之職。

一九一七年一月四日，時年四十九歲的蔡元培於北京古城晦霧繚繞的「三海」岸邊匆匆繞過，輕健沉穩的身影邁進高傲中透著古怪的北京大學門檻，在寬敞漆亮的校長交椅上坐定。自此，這位前清翰林的後半生，便與國家、民族政治文化命運緊緊地維繫在一起。

蔡元培這一與往昔大不同的舉動，為當時中國僵硬得如乾屍狀的教育體制開闢了一條化腐朽為神奇的通道。面對蔡氏的雄心銳氣，當朝腐朽官員和御用策士們深感震驚，以少有的清醒及政治洞見做了如下預言：蔡元培之入主北大，北洋政府「無異豬八戒肚中吞了一個孫悟空」，是自取痛苦和死亡的不祥徵兆。無奈情勢所迫，潮流浩蕩，不管是當朝的「豬八戒」，或山中魔獸還是朱仙群黨，皆顧不得許多，只有聽憑這個製造炸彈並心懷異志的「齊天大聖」鑽進自己肚中，揮舞金箍棒翻著筋斗上下折騰了。

當胸有成竹的蔡元培從那把穩坐的校長椅子上起身時，北京大學儲存日久且透著腐氣的一潭死水，已被投下了堅硬如鐵的「知識革命之石」。死水翻起微瀾，浩蕩的波浪即將騰起。在北大那長滿苔蘚的校園和潛伏著蓬勃生機的寬闊講臺上，懷揣新思想與現代科學知識的校長與他的同事及學生們一道，共同負載起抗爭與奮鬥、夢想與追求的新使命。在周圍尚處於蒙昧與混沌狀態的歷史時刻，蔡元培審時度勢，提出了「囊括大典，網羅眾家，思想自由，相容並包」十六字箴言。這個光芒萬丈的治學方針，如大海潮聲，振聾發聵，故都上空，猶如「晦霧之時，忽睹一顆明星」。[11] 自此，故宮腳下那個日漸沉淪腐敗的原京師大學堂，漸成一塊民族文化的「精神聖地」，一代又一代人類的夢想，都羈繫在這片風雨迷濛中升浮而起的聖地之上。北大不再是成批生產封建體制內候補官僚的冰冷機器，而是成為具有

「獨立之精神，自由之思想」，散發著人性光輝和科學理念的人才成長的搖籃。這個搖籃在散發出科學與民主精神光輝的同時，也「為（文化的積累）留下了一個永久的崖層」。[12]

就在這個崖層之上，以陳獨秀、李大釗、胡適等新派學界領袖人物統率的革命闖將，在與強勁的老派對手黃侃、辜鴻銘等名流交鋒過程中，各種文化思潮如烏雲滾動中爆裂的雷電，相互碰撞，激盪，交融，在古老的京都與中華大地迸發出一串串耀眼的火花。火花閃耀中，蔡元培親手製造的文化炸彈，一不小心被點燃了引線，北京街頭熱切的呼喚伴著聲聲怒吼，終於爆響了二十世紀黑暗中國的第一聲驚雷。

二、從北大到柏林

一九一九年五月四日，北京爆發了中國歷史上最著名的大規模學潮——以「德先生」與「賽先生」為綱領，反帝愛國運動大幕由此拉開。當此之時，整個北京高校校園和街頭閭巷，風捲浪滾，泥沙俱下，豪傑並起，猛士如雲。胡適麾下頭號驍將傅斯年，儘管還沒有成為滿身散發著西洋氣味的「海龜」，而只是比「土鼈」稍高級的「一隻稀有蟋蟀」（羅家倫語），卻正因為稀有，才在這股世紀大潮中鼓起翅膀呼風喚雨，興風作浪。學潮爆發後，只見在「浩浩蕩蕩的遊行隊伍中，有一位威武的山東大漢高舉大旗走在大家的最前面，他不時地帶領大家一起振臂高呼，又偶爾暫緩腳步，與身邊的幾位同學低聲交談——他，就是這次遊行隊伍的總指揮、北京大學國學門學生、素有『大炮』雅號的傅斯年」。[13]學生們呼喊著「內除國賊，外抗強權」「廢除二十一條」「收回山東權利」「還我青島」等口號，在天安門前遊行示威後，又趕赴趙家樓痛毆了賣國漢奸曹汝霖，[14]一把火燒了趙家樓，從而引發了社會各階層大震動，號稱中國新民主主義革命的偉大愛國運動由此揭開了光輝一頁。

關於傅斯年在五四運動特別是遊行示威中的具體身分和地位，傅氏本人一生很少向人提及，雖在一九四四年五月四日，也就是五四運動二十五周年的時候，在《大公報》發表過一篇回憶性文章〈「五四」二十五年〉，但對此細節仍未觸及。這頂「總指揮」的紙糊高帽，無疑是社會中人和後生們強行給他戴了上去，以示對其人其行的崇拜景仰之情。從五四運動的親歷者張國燾、許德珩、羅家倫、段錫朋等學生領袖的回憶看，關於傅任「總指揮」的問題尚有探討的空間。羅家倫說：在火燒趙家樓，痛打了賣國賊之後，遊行的學生們在北大院內開會，「大家本來要推傅斯年做臨時主席，忽然有一個浙江籍的學生姓陶的，打了傅斯年一拳，這一拳就把傅斯年打得不幹了。自此以後，五四運動和傅斯年便不發生關係了。因為他是一個以感情用事的人，一拳被打萬念俱灰了。我當時因為在各處接洽的事太多，所以不願意做會場上固定的事，經大家一想再想，最後推出段錫朋來，由他做北大學生會的代表，結果就是北京學生聯合會的主席」。[15]與羅氏之說不同的是，傅斯年的侄子傅樂成說，打傅者乃一名叫胡霹靂的陝西人。胡先是一拳把傅的眼鏡搗飛，傅大怒，晃動高大身軀只一腳便把胡霹靂踢於臺下，接著又躍下臺階，呈武松打虎狀，騎於胡的後背照準對方頭部狠狠地掄了幾個「霹靂拳」，胡當場被擊昏不省人事。後有人問及傅斯年與人打架取勝招數，傅豪

五四運動時期，北京學生在街頭演講。

氣飛揚地認為是靠自己肥胖的體積乘速度，如此結合便爆發出一股所向無敵的力量，可一舉將對方打翻在地云云。

傅斯年被打後為何戛然而止，與波急浪湧的偉大反帝愛國行動決絕，當然不是姓陶的或胡霹靂搗了一拳，或一個「萬念俱灰」可以簡單概括和解釋的。就當時的情形論，傅氏一定有更多、更複雜的考慮或顧慮，只是這許多的想法在剎那間突然爆發而已。許多年後，蔣夢麟回憶說：「我認識孟真遠在一九一九年，他是五四運動領袖之一，當時有人要毀掉他，造了一個謠言，說他受某煙草公司的津貼。某煙草公司，有日本股份，當時全國反日，所以奸人造這個謠言。我在上海看見報上載這個消息，我就寫信去安慰他。」[16]蔣氏之說若果真屬實，那也是五四之後的事情，似與當天傅氏被打了一拳下臺並放棄繼續參加運動無關，其中必然另有隱情。

另一個說法是，有幾個學生祕密社團——多數是無政府主義組織，有意在四月下旬就要搞遊行示威活動，並於五四前夕召開祕密會議，決定嚴懲曹汝霖、章宗祥等媚日官僚，並做了攜帶小罐燃料與火柴燒毀趙家樓曹宅的計畫（南按：後來曹氏向總統府控告趙家樓被燒情形時，就認為是被學生們用汽油等燃料所燒）。當時與無政府組織有聯繫的一個同盟會的老會員，為了使學生能夠辨認章宗祥，把章的照片弄到手後轉給這個團體成員觀看，以便在毆打時能找準目標。而這一祕密活動，作為北大學生領袖之一的傅斯年卻被蒙在鼓裡，其他幾位頭目同樣不知。隨著時間的推移與局勢進一步惡化，這個無政府組織社團怕祕密外洩，於是在五月三日晚的緊急會議上利用各種方式說服其他同學第二天開始行動，即「利用了當時大眾的普遍情緒，爭取到施展暴動的機會」。[17]若這一事實真的成立，學生隊伍由北大至天安門再轉入趙家樓，直至破門而入強行闖進曹宅之後突然火起，傅斯年等幾位學生領袖已無法控制局勢等等這一隱情，則得到一個相應而合理的解釋。但無論如何，傅在當時和之後，一直

北京東交民巷西口的敷文牌樓，遠處是西交民巷東口的振武牌樓，現已拆除。「五四」遊行隊伍經此處前往曹汝霖住宅。

是不贊成學生們到曹家進行打砸搶燒行動的。羅家倫也曾對五四運動史的研究者、美籍華人學者周策縱親口說過，「他們多數人從開始就不贊成暴動行為」，[18]但打砸焚燒的事情還是出乎傅、羅等人意料地發生了。當時有五個跳窗子的學生很快引發了傳奇性的猜測，傳說第一個爬牆跳窗進入趙家樓曹宅的是傅斯嚴，即時在北大預科就讀的傅斯年之弟，當天他與未趕上撤退隊伍的三十二名學生被當局逮捕。傅斯年在北大校園演講臺上正和姓陶的或胡霹靂揮拳飛腿地互毆之時，傅斯嚴正關在獄中生死不知，並且此次運動有被別有用心的黨派和政客利用的苗頭和危險——所有這一切，當是導致傅斯年此次退出鋒頭正健的學生運動之根本原因。[19]

綜觀傅斯年一生，號稱「絕不參與政治」的他，在政治上並不是一個糊塗的莽漢，且有許多聰明過人之處。這種聰明才智既來自他童年生活環境的薰陶，如梁山好漢們以造反起家，而又「只反貪官，不反皇帝」的精神浸淫（南按：傅的家鄉聊城出過武大、武松、西門慶、潘金蓮等《水滸》人物，武松打虎的景陽岡即在聊城所屬的陽穀縣），也來自他那個聊城大家族的血脈傳承，即儒家學說中「正統」「忠君」思想的價值觀。這一殊途同歸的儒道墨法等諸家的雜交文化對其影響之深，從他後來對蔣家王朝這個以股份制形式合夥拼湊起來的政府班底，不抓上頭，只抓下頭，不揍蔣介石本人之頭顱，專捏其兩位下屬（孔祥熙、宋子文），搞得蔣介石整日喊痛並快樂著便可顯見。而當解放之時，他作為鐵桿的「忠義之士」追隨國民黨政府橫渡臺海，最終「歸骨於田橫之島」，更是明證。有研究者認為，傅斯年一生的可惜之處就在於讀書太多，否則將幹出一番驚天動地的大事業來，成不了項羽、劉邦，也應比宋江為代表的梁山好漢，或他自譽的「不過是陳勝、吳廣」之業績要輝煌得多，最次

原北京大學主樓（紅樓）（作者攝）

也不至於以「中國最稀有蟋蟀」和一個「傅大炮」或「一隻學界大鱷」等名聲流傳後世。但歷史沒有假設，人間世事紛紜，形勢比人強，在歷史的大舞臺上頻頻出鏡亮相的英雄豪傑，可惜可歎者何止傅氏一人哉！

世人看到的現實情景是，就在五四運動掀起的狂濤巨瀾尚未消退之時，北洋政府對支持學潮的蔡元培等十分不滿，認定學生運動與北大提倡的思想和「歪理邪說」關係甚大，擬施以顏色並加以收拾，甚而搞出了一個查封、解散北大，懲辦校長等等的祕密行動計畫。校長蔡元培成為眾矢之的，處境艱危。好在蔡氏是見過大風大浪的傑出人物，能沉著果敢，既不為權勢所懼，又與政府官僚周旋，以減緩各方壓力，安撫學生，勸其復課。同時聯絡組織平津地區的國立大學校長為營救被當局逮捕的學生奔走呼號。經反覆交涉，終於如願。當被捕的學生全部釋放後，蔡元培為避其鋒，也為了消解北洋政府的怨氣，於五月八日夜提交辭呈，悄然離京，遠走他鄉。

蔡元培走了，傅斯年也於這年夏天畢業離校，懷著百感交集的心情回到家鄉聊城休整，個人前途命運處在一個歷史夾縫和懸空之中。瞻念前途，一片迷茫。

就在傅斯年心煩意亂、拔劍四顧之時，新的命運之門再度向他敞開。

這年秋季，山東省教育廳招考本省籍的官費留學生，傅斯年赴省會濟南應考並以全省第二名的壓倒性優勢登榜。儘管如此，主考方並沒把這位「黃河流域第一才子」放在眼裡，反而因傅斯年所顯示的強大力量，壞了欲走後門安插親信者的好事，他立即成了權貴們的眼中釘、肉中刺和打壓攻伐的對象。當權者以傅是五四運動的「激烈分子」，不是循規蹈矩的學生」[20]且還是「凶惡多端的學生示威活動的頭頭」「打砸搶燒的危險激進分子」等等為由，拒絕錄取。這個聽來令人悲憤的說辭，是否就是傅斯年在火燒趙家樓後，所思所慮和所擔心的主體尚待考證，但就當時的情形言，大部分官僚政客與相當部分士大夫階層的知識分子，對五四運動心懷反感與惱怒。時任國民黨湖南省代理省主席的何鍵，曾公開宣示他的憤懣之情，謂胡適之流「宣導的所謂新文化運動，提出打倒孔家店的口號，煽惑無知青年」[21]等等，藉此可見社會政治情勢之複雜，以及五四新文化運動對立面之多。假如傅斯年有這樣一種不祥的政治嗅覺，他在北大演講臺上被姓陶的或胡霹靂猛打一拳後悄然退出，便可得到進一步合理的解釋，否則將仍是一個歷史之謎。

不管傅斯年當時和之後的想法如何撲朔迷離與不可捉摸，當他站在濟南考場之外準備仰天出一口長氣時，隨著風雲突變，心中的輝煌大夢瞬間成了狗咬尿泡——一場空。這個結局，令傅氏深感當頭挨了一記悶棍，頓時天旋地轉起來。

是成為一隻「海龜」還是「土鼈」，就在決定這一重大人生命運的緊要關頭，山東省教育廳一位叫陳雪南（名豫）的科長，出於對傅斯年的同情和對貪官汙吏的義憤，據理力爭，堅持應以考試結果為準，並言道：「如果成績這麼優越的學生，而不讓他留學，還辦什麼教育！」[22]眼看陳科長已不顧自身得失跳將出來與當權者叫起板兒來，一些具有文化良知或良心未泯的官員，也趁機出面為傅氏大鳴不平。另有一群見風使舵，欲走後門而最終落敗者，趁機搧風點火，四處鼓譟，給既得利益者施加壓力。在一片嘈雜的叫喊聲中，當權者出於各種考慮，終於做出讓步，把傅斯年列入官費留學生名單。[23]正在濟南一間小旅館垂頭喪氣的傅氏得此喜訊，當場喊了一聲：「我的親娘！」眼珠一翻，差點驚昏過去。待跑堂的店小二弄來一碗涼水灌下，傅斯年才緩過勁來，並迅速搓乾手心中那濕漉漉的汗漬，意氣風發地回到了家鄉聊城準備出國事宜。

同年十二月二十六日，傅斯年晃動著小山包一樣龐大肥碩的身軀，先到北京大學與師友告別，然後動身去上海，再乘輪船赴大英帝國，開始了為期數年的留學生涯。

就在傅斯年動身之前，蔡元培在學界呼籲和社會輿論的支持聲中重返北大任職，師生二人得以於風暴中心的古老京城相會。蔡專門題寫了「山平水遠蒼茫外，地闢天開指顧中」的對聯贈予傅斯年，寄望於這位北大出身的青年才俊渡洋後學有所成，將來折騰出一番開天闢地、震驚寰宇的大事業、大事功。傅斯年深受鼓舞，以同樣的雄心壯志期許未來。在向北京大學《新潮》同人發表告別演說時，傅流露了自己對政治現狀與政治運動的態度，說道「中國的政治，不特現在是糟糕的，就是將來，我也以為是更糟糕的」，並進一步斷言：「在中國是斷不能以政治改政治的，而對於政治關心，有時不免是極無效果、極笨的事。」因而，傅斯年表示從此時起，下定決心要潛心學術，不再關心政治，不再過問政治。他坦誠而直白地奉勸《新潮》同人：

(1)切實的求學；(2)畢業後再到國外讀書去；(3)非到三十歲不在社會服務。中國越混沌，我們越要有力學的耐心。我只承（認）大的方面有人類，小的方面有「我」，是真實的。「我」和人類中間的一切階級，若家族、地方、國家等等，都是偶像。我們要為人類的緣故，培養成一個「真我」。[24]

到達英國後，傅斯年先入倫敦大學跟隨斯皮爾曼（Spearman）教授攻讀實驗心理學，後兼及生理和數學、化學、統計學、礦物學等等學科。一九二三年九月，由英國至德國，入柏林大學哲學院跟隨近代德國史學之父、語言考證學派的一代宗師蘭克（Leopold von Ranke）弟子攻讀比較語言學與史學。[25]傅氏之所以中途由英赴德，一個重要緣由，是因為中國的俞大維與陳寅恪兩位天才人物在此就讀。

傅斯年與陳寅恪相識，是他在北大讀書時，經同窗好友、陳寅恪的弟弟陳登恪介紹的，具體時間已不可考，大約在一九一五年春夏之季，離著名的五四運動爆發還有四年。當此之時，二十歲的傅斯年正在北大預科就讀。儘管傅氏膽識俱在，國學功底深厚，在北大校園的小圈子裡牛氣沖天，不把同學與一般教授放在眼裡，走路總是鼻孔朝天，與同學說話大都扭著脖子哼哼唧唧做不屑一顧狀，但名聲僅限於北大校園。而二十六歲的陳寅恪已在日本、德國、瑞士、法國等地遊學數載，肚裡裝載了不少東洋與西洋的墨水。二人在這樣一種背景下相見，可以想像，傅斯年對陳寅恪的學問與見識當是深表欽佩的。許多年後，當在英國的傅斯年聽說陳寅恪與他的姑表弟俞大維正在柏林大學研究院就讀時，心中大為驚喜，立即有了轉學的打算。當時德國的近代物理學為世界矚目，如愛因斯坦的相對論、普朗克的量子力學，都是轟動一時的學說。而社會科學中的語言文字比較考據學，則是柏林大學傳統的、久負盛名的學科。出於對陳寅恪為人為學和道德力量的敬仰，以及對柏林大學良好的學術環境、氛圍與顯赫聲名的尊崇，傅斯年捲起鋪蓋，身背一捆英文、德文、中文等各種文字的書籍，外加一把打掉嘴兒的中國陶製茶壺，離開學習了近四年的倫敦大學，進入德國柏林大學研究院，與俞、陳二人在一個屋簷下攜手並行，共同度過了三年時光。

傅斯年轉學前後，柏林大學除陳寅恪、俞大維等幾人外，原在北大的同學羅家倫、毛子水、何思源等也陸續從歐美各地轉到此處求學，同時還有金岳霖、姚從吾、段錫朋、周炳琳、宗白華、曾慕韓、徐志摩等會聚在柏林街頭巷舍，形成了一個頗為壯觀的中國留學生部落。這個群體憑藉自己的天才加機遇，經過數載寒窗苦讀，無論是內功還是外力，皆成為出類拔萃的一代人傑，回國後大都成為中國近現代學術史上耀眼的人物，所釋放的能量，對中國近現代學術產生了巨大而深遠的影響。

據毛子水回憶，自己剛轉到德國柏林大學攻讀，傅斯年就跑來對他說：「在柏林有兩位中國留學生是我國最有希望的讀書種子，一是陳寅恪，一是俞大維。」[26]毛子水聽罷，對傅氏這位昔日北大同窗的話不以為然，但自從與陳、俞二人接觸並暗中過了幾招後，很快就相信且從心坎裡佩服二人超拔不群的天才與淵博的學識。而陳寅恪和俞大維對傅斯年所顯露的才氣、霸氣與超人的識見，同樣敬佩有加。俞大維在哈佛大學讀書時學的是哲學，成績名列前茅。來柏林後，研讀的興趣與方向由數理邏輯漸漸轉入文史，並打算以此為終生事業。當他和傅斯年結成朋友後，自感力不能敵，遂對毛子水慨然歎道：「搞文史的人當中出了個傅胖子，我們便永遠沒有出頭之日了！」[27]遂棄哲學與文史，潛心研習數理專業，終成著名的數理和彈道專家。

留學德國時的俞大維

留歐時期的傅斯年

柏林求學時代的陳、俞、傅三人，其才學與交情頗有點像三國時代劉、關、張桃園結義的味道，只是當年劉、關、張具有封建時代的君臣思想與腐朽氣息，而陳、俞、傅則是真正現代意義上的同學加摯友關係。後來陳寅恪的妹妹陳新午嫁給俞大維，則是陳寅恪促成。而俞大維的妹妹俞大綵嫁給傅斯年，同樣得益於俞、傅二人在柏林大學結下的深厚友誼。三人離開柏林許多年後的一九七〇年，在臺北的國民黨前「國防部長」俞大維，對自己的經歷及與陳家的關係曾說過這樣幾句話：「本人與寅恪先生，在美國哈佛大學、德國柏林大學連續同學七年。寅恪先生的母親是本人唯一嫡親的姑母；寅恪先生的胞妹是我的內人。他的父親陳三立（散原）先生是晚清有名的詩人；他的祖父陳寶箴（右銘）先生是戊戌湖南維新時期的巡撫。右銘先生有才氣，有文名，在江西修水佐其父辦團練時，即為曾國藩先生所器重，數次邀請加入他的幕府，並送右銘先生一副對聯，以表仰慕。上聯寅恪先生不復記憶，下聯為『半杯旨酒待君溫』，其推重右銘先生如此。曾文正公又有與陳右銘（寶箴）太守論文書，此文收入王先謙的《續古文辭類纂》中。本人的母親是文正公的孫女，本人的伯父俞明震（恪士）先生、舅父曾廣鈞（重伯）先生（均是前清翰林），與三位先生皆是好友。本人與寅恪先生可說是兩代姻親，三代世交，七年同學。」[28]

俞大維文中所說的三代世交，是指俞的外曾祖父曾國藩一家與陳寅恪的祖父、湖南巡撫陳寶箴，俞的父輩俞明震與陳寅恪的父親、前清吏部主事、詩人陳三立，俞本人與陳寅恪兄弟等三代的密切關係。兩代姻親是指俞、陳兩家與曾國藩一家都有至親，而俞大維與陳寅恪既是姑表兄弟，又是郎舅之親。俞大維的姑母是陳寅恪的母親，俞的妻子陳新午又是陳寅恪的同胞妹妹。一九二七年，俞大維之妹俞大絪重返曾家，與曾國藩的侄曾孫、著名化學家曾昭掄（曾國藩二弟曾國潢之重孫）結婚。一九三四年八月，傅斯年娶俞大維最小的妹妹俞大綵為妻，與俞大維成為郎舅關係。從此，傅斯年與俞家、陳家、曾家結成了扯不斷、緊相連的親友圈。而這一姻緣，皆得益於德國柏林的風雲際會。陳、俞、傅三位同學，外加曾昭掄和曾昭掄的妹妹曾昭燏等等圈內人物，在日後幾十年風雨蒼茫歲月裡越發親密，情同手足，彼此照拂，共同闖過了一道道難關險阻。抗戰期間陳寅恪眼睛失明前後的經歷，更見出這種關係映照下的真情厚愛。

一九二四年，趙元任與夫人楊步偉離美回國，途經德國柏林，曾與傅斯年、陳寅恪、俞大維、羅家倫等中國留學生相見並有過一段時間的交往。據楊步偉回憶說：「孟真與元任最談得來，他走後元任總和我說此人不但學問廣博，而辦事才幹和見解也深切得很，將來必有大用，所以以後凡有機會人家想到元任的，元任總推薦他，因元任自知不如也。」[29]後來傅歸國後到中山大學任職，就與趙元任向當時負責校務的朱家驊間接薦介有很大關係。

一九二六年九月，經歷了七個春秋寒暑的面壁苦讀，裝了一肚子西洋墨水而今非昔比的傅斯年，作為一隻比「海龜」還要威武生猛的巨無霸式學術「大鱷」，告別歐洲大陸，自馬賽港乘船向闊別日久的故國駛來。

趙元任、楊步偉夫婦新婚不久合影。

時年傅斯年三十一歲，正是他留學前自己設定可以「在社會服務」的年齡界線。

當傅斯年隨船越過浩瀚的印度洋，剛剛在遠東香港島晃晃悠悠地登陸，尚未抖掉滿身帶有鹹腥味的水珠，身居南國廣州的另一位重量級人物，時在中山大學主持校務工作的副校長朱家驊得到了情報，並立即著手撰寫聘書，請傅氏到中山大學任教。歷史在不經意間把傅斯年的人生前程與朱家驊緊密維繫在一起。[30]

三、狹路相逢

傅斯年在回國前已有耳聞，廣州一隅得西洋風氣之先，革命力量與反革命力量輪番興起，各色大旗往復變幻。隨著國民黨北伐節節勝利，作為國民政府的龍興之地，看上去很有點生氣與活力，是可以幹一番事業的地方。接到聘書的傅斯年當場拍板兒，表示願意應聘，但先要回山東老家拜望老母。待一切談妥之後，傅斯年回山東聊城小住時日，於同年十二月攜胞弟傅斯嚴（孟博）來到廣州中山大學出任文科學長（後改稱文學院院長）暨國文、史學兩系主任。這是傅斯年與民國時期學界最有影響的重量級人物朱家驊相見、交往的開始。從此，二人在工作、生活中建立了深厚友誼。儘管後來一個從政，一個是亦官亦學，走著不盡相同的道路，但人生際遇把他們緊緊連在一起，在未來二十餘年顛沛流離的歲月中，共同度過了相互信任與協作的難忘時光。傅斯年到中山大學上任不久，朱家驊發現此公為人做事「磊落軒昂，自負才氣，不可一世」，執筆為文「雄辭宏辯，如駿馬之奔馳，箕踞放談，怪巧瑰琦，常目空天下士」，[31]不愧是學界難得一見的具有天才處事能力的領袖型「大鱷」。只是這「大鱷」在目空天下士的同時，還算心中有數，視朱家驊為難得的知己，並以過人的膽識、才氣加霸氣，主動幫助朱氏籌畫校務，處理各類繁雜事宜。在傅的策畫和主持下，文學院很快增聘了如吳梅、丁山、羅常培、顧頡剛、楊振聲、何思源、汪敬熙、商承祚、珂羅掘倫（南按：即高本漢〔Bernhard Karlgren, 1889-1978〕，瑞典著名漢學家）、史祿國（南按：Sergei Mikhailovich Shirokogorov，俄國人類學家）等當時學界名流與大牌「海龜」擔任教授或通信教授。中山大學由此聲名鵲起，威望隆盛。

令人扼腕的是，這樣的大好局面沒有維持多久，由於人事紛爭很快走向衰微。激烈的紛爭首先在魯迅與顧頡剛、傅斯年三人之間展開。

傅斯年到中山大學時，魯迅正在該校任教務主任兼中文系主任。此前，魯迅在北平經歷了著名的「女師大風潮」，並與陳源（西瀅）、徐志摩等現代評論派展開了一場混戰，夾在其間的胡適也被魯迅視為敵人而遭到咒罵，二人關係宣告破裂並逐漸惡化。也正是由於陳源、徐志摩以及魯迅認為的後臺老闆胡適等西洋「海龜」與之交鋒對壘，魯迅對胡適等留學歐美的所謂「洋紳士」，以及胡的弟子顧頡剛之類熱中於在研究室內搞考據的學院派都沒有好感。更因此前有人揭露說魯迅的《中國小說史略》是「竊取」日本學者鹽谷溫的《支那文學概論講話》，顧頡剛亦持此觀點，並與陳源談及此事。陳氏一聽立感奇貨可居，正是攻擊魯迅的好機會，便寫了一封揭發信，由徐

朱家驊

志摩編輯發表於一九二六年一月三十日《晨報副刊》。疑心甚重又嫉惡如仇的魯迅看到陳源的公開信後，反應異常激烈，立即寫了〈不是信〉的長文予以反駁。為此，魯、陳之間再度展開了一場論戰。就在這場論戰中，魯迅對陳源、徐志摩，還有躲在背後撐腰的胡適懷恨在心，同時與他認為躲在背後的「陰謀家」顧頡剛也結下了不共戴天之仇。[32]直至「三一八」慘案發生，魯迅遭到北洋政府緝捕（南按：其間魯迅有〈紀念劉和珍君〉等文章發表），不得不設法離開北京赴南方暫避。一九二六年八月二日，魯迅最後一次前往女師大領取薪水，隨後告別了這座浸染著他滿腔激情與血淚的學府，悄然隱去。

不久，魯迅受好友林語堂邀請，離開北京赴廈門大學任教。在女師大任教期間結識的女學生兼女友許廣平也隨魯迅南下，到廣州的廣東省立女子師範學校任訓育主任。

魯迅抵廈門大學不久，顧頡剛也受時任文科主任兼國學研究院籌備主任的林語堂之邀，辭別北大文學院研究所編輯員之職，陰差陽錯地來到廈大任國學研究院研究教授兼國文系名譽講師。魯迅一見顧氏到來，眼裡冒火，很快二人就演化成勢不兩立的寇仇。鑑於層層盤根錯節的矛盾，誓不願與顧頡剛等一路人為伍的魯迅辭職離開廈門，於一九二七年一月十八日抵達廣州中山大學，出任教務主任兼中文系主任。

傅斯年受聘中山大學並出任文科學長後，對魯迅漸生厭惡之感，遂力主聘請北大時代的同窗好友顧頡剛到中大任教，[33]其主要任務是「辦中國東方語言歷史科學研究所，並謂魯迅在彼為文科進行之障礙」。[34]意在架空魯迅，掃除障礙。魯迅一聽顧頡剛要來中大，知道是傅斯年等人合謀設下的圈套，頓時火冒三丈，疾言厲色地對前來商量的傅斯年道：「他來，我就走！」此舉令傅深為尷尬與不快，但傅斯年以他敢作敢為的作風，頂著魯迅的巨大壓力，最終把顧頡剛請進了中大。魯迅眼見自己竟成了一個「大傀儡」，於一九二七年四月二十一日辭職離開廣州，攜許廣平赴上海開始了公開同居生活。顧頡剛留了下來，除在中山大學任教，還將大部分精力用在與傅斯年共同主持籌畫語言歷史研究所上。

一九二七年五月九日，國民黨中央政治會議決定設立中央研究院籌備處，隸屬於中華民國大學院。蔡元培正式辭去北大校長之職（蔣夢麟繼任），出任國民政府大學院院長。在蔡氏和中央研究院籌備處總幹事楊杏佛籌畫下，聘請籌備委員三十餘人，傅斯年、顧頡剛均在其內。這時的中央研究院只設了與國計民生有直接緊迫關係的理化實業、社會科學、地質、觀象等四個研究所。當時既無歷史學、語言學或考古學的研究所，更無「歷史語言研究所」的立項打算。但霸氣十足的傅斯年經過一番權衡後認為，既然是中央研究院，就應該有文史方面的學科加入，否則將有

1927年9月11日，中山大學任教的魯迅與許廣平（中）、中山大學圖書管理員蔣徑三（右）於廣州豔芳照相館留影。

失偏頗。於是糾集「一部分熱心文史學的先進」，以「歷史語言研究的特別重要；現代的歷史學與語言學科是科學」等說辭，憑著北大時代與蔡元培校長結下的良好關係，對蔡氏與楊杏佛等幾位決策人物展開遊說攻勢，聲稱可「借用在廣州語言歷史研究所已成就及將建設者，以成中央研究院之語言歷史研究所」云云。傅斯年不愧是當年的北大學生領袖，以他特殊的魅力和超人的智慧加霸氣，終於迫使蔡元培與楊杏佛就範，答應成立一個社會科學方面的學術機關——歷史語言研究所。正如傅氏對外界所炫耀的那樣：「這一努力顯然是很快地成功了。」[35]

一九二八年三月底，中央研究院籌備委員會一致通過，「因歷史語言研究之重要，決設歷史語言研究所於廣州，委任傅斯年與顧頡剛、楊振聲為常務籌備委員」，以傅斯年為掌門人。這一「無中生有」（傅斯年

1928年，中央研究院成立，院長蔡元培與同人合影。前排左起：2汪敬熙、3蔡元培、4丁西林、5周仁、6王家楫；後排左起：2竺可楨、3趙元任、8李濟、9傅斯年、10陶孟和。

語）的學術機構的正式設立，令學界人士為之側目，即便是神通廣大的胡適都感到有些意外，因而戲稱傅氏「狡兔二窟」。[36]

一九二八年四月，國民政府決定改中華民國大學院中央研究院為國立中央研究院，成一獨立研究機關，任命蔡元培為中央研究院院長，楊杏佛任總幹事。下設各研究所及首任所長如下：

地質所李四光；天文所高魯；氣象所竺可楨；物理所丁燮（西）林；化學所王進；工程所周仁；社會科學所楊端六。

一九二八年十月十四日，中央研究院歷史語言研究所正式宣告成立，所址設在廣州東山柏園。傅斯年辭去中山大學教職，應聘出任中央研究院歷史語言研究所所長。這一抉擇，是傅斯年人生旅程中一個重要的轉捩點，也是中國史學異軍突起的座標系，接踵而來的，將是一個「開闢史學新天地」的偉大時代。

就在史語所成立之時，傅斯年與顧頡剛緣分已盡，開始出現裂痕與衝突。

傅顧二人的矛盾表面上沒有特殊的標誌性事件供後人評斷，據顧頡剛的女兒顧潮說，主要原因是兩人的性格、志向不同。顧與傅在北大同窗時，談及各人的理想與志向，顧謂最強者乃知識欲，傅斯年謂最強者乃政治欲。兩人都有剛強的性格，傅斯年博學多才，極具辦事才幹，甚欲在學術界成為領袖人物，做出一番轟轟烈烈的大事業。但他脾氣暴躁，霸氣十

顧頡剛在書房工作

足，在各個方面想把顧氏壓服，使其聽命自己的調遣。而顧頡剛則傾心自己的學問，生性倔強，不吃傅斯年那一套，曾聲言只能做自己願意做的事情，而不能聽從任何人的指揮。於是二人關係越來越僵，終於釀成了不能合作之局。

一九二九年二月，顧頡剛趁中山大學領導人戴季陶、朱家驊不在校之際，攜眷悄然離開了廣州返回北平。同年九月受燕京大學之聘，出任歷史系教授。隨後，顧頡剛分別致信戴季陶、朱家驊，正式辭卻中山大學教職。自此，顧頡剛徹底脫離了中大，中大失去了顧頡剛。而傅、顧二人天南地北，時聚時散，卻是咫尺天涯，互不提攜，終生再也沒有一起共事。後來，傅斯年接替胡適在北大辦文科研究所，曾想與顧頡剛重續舊緣，聘顧氏為北大研究所教授，但顧表示堅決不再做馮婦，為傅氏驅使，以免遭到壓迫與征服的恥辱。傅斯年因失了面子，甚覺惱火，竟暴跳起來，並寫信挖苦顧頡剛：「燕京有何可戀，豈先為亡國之準備乎？」顧頡剛閱信後則漠然置之，在日記上反諷曰：「我入燕京為功為罪，百年之後自有公評，不必辯也。中國學校聘外國教員亦多，豈此外國教員亦為作亡國之準備乎？」[37]從此永未回頭。

顧頡剛出走後，作為中央研究院史語所所長的傅斯年，開始以他的霸氣與超人的辦事才能，四處網羅人才，並率先把目光投向了清華國學研究院陳寅恪、趙元任兩位導師身上。

注釋

1 李濟，〈創辦史語所與支持安陽考古工作的貢獻〉，《傳記文學》二八卷一期（一九七六）。

2 伍淑，〈憶孟真〉，《傅故校長哀輓錄》卷二，轉引自王富仁、石興澤編，《諤諤之士：名人筆下的傅斯年　傅斯年筆下的名人》（上海：東方出版中心，一九九九）。

3 胡適，〈《傅孟真遺著》序〉，《胡適作品集》卷二五（臺北：遠流出版公司，一九八六）。

4 在新文化運動中立過汗馬功勞的《新青年》，原名《青年》，一九一五年九月在上海創刊，一九一六年一月改名《新青年》，陳獨秀主編，年底遷到北京。蔡元培長北大後，於一九一七年聘陳獨秀為北大文科學長，《新青年》繼續發行，並得到了李大釗、錢玄同、魯迅、周作人、劉半農等人的大力支持，一九二二年休刊，前後只短短的七年，可謂英年早逝。但這份刊物以它獨特的風格名動中國，得到許多青年的熱烈追捧，當然也遭到「八面非難」，主編陳獨秀不得不在一九一九年一月發表〈本志罪案之答辯書〉為之辯護。

一九三一年八月下旬，「五四運動」中北大學生領袖之一羅家倫於北太平洋舟中，向他的助手馬星野（原單名偉）就《新青年》時代的北大相關人員情形進行了回憶，馬星野於二十六日晚上將羅氏口述整理完畢，因涉及當時人物甚多，一直未公開發表。直至一九七八年，羅的女兒羅久芳整理先人遺稿，特檢出自美國航寄臺北《傳記文學》發表，這段彌足珍貴的回憶錄始與公眾見面。

據羅家倫說：「當陳獨秀沒有進北京大學以前，他就在上海亞東書局辦了一個雜誌叫作《青年》，胡適之不過是一個投稿的人，而易白沙這些人，都是這個雜誌的主幹。胡適之發表〈改良中國文學芻議〉一文，以八事相號召。此文發表以後，陳獨秀就做了一篇〈文學革命論〉，其主張較胡適之更為激烈。故『文學革命』四字乃是陳獨秀提出來的。胡適之接上又做了一篇〈建設新文學革命〉。因為胡適之本來於革命二字有點害怕，所以於文學革命之前面，戴了一個『建設』的帽子。胡適之初到北京大學，我曾去看他，他的膽子是很小，對一般舊教員的態度還是十分謙恭，後來因為他主張改良文學，而陳獨秀、錢玄同等更變本加厲，大吹大擂，於是胡適之氣焰因而大盛，這裡彷彿有點群眾心理的作用在內。當時陳獨秀提出文學革命的時候，大家已經嚇得目瞪口呆了，而錢玄同更加提出廢除漢字的主張，所以許多人更目之為怪誕。他們因為要找一個反對的人做罵的對象，所以錢玄同便寫一封假名的信，用『王敬軒』的假名字，這封信是特地用舊派口吻，反對文學革命的，當時劉半農就做了一篇什麼連刁劉氏鮮靈芝都包括進去的一封覆信，狗血噴頭地把這位錢玄同先生的化身王敬軒罵一頓。這封信措辭輕薄，惹引了不少的反感。後來新青年社中人亦甚感懊喪。劉半農還有一篇〈作揖主義〉也是同樣的輕薄口吻的文字，所以大家都看不大起。」又說：「當時新青年社是由六個人輪流編輯的，陳獨秀筆鋒很厲，主張十分尖刻，思想很快而且好作驚人之語。他的毛病是聰明遠過於學問，所以只宜於做批評社會的文字而不宜於做學術研究的文字。胡適之在當時還是小心翼翼的，他回國第一年的工夫，拚命地在寫著他的《中國哲學史》上卷，他自己親手抄了兩遍，的確下過一番苦工。但是這是依他在美國的博士論文〈先秦名學史〉做骨幹而以中文寫成的，所以寫起來比較快，一年就完事了。當時他所做的〈建設（新）文學革命論〉很引起大家的同情，他做了一些似詞非詞似詩非詩的所謂白話詩，雖然失之於淺薄，但是在過渡的時代裡是很適合於一般人口味的。錢玄同本來是一個研究音韻學的人，是章太炎的學生，是自己主張白話卻是滿口說文言的人，是於新知識所得很少卻是滿口說新東西的人，所以大家常說他有神經病，因為他也是一個精神恍惚好說大話的人。」

除陳、胡、錢三位號稱「文學革命」的主將之外，羅家倫還談了對《新青年》周圍其他幾位搖旗吶喊者的看法：「《新青年》除了六位編輯以外，更有許多投稿的人，如李大釗，是當時北京大學圖書館主任，他的文章寫得很好，人也很樸素。周作人是極注意於寫小品文字的，他〈自己的園地〉等一類稿件，都是那個時候寫成的。魯迅即周樹人，乃是周作人的哥哥，當時在教育部做一個科長，還是蔡孑民做教育總長時代找他進部的。以後他宦隱於教育部者多年，這時候也出來敲邊鼓，做〈狂人日記〉、〈藥〉等很傳誦一時的小說。至於舊派方面，劉師培在學問方面是公認為泰斗的，他賦性柔弱，對於此類問題不去計較。黃季剛則天天詩酒謾罵，在課堂裡面不教書，只是罵人，尤其是對於錢玄同，開口便是說玄同是什麼東西，他哪種講義不是抄著我的呢？他對於胡適之文學革命的主張，見人便提出來罵，他有時在課堂中大聲地說：『胡適之說做白話文痛快，世界上哪裡有痛快的事，金聖歎說過世界上最痛的事，莫過於砍頭，世界上最快的事，莫過於飲酒。胡適之如果要痛快，可以去喝了酒再仰起頸子來給人砍掉。』這種村夫罵座的話，其中尖酸刻薄的地方很多，而一部分學生從而和之，以後遂成為國故派。還有一個人，讀書很多，自命不凡並太息痛恨於新文學運動的，便是陳漢章。陳漢章乃是前清一位舉人，京師大學堂時代，本要請他來做教習，他因為自己沒有得到翰林，聽說京師大學堂畢業以後可得翰林，故不願為教師而自願為學生。他有一個兄弟，乃是一個進士。當年他兄弟中進士時候，要在他家祠堂中央掛一個表，他堅決反對，他說你的表不能掛在祠堂中央，中央地方要留給我中了翰林時候才可以掛的。哪知道他在當年十二月可以得翰林的，八月間便是辛亥革命，所以到了現在，他到祠堂裡面尚不敢抬頭仰視。他所讀的書確實很多，《十三經注疏》中三禮的白文和注疏，他都能個個字背出，他一上講堂，便寫黑板，寫完以後一大蓬黑鬍子變成白鬍子。他博聞強識而不能消化。有一次我問他中國的彈詞起於何時？他說，我等一會再告訴你。我問他是上午九時，到十一時接到他一封信，上面寫了二十七條都是關於彈詞起源的東西，但是沒有一個結論，只是一篇材料的登記而已。他自負不凡，以為自己了不得，只有黃季剛、劉申叔還可以和他談談，這位先生也是當時北大一個特色。還有朱希祖、馬敘倫等人，則游移於新舊之間，講不到什麼立場的。從《新青年》出來以後，學生方面，也有不少受到影響的，像傅斯年、顧頡剛等一流人，本來中國詩作得很好的，黃季剛等當年也很器重他們，但是後來都變了，所以黃季剛等因為他們倒舊派的戈，恨之刺骨。最近朱家驊要請傅斯年做中央大學文學院長，黃季剛馬上要辭職（南按：黃季剛即黃侃，後來到南京中央大學任教，朱家驊曾任中大校長）。當時我們除了讀書以外，實在有一種自由討論的空氣，在那時我們幾個人讀外國書的風氣很盛，其中以傅斯年、汪敬熙和我三個人，尤其喜買外國書。」

在談到《新青年》與《新潮》的關係時，羅家倫回憶說：「傅孟真是拋棄了黃季剛要傳章太炎的道統給他的資格，叛了他的老師來談文學革命。他的中國文學很有根柢，尤其是於六朝時代的文學，他從前最喜歡讀李義山的時候呢？他回答說：那個時候我自己也是妖。傅孟真同房子的有顧頡剛。俞平伯、汪敬熙和我，都是他房間裡的不速之客。天天要去，去了就爭辯。還有一位狄君武（膺）是和傅孟真同房子的，但是他一天到晚咿咿唔唔在做中國小品文學，以斗方名士自命。大家群起而罵他，且當面罵他為『赤犬公』（因狄字為火及犬構成），他也無可如何。這雖然是一件小事，但是可見北大當時各種分子雜居一處的情形及大家有一種學術自由的空氣。因為大家談天的結果，並且因為不甚滿意於《新青年》一部分的文章，當時大家便說，若是我們也來辦一個雜誌，一定可以和《新青年》抗衡，於是《新潮》雜誌便應運而產生了。《新潮》的英文名字為 *The Renaissance*」（羅家倫口述，馬星野記錄，〈蔡元培時代的北京大學與五四運動〉，《傳記文學》五四卷五期〔一九七八年五月〕）。

5　魯迅，〈我觀北大〉，《魯迅全集》（北京：人民文學出版社，二〇〇五）。

6　蔡元培，清同治丁卯年十二月十七日（一八六八年一月十一日）生於浙江紹興府山陰縣。字鶴卿，號孑民。近代民主革命家、教育家、科學家。七歲考取秀才，青年時期連續中舉人、取進士、點翰林、授編修。一八九八年，棄官從教，初任紹興中西學堂監督、嵊縣剡山書院院長、南洋公學特班總教習；一九〇二年，組織中國教育會並任會長，創立愛國學社、愛國女學，均曾被推為總理。一九〇四年組織光復會，一九〇五年參加同盟會。一九〇七年赴德國萊比錫大學研讀哲學、心理學、美術史等，武昌起義後回國，一九一二年一月就任臨時政府教育總長。不久，因不滿袁世凱的專制而辭職，再赴德、法等國學習和考察。一九一五年與李石曾等在法國組織勤工儉學會，次年與吳玉章等發起組織華法教育會，提倡勤工儉學。一九一六年回國，次年任北京大學校長。一九二一年，分別被法國里昂大學、美國紐約大學授予文學、法學博士榮譽學位。一九二四、一九二六年中國國民黨第一次、第二次全國代表大會，入選中央監察委員會委員。一九二七年，除任國民黨中央政治會議委員、中央特別委員會常務委員、國民政府常務委員、監察院長、代理司法部長等職外，倡議成立大學院作為全國最高學術教育行政機關，被任為大學院院長。一九二八年辭去各行政職務，專任國立中央研究院院長。

一九三二年，同宋慶齡、楊杏佛等在上海組織中國民權保障同盟，被推為副主席。一九三八年，被推為國際反侵略運動大會名譽主席。一九四〇年三月五日在香港病逝。

7 李零，〈中國歷史上的恐怖主義——刺殺和劫持〉，《讀書》二〇〇四年一一期。另，後來這刺客行列中的許多人如蔡元培、任鴻雋、魯迅等，都主動放棄了這一暴力手段，轉入其他形式從事反清鬧革命的活動。在日本的同盟會曾在激進留學生中祕密招募暗殺者，魯迅因為前一階段的出位表現，被一幫哥們兒找去要求加盟，魯迅拒絕了，理由是家有老母需要撫養云云。蔡元培則由主張單打獨鬥地用炸彈暗殺，轉向在教育界實行另類思想的培育。在他看來此種效果的爆炸力將更大，後來的事實證明了他的判斷。

8 蔣夢麟，《蔣夢麟自傳：西潮與新潮》（北京：團結出版社，二〇〇四）。蔣夢麟是蔡元培北大校長的繼任者，抗戰期間，蔣在昆明西南聯大防空洞撰寫自傳體《西潮與新潮》，先後在美國與臺灣出版。據該書透露，蔡元培在開科納士的征途上頗具傳奇色彩。蔣夢麟在書中特別提到一個小故事：「蔡元培在早年寫過許多才華橫溢、見解精闢的文章，與當時四平八穩、言之無物的科舉八股適成強烈的對照。有一位浙江省老舉人曾經告訴我，蔡元培寫過一篇怪文，一開頭就引用《禮記》裡的『飲食男女，人之大欲存焉』一句。繳卷時間到時，他就把這篇文章繳給考官。蔡先生就在這場鄉試裡中了舉人。後來他又考取進士，當時他不過三十歲左右。以後就成為翰林。」

9 同前注。

10 傅斯年，〈「五四」偶談〉，《中央日報》，一九四三年五月四日。傅斯年在文中說：「『五四』已經成就了它的使命了。當年蔡孑民先生之就北大，其形勢如入虎穴。蔡先生之辦學，相容並包，原非徒為國民黨而前往，然而蔡先生提倡潛修，口號是『風雨如晦，雞鳴不已』，其結果是出來一團朝氣。猶憶『五四』以後有人說，北洋政府請蔡先生到他的首都去辦學，無異豬八戒肚子中吞了一個孫悟空。」

11 蔡元培抵京，報界多有報導，其中《中華新報》一九一七年一月一日報導說：「蔡孑民先生於二十二日抵北京，大風雪中，來此學界泰斗，如晦霧之時，忽睹一顆明星也。」

12 傅斯年，〈「五四」偶談〉，《中央日報》，一九四三年五月四日。

13 石舒波、于桂軍，《聖地之光：城子崖遺址發掘記》（濟南：山東友誼出版社，二〇〇〇）。

14 曹汝霖（一八七七－一九六六），字潤田，上海人。早年留學日本東京早稻田專門學校、私立東京法學院攻讀法律。一九〇二年返國，任商部行走，兼任京師大學堂附設之進士館法律助教。清末出任外務部左侍郎。辛亥革命以後，任袁世凱祕書。不久即離開袁府在北京執律師業，一時為社會所重。據說曹是一個頭腦靈活、辦事幹練而善於沽名釣譽的人，其中一個最引人注目的例子是，有一次，上海有兩個富家女婆，被控告強姦了一個男性少年，而且這個少年在兩個女人實施強姦過程中，因心力交瘁而猝死於女人的大腿之上。法院接案後，以「強姦罪」把兩個女人關進了監獄。曹聞訊，認為法院判決不當，遂自願前往搭救兩富婆。他以名律師的身分和才學與法官辯論，認為鑑於女人在生理上的局限性，只有男人強姦女人，不可能反過來女人強姦男人，就像天上下雨落到地上，而地上的噴泉再高也達不到天宮一樣。即使兩個女人用其他輔助技術與這少年發生了性關係，法律上也沒有明文規定女方是在實施「犯罪活動」，因而兩個女人無罪。法院最後採納了曹的辯護，兩個女人走出監獄，與曹熱乎起來。新聞界藉機添油加醋地渲染，說曹藉機又讓兩個富婆為他心甘情願地劈腿云云，曹在社會各界一下暴得了大名（事見襟霞閣主編，《新編刀筆青華》〔上海：一九二四〕；轉引自〔美〕周策縱著，陳永明譯，《五四運動史》〔*The May Fourth Movement: Intellectual Revolution in Modern China*〕〔長沙：岳麓書社，一九九九〕）。

一九一三年八月，曹出任袁世凱政府外交次長。一九一五年和陸徵祥一起奉袁命同日本談判，簽訂了喪權辱國的「二十一條」。一九一六年後任北洋軍閥政府交通總長、財政總長，趁機賣國求榮，大發國難之財。據一九一九年五月十六日中美通訊社報導，曹侵吞占有的各項財產總數在兩千萬元以上，按當時的比價，其數目已超過了清朝巨貪和珅之數。一九一九年五四運動中，北京學生一致要求懲辦親日派賣國賊曹汝霖、章宗祥、陸宗輿等三人。六月十日北京政府被迫下令將曹等三人免職。抗日戰爭時期，曹汝霖曾任偽「華北臨時政府」最高顧問、「華北政務委員會」諮詢委員。一九四九年逃往臺灣，後至日本、美國。死於底特律。

曹汝霖生前在《一生之回憶》中對五四有如下評價：「此事距今四十餘年，回想起來，於己於人，亦有好處。雖然於不明不白之中，犧牲了我們三人，卻喚起了多數人的愛國心，總算得到代價。又聞與此事有關之青年，因此機緣，出國留學，為國家成就人才。在我呢，因之脫離政界，得以侍奉老親，還我初服。所惜者，此事變化，以愛國始，而以禍國終，蓋學潮起始，由於學子不明事實真相，誤聽浮言，激於愛國心，以致有越軌行動，情有可原，迨北大校長蔡孑民先生發表談話，勸學生適可而止，學潮似已平息；然反對者以尚未達到目的，又鼓動街頭演說，加以背後有組織，有援助，遂擴大範圍，遊說至上海等處。迨至我們三人下臺，錢閣引咎，蔡校長亦辭職南下，反對者已如願以償矣」（曹汝霖，《一生之回憶》（香港：春秋雜誌社，一九六六））。

15 羅家倫口述，馬星野記錄，〈蔡元培時代的北京大學與五四運動〉，《傳記文學》五四卷五期（一九七八年五月）。

16 蔣夢麟，〈憶孟真〉，《中央日報》，一九五〇年十二月三十日。

17〔美〕周策縱著，陳永明譯，《五四運動史》（*The May Fourth Movement: Intellectual Revolution in Modern China*）（長沙：岳麓書社，一九九九）。

18 同前注。

19 一九一九年四月三十日，胡適終生服膺的美國哥倫比亞大學教授、實用主義哲學大師杜威抵上海，開始在中國的講學活動。此時適值五四運動爆發，在南方講學的杜威聞聽各種傳言，對北京高校學生的做法頗不以為然，他曾寫信給家中的女兒，把北大等高校學生遊行與痛打曹汝霖等行為，看作是一般大學校園中男生們的相互鬥毆，是無聊之舉。但當他於六月五日抵達北京後，親眼看到五四運動掀起了新一輪高潮的蓬勃氣象，在一個月內，軍警已拘捕學生近千人，並把北京大學校舍作為臨時監獄關押被捕學生。儘管如此，學生們與政府較量的鬥志不減，愛國熱情已引起了社會各界的關注與參與。此舉令杜威大受感動，並完全改變了以前的看法，對學生們的行動給予了高度肯定與讚譽。六月八日夜間，美國駐華使館設宴招待杜威及中外名人、要員三百餘人。席間杜威在演講中說道：此次來京，適逢學界學潮擴大之際，本人不能充分講演，起初不免寂寞。但現在深覺中國學生不特能教訓自己，並且能教訓他人，實在可以不必多講演了云云（《晨報》，一九一九年六月九日）。在社會各界的巨大壓力下，北京政府將被捕的學生全部釋放，六月十日下令免去曹、章、陸等三個賣國賊本兼各職，傾向於改良主義的老頭子杜威心靈受到很大震動，他在較詳細地了解了學潮發生的情況後，於六月二十日寫給家中女兒的信中，再次提出並修正了對五四運動的看法。信曰：「附帶說一句，我發現我上次把這裡的示威遊行比作我們一般大學裡男生的宿舍打鬥，對這裡的學生說來有欠公平。整個示威遊行是經過了細心的計畫，並且比他們預定的時間還要提早結束，原因是有一個政黨也要遊行示威。他們的運動如果在同一個時候，會給誤認作是被政黨利用。他們要以學生身分獨立採取行動。想想我們國內十四歲以上的孩子，負起一個大清除的政治改革運動的領導責任，並且使得商人和各界人士感到慚愧而來加入他們的運動。這實在是一個了不起的國家」（同前注）。

20 屈萬里，〈傅孟真先生軼事瑣記〉，《傅故校長逝世紀念專刊》（臺北：臺灣大學學生代表聯合會學術部編印，一九五〇）。

21 張家康，〈胡適與魯迅〉，《人物》二〇〇三年八期。

22 屈萬里，〈傅孟真先生軼事瑣記〉，《傅故校長逝世紀念專刊》（臺北：臺灣大學學生代表聯合會學術部編印，一九五〇）。

23 關於傅斯年放洋留學事，胡頌平編著，《胡適之先生年譜長編初稿》（臺北：聯經出版公司，一九八四），頁二九三二，一九五九年六月十五日條記載：「今天蔣復璁帶來民九、民十兩年的北京政府教育公報。這些公報上，對於當時有價值的論文或演講稿，都收入『附錄』裡。」編者胡頌平附記：「在附錄裡，還有傅斯年當年考取出國的分數是八十二分，第二名。」據臺灣學者王汎森說：「為了這次官費考試，還有一個插曲，即許多考官因為傅斯年是激烈學生而不擬錄取。當時山東省教育廳的科長陳雪南出面力爭，認為成績如此優秀的學生非取不可，終於定案。值得注意的是，此後陳雪南與傅氏保持相當友好關係，一九四八年，傅在美國，竟被選為『立法委員』，傅氏不就，也是託陳雪南勸說才接受」（王汎森，〈傅斯年對胡適文史觀點的影響〉，收入安徽大學胡適研究中心編，《胡適研究》第二輯（合肥：安徽教育出版社，二〇〇〇））。

24 《新潮》二卷一號「附錄」（一九一九年十月三十日）。

25 傅氏研究者多云傅斯年在柏林大學頗受蘭克的影響，但據臺灣學者杜正勝說，傅斯年一生只提到蘭克二三次，藏書中亦沒有任何蘭克的著作，「向來的通說恐怕不必然多麼可靠。我對這個問題尚無絕對把握」（杜正勝，

〈無中生有的志業〉，收入杜正勝、王汎森主編，《新學術之路：中央研究院歷史語言研究所七十周年紀念文集》上冊（臺北：中央研究院歷史語言研究所，一九九八）頁三一一）。按杜正勝的說法，傅斯年之所以在留學的最後階段決定「弄史學」，是受顧頡剛搞《古史辨》並暴得大名的刺激。傅不願向顧「稱臣」，遂下決心要跳出「顧氏王國」的陰影，「動手動腳找材料」，以新的科學研究方法「開闢史學的新天地」。傅與顧在廣州籌建史語所的矛盾，與兩人的學術觀念以及傅想跳出顧的陰影的急迫心情不無關係。

26 毛子水，〈記陳寅恪先生〉，《傳記文學》一七卷二期（一九七〇）。

27 馬亮寬，〈傅斯年與陳寅恪〉，收入聊城師範學院歷史系、聊城地區政協工委、山東省政協文史委合編，《傅斯年》（濟南：山東人民出版社，一九九一）。

28 俞大維等，《談陳寅恪》（臺北：傳記文學出版社，一九七八）。

29 楊步偉，《雜憶趙家》（瀋陽：遼寧教育出版社，一九九八）。

30 朱家驊（一八九三—一九六三），字騮先，浙江吳興人。十六歲（一九〇八年）赴上海，在通運公司結識了國民黨四大元老之一、蔣介石的拜把子大哥張靜江。是年九月，考取同濟德文醫學校。當時張靜江與國民黨另一位大老戴季陶，以及陳英士等都在上海扯旗造反，大搞恐怖活動，四處抓捕朝廷命官進行斬首。朱家驊積極參與，得到了戴季陶的賞識。同濟大學畢業後，朱家驊在張靜江的資助下，於一九一四年自費赴德國留學，攻讀地質專業。一九一七年初回國，任北京大學地質學教授兼德文系主任。一九一八年，教育部決定每年選派各大學、高等專門學校男女教授若干名赴歐美各國留學，本年選派劉復、朱家驊、鄧萃英、楊蔭榆等七人，於八月十四日由滬乘船赴美，此舉乃中國教授留學之始。與此同船的有李濟、葉企孫、徐志摩等初出茅廬的留學生若干名。
朱家驊抵美後不久即轉赴瑞士，後再赴德國柏林大學與工科大學深造，一九二四年獲得地質學博士學位歸國，仍任北大前職。一九二五年因參加北京學生聲援「五卅」等愛國運動，又參加國民黨的翠花胡同派（與右派有所區別），遭北洋政府通緝，朱潛入六國飯店匿藏起來。與他先後潛入飯店的，還有北大代理校長蔣夢麟等人。眼望革命形勢陷入低潮，性命堪憂，朱化裝打扮，在一個月黑風高之夜祕密潛逃出京，回到原籍隱遁起來，但暗中仍與外界保持密切聯繫。數月後，張靜江、戴季陶等在廣東參與國民黨北伐，急需人手，祕密通知朱家驊前去任事。此時蔣介石正以戴季陶為主要幕僚，並視為心腹，而戴也正需要政治上的助手，見朱應邀前來，積極拉攏，並竭力為朱家驊步入仕途鋪路搭橋。一九二六年七月，原孫中山創立的廣東大學正式改名為中山大學，以示對這位民國創建人的紀念。更名後的中山大學被國民黨所操控，並實行校務委員會負責制，在黃埔軍校校長任上嘗到甜頭的蔣介石，深知辦學的重要，親自任命自己的鐵哥們戴季陶為校務委員會委員長，顧孟餘為副委員長。因戴與顧在國民黨內有更多的要務兼理，難以顧及學校事務，朱家驊藉機入主中山大學，出任中大校務委員會副委員長（副校長）兼地質系主任、教授，主持日常校務工作，並奉蔣介石和國民政府之命改組學校，自此正式踏上了「風險與機遇共存」的仕途之路。

31 朱家驊，〈悼亡友傅孟真先生〉，《中央日報》，一九五〇年十二月三十一日。

32 關於魯迅與顧頡剛交惡的原因有多種說法，如陳漱渝根據魯迅與許廣平以及章延謙（川島）的通信內容，認為魯迅不滿顧頡剛，主要是「顧頡剛自稱只佩服胡適、陳源兩人，而胡適在二〇年代卻多次給封建軍閥出謀獻策，幻想由他們來『裁軍』『制憲』、實行『聯省自治』，甚至反對驅逐廢帝溥儀出宮。陳源則是眾所周知的魯迅論敵。一九二六年秋，魯迅與顧頡剛先後應聘到廈門大學任教。顧頡剛曾表示不問外事，專一看書，但他推薦了潘家詢、黃堅、陳萬里來廈大，陳萬里又推薦了羅常培、王肇鼎，因而在廈大國文系和國學院形成了一種勢力。他們排斥魯迅，說魯迅是『名士派』。同年十二月，章廷謙來廈大任國學院出版部幹事兼圖書館編輯。顧頡剛暗中竭力反對，但事成定局後，他又搶先向章廷謙報告。章抵廈門的當天，他還派人送章一大碗紅燒牛肉和一碗炒菜花」云云（陳漱渝著，《倦眼矇矓：陳漱渝學術隨筆自選集》〔福州：福建教育出版社，二〇〇〇〕）。按另一位名曰孫玉祥者所言：「這種說法有一定道理，但還不能完全解釋魯迅為什麼對顧頡剛這麼仇恨。因為即使對胡適和陳源，魯迅在論爭時，也沒有違背自己為文原則而對他們進行人身攻擊，更沒有在小說中對他們進行影射。對『閻王』這麼『寬大』的主兒會對『佩服』他們的『小鬼』那麼嚴厲？這從道理上講不過去」（孫玉祥，〈魯迅為什麼刻薄顧頡剛〉，《魯迅世界》二〇〇四年一期）。

事實上，即使當事人顧頡剛對魯迅如此刻薄地對自己進行人身攻擊也有些莫名其妙，百思不解。他在給胡適的信中曾不無感慨地說道：「我真不知前世作了什麼孽，到今世來受幾個紹興小人的播弄」（一九二七年四月二十八日致胡適信）。直到去世，顧頡剛都沒能明白魯迅究竟何以如此。後世有名為胡文輝的研究者，在〈鳥頭與紅鼻〉一文中，對魯、顧交惡的死結做過解釋，文曰「魯迅與顧頡剛交惡是現代文化界上的一大公案，據說起因是顧頡剛曾誤信陳源之說，以為魯迅的《中國小說史略》抄襲了日本人鹽谷溫的著作。魯迅自然耿耿於懷，從此就『盯』上了顧頡剛」云云（胡文輝著，《最是文人》〔合肥：安徽文藝出版社，二〇〇〇〕）。

若按胡文所言，就不免牽涉兩個懸案：一是魯迅是否抄襲了鹽谷溫的作品；二是顧頡剛誤信了陳源之說，為何魯迅罵陳源遠沒有罵顧氏刻薄，且從沒有對陳源進行人身攻擊？

第一個懸案，學術界已有公論。一九三五年年末夜半，魯迅在他的《且介亭雜文二集》後記中曾提到過此案，魯迅道：「在《中國小說史略》日譯本的序文裡，我聲明了我的高興，但還有一種原因卻未曾說出，是經十年之久，我竟報復了我個人的私仇。當一九二六年，陳源即西瀅教授，曾在北京公開對於我的人身攻擊，說我的一部著作，是竊取鹽谷溫教授的《支那文學概論講話》裡面的『小說』一部分的；《閒話》裡的所謂『整大本的剽竊』，指的也是我。現在鹽谷教授的書早有中譯，我的也有了日譯，兩國的讀者有目共見，有誰指出我的『剽竊』來呢？嗚呼，『男盜女娼』，是人間大可恥事，我負了十年『剽竊』的惡名，現在總算可以卸下，並且將『謊狗』的旗子，回敬自稱『正人君子』的陳源教授，倘他無法洗刷，就只好插著生活，一直帶進墳墓裡去了。」

一九三六年魯迅去世不久，一個叫蘇雪林的女人跳將出來，高舉「倒魯」大旗，於這年十一月公然「鞭屍」，該女在致蔡元培、胡適的信中，以一種近似變態的心理，對魯迅進行了激烈攻擊、謾罵。蘇氏謂「新文化產業，被左派巧取豪奪」，「今日之域中，已成為『普羅文化』之天下」，「魯迅死後，左派利用之為偶像，極力宣傳，準備將這個左翼巨頭的印象深深打入青年腦筋，刺激國人對共產主義之注意，以為醞釀反動勢力之地」。蘇氏促使胡適站出來做所謂「取締『魯迅宗教』」的工作，並在信中罵魯迅為「假左派」「文筆尖酸刻薄，無與倫比」「含血噴人，無所不用其極」，是「一個刻毒殘酷的刀筆吏，陰險無比，人格卑汙又無恥的小人」等等（中國社會科學院近代史研究所中華民族史研究室編，《胡適來往書信選》中冊〔北京：中華書局，一九七九）。下同）。

曾被魯迅罵為「焦大」的胡適接讀書信後對蘇氏回答說：「我很同情於你的憤慨，但我以為不必攻擊其私人行為，魯迅狺狺攻擊我們，其實何損於我們一絲一毫？他已死了，我們盡可以撇開一切小節不談，專討論他的思想究竟有些什麼，究竟經過幾度變遷，究竟他信仰的是什麼，否定的是些什麼，有些什麼是有價值的，有些什麼是無價值的。如此批評，一定可以發生效果。」

這裡，胡適顯然沒有把魯迅當作盟友而是當作對立面看待的，但仍抱了極大的同情與尊重。如果說胡對魯有何不恭之處，也只是「狺狺」一詞。但接下來，胡適對蘇氏粗暴卑劣的「鞭屍」惡行給予了嚴厲的批評，胡說：「至於書中所云『誠玷辱士林之衣冠敗類，廿五史儒林傳所無之奸惡小人』一類字句，未免太動火氣（下半句尤不成話），此是舊文字的惡腔調，我們應該深戒。」又說：「凡論一人，總須持平。愛而知其惡，惡而知其美，方是持平。魯迅自有他的長處。如他的早年文學作品，如他的小說史研究，皆是上等工作。通伯先生當日誤信一個小人張鳳舉之言，說魯迅小說史是抄襲鹽谷溫的，就使魯迅終生不忘此仇恨！現今鹽谷溫的文學史已由孫俍工譯出了，其書是未見我和魯迅之小說研究以前的作品，其考據部分淺陋可笑。說魯迅抄鹽谷溫，真是萬分的冤枉。鹽谷一案，我們應該為魯迅洗刷明白。」

一生與魯迅見過兩次面，並對魯迅的作品極端崇拜愛戀的女人蘇雪林（蘇原籍安徽太平縣，曾任武漢大學教授，一九五二年赴臺），為什麼後來對魯迅如此憤恨，居然做出了「鞭屍」的瘋狂之舉？有研究者認為這是蘇氏攙雜進了「愛而不可得的」怨恨（房向東，《魯迅：最受誣蔑的人》〔上海：上海書店出版社，二〇〇〇〕。下同）。據說，大陸魯迅研究者陳漱渝到臺灣訪問時，曾專門和蘇雪林有過一場對話，並問蘇為何對魯迅如此激烈地攻擊。蘇答曰：「有人說，我之所以攻擊魯迅，是因為我對魯迅單相思，愛而不得轉為恨。這是沒有根據的。」當時陳並未提問蘇是否愛過魯迅，是否因愛而不得而轉怨恨，蘇氏突然神經質地說出此話，是在表白什麼，還是在透露什麼信息？陳漱渝沒弄明白，其他人似乎也不甚清楚。

當年落到魯迅頭上的「鹽谷一案」總算洗刷明白了，蘇雪林之對魯迅的愛恨情仇，仍有待研究者深入狹窄的歷史隧道探一個水落石出——這是題外話。

那麼，到底魯迅為何對顧頡剛如此痛恨呢？

按照研究者孫玉祥的最新發現，認為在「鹽谷一案」中，此前普遍流傳的「顧頡剛誤認陳源之說」是一種誤導，從陳、顧二人的知識背景上說不過去。按孫的說法：陳源乃留英博士，對國學或東洋（日本）學問不太在行，因而不太可能知道魯迅的《中國小說史略》與日本人鹽谷溫的《支那文學概論講話》有何關係，進而「造謠」說「抄襲」。而專弄國學的顧頡剛顯然比陳內行也更有資格。其次，如果是「顧頡剛誤信陳源之說」，魯迅罵陳源當比罵顧頡剛更厲害，可事實並非如此。於是，孫玉祥認為：魯迅恨顧頡剛比恨陳源厲害，是因為謠言的製造者比謠言的傳播者更可恨。說魯迅的名著《中國小說史略》「抄襲」了日本人鹽谷溫的《支那文學概論講話》的傳播者雖然是陳源，可製造者卻是顧頡剛。即不是「顧頡剛誤信陳源之說」而是「陳源誤信了顧頡剛之說」。按孫氏的推理，這一結論除了邏輯的合理性外，還有一個直接證據，這便是顧頡剛之女顧潮撰寫的傳記文學《歷劫終教志不灰：我的父親顧頡剛》（上海：華東師範大學出版社，一九九七）一書。書中寫道：「其實父親與魯迅的交往並不多，但為什麼會成為魯迅筆下的陰謀家、不共戴天的仇敵？」顧潮的解釋是：由於法日派與英美派「海龜」們的相互撕咬糾纏，使並未出國放洋的本土學者顧頡剛夾在中間頗有「兩姑之間難為婦」之感。隨著兩派激烈交鋒鬥法，顧最終倒向了胡適陣營，成為魯迅筆下的「胡適之先生之門人們」。魯迅與陳源因「女師大風潮」結怨後，顧又以「鹽谷一案」捲了進來。顧潮說：「魯迅作《中國小說史略》，以日本鹽谷溫《支那文學概論講話》為參考書，有的內容是根據此書大意所作，然而並未加以注明。當時有人認為此種做法有抄襲之嫌，父親亦持此觀點，並與陳源談及，一九二六年初陳氏便在報刊上將此事公布出去。隨後魯迅於二月一日作〈不是信〉，說道：『鹽谷氏的書，確是我的參考書之一，我的《小說史略》二十八篇的第二篇，是根據它的，還有論《紅樓夢》的幾點和一張『賈氏系圖』，也是根據它的，但不過是大意，次序和意見就很不同。』為了這一件事，魯迅自然與父親結了怨。」

正是根據顧潮這段記載，孫玉祥得出了如下的結論：「出面傳播謠言的雖然是陳源，而製造者卻是顧頡剛。這樣，我們就明白為什麼魯迅對顧頡剛如此憤恨，以至於不惜在信件和小說中對其進行『人身攻擊』的原因了：其一，對於一個學者來說，被別人判為抄襲者幾乎就意味著他學術生命的完結。所以，魯迅對造謠的顧頡剛深惡痛絕而對其酒糟鼻子進行沒完沒了的攻擊，對傳播這個謠言的陳源也謂之『謊狗』！其二，魯迅所以特別恨顧頡剛，還因為他是一個『陰謀家』：自己造謠不公開，卻叫陳源在報上唧唧喳喳。這特別讓人感到憤恨（因為他造謠）而無奈（因為他沒公開）」（孫玉祥，〈魯迅為什麼刻薄顧頡剛〉）。

孫氏之推理可謂獨闢蹊徑，異軍突起，令人耳目一新。但細加琢磨，似仍有不能服人之處。其一，孫氏引用的唯一直接證據是顧潮所言，而從顧潮所寫的這段文字中，看不出引用諸如顧頡剛自傳、日記，或其他相關的證據材料，只是她自己的一說。顯然，一九四六年出生的顧潮是不會比當時人對「鹽谷一案」知道得更多、更準確。這就出現了第二個問題，即一九三六年胡適在致蘇雪林的信中，明確有「通伯先生當日誤信一個小人張鳳舉之言……就使魯迅終生不忘此仇恨！」之語，這就是說，此事與顧頡剛無涉，事情壞在「小人張鳳舉」之手。面對這份頗有說服力的證據，深感繞不過去的孫玉祥做了如此辯解：「胡適這樣說還是為了替陳源洗刷，也掩護了顧頡剛（那『小人』不是顧頡剛，而是張鳳舉）。可謂用心良苦。可惜，顧頡剛的後人並不領情，還是白紙黑字地將這個『功勞』算在了自己父親頭上。胡適若在地下有知，恐怕真會啼笑皆非。」

顧頡剛的後人「不領情」固然是自己的失誤或有其他方面的考慮，但非要說胡氏列舉了「小人張鳳舉」就是為了掩護顧頡剛，在邏輯上可以講得通，在證據上仍難令人信服。如果說他為掩護顧頡剛而不弄別人，卻偏憑空造出一個「小人張鳳舉」做靶子，恐怕胡適地下有知，也一定會「啼笑皆非」吧。

33　一九一一年，傅斯年與顧頡剛同時考入北京大學預科，並同住北河沿譯學館舊址工字樓，二人始相識。這一年傅十七歲，顧二十歲。一九一六年，二人均入北大本科，傅入國文門，顧入哲學門。次年秋，二人同居北大西齋丙字十二號宿舍，「靜心研究他的哲學和古史，對人非常謙恭」的顧頡剛，開始與「大氣磅礴」「高談文學革命和新文化運動」（羅家倫，〈元氣淋漓的傅孟真〉）的傅斯年成為好友。一九一七年九月，由美國哥倫比亞大學學成歸來年僅二十七歲的胡適受蔡元培之聘，出任北京大學哲學門教授，主講西洋哲學史、英國文學、中國哲學史三門課程。作為放洋七年、又是哲學大師杜威高足的胡適，講授洋學問自是得心應手，但講授中國學問就有些不同了。按北大傳統，中國哲學史這門課，皆由年長的、國學深厚的名教授擔任。在胡適登臺之前，此門課程由號稱「兩足書櫃」的陳漢章主講。據說陳氏在臺上引經據典，誇誇其談，天上地下，雲山霧罩地大談伏羲、黃帝、神農、堯、舜、禹等等史影裡的人物與故事，兩年下來，才講到商朝的《洪範》。胡適接課後，不管以前的課業，重新編寫講義，以一種懷疑的眼光來看待中國遠古歷史和古代哲學家的著作。他在《中國哲學史大綱》（卷上）中，採用「截斷眾流」的方法，摒棄遠古「一半神話，一半正史」的記載，在開篇「中國哲學結胎的時代」一章中，用《詩經》做時代的說明材料，拋開唐、虞、夏、商，直接從西周行將覆滅的最後一個階段，也就是周宣王之後講起。如此一改，原來號稱五千年的歷史被截去了一半，聽講者大為驚駭。當時在哲學門就讀的顧頡剛回憶說：「這一改，把我們一般人充滿著『三皇』『五帝』的腦筋驟然做一個重大的打擊，駭得一堂中舌撟而不能下」（〈我是怎樣編寫《古史辨》的〉，《我與《古史辨》》〔上海：上海文藝出版社，二〇〇一〕。以下引文同）。遭受了重大打擊的學生們並沒有就此服膺或向胡適投降，他們認為這是大逆不道的「胡說」，於是有幾個激烈分子開始鼓動鬧事，琢磨如何把這位「胡說」的年輕教授趕走。顧頡剛有些與眾不同，「覺得他講的雖是哲學，不啻講的史學，更不啻講的是治史學的方法。他用實驗主義的態度講學問，處處是出我意外，入我意中」。這個話是顧頡剛在幾年之後說的，就當時的情形而言，恐怕他還不知所謂的「實驗主義」為何物，只是後來胡適暴得大名，評論家們開始評頭論足並與胡的洋老師對號入座之時，顧才曉得大洋彼岸有個叫杜威的哲學大師弄了一套號稱「實驗主義」的學說。

正在激烈學生分子要鬧事倒胡的關鍵時刻，顧頡剛想起了在學生中頗有領袖威望的同舍好友傅斯年，並勸雖不是哲學門的傅「何妨去聽一聽呢」。傅接受了他的建議，於是專門聽了胡適的幾堂課。據說傅在課堂上曾幾次以請教為名向胡問難，最後把胡適弄得汗都下來了，而絕頂聰明的胡適畢竟不是等閒之輩，一路過關斬將，突出重圍，算是渡過了難關。自此之後，傅斯年同顧頡剛一樣，對胡適的治學路數與學術思想從認可漸漸變為傾慕佩服。傅斯年不惜拋棄他的指導老師黃侃要傳章太炎的道統給他的資格，毅然決然地轉向胡適，正如顧頡剛所說：「料想不到我竟把傅斯年引進了胡適的路子上去，後來竟辦起《新潮》來，成為《新青年》的得力助手。」

就年輕的胡適而言，他在北大講壇上站穩腳跟並長吁一口氣的同時，對臺下這批學生也有了更深的了解和認識，在他看來，這批學生儘管「年輕但是卻相當成熟，而對傳統學術又頗有訓練」，有「幾個學生的學問比我強」，其中就包括「傅斯年、顧頡剛、羅家倫等人」（胡適口述，唐德剛譯註，《胡適口述自傳》（桂林：廣西師範大學出版社，二〇〇五））。許多年後，胡適曾深情地回憶說：「那時北大中國哲學系的學生都感覺一個新的留學生叫作胡適之的，居然大膽的想割斷中國的哲學史；因為原來講哲學史的先生們，講了兩年才講到商朝，而胡適之一來就把商朝以前的割斷，從西周晚年東周說起。這一班學生們都說這是思想造反；這樣的人怎麼配來講授呢？那時候，孟真在學校中已經是一個力量。那些學生們就請他去聽聽我的課，看看是不是應該趕走。他聽了幾天以後，就告訴同學們說：『這個人書雖然讀得不多，但他走的這一條路是對的。你們不能鬧。』我這個二十幾歲的留學生，在北京大學教書，面對著一般思想成熟的學生，沒有引起風波；過了十幾年以後，才曉得是孟真暗地裡做了我的保護人」（《胡適演講集》，《胡適作品集》卷二五（臺北：遠流出版公司，一九八六）。又，原《中央日報》主筆程滄波說：「論到五四時代的人物，陳獨秀、胡適之與傅孟真，見解智慧，陳、傅都超過了胡，可是胡對他們有相當的化導作用，這因在當時，胡的基本西洋學識比他們兩人深入，孟真對胡，生平執禮甚恭。但他們不是師弟，世間所說傅是胡的大弟子，這是錯誤的，如果論思想見解，若說傅是弟子，那是青出於藍了」（程滄波，〈記孟真〉，收入王富仁、石興澤編，《諤諤之士：名人筆下的傅斯年　傅斯年筆下的名人》（上海：東方出版中心，一九九九））。或許，正是有了這諸多的風雲際會和「同」與「不同」，才聚成了胡適與傅斯年、顧頡剛等師生的交往與友誼。

34《顧頡剛日記》卷二（臺北：聯經出版公司，二〇〇七）。分見一九二七年三月一日、一九三一年六月十二日條。

35 李濟，〈傅孟真先生領導的歷史語言研究所〉，《感舊錄》（臺北：傳記文學出版社，一九八五）。

36 耿雲志主編，《胡適遺稿及秘藏書信》手稿本（合肥：黃山書社，一九九四）。

37《顧頡剛日記》卷二（臺北：聯經出版公司，二〇〇七）。分見一九二七年三月一日、一九三一年六月十二日條。

第三章

通往歷史隧道的深處

一、四巨頭聚會

此時清華研究院五位導師中的王國維已跳湖自盡，梁啟超的生命之燈即將熄滅，趙元任正張羅著出國講學，李濟的心思仍放在田野發掘和器物整理研究上，陳寅恪獨木難撐，研究院已成風雨飄搖、大廈將傾之勢。傅斯年趁此機會，憑著自己非凡的人脈關係，迅速向陳寅恪、趙元任「二大」伸出了橄欖枝，對方很快做出回應，表示願意接受傅的聘請，分別出任中央研究院史語所下設的歷史組和語言組主任。

待搞定「二大」之後，像清華研究院成立之初，胡適沒敢忽視王國維、梁啟超這兩座文化崑崙的存在一樣，心中竊喜的傅斯年，同樣沒敢忽視另一位講師銜的導師李濟的存在。儘管傅、李二人同庚，都是盛極一時的「海龜」，但李濟畢竟是哈佛大學的博士，且歸國後開創了田野考古發掘的先河，聲名日隆，為全國學界所矚目。鑑於這種現實的存在，繼陳寅恪、趙元任之後，傅斯年以極大的熱情與真誠準備邀請李濟加盟這一新生陣營。恰在此時，兩位學界鉅子在一九二八年那個初冬裡，於中山大學不期而遇了。

傅斯年告訴李濟，在此之前，他在中大辦了一個語言歷史研究所，現在要在中央研究院辦一個歷史語言研究所，名稱倒過來了。原來聘請的基本都是本土學者，現在全部或大部分要改為「海龜」，且以歐美派為主，目前已聘請了陳寅恪與趙元任，希望李濟能加盟入夥，出任史語所第三組——考古組主任。

李濟聽罷，很是高興，因為從事新式的專職田野考古一直是他的夢想與追求，現在有這樣一個實現夢想的地方，當然是件令人愉快的事。這種愉快，還有另外一個重要原因，正如李濟所言：「我感覺陳寅恪和趙元任先生都已答應他參加中央研究院史語所工作，分別主持歷史組和語言組，現在要我來主持考古組，地位和他們平等，而我的年紀比較輕，這使我感覺到很大的榮幸。在學術上，傅先生可以說是給我一個很好的待遇。」[1] 從這幾句簡短話語透出的信息推斷，是否李濟此前已感到自己在清華沒有被列入「四大」的尷尬，而為這次與陳、趙二人同時被列為「三大」而慶幸？但無論做何考慮，李濟的心是被說動了，他決定辭去清華和弗利爾藝術館的職位，加盟史語所並集中全力主持考古組工作。自此，清華研究院殘存的三位導師盡數歸入傅斯年舉起的大旗之下，中央研究院史語所也順利完成了由本土學者向歐美派「海龜」的成功轉型。

——這一年，傅斯年三十三歲，李濟三十三歲，趙元任三十七歲，陳寅恪三十八歲。

對於這一決定史語所未來發展方向和命運的劃時代成果，傅斯年大為高興並有點沾沾自喜，他極力挽留李濟在中大多住幾日，與自己好好聊聊日後的事業。興之所至，傅斯年找出陳寅恪寫給他的詩文，略帶炫耀之意地讓李濟觀賞，也暗含堅定對方信念之玄機。陳氏墨蹟作於一九二七年七月六日，詩曰：

不傷春去不論文，北海南溟對夕曛。
正始遺音真絕響，元和新腳未成軍。

今生事業餘田舍，天下英雄獨使君。
解識玉璫緘札意，梅花亭畔弔朝雲。[2]

陳詩是由北京寄往廣州傅斯年的，文中所謂「北海南溟」當指陳寅恪視傅為可以共同唱和呼應的知己。「正始遺音」則指此前投昆明湖自盡的王國維。「元和新腳」可解釋為包括陳氏自己在內的青壯學者。全詩為後世學者爭議最大者乃「天下英雄」一句。按美籍華裔學者余英時的說法，此句應看作陳氏「其立場與傅有別」。[3]臺灣學者杜正勝認為余說有誤，其理正好相反，陳與傅的立場不但未「有別」，且互為欣賞，大有「唯使君與操耳」之意。按杜氏的詮釋，詩中「未成軍」者，不一定就指傅斯年正在籌辦的中央研究院史語所，應涵蓋更廣博的深意。當時無論是中山大學的語言歷史研究所轉變為中研院史語所，還是中山大學本土派學者被歐美派「海龜」所取而代之，甚或包括盛極一時的清華研究院，只有陳、趙、李等幾個不足四十歲的「元和新腳」予以掌舵，而支撐整個中國新學術陣營的「宏大架構」尚未成軍，還需加以組織訓練——這或許是陳寅恪詩的本意。

李濟到中山大學之時，離陳寅恪作此詩又過了近一年半的時光，也是傅斯年單獨拉起桿子，積極招兵買馬，擴編隊伍，欲使「元和新腳」成為一股強大生力軍的關鍵時刻。因而李濟的態度令傅斯年神情亢奮，肥胖的身體血壓上升已屬必然。

李濟走後，傅斯年感覺底氣倍增，史語所可以與清華或清華之外的任何一家院校、學術機關恃強鬥勇，叫板甚至開打了。於是，他在給馮友蘭、羅家倫、楊振聲等幾位清華名流大腕的信中，以賣弄加顯擺的姿態表露道：「現在寅恪、元任兩兄，及李濟之，我們的研究所均不免與之發生關係。這不是我們要與清華鬥富，也不是要與清華決賽，雖不量力，亦不至此！亦不是要扯（拆）清華的臺，有諸公在，義士如我，何至如此！乃是思欲狼狽為善（狼狽分工合作本至善），各得其所。」

緊接著，傅斯年以沾沾自喜外加幾分自負的心情，向三人剖析了史語所與清華的優劣：

清華到底是個學校，此則是一純粹研究機關。

清華到底在一處（北平），此則無所不在。

清華各種關係太多，此則究竟是個小小自己的園地。

所以在清華不便派人長期在外時，可由我們任之……清華有感覺不便者，我們成之，如此而已！[4]

早在史語所成立之初，傅斯年就以中央研究院歷史語言研究所籌備處的名義撰寫了〈歷史語言研究所工作之旨趣〉一文，明確提出：「歷史學不是著史；著史每多多少少帶點古世中世的意味，且每取倫理家的手段，作文章家的本事。近代的歷史學只是史料學，利用自然科學供給我們的一切工具，整理一切可逢著的史料，所以近代史學所達到的範域，自地質學以至目下新聞紙，而史學外的達爾文論正是歷史方法之大成。」文中，傅斯年以其淵博的學識和天才的構想，概括地提出了歷史學與語言學研究的三個標準：

（一）凡能直接研究材料，便進步；凡間接的研究前人所研究或前人所創造之系統，而不繁豐細密的參照所包含的事實，便退步。

（二）凡一種學問能擴張他所研究的材料便進步，不能的便退步。

（三）凡一種學問能擴充他作研究時應用工具的，則進步，不能的，則退步。實驗學家之相競如鬥寶一般，不得其器，不成其事，語言學和歷史學亦復如此。

在三條標準中，傅氏特別強調：「一分材料出一分貨，十分材料出十分貨，沒有材料便不出貨。」「我們不是讀書的人，我們只是上窮碧落下黃泉，動手動腳找東西！」

最後，傅斯年以他慣有的「大炮」性格振臂高呼：

一、把些傳統的或自造的「仁義禮智」和其他主觀，同歷史學和語言學混在一起的人，絕對不是我們的同志！

二、要把歷史學語言學建設得和生物學地質學等同樣，乃是我們的同志！

三、我們要科學的東方學之正統在中國！[5]

同陳寅恪一樣，作為學術「大鱷」的傅斯年，儘管遊學歐洲七年，卻是為學問而學問，沒有弄到一頂碩士或博士帽子，但憑其出眾的學識與大氣磅礴的組織能力，受到學術界普遍的欽佩與尊重。李濟在後來的回憶中說道：「以歷史語言研究所為大本營在中國建築『科學的東方學正統』，這一號召是具有高度的鼓舞性的，舉起這面大旗領首向前進的第一人，是年富力強的傅斯年。那時他的年齡恰過三十不久，意氣豐盛，精神飽滿，渾身都是活力；不但具有雄厚的國學根柢，對於歐洲近代發展的歷史學、語言學、心理學、哲學以及科學都有徹底的認識。他是這一運動理想的領導人，他喚醒了中國學者最高的民族意識，在很短的時間內就聚集了不少運用現代學術工具的中年及少年學者。」[6]

對這一輝煌的科學發展前景，極富理性與科學眼界的李濟沒有因為傅斯年的大呼小叫而陶醉，反而為之擔心並提出警告：「口號是喊響了，熱忱是鼓起來了，如何實行？若是這進一步的問題不能圓滿解決，口號將止於口號，熱忱終要消散的。」[7]

傅斯年畢竟非等閒之輩，亦不愧是胡適盛讚的「人間最稀有的一個天才」，[8]他同樣意識到了這一點，因而在處理各項事務時，較之中山大學時代更加謹慎、務實和富有遠見。經過一年的籌備經驗及各方面的反覆磨合，到一九二九年六月，在傅斯年主持的所務會議上，正式決定把全所的工作範圍由原來預設的九個組，壓縮為歷史、語言、考古三個組，通稱一組、二組、三組。主持各組工作的分別是陳寅恪、趙元任、李濟「三大主任」。後又增設第四組——人類學組，由留美的「海龜」吳定良博士主持工作。這一體制，直到史語所遷往臺灣都未變更（南按：其中有一段時間，人類學組從史語所分出，成立人類體質學研究所籌備處，但終未正式獨立建所）。

萬事俱備，只欠東風，中央研究院歷史語言研究所就要鳴鑼開張了。當三個組的人員各就各位後，傅斯年以非凡的處事能力與人脈關係，很快為第一組找到了內閣大庫檔案，指定了漢簡與敦煌材料的研究範圍；為第三組劃定了安陽與洛陽的調查範圍。二組的語言調查工作也相應地開展起來。

為了消除李濟擔心的「口號將止於口號」這一形式主義的痼疾，富有學術遠見的傅斯年於史語所籌備階段的一九二八年八月十二日，便指派時任中山大學副教授、史語所通信員的董作賓，悄悄趕往安陽殷墟，對甲骨出土地進行調查並收集甲骨了。

所謂甲骨文，即刻在龜甲和獸骨上的一種古老文字，其作用就像遠古的先民「結繩記事」一樣，屬於一種「記錄文字」。當這些龜甲和獸骨上的文字未被識讀之前，只是被當作不值錢的藥材出現在大小藥店。而一旦上面的古文字被確認，天下震驚，中華遠古文明的大門轟然洞開。

據記載，光緒二十五年（一八九九）秋，時任國子監祭酒，也就是相當於皇家大學校校長的山東煙臺福山人王懿榮得了瘧疾，京城一位老中醫給他開了一劑藥方，裡面有一味中藥叫「龍骨」，王氏派家人到宣武門外菜市口一家老字號中藥店——達仁堂按方購藥。待把藥買回之後，王懿榮親自打開查看，忽然發現「龍骨」上刻有一種類似篆文的刻痕，憑著自己淵博的學識和金石方面深邃的造詣，他當即意識到這頗像篆文的刻痕，可能是一種年代久遠的古文字，且刻寫的時間要早於自己以往研究的古代青銅器皿上的文字。這一意外發現，使王氏既驚且喜，於是又派家中跑堂的夥計迅速趕到達仁堂把帶有文字的「龍骨」全部購買回來，加以鑑別研究，同時注意在京城各藥鋪及「龍骨」出現的場所大肆收購。由於王懿榮在天下儒林中所具有的特殊地位，其收購、研究甲骨文的舉動在圈內逐漸傳開。不久，消息靈通，頗具生意眼光的山東濰縣古董商范維卿攜帶刻有文字的甲骨十二片，進京拜見王懿榮。王氏一見視若珍寶，將此物全部收購下來。此後，又有一位古董商趙執齋見搞這種東西有利可圖，不知從哪個地溝裡弄了數百片帶字甲骨跑到京城王府售賣，王祭酒悉數認購，並發出信息讓古董商繼續搜尋，多多益善。唯利是圖的古董商聞風而動，採取許多年後侵華日軍「打槍的不要，悄悄地進村」的戰略戰術，四處搜索追尋，在不長的時間裡，王氏就收購了有字甲骨約一千五百片，並做了相關研究。正是得益於這一千載難逢的歷史機緣，王懿榮不僅作為認定商代文字第一人，確認了甲骨文世之無匹的學術價值，同時開創了甲骨文研究的先河，揭開了中國商代歷史研究的序幕。

繼王懿榮之後，一九一二年二月，著名古器物與古文字學家羅振玉，按照世間流傳和自己調查的線索，委託他的弟弟羅振常到河南安陽訪求甲骨。羅振常不負所望，在安陽小屯逗留五十餘日，不僅弄清了甲骨出土地的準確位置，而且搜求甲骨多達一萬二千片，分兩次裝箱通過火車運往北京。羅振玉一見如此豐盛的收穫，大喜過望，遂著手對這批甲骨進行了深入細緻的研究。經過一番努力，羅氏從《史記．項羽本紀》「洹水南殷墟上」的記載中得到啟示，認為出土甲骨文的安陽之地，就是歷史記載中商朝的「武乙之都」。再後來，羅振玉又在其所著〈《殷墟書契考釋》自序〉中，確定了小屯為「洹水故墟，舊稱亶甲，今證之卜辭，則是徙於武乙去於帝乙」的晚商武乙、文丁、帝乙三王時的都城。這個考釋，無論是當時還是之後，都被學術界認為是一項了不起的具有開創性的重大學術研究成果。

羅振玉（左）與王國維在日本，其間，二人著重研究甲骨文字，在學術上取得了重大突破。

如果說羅振玉通過對甲骨文的釋讀和研究使湮滅日久的殷商歷史之門露出了一道縫隙，讓學界同人得以管窺遠古廟堂之間的些許影像，那麼，王國維則把這扇封閉了三千餘年的殷商王朝的大門徹底撞開了。王氏通過對甲骨文的研究、考訂，使商代先公先王的名號和世系基本上得到了確認，並在整體上建立了殷商歷史的體系。為此，王國維作為「新史學的開山」登上了甲骨學研究的第一座奇峰，所著的《殷卜辭中所見先公先王考》和《續考》，為甲骨學研究和發展做出了劃時代的貢獻，從而直接引發了古代史，尤其是殷商史作為可靠信史研究的革命性突破。

正是鑑於已經面世的輝煌的研究成果，傅斯年才決定派三十四歲的河南南陽人董作賓前往安陽進行調查，為科學的田野考古發掘做準備。意想不到的是，這一舉動遭到了不少老派學者的反對。此時跳水而死的王國維，殭屍不能復活，自然無話可說。但以羅振玉為首的大部分金石學和古器物學家認為，自王懿榮時代始，經過世間近三十年對甲骨的挖掘、搜集，地下所埋藏的珍品已全部被發現，可謂「寶藏一空矣」，如今「再進一步搜集是徒勞無益的，而且這種企圖也是愚蠢的」。[9]骨血裡流淌著梁山好漢精神基因的傅斯年聞聽，不但不吃這一套，反而認為羅振玉等人是愚不可及，所言純是沒有學術眼光和不懂「機率」這一新興科學理念的謬論。在傅斯年的強力堅持下，正在南陽探親休假的董作賓開始了對殷墟科學發掘具有歷史性決定意義的安陽之行。

二、從殷墟到龍山

董作賓到達安陽後，通過實地調查得知，小屯地下埋藏的有字甲骨，並不像羅振玉等人所說的已被挖盡，他從當地農民盜掘甲骨留下的坑痕做出判斷，殷墟規模龐大，地下遺物十分豐富，且遺址破壞嚴重，有組織的科學發掘已到了刻不容緩的緊要關頭。董氏在寫給傅斯年的報告中頗為焦慮地宣稱：「遲之一日，即有一日之損失，是則由國家學術機關以科學方法發掘之，實為刻不容緩之圖。」[10]

傅斯年得知安陽殷墟地下寶藏既豐且富的消息，驚喜交加，馬上籌措經費，購置設備，調配人員，在中央研究院院長蔡元培大力支持下，組成了以董作賓為首的殷墟發掘團，開往安陽小屯進行田野考古發掘。其成員有李春昱、趙芝庭、王湘、張錫晉等，另外還有一名董作賓的同鄉同學，時任河南省教育廳祕書的郭寶鈞。這次以尋找甲骨文為主要目的的有組織的殷墟發掘，自一九二八年十月七日開始，至三十一日結束，前後共進行了二十四天，發掘土坑四十個，揭露面積二百八十平方米，掘獲石、蚌、龜、玉、銅、陶等器物近三千餘件，獲甲骨八百五十四片，其中有字甲骨七百八十四片，另有人、豬、羊等骨架出土。董作賓作為本次發掘的主持人，手抄有字甲骨三百九十二片，並做了簡單的考釋，這個成果與他前期的調查報告，共同在後來史語所創辦的《安陽發掘報告》中作為首篇文章刊載。此次發掘與著述的問世，「不僅結束了舊的古物愛好者『圈椅研究的博古家時代』，更重要的是為有組織的發掘這著名的廢墟鋪平了道路」。[11]

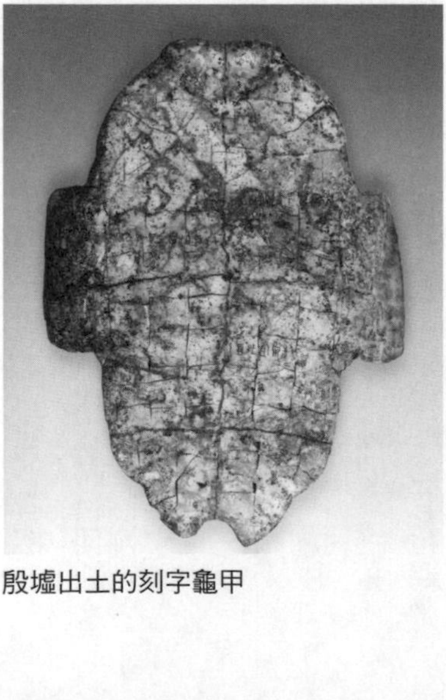
殷墟出土的刻字龜甲

當然，早年畢業於北京大學國學門，未受過西方近代考古學正規訓練的董作賓，所帶領的發掘隊員皆是一群土包子書生，且將發掘的主要精力用在尋找帶字甲骨上，其他器物甚少顧及，這樣就出現了一些疏漏甚至笑話。許多年之後，已成為著名考古學家的夏鼐說道：「我在一九三五年參加殷墟發掘時，還聽說過一個關於董作賓一九二八年主持初次發掘時『挖到和尚墳』的故事。書齋中出來的董作賓，從來沒有看見過出土的骷髏頭，只從筆記小說中知道死人身上頭髮是最不易腐朽的。所以，他發掘到一座時代不明的古墓時，便認為頭上無髮的墓主人一定是一位和尚。骷髏頭猙獰可怕，所以仍被埋起來。到了李濟、梁思永主持發掘時才注意到人骨標本的採集，並且用科學的採集方法和保存方法。」[12]

或許正是由於以上的缺憾，沒有喝過洋墨水的董作賓感到惶恐不安，並有中途換將，由周身散發著海腥味的大字號「海龜」李濟出任第二次發掘主持的因緣。按照蔡元培後來的說法：「董先生到了那裡，試掘了一次，斷其後來大有可為。為時雖短，所得頗可珍重，而於後來主持之任，謙讓未遑。其時，適李濟先生環遊返國，中央研究院即託其總持此業，以李先生在考古學上之學問與經驗，若總持此事，後來的希望無窮。承他不棄，答應了我們，即於本年（一九二九年）二月到了安陽，重開工程。」[13]

對於這段記載，李濟的弟子，後來成為美國哈佛大學人類學系主任的考古學家張光直，對其所做的補充注釋是：「三十三歲的李濟先生在那時的學術界已經有了相當的聲望。據說傅斯年先生在物色考古組主任與安陽殷墟主持者的時候，最後的兩個候選人是李濟先生與著名的金石學家馬衡先生。當時四十八歲的馬衡先生是北京大學國學門考古學研究室主任和故宮博物院副院長，

這就是司馬遷在《史記》中記載的「洹水南殷墟上」之河南安陽殷墟遺址。（中國社科院考古所提供）

是中國傳統金石學最優秀的代表。在這兩位候選人中，蔡元培先生最後選定了代表科學考古的李濟先生。夏鼐先生說：『後來證明這選擇是明智的』，這就是因為李濟先生把殷墟發掘領導到一個新的方向上去，也就是把中國考古學帶到了一個新的方向上去。」[14]

張光直所言大體不差，只是不夠深入和全面，具體細節與事實亦有出入，如當時的馬衡並未出任故宮博物院副院長，只是此前曾出任過故宮博物院理事與下屬的古物館副館長，另外還有掛名的故宮維持會委員等職。他被拒於史語所大門之外，與蔡元培沒有多大關係，完全是傅斯年的把戲。個中原因，除了馬衡屬於金石學家一派，學術觀念陳舊，與西洋的新式科學派學者相比屬於不「預流」者，還有一個不可忽視的原因，便是傅斯年與他尊崇的老師胡適，對北京大學極其強大的浙江派或曰法日派這個呼風喚雨、聲威赫赫的派系大為反感。傅除了對北大校長蔡元培、教務長馬寅初以及後來成為中研院代院長的朱家驊稍加敬佩外，對此前或之後北大文科方面所謂的「三沈二馬加二周」等等著名健將，不管被時人或後人譽為「投槍」還是「匕首」，是「戰士」還是「民族魂」，傅斯年皆無好感。原與傅關係稍好一點的周樹人（魯迅），在中山大學時已變成你死我活的敵人，其他大同小異，沒有往來，而處在這一派系中的馬衡自然受到牽累。

儘管馬衡在這一派系中為人低調，頗有人緣，且以經史、金石、漢魏石經等學問聞名學界，但畢竟只是南洋公學出身，不可能具備歐美派「海龜」的學術眼光與氣度。當時心高氣傲的傅斯年崇尚的是胡適、陳源等歐美系出身的「海龜」，對那些未跨出國門即在圈內成名成家的「泥腿子」「土包子」或「土鼈」之類三六九等各色人物，傅氏不屑一顧，倘為了工作或其他關係雙方不得不接觸時，傅亦經常用英文或中英文混雜的言辭與對方講話，藉以戲弄那些未出國留洋、不懂英語的土包子們。[15] 此時已近知天命之年的馬衡，在傅斯年心目中的地位和形象是不言自明的。而北大法日派在考古學的建設上也顯得老態龍鍾，暮氣沉沉，遠沒有以清華李濟為首的歐美派更具科學銳氣。因了法日派日薄西山與清華園中學者的旭日東升，朝氣蓬勃，以及勢不可擋的銳氣，傅斯年無論從心理的好惡還是實際需求來考慮，最終選擇了掌握西方先進田野考古方法的歐美系李濟，而不是金石學家的「大老土」馬衡，實則是歷史的必然。或許由於這段因緣，二十年之後，當李濟在戰火紛飛、炮聲隆隆的生死抉擇中，毅然決然押運中央研究院史語所、中央博物院、故宮博物院等多家集成的珍寶名器跨越臺灣海峽，安全抵達臺北基隆港時，以馬衡為首的「老土」們，在北平與南京之間呼天搶地，奔走嘯叫，堅決反對文物隨國民政府運臺等等，也就找到了一個歷史的根由和注腳。

遭到傅斯年拒絕的馬衡被弄了個灰頭土臉，退回北大國學門，再也沒有吭聲。接到蔡元培與傅斯年邀請的李濟，遂辭卻其他一切職位，以中央研究院史語所考古組主任的身分，立即赴河南與正在那裡的董作賓見面協商發掘事宜，並對殷墟遺址有了進一步認識，做出了三個方面極具科學眼光的天才設定：

小屯遺址明顯是殷商時代的最後一個首都。

雖遺址範圍未確定，但有字甲骨出土的地方一定是都城遺址的重要中心。

在地下堆積中與有字甲骨共存的可能還有其他類遺物，這些遺物的時代可能與有字甲骨同時，或早或晚，當然要依據埋藏處多種因素而定。

根據以上三個設定，李濟制定了第二次小屯發掘計畫，並憑藉此前與畢士博合作的良好關係，得到美國弗利爾藝術館的經費支持。在董作賓密切配合下，李濟率領考古隊來到安陽小屯，於一九二九年春季和秋季分別進行了第二次和第三次發掘，陸續發現了大批陶器、銅器，三千餘片甲骨，兩大獸頭刻辭與聞名於世的「大龜四版」（南按：一個完整的刻滿文字的烏龜殼）。尤其引人矚目和振奮的是，這年的十一月二十一日，李濟於一堆碎片中發現了一片彩陶——這是安陽殷墟在抗戰前全部十五次發掘中，所記錄出土二十五萬塊陶片中唯一一片具有仰韶文化性質的彩陶。對於這一異乎尋常的發現，二十年之後，李濟曾專門撰寫論文指出它在中國歷史研究中的重大價值和意義：「在開始這一工作時，參加的人員就懷抱著一個希望，希望能把中國有文字記錄歷史的最早一段與那國際間甚注意的中國史前文化連貫起來，做一次河道工程師所稱的『合龍』工作。那時安特生博士在中國所進行的田野考古調查工作已經到了第十個年頭了。這一希望，在第三次安陽發掘時，由於在有文字的甲骨層中一塊仰韶式彩陶的發現，大加增高。現在事隔二十年了，回想這一片彩陶的發現，真可算得一件歷史的幸事。」又說：「要不是終日守著發掘的進行，辛勤地記錄，這塊陶片的出現，很可能被忽視了。有了這一發現，我們就大膽地開始比較仰韶文化與殷商文化，並討論它們的相對年代。」[16]

一九三〇年春，當史語所準備對殷墟再度進行發掘時，不祥的預兆接踵而至，河南地面大雨、冰雹成災，所降「冰雹大者數斤，小者如雞卵」。這場災難過後，接著出現旱災，導致河南全境「每天平均餓死一千餘人」。[17]此前，以李濟為首的中研院殷墟發掘隊與河南地方勢力為爭奪出土器物而大鬧糾紛，使發掘陷於困難。隨後爆發的中原大戰，使河南一帶成為閻錫山、馮玉祥等地方軍閥組成的聯軍，與以蔣介石為首的國民政府中央軍拚殺的主戰場。中央研究院史語所原定對安陽殷墟的第四次發掘計畫，在大炮轟鳴，硝煙瀰漫，血肉橫飛，新鬼添怨舊鬼哭的風雲激盪中化為烏有。

既然河南不能發掘，李濟決定率部轉移到山東臨淄故城一帶，欲開闢新的發掘工地。當在臨淄勘察後，感覺「問題太複雜了，絕非短時期可以料理得清楚的」。[18]正在李濟等人猶豫之際，突然傳來了城子崖發現古遺址的消息，而遺址的發現者，正是清華研究院時代李濟唯一一位攻讀人類學與考古學的研究生吳金鼎。

一九二八年春天，時任山東齊魯大學助教的吳金鼎利用業餘時間進行田野調查，終於在濟南東約六十餘里的歷城縣龍山鎮一個叫城子崖的地

1929年，李濟（左）和董作賓（右）在安陽殷墟壓道車上。（李光謨提供）

史語所考古組人員在安陽洹上村留影，右一董作賓，右三李濟，右四梁思永，右七吳金鼎。（董作賓藏，董敏提供）

方，發現了一處黑陶文化遺址。驚喜之餘，吳金鼎及時把這一情況報告給自己的導師李濟。李濟喜出望外，立即趕赴濟南隨吳金鼎到現場察看，意識到這是一處極其重要的歷史文化遺址，遂立即「決定選擇城子崖做山東考古發掘第一個工作地點」。

一九三〇年秋，中原大戰硝煙尚未散盡，李濟與董作賓率師走出安陽，移駐山東濟南城子崖開始首次發掘。考古人員發現遺址中明顯具有新石器時代特徵，所出土的文物與仰韶文化風格迥異，其中發現最多的黑陶和灰陶器具，幾乎完全不同於河南、甘肅的彩陶，器形也沒有相同之處。而發掘所得的最具特徵的「蛋殼陶」，通體漆黑光亮，薄如蛋殼，其製作工藝達到了新石器時代的巔峰，這種工藝作為一種文化標誌——黑陶文化，成為前無古人、後無來者的絕響。

根據發掘成果，李濟等認定其文化遺存屬於新石器時代，在考古學上的價值和意義，「不但替中國文化原始問題的討論找了一個新的端緒，田野考古的工作也因此得了一個可循的軌道。與殷墟的成績相比，城子崖雖比較簡單，卻是同等重要」。[19]由於城子崖遺址地處龍山鎮，考古人員將這一文化命名為「龍山文化」。

當中原大戰硝煙散盡、血跡風乾之後的一九三一年春，李濟率部重返安陽，展開第四次大規模的殷墟發掘。在李濟具體指導下，有計畫地將殷墟遺址劃分為五個大區，每區由一位受過專業科學訓練或有經驗的考古學家指導，以「捲地毯式」的新方法進行發掘。發掘隊除原有的郭寶鈞、王湘等人外，增加了十幾位年輕學者。史語所新招聘的吳金鼎、李光宇來了，河南大學史學系學生石璋如、劉燿（尹達）、尹煥章等新人來了。最令人矚目的是，梁啟超的二公子、被李濟稱為「真正專門研究考古學的人」梁思永，也在這個明媚的春天裡，帶著勃勃生機，神采飛揚地到來了。

三、人類星光閃耀時

梁思永於一九三〇年夏季在哈佛大學獲碩士學位後歸國，此時梁啟超去世一年餘，清華研究院也已解體一年，梁思永舉目四望，物是人非，恍如隔世，其傷感悲痛之情無以言表。

正在北平的李濟感念梁氏家族與自己的交誼，主動把梁思永介紹給傅斯年。從此，梁思永正式加入了中央研究院歷史語言研究所考古組行列，開始了後半生的考古學術歷程。

梁思永入所不久，著名地質學家丁文江從來華考察的法國傳教士、古生物學家德日進神父處得到線索，說中國東北中東鐵路一線，有人發現黑龍江昂昂溪附近有個新石器時代遺址。這個線索傳到蔡元培與傅斯年耳中，蔡、傅二人立即意識到該遺址在歷史和現實政治中的重要意義，遂產生了派人前往調查的願望。當時傅斯年正醞釀組織力量撰寫《東北史綱》，其理由正如傅氏所言：「中國之有東北問題數十年矣。歐戰以前，日俄角逐，而我為魚肉。俄國革命以後，在北京成立《中俄協定》，俄事變一面目，而日人之侵暴愈張……日本人近以『滿蒙在歷史上非支那領土』一種妄說鼓吹當世。此等『指鹿為馬』之言，本不值一辯，然日人竟以此為其向東北侵略之一理由，則亦不得不辯。」[20]正在這個節骨眼上，見梁思永學成歸國，蔡元培與傅斯年站在國家、民族立場上，立即決定搶在日本人全面發動侵華戰爭之前，派梁氏前去實地調查、發掘，以地下出土歷史實物來書寫歷史，藉此塞住日本人邪妄的嘴巴，消解其為進攻占領中國而瘋狂叫囂的「滿蒙非支那領土」的謊言。

這年九月十九日，梁思永打點行裝離平向東北進發，頂著正在黑龍江地區流行的鼠疫，冒著時斷時續的戰火，於二十八日與助手從容來到偏僻荒涼的昂昂溪五福遺址開始調查、發掘。此時該地天氣已特別寒冷，梁思永到達昂昂溪，巡視第一、二、三、四沙岡，很快發現了古代遺址並與助手攜帶工具進行田野考古發掘。因地勢偏僻，每次往返於鄉村駐地與遺址之間，都必須脫掉鞋襪，褲腳捲到大腿根部，光腳蹚著冰涼的積水而過。繼九月三十日在第三沙岡發掘一座墓葬後，又在各沙岡開探坑，尋找遺址和墓葬線索，相繼在五福遺址水淀里親自發掘了四處沙岡與一座墓穴，發現了三百多件石、骨、陶器。十月三日，因突降大雪，天寒地凍無法開工，發掘工作只好暫停。

梁思永將發掘器物做了初步研究，交予當地政府部分保存，取道熱河回北平，以便沿途考察其他地方的史前遺址。十月二十一日，梁氏由通遼出發，經過開魯、天山、林東、林西、經棚、赤峰、圍場，抵達熱河，歷時三十八天，跋涉上千里。其中在天山發現查不干廟遺址，在林西發現林西、雙井與陳家營子等遺址，在赤峰城東北發現赤峰遺址。梁思永於塞外五處新石器時代遺址採集了大量陶片、石器等文物標本，以一個考古學家的眼光，對沿途地理環境做了考察，於十一月二十七日回到北平。

經過對熱河與東北三省發掘材料對比研究，梁思永根據共同出土打製石器及印文陶（至少在熱河）的特點，把西遼河以北之熱河，同松花江以北之東三省劃為一區；遼河流域（廣義的）為一區（其特點是盛出磨製石器），進行了條理清晰的文化區系劃分。隨著對黑、熱二地史前文化材料的鑑別、比較和認識，初步得出了「昂昂溪的新石器文化不過是蒙古熱河的新石器文化的東支而已」的結論。

一年之後，即一九三二年十月，梁思永在《歷史語言研究所集刊》第四本第一分冊，發表了長達四十四頁近七萬字，外加插圖、寫生達三十六版的大型考古發掘報告《昂昂溪史前遺址》。從此，松嫩平原嫩江中下游沿岸廣泛分布的以細小壓琢石器為主的原始文化類型，被稱作「昂昂溪文化」，並在中國和世界古代史上占有重要地位。

梁思永此次科學考古發掘和研究報告的問世，為嫩江流域古代文化的研究奠定了理論基礎和科學依據。特別在石器研究中，對在熱河特別是查不干廟和林西、赤峰等一帶採集到的細石器（當時稱為幺石器）、石核製器、陶片等概念和分類標準，進行了創新性的時代劃分，為後來的研究樹立了科學典範。與此同時，由傅斯年撰寫的《東北史綱》第一卷於一九三二年十一月在北平出版，以大量的事實所列四項理由否定了日本妄倡邪說者的鬼話。而《史綱》的第一條就是「近年來考古學者人類學者在中國北部及東北之努力，已證明史前時代中國北部與中國東北在人種上及文化上是一事」，從而擴展為「人種的，歷史的，地理的，皆足說明東北在遠古即是中國之一體」。[21]由此事實依據，駁斥了日本人「滿蒙在歷史上非中國領土」理論，並利用「民族學、語言學的眼光和舊籍的史地知識，來證明東北原本是我們中國的郡縣；我們的文化種族和這一塊地方有著不可分離的關係」，[22]發出了「東北在歷史上永遠與日本找不出關係也。史學家如不能名白以

1931年春，第四次殷墟發掘時，史語所「四巨頭」在發掘工地留影。左起：董作賓，李濟，傅斯年，梁思永。（李光謨提供）

黑，指鹿為馬，則亦不能謂東北在歷史上不是中國矣」[23]的大海潮聲。傅斯年這個聲音與梁思永的發掘報告相為呼應，給日本「指鹿為馬」者當頭一棒，為國人大長了志氣，日本小鬼子不得不在事實面前縮頭貓腦，改轍更張，另外編造侵吞中國的謊言了。

李濟主持的殷墟第四次發掘工作開始後，在北平休整的梁思永接到指令，告別新婚剛剛三個月的愛妻李福曼，意氣風發地來到了安陽。

此前，殷墟附近有許多滿布陶片的遺址，只因不出帶字甲骨而不被重視，當李濟主持第四次發掘時，感到有發掘附近這些遺址的必要。於是決定在殷墟遺址的東南部，靠近平漢路一個明顯鼓出地面、名叫後崗的地方進行發掘，並把該區劃為第五區，發掘工作由剛剛加盟而來的梁思永獨立主持。

由於梁思永是當時中國學術界唯一一位真正受過考古學訓練的獨特「海龜」，在田野考古發掘中，無論是思維方式還是技術技能，都比其他「海龜」和「土包子」學者更勝一籌，即使是李濟亦不能與之匹敵。在發掘中，梁思永帶領吳金鼎、劉燿、尹煥章等幾名年輕學者，採用了西方最先進的科學考古方法，依照後崗遺址不同文化堆積的不同土質、土色、包含物來劃分文化層，成功地區別出不同時代的古文化堆積，以超凡卓絕的曠代才識，發現彩陶—黑陶—殷墟文化三者之間以一定的順序疊壓著。這一奇特的現象引起了梁思永高度警覺，他憑藉科學的思維方式和獨特的學術眼光意識到：既然彩陶文化代表著安特生所發現的仰韶文化，那麼黑陶文化是否代表著城子崖的龍山文化？如果假設成立，則意味著龍山文化不僅局限於城子崖一地，所涉及範圍應更為廣闊，並代表著一種普遍的史前文化。這一

城子崖遺址出土的龍山文化陶（山東文物考古所提供）

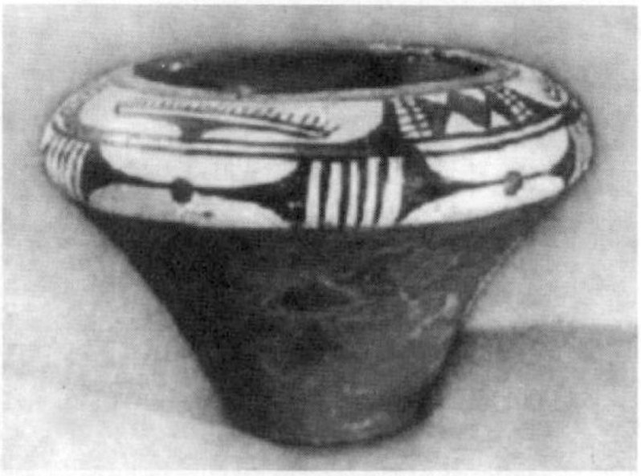

仰韶村遺址出土的彩陶（河南文物考古所提供）

極富科學眼光的洞見，無疑找到了解開中國史前文化之謎的一把鑰匙。面對史語所同人「天天夢想而實在意想不到的發現」，[24]李濟等考古學者感到城子崖遺址是獲取這把鑰匙的關鍵所在，實有再度發掘，以詳察內容及充實材料的必要。於是，傅斯年決定暫緩編印殷墟發掘報告，派梁思永率一部分考古人員赴城子崖遺址再度展開發掘，以驗證此地黑陶與安陽殷墟所出黑陶是否為同一種文化。

一九三一年秋，梁思永率領吳金鼎、王湘等人由安陽轉赴山東城子崖，開始繼李濟之後第二次發掘。發掘的結果證明，殷墟與城子崖兩地的黑陶文化基本相同，這一文化範式，證明了梁思永此前天才式推斷的正確。正是由於這次意義非凡的發掘，以鮮明亮麗的事實證據，糾正了瑞典學者安特生將仰韶與龍山兩種文化混在一起，並輕率地得出「粗陶器要比著色陶器早」[25]的錯誤結論，進而推動了殷墟發掘中「地層學」這一先進考古技術方法的運用，使當時與後世學者認識到必須將殷墟文化與其他文化進行比較分析的重要原則，從而為中國考古學發展的科學化和規範化樹起了一座里程碑式的座標。

城子崖發掘結束後，梁思永又率隊返回安陽。在以後的幾次發掘中，於殷墟西部的同樂寨發現了純粹的黑陶文化遺址。這個發現使梁思永堅信在後崗關於仰韶文化－龍山文化－商（小屯）文化三疊層按存在時間先後劃分的科學依據。這一偉大發現，「證明殷商文化就建築在城子崖式的黑陶文化之上」。[26]梁思永對後崗三疊層的劃分，成功地構築了中國古文明發展史的基本框架，使中國考古學與古史研究有了劃時代的飛躍。自此，乾涸的歷史長河沿著時間的脈絡重新開始流淌，梁思永也由於這劃時代的發現一舉成名，奠定了中國考古學史一代大師的地位——這一光輝成就，正應了其父梁啟超當年的願望。只是命運多蹇的梁任公早已身赴黃泉，無法與之舉杯同慶了。

一九三二年春，在李濟主持的第六次殷墟發掘中，發現了殷墟宮殿基址，這一發現無疑較單純地發現甲骨更具有科學考古價值和意義。

從一九三二年秋到一九三四年春，由董作賓、郭寶鈞、李光宇、劉燿、石璋如為主力隊

梁思永指揮史語所人員發掘安陽殷墟大墓情形（中央研究院歷史語言研究所提供）

員的考古學者，在殷墟進行了第七、八、九次連續性發掘，並把目光由小屯轉移到後崗和洹河北岸的侯家莊南地、南臺等處，發現了夢寐以求的王陵區，而商代王陵之所在，此前從未見諸史籍記載。

一九三四年秋至一九三五年秋，由梁思永主持的第十、十一、十二次殷墟發掘，對已發現的王陵跡象緊追不捨，繼續擴大戰果。此時，史語所考古組主力幾乎全部調到這一推進歷史知識最前線的發掘行列中來，專業發掘人員達到了整個殷墟發掘的鼎盛時期，除總指揮梁思永外，還有石璋如、劉燿、祁延霈、胡福林（厚宣）、尹煥章、李光宇、王湘、李景聃、高去尋（曉梅）、潘愨等考古組「十大金剛」（南按：又稱「十兄弟」），另有臨時工作人員與實習生馬元材、夏鼐（作銘）、王建勳、董培憲、李春岩、孫文青，外加史語所元老級人物傅斯年、李濟、董作賓。傅、李、董三人是作為視察的高級人員由南京來到安陽，穿梭於考古發掘現場，協助梁思永處理各種棘手問題與事務。其間，黃文弼等監察人員參加了第十二次發掘工作，而法國漢學家伯希和（Paul Pelliot）與中國學者徐中舒、滕固、王獻唐，清華大學的聞一多攜燕京大學的陳夢家，以及河南大學師生相繼前往工地參觀。一時間，在幾十平方公里的殷墟發掘工地上，大師雲集，將星閃耀，氣勢如虹。胸有成竹的梁思永充分表現出一個戰略家的宏大氣魄，規畫周密，指揮若定，每天用工達到五百五十人以上，如果連研究人員和參觀的學者計算在內，最多時達到近六百人的數字。據參加發掘的石璋如回憶，西北岡的發掘，有五個最多，即：參加的工作人員最多；用工人最多；用錢最多；占地最多；收穫最多。其中「單就工資一項來說，每人每天工資四角，五天發一次，每人二元，五百人，五天便要發大洋一千元。本次工作一百零二天，除了星期天、下雨天停工，實際的天數約八十五天，要發十七次工資，即一萬七千元。這個數字在現在聽起來，簡直不算回事，可是在當時聽起來，真是駭人聽聞。一萬七千元，那還了得！」此次發掘的收穫，除了甲骨之外，僅從後來參加教育部第二次全國美展展品目錄總說明來看，「其中十之九出自安陽城西北十二里之侯家莊西北岡，十之一出自城西七里之小屯村北地。侯家莊為殷代陵墓之殘跡，小屯村為殷代宮室之遺址」。[27]

1935年，梁思永（右）在安陽殷墟西北岡大墓發掘工地，接待前來參觀的傅斯年（左）與法國漢學家伯希和（中）。

三次大規模殷墟發掘，使湮沒地下數千年的古老遺址得以大面積呈現，考古人員共發掘十座王陵，以及王陵周圍一千兩百多座小墓和鳥坑、獸坑、車馬坑等祭祀坑。所發掘的商代大墓規模浩大，雄偉壯觀，雖經盜掘，成千上萬件精美的銅器、玉器、骨器、石雕等出土文物令人瞠目，舉世震驚。

一九三六年，繼郭寶鈞主持的第十三次發掘之後，梁思永主持的第十四次發掘，在尋求甲骨方面又取得了突破性進展。在著名的編號為YH127號商代灰坑中，一次發現帶字甲骨一萬七千零九十六片，其中有三百多塊是未破損的整版甲骨且刻有卜辭。更為重要的是，這些甲骨出於同一坑中，說明相互之間有某種內在的聯繫，比之零星出土的傳世甲骨殘片，其學術價值更高一籌。這一重大發現令學者們欣喜若狂。

一九三七年春，由石璋如主持的第十五次更大規模的殷墟發掘再度展開。此次發掘從三月十六日開始，一直延續至六月。此時，華北地區已是戰雲密布，局勢一日緊似一日。面對一觸即發的中日大戰，為防不測，殷墟發掘不得不於十九日匆匆結束——這是抗日戰爭全面爆發之前最後一次發掘，也是國民黨統治時期中央研究院考古人員與殷墟考古工作的最後訣別。

至此，由中央研究院史語所主持，從一九二八年開始的殷墟發掘，共進行了九年十五次，出土有字甲骨兩萬四千九百一十八片，另有大量頭骨、陶器、玉器、青銅器等器物出土。發掘規模之大，牽涉人員之多，收穫之豐，前所未有，在世界考古史上亦屬罕見。這一創世紀的偉大成就，「在規模上與重要性上只有周口店的研究可以與之相比，但殷墟在中國歷史研究上的重要性是無匹的」。[28]

當發掘人員於匆忙中將出土器物整理裝箱，風塵僕僕押運到南京欽天山北極閣中央研究院史語所大廈，喘息未定，額頭的汗水尚未抹去，震驚中外的盧溝橋事變爆發了。

四、胡適在搖擺中前行

一九三七年七月下旬，應蔣介石之邀出席廬山牯嶺國防會議的傅斯年回到南京，開始處理中央研究院特別是史語所的各項事務。

史語所自一九二八年於廣州成立後，隨著國民黨北伐成功與國內局勢紛紜變化不斷遷徙，先是由「革命中心」廣州遷到文化中心北平，進駐北海靜心齋。再是由北平遷上海曹家渡小萬柳堂，最後遷至南京北極閣史語所大廈，與中央研究院總辦事處住在一個大院，算是落地生根，安頓下來。

一九三六年春，繼楊杏佛之後擔任中央研究院總幹事的丁文江因煤氣中毒不幸在長沙逝世，院長蔡元培示意傅斯年與其他幾位所長協助自己共同邀請朱家驊接任總幹事。[29]按中央研究院章程和權力劃分，院長之下以總幹事掌握實權，總攬全局。時朱身為中央委員，中央政治會議委員，勉強答應。是年冬，朱被國民政府任命為浙江省主席，對中研院總幹事一職更無興趣，再三堅辭，但無結果。不久，盧溝橋事變爆發，日軍即有進攻上海，迫近南京之勢，華北、華東陷入全面危急。面對危局，身兼多職的朱家驊顯然已無法繼續兼顧中研院事務了，只好請傅斯年出面代理。傅氏顧及各方面的情形，毅然挑起了這副擔子。因而，從廬山回到南京的傅斯年，開始以事實上的總幹事身分處理中央研究院各項事務，史語所只是他掌控大局中的一個組成部分罷了。

就在傅斯年上下奔波，忙得焦頭爛額之時，「八一三」淞滬抗戰爆發了。

一九三七年八月十三日，駐上海日軍與中國張治中部第九集團軍因虹口機場的「大山勇夫」事件發生摩擦並交火，日軍乘勢向江灣、閘北中國駐軍發起進攻，中國軍隊奮起抵抗，舉世矚目的淞滬抗戰拉開了序幕。

八月十四日，蔣介石任命馮玉祥為第三戰區司令長官，負責上海對日作戰。同時電令京滬警備司令兼前敵總指揮張治中對日軍發動總攻擊。自此，中國的大江南北，長城內外，全面籠罩在戰火硝煙之中。[30]

八月十五日，日本政府動員兩個師團派往中國，並成立作戰大本營，中日戰爭機器全面開動，就此踏上了不是魚死就是網破，不分勝負絕不罷兵的不歸路。

八月十七日，國防參議會最高會議在南京召開，胡適、傅斯年、蔣夢麟、梅貽琦、張伯苓等學界要人出席了會議（有的派代表參加）。在這次會議上，傅斯年力主中央研究院各研究所以及平津重點大學，內遷長沙與南昌一帶城市暫避。這個請求得到了多數與會者的回應與支持，很快形成了政府決議。蔣介石受全民抗日激情影響，下定決心與日寇一戰。鑑於中國軍事力量最多可支持六個月的現狀，又希望在外交

1937年8月16日，日軍大舉出動攻擊淞滬地區。

上得到英美等國的同情和支持，決定派胡適出使美國，蔣百里出使德國，孫科出使蘇聯，爭取國際社會同情與援助，壓制日本的囂張氣焰。

日軍緊急調集裝甲部隊進入上海參戰

八月二十三日，日軍將領松井石根率領第三、第十一師團在吳淞登陸，日軍實力大增。九月十一日，日軍第九、第十三、第一〇一等三個精銳師團抵達上海，與先頭部隊兵合一處向中國軍隊發動全線攻擊，中國守軍拚死抵抗。蘊藻浜、蘇州河之戰，雙方死亡慘重，成堆的死屍阻斷了航道，血流成河，浜水皆赤。

面對敵軍強大攻勢，中國軍隊副總參謀長白崇禧、作戰組組長劉斐等將領向蔣介石提出，淞滬會戰當「適可而止」，中日軍隊武器裝備懸殊，我軍不要再做無謂犧牲，應從長計議，命令各部向吳福線國防工事轉移。蔣介石躊躇再三，在攻守之間搖擺了幾天後，聞見從全國各地抽調的增援部隊正陸續到達淞滬戰場，遂決心與敵拚個你死我活。九月十日，蔣介石日記云：「各部死傷大半，已覺筋疲力盡，若不支撐到底，何以懾服倭寇，完成使命

1932年胡適初任北京大學文學院院長時攝

也？」[31]

九月十八日以後，敵軍攻勢再度加強，中國軍隊氣力不支，被迫由戰略進攻轉入頑強的守衛戰。

就在淞滬戰場炮火連天之時，蔣介石於指揮作戰的空隙，專門召見胡適、傅斯年、錢端升等人，商討胡適以非正式使節的身分出訪歐美、進行國民外交事宜。眾人皆認為胡氏此次出使定對國民政府抗戰有所補益。但此時的胡適卻顧慮重重，表示不能從命。

自一九三一年「九一八」事變之後，戰爭局勢日見迫近，與日寇是戰是和的問題也突兀地呈現在中國政府和人民面前。當此之時，主戰者有之，主和者有之，和稀泥者有之，各派吵吵鬧鬧，難分主次。在諸多嘈雜紛繁的宏論中，北京大學校長蔣夢麟、文學院院長胡適也公開亮出自己的觀點，認為中國的軍事力量遠不能與日本抗衡，中國應當想方設法避戰「忍痛求和」，與日本公開交涉，解決兩國之間的懸案，以謀求十年的和平。同時警告政府當局「與其戰敗而求和，不如於大戰發生前為之」。[32]按胡適的設想，在這和平的十年中，中國可全力發展現代軍事工業，以阻止日本武力征服中國的企圖。

因胡適在學術文化界以及青年人心目中的崇高聲望，其聲遠播，觀點分外引人注意，但這個聲音受到了許多人特別是大學生們的指斥。隨著日本軍隊步步緊逼，華北告急，抗日救亡運動一天比一天高漲，此時的胡適仍堅持他青年時代在美國康乃爾大學讀書時的「易卜生主義」，號召青年學生越是在國家危難之時就越應冷靜，也越應把握時機努力追求知識，即易卜生所說「你的最大責任是把你這塊材料鑄造成器」，以為將來救國的憑藉。為此，胡適受到包括北大學生在內的一片咒罵。一位叫作李祖蔭的北大學生，在許多年後回憶一九三四年秋季於北大三院禮堂召開的全校師生大會時說：那天天氣晴朗，出席人數相當多，「蔣夢麟主持大會，講了一段法國『最後一課』的故事，作為開場白。主要目的是勸同學安心讀書，不要過問國事。同學還克制忍耐，讓他從容說完。他隨即宣布請胡適先生講演，聲音甫畢，在靜寂中突然一聲，有如霹靂，噓聲四起，加上喧嘩，經久不息。當時我站在講臺旁邊，眼見胡適在臺上面紅脖子粗，他說一句，噓聲一陣，我只聽見『打仗三日就亡國』的謬論，餘多聽不清楚。胡適身穿古銅色綢長袍，圍灰絨圍巾，雙手握之，左右急遽飛舞，想壓下這場想也想不到的下馬威。只聽他說：你們不是北大學生，北京大學的學生是有理智的，北大學生應該站起來保護『真理』。此言一出，如火上加油，轟轟然憤怒之聲、叫罵之聲，越來越厲害，胡適不得不從講臺上下來，抱頭而去。從此以後，胡適就很少在北京大學公開場合裡露面了。」[33]

儘管遭到自己學生的唾罵，但胡適似乎初衷不改，依然堅持暫時不能與日本開戰，必須有一個較長的預備階段之後方可言戰。後來據胡適自己說，這個觀點的形成與他在一九三三年春與蔣介石的一次談話有關。在這次為時兩個小時的談話中，蔣介石道及日本人的神速出乎自己的預料：「我每日有情報，知道日本沒有動員，故料日本所傳攻熱河不過是虛聲嚇人而已。不料日本知道湯玉麟、張學良的軍隊比我們知道的多得多！」當胡適問到中國軍隊能否抵抗時，蔣介石謂需要三個月預備期。當問及三個月後能否開戰時，蔣答：「近代式的戰爭是不可能的。只能在幾處地方用精兵死守，不許一個生存而退卻。這樣子也許可以叫世界人知道我們不是怕死的。」僅此而已。

按照胡適的理解：「其實這就是說，我們不能抵抗。」[34]摸到了底牌的胡適於一九三五年六月二十七日夜給王世杰的信中說：「以我觀之，蔣先生只有『等我預備好了再打』的算盤，似乎還沒有『不顧一切，破釜沉舟』的決心。我在二十二年熱河失守後在保定見他，他就說：『我們現在不能打。』三年過去了，我看他似乎全沒有對日作戰計畫……但日本不久必有進一步而不許他從容整軍經武的要求。因為敵人不是傻子，他們必不許我們『準備好了打他們』。老實說，無論從海陸空的任何方面著想，我們絕無能準備到可以打勝仗的日子。」[35]

正是受蔣介石幾年前所說「現在不能打」的戰略思想影響，一介書生的胡適也就認為積貧積弱的中國暫時不能打，遂有了與日講和的念頭並公之於眾。這一主張給胡適帶來了「主和派」的稱號，除了學生們的咒罵，還受到主戰派的猛烈譴責與攻擊。當時孫科、居正等國民黨大老，皆主張逮捕胡適，押入大牢灌辣椒湯或老虎凳伺候，以正視聽。孫科是親蘇主戰派，他當時有利用蘇聯方面的力量幫助中國制衡日本的構想，但此舉遭到了蔣介石的否決和呵斥，其道未得行施。

一九三六年七月，胡適應邀參加在美國舉行的太平洋國際學會第六屆年會，當選為副會長，在國際學術界的聲望再次得到提升。一九三七年盧溝橋事變後，胡適認為雖然國民黨政府在軍事上仍沒有充足的準備，但事已至此，大戰不可避免，且勢在必戰。只是在戰之前，還要做最後的和平努力，並給予當局「外交路線不可斷」的提示。七月三十一日，蔣介石邀請胡適、梅貽琦、張伯苓、陶希聖、陳布雷等人共進午餐，自認為不便說話的胡適在告辭時還是一吐為快：「外交路線不可斷，外交事應尋高宗武一談，此人能負責任，並有見識。」對於胡氏的進言，蔣介石連連稱許，並說：「我知道他。我是要找他談話。」[36]八月五日，胡適向蔣介石建議，放棄東三省，承認「滿洲國」，以此解決中日兩國間的一切「懸案」，換取東亞長期和平。[37]八月六日，胡適再向蔣介石遞交了一份書面建議，著重提出三條：一，近衛內閣可以與談，機會不可失；二，日本財政有基本困難，有和平希望；三，國家今日之雛形，實建築在新式中央軍力之上，不可輕易毀壞。將來國家解體，更無和平希望。[38]按照胡適的設想，通過外交努力，可在中日間維持五十年的和平。

出乎胡適與一切鼓吹和平者預料的是，日本方面的強硬姿態和軍隊步步進逼的凌厲殺氣，最終導致和平之路斷絕，中國政府咬牙放手一搏，自此踏上了寧為玉碎不為瓦全，舉國抗戰的凶險之路。

淞滬抗戰爆發後，中國守軍以血肉之軀，奮起抵抗，戰事持續一個多月仍呈膠著狀態，全國軍民士氣有增無減。面對如此悲壯慘烈的戰爭場面和中國軍隊寧死不屈的精神，胡適在大受感動的同時，心境為之改觀，認為中國守軍不是想像的那樣糟糕，在國家存亡的緊急關頭，還是以民族大義為重，是可戰的。而日本小鬼子並不是打不垮、壓不毀、煮不爛的銅豌豆。受此形勢和情緒影響，胡適思想隨之轉彎。又聽說此前在五四運動中，躲在趙家樓被愛國學生一把火燒出來的親日分子曹汝霖，也應邀上了廬山參加會議，並表示今日中國非與日本拚一場不可了。[39]

連一個被國人指斥為漢奸的曹汝霖都如此表示，可見中國面臨的處境和人心向背。經過一番思考斟酌，胡適乃徹底拋棄原有的觀點，明確表示支持蔣介石的抗戰政策，並產生了「和比戰難百倍」的新觀點。鑑於胡在美國知識文化階層中的聲望，蔣介石遂產生讓胡適到美國以非正式外交使節的身分疏通國際關係，爭取美國朝野對中國抗戰同情與支持的戰略構想。但此時的胡適覺得在這個關鍵時刻貿然出國，會招致自己貪生怕死的非議，又不知道出去後「能做些什麼」，遂極度情緒化地謝絕使命，並說：目前「戰爭已經很急，我不願離開南京，我願與南京共存亡」。[40]

胡適的堅持使眾官僚很是為難，在蔣介石親自出面勸說無效的情形下，蔣讓傅斯年單獨與胡適交談，力促其出洋為國家效力。傅斯年受命前來苦勸，但胡適仍不答應。最後，傅斯年於焦急中流著眼淚說：「要說我有先生的名望和地位，我就要去了，為了抗日……」聽到這裡，胡適深為所動，同樣流下了熱淚，遂以「現在國家是戰時，戰時政府對我的徵調，我不敢推辭」為由答應赴美。

同年九月八日，胡適以學者身分離開即將進行一場血戰的南京，由武漢轉赴歐美。臨行前，對前來送別的汪精衛、高宗武、陶希聖等主和派幹將們清楚地表明：「我的態度全變了。我從此走上了『和比戰難百倍』的見解。」[41]並勸對方不要太性急、太悲觀，認為：我們八月初做的「在大戰前做一度最大的和平努力」工作，是不錯的。但我們要承認，這一個月的打仗，證明了我們當日未免過慮。這一個月的作戰至少對外表示我們能打，對內表示我們肯打，這就是大收穫。謀國不能不小心，但冒險也有其用處。在當天的日記中，胡適這樣寫道：「晚上八點半，正料理上船，空襲警報又起了，有翁詠霓、陳布雷、孟真、枚蓀、之椿、慰慈諸人和我們父子兩人同坐在黑暗中靜候到『解除』的笛聲——我獨自走到外邊，坐在星光下，聽空中我們的飛機往來，心裡真有點捨不得離開這個有許多朋友的首都。」[42]

儘管胡適捨不得離開戰火紛飛的家園故土，但又不得不為民族的使命遠走他鄉。一九三七年九月二十三日，胡適輾轉多日終於抵達檀香山，二十六日抵達舊金山，開始了自嘲為「過河卒子」的非正式外交使節生涯。

當胡適到達華盛頓，隨駐美大使王正廷首次去拜訪羅斯福總統時，羅氏頗為關切地詢問中國戰局，並有「中國軍隊能否支持過冬」等語，胡適聽罷倒吸一口冷氣，想不到美國佬對中國如此輕視。但中國的情形實在令人擔憂，胡適有些激動地予以肯定答覆，並動情地說：「中國需要美國的支持，我想總統很快會以明快的眼光判斷是非！」通過胡適的進言，羅斯福進一步了解了中國的軍事情形，同時也理解了中國人民需要美國政府「拉兄弟一把」的迫切心情。只是當時的美國奉行「中立主義」政策，也就是說不管你們中國、日本還有其他什麼東亞或南亞國家如何開打，打到什麼程度，是你死還是我活，是正義還是非正義，最後打出個什麼名堂，美國都是採取袖手旁觀、絕對置之不理的態度，舒舒服服地過好自己的安穩日子。這個政策令身居總統高位的羅斯福對胡適提出的問題難以回答。臨別時，羅斯福緊緊握住胡適的手，態度極為誠懇地說了些安慰的話，囑咐不要著急，此舉令胡適深為感動。

一九三八年九月，國民政府召回在美國四處碰壁、過街老鼠一樣的無能大使王正廷，於十七日發表了胡適出任駐美大使任命狀：「駐美利堅國特命全權大使王正廷呈請辭職，王正廷准免本職。特任胡適為中華民國駐美利堅特命全權大使。此令。」

當天，胡適接到了電令，他在日記中這樣寫道：

> 一九三八年九月十七日
>
> 今天得外部電，說政府今天發表我駐美大使。今天下午王亮疇有電來賀。二十一年的獨立自由的生活，今日起，為國家犧牲了。[43]

注釋

1 李濟，〈創辦史語所與支持安陽考古工作的貢獻〉，《傳記文學》二八卷一期（一九七六）。在廣州中山大學校園內見面之前，傅斯年與李濟並未謀面，據李濟之子李光謨推斷，傅決定聘李大概得益於李四光（字仲揆）的舉薦，因李四光當時正奉命籌備中央研究院地質所，李濟是院聘籌備委員，自然熟悉。李光謨所言大體不差，這個推理從一九二八年傅寫給馮友蘭、羅家倫、楊振聲三人的信中可找到證據。信中說：「李仲揆盛讚李濟之，我見其教史祿國文，實在甚好。我想請他擔任我們研究所的考古一組主任，如他興趣在人類學，亦好」（歐陽哲生主編，《傅斯年全集》卷七（長沙：湖南教育出版社，二〇〇三）。至此，原清華國學研究院殘存的三位導師皆歸到傅斯年旗下，傅氏成了眾人矚目的大師之林中的盟主。但說到傅斯年本人，遊歷歐洲七年，卻什麼學位帽子也沒有弄到，既不是碩士，更不是博士。對此，胡適有一段時間不理解並對傅的「不爭氣」表示過不滿，但傅卻表現得很坦然，他與陳寅恪都表示為追求知識而讀書，不是為追求學位而學習。儘管如此，沒有博士學位總是為一部分知識分子所不屑，後來有人提出中央研究院各所所長都是大學問家，傅斯年會什麼，憑什麼當所長等等，其實就是對他沒拿到博士學位的一種嘲諷。

2 陳寅恪著，陳美延、陳流求編，《陳寅恪詩集》（北京：清華大學出版社，一九九三）。

3 杜正勝，〈無中生有的志業〉，收入杜正勝、王汎森主編，《新學術之路：中央研究院歷史語言研究所七十周年紀念文集》上冊（臺北：中央研究院歷史語言研究所，一九九八），頁三一一。

4〈致馮友蘭、羅家倫、楊振聲〉，收入歐陽哲生主編，《傅斯年全集》卷七（長沙：湖南教育出版社，二〇〇三）。原信未署年代，編者據函中內容推斷為民國十八年（一九二九年），不確，應為一九二八年。信中涉李濟、楊振聲等人。李於一九二九年春已赴安陽發掘，楊於一九二九年夏，作為國立青島大學籌備委員會委員，到青島參加籌備會議並籌建青島大學，已離開清華。

5〈歷史語言研究所工作之旨趣〉，收入歐陽哲生主編，《傅斯年全集》卷三（長沙：湖南教育出版社，二〇〇三）。

6 李濟，〈傅孟真先生領導的歷史語言研究所〉，《感舊錄》（臺北：傳記文學出版社，一九八五）。

7 同前注。

8 胡適，〈《傅孟真先生遺著》序〉，作於一九五二年十二月十日，《胡適作品集》卷二五（臺北：遠流出版公司，一九八六）。

9 李濟，《安陽》（石家莊：河北教育出版社，二〇〇〇）。文中所提到的羅振玉（一八六五—一九四〇），浙江上虞人，古文字與古器物學家。一九一一年辛亥革命爆發，攜王國維等及家人避居日本，從事學術研究。一九一九年歸國，住天津。一九二一年，參與發起組織「敦煌經籍輯存會」。一九二四年奉溥儀之召，入值南書房。一九二八年遷居旅順。「九一八」事變後，參與策畫成立偽「滿洲國」，並任多種偽職。一九三七年退休後，死於旅順。

在政治立場上，羅氏由保守逐漸滑向了人民的對立面，成為歷史罪人。但他在艱難困境中仍把保存和流傳古代文化遺產視為自己生命的一部分，在整理金石文字、搶救清宮大庫檔案及敦煌文物、校勘善本古籍、流傳名家著述、搜集和考釋甲骨文字、研究敦煌文書等方面都做出了重大貢獻。羅氏對甲骨文的研究和甲骨學的創建，具有劃時代的意義和影響。由於他與王國維在這一學術領域所做出的開拓性貢獻，甲骨學被學術界稱為「羅王之學」。後來由於董作賓、郭沫若的加入，甲骨學界遂有了「四堂」之說，即羅振玉（號雪堂）、王國維（號觀堂）、董作賓（字彥堂）、郭沫若（字鼎堂）。

據中國社會科學院歷史研究所研究員孟世凱統計，從一九〇四至一九二八年殷墟科學發掘之前，有姓名可考且知道甲骨文下落流向的私人挖掘就有九次之多，所得甲骨文除一部分由國內學者收藏外，許多都流失到了國外。另據胡福林統計，殷墟科學發掘前，外國人收購的有字甲骨約五萬五千多片（孟世凱，〈百年出土甲骨文述要〉，收入王宇信、楊升南主編，《甲骨學一百年》〔北京：社會科學文獻出版社，一九九九〕）。由此可見羅振玉等人當時對殷墟甲骨被挖掘一空的猜測與說法並非憑空想像。

10 李濟，〈安陽最近發掘報告及六次工作之總結〉，《安陽發掘報告》一九三三年四期（北平；上海：中央研究院歷史語言研究所，一九三三）。

11 李濟，《安陽》（石家莊：河北教育出版社，二〇〇〇）。

12 〈安陽殷墟頭骨研究・序言〉，轉引自夏鼐著，中國社會科學院考古研究所編輯，《敦煌考古漫記》，《夏鼐文集》卷中（北京：社會科學文獻出版社，二〇〇〇）。

13 張光直，〈《李濟考古學論文選集》編者後記〉，收入張光直、李光謨編，《李濟考古學論文選集》（北京：文物出版社，一九九〇）。

14 同前注。一九二九年後，馬氏任故宮博物院理事會理事兼古物館副館長，一九三三年七月任故宮博物院代理院長，一九三四年四月任故宮博物院院長。

另，關於安陽發掘是選李濟還是馬衡的問題，除張光直所言，還有另外一個插曲。那就是在此前的一九二六年六月，日本東亞考古學會與北京大學國學門考古學會結盟，成為東方考古學協會。但這一協會在成立之後，就學術路數與研究方向及發展前景等問題，雙方的分歧越來越大，最後竟不了了之。這一分歧最終導致北大考古學派的衰落與清華學派的崛起。據對這一協會做過專題研究的桑兵說：「中日雙方在東方考古學協會內部的分歧，最終還是削弱了日本對中國考古學的影響力，與之關係最密切的北京大學考古學會，成就和影響反而不及清華研究院。日方重視北京大學國學門考古學會，原因之一，是後者（南按：當為前者，即北京大學考古學會）在北京的考古學機關中具有官學至尊的地位，這看重政府行為的日本學者認為是對華施加影響的有力支撐。與此相對，他們視美國系的清華國學研究院中的考古學機構為『私學』的代表。清華研究院以人類學講師李濟為主，設有考古學陳列室和考古學室委員會，由李濟擔任主席。憑藉較多的資金以及和美國考古學家的有效合作，清華研究院的考古學穩步發展，成效明顯，後來成為中央研究院歷史語言研究所考古組的臺柱。該所成立時，主持北京大學研究所國學門考古學的馬衡，曾主動提出想參加考古組，但遭到傅斯年的拒絕。在傅心目中，志同道合的理想人選是從事新興考古學的李濟而非金石學家馬衡」（參見桑兵，《晚清民國的國學研究》〔上海：上海古籍出版社，二〇〇一〕）。

臺灣中央研究院史語所原所長杜正勝將以上問題又做了進一步引伸與推理，他提到一九七九年夏鼐在記述考古組主任產生時曾說過，「所中提名二人，一位是著名金石學教授，另一位是年輕而具有一定的近代考古學知識和發掘經驗的歸國留學生。蔡元培院長選擇後者，後來證明這選擇是明智的」。夏鼐所說的金石學教授指馬衡（字叔平），年輕學者指李濟。對於這一說法，杜正勝認為：「夏鼐雖在史語所工作過，唯其生也晚，對創所的歷史並不清楚，也不了解史語所成立時的運作，成員不是院長選的，故多想像之詞。史語所設置的目的是在提倡新學術，不是要找聞名的老教授來裝點門面。十七年十二月，李濟給傅斯年的信談董作賓第一次安陽發掘，提到『北大馬叔平曾間接表示欲參加此事』，探問傅的可否。可見史語所一成立，馬衡就想加入。過了快一年，馬衡同時寫信給傅斯年、李濟與董作賓，正式提出參加考古組的要求，傅斯年立刻拒絕，李濟向傅報告他與董作賓商酌過，完全贊同傅的決定。他說『彥堂已擬以極客氣信致馬叔平，弟亦將客氣地回覆他』。這無關乎人事傾軋，而是對知識的態度和追求知識方法的歧異；如果說是門戶，那也是『道』不同的緣故。」

杜正勝又說：「學問有新舊，人有老幼，但二者並無必然關聯。傅斯年拒絕前輩學者馬衡（時年四十七歲）於千里之外，卻對另一前輩陳垣（時年四十八歲）歡迎之唯恐不及……傅斯年與陳寅恪那麼竭誠歡迎陳垣，就是因為他的敦煌研究是『今日學術之新潮流』，他是一位『預流』者，取新材料研究新問題，『非彼閉門造車之徒所能同喻』（陳寅恪語）。陳垣和史語所志趣相投，而且成績斐然，可以讓歐洲和日本學者不敢輕視中國無人，故引為同道」（杜正勝，〈無中生有的志業〉，收入杜正勝、王汎森主編，《新學術之路：中央研究院歷史語言研究所七十周年紀念文集》上冊〔臺北：中央研究院歷史語言研究所，一九九八〕，頁三一一）。一九三〇年，陳寅恪在〈陳垣《敦煌劫餘錄》序〉一文中，提出了一個著名的觀點：「一時代之學術，必有其新材料與新問題。取用此材料以研究問題，則為時代之新潮流。治學之士，得預此潮流者，謂之預流。」在他的眼中，陳垣乃當之無愧的「預流」者，可惜的是陳垣一生終未能入主史語所成為專任研究員。

15 據考古學家石興邦在一篇回憶郭寶鈞的文章中說：「他（郭寶鈞）在考古生涯中，也遇到些不盡如人意處，傳說他在中研院時期，不被當時領導所重視，因為當時中研院集中了好些從國外留學回來受過現代科學訓練的博士和根基深厚的國學飽學之士，而他是一個土專家。聽說史語所所長傅斯年先生，明知他不懂英文，有時和他用英語說話，是捉弄他。」

對郭寶鈞遭到的這一不幸，石興邦則有自己的看法，他說：「我倒不相信傅先生有捉弄他的意思，因為當時在史語所學者間用英語講話是常事，我在大學的幾位老師就是史語所的研究員，有時和你談或解釋某個問題時，間或用幾句英語。我在大學三年級時，給淩純聲院士當助手，在他的套間辦公，有時也用英語問話或找材料。我想傅先生用英語向他問話，是習慣使然，不會有惡意」（石興邦，〈我所知道的郭寶鈞先生〉，《中國文物報》，二〇〇三年六月一日）。

或許，石興邦的解釋有些道理，但作為留洋的「海龜」，總在一些「土包子」面前嗚哩哇啦地說一些鳥語，總讓局外人感到有顯擺之嫌，儘管毫無惡意，但令聽者感覺不怎麼舒服。一九四五年七月，傅斯年一行抵達延安對中共領導人進行訪問，在和中共領袖、當年的北大圖書館管理員毛澤東長談時，傅斯年似乎沒有用中英文混合的詞彙來應對毛。究其原因，在安陽的郭寶鈞只是一位普通的「土包子」工作人員，而此時的毛已不再是當年那個月薪只有八塊大洋的北大圖書館管理員了。看人下菜碟，傅斯年也不能免俗。

16 李濟，《安陽》（石家莊：河北教育出版社，二〇〇〇）。

17 賈新民主編，《二十世紀中國大事年表》（北京：中國人民大學出版社，一九九二）。

18 李濟，〈《城子崖．序》〉，轉引自李濟，《安陽》（石家莊：河北教育出版社，二〇〇〇）。

19 同前注。

20 傅斯年、方壯猷、徐中舒、蕭一山、蔣廷黻，《東北史綱》（卷首引語），轉引自歐陽哲生主編，《傅斯年全集》卷二（長沙：湖南教育出版社，二〇〇三），頁三七四。

21《東北史綱》卷一，第一章。轉引自歐陽哲生主編，《傅斯年全集》卷二（長沙：湖南教育出版社，二〇〇三），頁三九六。

22 潘光哲，〈傅斯年與吳晗〉，收入布占祥、馬亮寬主編，《傅斯年與中國文化》（天津：天津古籍出版社，二〇〇六）。

23《東北史綱》卷一，第一章。轉引自歐陽哲生主編，《傅斯年全集》卷二（長沙：湖南教育出版社，二〇〇三），頁三九六。

24《安陽發掘報告》一九三三年四期（北平；上海：中央研究院歷史語言研究所，一九三三）。

25 安特生（Johan Gunnar Andersson, 1874-1960），瑞典地質學家，對中國近代考古學特別是史前考古學的誕生與發展做過重要貢獻。他於一九一四年應中國北洋政府農商總長張謇之聘來華任礦政顧問，此前他是瑞典烏普薩拉大學教授，兼任瑞典地質調查所所長，曾兩次率考察隊赴北極、南極探險，對未知領域有強烈的探尋、求知欲望。一九一〇年任國際地質學大會祕書，並組織過國際性的鐵礦資源調查活動，主編了《世界鐵礦資源》等學術名著，當時已是享譽世界的著名地質學家。來華初期，在丁文江主持的地質調查所協助下，安特生對中國北方的煤鐵資源，如齋堂煤礦產煤和儲煤情況，華北龍煙鐵礦的發現與調查等做了大量工作。由於當時處於風雨飄搖和軍閥混戰狀態下的北洋政府，「沒有人會利用他這樣的專家」，導致這位年薪一萬八千塊大洋的顧問（當時北大名教授的月薪是三百多塊大洋，在北大圖書館工作的毛澤東月薪大洋八塊）長期處於休閒狀態。

在這種情形下，安特生偶然於北方地質調查中發現了古生物和新石器時代的器物，同時敏銳地感覺到其中蘊藏的巨大科學價值，從此他的興趣和熱情迅速轉入了中國史前考古發掘與研究領域。在地質調查所主要負責人丁文江、翁文灝的支持下，安特生從瑞典方面爭取到資助經費，以瑞典王儲古斯塔夫·阿道爾夫任委員長的瑞典中國委員會（一九一九年成立），先後向中方提供了八十五萬克朗的資助。正是得此慷慨資助，安特生才在中國大地上大顯身手，先後在內蒙古發現了綏遠青銅器，在河南澠池仰韶村發現了著名的新石器文化遺址，在甘肅發現彩陶等，從而提出了著名的「仰韶文化」概念，並成為中國學生歷史課本中的重要一頁。在這一時期，安特生通過對北京西南的房山縣周口店龍骨山等地區化石的調查研究，引發了二十世紀上半葉中國最重要的科學大發現——「北京人」頭蓋骨的發掘和研究（參見戴問天，〈為中國科學「打工」的洋人——地質調查所開展對外科學合作的啟示〉，《中華讀書報》，二〇〇五年七月十三日）。一九二六年，安特生衣錦榮歸，在他的祖國受到了空前隆重的迎接。不久在斯德哥爾摩籌建了遠東古物博物館並出任館長，以整理所搜集標本終了一生。安氏有《中華遠古文化》、《黃土的兒女》等英文著作問世。

一九二七年一月十日，梁啟超在清華園觀看李濟運回的山西夏縣西陰村發掘器物後，給遠在美國的梁思永寫信：「這幾年來（民國九年以後）瑞典人安特生在甘肅、奉天發掘的這類花紋的陶器，力倡中國文化西來之說，自經這回的發掘，他們想翻這個案。」所謂「這個案」，就是指學術界爭論許久的中國文明起源是土生土長的，還是由西方傳入的問題。隨著歐洲殖民主義興起，部分外國人的文化殖民心理也隨之膨脹，不承認中國古代文明有自己獨立的起源。如十七世紀中葉，耶穌會士、德人祈爾歇（Athanasius Kircher, 1601-1686）就提出中國文明源於埃及說。此人在一六六七年於荷蘭阿姆斯特丹出版的《中國圖說》一書中，說《聖經》所載的閃的子孫率領埃及人來到中國，把古埃及文字傳授給中國人。此後持中國文明西來說者層出不窮，一個共同特點是否認中國文明的遠古起源，不相信遠古的中國人會創造出輝煌的文明（參見李學勤，〈古代文明與「夏商周斷代工程」〉，《炎黃文化研究》第三輯〔一九九六〕）。

一九八三年三月，著名考古學家夏鼐應日本廣播協會（NHK）邀請，針對頗受爭議的中國文明起源問題在日本做了幾場演說，夏氏稱：「中國文明的發源地在西方，是從西方傳播過來的這種說法，很久以來就有了。十八世紀後半，法國人約瑟夫·德·岐尼（Joseph de Guignes，或譯德經）認為，中國人乃是從埃及殖民過來的。另外兩位法國的漢學家波提（M. G. Pauthier）和盧內爾曼將漢字和楔形文字進行比較，提出了中國文明和巴比倫文明有親緣關係的說法。英國的東方學者拉克伯里（Terrien de Lacouperie）將中國文明和美索不達米亞的烏爾地方的迦勒底文明相比較，也認為兩者之間有某種關係。英國的理格（James Legge）提出了諾亞的子孫東行來到了中國之說。德國的李希霍芬也主張中國人是西方移入之說。」而「上述種種說法，無非都是出於假設。但安特生發現了彩陶並指出這和蘇聯中亞的安諾及南俄的特里波列等處的彩陶相類似，於是為西方起源說提供了有力證據」（夏鼐，《中國文明的起源》〔北京：文物出版社，一九八五〕）。

事實上，自一九二一年始，安特生在各地從事地質調查期間，由於發掘了河南省仰韶遺址，調查了甘肅青海地方（一九二三至一九二四年），因而搜集了大量的彩陶。在這個基礎上，他將甘肅的史前文化分為六期，構成了當時從新石器時代到青銅時代分期的標準。由於彩陶的發現與分期，安特生也力主中國文明西來說。這個臆測的學說對東西方學術界都產生了至深且巨的影響，號稱中國學術界新派領袖的胡適也為其所惑，並大放厥詞，胡在給顧頡剛的信中說：「發現澠池石器時代的安特生，近疑商代猶是石器時代的晚期（新石器時代），我想他的假定頗近是」（見《古史辨》第一冊，頁一二〇）。但後來通過李濟、梁思永、劉燿、夏鼐等幾代考古學家數十年田野考古工作的努力，終於以活生生的材料推翻了安特生的妄說，包括安特生本人在內的東西方學術界人士開始重新審視中國青銅時代的歷史，並認為商代已屬於物質文明高度發達的青銅時代。為此，胡適也不得不破除他持之甚堅的「商是新石器時代」的荒誕言論，改為：「在整理國故的方面，我看見近年研究所的成績，我真十分高興。如我在六七年前，根據澠池發掘的報告，認商代為在銅器之前，今安陽發掘的成績，足以糾正我的錯誤」（一九三〇年十二月六日，胡適在中央研究院史語所演講詞，《胡適的日記》〔手稿本〕，一九三〇年十二月六日條）。

中國學者經過長期努力得出的學術成果，不但推翻了安特生對彩陶—龍山—齊家文化誰先誰後的文化分期，還以大量無可辯駁的事實證明中華民族的文明既不是西來，也不是東來，它就起源於這個具有無窮創造力和光榮歷史的偉大民族本身。

26《安陽發掘報告》一九三三年四期（北平；上海：中央研究院歷史語言研究所，一九三三）。
27 石璋如，〈考古方法改革者梁思永先生〉，收入杜正勝、王汎森主編，《新學術之路：中央研究院歷史語言研究所七十周年紀念文集》上冊（臺北：中央研究院歷史語言研究所，一九九八），頁三五三－三六六。
28 張光直，〈《李濟考古學論文選集》編者後記〉，收入張光直、李光謨編，《李濟考古學論文選集》（北京：文物出版社，一九九〇）。
29 楊杏佛（一八九三－一九三三），名銓，以字行，江西玉山人。一九一一年入唐山路礦學堂。一九一二年任南京臨時政府總統府祕書處收發組組長。十一月赴美國留學，先後入康乃爾大學、哈佛大學學習機械工程、工商管理和經濟學。一九二〇年任南京高等師範學校工科教授兼主任，後任東南大學商科主任。一九二四年任孫中山祕書，一九二五年同惲代英等成立「中國濟難會」。一九二七年任蔡元培主持的國民政府大學院教育行政處主任、副院長，一九二八年任中央研究院總幹事、社會科學研究所研究員兼代所長。一九三一年任國民政府財政委員。一九三二年十二月十八日，參與蔡元培與宋慶齡組織的中國民權保障同盟，任同盟籌備委員會副會長兼總幹事。此舉對蔣介石的獨裁統治與誅鋤異己分子大為不利，雙方發生衝突，勢若寇仇。一九三三年六月十八日，楊杏佛在上海被國民黨高層指使特務暗殺，並以炸彈及恐嚇函送蔡元培寓所以示警告，蔡乃遷居滬西以避之。從此，蔣介石與蔡元培之間的利用與被利用關係算是徹底了斷了。
與楊杏佛同為上海民權保障同盟執行委員的魯迅冒著生命危險出席了楊氏的葬禮，送殮時，天逢下雨，魯迅觸景生情，有〈悼楊銓〉詩傳世：

豈有豪情似舊時，花開花落兩由之。
何期淚灑江南雨，又為斯民哭健兒。

楊死後一周年忌日，也就是一九三四年六月十八日，學術界胡適、李濟等人尊稱的「丁大哥」，時為北京大學地質學研究教授，被譽為「中國地質學之父」的丁文江，接受中央研究院院長蔡元培的請求，出任中央研究院總幹事。丁上任後，以他的精明才幹，很快為研究院按西方學術模式創設了評議會、基金保管委員會等機構，從制度上完善了中央研究院的機構職能。一系列機構的創立，標誌著中央研究院從一個半新不舊的學術團體過渡到具有現代科學體系的學術研究中心。一九三五年十二月初，丁文江應鐵道部部長顧孟餘之請，到湘南探查粵漢鐵路沿線煤礦。十二月八日，丁文江在衡陽鐵路局招待所晚寢，是日暴風驟雨，溫度陡降，因下礦而一身疲憊的丁氏遂將室內門窗全閉，沐浴入寢，倒頭便睡。誰知是夜風雨過猛，壁爐中煤煙不能上升，倒灌室內，遂致中毒。九日晨，呼吸急促、奄奄一息的丁文江被僕人發現，請鐵路局醫生救治，後輾轉至聲名赫赫的長沙湘雅醫院施救。一九三六年一月五日，醫治無效，病逝於湘雅醫院。

丁去世後，傅斯年曾撰文以告國人：「我以為在君確是新時代最良善最有用的中國人之代表；他是歐化中國過程中產生的最高的精華；他是用科學知識做燃料的大馬力機器；他是抹殺主觀，為學術為社會為國家服務者，為公眾之進步及幸福而服務者。這樣的一個人格，應當在國人心中留個深刻的印象」（《獨立評論》一八八期〔一九三六〕）。

30 李勇、張仲田編，《蔣介石年譜》（北京：中共黨史出版社，一九九五）。

31《蔣介石日記》（手稿本），轉引自楊天石，《找尋真實的蔣介石：蔣介石日記解讀》（太原：山西人民出版社，二〇〇八）。

32 楊天石，〈胡適曾提議放棄東三省，承認「滿洲國」〉，《抗戰與戰後中國》（北京：中國人民大學出版社，二〇〇七）。

33 李祖蔭，〈胡適受窘北大禮堂〉，《縱橫》二〇〇四年九期。

34 曹伯言整理，《胡適日記全編》，一九三三年三月十三日條（合肥：安徽教育出版社，二〇〇一）。

35 同前注，本日條後「附記」。

36 中國社會科學院近代史研究所中華民國史研究室編，《胡適的日記》（北京：中華書局，一九八五）。

37 楊天石，〈胡適曾提議放棄東三省，承認「滿洲國」〉，《抗戰與戰後中國》（北京：中國人民大學出版社，二〇〇七）。

38 胡頌平編著，《胡適之先生年譜長編初稿》第五冊（臺北：聯經出版公司，一九八四）。

39 五四運動對曹汝霖刺激很深，他發誓不再過問政治，願做在野之民。據曹汝霖云，抗戰前他曾受邀到廬山謁蔣介石，並在廬山住了數日。曹說：有一天蔣招待午餐，並相約到別室談話，「蔣先生精神充沛，態度從容，沒有自尊自大之意，卻有誠懇親近之感。坐定後，他即問，你對日本戰事，怎樣看法？我略謙遜道，我以為九一八事變之後，經過五六年，當時日本政府尚無擴大戰爭之意，且有控制軍人之力，那時卻是談判的機會，可惜張宋兩位都沒有與他們誠意談判，失此機會。後來日本不守塘沽協定，節節推進，占領地方已不少。雖然占領的只是點與線，已使國軍攻守為難。目下日本政府已沒有控制軍人之力，要想和平解決，懾於軍人，無從談起。軍人氣焰越高，欲望越大，少壯軍人已漸抬頭。此時我們絕不能談和，為民族為國家，只有抗戰到底一途了。蔣聽了微點首……後眾異問我，君向主親日，何以對蔣先生說抗戰到底的話，莫非違心之論？我曰不，所說的都是由衷之言。我主張親日，不是親帝國主義者的日本。現在他們侵略我國，與我為敵，怎能再講親善？」（曹汝霖，《曹汝霖一生之回憶》〔北京：中國大百科全書出版社，二〇〇九〕）

抗戰爆發後，日本想延攬舊北洋政府各部次長以上的官員出來任職，曹、陸、章三人都拒絕了，曹汝霖曾公開表示要以「晚節挽回前譽之失」。華北偽政權給他掛了個「華北臨時政府」最高顧問和偽「華北政務委員會」諮詢委員的頭銜，據說曹汝霖並無實權，從不到職視事，不參與漢奸賣國活動。章宗祥一九二八年後寓居青島，一九四二年亦被掛上偽「華北政務委員會」諮詢委員的頭銜。抗戰勝利後戴笠進北平捉拿漢奸，首先就把曹、章扣了起來。後來曹汝霖給蔣介石寫信，聲明自己一直經商，從未出任過偽職。蔣接信後讓戴笠放人。戴笠並當場向曹汝霖致歉。曹又代章宗祥求情，證明他也不曾出任過偽職。蔣介石問明其人就是五四運動中挨打的那個「章」以後，也下令把他放了。

40 耿雲志主編，《胡適遺稿及秘藏書信》手稿本（合肥：黃山書社，一九九四）。

41 中國社會科學院近代史研究所中華民國史研究室編，《胡適來往書信選》中冊（北京：中華書局，一九七九）。

42 中國社會科學院近代史研究所中華民國史研究室編，《胡適的日記》（北京：中華書局，一九八五）。

43 曹伯言整理，《胡適日記全編》第七冊（合肥：安徽教育出版社，二〇〇一）。

第四章

流亡歲月

一、戰爭催生的中央博物院

就在上海戰事正酣，蔣介石鐵了心要與日軍決一雌雄之際，南京國民政府開始設法動用運輸力量，把國家珍藏的寶器、工業設施、戰略物資和科研設備，經長江、隴海鐵路和各條公路悄悄運往內地，以保存實力，長期抗戰。與此同時，根據國民政府的命令，中央研究院各研究所與平津兩地大學也開始向長沙與西安一帶遷徙。

決策既定，傅斯年立即指示中央研究院各所捆紮物資儀器，打點行裝，準備啟程。早在淞滬戰事爆發前，中央研究院史語所考古組已根據戰局演變，在富有遠見和責任心的李濟指揮下，開始對歷次發掘的器物和各種器材打包裝箱，準備內遷。據史語所《大事記》民國二十六年（一九三七）七月條：「本所隨本院西遷，先選裝最珍貴中西文圖書、雜誌及善本書共六十箱，首批運往南昌農學院，其餘一千三百三十三箱分批運長沙。但部分殷墟出土的人骨、獸骨及陶片等，限於運輸工具，暫留原址。」八月條：「本院組織長沙工作站籌備委員會，本所遷入長沙聖經學院，所長傅斯年仍留南京，派梁思永為籌備會常務委員。」[1]

此次行動，按照史語所研究人員石璋如的說法：「因為南京離上海很近，戰事吃緊，所以先行裝箱。」在具體作業中，首先選擇重要的文物裝箱，「像骨頭就選人骨，其他部分就留下，這也是一種決定」。[2]根據不同的情況，傅斯年與李濟、梁思永商定，已捆裝完畢的六十箱最珍貴中西文圖書及善本書等，由李濟親自負責押運到南昌農學院保存，其他一千三百多箱出土器物，陸續運到南京下關碼頭裝船，分批運往長沙，由梁思永總負其責，組織雇用船隻、運輸和安置。

就在史語所人員裝船過程中，上海戰事已到了最為酷烈和決定勝負的階段，日本飛機開始飛往南京實施轟炸。在炮火硝煙中，一批又一批滿載著成箱國寶的輪船悄然離開下關碼頭，沿長江溯水西行。史語所大部分人員連同家眷一同隨船啟程，也有個別人員如那廉君、石璋如等乘火車從陸路繞道趕赴長沙。

長沙聖經學院（董作賓收藏，董敏提供）

由於從內地遷來的機關太多，整個長沙市顯得異常擁擠混亂。聖經學院是一座三層樓的建築，空間較大，且有地下室可儲藏東西與躲避敵機投下的炸彈。時北大、清華、南開三所大學的師生已陸續來到長沙，並借用聖經學院上課，大部分房間已被三校占據利用，中央研究院只分配到三層樓的學生宿舍及一小部分教室，史語所運來的所有箱子都放在地下室暫存。

十月之前，史語所人員一直忙於裝船運輸、搬運和整理，差不多到了十月中旬才開始安頓下來。因梁思永一直在南京組織裝船運輸，長沙的搬運工作由董作賓、石璋如等人具體實施。當梁思永隨最後一艘輪船抵達長沙並與梁思成一家見面時，已是十月上旬，這時李濟正以中央博物院籌備處主任的身分，率領部下奉命押運一百多箱國寶級文物沿長江溯流而上，艱難地向重慶行進。這批文物是此前從北平搶運出來在南京暫時收藏的。

一九三一年九月十八日，隨著「九一八」事變爆發，日本軍隊占領了中國東北三省，進一步向華北地區進犯，威脅平津，中華民族進入了危難之際。鑑於清末英法聯軍占領北京火燒圓明園，導致大量價值連城的文物遭到焚毀和劫掠的悲慘命運，考慮到北平故宮等機構保藏的文物有在戰火中被焚毀或遭日軍搶劫的可能，故宮博物院院長易培基等有識之士，電告南京中央政府，提出了盡快把文物南遷以避刀兵之災的意見。經過一番周折，終於得到國民政府批准，北平幾家存有文物的部門於一九三二年底商定派員精選文物，緊急裝箱南遷。除故宮博物院集中的一萬三千四百二十七箱零六十四包外，另有古物陳列所、太廟、頤和園、國子監，以及奉天、熱河兩行宮等處文物六千零六十六箱，由國民政府委託故宮博物院派員一起將其南遷——這便是中國近代史上著名的第一次國寶南遷大行動。一九四八年底，這批寶物中的相當一部分精品隨蔣介石政府遷往臺灣，成為臺北故宮博物院的鎮院之寶。

由北平南遷的文物先運到上海暫存，同時利用南京朝天宮舊址，修建故宮博物院南京分院長期存放。因南京分院只能容納原北平故宮運出的文物，一同運往上海的其他部門如太廟、頤和園等原有六千零六十六箱文物無處存放，經蔡元培倡議，於一九三三年四月在南京成立了國立中央博物院籌備處，暫時接管這批文物。中央博物院隸屬教育部，辦公地點設在雞鳴寺路一號，在中山門半山園徵地十二．九公頃，原擬建人文、工藝、自然等三大館，後因時局關係，僅建一座人文館（即後來南京博物院大殿）便倉皇撤離西遷。

中央博物院籌備處成立後，蔡元培出任第一屆理事會理事長，傅斯年為籌備主任，延請翁文灝、李濟、周仁分別為自然館、人文館和工藝館籌備主任，並確立了「提倡科學研究，輔助公眾教育，以適當之陳列展覽，圖智識之增進」的宗旨。同年十月，國民黨中央政治會議第三七七次會議做出決議，將北平古物陳列所（南按：一九一四年袁世凱政府設立）遷到南京的文物撥付給中博籌備處。一九三六年，再度把原國子監（南按：一九一二年成立的北京歷史博物館所在地）、頤和園等處遷往南京的文物，全部撥付給中央博物院籌備處保存。這兩批文物入庫，不但成為正處於襁褓中的中央博物院籌備處藏品的基礎，同時也奠定了其日後在文博界舉足輕重的大腕級地位。

除政府明令撥發的南遷文物，中博籌備處自成立之始，就有建成一個實至名歸的國家乃至世界級博物院的構想，於是開始從私人收藏家手裡徵集文物。一九三三年十月，在蔡元培、葉恭綽、李濟等人的共同努力下，以三萬四千元的價格，購進了闓侯何敘甫繪園古物兩千餘件。再後來，隨著不斷收購、撥交和派員主動到田野進行考古發掘，中央博物院籌備處很快集中起全國第一流珍品約三十萬件，其中包括繪畫中的《歷代帝后像》、《唐明皇幸蜀圖》，銅器中聞名中外的毛公鼎等稀世珍寶。一九三四年七月，中博籌備處主任傅斯年因兼職過多，決定辭職，由李濟繼任，原安陽考古發掘隊隊員郭寶鈞任總幹事，工作人員有王振鐸（天木）、趙青芳等。

也就在這一年，開始成立中央博物院建築委員會，特聘中國營造學社梁思成為專門委員，進行初期籌備建設規畫，並向全國建築界人士徵集建築方案。建築委員會成立以及梁思成的介入，是李濟繼與梁啟超、梁思永共事之後，又一次與梁氏家族成員密切合作。一九三五年，著名建築師徐敬直設計的方案當選，後徐氏會同梁思成將方案稍加修改，建築外部仿遼代宮殿式，內部結構則中西合璧，使整個建築群具有獨特風格和磅礴氣勢。按照國民政府「把中博建成亞洲乃至世界一流博物館」的規畫和設計方案，一九三六年第一期工程開工，以中博籌備處為代表的業主與德國著名的西門子公司簽訂合同，由對方提供建築材料，並負責安裝電梯、電話及排氣扇等當時世界博物館中尚屬珍稀的通信、通風等一流高科技設備。意想不到的是，一九三七年七月起，由於盧溝橋事變爆發及日寇大舉入侵上海，南京告急，第一期工程剛剛完成四分之三（人文館）即被迫停工，所有人員連同收藏的稀世珍寶，開始了又一次歷史上最為悲壯的大遷徙。

國立中央博物院徽章（南京博物院提供）

盧溝橋事變爆發當天，中央博物院籌備處人員在李濟領導下，把一部分書畫等珍品祕存於上海的興業銀行。上海戰事興起後，李濟負責押運史語所六十餘箱中西文雜誌及善本書抵達南昌農學院，隨後迅速返回南京，同故宮博物院院長馬衡等人一起，商討之前由北平遷往南京大批文物的轉移辦法。協商的結果是，文物分三批運往川、陝、甘等地。根據各自的分工，這年十月中旬，李濟奉命押運中央博物院籌備處保存的一百餘箱國寶級文物，乘船沿長江赴重慶祕藏。工作人員隨船撤離南京遷往重慶沙坪壩暫住。當一切安排妥當後，李濟又急如星火地趕往長沙與史語所同人會合。此時已是十一月下旬，中央研究院遷來的史語所、社會學所等幾個所已基本安頓下來。當得知梁思成一家從北平遷往長沙後，李濟決定登門拜訪，在梁思永帶領下，二人來到了梁思成一家的臨時住處，自此便有了離別後再度相會的機緣。此時，主客雙方都沒有意識到，隨著這個機緣的重新聚合，梁思成一家與李濟一家及其所在機關，一起度過了漫長的九年流亡生活。

二、華北淪陷

長沙臨時大學和中央研究院幾個研究所，於聖經學院陸續安頓下來，淪陷區大批機關單位人員、知識分子、工人、商人、難民、乞丐、流氓、無產者等等各色人物，潮水一樣紛紛向長沙湧來，整座城市已呈人滿為患、混亂不堪之勢。而每一股難民潮的湧入，都標誌著前線戰場國軍不斷潰退以及大片國土的連連喪失。

一九三七年九月二十日，華北重鎮保定失守！

十月十日，石家莊城破，日軍開始向黃河沿線急速推進，整個北中國陷入空前危急！

十月十一日夜，在南京的傅斯年給遠在美國的胡適書寫密（confidential）信，對國內政治、軍事情形做了如下披露：

1. 國內抗戰之意識有增無減，老百姓苦極而無怨言。上海前敵兵士，真是再好也不能了。這次最可佩的是革命軍將士，最無聊的是南京官僚。太子（南按：指孫科）有排德、義以便取信於蘇聯之說，為General（南按：指蔣介石）大教訓一下，以後他們也銷聲了。王陸一因在dugout（南按：防空洞）玩女人，被免職。外部之吳司長亦以逃走免職，這是差強人意的。

2. 兩廣對出兵助戰之責力氣，可算一百分。廣西軍大批北上，全省總動員，廣東軍在上海戰死、傷數萬人，看來歷年的「人事問題」算一掃而空了。閻、韓亦皆好，如理想，閻尤奮勇（南按：指山西省主席閻錫山，時兼任第二戰區司令長官），韓至最近亦奮起（南按：指山東省主席韓復榘，時兼任第五戰區第三集團軍總司令）。只是那些雜牌軍如東北軍、二十九軍，太不好生打了。

3. 上海方面，今日之戰線大致與先生走時差不多。上月十七八左右曾有一度危險，General親自出馬，轉危為安，並且攻下一段。北四川路一段，北站、江灣仍在我們手中，浦東只是大炮比武，敵未能登岸。此一線中，我們是以血肉抵抗飛機、大炮，不消說死傷之多，數目聽到嚇死人。但千古未有之勇敢，完全表現。這是抗日訓練之大成功。

4. ……

5. 津浦路糟透了。二十九軍聞聲即跑，不戰失靜海，聞汽船而失馬廠，敵以數千人長驅直入，我們十七師不知何在，馮指揮不動。幸廣西軍大批已開上，韓亦上前了（以前謠言甚多，大前日方明白，昨日韓下手令教全省公務員至死抵抗，韓亦以精兵上前）。目下此一路將由李宗仁及韓指揮決守黃河北岸，李大致三、四日內可至前方。人云李、韓交情不錯。此線現戰於平原。

6. 平漢路也弄到一塌糊塗。劉峙已革職查辦，目下調馮指揮。此線現在石家莊打著。

7. 晉綏局面皆壞於劉汝明二十九軍也。劉乃一準漢奸，最初拒絕湯恩伯入察，後來湯守南口，彼在後方潰退，以致中央軍大吃虧。劉退之前，傅作義來援，到張垣則滿地紅旗，皆漢奸之信號也。傅乃退，轉為劉軍繳械。劉軍沿路繳傅、湯諸軍之械，直潰到山西。李服膺又不行，於是大同不守。但後來老閻大拚命，打了幾個大勝仗。倭寇乃括滿蒙偽軍共約十八萬來犯，沿長城各口皆攻，遂失茹越口，而賊直入矣。但中央軍八師日內已趕上，老閻賣氣力，八路軍（共）在後面作游擊戰。大約山西可以支持一下子。可惜劉、李二賊，否則燕山天險，豈易於此哉？[3]

人云傅斯年是文人秀才中少數幾個懂軍事的人才之一，此言大體不差，從他對全國緊亂複雜的軍事形勢和各軍將士心態的了解分析可見一斑。

一九三七年八月一日，蔣介石令派綏遠主席傅作義為閻錫山屬轄的第二戰區第七集團軍總司令，湯恩伯為前敵總指揮，從綏遠和山西向張家口增援。同時，軍事委員會設立保定行營，任命徐永昌為主任，林蔚為參謀長，督巡河北省區戰事。八月六日，蔣介石同意將二十九軍擴編為第一集團軍，任命宋哲元為第一集團軍總司令，劉峙為第二集團軍總司令，分別負責指揮津浦路和平漢鐵路北段與敵作戰。傅斯年在信中所說的「準漢奸」劉汝明，當時被編入第二戰區司令長官閻錫山手下，出任第七集團軍副總司令（傅作義為總司令）兼一四三師師長，另兼察哈爾省主席，直接指揮的部隊為兩個師一個保安旅（第一集團軍其他部隊在河間、大名一帶阻敵）。由於劉汝明軍閥割據心態甚重，一心想保存實力，與閻錫山、傅作義、湯恩伯等將領合作並不融洽，遂致綏察晉一線戰事一塌糊塗，最終導致張家口、南口等戰略要地相繼失陷。

就華北情形論，按照國民黨軍事委員會部署，先行鞏衛南口，使戰局形勢趨於穩定，爾後立刻發動對張北、商都的進攻，尤其著重於張北的爭奪。但劉汝明對於張北漢奸的逆襲，

師長劉汝明贈給部下的獎品，似乎喻示自己的委屈。

竟延遲一日始行動，而且當他進至張北城邊時，又復誤信偽軍首領李守信之請求，請其緩兵一日，即可反正云云。就在劉汝明猶豫不決之時，日軍紛紛調兵援守張北，並以李守信為前鋒，向劉部反襲，張北前線形勢陷入混亂，直至導致張家口與南口兩處軍事重鎮相繼失陷。

山西省轄境天鎮、陽高在張家口以西，大同以東，它不但是山西的門戶，同時還屏蔽著綏遠的東南。而它的西南是柴溝堡，從這一帶直至大同，由晉軍六十一軍軍長李服膺率部把守。當南口危急時，晉軍總首領閻錫山接到急電，曾下令李服膺率部由柴溝堡出援南口，可是李氏不但抗令不救，反被日軍從柴溝堡一炮所嚇，退走天鎮、陽高。

日軍占領南口與張家口兩鎮和交通咽喉，察哈爾全省很快被其控制。於是，日軍復以張家口為根據地而進攻大同與張家口之間的軍事要塞天鎮、陽高，叩山西之門戶，以取大同。

一代梟雄閻錫山

在這關乎民族存亡的緊急關頭，李服膺依然消極抵抗，致使天鎮於九月八日失陷。第二天，豐鎮告急，孤山與興和相繼陷入危急。與此同時，日軍的另一路則用七輛坦克衝進李服膺司令部所在地陽高，李氏率眾參謀人員出逃，陽高隨之淪陷。十三日，大同陷於敵手，晉省門戶洞開，敵軍大隊人馬分兩路向內地撲來，進太行，叩雁門關。時分兵駐守陽高、蔚縣、廣靈、靈邱、淶源等平漢與平綏路間唯一可連接地帶的劉汝明部，見日寇氣勢洶洶，紛紛潰退，致使局勢江河潰堤，不可收拾。雖有中共指揮的八路軍林彪一一五師在平型關對日軍予以沉重打擊，但仍未能阻止敵人南下的步伐，具有「天險」之稱的雁門關於九月二十七日棄守。

當此之時，能給予中國以槍彈支援的列強只有蘇聯一家，而由蘇聯運往中國的線路有二：一條是經外蒙古、內蒙古、山西大同至內地；一條經新疆、甘肅、陝西，連接隴海路。如果大同、雁門關失守，太原自是難保，中蘇槍械運輸線即被掐斷，這對交戰正酣的上海戰事乃至以後整個中國的持續抗戰，無疑是致命打擊。對此，蔣介石聞訊極為震痛，其悲憤痛扼之狀從十四日蔣氏日記中可以看到：「閻之罪惡甚於宋之（失）平津，其為無膽識，一至於此，實為夢想所不及也，可痛之至。對於蘇俄之運貨交通更生難矣。」為保上述通道不被斬斷，蔣介石遂有加強上海戰事，以吸引日軍主力，保住中俄運輸線的作戰計畫。

蹲守在山西老巢的閻錫山同樣深知大同與雁門關失陷對三晉和中國全局抗戰影響之巨，盛怒之下命人將敗軍之將李服膺押解至太原，來了個揮淚斬馬謖，以振軍紀。十月三日晚，李服膺在太原被槍決。未久，蔣介石下令對劉汝明撤職查辦。[4]

雁門關失守，日軍隨即突破晉軍閻錫山部設在晉北的長城防線，進逼太原以北的忻州要塞。為挽回頹局，閻錫山下令駐忻口晉軍嚴防死守。於是，雙方展開血戰，陣地多次反覆易手，爭奪持續二十餘日。日軍消耗兵力達兩萬餘人，晉軍更是傷亡慘重，第九軍軍長郝夢齡、第五十四師師長劉家麒等將領陣亡。交戰中，日軍源源不斷地增兵，並伴隨猛烈炮火步步緊逼，晉軍終於不支，敗退太原。自此，整個晉北淪入敵手，風景名勝五臺山等殿宇廟堂一併遭到炮火毀壞。

十月十三日，石家莊徹底淪陷，日軍第一軍團沿正太鐵路線向三晉大地推進。蔣介石立即抽調第一戰區兩個軍團，由第二戰區副司令長官黃紹竑指揮，火速趕至娘子關增援晉軍。

十月二十九日，南京國防最高會議正式決定國民政府遷都重慶，並對外公告，向全世界展示了中國政府和軍民長期抗戰，絕不屈服於倭寇的堅定信念。

國府西遷（油畫，時衛平作，現藏南京「總統府」）。1937年11月，日軍兵臨南京城下，林森率國民政府倉卒西遷重慶。左起：立法院院長孫科，國府主席林森，監察院院長于右任，行政院院長蔣介石，司法院院長居正，考試院院長戴季陶。

十一月五日，河南安陽淪陷。日軍的鐵蹄踏進了這座歷史古城，隨軍而至的日本「學者」竄到小屯殷墟遺址，開始明火執仗地大肆盜掘、劫掠地下文物，小屯四周被掘得滿目瘡痍，一片狼藉，大批地下文物被日軍劫走。

十一月八日，閻錫山棄守太原，三晉大部落入敵手。

十一月十一日，淞滬戰場上的國民黨軍隊已苦苦支撐達三個月之久。此次戰役，中日

1937年10月，日機飛越浦東地區，下方冒煙處為遭日機轟炸的閘北地區。

1937年11月5日，日軍增援部隊在杭州登陸，對中國軍隊形成包圍之勢，中方被迫退出淞滬戰場。

雙方共投入兵力約一百零三萬人，日本動用了二十八萬海軍陸戰隊與陸軍精銳部隊，挾四艘航空母艦、三十四艘大型軍艦、四百餘架飛機與近四百輛戰車，與約七十五萬中國軍隊進行了一場空前慘烈的大兵團會戰。中日雙方死傷俱重，日方陣亡達十萬人，中方陣亡約三十萬。以規模與死傷人數論，此次戰役是整個二次世界大戰中最大型的會戰之一，無論是後來聞名歐洲的諾曼第登陸，還是太平洋戰場的硫磺島大血戰，都無法與之匹敵。由於裝備與兵員素質等諸方面的差距懸殊，中國軍隊在苦戰三個月後傷亡過重，力不能敵，被迫從蘇州河南岸撤出。

十一月十二日，遠東最大的海港城市上海失陷，日軍轉而圍攻國民政府首都南京，中華民族到了最危急的緊要時刻。

在如此緊要關頭，國民黨內的主和派又冒出頭來，力主講和。原堅決反對和議，並力主逮捕主和派鼓吹者胡適的司法院院長居正，此時見華北與上海等地淪陷，轉而力主向日方求和，並公開宣稱：「如無人敢簽字，彼願為之！」[5]十一月二十一日，蔣介石處理南京戰守事畢，面對居正等一幫外強中乾、見風使舵的政客軟蛋，哀其不幸，怒其不爭，慨歎道：「文人老朽，以軍事失利，皆倡和議，而高級將領，亦有喪膽落魄而望和者。嗚呼！若輩竟無革命精神若此，究不知其昔日倡言抗戰之為何也。」[6]

十二月七日晨，蔣介石偕夫人宋美齡前往中山陵拜謁，因悲愴過甚，當場暈倒，隨眾驚駭。稍事休息，蔣偕夫人匆匆回寓，繼而飛離南京前往江西繼續籌畫戰事。

三、炸彈落到梁家

國難當頭，民族危急，流亡到長沙的知識分子同政府最高領袖一樣，從內心深處生發出一種悲憤交織的情愫，這種情愫又迅速鑄成哀兵必勝、置之死地而後生的堅強信念，一種與國家民族同生死共患難的英雄主義氣概，於這個群體中迅速蔓延、升騰、撞擊開來。這種令人熱血翻滾、魂魄激盪的情愫和氣概，梁思成、林徽因的女兒梁再冰幾十年後都記憶猶新：「那時，父親的許多老朋友也來到了長沙，他們大都是清華和北大的教授，準備到昆明去籌辦西南聯大。我的二叔梁思永一家也來了。大家常到我們家來討論戰局和國內外形勢，晚間

日軍飛機轟炸長沙

就在一起同聲高唱許多救亡歌曲。『歌詠隊』中男女老少都有，父親總是『樂隊指揮』。我們總是從『起來，不願做奴隸的人們！』這首歌唱起，一直唱到『向前走，別後退，生死已到最後關頭！』那高昂的歌聲和那位指揮的嚴格要求的精神，至今仍像一簇不會熄滅的火焰，燃燒在我心中。」[7]

既然戰火已燃遍大江南北，國軍喪師失地，節節敗退，長沙自然不是世外桃源。上海淪陷後，日軍一面圍攻南京，一面派飛機沿長江一線對西部城市展開遠程轟炸，長沙即在被攻擊範圍之內。不久，梁思成一家即遭到了敵機炸彈的猛烈襲擊，災難來臨。

梁從誡回憶說，一天，忽然頭頂有飛機的聲音，大批日機首次突襲長沙。由於事先沒有警報，梁思成以為是所謂蘇聯援助中國的飛機到了，而這些飛機很可能是為保護人民大眾和流亡的知識分子特地在長沙上空守航，於是懷著一份感動跑到陽臺，手搭涼棚對空觀看。飛機從樓群上方掠過，機翼上有一個圓形的血色的鬼子徽記。剎那間，幾個小黑點從飛機的肚子裡噴射而出，「嗖嗖」地向火車站飛去，那顯然是被轟炸目標，而這座初次經受戰爭洗禮的城市竟沒有向市民發出任何警報。小黑點很快變成了頭尖腳圓的像小孩子一樣大的「亮晶晶的傢伙」，梁思成這才意識到是什麼，車站周圍隨之騰起了煙火。巨大的爆炸聲與升空的殘渣碎石，使他的身心猛地顫抖了一下，頭「嗡——」地一震，急轉身衝進屋裡，一聲「炸彈，快跑！」尚未喊完，一枚「亮晶晶的傢伙」就飛到眼前落地爆炸。隨著一團火球騰空而起，梁思成本能地抱起八歲的女兒梁再冰，屋中的妻子林徽因眼望窗外的火光驚愣片刻，順勢抱起了五歲的兒子梁從誡，攙扶著一直跟隨自己居住的母親向樓下奔去。就在這一瞬間，炸彈引爆後的巨大衝擊波將門窗「轟」的一聲震垮，木棍與玻璃碎片四處紛飛。一家人連拉加拽，跌跌撞撞地奔到樓梯拐角，又有幾枚炸彈落到了院內。在「隆隆」的爆炸聲中，院牆上的磚頭、石塊隨著騰起的火焰向外迸飛，林徽因抱著兒子當場被震下階梯滾落到院中，整個樓房開始軋軋亂響，門窗、隔扇、屋頂、天花板等木製裝飾物瞬間坍塌，劈頭蓋臉地砸向梁思成和懷中的女兒……等梁氏一家衝出房門，來到火焰升騰、黑煙滾滾的大街時，日機再次實施俯衝，第三輪炸彈呼嘯而來，極度驚恐疲憊的梁思成、林徽因同時感到「一家人可能在劫難逃」了，遂相互摟在一起，把眼一閉，等著死神的召喚。出乎意料的是，落在眼前的那個「亮晶晶的傢伙」在地上打了幾個滾兒後不再吭聲——原來是個啞彈。蒼天有眼，命不該絕，梁氏一家僥倖死裡逃生。

敵機飛走後，流亡長沙的教育、學術界同人聽說梁思成家中被炸，結伴前去探望，據中央研究院史語所研究員石璋如回憶：「去到梁家，看見小樓的樓梯被炸毀了，還掛著東西，但是沒有樓梯上不去，很慘。家眷幸好躲到別的地方去了，沒有事情。另外一件慘事就是在路上發現不知從哪裡來的、還穿著絲襪的女人大腿斷肢，真的很慘。」[8]

吳宓。溫源寧對吳氏的形象這樣描述：「腦袋的形狀像顆炸彈，也像炸彈一樣隨時都有可能爆炸。憔悴，蒼白，頭髮好像就要披散下來，虧得每天早上都要剃鬚，還保持著一張臉面清晰的邊界，臉上多皺，顴骨高聳，兩頰下陷，盯著人看的一雙眼睛像是燒紅了的兩粒煤球——這一切全都支撐在比常人長一半的脖頸上，瘦削的軀體活像一根結實梆硬的鋼條」（溫源寧著，江楓譯，《不夠知己》〔*Imperfect Understanding*〕〔長沙：岳麓書社，2004〕）。

當晚，梁家幾口無家可歸，梁思成那「合唱隊指揮」的職位自然也隨之消散。面對如此淒慘景況，清華大學教授張奚若把自己租來的兩間屋子讓出一間給梁家居住，張家五口則擠在另一個小房間裡苦熬。第二天，梁思成找來幾人，把家中日用物品慢慢從泥土瓦礫中挖掘出來。據梁從誡說，當梁思成回到被炸塌的房前時，發現在一塊殘垣斷壁上，有一個人形的清晰血印。據目擊者稱，此人被炸彈的衝擊波平地拋起後，重重地摜在牆上，留下了這個鮮明的血色印記，牆上的人自然成為一塊模糊的肉餅。

梁從誡說的這一天，是一九三七年十一月二十四日，轟炸起始時間大約是下午一點半。此次經過，除了官方的文件檔案有大略的記錄，隨校流亡到長沙的清華大學外文系教授吳宓也在他的日記中做了較為詳細的披露。吳宓記載說：這一天是星期三，天氣晴朗，每年的這一天，自己便遭遇奇特重要的事情，今年特別加以注意，但「未卜其為何事也」。

上午十點，吳宓至明德學校，邀請好友姚家聞一同乘人力車至湘江碼頭，換乘渡船至湘江西岸，然後步行過湖南大學，登嶽麓山，至著名的愛晚亭小坐。只見山谷中，綠樹參天，日光照灼，更以到處紅葉，實為美境。至黃興、蔡鍔墳廟而止。飲茶休息後，渡湘江，入城，由姚家聞請宴於李和盛牛肉館，並電邀胡徵夫人前來一同就餐。下午一點半，幾人剛離餐桌，吳宓一直掛念在心的「奇特重要之遭遇」發生了。

吳宓日記敘述道，此時「日本飛機忽至，在東車站投炸彈，毀交通旅館（方舉行婚禮）及中國銀行貨倉等，死二百餘人，傷者眾。此為長沙初次空襲。當時，遠聞轟擊之聲，樓壁微震，街眾奔喧。乃下樓步行而北。行至中山北路，別徵等，宓獨沿大街東行。警察禁止行動，而街中人民擁擠奔竄。宓依簷徐進。至湖南商藥局門口，被警察飭入局內。眾留該局久久，至警報解除，始得出。此時街中人更多，蓋群趨車站欲觀轟炸之實況，無殊看熱鬧者，道途壅塞。及宓抵聖經學院已4：00矣。宓當時雖為鎮靜，惟為K憂（是日K竟外出，還劉佩蘭妹款，亦被阻於街中。宓事後知而深責之）。自後，每遇空襲，宓輒虔禱上帝。略謂：『宓亦畏死，然不敢惜死。如今日宓當死，惟上帝所命，宓安心就死，毫無怨悔。但願上帝保佑K，使勿遇禍，使能生還至其母所，俾宓無負K母之託……』」。[9]

吳宓日記中的K，是吳在清華園的女學生兼戀愛對象，盧溝橋事變之後受聘北平圖書館，未及上班便隨吳宓南下，向遷往長沙的北平圖書館報到。面對敵人的轟炸，吳宓對既無社會生活經驗，又像亂世飄萍一樣稚嫩的K的擔心勝過自己。按吳宓的說法，K之南下，是自己力勸的結果，吳必須擔負起照料保護的責任，方對得起K本人和她的家人。吳宓認為自己「雖愛K，然以年齡懸殊，絕不強求，只願以至純潔之心護助之。惟上帝鑑我忠誠，降福於K母女二人」云云。

時年四十四歲的吳宓，自北平至長沙，再至昆明西南聯大，所愛戀追求的女人不止K一個，而是有十幾人之多，但拉拉扯扯一晃九年過去後，吳氏過了知天命之年，不但無豐碩收穫，抱得幾個美人歸，連一根毛也沒有得到，徒令時人和後人扼腕——當然這都是後話，暫且不管，接著繼續看吳宓日記對敵機轟炸長沙的記述：

十一月二十五日

宓於正午12：00歸抵聖經學院，而毛應斗君仍堅欲請宓宴敘，遂同步至中山北路易宏發餐館，進西餐。甫食一湯一菜（時為1：30），警報忽響，飛機倏至。是日卻未投彈。宓靜坐餐室中，毛君甚惶懼，奔避館中前後各處。宓禱如前，且與餐客中之軍官（南京來者）談。3：00警報解除，乃偕毛君步歸。

十一月二十六日

下午1：00偕毛玉昆乘人力車擬赴湘雅醫院，探Wattendorf華敦德病。中途，警報忽傳，市人奔竄，警察禁止，不聽。宓等乃捨車步行。至北大路，被阻。為警察擁入衡粹女學內，鍵戶，與諸避難者坐廳中，移時，警報解除。

十一月二十七日

星期六，陰，微雨。

上午11：00，警報傳來。宓時在聖經學院，乃隨眾至辦公樓地室中藏避，校中師生皆集於是。或新交故知，互道寒暄，又述情意。此地室中，乃如一交際會。宓憶《左傳》「大隧之中，其樂也融融」。宓惟憂念K。守和（南按：北平圖書館館長袁同禮表字，對K小姐也有一舉拿下的意向，吳宓對此甚為惱怒和焦慮）亦往來尋K。宓見慈（南按：吳宓曾愛戀之女生）等，獨不見K。飛機迴翔空中。樓外院中草場，則平鋪一極大之美國旗。12：00警報解除。宓等出。「大隧之外，其樂也泄泄」焉。

敵機不斷前往長沙轟炸，且在一段時間內圍繞聖經學院周圍展開，顯然是有備而來，或為專門對付三校與中央研究院高級人員，於是便有「內部間諜引導日機」的說法傳出。鑑於此情，臨時大學與中央研究院長沙管理委員會主持者，共同派員組織了一個巡邏，當警報發出後，眾人都奔赴聖經學院地下室躲避，巡邏隊人員則在地面巡查是否有間諜或漢奸躲在某個角落，或明或暗地發信號引導敵機。據史語所派出的巡邏隊員石璋如說，巡邏是一個高度危險的差事，弄不好就要挨炸彈炸，性命難保，但自己既年輕，也就不太在乎。每當警報響起，敵機來臨，石璋如與史語所的年輕研究人員劉燿就隨巡邏隊在街面和各個角落巡查。但幾次過後，並沒有發現間諜，大家心中不免有些洩氣。正在這個時候，一件事發生了。

有一天，警報大作，眾人紛紛向聖經學院地下室逃奔，巡查人員各就各位，以警惕的眼睛盯著逃難的人群與各處異樣情況。正在眾人擁擠奔竄、惶恐喧囂之時，只見一青年人懷中夾一紫紅色長物，無目的地在人群中亂竄，不時停下腳步東張西望，樣子十分可疑。巡邏隊隊長大聲喊道：「前邊持物之人必是間諜，快給我拿下！」話畢，幾名年輕隊員飛身衝向前去將持物的青年人撲倒在地。石璋如等眾巡邏隊員見狀，從各個方向奔來將青年人擒獲，反扭胳膊將其送入聖經學院一間房內關押起來。

待警報解除，巡邏隊員們急不可待地將青年人提出來審問。想不到青年人自稱姓劉名致平，是梁思成領導的營造學社中人，大大的良民，不是什麼間諜，手中所執長物乃一未撐開的油紙傘。審問者詳細查看，確是一把普通的油紙傘，看不出暗藏發報機等特務們所使用工具的跡象。經詳細審問才知，劉致平原是梁思成任教東北大學時的學生，後投奔梁林夫婦到北平中國營造學社任法式部助理。當梁思成、林徽因一家南下後，劉致平也輾轉來到長沙投奔，因初來乍到，沒有跑警報的經驗，當警報響起，心中驚惶，順手抓起身邊一把油紙傘就向外狂奔。當跑到街上，又不知向哪裡躲避，遂不時停留東張西望而引起注意，遂有巡邏隊員懷疑手中的油紙傘可能是發報的祕密工具，並當作間諜抓捕關押之事。情況查明，巡邏隊找梁思成前來辨認，梁思成來後做了說明，將其保釋，事情也就算過去了。後來石璋如說：「劉是東北人，因為有這種事，使彼此熟識起來，才知道他也是很有成就的人。」[10]

敵機持續轟炸，整個長沙動盪不安，每天面臨著不是家破就是人亡的威脅，梁思成、林徽因夫婦意識到在此很難做成什麼事情，遂萌生了離開長沙前往昆明的念頭。按他們的設想，遠在中國大西南的昆明，離戰爭硝煙或許還有一段距離，既可以暫時避難，又可以靜下來做點學問，是個一舉兩得的理想處所，於是決心奔赴昆明。而這時的長沙臨時大學因校舍不敷使用，文學院改設在湖南南部衡山聖經學院分校，稱南岳分校。臨大校方要求三十餘名教職工和約二百名學生盡快赴南岳上課。十二月一日晚，吳宓及李賦寧、陳慈、張婉英、趙世燕等師生攜帶行李於寒風中冒雨趕往長沙火車站，欲乘過路火車赴南岳文學院。原定於當晚十一點鐘到達長沙的列車，直到次日凌晨五點還不見蹤影。據《吳宓日記》載：「中間兵車開過數列，傷兵滋鬧，且欲毆站長。此一夜，宓等疲憊已極，且威風凜冽，實不能耐。於是宓主張回歸聖經學院。」人員復歸本校後，擠在教室裡待至天明，各自散去。

十二月四日晚，大雨。清華大學政治系教授陳之邁在瀟湘館設宴話別。吳宓應邀前往，客有梁思成、林徽因夫婦以及顧毓琇等。當天的《吳宓日記》載：「憲初座與宓連。宓以孟光已接了梁鴻案，並以宓即將離此，大有『今宵酒醒何處，楊柳岸曉風殘月』之感。故與憲初無多語，惟自飲酒而已。席散後，邁乘人力車，親送憲初歸黎宅。」

憲初即黎憲初，乃湘潭名門望族黎錦熙（毛澤東在湖南師範學校讀書時的老師）之女，一九三二年畢業於國立清華大學外文系，屬才貌雙全的一代名媛，深得老師吳宓青睞。後來，清華政治系青年教授陳之邁通過吳結識黎，很快墜入情網。七七盧溝橋事變後，黎憲初侍母由北平南下往老家湘潭，未久轉至長沙寓所避難兼到湘雅醫院看病，清華師生南渡後，憲初與吳、陳等教授再度重逢。

一直對黎情意綿綿的吳宓，此次瀟湘館之宴忽感苗頭不對。吳是紅學專家，想到《紅樓夢》中，賈寶玉突然發現林黛玉和薛寶釵關係變好，之後便拿《西廂記》「鬧簡」中「是幾時孟光接了梁鴻案」打趣林，並有「先時你只疑我，如今你也沒的說，我反落了單」之類話。吳在酒桌上意識到黎愛陳勝過自己，又感山河破碎，學校與個人皆前途未卜，遂生發出一連串悲苦與慨歎。

兩天後的十二月六日，吳宓等師生終於擠上火車向衡山南岳分校駛去。

十二月七日，吳宓抵達衡山聖經學院分院，即臨時大學文學院所在地，稍事休息，便與臨大外文系主任葉崇智接洽功課。葉分配給吳《西洋文學史》、《歐洲名著選讀》、《歐洲古代文學》等課業三門，每周上課八小時，比在北平清華園時較為空閒暇逸，此為葉崇智對吳格外照顧之意。

葉公超，原名崇智，字公超，後以字行，原籍廣東番禺，一九〇四年十月二十日生於江西九江。其父葉道繩曾任九江知府。葉公超兄弟二人，早年喪母，父續弦後生葉崇德、葉崇禔二女，後父去世，由其叔葉恭綽撫養公超兄弟和姐妹。又因恭綽無子，視公超為子。

一九一七年，葉公超就讀天津南開中學，一九二〇年赴美國留學，先後畢業於緬因州貝茲大學（Bates College，今譯貝茨學院）和麻薩諸塞州阿默斯特學院（Amherst College）。後赴英國留學，畢業於劍橋大學文學系。在英國，葉公超與現代詩人艾略特亦師亦友，葉成為第一個向國內介紹艾略特與其作品的學者。一九二六年秋，葉公超歸國，受聘為北京大學教師，主講西洋文學，年僅二十三歲。此時蔣夢麟是北京大學的代理校長，蔣比葉大十八歲，是葉當然的前輩，葉終生都以先生稱呼蔣夢麟。一九二七年春，葉轉赴上海，出任暨南大學西洋文學系主任兼圖書館館長，五月與胡適在上海相識，並與徐志摩等人創辦新月書店，翌年創辦《新月》月刊，徐志摩任主編，葉與胡適、梁實秋、聞一多、潘光旦、余上沅等人參與編務並發表作品。一九二九年秋轉赴北平任清華大學外文系教授。一九三〇年六月與貴州修文籍的燕京大學畢業生袁永熹女士結婚。一九三二年生女葉彤，一九三七年生子葉煒。子女命名，據說是出於《詩經》「彤管有煒」一語。一九四〇年袁永熹攜子女赴美定居，在美終了一生。

一九三六年，葉公超受北大文學院院長胡適邀請，辭清華轉入北大外文系任教授兼主任。盧溝橋事變爆發，葉隨校南渡，被委任為長沙臨時大學外國語言文學系主任。

葉公超是著名的新月派詩人，與吳宓儘管在詩文創作與文化價值判斷上存在分歧，但私人感情尚好。究其原因，除對詩文的共同愛好，更多的應是與二人「風流才子」的性情有關。此點從吳宓一九三八年一月十三日至二十二日的日記中即可見出：「葉公超由長沙歸校，言憲初與陳之邁蹤跡極密，傳將訂婚。然邁在平津曾與其嫂相愛，同居二載，關係未斷。今邁對憲初是否誠心，恐憲初受損。楊振聲君等，謂當請宓以此事告憲初，俾知所戒備。宓已聞賀麟言其大略。宓本愛憲初，況負介紹之責。遂即致憲初長函，委婉陳述。此函寄憲初家中。乃函發不久，即接結婚喜帖。知憲初已與邁於本月十六日，在三和酒家結婚矣。宓深慮函送至新宅，為邁所見，邁必

風華正茂的葉公超

恨宓甚也。」

正當葉公超、楊振聲、賀麟、吳宓等教授在南岳聖經學院為陳、黎婚事奔走相告，抱著醋罈子相互搖頭且採取行動時，臨時大學已宣告結束，國民政府發布命令，臨大師生全部遷往昆明，組建國立西南聯合大學。於是，葉公超、吳宓等顧不得陳之邁是愛他嫂子還是愛憲初，倉卒中率師生打點行裝，於一月二十三日離開衡山，赴長沙與校本部大隊人馬會合，踏上了遙遠的途程。

四、清溪閣醉別

寒風淒厲，細雨連綿，從長沙撤往昆明的知識分子，一個個難掩心中的落寞與悲涼。此等情形正如林徽因寫給好友費慰梅的信中所說：「我們已經決定離開此處到雲南去……我們的國家還沒有組織到可使我們對戰爭能夠有所效力的程度，以致至今我們還只是『戰爭累贅』而已。既然如此，何不騰出地方，到更遠的角落裡去呢？有朝一日連那地方也會被轟炸的，但眼下也沒有更好的地方可去了……除了那些已經在這兒的人以外，每一個我們認識的人和他們的家人，各自星散，不知流落何方。」[11]

一九三七年十二月八日，在一個陰風陣陣、星光殘淡的黎明，梁思成、林徽因一家五口搭乘一輛超載的大巴車向蒼茫的西南邊陲重鎮——昆明奔去。

十二月五日，日軍開始圍攻南京，中國十萬守軍在司令官唐生智總指揮下拚死抵抗，傷亡慘重，但未能阻止日軍的凌厲攻勢。延至十日，強悍的日軍以精銳部隊和配備優良的武器同時進攻雨花臺、光華門、通濟門、紫金山等戰略要地，切斷中國軍隊的後路，南京守軍十萬將士在血戰後不支。危急時刻，蔣介石命令著名戰將顧祝同向唐生智傳達棄城突圍，全軍沿津浦路北撤的命令。由於日軍早已切斷了後路，只有參戰的六十六軍、八十三軍少數部隊突圍成功，多數將士被困於城郊未能及時渡江而遭日軍阻截槍殺。

十二月十三日，日軍攻占了中國首都南京，這座散發著濃重的脂粉與墨香氣味的六朝古都，頓時淹沒在鮮血、呻吟與絕望的哀號之中。放下武器的國軍官兵被集體屠殺，三十萬手無寸鐵的無辜市民遭到殺戮，日本天皇的軍隊像出籠的野獸一樣在大街小巷瘋狂強暴淚盡滴血的婦女。連續四十餘日的屠城，橫七豎八的屍體滿目皆是，揚子江成為一條流動的血河，整個南京籠罩在「天雨

南京淪陷，日軍列隊入城。

栗，鬼夜哭」的陰霾恐怖之中。

消息傳出，舉世震動。大海那邊的日本國民按捺不住心中的狂喜，紛紛叫喊著擁上東京街頭，施放焰火，提燈遊行，歡呼著「戰爭就要結束，中國已被無往不勝的大日本皇軍全面征服」等等口號。整個日本四島大街小巷燈火閃耀，人潮湧動，許多人擁抱在一起，喜極而泣。此時，全世界每一個關注中國命運的人，都感受到了一九三七年隆冬那來自遠東地區強烈的震撼與滴血的呼喊。

緊接著，杭州、濟南等重量級省會城市於十二月下旬相繼陷落。

由於平漢鐵路沿線保定、石家莊、新鄉等軍事重鎮相繼失守，長江沿岸上海、南京、蕪湖等地區陷落，驕狂的日軍開始集結精銳部隊，沿長江一線大規模向西南方向推進，地處兩條幹線交會處的軍事要鎮武漢三鎮，立即成為中日雙方矚目的焦點和即將進行生死一搏的主戰場。

十二月十四日，蔣介石由江西抵達武昌，緊急布置軍事防務。國民政府最高統帥部加緊了武漢大會戰的策畫和兵力集結。與此同時，日本內閣與大本營召開聯席會議，提出對華四項新的和談條件：中國放棄抗戰；承認「滿洲國」；設立非武裝區；對日賠款。

十二月十五日，蔣介石召集國民黨高級幹部會議討論，會議情況是：「主和、主戰，意見雜出，而主和者尤多。」[12]國防最高會議副主席汪精衛原本就對抗戰信心不足，此時大放厥詞，散布戰敗亡國論。次日，他向蔣介石提出「想以第三者出面組織，以為掩護」云云。此時汪精衛企圖拋棄抗戰國策，在國民政府之外另樹一幟，號令諸侯。而行政院副院長孔祥熙也順髫溜鬚地從「傾向和議」變為「主和至力」。[13]

面對一堆飯桶與軟蛋們的囂叫與哀號，蔣介石力排眾議，主張哪怕只剩一兵一卒也要戰鬥到底，誓死不降。為增強軍民抗戰信心，十二月十七日，蔣介石發表《告全國國民書》，號召全國軍民放棄一切和談幻想，堅決地、不能有絲毫動搖地團結抗日，並公開提出了「持久戰」的戰略方針，謂「中國持久戰，其最後決勝之中心，不但不在南京，抑且不在各大都市，而實寄於全國之鄉村，與廣大強固之民心。我全國同胞誠能曉然於敵人鯨吞無可幸免，父告其子，兄勉其弟，人人敵愾，步步設防，則四千萬方里之國土從內到外皆可造成有形無形之堅強壁壘，以致敵於死命……最後勝利必屬於我。」[14] 這是中國政治軍事高層最早公開提出對日採取持久戰爭以贏得最後勝利的軍事戰略構想。

十二月二十九日，蔣介石頂著汪偽投降派與一切悲觀主義分子的強大壓力，與國民黨元老、監察院院長于右任談話，再次以強硬的姿態重申日本所提出的四項和談條件是「等於滅亡與征服，我國自無考慮餘地，並應堅決表明，與其屈服而亡，不如戰敗而亡」[15]——這是一九三七年蔣介石在中國抗戰最為艱難的時刻最後一次重要談話。此時的蔣介石再次以哀兵必勝的悲壯之情，明確表達了寧為玉碎不為瓦全，誓與日寇決一死戰的堅定信念。這一信念與政治策略的意義，正如著名史家、外交家、原清華大學教授、曾擔任國民政府行政院政務處處長的蔣廷黻所言：「中日戰爭爆發之前，委員長慎重避免任何刺激日方的行動。他比別人更清楚對日戰爭的嚴重性，無論是物質方面的或是人員方面的。戰爭一旦開始，他從未表示他要接受日方所提的和平條件……他認為在那個軍事節節失利的非常時期來談和，一旦失敗，必致影響士氣。即使和談能夠成功，也只能達成一種不利於中國的和平。」因而，「中國乃至於全世界直到今日，仍不知道蔣委員長在八年抗戰期間一柱擎天的力量」。[16]大戰在即，而長沙與武漢只有三百公里之距，一旦武漢失守，敵人必溯水而上，長沙勢難獨撐。面對危局，無論是剛組建不久的臨時大學，還是中央研究院在長沙的研究所，又一次面臨遷徙流亡的歷史性抉擇。

何處才是安身之地？長沙臨時大學委員會在遷往重慶還是昆明之間搖擺不定，有師生認為立足方定，正好弦歌不輟，倘再興師動眾遷徙，不僅是勞民傷財，荒時廢業，甚至是杞人憂天，自尋煩惱。湖南省政府主席張治中聞訊，同樣認為遷校無必要，並表示：「即使長沙不安全，盡可以在湖南另找一地，省政府仍願全力支持辦學。」[17]廣西省政府聽到消息，迅速派員赴長沙與臨大常委們接洽，積極建議遷到桂林或廣西別的安全城市，廣西政府和人民願意傾全力支持云云。

對於這些建議，常委會經過慎重考慮，認為武漢萬一失守，長沙必遭攻擊，到那時整個城市將陷入混亂和戰火之中，再想從容遷徙就萬般困難了，其前途也將不堪設想。為學校能夠從容不迫地辦下去，必須未雨綢繆，在長沙遭受敵軍攻擊之前就要轉移到一個相對安全的地方。經過反覆研討，常委們最後決定遷往雲南省會昆明，其理由是：昆明地處西南，距前線較遠，且有滇越鐵路可通海外，採購圖書設備比較方便。更重要的戰略意義還在於，一旦內陸全部被日軍攻占、封鎖，還可通過滇越鐵路在西南之地甚至海外予以周旋，為民族復興保存最後一批文化種子。時為雲南省政府主席的龍雲聞知，表示出極大熱情。但此人屬於獨霸一方的軍閥，號稱雲南王，與蔣介石面和心不和，被蔣視為腦後長有反骨，需日夜提防的三國時代魏延一類的人物（南按：後來的事實證明了這一點）。因而，對於這一方案，尚不算糊塗且深諳官場規則的王世杰與教育部官僚均不敢定奪。蔣夢麟於焦急中徑直赴武漢面見蔣介石陳述，但不便向車胎上扎針——洩氣，直白地說一旦武漢失守之類的喪氣話，只說昆明可通安南直達海外等等，蔣介石心知肚明。經過反覆磋商，終於在一九三八年一月上旬得到最高當局批准。

一月二十日，長沙臨時大學第四十三次常委會做出即日開始放寒假，下學期在昆明上課的決議。規定全體師生於三月十五日前在昆明報到，同時通過了一系列遷校的具體辦法，組建了由蔣夢麟為主任的昆明辦事處。二月十五日，蔣夢麟飛赴昆明，主持建校事宜。

就在臨時大學高層人物蔣夢麟等來回奔波商討遷校之際，中央研究院長沙工作站委員會幾名常務委員也在緊急磋商進退辦法。此時，中央研究院院長蔡元培已轉往香港，傅斯年隨中研院總辦事處遷往重慶。在群龍無首的境況下，中研院在長沙幾名委員的討論未能達成共識，誰也不知要流落何處更為有益。梁思永以中研院長沙工作站委員會常務委員的身分，與史語所代所長李濟共同召集所內主要人員開會，商量本所的去留問題。經過一番仁者見仁、智者見智的激烈爭論，儘管未能最終確定目標，但總算拿出了一個大概的應對策略，這就是許多年後石璋如在他的回憶錄中所說：「為了此地同仁的安全，不能夠留在長沙工作，要再搬家。搬家的地點目前雖然還未確定，只有一個先決原則：同仁的家庭沒有淪陷的話，就先回家；家庭淪陷的話，可以跟著所走，只是地點未定；若不想跟著所走，也可以自便。決定

1936年2月，考古組同人在南京北極閣史語所大樓前合影。後排右起：胡福林，李光宇，高去尋，李濟，梁思永，徐中舒；前排右起：祁延霈，李景聃，劉耀（尹達），郭寶鈞，石璋如，董作賓，王湘。（李光謨提供）

此一原則之後，就讓各組自行商量。」[18]

史語所考古組（三組）經過協商，決定先把個人手頭的工作盡快結束，全部交付主任李濟處，爾後再談個人去留問題。經過幾天的緊張忙碌，所有資料全部收集起來，按順序打包裝箱，倘日後有其他人接手，可以按照原來的順序繼續工作，不至於茫無端緒。待這項工作結束後，李濟召集考古組全體人員集會，議決各人的去留問題。商量的結果是：李濟是組主任，不能走；董作賓專門研究甲骨，安陽出土的所有甲骨都需要他負責保管研究，因而也不能走；梁思永正研究殷墟遺址西北岡出土的器物，同時又是中央研究院長沙工作站管理委員會常委，即使走，也要等各所的事務告一段落才能走，因而暫時不動。同時，李、董、梁三人屬於中央研究院的高級委員，各自都帶有家眷，上有老，下有小，所謂拖家帶口，真要走也不是件容易之事，不到萬不得已，前行的腳步是不易邁出的。

李、董、梁「三巨頭」無法脫身，史語所考古組的「十大金剛」卻要各奔東西了。

老大李景聃是安徽人，家鄉尚未淪陷，表示樂意回去。老二石璋如是河南偃師人，當時洛陽一帶還在中國政府的控制之下，偃師屬於尚未淪陷的洛陽地區之一部分，因此石璋如也要回家鄉暫住。老三李光宇是河北人，家鄉那個偏僻村落雖沒進駐日本鬼子，但他一直負責管理三組的出土器物，因而不能走。老四劉燿（尹達）是河南滑縣人，家鄉已經淪陷，他自己已表示要投筆從戎，奔赴延安投奔共產黨抗日。對於這一抉擇，眾人覺得中央政府領導的國軍就在眼前，與整個中華民族生死攸關的武漢大會戰即將打響，而劉氏卻棄而不投，偏要遠離血與火交織的正面戰場，越長江，跨黃河，跋山涉水，不遠千里到後面的山溝裡來一個「敵進我退，敵跑我追」的游擊式抗日，頗有些不可理喻和過於「圓滑」，並擔心這種「游擊」會不會變成蔣介石所說的「游而不擊」。但想到人各有志，天要下雨，娘要嫁人，也就不再理會，隨他去吧。[19]

「十大金剛」中的老五尹煥章在安陽發掘之後，被河南古蹟研究會留下來幫忙，壓根沒到長沙，也就不存在走與留的問題了。老六祁延霈是山東人，家鄉已淪陷，家人已流亡到重慶，他決定到重慶尋找親人。老七胡福林（厚宣）是河北人，家鄉屬於最早淪陷的一批，兩眼茫茫已無退路，到前線戰場跟鬼子真刀真槍地拚幾個回合，來個刺刀見紅，胡氏既沒有膽量，又不情願到沙場送死，只好表示跟著所走。

老八王湘是河南南陽人，家鄉尚未淪陷，但他年輕氣盛，好勇鬥狠，屬於典型的憤青一族，平時經常與流落到長沙的大學生在茶館酒肆吃吃喝喝，拉拉扯扯，發表一些「世風日下，人心不古，眾人皆醉我獨醒」之類驚世駭俗的豪言壯語。當時長沙臨時大學曾布告學生，凡願服務於國防機關者，得請保留學籍，並得由學校介紹，張伯苓還擔任了臨時大學的軍訓隊隊長兼學生戰時後方服務隊隊長。據蔣夢麟在他的自傳《西潮與新潮》中說，有了這一戰時規定，臨時大學共有三百五十名以上的學生滿腔熱血投筆從戎，或參加了各種戰時機構（南按：北大校史記載共二百九十五人）——這是後來西南聯大學生大批參軍的先聲，也是這些青年學子們跌宕人生的開端。王湘受這股風潮的影響，決定跟隨臨時大學的學生到前線參加抗戰，與鬼子真刀真槍地幹上幾個回合，來一個「我以我血薦軒轅」或「頭顱擲處血斑斑」。既然王湘本人有這份熱血與激情，樂意提著腦袋在戰場上抵擋日軍的指揮刀，其他人只能以「很好，不錯，是個站著尿的」等等話語表示讚許，並未挽留，一樣地隨他去了。

老九高去尋，河北保定人，家鄉的鍋灶早變成了日本軍人餵馬的馬槽，萬般無奈中，決定與史語所共存亡。老十潘慤，被內定為古物押運人員，自然不能離去。

如此一來，在「十大金剛」中，除一個尹煥章原本留在開封外，有「五大金剛」要走，只有四個留下，整個史語所考古組的骨幹人員，將走掉一半。這個數字與結果一旦成為定局，每個人心中都蒙上了一層難以言表的悲愴、蒼涼的陰影。

去留問題在吵吵嚷嚷中好不容易拍板定案，天色黑了下來，梁思永與李濟決定史語所三組全體人員到長沙頗為有名的酒肆——清溪閣舉行告別宴會。據李濟等人回憶，這清溪閣，乃長沙一小有名氣的湘菜館，兼營麵食，門店位於八角亭魚塘街街口。該店所售「鹵子麵」以碎香菇、金鉤及海鮮餘料為碼，且碼多，鮮味異於常家，深受食客的歡迎，為各方人士雲集之地。只是當時的店主沒有想到，後來清溪閣名聲遠播，尤其是揚名於海峽兩岸學術界，並不是因其所售「鹵子麵」突然發生了核裂變式的物理反應，引起了世人的警覺，實因與文化史上一件不可忽視的事件——此次史語所考古組同人前來聚會有關。正是有了這一意義非凡的聚餐，才使它有幸在中國文化史的長河中留下了一絲印痕。

這個晚上參加的人員，除李、董、梁「三巨頭」和「九大金剛」外，還有幾位技工。由於人員較多，一室分成兩桌圍坐。此時，眾人的情緒都有些激動，悲涼加憂傷無形地襲上心頭，菜還沒有上桌，幾個年輕人就開始叫酒，並很快喝將起來。「三巨頭」的酒量都不算大，只能勉強應付。而年輕又經常下田野刨墳掘墓的幾個北方漢子，如王湘、劉燿、石璋如、祁延霈等，倒有幾分中原好漢與山東響馬大塊吃肉、大碗喝酒的豪氣。待把各自面前的酒杯倒滿，幾條漢子就迫不及待地招呼開席。

眾人端著酒杯站起來，「九大金剛」面色嚴峻地相互望著，齊聲呼喊「中華民國萬歲！」各自舉杯，一飲而盡。第二杯酒端起，眾人皆呼「中央研究院萬歲！」一飲而盡。第三杯酒端起，再呼「史語所萬歲！」又是一飲而盡。第四杯喊「考古組萬歲！」第五杯是「殷墟發掘團萬歲！」第六杯喊「山東古蹟研究會萬歲！」（南按：該會最早成立，傅斯年、李濟、梁思永等都是常務委員。）第七杯是「河南古蹟研究會萬歲！」第八杯是「李（濟）先生健康！」第九杯是「董（作賓）先生健康！」第十杯是「梁（思永）先生健康！」第十一杯是

「十大金剛健康！」[20]如此這般痛快淋漓地喝將下去，有幾位年輕的「金剛」從歷代酒場上規律性的「和風細雨——竊竊私語——豪言壯語——胡言亂語——默默無語」等五級臺階，猛地一下晉升到「胡言亂語」的臺階上來。在一派群情激昂、張牙舞爪的觥籌交錯之後，王湘、祁延霈、劉燿、石璋如等表現最勇猛的「四大金剛」，端著酒杯各自搖晃了幾下，眼前發黑，腿打哆嗦，一個接一個「撲通、撲通」倒了下去，霎時進入了酒場中所謂的「默默無語」、人事不省的「最高境界」。

第二天，劉燿、石璋如等「五大金剛」從沉醉中醒來，各自收拾行李，含淚作別史語所同人，離開長沙，星散而去。

注釋

1〈中央研究院歷史語言研究所七十年大事記〉，收入杜正勝、王汎森主編，《新學術之路：中央研究院歷史語言研究所七十周年紀念文集》（臺北：中央研究院歷史語言研究所，一九九八）。

2 陳存恭、陳仲玉、任育德訪問，任育德記錄，《石璋如先生訪問紀錄》（臺北：中央研究院近代史研究所，二〇〇二）。

3 歐陽哲生主編，《傅斯年全集》卷七（長沙：湖南教育出版社，二〇〇三）。

4 李服膺，字慕顏，又名興菴，山西省崞縣（今原平市）蘭村人，一八九〇年生。早年從軍跟隨閻錫山，官至軍長。一九三七年十月三日晚，閻錫山將敗軍之將李服膺招至省府大堂審問。閻對李說：「從你當排長起，一直升到連長、營長、師長、軍長，我沒有對不起你的地方，但是你卻對不起我。第一，你做的國防工事不好。第二，叫你死守天鎮、陽高，你卻退了下來。」說到這裡，李服膺插嘴說：「我有電報。」閻把眼一瞪，猛拍桌子：「你胡說！」

接著說道：「你的家，你的孩子，有我接濟，你不要顧慮！」李一聽這話，知閻已起殺心，當場掉下了眼淚，沒有再說什麼。閻錫山向周圍點了一下頭，走出了大廳。警衛營官兵走上前來，將李押上車帶到大校場，場地上放著一口棺材。李被押下車，即將走至棺材處，閻錫山警衛營的連長康增抬起山西造的大眼盒子扣動了扳機。槍聲響起，李撲地不起，死時年僅四十七歲（參見龐小俠，〈太和嶺口見聞與李服膺之死〉，《晉綏抗戰》〔北京：中國文史出版社，一九九四〕）。李服膺被槍殺後，晉軍不少將領認為李是被冤殺，閻錫山此舉實有更複雜的考慮和不足為人道的隱情。傅作義曾痛惜地說，天鎮失守「怎麼竟把罪責全落在李軍長一人身上，真是可恨、可惜又可歎！」

就在李服膺被槍決後第五天的十月八日，南京政府發表了第二四七號令，對張自忠、劉汝明予以撤職查辦。文曰：茲據軍事委員會呈稱，天津市市長兼陸軍第三十八師師長張自忠放棄責任，迭失守地；察哈爾省政府主席兼陸軍第一百四十三師師長劉汝明抗戰不力，致受損失；陸軍第六十一師第三百六十一團長陳參貽誤軍機，均請從嚴懲處，以振綱紀等情。張自忠著撤職查辦；劉汝明著撤職留任；陳參著先行撤職，從嚴實辦，以肅軍紀，而儆效尤。此令（潘振球主編，一九三七年七月至十二月，《中華民國史事紀要》〔臺北：國史館，一九九七〕）。

據《大公報》記者范長江報導：劉汝明之輕棄張家口，固然是一大原因，但還有其他錯誤因素存在。首先是劉氏「留其主力於張家口之南，散駐宣化、涿鹿、陽原、蔚縣，早做退逃之布置，而遣其雜色部隊與敵軍對抗……南口特別緊急時，湯恩伯曾電劉，請將其駐涿鹿、懷來附近之某團，向南稍微移動，必要時請其增援，劉亦始終未與覆電。劉之主力盡在後方，張北敵人反攻之時，劉不調其主力赴前方，而反向湯恩伯請兵……涿鹿為劉汝明基本部隊所在，而日機竟未曾以一彈相加」。「但是劉汝明之『不堅決抗戰可以緩和日軍進攻』之迷夢，終被日軍不客氣的重壓所粉碎。日偽軍節節進逼張家口……傅主席為大局起見，不得不移南口待命出擊之師，反戈以救張垣之急，劉至此始倉皇調其後方基本部隊及炮兵至張垣應戰，而大勢已去……張家口以西鐵路被日軍截斷，傅主席所部亦大半做冤枉之犧牲。八月二十五日夜間，『滿』軍先頭部隊入張家口，劉部倉卒敗退。自此日軍的目的已達，無利用劉汝明之必要，向之對劉部後方異常親善之日機，至此成群結隊轟炸宣化、涿鹿、蔚縣等地，其所用炸彈，尤大於炸湯恩伯者云」（文匯年刊編輯委員會編，〈察綏晉諸戰役〉，《文匯年刊》〔上海市：英商文匯出版部，一九三九〕）。

對於南京與社會各方面的問責，劉汝明並不服氣，許多年後，退到臺灣的劉氏曾著文為這段經歷辯解，認為自己盡到了一個軍事指揮官的責任，軍隊棄守潰敗與自己無關，外界盛傳的一切皆是嫉妒自己的軍隊將領與《大公報》記者范長江之流造謠與挑撥離間所致。在提到范長江時，劉說：「一天，副官遞入一張訪客名片，上書『大公報記者，十三軍顧問范長江』。我請他進來，交談不久他即說中央不是真抗日，我頓覺很不中聽……范又向我請求兩件事，一、由他來負責組織察省民軍；二、借給他幾千元作為組織費用。我與范素不相識……且范言論乖謬，我只回答他待我與湯軍長商議後再做決定。他居然又要先借一千元，我當即允應。那時我尚不知范是共產黨，才肯借錢給他。後來，范擅自往各縣組織民軍，許多縣長紛紛向我請示處置，范對那些縣長說，十三軍是中央軍，我們是『雜牌軍』，著縣長支持他，准他組織民軍。我命令各縣長，倘范長江強要組織民軍，就將他捕送省府，范聽說我要捉他，就逃走了。」又說：自此范長江懷恨在心，「我離開察省後，他說我在張家口一槍未放，一人未傷，便告棄守。張家口戰役由八月十八日到二十七日歷時十天，我旅長馬玉田、團長劉田均於是役陣亡。此外，旅長李金田，團長劉居信、李鳳科均重傷，營長以下軍官傷亡二百三十員，士兵五千一百多名。張家口戰役的詳細經過及人證，以下尚有說明，由上列傷亡數字已不難想見當時官兵浴血奮戰的壯烈情形。但范長江居然說我一人未傷，一槍未放」（劉汝明，《劉汝明回憶錄》〔臺北：傳記文學出版社，一九七九，再版〕）。

劉汝明的辯解是否屬實，此時已無人再顧及了，但從南京政府給予的撤職留用處分看，當時的社會輿論與國民黨軍政高層對劉氏的所作所為，恐怕少有好感。傅斯年所得消息，正是多方面綜合情況的反映。

5 楊天石，〈一九三七年：沒有在存亡時刻選擇投降的蔣介石〉，《中國社會科學院學術委員會集刊》第一輯（北京：社會科學文獻出版社，二〇〇五）。

6 耿雲志主編，《胡適遺稿及秘藏書信》手稿本（合肥：黃山書社，一九九四）。

7 林洙，《困惑的大匠：梁思成》（濟南：山東畫報出版社，一九九七）。

8 陳存恭、陳仲玉、任育德訪問，任育德記錄，《石璋如先生訪問紀錄》（臺北：中央研究院近代史研究所，二〇〇二）。

9 吳宓著，吳學昭整理、注釋，《吳宓日記》第六冊（北京：生活·讀書·新知三聯書店，一九九八）。

10 陳存恭、陳仲玉、任育德訪問，任育德記錄，《石璋如先生訪問紀錄》（臺北：中央研究院近代史研究所，二〇〇二）。

11〔美〕費慰梅（Wilma Fairbank）著，成寒譯，《中國建築之魂：一個外國學者眼中的梁思成林徽因夫婦》（上海：上海文藝出版社，二〇〇三）。

12 楊天石，〈一九三七年：沒有在存亡時刻選擇投降的蔣介石〉，《中國社會科學院學術委員會集刊》第一輯（北京：社會科學文獻出版社，二〇〇五）。

13 同前注。

14 李勇、張仲田編，《蔣介石年譜》（北京：中共黨史出版社，一九九五）。

15 同前注。

16 蔣廷黻，《蔣廷黻回憶錄》（長沙：岳麓書社，二〇〇三）。

17 西南聯合大學北京校友會編，《國立西南聯合大學校史》（北京：北京大學出版社，二〇〇六）。

18 陳存恭、陳仲玉、任育德訪問，任育德記錄，《石璋如先生訪問紀錄》（臺北：中央研究院近代史研究所，二〇〇二）。

19 此等情形和心境不只史語所獨有，在長沙臨時大學亦有相同者。據當時在南岳臨大文學院任教的錢穆回憶：武漢淪陷後，「某一日，有兩學生赴延安，諸生集會歡送。擇露天一場地舉行，邀芝生（南按：馮友蘭）與余赴會演講，以資鼓勵。芝生先發言，對赴延安兩生倍加獎許。余繼之，力勸在校諸生須安心讀書。不啻語針對芝生而發。謂青年為國棟梁，乃指此後言，非指當前言。若非諸生努力讀書，能求上進，豈今日諸生便即為國家之棟梁乎。今日國家困難萬狀，中央政府又自武漢退出，國家需才擔任艱巨，標準當更提高。目前前線有人，不待在學青年去參加。況延安亦仍在後方，非前線。諸生去此取彼，其意何在？散會後，余歸室。芝生即來，謂君勸諸生留校安心讀書，其言則是。但不該對赴延安兩生加以責備。余謂，如君獎許兩生赴延安，又焉得勸諸生留校安心讀書。有此兩條路，擺在前面，此是則彼非，彼是則此非。如君兩可之見，豈不仍待諸生之選擇。余絕不以為然。兩人力辯，芝生終於不歡而去」（錢穆，《八十憶雙親・師友雜憶》（北京：生活・讀書・新知三聯書店，一九九八））。

這段往事，除說明當時確有一部分青年人，因自己的政治觀念與志向，不願與國民黨合作，瞞著鍋臺上炕，越過炮火連天的抗日前線，遠赴尚處於寂靜之中的延安山溝和窯洞外，同時也點中了錢、馮二人各自的性格與政治觀念的穴位，暗含了十年之後，毛澤東為什麼說國民黨蔣介石只能控制「例如胡適、傅斯年、錢穆之類，其他都不能控制了」（〈丟掉幻想，準備戰鬥〉，收入中共中央毛澤東選集出版委員會編，《毛澤東選集》卷四（北京：人民出版社，一九九一），而馮友蘭卻留在大陸，緊跟政治形勢，左右搖擺，結果落了個晚節不保、灰頭土臉的下場的人生密碼。其實，以芝生慣用和天生具有的為人處世的騎牆性格，日後之悲劇，在此即顯露並注定矣！

20 陳存恭、陳仲玉、任育德訪問，任育德記錄，《石璋如先生訪問紀錄》（臺北：中央研究院近代史研究所，二〇〇二）。

第五章

弦誦在山城

一、遙遙長路，到聯合大學

一九三八年一月中旬，根據國民政府指令，長沙臨時大學遷往昆明，另行組建國立西南聯合大學。當時中共駐長沙辦事處的徐特立等幾位書生聞訊，急速來到長沙臨時大學講演，堅決反對西遷，鼓動學生抵制國民政府與學校當局的號令。無奈形勢比人強，歷史選擇的只能是順應時代潮流為民族大義而前行的人。國難當頭，大局已定，臨時大學師生打點行裝，昂頭挺胸，以悲壯的豪氣英姿，毅然邁出了西遷的步伐。

幾乎與此同時，中央研究院在長沙各研究所，經過一番仁者見仁、智者見智的爭論後，決定即刻向重慶、桂林、昆明等不同的地區撤退轉移。中研院總辦事處於重慶發出指示，電令在長沙的史語所與社會科學研究所、天文研究所等設法向昆明轉移。

一九三八年春，中央研究院在長沙各所陸續向昆明進發。據《史語所大事記》一九三七年十二月條：「議遷昆明，圖書標本遷昆明者三百六十五箱，運重慶者三百箱，運桂林者三十四箱，待運漢口者兩箱，等運香港者五十二箱，其餘六十多箱且封存於長沙。」[1]

一切安排完畢，史語所人員押送三百餘箱器物，先乘船至桂林，經越南海防轉道抵達昆明，暫租賃雲南大學隔壁青雲街靛花巷三號一處樓房居住。此時梁思成一家已先期抵達昆明，並在翠湖邊一個大宅院裡落腳。可謂有緣千里來相會，史語所同人與梁家在這個陌生的邊陲春城再度相會了，大家相互傾訴路途的艱辛。

中研院史語所人員從長沙撤退時，由李濟住處門口上車赴桂林。其時，李濟已搬運中博籌備處一批珍寶去重慶，由梁思永送行。車窗口是李濟之子李光謨、女兒李鶴徵。（李光謨提供）

關於梁家由長沙至昆明的逃難經過，許多年後，梁從誡曾有過這樣的回憶：「汽車曉行夜宿，幾天以後，在一個陰雨的傍晚，到達一處破敗的小城——湘黔交界處的晃縣。泥濘的公路兩側，錯落著幾排板房鋪面，星星地閃出昏暗的燭火。為了投宿，父母抱著我們姐弟，攙著外婆，沿街探問旅店。媽媽不停地咳嗽，走不了幾步，就把我放在地上喘息。但是我們走完了幾條街巷，也沒有找到一個床位。原來前面公路坍方，這裡已滯留了幾班旅客，到處住滿了人。媽媽打起了寒顫，闖進一個茶館，再也走不動了。她兩頰緋紅，額頭燒得燙人。但是茶鋪老闆連打個地鋪都不讓。全家人圍著母親，不知怎麼辦才好。」[2]後來，多虧遇上了一群空軍飛行學院的學員，才在他們的住處擠了個房間住了下來。此時的林徽因患急性肺炎已發燒四十度，一進門就昏迷不醒，多虧同車一位曾留學日本的女醫生給開了幾味中藥治療，兩個星期後才見好轉。

經歷了四十餘天的顛簸動盪，梁氏一家穿山越嶺，歷盡艱難困苦，終於在一九三八年一月到達昆明。幾個月後，史語所人員接踵而至，相見之後的驚喜可想而知。

待一口氣喘過，原中國營造學社的劉致平、莫宗江、陳明達等人，在與梁思成取得聯繫後，從不同的地方先後趕到了昆明。儘管前線依然炮聲隆隆，戰火不絕，但此時的梁思成感到有必要把已解體的中國營造學社重新組織起來，對西南地區的古建築進行一次大規模調查，惟如此，方不辜負自己與同事的青春年華，以及老社長朱啟鈐的臨別囑託。他開始給營造學社的原資助機構——中華教育文化基金董事會發函，說明大致情況並詢問如果在昆明恢復學社的工作，對方是否樂意繼續給予資助。中基會很快給予答覆：只要梁思成與劉敦楨在一起工作，就承認是中國營造學社並給予資助。梁思成迅速寫信與在湖南新寧老家的劉敦楨取得聯繫，並得到對方樂意來昆明共事的許諾。於是，中國營造學社的牌子又在風雨迷濛的西南之地掛了起來。

就在中研院史語所等學術機構向昆明撤退的同時，長沙臨時大學也開始了遷徙行動，師生們分成三路趕赴昆明。據《西南聯大校史》載：

第一批走水路，由樊際昌、梅關德和鍾書箴教授率領，成員包括教師及眷屬，體弱不適於步行的男生和全體女生，共計六百多人，分批經粵漢鐵路至廣州，取道香港，坐海船到安南（越南）海防，由滇越鐵路到蒙自、昆明。

第二批由陳岱孫、朱自清、馮友蘭、鄭昕、錢穆等十餘名教授帶領，乘汽車，經桂林、柳州、南寧，取道鎮南關（今友誼關）進入河內，轉乘滇越鐵路火車抵達蒙自、昆明。

第三批為「湘黔滇旅行團」，由二百九十名學生和十一名教師組成。隨隊的十一名教師

聯大負責人與旅行團團長、參謀長、大隊長、教師輔導員及隨團醫生等合影。前排右起：黃鈺生，李繼侗，蔣夢麟，黃師岳，梅貽琦，楊振聲，潘光旦；中排右起：李嘉言，毛鴻，卓超，許維遹，聞一多，總務負責人，副醫官；後排右起：吳征鎰，徐行敏，鄒鎮華，楊石先，袁復禮，沈履，曾昭掄，郭海峰，護士，毛應斗。

組成輔導團，由黃鈺生教授領導，成員包括中文系教授聞一多，教員許維遹，助教李嘉言；生物系教授李繼侗，助教吳征鎰、毛應斗、郭海峰；化學系教授曾昭掄；地質系教授袁復禮，助教王鍾山等人。

應臨時大學請求，國民政府軍事委員會和湖南省政府指派駐湘中將參議黃師岳擔任湘黔滇旅行團團長，軍訓教官毛鴻上校充任參謀長，對旅行團實施軍事化管理。師生身穿湖南省政府贈發的土黃色嶄新制服，裹綁腿，背乾糧袋、水壺，外加黑棉大衣一件，雨傘一柄，猶如一支出征的正規部隊。全團分為兩個大隊、六個中隊、十八個小隊。大隊長分別由教官鄒鎮華、卓超二人擔任，中隊長和小隊長分別由學生擔任。

二月二十日，旅行團大隊人馬離開長沙，一路經湘西穿越貴州，翻山越嶺，夜宿曉行，跋涉一千六百餘公里，日夜兼程六十八天，除車船代步和旅途休整外，實際步行四十天，約一千三百公里。時湘黔一帶土匪橫行，山野村寨經常傳出搶劫財物、殺人越貨的消息。湘西土匪之猖獗世人皆知，大股匪群有數千人之眾，不但擁有新式來福槍、手槍、盒子炮，還擁有重機槍與小鋼炮等裝備。在軍閥混戰時期，匪眾們為爭地盤和錢財，時常與當地駐軍交戰，有時一棚土匪敢跟一個師的兵力對抗交火。臨時大學組成的旅行團之所以由全副武裝的軍人領隊護行，一個重要緣由就是生怕途中遭遇匪徒，發生不測。臨出發前，湖南省政府主席張治中專門派人與黑道中的「湘西王」打過招呼，告知有一批窮學生將「借道」湘西與黔境到雲南讀書，請傳令沿途各「廣棚」「土棚」和「鬥板凳腳」，[3]以民族大義為重，不要對其進行騷擾。

或許是張治中的招呼起了作用；或許「湘西王」真的以民族大義為重，向密布於山野叢莽中的黑道弟兄下達了手諭；或許因為窮師生們本身沒有多少財物可劫掠，一路下來，旅行團並未與土匪遭遇。只有一次，走到一個離土匪窩點很近的地方停留過夜，有探子來報，說可能當晚有土匪前來打劫，眾人極其緊張，做了特別戒備和最壞的打算。然而夜間只聽得遠處幾聲槍響，並未見土匪來臨，眾人虛驚一場，算是度過了一劫。

旅行團進入湘黔交界處，受到當地政府和民眾的熱情照拂。當大隊人馬進入黔東門戶——以侗族人為主體的玉屏縣境時，政府專門張貼由縣長劉開彝於三月十六日簽署的布告，告知商民臨時大學旅行團將抵本縣住宿，而「本縣無寬大旅店，茲指定城廂內外商民住宅，概為各大學生住宿之所。凡縣內商民際此國難嚴重，對此振興民族之領導者——各大學生，務須愛護借重，將房屋騰讓，打掃清潔，歡迎入內暫住，並予以種種之便利。特此布告。仰望商民一體遵照為要」。[4]

三月十七日，旅行團到達玉屏縣，受到縣長劉開彝、各界代表及童子軍的熱烈歡迎，食宿等諸方面都得到了最大限度的關照。

旅行團為避土匪襲擾，途經湖南沅陵涼水井時在小道上急行。

當旅行團進入貴州腹地時，不間斷地有村寨地保敲鑼，提示商人與百姓不要提高物價，以方便過路的旅行團。此後，旅行團更是一路暢通無阻，有的縣甚至派出中學生在城郊列隊歡迎。有一對鄭姓姐妹，特地邀請一位同姓的團員到家裡吃飯認親。玉屏產的簫聞名全國，有「蘇州笛子玉屏簫」之譽，鄭姓姐妹贈送同姓學生玉簫一對留作紀念，從而留下了一段佳話。

熱烈的場景在省城貴陽達到了高潮，這一天正趕上滂沱大雨，旅行團成員們為壯觀瞻，步伐整齊地冒雨行軍，嘹亮的歌聲在雷電交加中傳向四方，大街兩旁的群眾無不鼓掌歡呼，冒雨向前與隊員們握手擁抱。如此熱烈的場景，令師生們深為感念，陡增肩上神聖使命感。後來據隨

（左）貴州地界的地保敲鑼，請百姓不要抬高物價，以方便過路的旅行團師生。（引自郭建榮主編，《國立西南聯合大學圖史》〔昆明：雲南教育出版社，2007〕）
（右）1938年4月16日，旅行團由普安抵達盤縣，受到當地小學生的歡迎。（聯大校友李珍煥轉贈南開大學檔案館存）

行的聞一多說：「那時候，舉國上下都在抗日的緊張情緒中，窮鄉僻野的老百姓也都知道要打日本，所以沿途並沒有做什麼宣傳的必要。同人民接近倒是常有的事。但多數人注意的還是苗區的風俗習慣，服裝，語言，和名勝古蹟等等。」又說：「在旅途中同學們的情緒很好，彷彿大家都覺得上面有一個英明的領袖，下面有五百萬勇敢用命的兵士抗戰，反正是沒有問題的。」[5]

六十八天的長途跋涉，使旅行團師生們真正地走出了象牙塔，進入到書本之外形形色色的大千世界。一路上，師生們拜訪苗寨，調查社會與民眾生活，切身感受到國家經濟的落後與百姓生活的艱辛，尤其是對當地種植鴉片的背景和這種毒品給社會帶來的危害有了更深層的了解和認識。輔導團教師們藉此時機進行實際教學。當年與李濟一同進行山西夏縣西陰村田野考古發掘的著名地質學家袁復禮教授，結合湘西、黔東一帶的地形地貌，講解河流、岩石的構造形成，以及黔西岩溶地貌和地質發育理論。聞一多指導學生收集當地民歌、民謠，研究不同民族語言，並對當地風土人情進行寫生。聞氏本人用鉛筆寫生畫作數十幅，取材別緻，筆意蒼勁，到蒙自展示後，許多教授大為震動，認為是不朽之作。師生們收集的雲貴民間歌謠多為男女相悅相慕之詞，在外地和書本上極難聞見，其含蓄中暗帶的豔麗令師生們大感新奇，如「廊前半夜鸚鵡叫，郎彈月琴妹吹簫」，就是一首絕妙的民謠。

旅行團中，與聞一多的慷慨激昂性格和詩人浪漫氣質不同的是，北大化學系教授曾昭掄的故事更是為師生津津樂道。這位晚清名臣曾國藩的後輩沉默寡言，平時很少與人交際，只是專心治學，有時簡直到了著迷的程度。儘管曾氏自少年就在長沙美國教會學校學習，又是清華出身，留美博士，但與其他留學東洋、西洋的學人

湘黔滇旅行團由十一名教師組成，此為其中十位教師於途中合影（缺王鍾山）。左起：李嘉言，郭海峰，李繼侗，許維遹，黃鈺生，聞一多，袁復禮，曾昭掄，吳征鎰，毛應斗。（北京大學檔案館提供）

大不相同。一般而言，凡留洋的學生總是西裝革履，打扮入時，氣宇軒昂，頭髮梳得油光發亮、一絲不亂。曾昭掄卻反其道而行，在穿衣打扮上，具有濃厚的中國鄉村塾師的「名士」氣。他所穿的大都是藍布大褂，在外人看來總是皺皺巴巴，不太合身，且有些破破爛爛、土里土氣，有時第三個扣子還要扣到第二個扣眼中，形成一個大斜襟。臉洗得好像不太乾淨，頭髮不整，鬍子幾天不刮，像個遊走於街頭巷尾的賣油條或煎餅餜子的小商販。腳上的襪子似是沒有襪筒，只到腳後跟為止。鞋子更是玄乎得令人頭暈，總是一雙藍色或黑色布鞋，且鞋子前後有洞，近似於後來的塑膠拖鞋或涼鞋，只能趿拉著走路。鞋中襪子的前頭總是被腳趾頂破而不補，形成了鞋前裸露腳趾，後頭露著襪子甚至腳後跟的古代遊方和尚濟公模樣。這副打扮，師生們見得多了也就習以為常，每次在路上見了只是悄悄嘰咕一聲「空前絕後」，一笑了之。但不明就裡的人往往發生點誤會，搞得雙方都很尷尬。據聯大學生何兆武說：「朱家驊做中央大學校長的時候，有一次召集各系主任開會，曾昭掄來了，朱家驊不認得，問他是哪一系的。曾昭掄答是化學系的。朱家驊看他破破爛爛，就說：『去把你們系主任找來開會。』曾昭掄沒有答話，扭頭走了出去，回宿舍後，捲起鋪蓋就離開了。隨後就在北大化學系做系主任。」[6]

儘管曾昭掄為人低調，穿得破破爛爛，平時不哼不哈，但湖湘文化中的「吃得苦、挺得住、霸得蠻」的脾氣還是一點不少。由於此次朱家驊的冒失，曾昭掄感到受了人格汙辱。與許多官僚不同的是，他並不解釋和辯駁，並且認為對這類高高在上的官僚政客解釋一句都是多餘的，且有損於自己的人格和尊嚴，於是悶頭不響地悄悄捲起鋪蓋開路。這個作風很有一些「湘鄉蠻子」倔強不羈的風格。

何兆武講的這個故事應是一九三一年間的事。就在這一年，曾昭掄應北京大學校長蔣夢麟邀請，出任北大化學系教授兼主任。曾昭掄到北大任職後，所放的「三把火」就是添設備、買藥品、擴建實驗室。據費孝通回憶說：「他為這個學科費盡心力，像一個媽媽對自己的孩子一樣。在我國把實驗室辦到大學裡邊，據說他是第一個。通過實際獲得科學知識，他解決了這一個很基本的問題，抓住了要害。」[7]在這個基礎上，曾昭掄把在國外多年學到的絕招全部施展了出來，並天才地加以發揮，對各項事務做了徹底革新，使北大化學系無論是人才還是設備都一躍成為全國業內最強的一個系，受到全國教育界的矚目和稱譽。

按照曾氏的學生，一九四八年畢業於北大化學系，後為北大化學與分子工程學院教授的蘇勉曾的說法，曾昭掄「振興北大化學系的功績可與蔡元培校長改革、振興北京大學的功績相比擬」。[8]這話或許有點言重了，但當年曾氏在北大化學系建設中的功績確是名動一時的。

北大南遷後，曾昭掄率化學系一批師生來到長沙，繼而隨湘黔滇旅行團向昆明徒步進發。每天自清晨走到傍晚，曾氏不走小道捷徑，而是沿盤山的沙石公路走，每當休息時，就坐下來寫日記。據當時就讀於北大化學系，隨旅行團赴滇的學生唐敖慶回憶：「每天早晨，當我們披著星光走了二三十里路時，天才放亮。這時遠遠看見曾昭掄教授已經坐在路邊的公里標記石碑上寫日記了。等我們趕上來後，他又和我們一起趕路。曾先生每天如此。看來，他至少比我們早起一兩個小時。」[9]每到一地，藉休整之機，曾昭掄還同聞一多等教授向當地軍政官員、士紳與民眾做政治文化方面的講演，分析中國的國力、軍隊和武器，以及長期抗戰中如何解決所需要的鋼鐵、棉花、酸鹼、橡膠等物資的供應等問題，同時論證抗戰必勝以及勝利後將需要大量人才，寄希望於當地青年與西南聯大的學生等等議題。

在整個旅途跋涉中，旅行團師生們寫下了一本又一本日記、觀察心得和畫作，學生錢能欣到達昆明後，將自己的旅行日記整理成《西南三千五百里》一書，由商務印書館出版發行。歌謠採訪組學生劉兆吉將途中收集的兩千多首民歌，彙集成《西南采風錄》一書，為當地的歷史文化留下了豐富的史料。清華外文系學生、湘黔滇旅行團「護校隊員」查良錚，也就是後來著名的詩人穆旦，以澎湃的激情和飛動的靈性，創作了名動一時的〈出發〉、〈原野上走路〉等「三千里步行」系列詩篇：

出發

——三千里步行之一

澄碧的沅江滔滔地注進了祖國的心臟，
濃密的桐樹，馬尾松，豐富的丘陵地帶，
歡呼著又沉默著，奔跑在江水兩旁。
千里迢遙，春風吹拂，流過了一個城腳，
在桃李紛飛的城外，它攝了一個影：
黄昏，幽暗寒冷，一群站在海島上的魯濱遜
失去了一切，又把茫然的眼睛望著遠方，

凶險的海浪澎湃，映紅著往日的灰燼。
（喲！如果有Guitar，悄悄彈出我們的感情！）
一揚手，就這樣走了，我們是年輕的一群。
而江水滔滔流去了，割進幽暗的夜，
一條抖動的銀鏈振鳴著大地的歡欣。
在清水潭，我看見一個老船夫撐過了急流，笑……

原野上走路

——三千里步行之二

我們終於離開了魚網似的城市，
那已窒息的、乾燥的、空虛的格子
不斷地撈我們到絕望去的城市呵！
而今天，這片自由闊大的原野
從茫茫的天邊把我們擁抱了，
我們簡直可以在濃郁的綠海上浮游。
……
我們走在熱愛的祖先走過的道路上，
多少年來都是一樣的無際的原野，

（噉！藍色的海，橙黃的海，棕赤的海……）

多少年來都澎湃著豐盛收穫的原野呵，
如今是你，展開了同樣的誘惑的圖案
等待著我們的野力來翻滾。所以我們走著
我們怎能抗拒呢?!我們不能抗拒
那曾在無數代祖先心中燃燒著的希望。
這不可測知的希望是多麼固執而悠久，
中國的道路又是多麼自由而遼遠呵……[11]

四月二十八日上午，旅行團師生們帶著滿身風塵和疲憊，抵達昆明東郊賢園。西南聯大常委蔣夢麟、梅貽琦，以及南開的楊石先，清華的潘光旦、馬約翰等教授，另有部分從海道來昆的學生佇立歡迎。之後，大隊人馬向城內開進，當隊伍經過中央研究院史語所臨時租賃的拓東路宿舍門前時，史語所同人打出了「歡迎聯大同學徒步到昆明」的橫幅，以示嘉勉。史語所語言組主任趙元任夫人楊步偉、北大校長蔣夢麟夫人陶曾穀、南開大學祕書長黃鈺生夫人梅美德，攜各自的女兒與一群當地兒童，在路邊設棚奉茶迎接。隊伍的前鋒一到，眾人立即端茶送水遞毛巾，向師生獻花。歡迎的人群還為這支歷盡風霜磨難的隊伍獻歌一曲，這是著名語言學家兼音樂家趙元任特地為師生們連夜製作而成的，詞曰：

遙遙長路，到聯合大學，
遙遙長路，徒步。
遙遙長路，到聯合大學，
不怕危險和辛苦。
再見嶽麓山下，
再會貴陽城。
遙遙長路走罷三千餘里，
今天到了昆明。

歌聲響起，如江河翻騰，大海驚濤，慷慨悲壯的旋律向行進中的每一位師生傳遞著國家的艱難與抗戰必勝的信念，許多師生與在場的群眾被感動得涕淚縱橫。

隊伍進入昆明圓通公園，在唐繼堯墓前舉行了隆重的歡迎儀式，旅行團團長黃師岳站在隊前逐一點名完畢，將花名冊送交梅貽琦。這個簡單神聖的儀式，標誌著歷史上從未有過的學生旅行團，成功地完成了由湘至滇的千里奔徙，全體成員平安抵達目的地，黃師岳與隨團的官兵也完成了政府賦予的光榮使命。[12]自

旅行團隊伍抵達昆明後繞行近日樓，經過正義路、華山路，向圓通公園歡迎會場行進。

此，數千名師生在昆明正式組建了足以彪炳青史、永垂後世的西南聯合大學。國民政府任命蔣夢麟、梅貽琦、張伯苓等三人為西南聯大常委，共同主持校務。

為鼓勵師生精神，堅持文化抗戰的決心，表達中華民族不屈的意志，西南聯大成立了專門委員會，向全體聯大師生徵集警言、歌詞，制定新的校訓、校歌。從眾多來稿中，專門委員會經過反覆篩選和討論，最後以「剛毅堅卓」四字作為聯大校訓。同時選定由聯大文學院院長馮友蘭用〈滿江紅〉詞牌填寫歌詞，清華出身的教師張清常譜曲的詞曲作為校歌，歌詞為：

萬里長征，辭卻了，五朝宮闕。暫駐足，衡山湘水，又成離別。絕徼移栽楨幹質，九州遍灑黎元血。盡笳吹，弦誦在山城，情彌切。

千秋恥，終當雪。中興業，須人傑。便一成三戶，壯懷難折。多難殷憂新國運，動心忍性希前哲。待驅除仇寇，復神京，還燕碣。[13]

這是一曲二十世紀中國大學校歌的絕唱，它凝聚了中國文人學者、莘莘學子在民族危難時刻最悲壯的呼喊，濃縮了聯大師生在國危家難之際所具有的高尚情感和堅強意志。從此，西南聯大的歌聲開始響起，激昂的旋律震動校園內外，感染著師生，激勵著不同職業的中華兒女共赴國難，奮發自強。

西南聯大組建之初，以蔣夢麟為主任的總辦事處設在崇仁街四十六號。未久，在各界人士支持幫助下，又租得大西門外昆華農業學校作為理學院校舍，租得拓東路迤西會館、江西會館、全蜀會館作為工學院校舍，鹽行倉庫作為工學院學生宿舍，幾處房屋略加修理，置辦一些桌椅就可以開課。木床趕製不及，每個學生配發幾個做外包裝用的小木箱，拼攏以代臥榻，箱中還可以放書，可謂一石二鳥，一箱兩用。

秩序甫定，張奚若、金岳霖、錢端升等原與梁家關係密切的聯大教授，又得以與梁思成、林徽因夫婦相聚，流浪的知識分子在陽光明媚、風景宜人、鮮花遍地的邊城，又找回了往日的溫馨與夢中的記憶。只是安詳舒心的日子未過多久，沉重的生活壓力接踵而來。地處西南邊陲，多崇山峻嶺，在國人眼中並不突出的雲南，由於戰爭爆發和國軍大規模潰退，此地的戰略地位顯得越來越重要，省會昆明不僅成為支撐國民政府持續抗戰的大後方，同時也成了淪陷區各色人等的避難場所。大批機關和社會人員湧進，導致昆明物價飛騰躍升，無論是當地人還是外來人，都感到了前所未有的生活壓力。

西南聯大常委梅貽琦在幾次登門看望梁思成這位清

張伯苓

梅貽琦

蔣夢麟

華老學生時，曾談及不久的將來，邀請梁氏夫婦充當聯大校舍設計師，梁林夫婦為能接受這一任務深感榮幸。在雲南省政府支持下，這年七月，聯大選定並購置昆明西北城外三分寺的一百二十餘畝土地作為校

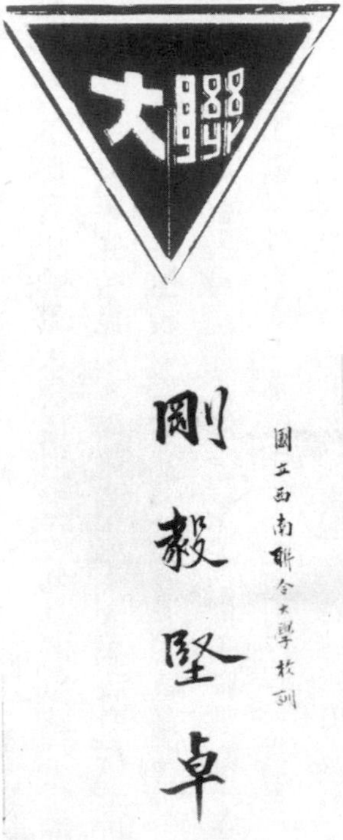

西南聯大校徽、校訓。

舍，初步預算暫定為二十萬元，以後邊投資邊建設。梁思成、林徽因夫婦受領任務後，根據以黃鈺生等十五人組成的聯大建築設計委員會的要求，花了半個月時間，拿出了第一套設計方案，一個中國一流的現代化大學校舍躍然紙上。然而，這一方案很快被否定，其原因是設計委員會當初沒有考慮到理科學生所需要的實驗室等房舍，梁林夫婦的設計方案被迫修改。幾經反覆，拖延數月。隨著內地戰事不斷擴大和無限期延長，國民政府教育部擬定了一個《平津滬戰區專科以上學校整理方案》，此方案規定新組建的西南聯大經費撥款按「北京、清華兩校預算及南開原有補助四成移撥」。即便如此，經費也難以如數到位，教職員工的薪水都無法按時發出，要建高樓大廈就無疑成為痴人說夢了。

梁林夫婦遵照新的設計方案，將原計畫中的三層磚木結構樓房改成二層，未久矮樓又變成了平房，磚牆變成了土牆。幾乎每改一稿，林徽因都要落一次淚。當交出最後一稿時，建設委員會委員長黃鈺生很無奈地告訴他們：「經校委會研究，除了圖書館和食堂使用磚木結

構和瓦屋頂外，部分教室和校長辦公室可以使用鐵皮屋頂，其他建築一律覆蓋茅草。」

梁思成聽罷，感到忍無可忍，徑直來到梅貽琦的辦公室，把設計圖紙狠狠地拍在桌子上，大聲嚷道：「改，改，改！從高樓到矮樓，又到茅草房，還要怎麼改?!」

梅貽琦眼看這位平日總是心平氣和的老學生一反常態地惱怒起來，知道是衝著政府削減經費過猛過狠又拖欠的做法而來，歎了口氣，起身像對待耍脾氣的小孩子般和顏悅色地說道：「思成啊，大家都在共赴國難，以你的大度，請再最後諒解我們一次。等抗戰勝利回到北平，我一定請你為清華園建幾棟世界一流的建築物，算是對今天的補償，行嗎？」梁思成望著梅貽琦溫和中透出堅毅的目光，想起時局的艱難，淚珠從眼角悄然滑落下來。

1938年，梁思成一家在昆明西山華亭寺與清華好友合影。左起：周培源，梁思成，陳岱孫，林徽因，梁再冰，金岳霖，吳有訓，梁從誡。

二、跑警報的日子

一九三九年四月，按梁林夫婦的設計，新校舍在一片荒山野地裡建起來了，其景觀是：所有校舍均為平房，除圖書館和東西兩食堂是瓦屋外，只有教室的屋頂用白鐵皮覆蓋，學生宿舍、各類辦公室全都是茅草蓋頂。儘管如此，畢竟有了教室、宿舍、圖書館、餐廳等設施，用馮友蘭的話說就是：「肝膽俱全，有了這座校舍，聯大可以說是在昆明定居了。」[14]

有些遺憾的是，因學校經費奇缺，所建教室及宿舍容量，尚不及全校所需的一半，只能勉敷文、理、法商三個學院之用。工學院只好留在原租住的拓東路三個會館開課，其後設立的師範學院則租用昆華工校部分校舍，教職員工原則上均在昆明城內自行覓房屋租住。只有幾位校領導因職務關係，辦公室設在新校區，房舍仍需在城裡租住，條件同樣局促簡陋。幾年後，梅貽琦曾在日記中描述了自己居住條件的尷尬：「屋中瓦頂未加承塵，數日來，灰沙、雜屑、乾草、亂葉，每次風起，便由瓦縫千百細隙簌簌落下，桌椅床盆無論拂拭若干次，一回首間，便又滿布一層，湯裡飯裡隨吃隨落。每頓飯時，噤下灰土不知多少。」[15]

在這種情況下，梅貽琦一家又搬到了龍院村一幢小土樓一層居住，時在聯大圖書館任職的唐冠芳一家住在樓上，小樓因年久失修，同樣簡陋不堪。許多年後，唐冠芳的兒子還記得這樣一幕情景：有一天中午吃完飯，母親照例收拾桌椅，掃地。

正在這時，只聽見樓下的梅家三姑娘高聲喊道：「唐太太，你別掃地了，我們在吃飯！」

原來，土砟與灰塵隨著掃帚起伏順著樓板的裂隙撒了下去，成為梅家飯菜的「胡椒麵」了。

住瓦屋的梅貽琦嘗了不少雲南的灰土，而平時在鐵皮屋教室教課與上課的師生，同樣深為苦惱。教室內除了黑板、講桌、課椅（右邊扶手上有木板，便於記筆記），別無他物。在多雨的雲南，除了潮濕與悶熱使北方來的師生難以忍受，一旦遇到颳風下雨，鐵皮便開始在屋頂發情似的抖動搖晃起來，並伴有稀里嘩啦、叮叮咚咚的叫喊聲。其聲之大、之刺耳，早已壓過了面呈菜色的教授的講課聲。有苦中求樂者，把這一獨特風景寫成對聯在校園貼出，謂：「風聲、雨聲、讀書聲，聲聲入耳；家事、國事、天下事，事事關心。」既是自嘲，也藉以激勵聯大師生在新的艱苦環境中，按照「剛毅堅卓」的校訓克服困難，邁出堅實的步伐。許多年後，在此就讀過的楊振寧對這段特殊生活仍記憶猶新：「那時聯大的教室是鐵皮頂的房子，下雨的時

1939年建成的西南聯大鐵皮屋頂教室。（引自郭建榮主編，《國立西南聯合大學圖史》〔昆明：雲南教育出版社，2007〕）

1944年，西南聯合大學財政困難，被迫將校舍鐵皮屋頂賣掉，換成茅草頂。（北大校史館提供）

候，叮噹之聲不停。地面是泥土壓成，幾年之後，滿是泥垢；窗戶沒有玻璃，風吹時必須用東西把紙張壓住，否則就會被吹掉……」[16]這位後來的諾貝爾獎得主，連同與他一道獲獎的李政道等一流學者，就是在這樣的環境中成長起來的。

教室條件如此糟糕，學生宿舍更是簡陋不堪。在所建的三十六座茅屋宿舍中（東西向十二座，南北向二十四座），兩端安有雙扇木門，兩側土牆上各有幾個方口，嵌上幾根木棍就是窗子。每間宿舍放二十張雙層木床，學生們用床單或掛上帳子把緊靠的兩床隔開，以減少干擾，便於自讀。有學生因而開玩笑道：「蔣校長大概認為住宿條件不錯，可以把他的孩子送到這宿舍裡住了。」此語暗含了一個不太為人所知的典故。在長沙臨大時，學生們住在

西南聯大校門

一個清朝時期留下的破營房內。某日上午，蔣夢麟、梅貽琦、張伯苓三常委由祕書主任陪同巡視宿舍。蔣看到宿舍破敗不堪，一派風雨飄搖的樣子，大為不滿，認為此處會影響學生的身心健康，不宜居住。老成持重的張伯苓則認為國難方殷，政府在極度困難中仍能顧及青年學生的學業，已屬難能可貴，而且學生正應該接受鍛鍊，有這樣的宿舍安身就很不錯了，於是二人爭執起來。梅貽琦乃張伯苓在南開時的學生，生性寡言，此時不便表示態度。爭執

中，蔣夢麟突然有些怒氣地說：「倘若是我的孩子，我就不要他住在這個宿舍裡！」張伯苓聽罷，臉一沉，不甘示弱地反擊道：「倘若是我的孩子，我一定要他住在這裡！」見二人皆面露慍色，梅貽琦不得不出面打圓場，說：「如果有條件住大樓自然要住，不必放棄大樓去住破房；如果沒有條件那就該適應環境，因為大學並不是有大樓，而是有大師的學校。」[17]梅氏一語雙關的勸說，使一場爭執才算平息。未久，學校搬遷，此事不了了之。

想不到學生們的一句戲言，竟真的成為事實。到昆明不久，蔣夢麟兒子真的由上海輾轉來到聯大茅屋宿舍住了下來。當年蔣、張之爭與梅貽琦打圓場的典故，隨著西南聯大校史一同流傳了下來。

無論三校是在長沙還是遷往昆明，總有一些淪陷區的學生不斷投奔而來，對這一特殊而又易被戰時文化史家忽略的過程，蔣夢麟本人在昆明地下防空洞中所撰寫的自傳《西潮與新潮》中曾專門提及。蔣說，三校到了昆明之後，除招收的新生，還有為數不少的學生是從淪陷區輾轉投奔而來，他們不止穿越一道火線才能到達自由區，途中受盡艱難險阻，有的甚至在到達大後方以前就喪失了性命。對此，蔣夢麟特以他兒子為例說道：「我的兒子原在上海交通

西南聯大圖書館坐滿了學生

大學讀書，戰事發生後，他也趕到昆明來跟我一起住。他在途中就曾遭遇到好幾次意外，有一次，他和一群朋友坐一條小船，企圖在黑夜中偷渡一座由敵人把守的橋梁，結果被敵人發現而遭射擊。另一次，一群走在他們前頭的學生被敵人發現，其中一人被捕，日人還砍了他的頭懸掛樹上示眾。」[18]

不只是外地、外校學生有如此遭遇，即使是本校學生亦有此例。北平淪陷後，北京大學許多未能及時逃出來的學生，被日軍逮捕並關進了北大紅樓（校辦與文學院所在地，又稱一院）地下室，接受灌辣椒水、殺威棒與搧耳光的「招待」。囚在牢內的人不准講話，如被發現就要遭到毒打。即使在夜間，日本憲兵也要躡手躡腳地在過道裡巡視，通過柵欄窺視室內的動靜。被囚的學生深夜聽到受刑的鞭笞聲、喊叫聲，裂人肺腑。一個被關了兩年終於逃出來的北大老學生，輾轉數千里抵達昆明後對校長蔣夢麟泣訴道，他被關的文學院地下室已成為活地獄，日軍把辣椒水灌到他鼻子裡，終致使他暈過去。他醒來時，有一個叫上村的日本憲兵告訴他，北大應該對這場使日本蒙受重大損害的戰爭負責，所以他理應吃到這種苦頭。這位老學生連續三天都受到這種特殊「招待」，每次都被灌得死去活來，他在那個地牢裡還看到過其他酷刑，殘酷的程度不忍追述。女生的尖叫和男生的呻吟，已使中國這座歷史最悠久的學府變成撒旦統治的地獄。不少學生就在這樣的「招待」中被活活灌死，或在「殺威棒」下暴斃而亡。

環境如此酷烈，西南聯大在昆明落地生根後，仍不斷發展壯大。一九三八年五月聯大初開課時，所屬四個學院的學生總數在一千三百人左右。同年九月，文學院和法商學院由最初落腳的雲南蒙自遷往昆明，聯大由原來的文、理、工、法商四學院擴大到五院二十六系（內含師範學院），學生人數也增至兩千餘人。一九三九年九月，聯大規模再度擴充，學生人數達三千之眾，教授、助教也增至五百名左右。與此同時，西南聯大又利用自己的師資力量和畢業生，創辦了聯大附屬中學、附屬小學，形成了極為可觀的教育基地。而新建的師範學院主要招收雲南省內的學生，為地方培養人才，成為繼雲南大學之後第二所綜合性高校，此舉受到當地政府和民眾的稱許（南按：抗戰結束後，一批自願留滇的聯大教師，在聯大師範學院的基礎上，組建了昆明師範學院，一九八八年改為雲南師範大學）。

可惜好景不長，住在昆明茅屋中上課的聯大學生，平靜的書桌未安放多久，

西南聯大中文系師生合影。二排：左二朱自清，左三馮友蘭，左四聞一多，左七羅庸。

凶悍的日軍飛機又帶著一肚子「亮晶晶的傢伙」主動找上門來了。

自一九三八年七月中旬始，日軍作戰大本營指揮二十五萬日軍沿長江兩岸和大別山麓向西南地區圍攻而來，國民政府迅速調集一百萬大軍，以武漢為中心，在大別山、鄱陽湖和長江沿岸組織武漢保衛戰。

八月二十一日，蔣介石接見英國《每日捷報》駐華訪員金生並發表談話，謂「揚子江陣線之一，不久即將展開劇戰，此戰將為大決戰」。[19]

十月下旬，日軍迫近武漢三鎮，中國軍隊與日軍展開空前大血戰，這是抗日戰爭初期最大規模的一次戰役。交戰雙方傷亡異常慘重，日軍傷亡人數達到了十萬以上，國軍傷亡四十萬之眾。武漢保衛戰不僅有效地阻止了日軍進攻西南大後方的腳步，更重要的是為上海、南京等地遷往武漢的大約三千多家兵工企業、民用製造業和大批戰略物資轉移到四川、廣西、雲南等地贏得了時間，為國民政府以時間換空間的戰略計畫發揮了效力。

十月二十五日，劇戰中的國軍在被打得殘缺不全，幾乎沒有一個完整的師可供補充之時，為保存繼續抗戰的力量和持久抗戰，蔣介石下令全線撤退，武漢淪陷。

就在武漢會戰正酣之際，日本軍部已將注意力轉移到切斷和封鎖中國國際通道的戰略與外交行動中。日軍大本營首先派遣海軍航空隊轟炸昆明至越南、緬甸的滇越鐵路和滇緬公路，同時出兵侵占廣東和海南島，以切斷香港和中國內地的聯繫，繼而進攻廣西，切斷了鎮南關和法屬印度支那越南的聯繫。被壓縮到西南一隅的中國軍隊，即將陷入內無糧草、外無救兵的絕境。

一九三八年九月二十八日，日軍以堵截、破壞滇越鐵路和滇緬公路為終極戰略意義的昆明大轟炸開始了。由九架日機組成的航空隊從琴橫島（位於廣東珠江口外）起飛至昆明上空，首次展開對這座春城的轟炸。昆明市居民和無數難民大都沒經歷過如此陣勢，見敵機轟響著一字排開向這座邊城壓來，一時不知所措。而許多平時好圍觀看熱鬧的民眾，意識到又一奇觀突現，遂停住腳步和手中的活計，站在地上像往昔一樣準備看個不買票的把戲。無情的炸彈冰雹一樣從天空傾瀉而下，觀看的人群沒來得及嗷叫一聲便血肉橫飛，人頭在空中如飄舞的風箏，四處翻騰，當空亂滾。時在昆明西門外潘家灣昆華師範學校附近聚集了大批外鄉難民和好奇的市民，日機二十八枚炸彈從天而降，當場炸死一百九十人，重傷一百七十三人，輕傷六十餘人。

當此之時，西南聯大師生和中央研究院等學術機構人員，因在長沙時已有了跑警報的經驗，一看敵機來臨，立即向附近的防空洞或野外逃竄。中研院史語所住地靛花巷，離昆明城北門只有幾十米的路程，出北門即是鄉下的曠野，學者們聽到警報，扔下手中的工作竄出室外紛紛向北門外狂奔，幸免於難。此次日機轟炸昆明城的悲壯情形，許多年後史語所的石璋如仍記憶猶新：

當天九點響起空襲警報，我跟高去尋先生兩人一起跑，藏到一個挖好的戰壕，戰壕的形狀很像田野的坑，我們看見敵機本應從東往西，卻在上空繞了一圈從西往東，九架敵機在上空緩慢盤旋，整隊飛往昆明城，不久就清楚地聽見機關槍、高射炮、炸彈的聲音，我們在戰壕內絲毫不敢動彈，聽見聲音結束後才起身。看見敵機轟炸完畢後成群結隊地離開，卻見我方有一架飛機起飛追擊，只見一架敵機冒煙，我方飛機見敵方飛機冒煙就溜了。後來聽說發布空襲警報時，昆明航空學校、飛機場的戰鬥機都奉命飛離。獨航空學校一個還沒畢業的學生是瞎子不怕老虎，自行起飛追擊，日機不防遭擊，所以損失一架飛機。這個學生本來會因不守規矩受罰，卻因為打下敵機就沒受罰，反而接受獎賞。獨眼的龍雲（人稱「獨眼龍」）與中央的關係雖然不怎麼好，不過在昆明被轟炸時，還站在北門上指揮呢（南按：日機被擊中後機尾冒黑煙，後墜入滇越鐵路宜良狗街火車站外二里地一個叫高苦馬的地方，敵機焚毀，除司彈手池島功一人跳傘被俘，另外五名同機組人員全部喪生）。我們從戰壕出來，回去昆明城內，大概是下午兩點左右。往小西門方向走，那一帶有昆華師範學校，被炸得很厲害，聽說死了不少人。我們研究院的天文所也有損失，我不知道天文所在那裡，只聽人說天文所的研究員（可能還是所長，很有名氣）李鳴鐘的妻女都被炸死了。董（作賓）先生作《殷曆譜》時經常一起討論的天文所的研究員陳遵嬀，他的母親跟弟弟都被炸死，太太跟兒子被炸傷。這可能與天文所在高處，目標顯著有關係，不然怎麼會死傷這麼多人？我不認識李鳴鐘，認識陳遵嬀，都被炸得很慘。[20]

慘劇發生後，昆明市民政局一位參與賑濟救災的科員孔慶榮目睹了當時的場面：「炸彈落地爆炸，硝煙瀰漫，破片橫飛，死者屍橫遍野，倖存者呼天嚎地，慘叫之聲不息……最慘者為一年輕婦女領一歲多的小孩，婦女的頭被炸掉，屍體向下，血流不止，而孩子被震死於娘的身旁。除此，其他破頭斷足、血肉狼藉……」[21]其淒慘之狀不忍追憶。

初試刀鋒，日軍眼見中方幾乎無絲毫反擊能力，於是放開膽子繼續更大規模地對昆明實施狂轟濫炸。許多人都親眼目睹了這樣的景象：只見飛機在空中從容變換隊形，一架接著一架俯衝投彈，整個城市濃煙四起，烈焰升騰，爾後才是炸彈的呼嘯和爆炸聲，有時甚至可以清楚看到一枚枚炸彈如何從銀白色的飛機肚子裡鑽出來，帶著「嗖嗖」恐怖之聲向城市飛去。據當時的聯大學生何兆武對日機的觀察，「日機來昆明轟炸都是排成『品』字形，三架排一個小『品』字，九架排一個中『品』字，有時候是二十七架排一個大『品』，有時候是三十六架，前面一個大『品』，後邊九架再組成一個中『品』，看得非常清楚。」至於飛機投彈的狀況更是清晰可見，久久不忘。「飛機飛過去的時候炸彈極其耀眼，就像一群水銀球掉下來，亮得晃人眼，就聽見『吱吱吱吱』的一陣響，然後是『嘣——』的一聲，如果離得近，就會感到地動山搖。」[22]

因有了「九二八」慘案這一血的教訓，「跑警報」成了昆明城不分男女老少，貧富貴賤共同的一種生活方式。連無孔不入的小商販在黑市上倒賣的本地酒，也掛名「警報牌」，以此表達自己與時俱進、開拓創新的商業精神與現代化意識。跑警報幾乎成為每個人每日不可或缺的要務和功課。而隨著空襲逐漸增多，昆明的空襲警報系統也逐漸完善起來。起初，昆明防空司令部曾經讓單車隊持紅旗在市區內疾行，表示預行警報。當敵機臨近後，則鳴警報器，其聲間隔稍長。如果敵機距市空不遠，則再鳴警報器，其聲間隔短而急。警報解除時，

昆明西門外潘家灣一帶遭受日機轟炸後的慘狀

除警報器長鳴外，並由單車隊持小綠旗遍示城鄉。後來空襲警報改為在五華山懸掛燈籠。預行警報懸一個紅燈籠，空襲警報懸兩個紅燈籠，並且鳴警報器，緊急警報則警報器短鳴，同時收去所懸掛的兩個紅燈籠。敵機一旦離開市空，則仍然掛兩個紅燈籠，等到敵機出境後，改為懸掛一綠燈籠，表示警報解除，同時警報器長鳴數分鐘後停止。到了後來，又將紅綠燈籠改為長形布桶。

時在西南聯大就讀、後來成為作家的汪曾祺在撰寫的回憶文章〈跑警報〉中，曾有過這樣一段描述：聯大剛進入昆明的那幾年，三天兩頭有警報。有時每天都有，甚至一天有兩次。昆明那時幾乎說不上有空防力量，日本飛機想什麼時候來就來。有時竟至在頭一天廣播：明天將有二十七架飛機來昆明轟炸。日本的空軍指揮部還真言而有信，說來準來！一有警報，別無他法，大家就都往郊外跑，叫作「跑警報」。

對於當時興行的三種警報，有些人特別敏感、恐懼，有些人反應較為遲鈍，不太在乎。

當年的汪曾祺曾遇到過一位對警報反應特別敏感且有些怪異的人物，此人姓侯，「原係航校學生，因為反應遲鈍，被淘汰下來，讀了聯大的哲學心理系。此人對於航空舊情不忘，曾用黃色的『標語紙』貼出巨幅『廣告』，舉行學術報告，題曰〈防空知識〉。他不知道為什麼對『警報』特別敏感。他正在聽課，忽然跑了出去，站在『新校舍』的南北通道上，扯起嗓子大聲喊叫：『現在有預行警報，五華山掛了三個紅球！』可不！抬頭往南一看，五華山果然掛起了三個很大的紅球。五華山是昆明的制高點，紅球掛出，全市皆見。我們一直很奇怪：他在教室裡，正在聽講，怎麼會『感覺到』五華山掛了紅球呢？——教室的門窗並不都正對五華山。」[23]直到死，汪曾祺也沒弄明白這位侯姓同學是否有特異功能，有何種特異功能。

為了說明昆明警報之多，汪曾祺還以他特有的幽默風趣舉例說，西南聯大有一位歷史系教授——聽說是雷海宗先生，他開的一門課因為講授多年，已經背得很熟，上課前無須準備。下課了，講到哪裡算哪裡，他自己也不記得。每回上課，都要先問學生：「我上次講到哪裡了？」然後就滔滔不絕地接著講下去。班上有個女同學，筆記記得最詳細，一句不落。雷先生有一次問她：「我上一課最後說的是什麼？」這位女同學打開筆記夾，

報載日機炸毀昆明知名藥店

看了看，說：「您上次最後說：『現在已經有空襲警報，我們下課。』」[24]

頻繁的警報搞得人心惶惶，雞犬不寧，無論是學者還是學校師生，大好時光白白流逝。鑑於這種痛苦不安的情形，雲南省政府開始通知駐昆的學校及科研院所，盡量疏散鄉下，以便減少損傷，同時也可騰出時間工作。西南聯大人多勢眾，要選個合適的地方極其不易，一時不能搬動，但有些教授還是自願住到了鄉下比較偏僻的地方。中央研究院史語所為保存發掘出土的文物及書籍免受損毀，決定立即搬家，搬到一個既安靜又不用跑警報的地方去。此前，石璋如到過城外十幾里地的黑龍潭旁一個叫龍泉鎮的龍頭村做過民間工藝調查，結識了龍泉鎮棕皮營村村長趙崇義（棕皮營村緊挨著龍頭村和麥地村，而以龍頭村為最大，外界多把這三個村子統稱龍頭村）。棕皮營有個回應寺，石認為此處條件不錯，便引領李濟、梁思永等人前去觀察，經趙崇義與鎮長商量並得到許可，史語所決定遷往此地。正在大家準備搬家之時，傅斯年來到了昆明。

三、觀音殿、尼姑庵的學者們

淞滬抗戰爆發後，傅斯年託史語所一位陳姓職員護送自己的老母前往安徽，暫住陳家，繼而讓妻子俞大綵攜幼子傅仁軌投奔江西廬山牯嶺岳父家避難，自己隻身一人留在危機四伏的南京城，組織、指揮中央研究院總辦事處和各所內遷重慶、長沙等地的事務。

自一九二八年六月中央研究院成立後，陸續按學科分科增設各研究所，到一九三七年抗戰爆發前，已設立物理、化學、工程、地質、天文、氣象、歷史語言、心理、社會科學及動植物等十個研究所。理、化、工等三個研究所設在上海，其餘各所均設於南京，並在南京成賢街舊法制局內設立總辦事處（北極閣新址落成後，辦事處遷往新址辦公），主持辦理全院行政事務。

當史語所、社會科學所等機構遷往長沙後，傅斯年在總辦事處度過了最後的留守歲月，於南京淪陷前夜，奉命撤離，同年冬到達江西牯嶺，見到愛妻幼子，隨即攜婦將雛乘船經漢口抵達重慶中央研究院總辦事處臨時駐地。一九三八年初夏，蔡元培終於同意朱家驊辭去總幹事一職，本想請傅斯年繼任，但傅堅辭，說對昆明的弟兄放心不下，急於到昆明主持史語所工作，蔡只好請抗戰前曾做過中華教育文化基金董事會幹事長、四川大學校長、中國科學社創辦人的著名科學家任鴻雋（字叔永）任總幹事。

傅與任交接了總辦事處事務，攜妻帶子來到了昆明，與史語所同人相會於昆明靛花巷三號，繼而遷往龍泉鎮龍頭村。此時，梁思成主持的中國營造學社雖已恢復，但要開展工作，必須有輔助這一工作可供查閱的圖書資料，否則所謂工作將無從談起。

自長沙撤退之後，清華通過本校畢業生、時任教育部次長的顧毓琇聯繫，將圖書大部分運往重慶，存放於顧毓琇之弟顧毓琼為負責人的經濟部下屬某所，攜帶昆明者只很少的一部分。想不到一九三八年六月二十六日，顧毓琼從重慶急電昆明的梅貽琦，告之曰：

昨日敵機狂炸北碚，燒炸之慘前所未有，敝所全部被焚毀，救無效。貴校存書全成灰燼，函詳。[25]

此前南開大學的圖書館在津門被日機幾乎全部炸毀，北大圖書沒有搶出，如今，搶運出來的清華圖書大部分又成灰燼，這就導致遷往昆明的三校幾乎無圖書可資參考。多虧中研院史語所來昆明後，傅斯年設法將先期疏散到重慶的十三萬冊中外善本圖書寄運昆明靛花巷三號駐地，隨即又將靛花巷對面竹安巷內的一座四合院租下作為圖書館，算是為遷來的三校和其他學術機構研究人員借讀緩解了燃眉之急。正處於孤立無援之地的梁思成，見史語所大批圖書到昆，與傅斯年協商，借用圖書資料及部分技術工具以便開展業務。傅斯年慷慨應允。此後，史語所與中國營造學社這兩個本不搭界的獨立學術團體，就形成了老大與老二，國營與民營，依附與被依附的「捆綁式」格局。

既然史語所與營造學社已成了老大與老二的依附關係，在史語所搬遷時，營造學社也只好跟著搬到鄉下，在史語所旁邊的麥地村落腳，尋租一處尼姑庵作為工作室。

一九三九年一月二十日，傅斯年為愛子仁軌畫了一張旅程圖，題記曰：「小寶第二個生日，是在牯嶺外公外婆家過的。爸爸在南京看空襲。生下三年，走了一萬多里路了！」[26]言辭中透著鑽心的悲愴與淒涼。

就在史語所遷往龍頭村不久，中央博物院籌備處也從重慶遷往昆明，並在離史語所不遠的龍泉鎮起鳳庵暫住下來。據當時在籌備處工作的年輕研究人員趙青芳回憶：此處是一個只有幾十戶人家的小村子，村子背靠山坡。起鳳庵內有個四合院，共十多間房屋，除尼姑占有少部分外，大部分都拿來做了辦公室。當時的工作人員不足二十人。村子在夜深人靜時常聞狼嗥，大狼小狼之聲清晰可辨，一時間頗使人生畏。好在白天環境十分幽靜，在辦公室窗前可以看見松鼠在樹上跳躍，給孤獨、清貧的工作人員帶來一點心靈慰藉。

儘管生存環境不盡如人意，畢竟在炸彈紛飛中又安下了一張書桌，眾研究人員心情漸漸平靜的同時，又在各自的專業領域忙碌起來。到了一九四〇年三月，突有噩耗傳來，蔡元培在香港去世。中央研究院各研究所、中央博物院籌備處與西南聯大同人聞訊，震驚之餘無不同聲悲泣。傅斯年在龍頭村旁邊的彌陀殿，專門組織相鄰的幾家單位召開追悼會，傅氏作為主持人，在講述蔡元培的生平，特別是上海淪陷前後一段經歷時，淚如雨下，幾不成語。

盧溝橋事變前兩年，蔡元培的身體狀況已現衰老頹勢，病魔開始與他糾纏不休，但這位中國學界領袖，仍為民族的救亡與復興奔走呼號。據他的學生，先後任清華、中央大學校長的羅家倫回憶，有一次蔡元培到南京，時任國民政府行政院院長兼外交部長的汪精衛聞訊後設宴招待。席前，蔡元培極為真誠懇切地苦勸汪精衛改變親日的立場和行為，嚴正態度，以推進抗戰和民族復興的國策。當時在座的羅家倫等人看見，蔡元培說到激動傷心處，眼淚一滴滴落在湯盤裡，又和湯一道嚥下去。其情其景，在場者無不為之動容。

一九三一年，當蔡元培與蔣介石關係逐漸疏遠並發生裂隙時，南京政府的要員黨棍如桂崇基（南按：一九二七年以後，歷任國民黨「清黨」委員會委員，國民黨中央宣傳部長，中央政治大學校長，考試院副院長，國民黨中央執行委員，一九四九年隨蔣逃臺）等常思

李濟領導的中央博物院籌備處在龍泉鎮龍頭村的辦公場所（作者攝）

壓制中央研究院，詆毀蔡元培。當情形緊急時，傅斯年便乘火車趕到國民黨四大元老之一的吳稚暉處請其出面向蔣緩頰。蔣介石一度曾想任命中央研究院總幹事楊杏佛為江西「剿匪」祕書長，楊氏極不願蹚這攤渾水，但為顧及中央研究院利益，只好硬著頭皮隨蔣前往江西。對此，楊杏佛於一九三一年六月十六日致傅斯年的信中說：「赴贛則要錢較有力，此亦冒暑隨征之一原因也。」儘管奉命以身前往，且伴隨蔣氏左右，但要錢仍非易事，同年七月二十一日，楊杏佛在致傅斯年的另一封信中頗為傷感地說：「雖盡力幫閒，而要錢終不如有實力者。」此時的中央研究院以及掌門人蔡元培，在蔣介石心中已由熱變冷，雙方的隔閡與裂隙無形中拉大。後因楊杏佛遭暗殺與自己遭特務恐嚇事，蔡元培徹底與蔣介石在感情上分道揚鑣。

一九三七年七月盧溝橋事變發生後，蔡元培正在上海。此時，中央研究院理、化、工等三個研究所仍留在上海租界內開展工作。淞滬抗戰爆發，蔡氏強撐病體，親自組織、指揮上海的三個所向內地撤退。上海城陷之際，中央研究院總辦事處已由朱家驊和傅斯年共同組織撤往重慶，蔡元培滿懷悲憤與憂傷，乘一艘外國油輪獨自一人從上海趕往香港。對於這個祕密行動，後來有兩種解說，一說蔡準備至港後，轉赴重慶與傅斯年等人會合，共撐中央研究院總辦事處戰時工作。一說蔡對蔣派特務刺殺楊杏佛事件耿耿於懷，情緒消沉，對蔣介石與國民黨政府失去信心，極不願到重慶與蔣氏打交道，遂負氣出走，避居香港，與宋慶齡等人會合，靜觀待變。由於一路顛簸飄蕩，年高體衰的蔡元培抵達港島後身體不支，被迫滯留療養休整，暫居於跑馬地崇正會館。

次年二月，蔡氏一家老小逃出淪陷的上海乘船抵港，蔡元培攜家遷往尖沙咀柯士甸道，化名「周子餘」隱居下來，謝絕一切應酬，但仍遙領中央研究院事務。同月，在蔡元培精心策畫和組織下，於香港主持召開了中央研究院

1933年2月，楊杏佛（中）與魯迅（右）、李濟（左）在上海亞爾培路中央研究院總辦事處合影。（李光謨提供）

自上海、南京淪陷以來首次院務會議。浙江省主席兼中研院總幹事朱家驊，以及所屬的丁西林、李四光、竺可楨、傅斯年、陶孟和等十位所長如期赴約，共商禦侮圖存大計，面對眾人的慷慨悲歌之氣，蔡元培精神為之一振。就在這次會議上，確定了戰時院務工作的許多重大策略與生存、發展方針。

早在淞滬抗戰爆發、上海告急之時，極富遠見的蔡元培就派人趕赴雲南昆明與當地政府有關機構接洽，希望把中央研究院上海的三個研究所搬到昆明繼續工作。雲南方面表示歡迎並樂意提供路費，但作為交換條件，中央研究院下屬的工程所等相關機構，需幫助對方在昆明近郊安寧建立一所現代化利用電爐製鋼的工廠，這一要求得到了蔡元培的批准。一九三八年春，中央研究院工程所等機構，從日本人的鐵蹄下悄然撤離淪陷的上海，租用外國油輪從香港、河內一路輾轉來到了昆明，只是限於當時的條件，煉鋼電爐沒能帶出。當時的雲南只能用高爐和轉爐生產生鐵，中研院工程所到來後，開始在昆明東寺街石橋鋪租用民房進行煉鋼實驗，後來為了躲避日機轟炸和市區的擁擠、喧鬧，於滇緬公路昆明至緬甸方向二十二公里的橋頭村，建立了一座占地一百畝的工廠，所需設備除自製外，還通過昆明安利公司從英國、美國購進。工廠建成後，於一九四一年六月煉出第一爐鋼，八月軋出第一批鋼。自此之後，昆明幾乎所有新興的大型建築都使用此鋼材，名震一時的勝利堂、五華山光復樓等，都是在這樣的背景和條件下興建起來的。[27]不過，當這一切到來的時候，蔡元培已經看不到了。

一九三八年五月二十日，蔡元培應宋慶齡邀請，同港督羅富國爵士等人一道，出席由保衛中國同盟及香港國防醫藥籌賑會於聖約翰大禮堂舉行的美術展覽會，並公開發表演說。這是蔡元培在港期間唯一一次公開演講，其意本為公開話別，離港前往昆明或重慶，奈何因身體病弱不堪，未能成行，最終病逝香江。

一九四〇年早春，七十三歲的蔡元培步入了貧病交加的人生暮年，他的生命之火即將熄滅。而此時，偏又遭逢愛女蔡威廉死於難產的致命一擊。這位留洋歸國的藝術家，自和林文錚結婚後，一直致力於國立藝專的藝術教學工作，滿腹才華和理想尚未來得及施展和實現，就撒手人寰。她死得很慘，在嚥下最後一口氣之前還用手在牆上反覆疾書「國難！家難！」[28]其撕心裂肺之狀令天地為之動容。白髮人送走了黑髮人，而白髮人也將循著女兒的背影飄然而去。

一九四〇年三月三日晨，蔡元培起床後剛走到浴室，忽然口吐鮮血跌倒在地，繼而昏厥過去。兩天後，醫治無效，溘然長逝。

巨星隕落，天下震驚。全中國不分政治派別，均表深切哀悼。蔡氏遺體於七日下午在香港灣仔摩利臣山道福祿壽殯儀館入殮，十日舉殯，香港各學校及商號均下半旗致哀。蔡元培靈柩初移厝於東華義莊七號殯房，以待運回故鄉浙江紹興安葬。但因戰事迭起，炮火連綿，未能成行，遂移葬於香港華人永遠墳場。從此，這位「五四元老」「中國新文化運動之父」「學界泰斗」，長眠於香江。

蔡元培在民族危急的「大風雪」中走來，又在山河破碎的暴風驟雨中離去，在他到來和離去之後，中國已經不再是原來的中國，他所開創的學術大業，自由之思想，民主、科學之理念，囊括、相容之精神，將成為一座不滅的燈塔，於嵐山霧海、天地蒼茫中，昭示著天下儒林士子遠航的路。

蔡元培走了，死者不能復生，中央研究院不能長時間沒有院長。為使本院各個系統不致因其締造者蔡元培去世而在戰火中出現斷路或癱瘓，院長繼任人選問題自然地被提到了議事日程。

一九四〇年三月中旬，中央研究院評議會祕書翁文灝與中央研究院總幹事任鴻雋，中央組織部長朱家驊，教育部長王世杰等人溝通後，呈報國民政府批准，召集散落在全國各地的評議員赴重慶開會，選舉新一屆院長。

在昆明科研學術機構的傅斯年、陶孟和、李濟、李四光、丁西林、汪敬熙，及西南聯大教授陳寅恪、周炳琳等接到通知，紛紛向國民政府陪都重慶雲集而來。此時，每個評議員都渴望自己看好的對象能夠當選，開始或明或暗地角逐起來。三月二十三日，中央研究院第一屆評議會第五次年會終於在重慶濛濛細雨中開幕，評議員對院長候選人正式進行無記名方式投票，選出三名候選人。據統計，到場者共三十人，由王世杰擔任會議主席，為避嫌，王放棄投票。其結果是：翁、朱二人旗鼓相當，各得二十四票，胡適得二十票，李四光六票，王世杰與任鴻雋各四票，顧孟餘僅得一票。按照選舉條例，評議會將得票最多的翁、朱、胡三人名單呈報國民政府審批。儘管胡適在評議員特別是傅斯年、陳寅恪、李濟等重量級大腕中間呼聲很高，且陳寅恪放言「如果找一個搞文科的人繼任，則應為胡適之。胡適之對於中國的幾部小說的研究和考證的文章，在國外的學術界是很有影響的」，[29]但胡適正在駐美大使任上，關乎國家民族抗戰，責任重大，終究不能回國。這一點，王世杰在給胡適的電報中說得非常明白：「政府覺美使職務重於中研院，迄無調兒返國決定。」[30]

既然胡適不能返國，中央研究院院長就只有在翁文灝與朱家驊之間選擇了。但蔣介石對翁、朱二人皆不滿意，故左右搖擺，舉棋不定，直到蔡元培死後半年有餘的九月十八日，才最後下定決心棄翁而圈朱，不過在圈定之後又加了個「代」字，以示平衡各派勢力，朱家驊遂以中央研究院代理院長的名分被公示天下。

朱家驊本是合法的三位院長候選人之一，結果陰差陽錯地以暫代之名充當天下儒林共主，心中頗為不快，又無力改變這一尷尬局面。經過他一番明察暗訪，認為導致這一局面的原因，與王世杰背後搗鬼大有關係。王不想讓胡適此時離任回國，但又覺得胡適因此失去中研院院長之位犧牲太大，既然自己得不到，也不能讓朱氏輕易占了便宜，於是欲留院長之位以待胡適，並以此說動蔣介石，拋棄最具競爭力的翁文灝，讓資歷較淺的朱家驊暫代。蔣介石心想，既然翁氏被拋棄，單舉朱氏來做院長也有些不便，於是順水推舟，在朱家驊的院長前輕輕加了個「代」字以示平衡，可見蔣介石此舉之煞費苦心。

事已至此，朱家驊回天乏術，只好屈就。但隨著時間的推移和時局的演變，王世杰的設想也成為泡影，當胡適從朱家驊手中接掌中央研究院的時候，已是十七年之後臺灣孤島上的事了。

朱家驊以險勝暫時坐上了中央研究院第一把交椅，久懸在傅斯年、陳寅恪等人心中的一塊石頭砰然落地。儘管傅斯年在選舉院長問題上明顯偏重於胡，但對朱家驊也沒有暗中下絆兒或在背後鼓譟搗亂，總體上亦屬擁護之類，鑑於傅在中央研究院非同尋常的號召力和辦事才幹，朱家驊上任之始便棄任鴻雋而請傅斯年出任總幹事一職，是謂一朝天子一朝臣也。可憐的任鴻雋不但競選院長未果，連總幹事的帽子也丟掉了，只好仰天長歎，莫之奈何。傅斯年此時正身患高血壓，並深受其累，不想戴這頂「閒曹」手下總幹事的帽子，但因朱家驊真誠相邀，感念當年朱在中山大學時對自己有知遇之恩，遂「為了院，為了朋友，欣然地答應下來」。[31]不過傅斯年還是有言在先，認為自己既然已擔任了史語所所長，不能再兼職，只是以暫時代理的身分出任總幹事一職。在正式上任之前，傅斯年要先回昆明處理史語所的事務，然後回重慶就任。而這個時候，國際國內局勢又進一步惡化了。

四、九州遍灑黎元血

一九四〇年五月，歐洲戰場上，德國法西斯軍隊機械化部隊繞道比利時，以閃電速度斜插法國腹部，從法國馬其諾防線左翼迂迴，在蒙馬特附近突破達拉第防線，占領了法國北部。緊接著進抵馬其諾防線的後方，導致號稱「固若金湯」的馬其諾防線變成了毫無用處的垃圾堆，在此布防的英法盟軍數十個師瞬間崩潰，德軍勢如破竹向巴黎挺進。與此同時，遠東戰場上的日軍與希特勒遙相呼應，立即出兵威脅越南，封閉滇越鐵路，進而封鎖香港。見風使舵的英國迅速與日本達成協定，拱手交出中國政府存放於天津英國銀行的大批白銀，並承諾配合日軍封鎖滇緬公路三個月，與日本共同覓得「光榮之和平」。

就在以上戰略步驟實施前後，為確保日軍已經攻占的武漢三鎮，控制長江水上交通線，扼住中國軍隊的咽喉，置國民政府於死地，五月二日，日軍調集十五萬精銳部隊在第十一軍司令官園部和一郎指揮下，於襄陽、棗陽、宜昌一帶發動戰爭，史稱「棗宜會戰」。中國第五戰區司令長官李宗仁指揮六個集團軍進行阻擊。日軍自五月一日起分三路先後攻占明港、桐柏、唐河、棗陽等地，十日會師於唐白河畔。中國軍隊轉入外線的部隊將敵反包圍於襄東平原，收復明港、桐柏，一度克復棗陽。五月十四日，第三十三集團軍總司令兼第五戰區右翼兵團上將銜總司令張自忠，親率第七十四師、騎九師及總部特務營數千人渡襄河出擊，截擊敵軍，與日軍血戰竟日，復激戰通宵。第二天，日軍調集飛機二十餘架，炮二十餘門，輪番轟擊。

張自忠將軍

平津淪陷後，以匹夫之勇在北平主持冀察事務的張自忠痛悔自己的過失和糊塗，不該獨自留下，以極不恰當的方式，在錯誤的時間、錯誤的地點和日本人進行一場無論是政治還是軍事上都頗為錯誤的周旋。當自己受日本人利用的價值不存，被對方一腳踢開並威脅到生命安全時，遂猛然悔悟，化裝打扮，潛出北平逃往天津，再乘輪船逃至煙臺，祕密轉車赴濟南。山東省政府主席韓復榘奉命將張自忠扣押。期間，張見到專程前來探望的蕭振瀛，追悔莫及，相抱大哭，說了些「對不起團體，對不起大哥」的話，爾後由原二十九軍副軍長秦德純陪同，解往南京面見蔣介石請罪。張自忠在蔣面前提出願回「軍前效力」，立功贖罪。後在原二十九軍將領宋哲元、蕭振瀛，以及李宗仁、何應欽、程潛、張治中、鹿鍾麟、魏道明、鄭毓秀等軍政顯要的輪番遊說下，蔣介石終於被說動，在大敵當前、鏖戰正酣的關鍵時刻，根據「使功不使過」的策略思想同意張回原部隊，以三十八師師長原職兼代該師新升格的五十九軍軍長。[32]

一九三八年一月，張自忠的五十九軍被調歸第五戰區序列李宗仁指揮，旋赴臨沂一帶參加臺、棗會戰。張自忠以悲憤交加的心情，率部在臨沂戰役中擊潰號稱日本「鐵軍」的板垣征四郎第五師團，揭開了臺兒莊大捷的序幕。

血戰臺兒莊之後，日軍增兵包圍徐州，截斷隴海鐵路，張自忠部又臨危受命，掩護徐州數十萬主力部隊突圍。武漢會戰中，張部奉命守衛潢川，重創來犯日軍第十師團。戰後，張自忠以戰功升任第二十七軍團軍團長，未久，軍事委員會組建第三十三集團軍，該集團軍下轄曹福林的五十五軍，張自忠的五十九軍和馮治安的七十七軍，張自忠任集團軍總司令，馮治安副之，這支部隊算是原二十九軍老班底的餘脈。此時的三十三集團軍重整旗鼓，面貌一新，再也不是宋哲元第一集團軍暮氣沉沉的混亂狀況了。受張、馮二位將領「盡忠報國」（張自忠語）的影響，軍士們個個奮勇當先，在著名的隨棗會戰和棗宜會戰，均打出了軍威、聲威，立下了赫赫戰功。令人痛惜的是，一代名將張自忠竟在戰場上以身殉職。

五月十六日晨，張自忠部進至宜城東北罐子口地區與日軍展開激戰，在敵猛烈炮火的轟擊下，被迫退至南瓜店附近。日軍得知第三十三集團軍總司令部被包圍，集中萬餘人全力展開圍攻夾擊。因實力懸殊，第七十四師和特務營傷亡殆盡，張自忠數次中彈，身被七創，自知不治，彌留之際，對身邊的人員說道：「我力戰而死，自問對得起國家，對民族、對長官可告無愧，良心平安。」旋拔劍自戕，壯烈殉國，時年五十一歲。

當時圍攻而來的日軍親眼目睹張自忠捨身以成仁的忠勇場面，皆認為倒下的不是一個人，而是一座山。隨之而來的日軍將領確認眼前陣亡的將軍就是張自忠後，在片刻的歡呼之餘，即肅穆鄭重地列隊，給面前這座大山一樣偉岸剛卓的烈士行了軍禮——這是對勇者強大靈魂與高貴人格的敬畏和敬佩。

當天夜裡，根據最高統帥部命令，中方派一個師的兵力強攻落入敵人手中的陣地，以犧牲二百多名士兵的代價，占領該據點並搶回落入日軍

與日軍周旋的國軍士氣高昂，在山區叢林中穿梭行進。

手中的張自忠將軍之軀。五月二十一日五時，李致遠將軍、徐惟烈顧問奉三十三集團軍副總司令馮治安之命，率手槍隊，乘六輛卡車從快活鋪集團軍總部啟程，護送張自忠靈柩前往重慶。

將星隕落，舉國震悼。護送張自忠靈柩的車隊經荊門、當陽等縣和沿途集鎮，均有各界群眾祭奠。下午三時許，車抵宜昌縣境，在宜昌東山寺停靈三日，二十三日凌晨四時，張自忠靈柩在嚴重、郭懺、王陸一等人護送下，由東山公園東山草堂運往輪船碼頭，宜昌民眾路祭送靈者達十萬之眾，夾道香花爆竹不絕。民生公司免費運送靈柩的「民風」號輪船，停泊江面，生火待發。江面上過往輪船按響汽笛，以哀悼黨國在抗戰中失去的第一位集團軍總司令職、上將銜的民族英雄。清晨六時半，盛載張自忠遺體的輪船拔錨啟航，岸上人群無不愴然，江中其他輪船都停止航行，肅穆以待，汽笛一陣緊接一陣，扣人心弦，催人淚下。

這一感人至深的場面，時任軍事委員會戰區軍風紀第二巡察團委員、正在宜昌親睹其情的王陸一有如下記述：

張自忠將軍忠櫬之過宜昌也，軍中未即公布而民間已有所聞，不期集於東山寺者逾十萬人。入夜，萬火熒熒，銜哀野祭，山頭路角，終夜聞悲歎聲。幾多老母夜起手製麵食，曰：我為張將軍做北方飯也。凌晨移櫬上船，由東山寺直至江邊，千家萬戶爭於街頭設祭。花香酒果，低頭虔拜，望行列且近，手燃爆竹，目注靈輿，若有無窮之哀思，欲盡情傾訴者，祭桌上盛陳珍貴品物者，其意恨不盡獻所有於此民族英雄也。沿途人山人海，悲壯懇切之情，使送靈者垂淚而過，莫能仰視。其時警報嗚嗚，敵機已凌空，而送者無一人退祭，無一人去也。前導軍樂激楚，覆棺之國旗愈顯光麗，十萬人綴隊以行，發於自然之情而不能已，莊嚴沉毅，初無指揮而整肅無比，視敵機盤旋蔑如也。靈櫬上船，素旐徐展，岸上人猶是心送將軍欲溯江俱遠耳。33

五月二十八日，張自忠將軍靈柩運抵重慶，全軍舉哀，滿城悲慟。蔣介石親臨致祭，發表告全軍將士書，追述張自忠一生的抗戰之功：

追維藎忱（南按：張自忠字）生平與敵作戰始於二十二年喜峰口之役，迄於今茲豫鄂之役，無役不身先士卒。當喜峰口之役，殲敵步兵兩聯隊，騎兵一大隊，是為藎忱與敵搏戰之始。抗戰以來，一戰於淝水，再戰於臨沂，三戰於徐州，四戰於隨棗。而臨沂之役，藎忱率所部疾趨戰地，一日夜達百八十里，與敵板垣師團號稱鐵軍者鏖戰七晝夜，卒殲敵師，是為我抗戰以來克敵制勝之始……

在表彰其戰功的同時，蔣介石藉機對張自忠在平津淪陷前後一段歷史功過做了評述：

抑中正私心猶有所痛惜者，藎忱之勇敢善戰，舉世皆知，其智深勇沉，則猶有世人未及者。自喜峰口戰事之後，盧溝橋戰事之前，敵人密布平津之間，乘間抵隙，多方以謀

> 我。其時應敵之難，蓋有千百倍於今日之抗戰者。蓋忱前主察政，後長津市，皆以身當樽俎折衝之交，忍痛含垢與敵周旋，眾謗群疑無所搖奪，而未嘗以一語自明。唯中正獨知其苦衷與枉曲，乃特加愛護矜全，而猶為全國人士所不諒也。迨抗戰既起，義奮超群，所向無前，然後知其忠義之性，卓越尋常，而其忍辱負重，殺敵致果之概，乃大白於世。夫見危授命，烈士之行，古今猶多有之。至於當艱難之會，內斷諸心，苟利國家，曾不以當世之是非毀譽亂其慮，此古大臣謀國之用心，故非尋常之人所及知，亦非尋常之人所能任也……

據時為第二集團軍副總司令兼六十八軍軍長的劉汝明後來回憶：「此文傳至前方，二十九軍袍澤捧讀之餘，無不感激泣下。」[34]張自忠犧牲後，三十三集團軍由盛轉衰。隨著抗戰勝利，內戰爆發，原二十九軍老班底遭到重創，最終走向末路，煙消雲散。[35]

儘管國軍將士忠勇蓋忱，硬打死拚，不惜以身殉國，終因裝備與兵員素質等方面與敵方相差懸殊，仍未阻止日軍的淩厲攻勢。驕狂的日軍在掃蕩武漢周邊戰略要地後，又集中兵力向西部的宜昌奔來，企圖打開三峽門戶，圍攻陪都重慶，給精疲力竭的國民黨抗日力量最為致命的一擊。中華民族又一次面臨死裡求生的抉擇。

一九四〇年七月，為徹底切斷中國僅存的一條國際通道，日本軍隊直接出兵強行占領了法屬印度支那的越南，不僅切斷了滇越鐵路，而且由於距離縮短，飛機轟炸滇緬公路和終點站——昆明更加頻繁起來。到了八月底九月初，日機對昆明的轟炸更加猛烈，轟炸範圍已擴大到昆明郊區，日軍開始組織精銳向雲南境內進犯，形勢日趨危急，處在硝煙炮火中的西南聯大形勢日漸嚴峻。對這一時期的局勢，時在聯大讀書的學生何兆武記憶猶新：「從一九四〇年夏天到一九四一年秋天，在這一年零一個季度的時間裡，日本幾乎天天來飛機轟炸，而且很準時，早晨九十點鐘肯定拉警報。據說重慶一拉警報大家就躲進山洞裡，可是昆明沒有山洞，幸虧聯大就在城邊，一拉警報我們就往郊外跑，十來分鐘就能翻兩個山頭，跑到山溝裡就安全了。不過因為日本飛機到處丟炸彈，山溝裡也有不安全的時候。有一次，華羅庚先生和教我們西洋史的皮名舉先生躲在一起，不知怎麼日本人在那山溝裡（記得叫黃土坡）撂下兩顆炸彈，石頭土塊把他們埋了起來。皮先生爬出來，暈頭轉向地往外走，沒走幾步忽然想起華羅庚還在裡邊，趕緊又找人回去，又把華先生拉了出來。」[36]

何兆武所說躲警報的地方又稱為「一線天」，這是一道很窄的峽谷，大家認為躲警報此處較為安全，每次空襲到那裡去的人也最多。因是在峽谷中，炸彈下來把兩邊的土炸翻，才有華羅庚被埋的險情發生。

給何兆武印象最深的一次是一九四〇年秋開學不久，敵機又來轟炸，「那一次炸得很凶，宿舍、圖書館都被炸了。我還記得那天回來以後校園裡到處都是灰塵，就看見蔣夢麟校長——平時他很少露面的——坐在圖書館門前的地上，一副無奈的樣子。」[37]

這次轟炸的具體時間是一九四〇年十月十三日，前一天是聯大招生放榜日，十三日是星期日。關於當天轟炸情形，從吳宓日記中可見得較為清楚。

是日，聯大外文系教授吳宓邀多位友人同遊西山，上午九點從小西門外篆塘上船，十點四十分在滇池中聞警報。「途中2：00見日機二十七架飛入市空，投彈百餘枚。霧煙大起，火光迸爍，響震山谷。較上兩次慘重多多。」傍晚歸城後，「始知被炸區為文林街一帶。雲大及聯大師院已全毀，文林巷住宅無一存者。大西門城樓微圮，城門半欹。文林街及南北側各巷皆落彈甚多。幸聯大師生皆逃，僅傷一二學生，死校警工役數人云。」

次日清晨，吳宓赴翠湖邊的先生坡、天君殿巷等處訪友，只見：「房屋毀圮，瓦土堆積。難民露宿，或掘尋什物……文化巷口棺木羅列，全巷幾無存屋。」又「聞死者約百人」。[38]

吳宓所記的「校警工役數人」，其中一位是專門負責看守聯大常委辦公室和地下室的老校工尹師傅。當時在梅貽琦辦公室後面專門挖了一個小型地下室，用來存放學校有關文件、貴重儀器和從北平帶來的為數不多的孤本、善本書籍。平時有兩名校工管理看護，遇到空襲時就把門鎖上，眾人一起「跑警報」，而在三名常委中，梅貽琦「跑警報」的次數最多最勤。據西南聯大教授陳岱孫回憶說：那時候經常有警報，而「一有警報，我們就往後山跑，上墳堆裡去。飛機來了，就趴在墳堆裡看著下炸彈，下了炸彈以後飛機飛走了，我們才站起來。那時候，張伯苓校長在重慶，蔣夢麟也經常到重慶去，有時也在昆明，但是很少參與學校的事情。梅校長就是那個時候的校長，儘管名義上是常委。他經常每天辦公，警報一來，也跟學生一樣一起往後山跑，飛機來時，跟學生一樣趴在學生身邊。所以當時，學生看起來，梅校長是很親近的」。[39]

因敵機來得頻繁，跑警報的次數太多，聯大師生與員工漸感疲乏並產生了懈怠與僥倖心理，對敵機的「嗡嗡」轟鳴也不再理會。每次警報響起，幾位老校工就打開聯大校園的後門，讓眾師生向後山疏散，自己則在校園內或常委辦公室看護。有些學生也仿照老校工的做法，在校園內隨便找個樹木繁密的地方或蹲或坐，待敵機過後再繼續到教室自習，想不到這個做法竟釀成了一場災禍。

十月十三日下午，梅貽琦正在辦公室處理公務，緊急警報響起，梅仍像往常一樣走出辦公室，隨著師生穿過校園後門奔赴後山躲避。他尚未跑到離校園最近的白泥山，敵機已飛臨校園上空，密集的炸彈冰雹一樣落下，頓時濃煙騰起，常委辦公室與臨近的一幢宿舍樓被炸塌，看守地下室和常委辦公室的老校工尹師傅與幾位同事，另外還有幾名躲在校園密林內的學生，見此次敵機轟炸異常猛烈，乃起身向防空洞奔去。有的剛鑽進洞口，有的尚在洞外，一枚炸彈從天而降，眾人不幸遇難。梅貽琦多虧跑得及時，算是逃過了一劫。

同一九三七年盧溝橋事變中日軍轟炸南開大學一樣，此次日機對昆明的空襲，顯然是專門針對教育機構而來。對這一悲劇的發生，梅貽琦事後在一份〈告清華大學校友書〉中寫道：「敵機襲昆明，竟以聯大與雲大為目標，俯衝投彈，聯大遭受一部分損失，計為師範學院男生宿舍全毀，該院辦公處及教員宿舍亦多處震壞」；「環學校四周，落彈甚多，故損毀特巨」；「清華辦事處在西倉坡之辦事處，前後落兩彈」，辦事處防空洞「全部震塌」，「工友二人，平素忠於職守，是日匿避該防空洞內，竟已身殉」。[40]

此次聯大校舍被炸的具體情形，昆明報紙於次日做過詳細報導：「昨敵轟炸機二十七架襲昆，對我最高學府國立西南聯合大學，做有計畫之轟炸，以圖達到其摧殘我教育與文化事業之目的……新舍男生宿舍第一、二、二八、三二等號被毀……師院女生宿舍第二號……男生宿舍第一、二號，教職員宿舍被毀……第七、八教室被毀。南區生物實驗室一棟全毀，內有儀器多件，圖書庫被毀……其餘，常委會辦公室、出納組、事務組、訓導處、總務處均被夷為平地。」[41]

就在這次轟炸中，蔣夢麟辦公室一根被炸斷的房梁轟然落下，把蔣的辦公桌桌面刺穿。多虧當時蔣夢麟已跑出辦公室，否則後果不堪設想。學生何兆武看到這位蔣校長坐在圖書館前的地上，一副無奈的樣子，或許不夠準確。但當時的蔣夢麟面對他辦公室中的恐怖情景，一定是百感交集並心有餘悸。

當然，對此次不幸事件的發生，也有教授同人對學校高層特別是師範學院領導者的態度表示不滿，曾昭掄於第二天日記載：「昨日敵機轟炸昆明後，我等住宅前後左右，落炸彈甚多。附近數屋變成一片廢墟，有一屋全家六人均被炸死。聯大師範學院的男生宿舍全毀，學校負責人竟不露面。在辦公時間內，全校無一人辦公，惟教授則仍有一部分上課者。」[42]這個批評是否合適另當別論，或許師範學院的領導人另有他事而不在現場，或有其他緣由。但無論如何，此次轟炸對聯大校舍及其他物資的毀壞是巨大的，其在師生心中投下的戰爭恐怖

被炸斷的房梁直插在蔣夢麟辦公桌上（北京大學校史館提供）

陰影也難以消除，以致許多年後仍記憶猶新。

西南聯大被炸的這一天，正是日軍全面占領法屬印度支那一個月的日子，昆明距日軍占領的越南河內軍用機場不足六百公里，距已經推進至河口一線的日軍先頭部隊不足四百公里。地處邊陲的雲南昆明由大後方一變而成為戰火紛飛的戰區旋渦，遭受敵機轟炸如同家常便飯，不論是達官貴人還是平民百姓，包括大大小小的知識分子都無可奈何，只能是一邊工作一邊默默忍受著。據曾昭掄十月十七日的日記載：「日方廣播，謂將於十七至二十一日，狂炸昆明及四郊。今日五時左右即醒，早飯後赴校上課。天空陰雲甚重，上兩節課安然無事。九時三刻，空襲警報終來，出城避至山邊溝中。坐溝旁草地上，讀完《罪與罰》一書。至下午一時餘，仍放緊急警報。坐溝中向天張望，不久旋見敵機三架，來回盤旋偵察。後見重轟炸機三隊二十七架，作銀白色，自頭上飛過，至城角上空，投輕炸彈一批，隨見城內黑煙揚起。由城飛至馬街子，投重磅炸彈一批，地為之撼。警報至五時左右始解除。回家晚餐後，閱清華留美試卷，至十一時睡。」[43]十八日日記又載：「八時至北門街宿舍取書，返宅後畫〈高等有機〉應用之圖表。九時半警報又來，出城疏散，坐兩山間之山溝內，讀看清華留美試卷。」[44]

因了連續的轟炸，許多文科教授乾脆把課程安排到晚上講授，如吳宓就利用晚上沒有轟炸的空隙，藉月明之夜繼續他的《歐洲文學史名著》中「柏拉圖」一課的講授。十月十六日，吳在日記中寫道：「晚七至九時至校舍大圖書館外，月下團坐，上《文學與人生理想》，到者五六學生。」[45]

正如「物極必反」的道理一樣，轟炸次數多了，就出現了一些反常現象，或稱為一種戰時精神。如汪曾祺所說：「聯大同學也有不跑警報的，據我所知，就有兩人。一個是女同學，姓羅。一有警報，她就洗頭。別人都走了，鍋爐房的熱水沒人用，她可以敞開來洗，要多少水有多少水！另一個是一位廣東同學，姓鄭。他愛吃蓮子。一有警報，他就用一個大漱口缸到鍋爐火口上去煮蓮子。警報解除了，他的蓮子也爛了。有一次日本飛機炸了聯大，昆中北院、南院，都落了炸彈，這位鄭老兄聽著炸彈乒乒乓乓在不遠的地方爆炸，依然在新校舍大圖書館旁的鍋爐上神色不動地攪和他的冰糖蓮子。」[46]

這兩位同學置敵機轟炸於不顧，臨危不懼、神態自若的另類表現，真有點古代戰爭或武俠小說中描繪的大將風度，甚至有點神仙風範，令人歎服。據說，聯大校園外不遠處有一家牛肉麵館，老闆很有個性，被炸之後，索性換了一個新的招牌，叫作「不怕炸牛肉麵館」，大家都覺得這個招牌挺有趣，也挺鼓舞士氣，前來吃麵喝湯的食客增加了不少，老闆因此大大地發了一筆。

當然，說是「不怕炸」只是賭氣式地與日本人暗中較勁兒，或者稱為一種黑色幽默，凡胎肉體總是敵不過鋼鐵炸彈，警報一響，還得跑。日復一日，沒完沒了地跑，眾人身心俱疲，就連住在昆明郊外龍泉鎮的中央研究院史語所、中國營造學社，以及李濟領導的中央博物院籌備處同人，每天都在警報的鳴響中惶恐度日，其悲苦之狀從林徽因給費慰梅的信中可以看到：

日本鬼子的轟炸或殲擊機的掃射都像是一陣暴雨，你只能咬緊牙關挺過去，在頭頂還是在遠處都一樣，有一種讓人嘔吐的感覺。

可憐的老金，每天早晨在城裡有課，常常要在早上五點半從這個村子出發，而還沒來得及上課，空襲就開始了，然後就得跟著一群人奔向另一個方向的另一座城門，另一座小山，直到下午五點半，再繞許多路走回這個村子，一天沒吃、沒喝、沒工作、沒休息，什麼都沒有，這就是生活。[47]

梁林夫婦的兒子，當時只有八歲的梁從誡童年的記憶裡，曾烙下了這樣的畫面：「有一次，日本飛機飛到了龍頭村上空，低到幾乎能擦到樹梢，聲音震耳欲聾。父親把我們姐弟死死地按在地上不讓動。我清楚看見了敞式座艙裡戴著風鏡的鬼子飛行員，我很怕他會看見我，並對我們開槍，感受到了死亡的威脅。」[48]

聯大師生、昆明的民眾與林徽因母子的感受，基本代表了當時國人的心境：戰爭是酷烈的，由節節失利的戰爭帶來的苦難，更令人焦慮、心悸、不安。但大多數人並未因此全面退縮，或放棄抗戰的決心與勝利的信心，用民眾通俗的說法，就是「豁出去了，拚了再說」。對知識分子而言，此時的心境按清華大學教授聞一多的說法，就是「教授們和一般人一樣只有著戰爭剛爆發時的緊張和憤慨，沒有人想到戰爭是否可以勝利。既然我們被逼得不能不打，只好打了再說。人們對於保衛某據點的時間的久暫，意見有些出入，然而即使是最悲觀的也沒有考慮到戰事如何結局的問題」。[49]

當時日軍對重慶的轟炸遠勝過昆明，一九三九年六月十一日，蔣介石的重慶黃山官邸附近遭到轟炸，官邸亦中彈，時蔣在三樓，險遭劫難。一九四〇年五月始，日機經常以一百架次以上轟炸重慶，許多無辜的民房與市民被炸毀炸死，其悲慘之狀，令人痛扼。這年五月二十九日，蔣介石在目睹了重慶大轟炸後，於當天的日記中做了如下記載：

其扶老攜幼，負重行遠之情狀，見之心酸，下代國民應知今日其父母挈其避難之苦痛，為空前史所未有，為國為家，更應特盡忠孝之道，庶不愧為中華民國之子孫也。[50]

進入八月，日機對重慶的轟炸更為猛烈，整個重慶市區牆倒屋塌，滿目瘡痍，死傷慘重。儘管如此，軍民們那種慷慨悲歌之氣未滅，大有越炸越勇，越炸越冷靜、不屈之勢。八月十九日，日機出動一百九十餘架，對重慶展開輪番轟炸，整個市區籠罩在濃煙與烈火中，許多建築被炸後燃燒，持續數十小時。面對慘劇，蔣介石於八月二十一日在日記中做了如下記載：

徒憑滿腔熱忱與血肉，而與倭寇高度之爆炸彈與炮火相周旋於今三年，若非中華民族，其誰能之。[51]

字裡行間，透出這位戰時軍政領袖不服輸、不怕鬼、不信邪的氣概。一九四一年八月三十日，蔣介石的重慶黃山官邸再次遭日機轟炸，六名衛士二死四傷。面對血肉橫飛的慘象，

1939年春，日軍航空兵開始對重慶大規模空襲。圖為1939年8月19日，重慶市教會學校遭到日機轟炸情形。

蔣介石心懷憂憤但不為所懼，繼續在殘破的官邸辦公和召開會議，周身透出一股視死如歸的英雄豪氣。

就在日軍攻占越南並出動戰機對重慶與昆明等地狂轟濫炸之際，國民政府教育部指令，西南聯合大學，同濟大學，中央研究院史語所、社會學所，中央博物院籌備處等駐昆學校和科研機構「宜做萬一之準備」，即做遷移的準備。七月十七日，西南聯大常委會召開會議，決定按照教育部指令，做必要的準備工作。七月二十六日，梅貽琦與聯大教務長樊際昌、事務組主任畢正宣赴雲南澄江考察，但澄江接納能力有限，只能前去一個學院。九月九日，聯大常委會在聽取了葉企孫、周炳琳、楊石先、樊際昌等人前往澄江再次調查和籌設分校與當地接洽的情況後，決定不去澄江，分校地點以重慶以西的四川轄境為宜。號稱天府之國的蜀地，既有千山萬壑的阻隔，又有長江或岷江、嘉陵江等長江支流和國民政府戰時首都重慶相通，其間有大大小小的壩子可以耕種，糧食、蔬菜等生活必需品容易解決，是一個天然的避難場所與積蓄力量、待機反攻的後方基地。中國歷史上許多王朝在大難臨頭之際都逃亡四川避難，天寶年間的安史之亂，在長安城陷之際，唐玄宗攜帶部分文臣武將出逃四川劍南，李唐王朝在天崩地裂的搖晃震盪中最終穩住了陣腳。鑑於這樣的天然條件，西南聯大做出了遷川的決定。

這年十月初，四川省政府致電西南聯大，對遷川「極表歡迎」，並表示「校址似以瀘縣、宜賓、敘永一帶為宜」。[52]根據派人勘察的結果，聯大常委會於十一月十三日決定，在瀘縣以南的敘永設立分校，聘請楊振聲為分校主任，先遷移一年級及選修班學生到該校上課，待將來形勢演變再做全部搬遷的抉擇。因戰時交通不便，六百餘名新生入校註冊時間推遲到一九四一年一月二日，六日開學，十日上課。自此，中國西南邊陲又誕生了一個特

1941年，日機轟炸下的重慶。

殊的課堂。

就在聯大派人赴川考察空隙，中央研究院史語所所長傅斯年也令該所副研究員芮逸夫，隨同濟大學派出的教授一道赴川尋覓遷移之處，並很快在宜賓下游二十二公里處找到了一個可供安置書桌的地點。傅斯年與李濟、梁思永、董作賓、李方桂等人根據考察情況交換意見，認為在沒有更好的地方的情況下，只能選擇此處暫時落腳。於是，中央研究院在昆明的幾個研究所，連同相關的中央博物院籌備處、中國營造學社等學術機構，與駐昆的同濟大學一道，又開始了一次大規模遷徙，目標是一個「在地圖上找不到的地方」——四川南溪李莊。

注釋

1 陳存恭、陳仲玉、任育德訪問，任育德記錄，《石璋如先生訪問紀錄》（臺北：中央研究院近代史研究所，二〇〇二）。

2 梁從誡，〈長空祭〉，《不重合的圈：梁從誡文化隨筆》（天津：百花文藝出版社，二〇〇三）。

3 土匪內部與民間的稱謂，凡集結匪眾在一千人以上，形成一個強有力的武裝集團者稱為「廣棚」，一般居住深山野外，有獨立的山寨房舍，形同小說《水滸傳》中描寫的樣子；「土棚」人數在百人以上，常住深山與鄉間，遊走不定；「門板凳腳」人數幾人至幾十人不等，如同鄉間拿著板凳圍在一起聊天之類的小股團夥，一般分散鄉間，做一些打家劫舍和綁肥豬之類的「小買賣」（當地土匪稱綁票為綁肥豬，綁女票稱綁女豬）。

4 西南聯合大學北京校友會編，《國立西南聯合大學校史》（北京：北京大學出版社，二〇〇六）。

5 聞一多，〈八年的回憶與感想〉，《歷史動向：聞一多隨筆》（北京：北京大學出版社，二〇〇八）。

6 何兆武口述，文靖撰寫，《上學記》（北京：生活‧讀書‧新知三聯書店，二〇〇六）。
7 費孝通，〈我心目中的愛國者〉，《群言》八期（一九九九）。
8 蘇勉曾，〈深切懷念曾昭掄先生〉，《西南聯大北京校友會簡訊》二六期（一九九九）。
9 郭建榮，〈疾步人生的曾昭掄教授〉，《文史精華》二〇〇一年一期。
10 原載《大公報‧綜合》（重慶版），一九四〇年十月二十一日、二十五日，轉引自《穆旦詩文集》（北京：人民文學出版社，二〇〇六）。
11 同前注。
12 一九三八年六月一日，回到長沙覆命的黃師岳給蔣夢麟、梅貽琦寄發一信，婉拒了聯大贈送的金表一只及川資五百元。信中說：「雖云跋涉辛苦，為民族國家服務，與數百青年同行三千里，自覺精神上痛快與光榮。到滇承招待慰勞，反使內心感與愧，並所賜紀念像，謹什襲珍藏，永遠存念以紀此行。至贈送金表一只及川資五百元，在公等為誠意，在師岳實無受法，均原璧交來人帶回矣」（引自郭建榮主編，《國立西南聯合大學圖史》〔昆明：雲南教育出版社，二〇〇七〕，頁九六）。此事僅過七十餘年，卻是今非昔比，遙不可及。觀之今日之世風，黃師岳中將當年之人格風範，令人不勝感慨。
13 西南聯合大學北京校友會編，《國立西南聯合大學校史》（北京：北京大學出版社，二〇〇六）。該《校史》附錄的校歌，署名為：羅庸詞，張清常曲。就作者研究考證，西南聯大校歌歌詞作者應為馮友蘭。其論據是除了《馮友蘭自述》中馮的自白，尚有大量證據表明詞作者就是馮友蘭，而非人云亦云者所說的羅庸。關於這個問題，在第二部第二十四章注釋中有詳細論證。
14 馮友蘭，《馮友蘭自述》（北京：中國人民大學出版社，二〇〇四）。
15 黃延復、王小寧整理，《梅貽琦日記》（一九四一—一九四六）（北京：清華大學出版社，二〇〇一），頁二〇六。
16 楊振寧，〈讀書教學四十年〉，收入莊麗君主編，承憲康副主編，《世紀清華》（北京：光明日報出版社，一九九八—二〇〇一）。
17 許淵沖，《聯大人九歌》（昆明：雲南人民出版社，二〇〇八），頁二〇六。

18 蔣夢麟，《蔣夢麟自傳：西潮與新潮》（北京：團結出版社，二〇〇四）。

19 李勇、張仲田編，《蔣介石年譜》（北京：中共黨史出版社，一九九五）。

20 陳存恭、陳仲玉、任育德訪問，任育德記錄，《石璋如先生訪問紀錄》（臺北：中央研究院近代史研究所，二〇〇二）。

21 孔慶榮、段昆生，〈憶日機首次轟炸昆明〉，《昆明文史資料選輯》第六輯。

22 何兆武口述，文靖撰寫，《上學記》（北京：生活．讀書．新知三聯書店，二〇〇六）。

23 汪曾祺，〈跑警報〉，《滇池》一九八五年三期。

24 同前注。

25 黃延復整理，〈梅貽琦一九三七—一九四〇來往函電〉，收入李學通主編，《近代史資料》（北京：中國社會科學出版社，二〇〇二），頁一九。

26 俞大綵，〈憶孟真〉，《傅斯年》（濟南：山東人民出版社，一九九一）。

27 龍東林主編，王繼鋒著文，《一座古城的圖像記錄：昆明舊照》上（昆明：雲南人民出版社，二〇〇三）。

28 蔡威廉（一九〇四—一九四〇），一九一四至一九二七年，三次隨父蔡元培旅居歐洲，先後就讀於比利時布魯塞爾美術學院和法國里昂美術專科學校，回國後被聘為國立杭州藝專西畫教授。蔡威廉與潘玉良是民國初年率先留學歐洲的女性美術家，中國第一代以油畫教學的女教授，近代美術教育園地女性拓荒者之一。蔡威廉在杭州藝專執教的十年中，曾創作完成了人物眾多的大幅油畫《秋瑾在紹興就義圖》與《天河會》等。這兩件大型作品分別以現實和神話中的女性為題材，表現大義凜然、為革命捐軀的女英雄，同時借助神話題材表現女性追求自由與解放的人文主題，均為不朽名作。一九二八年七月，蔡威廉與留學法國巴黎大學的美術史家，時任國立杭州藝專教授兼教務長林文錚在上海結婚，主婚人為蔣夢麟。抗戰爆發後，杭州陷落，蔡威廉與林文錚攜家隨杭州藝專師生內遷到湖南沅陵。一九三八年十二月，教育部下令北平國立藝專與杭州藝專合併，改名國立藝術專科學校。兩校合併後出現了嚴重的派系傾軋，由於當年張道藩欲在杭州藝專謀職並追求蔡威廉未果，遂對林蔡夫婦懷恨在心。此時張已在國民黨中央擔任要職。出於嫉妒和怨恨，張道藩與國立藝專的部分北方派人士合謀，脅迫林蔡夫婦辭職。林、蔡無力抵抗，被迫出走，於一九三八年冬，攜一家老小歷盡艱辛來到昆明，在城內一幢破舊民房租住。由於經濟來源斷絕，全家八口人分住在兩間面積約三十平方米的平房內艱難度日。一九三九年夏季，蔡威廉生下一個女嬰，因難產，在數小時內，她痛苦地於床前的白壁上用手指勾畫出新生女兒的肖像，並用炭筆寫下了「國難！家難！」幾字後昏厥。此四字是為蔡威廉一生之絕筆。兩天之後，這位才華出眾的女藝術家因難產流血過多不治去世，時年三十五歲。當年在西南聯大任教的沈從文與蔡威廉一家同住一個大雜院，相互熟悉。蔡威廉去世的情形，據沈氏在〈記蔡威廉女士〉一文中回憶：「我每天早晚進出，依然同小朋友招呼。間或稱呼他家第三位黑而胖的小姐做『大塊頭』，問她爸爸媽媽好，出不出門玩。小孩子依然笑嘻嘻答應『很好』。可是前兩天聽家裡人說，才知道孩子的母親，在家生產了一個小毛毛，已死去三天了。死的直接原因是產褥熱，間接原因卻是無書教，無收入，怕費用多擔負不下，不能住醫院生產，終於死去。人死了，剩下一堆畫，六個孩子。死下的完了，三十多歲就齎志而沒，有許多理想無從實現」（張兆和主編，《沈從文全集》第一〇集〔太原：北岳文藝出版社，二〇〇二〕）。蔡去世後，林文錚對她的感情始終不泯，直至演化為命運的悲劇。國難家愁以及對愛妻的思念，使林文錚漸漸成為一個執著、虔誠的佛教徒，幻想著在另外一個世界與愛妻再度相逢（信奉佛教而入了密宗的一個派系，舊中國有一小部分知識分子信奉密宗。據梁實秋說，他曾向林文錚借閱過慧能大師的《六祖壇經》拜讀，並受到啟發云云）。

抗戰勝利後，林文錚被聘為北京中法大學教授。一九五一年全國院系調整，中法大學解散，林氏轉入中山大學。一九五三年調任南京大學教授，主講外國文學史。一九五七年，林文錚在學校外語系響應毛主席號召，參加「大鳴大放」，結果被打成「右派」分子。自愛妻蔡威廉去世後，林文錚數十年如一日，按照佛教密宗方式在家中擺放著蔡威廉的照片，並在照片前焚香獻花誦經禮拜，為其超度，並經常揮淚寫詩懷念亡妻，集有《蒼茫樓詩稿》約百首。打成「右派」後，林文錚痴心不改，仍在家中設香祭奠亡妻，此舉被奉命監視的一個街道積極分子老太婆偵知，經居民委員會和街道辦事處「階級鬥爭積極分子」檢舉揭發，林文錚很快以不思悔改的「右派」分子「從事反動道會門活動」的罪名，被公安機關逮捕，判處重刑二十年，自此與世隔絕。

一九七五年，根據政治形勢需要，中國出版部門奉命欲把魯迅的《中國小說史略》譯成法文出版，但偌大的中國文化界凋零得竟找不到一位合適的譯者。出版部門人員輾轉數家機構，才被人告知林文錚可勝任，但此人正在獄中戴著腳鐐服刑。後經中央特批，准許林氏除掉腳鐐，在獄中一邊進行改造，一邊翻譯《中國小說史略》。直至一九七六年春，林文錚刑滿出獄，此時已是七十三歲衰殘老翁了。一九八九年，林文錚在杭州病逝，享年八十七歲。

29 鄧廣銘，〈在紀念陳寅恪教授國際學術討論會開幕式上的發言〉，收入紀念陳寅恪教授國際學術討論會祕書組編，《紀念陳寅恪教授國際學術討論會文集》（廣州：中山大學出版社，一九八九）。

30 李學通，〈一九四〇年中央研究院院長的選舉〉，《萬象》二〇〇二年四期。

31 朱家驊，〈悼亡友傅孟真先生〉，《中央日報》，一九五〇年十二月三十一日。

32 關於張自忠逃離北平以及赴京向蔣請罪，先被撤職，後被重新起用的情形，根據相關者的回憶概括如下：

一、據《申報》（香港版）特派員志厚發自鄭州的〈張自忠將軍訪問記〉（一九三八年四月一日和二日）報導，一九三七年八月八日，張趁敵人不備，悄悄移居美國同仁醫院，在該院住下三日，即發現該院附近散布敵方偵探甚多，恐遭受不測，遂化裝出院，遷入一從事新聞工作的某西方友好家中。後感覺不便，又移居北新橋一友人處，結果引起敵人警覺，張遂決心逃離北平。以下是張的親述：

彼時北平正在緊張時期，敵人檢查行人極嚴，余為防敵注意，遂化裝一菜販，以菜蔬少許置於小車之上，假示在平售賣未完，攜帶出城返鄉。行抵城門關口處，日軍正在查搜行人，余行前之三人未審何故，已被扣拘，至此，余驚恐至極，又以城關敵兵已見余車，如推之即返，必更使其疑為有事，因復立鎮神情，坦然推車前進，果然未遭阻攔通過，緣由敵兵因全心顧去前面三人，故未嘗兼顧於余也。出城未三里，即抵達西直門，遇見前面大隊敵兵正在強行拉夫，余恐亦被拉去，不敢前，即沿原路推車而返，此為余第一次出城之經過也。

第二次離平時，又化裝一小販，並擔一藤筐，由彰益門而出，行約十餘里，即到達長辛店，適該處正有我若干義勇軍與敵激戰中，不能通過。時已深夜，進既不能，退亦不可，無奈何，遂向一農民老婦乞夜宿處。該老婦頗誠摯，當邀允可，余遂以筐具，就地睡臥，東方既白，復循來路返平，又勾留四日。

某天大雨傾盆，余以白布裝成孝服，偽裝孝子，披麻帶孝，手攜冥紙，騎一腳踏車，擬由德勝門出城，行至城關，又遇敵兵盤查行人，在余側行之一人因語吱唔，已被截扣。及該敵兵盤查余時，余答以出城上墳。該敵兵似以余冒雨上墳，孝篤可嘉，即放余而過。

惟是時大雨如注，滿路泥濘，行走不便，余只得冒雨推車前進，沿由北平去通州之路東行。甫抵中途，即聞通州拉夫甚嚴，余即折向涇陽村赴天津之路南進，擬投奔天津。當抵楊村時，遙見前面圍聚倭酋數十名，正在狂飲尋歡，並有倭妓甚多，在旁伴飲，另有倭兵數百另聚一處，正在野餐。深恐中有倭酋識余貌，則此命休矣。但余急切離平，絕無再返之理。乃乘倭兵等高唱忘形之際，即用力踏車飛跑，越過敵等所在地，而轉入一彎曲小道時，突聞後面大聲狂呼，余知有異，前進益速，旋有步槍聲由余身邊穿過，亦只好置之不理，倭並正在暢飲，故亦未行窮追。再前進數里，又遇大雨，並已入夜，故又向一賣茶老婦乞宿一宵。是時余已離平二日，粥水未進，腹餓甚苦。幸承該賣茶老婦賜余乾餅一塊，溫茶一杯，余雖難以入口，終因腹飢狂鳴，只好勉以溫水相混下嚥，次晨登程，將近津市新車站，遂將所乘之車及孝衣麻冠等，完全拋棄路旁。行抵新站，經在站敵憲兵詢余來路，答以去賣菜歸來。該憲兵並追問余之賣菜所得代價若干？余速將囊中剩餘一元另數角大洋完全交出，旋被該憲兵沒收而去。余亦未敢爭辯，買車越過鋼橋，東馬路，並經過日租界，而徑入於某租界矣。

……

我第一次將逃出北平時，為了化裝逼真，特別在友人家練習了半天推小車的姿勢。後來混在大群賣菜夫的行列中，我自己當時也有些莫名所以，我是真的賣菜夫呢？還是我在做夢？最淒涼的是我住在長辛店老農婦的家中時，一間草房，滿屋的牛糞，我就權把藤筐當作鋪蓋，居然也睡熟了。第二天我醒來，越想越覺得好笑。經過許多艱險，逃在天津租界住了三天，便又轉乘英輪由津至煙臺，搭汽車經濰縣到濟南，逃亡生活，才算告了一個段落。在濟南遇見許多故交，他們都在垂詢我這次脫險的經過，我因為免去許多辛酸的回憶，所以都沒有答覆。

二、據陪同張自忠赴南京請罪的秦德純回憶：在濟南，張見秦，痛哭流淚，無地自容地說：「對不起長官，對不起朋友，無面目見人。」秦安慰說：「君子之過也，如日月之食焉。過也人皆見之；及其更也，人皆仰之。報國之日方長，過去的事就算過去了，不必介意。」秦即陪張到泰安面見晉升為第一戰區副司令長官的宋哲元。九月間，馮玉祥派石敬亭為代表，韓復榘派山東省府委員張鉞為代表，宋哲元派秦德純為代表，解張自忠到南京謁蔣請罪。秦等坐在頭等車內，張自忠則同他的隨從人員匿居三等車中。抵達南京浦口臨下車時，張恐被扣押，神色極為不安，從身上取出一個包著存摺的小包暗自遞交秦妻代為保存。到南京見蔣前，張問秦：「應該說些什麼？」秦逐句教之，邊行邊誦。及見蔣，張說：「職當兵出身，是個老粗，不學無術，愚而自用，原來想著和平解決華北局面，結果貽害國家，貽害地方，後悔無及，請委員長給以嚴厲處分，任何處分都是教育我改過學好，有生之日即是報德之年。」蔣說：「我是長官，你是我的部下，你的錯誤，就是我的責任，既往不咎，由我擔當。」秦接著問蔣：「對張自忠如何安置？」蔣說：「你看現在這個情況，他到哪裡能夠安全呢？先在這裡待些日子再說吧。」蔣又對秦說：「你接三十八師行嗎？」秦答：「不是自己的隊伍，個人的得失事小，恐貽誤戎機，不敢當此重任。三十八師是張師長一手訓練的部隊，統率已經多年，現由副師長李文田暫代，還是張回任好。」秦在京五日，即同石敬亭北返，秦恐蔣對張態度中途發生變化，威脅到張的安全，在火車上親擬電稿，用宋名義電蔣介石。文曰：「職部師長張自忠，為人所愚，應變乖方，經面請嚴處，已蒙鈞座寬宥，該師長仰體高厚，誓報涓埃。茲值鈞座統帥抗戰之際，正將士用命之秋，可否令其軍前效力，借贖前愆之處，恭請鈞裁。」秦到泰安，將電稿呈宋閱後即行拍發。未久，秦德純調任漢口中央軍風紀巡察團團長，從此離開了二十九軍（秦德純，《秦德純回憶錄》（臺北：傳記文學出版社，一九六七））。轉引自李惠蘭、明道廣、潘榮主編，《七七事變前後：抹去灰塵的記憶》（北京：中國檔案出版社，二〇〇七），附錄「秦德純」條（秦寄雲、趙仲璞撰寫））

三、據李宗仁回憶，李、張二人南京見面後，張自忠在一旁默坐，只說：「個人冒險來京，戴罪投案，等候中央治罪。」李說：「我希望你不要灰心，將來將功折罪。我預備向委員長進言，讓你回去，繼續帶你的部隊！」張說：「如蒙李長官緩頰，中央能恕我罪過，讓我戴罪圖功，我當以我的生命報答國家。」李又說：「自忠陳述時，他那種燕趙慷慨悲歌之士的忠藎之忱，溢於言表。張去後，我便訪何部長一談此事。何應欽似有意成全。我乃進一步去見委員長，為自忠剖白。我說，張自忠是一員忠誠的戰將，絕不是想當漢奸的人。現在他的部隊尚全師在豫，中央應該讓他回去帶他的部隊。聽說有人想瓜分他的部隊，如中央留張不放，他的部隊又不接受瓜分，結果受激成變，真去當漢奸，那就糟了。我的意思，倒不如放他回去，戴罪圖功。委員長沉思片刻，遂說：『好吧，讓他回去！』說畢，立刻拿起筆來，批了一個條子，要張自忠即刻回到其本軍中，並編入第一戰區戰鬥序列。」最後，李仁宗深情地回憶道：「自忠在離京返任前，特來我處辭行，並謝我幫忙，說，要不是李長官一言九鼎，我張某縱不被槍斃，也當長陷縲絏之中，為民族罪人。今蒙長官成全，恩同再造，我張某有生之日，當以熱血聲明，以報知遇。言出至誠，說來至為激動而淒婉。我們互道珍重而別」（李宗仁口述，唐德剛撰寫，《李宗仁回憶錄》下〔桂林：廣西師範大學出版社，二〇〇五〕）。

33 張上將自忠傳記編纂委員會編輯，《張上將自忠紀念集》卷一四（上海：張上將自忠紀念委員會，一九四八）。王陸一，係「三原才子」，初為于右任祕書。孫中山奉安南京時，徵哀詞，應者數百，唯王的哀文膺選，乃受世人稱讚，自此以文章高手名世。後入主國民黨中樞，曾出任國民黨中央書記長、中央執行委員、秦晉監察使等職。抗戰爆發後的一九三七年十月十一日，傅斯年在致胡適信中所說的首都南京淪陷前，「在dugout玩女人」被免職者，正是此人。後經老長官于右任為其說情，王陸一悄悄復出，任職國民黨軍風紀巡察團駐宜昌委員。張自忠犧牲時，王正在宜昌。由於職務的關係，得以參加祭奠、護送張將軍的禮儀活動，並留下了這段感人肺腑的記錄。不幸的是，抗戰未結束，王陸一便在秦晉監察使任上英年早逝。鑑於他的文名，關中地方官僚和民眾，不少人找到王的老長官于右任提出為王立碑紀念。時值抗戰國難，關中復又大旱，饑民載道，看到老百姓如此悽惶，于右任對倡議者說：「還是省幾個錢，讓百姓多喝幾碗粥吧！」立碑之事乃罷。

又，張自忠犧牲後，傅斯年對這位山東同鄉的藎忱之勇頗為感動，曾有為張自忠撰寫年譜的打算。據臺灣中央研究院史語所研究員王汎森說：「在傅檔中有一大卷《張自忠年譜》草稿，是張自忠殉國之後，其弟張自明所輯資料，傅氏承應代為編輯的。傅氏在上面題有『生前拾零』四字。這件工作與傅氏所學毫不相干，他之所以自告奮勇，應與強烈的民族思想有關。」但「這一件事始終未完成。由IV216（南注：傅檔編號）鄧廣銘的來信中看，傅斯年後來曾欲以張自忠年譜的工作委託鄧氏。而且當一九四七年傅夫人俞大綵攜子離北平時，信中仍提到隨身攜帶張自忠年譜稿之事」（王汎森，《中國近代思想與學術的系譜》〔石家莊：河北教育出版社，二〇〇一〕，頁三三九）。王汎森記錄這一段的意思，是為證明傅氏一生具有非常強烈的民族主義情緒，這一情緒表現在他思想生活的每一個方面，也表現在一些細微之處，欲為張自忠做年譜事便是一例。

34　劉汝明，《劉汝明回憶錄》（臺北：傳記文學出版社，一九七九，再版）。

35　平津淪陷後，二十九軍將領和所部命運概括如下：

一九三七年七月三十日，退至保定的宋哲元聞訊天津失守和日軍咄咄逼人的氣勢，頭腦從「談和」的暈眩迷夢中清醒過來，致電蔣介石，自承對日軍應付不當又未做好應變準備，以致爆發事變並使平津棄守，有負重託，表示請罪。所任二十九軍軍長職務，已委託馮治安代理，請中央明令發表。三十一日，秦德純呈蔣介石與何應欽電，謂：「宋軍長精神時有錯亂，說話有時失常。軍部現在保定，由馮師長治安代理二十九軍軍長職務。嗣後如有諭示，務懇徑電保定馮師長為禱」（〈「七七事變」至平津淪陷蔣何宋等密電選〉，《民國檔案》一期〔一九八五〕。以下引電同）。對此，蔣覆電同意由馮代軍長職務，並望宋早日銷假視事。同日，秦德純再次電呈蔣介石，謂，如今之計，只有戰和兩途，如戰則出兵分三路北上，「由鈞座統一指揮，則一舉而平、津可下，直搗長城沿線……如不戰而和，則擬請中央派員到平、津與日方直接交涉，或可敷衍一時。倘不和不戰，則國家前途不堪設想矣。冒昧直陳，敬請鑒察。」蔣在此電上批示：「擬覆。所見甚佩。現已到最後犧牲關頭，已無和之可言。除已積極準備外，希我二十九軍一面從速整理，一面占領陣地，構築強固工事，以赴事機。」

一九三七年八月六日，二十九軍擴編為第一集團軍，宋哲元為第一集團軍總司令，下轄四個軍一個師，由原所屬的四個步兵師整編而成。原二十九軍馮治安的三十七師和趙登禹的一三二師合併擴編為七十七軍，以馮治安為軍長；原張自忠的三十八師擴編為五十九軍，軍長由宋哲元兼，李文田代理（張自忠未歸隊）；原劉汝明一四三師擴編為六十八軍，以劉氏為軍長。鄭大章的騎兵第九師擴編為第三騎兵軍，鄭為騎兵軍軍長，原所屬幾個混成旅合併為一八一師，由石友三任師長，另外增加一個新編第六師，由高樹勛任師長。按劉汝明的說法，擴編後的「七七」「五九」「六八」三個主力陸軍的番號，數字相加都含兩個「七」，一個明的「七七」，兩個暗含的「七七」，暗示二十九軍不忘「七七事變」這個日子，團結奮鬥，意義深長。由於新編第一集團軍名聲不響，世人稱這支部隊仍習慣舊稱二十九軍，這也就是傅斯年在致胡適信中所說「二十九軍」之緣由。

面對察、綏、冀、晉一帶的危局，以蔣介石為首的軍事委員會，於九月十一日劃津浦線為第六戰區，任命西北軍元老馮玉祥為戰區司令長官，轄宋哲元等部。宋哲元面對這一變局，知道這是南京政府變相剝奪自己的兵權，於是稱病告退，赴泰山休養，還老蔣以顏色。當馮玉祥以老資格的將領出馬，滿懷豪情來到第一集團軍欲施展拳腳，準備大幹一番時，才發現此一時彼一時，過去的部屬早已和他離心離德，陽奉陰違，根本不聽他的指揮調遣。也只有到了此時，馮玉祥才感到自己是老朽了，不但外部世界要拋棄他，即使是周身流淌著他血脈的二十九軍（第一集團軍）將士也已拋棄他了。此情此景，使他倍感傷心。而屋漏偏逢連夜雨，政客出身的蕭振瀛又趁機在其間搧風點火，拉攏馮治安，離間第一集團軍將領，使得局面更不可收拾。

而這時，日軍磯谷師團開始傾全力沿津浦路向南進攻。第一集團軍內部矛盾重重，諸將領相互疑忌，結果是連戰連敗，有的陣地一觸即潰。固安、涿州、保定、滄州、德州、石家莊等戰略要地和沿途城市相繼陷落，眼看敵軍就要飲馬黃河，直指中原。在如此糟糕的局面下，南京方面不得不撤銷第六戰區，將已經老朽無用的司令長官馮玉祥一腳踹開，讓宋哲元重新回來收拾殘局，同時把第一集團軍調屬由程潛代理司令長官的第一戰區統領。此時全國性的抗戰高潮興起，連共產黨軍隊為了民族大義和國家存亡，都放棄黨派成見，自願改編為八路軍，奔赴前線參加抗戰。但此時的宋哲元仍不能順應時代潮流，與時俱進，腦海裡裝填的依然是軍閥時代保存實力，占據地盤做土皇帝的老套思想。其命運也如同他的老師加老長官兼老軍閥馮玉祥一樣，很快遭到了深受民族大義感召，思想已經進步了的年輕將士拋棄。整個第一集團軍士氣低落，矛盾重重，戰事仍是一塌糊塗。面對不可收拾的局面，南京政府下決心對宋哲元和所部進行整頓、分割。十月下旬，劉汝明六十八軍調離第一集團軍歸第三戰區序列。

一九三七年十二月初，日寇逼近南京，宋哲元派他的專用列車接二十九軍在京人員與家屬，其中包括一個特殊人物張自忠。張隨宋哲元派出的火車來到鄭州，繼之到新鄉回歸原部隊。一九三八年三月，宋哲元和他的第一集團軍總部撤到黃河北岸的茅津渡，接到了南京軍事委員會調其任第一戰區副司令長官的命令。宋知道這是一個明升暗降的陰謀，頗有自知之明地黯然離開了他苦心經營多年的原二十九軍將士，獨自渡過黃河前往鄭州戰區大本營報到。而他的第一集團軍番號隨之撤銷，所屬部隊交由張自忠、馮治安與劉汝明分別統率。自此，宋哲元成了一個徒有其名的光桿司令，經營多年的原二十九軍算是在他手中土崩瓦解。

既痛失了親軍，又失去部隊指揮權的宋哲元鬱鬱寡歡，不久便身患肝病，且病情迅速惡化。一九四〇年三月，宋哲元回到夫人常淑青的故鄉四川綿陽療養——這是二十五年前宋哲元在川駐防，也是和夫人常淑青結婚的地方。宋氏本擬小住後移往西安，因病情進一步惡化，於四月五日醫治無效溘然長逝，終年五十五歲。宋去世後，葬於四川綿陽富樂山。蔣介石貓哭老鼠地親自書贈了輓聯：「砥柱峙中流，終仗威稜懾驕虜；星芒寒五丈，不堪珍瘁慟元良。」中共方面的周恩來也贈了一副輓聯：「失地未收回，虎威昭垂盧溝月；綿陽驚不起，鵑聲啼破錦江春。」

兔死狐悲，物傷其類。宋氏含恨登了鬼錄，除了幾個直系親屬，最痛心愴然的當是原二十九軍將士。在四月十七日宋哲元出殯的日子，張自忠、馮治安率領新組建的三十三集團軍主要將領，專程由鄂北前線趕赴四川綿陽送殯。追悼儀式上，張自忠與馮治安、劉汝明聯名敬獻輓聯：

> 感知己，報祖國，此身尚在，絕不苟富貴惜生命而存；
> 率全軍，哭我公，雖死猶生，敢繼執干戈衛社稷之志。

有研究者說，這副輓聯表達的其實是張自忠此時此刻的心情。返防後，他曾致信馮治安說：「佟（麟閣）、趙

（登禹）死於南苑，宋又死於四川，只餘你我與劉（汝明）、石（友三）數人矣。我等不知幾時也要永別。我等應即下一決心，趁未死之先，決為國家、民族盡最大努力，不死不已！如此就是死後遇於冥途，亦必歡欣鼓舞，毫無愧怍。」宋哲元的去世，進一步堅定了張自忠為國捐軀，明死從志的決心。

一九四〇年五月十八日，宋哲元被重慶國民政府追晉一級上將銜，明令褒揚。此時張自忠已犧牲兩天矣。劉汝明的六十八軍和張自忠的五十九軍從宋哲元手下被分割出去後，所部將士都參加了第五戰區司令長官李宗仁指揮的臨沂戰役、臺兒莊大捷和徐州會戰，直至武漢保衛戰。張自忠壯烈殉國後，馮治安接任其總司令職。棗宜會戰使三十三集團軍元氣大傷，又由於一直屬於雜牌部隊的緣故而得不到中央糧餉彈藥補充，部隊越打越少，戰力每下愈況，三年後參加常德會戰時已失去了銳氣，淪為二流部隊。抗戰結束以後，三十三集團軍改為第三綏靖區，馮治安任國民黨徐州綏署副主任，兼第三綏靖區司令官，駐節徐州。

原二十九軍另一位與張、馮二人齊名的劉汝明，自盧溝橋事變之後，正如傅斯年所說，在綏冀晉一線為保存實力和爭地盤，不惜與兄弟部隊搗亂和大動干戈，做了一段時間的「準漢奸」。後在全國軍民一致聲討中，稍有收斂，但仍沒有大的改觀。一九四〇年以後，劉汝明部活躍於豫、鄂接壤處，並多次與日軍作戰。一九四三年三月，劉因軍功晉升為第二集團軍總司令，一九四四年授予上將軍銜。一九四六年，劉汝明由第二集團軍總司令（轄六十八、五十五軍與豫南游擊總指揮部），改為第四綏靖區司令官，駐節開封，與馮治安部東西比鄰，轄區相接，聲息相聞。嗣後馮、劉二人又同兼華東「剿總」副司令，共同參加「剿共」。

內戰爆發後，馮、劉率部參加了「徐蚌會戰」（中共稱「淮海戰役」）。劉部被編為第八兵團，劉出任司令兼徐州「剿總」蚌埠指揮所副主任，馮治安仍擔任原職。戰幕揭開不久，馮治安第三綏靖區副司令張克俠、何基灃，共同率領五十九軍兩個師、七十七軍一個半師共二萬三千餘名官兵，在國民黨防區賈汪、臺兒莊一帶宣布倒戈起事。據張、何二人供稱，起事前，二人曾試探勸馮一起倒戈，但馮不為所動，二人只好撇開馮單獨行動。張克俠、何基灃率部起義後，馮治安於十一月十二日抵南京當面向蔣介石哭訴張、何二人「叛變」經過並請罪，蔣介石強壓怒火，對其慰勉，未予苛責，並謂：「你另有任用，留在南京，你快打電報回去，說明總統對逃回來附敵的官兵，加以慰勉，並說你另有任用」（李勇、張仲田編，《蔣介石年譜》〔北京：中共黨史出版社，一九九五」）。蔣介石如是說，自是出於穩住軍心的目的，事實上馮治安並未「另有任用」，也不可能任用了。蔣下令撤銷了第三綏靖區及所屬七十七軍、五十九軍兩個軍的番號，馮的餘部劃歸邱清泉指揮。從此馮失去了兵權，再也沒有翻盤的機會。對於這一段歷史，時為徐州「剿總」副司令的劉汝明在後來的回憶錄中寫道：馮治安（字仰之）其人的性格樂觀灑脫，凡事都很民主，「所以他的兩個副司令官張克俠、何基灃權力都很大。他們兩個人想當軍長，沒有當上，便不免心懷怨望，在徐蚌會戰方一揭幕，便率領一部分隊伍變節投降。做出了對不起國家、長官、朋友的事，實在是二十九軍的敗類。仰之聞報氣憤之極，我便陪他一起去剿總，晉謁劉經扶（峙）上將請罪。劉經公豁達大度，不愧忠厚長者，對仰之反而安慰一番，叫我陪他回來，收容部隊。在這種情形下仰之自然不能再幹下去了，便辭職回南京待罪，所餘部隊隨邱清泉兵團作戰，覆滅於青龍集。」又說：「徐蚌戰役三十三集團軍，突圍出來的殘部猶有數千人，政府把他們編成一個軍，叫吉星文任軍長。後來撤退到福建歸我指揮，到這時候舊二十九軍又都會合在一起了」（劉汝明，〈七七抗戰與二十九軍〉，《劉汝明回憶錄》（臺北：傳記文學出版社，一九七九，再版））。

國民黨於徐蚌會戰兵敗之後，劉汝明率部退到江南，改任京滬杭警備總司令部副總司令，負責銅陵到九江間的防務，總兵力仍有七萬餘人。一九四九年四月二十一日，解放軍發動渡江戰役，劉汝明部不支退卻。此時國民黨軍已成兵敗如山倒之勢，在亂軍中，劉汝明率部一路向南狂奔二千餘里，到達閩東南的漳州、龍巖地區才穩住陣腳，損失慘重，自此一蹶不振，終至走上末路。後劉被任命為閩粵「剿匪」總司令，負責廈門防務。一九四九年十月，廈門失守，劉汝明率殘部倉皇撤退，大部被俘，只有一小部分逃亡小金門轉乘大船退往臺灣。當抵臺時，這支流淌著二十九軍血液的殘部，已形同一群討飯的乞丐。據後來和劉氏同住在一個大院內的李敖說，這位丐幫幫主劉汝明很有趣，「他帶著部隊糊里糊塗跟著蔣介石來了，到了基隆外海的時候，不讓他們下船，也不給飯吃，也不給水喝，三天讓你們餓著渴著，然後把劉汝明放下來，單獨見了蔣介石。他的部隊全部繳械，槍放下來，餓都餓昏了，渴慘了，然後一下船就分發，把你解散掉。蔣介石還騙劉汝明說，我把你的部隊恢復，劉汝明說謝謝了，不必了，這就是劉汝明」（鳳凰衛視，《李敖有話說：歷史幕後有乾坤》，二〇〇五年八月二十五日）。

李氏所言大體不差，只是劉部登陸地點是高雄，不是基隆，內中原委，除了二十九軍不是蔣的嫡系，還與劉汝明幾十年來不佳的聲譽，特別是內戰中消極避戰，在國共間左右搖擺，政治立場一直令國民黨高層擔憂有關。倘若劉部到了臺灣發生譁變，或像張克俠、何基澧一樣倒戈相向，對蔣介石和整個國民黨來說，後果是不堪設想的。因而必須防患於未然，先把械繳了再說。

經過八年抗戰和三年內戰，聲名赫赫的二十九軍由勃興走向消亡，著名將領除佟麟閣、趙登禹、宋哲元、張自忠等四人死於抗戰期內，徐蚌會戰中起事的張克俠、何基澧，在內戰結束後分別出任過新中國的林業部副部長、農業部副部長等職，極具榮光，雙雙活到二十世紀八〇年代去世。隨國民黨軍隊撤往臺灣的秦德純、馮治安、劉汝明等，皆失去兵權，在軍政機關做一些幕僚方面的事宜。至此，原二十九軍骨架坍塌，血脈蕩盡無存。徐蚌會戰中因為部屬張、何二將軍起義而受到牽連離職的馮治安，自赴南京後便憂鬱寡歡，退臺後與劉汝明共同在中和鄉買了一塊地皮，自己建房居住，於一九五四年病逝。年輕的吉星文於一九五七年入臺灣國防大學聯戰系深造，結業後擢升中將，出任金門防衛部副司令官。一九五八年七月，吉星文舊傷復發，請假返臺北醫治，嗣因金門告急，帶疾返防。八月二十三日，解放軍炮擊金門，吉星文於巡視陣地時腰部中彈，延至二十四日，因流血過多殞命，終年四十八歲。

吉星文殞命五年之後的一九六三年，七十歲的秦德純病逝於臺北。又過了十二年，劉汝明以八十高齡病逝於臺島中和鄉寓所，生前有〈七七憶戰友〉、〈七七抗戰與二十九軍〉、《劉汝明回憶錄》等文章和著作問世。內中透出了劉氏晚年心繫大陸，思念故人、懷戀故土的殷切之情。對自己的一生，劉總結性地說道：「我一生戎馬，由締造民國，而北伐、抗戰、戡亂，身經何止百戰？誠如麥帥所云：『老兵不死，只是慢慢衰退。』」（《劉汝明回憶錄》）面對原二十九軍主要將領零落殆盡的淒涼晚景，劉汝明於孤獨中，在七七事變二十七周年紀念日，寫下了感人至深的〈七七抗戰與二十九軍〉一文。文中最後說道：「我們的國家雖仍在艱危之中，但是相信我們的國難必除，國運必昌……如果我們依然人神相隔，我必一一到你們靈前去祭弔。」

36 何兆武口述，文靖撰寫，《上學記》（北京：生活・讀書・新知三聯書店，二〇〇六）。

37 同前注。

38 吳宓著，吳學昭整理、注釋，《吳宓日記》第七冊（北京：生活．讀書．新知三聯書店，一九九八）。

39 陳岱孫發言，〈回憶梅貽琦座談會〉，收入黃延復主編，陳岱孫、尚傳道審訂，《梅貽琦先生紀念集》（長春：吉林文史出版社，一九九五），頁三一二。

40 清華校友總會編，〈梅貽琦校長告校友書〉，《校友文稿資料選編》第四輯。

41 郭建榮主編，《國立西南聯合大學圖史》（昆明：雲南教育出版社，二〇〇六），頁一三〇。

42 王治浩、邢潤川、胡民選，〈讀曾昭掄一九四〇年昆明日記（節選）〉，《中國科技史料》一九八二年二期。

43 同前注。

44 同前注。

45 吳宓著，吳學昭整理、注釋，《吳宓日記》第七冊（北京：生活．讀書．新知三聯書店，一九九八）。

46 汪曾祺，〈跑警報〉，《滇池》一九八五年三期。

47〔美〕費慰梅（Wilma Fairbank）著，成寒譯，《中國建築之魂：一個外國學者眼中的梁思成林徽因夫婦》（上海：上海文藝出版社，二〇〇三）。

48 梁從誡，〈長空祭〉，《不重合的圈：梁從誡文化隨筆》（天津：百花文藝出版社，二〇〇三）。

49 聞一多，〈八年的回憶與感想〉，《歷史動向：聞一多隨筆》（北京：北京大學出版社，二〇〇八）。

50 秦孝儀主編，《總統蔣公大事長編初稿》（臺北：中國國民黨中央黨史會，一九七八）。

51 同前注。

52 郭建榮主編，《國立西南聯合大學圖史》（昆明：雲南教育出版社，二〇〇六），頁一三〇。

第六章

又成別離

一、小酒館奇遇

中研院史語所連同相關的科研機構之所以選擇李莊，得益於同濟大學的導引。同濟大學是由一個在上海行醫的德國醫生埃里希・寶隆（Dr. Paulun）創辦，大致經過是：一九〇〇年（庚子）爆發義和團運動，導致英、法等八國聯軍攜槍弄炮來華興師問罪，在大清天朝的旨意下，官兵們聯合號稱金鐘罩、鐵布衫，刀槍不入、戰無不勝的義和團成員，與八國聯軍展開激戰，儘管大清方面最終敗績，並落了個賠款求和的悲慘結局，但聯軍方面也有一些傷亡。德國為應付戰時急需，從歐洲本土運來大批醫療設備，並聘請當時在滬極負盛名的埃里希・寶隆醫師協助在上海成立傷兵醫院。及義和團運動結束，大清王朝屈服，聯軍扛著大包小包的戰利品，趾高氣揚地歸國，德國方面鑑於運輸困難，遂把傷兵醫院的全套設備無償贈送給寶隆醫師，以示感謝。面對從天而降的這筆橫財，頗具遠大理想與抱負的寶隆沒有沾沾自喜，或躺在銀子堆上享受，更沒有把設備五馬分屍變成殘品零件賣掉，背著滿布袋的大洋回家蓋房起屋，再娶幾房姨太太摟在懷裡暗自享樂。而是以這批設備為基礎，另外捐了一筆錢，在上海公共租界白克路創辦了同濟德文醫學堂。這個醫學堂的創立，竟孕育了一個全新的同濟大學，同時也搭起了一座戰前戰後唯一溝通中國與德國文化的橋梁。一九一七年，藉歐戰德國戰敗之機，同濟醫學堂被中國政府接收，遷入上海江灣新址，一九二七年易名為國立同濟大學。抗戰爆發前，同濟大學已是一所具有醫、工、理三個學院，在國內外頗負盛名的綜合性德文大學了。

一九三七年「八一三」淞滬抗戰爆發，同濟大學在上海江灣的校舍遭到日軍首輪炮擊，頃刻夷為平地。同濟師生於驚恐慌亂中冒著敵人的槍林彈雨倉皇逃離，先是流亡到浙江金華，旋因杭州吃緊，退至江西贛縣，隨著戰爭局勢不斷惡化，再度遷往廣西八步，到達後，尚未安頓下來，又因廣東戰事吃緊，桂境時受敵機侵擾，於一九三八年十二月再一次遷往昆明。翌年二月，全體師生抵昆，開始在城中的臨江里、武成路、富春街等十幾個狹窄混亂的街區租賃房屋開課。一九四〇年七月，由於日軍對昆明城轟炸日漸加劇，同濟大學高職機械科的學生項瑞榮不幸在一次日軍空襲中被炸彈炸死，噩耗傳出，全校師生悲愴不已。眼看局勢持續惡化，根據全校師生的意願和國民政府教育部指令，同濟大學高層決定離昆遷川，並向川南敘府（今宜賓）中元造紙廠廠長、同濟大學校友錢子寧拍發電報求援，請他在宜賓與瀘州一帶尋找一個落腳之地。

錢子寧接到電報，得知母校師生正處於敵人炸彈的死亡威脅與精神煎熬中，不敢大意，立即奔波忙碌起來。此時，小小的川南宜賓城已是人滿為患，從上海、武漢、長沙一帶內遷的人員如過江之鯽，幾乎到了難以插足的地步，同濟大學人多，根本不可能再安插進來。通過朋友探尋，下游的瀘州比宜賓的情況更為糟糕，幾乎無立錐之地。於是，同濟大學的命運就只有維繫在宜賓與瀘州之間這個狹小的沿江一線。所幸的是，錢子寧偶然聽說在這一線之間的南溪縣與江安縣尚有可利用的空間，於是火速派得力幹將前去打探聯繫。事有意外，江安縣已有國立劇專的師生捷足先登，無力他顧，只有南溪縣還有條件和能力安置。但當地官

李莊古鎮（王榮全攝影並提供）

僚和士紳卻不肯援手相助，其公開的理由是「小廟供不起大菩薩」，如此多的「下江人」呼啦一下擁到這個江邊小城，會給當地社會造成動盪，治安無法保證，傳統的社會風俗將變質、變壞云云。真正的想法是當地官僚們不樂意多事，只想如何多撈錢，少費勁，清靜安閒地享受各自的悠閒生活。一些當地士紳和社會賢達生怕「下江人」到來後，哄抬物價，大米小菜都跟著抬成了天價，使他們的生活陷於困頓，故予以拒絕。

正當錢子寧派去的人灰頭土臉從各衙門裡走出，身心疲憊，無望地在南溪縣城一家飯館借酒消愁時，一個新的機緣來臨了。只見酒館走進兩個五十多歲的中年漢子，雙方一照面，當即打起了招呼。來者是南溪縣李莊鎮有名的士紳羅伯希與王雲伯，雙方早有交情，如今在此偶遇，格外親切。稍事寒暄，幾人便坐在一桌推杯換盞喝將起來，席間少不了談到同濟大學欲遷川避難，而南溪縣官僚士紳拒不接納的情形。羅伯希聽罷，頗懷義憤，藉著幾分酒勁隨口說道：「這國難當頭，怎有能接而不接的道理，這幫官老爺和那幫閒雜碎們也太不顧大體、識大局了。」言畢，把頭突然轉向身旁的王雲伯：「我說雲伯，他們不要，咱來接待咋樣，別看咱這個李莊鎮不大，可是有九宮十八廟和大片莊園呵，我估摸著安置這夥『下江人』沒得多大問題。」

雲伯聽了，會意地點點頭，附和道：「應該沒得啥子問題，不過要回去商量一下才好。」「那是，是要回去商量，我們倆力爭把這件事促成，也好給南溪那些官老爺和閒雜碎們一點顏色瞧瞧，讓他們沒得臉面！」羅伯希像是對王雲伯，又像是故意說給錢子寧的手下聽。

這羅伯希可不是因為酒喝高了胡言亂語，也不是故意吹牛擺什麼長短龍門陣。此人乃是見過大世面且辦事嚴謹的人物，早年出身行伍，曾做過川軍將領劉雲輝的副官，並在成都川軍二十六集團軍辦事處當過少將參議，後因不滿軍閥之間的相互殘殺與爭鬥，解甲歸田，回李莊老家棲居。因其特有的政治背景，在李莊甚至南溪這塊地盤上，算是個叫得呱呱響的人物。錢子寧幾位手下在走投無路、垂頭喪氣之際，眼前突然出現了一個柳暗花明的李莊，大感意外，從心中透出了感激之情。待酒足飯飽，羅伯希邀請對方同自己順道去李莊做一番實際考察，與當地官員、士紳們商量後，再做裁奪。如此這般，歷史在不經意間施以惠顧，注定了同濟大學遷川並與李莊古鎮結緣的宿命。

幾個人到達李莊，羅伯希找了個上歲數的當地土著，帶領錢子寧的手下圍著鎮內鎮外轉了起來。他與王雲伯則很快找到了一位重量級人物——時任國民黨李莊區黨部書記的羅南陔說明一切。羅南陔本是讀書人出身，對知識分子比較尊重，當即表示可以考慮，並派人把李莊的張官周、張訪琴、楊君慧、宛玉亭、范伯楷、楊明武、李清泉、鄧雲陔等權勢人物及士紳名流、巨賈富豪，請到自己在李莊鎮羊街八號家中廳堂，共同商議。

此前，為躲避敵機轟炸，省立宜賓師範學校與宜賓中學等兩所學校已遷往李莊鎮，分別住在張家老宅大房子和李莊下壩。因有了接待外來人員的經驗，再接待一個同濟大學就不顯得突兀。經過幾個時辰反覆權衡、議論，與會者最終達成共識：如果同濟大學有意遷居李莊，大家將竭盡全力為其安置。眾鄉紳如此痛快地答應，其中自有緣由。許多年後，羅南陔的兒子、南溪縣政協委員羅萼芬回憶說：「除了羅南陔等人對知識分子同情和尊重外，還有一個不可忽視的歷史原因，那就是，南溪縣城位居長江以北，李莊位居長江以南，南北兩地的官僚與民眾長期互不服氣，隔閡日深，一度視同寇仇。此時的李莊官僚與士紳富賈，大有『凡是敵人反對的，我們就要擁護』的意氣用事之味。也就是說，既然南溪縣官僚與士紳不予接納，李莊就要攬過來，這個道理同羅伯希在南溪酒館裡所表現的心理是相同的。」[1] 歷史正是由於眾多的複雜因素而使奔流的長河不

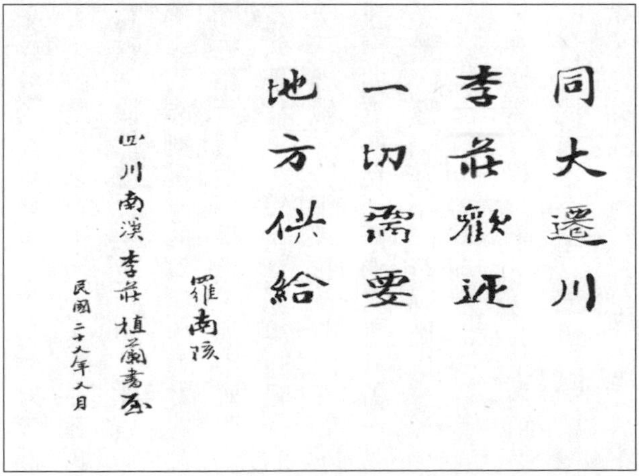
同大遷川
李莊歡迎
一切需要
地方供給
羅南陔
四川南溪李莊
由李莊羅南陔擬稿發出的十六字電文（逯弘捷提供）

斷地拐彎，想不到這一拐，同濟大學竟拐到了李莊。

既然李莊方面已表同意，與羅伯希一道來考察的幾人轉了一圈後，也頗感滿意，於是抖起精神乘船趕往宜賓向錢子寧做了彙報。錢子寧一聽，既驚喜又躊躇，儘管李莊有情，但畢竟是個鄉鎮，不知同濟方面是否有意，於是決定親自乘船前來看個究竟。當他來到李莊鎮，對當地的山川形勢、民風民俗，特別是九宮十八廟及周邊幾個大型山莊做了一番考察後，心中懸著的石頭砰然落地，在沒有更好的地方可接納的情況下，此處未嘗不是一個避難讀書的安居之所。

錢子寧與當地官僚、士紳就相關情況做了進一步洽談，李莊方面為表誠意，羅南陔當場起草了一份「同大遷川，李莊歡迎，一切需要，地方供給」[2]的十六字電文，由錢子寧帶到宜賓發往昆明的同濟大學。隨後，又寫了幾份函件，從歷史、地理、交通、物產、民俗等等方面做了較為詳細的介紹，分由錢子寧致同濟大學與重慶國民政府教育部等機關。在昆明的同濟大學得到電報，頗為歡喜，新任校長周均時立即派出理學院院長王葆仁、事務主任周召南赴李莊考察並籌備遷移事宜。正在重慶的傅斯年通過教育部得此消息，即刻發電通知在昆明龍頭村的史語所民族學組副研究員芮逸夫，令其隨王、周二人共同前往李莊考察。於是，一個注定在中國文化史上留下深刻標記的新的文化中心，在山河破碎的西南一隅悄然形成。

二、胡福林神祕出走

就在芮逸夫去李莊考察之際，史語所發生了一件看上去不大、卻令傅斯年大為惱火的窩裡反事件。

這年八月二十三日，在昆明龍頭村一間黑屋子裡整日伏案做甲骨文識別與編纂工作的史語所助理員胡福林（厚宣），突然向傅斯年請假，說是有位叫許心武的好朋友，在重慶北碚替自己的妻子找到了一份工作，因昆明至重慶道路艱難，匪盜眾多，需親自護送家眷赴渝，並說一個月後立即回昆明銷假，需預支九、十兩個月的薪金以做旅費云云。傅斯年聽罷，感到自己手下弟兄生活艱難，其家眷能在陪都重慶找份工作自是一件好事，只是考慮到史語所馬上就要搬家，勸對方不要此時離開，最好入川後再做打算。若從新的地方——四川乘船沿長江順流而下可直達重慶，此道比從昆明赴渝方便得多。想不到胡福林不以為然，執意要走。傅斯年經過再三躊躇，最終一咬牙答應下來，囑咐對方快去快回，不要誤了所內搬家事宜。胡氏點頭答應，此事算告一段落。

幾個小時後，傅斯年來到李濟住處，把胡福林請假赴渝之事講了一遍，李濟當場表示反對，他認為如果胡福林非要離開，待把家遷到四川後再做行動，這樣於公於私都說得過去。現在全所搬遷在即，許多器物需要整理裝箱，人手本來就不足，若小胡此時離開，對史語所工作極其不利。本來就有些不情願的傅斯年經李濟一說，頗為懊悔，立即找到正在工作室整理器物的石璋如，讓他趕快找到胡福林並轉達傅、李二人的意見，希望對方暫且留下，待隨所搬遷後再行赴渝。石璋如得令，急忙跑到胡福林工作的那間小黑屋與宿舍，發現人去屋空。又到史語所駐地和彌勒殿可能匿身的地點搜尋，仍不見胡福林的蹤影。難道此人神消了不成？石璋如這樣想著，經多方打聽才得知胡氏已悄然離開昆明遠走高飛了。

胡福林於一九二八年自河北保定培德中學考入北京大學史學系就讀，一九三四年畢業。在此期間，中研院史語所由廣州搬到北平北海靜心齋辦公，北大校長蔣夢麟聘請史語所傅斯年、李濟、董作賓、梁思永等大腕前往授課，以壯北大文學院聲威。而自一九三一年下半年起，顧頡剛除專任燕大教授外，也受聘北大歷史系兼課講師，每個星期講幾個鐘頭的課。學生胡福林出於對顧氏學問的崇拜，漸漸與顧頡剛建立了較密切的師生關係。胡氏畢業後，因學業尚不算差，被傅斯年、李濟弄進中研院史語所考古組工作。從此之後，胡福林追隨梁思永赴河南安陽殷墟參加了第十、十一次考古工

1939年，胡福林夫婦與孩子在昆明龍頭村外留影。

作，並單獨主持了侯家莊西北岡王陵一〇〇四號大墓發掘。抗日戰爭爆發後，又追隨董作賓整理殷墟出土甲骨，兼做《殷墟文字甲編》的釋文事宜。據石璋如回憶說：「先前在南京急著將一到九次發掘的甲骨出版《殷墟文字甲編》，所以YH127坑甲骨就只放到架子上，後來裝箱都沒再動過。」到了一九四〇年八月，史語所同人感到「離搬家還有段時間，也不知道搬家地點，不妨趁機開箱編號。三組同仁都可以幫忙開箱，編號就落到胡厚宣、高去尋兩位先生身上……胡厚宣與高去尋一人寫號碼，一個記錄，若有可以合塊的碎片，也許有兩個編號，便趁機重組。董先生就描寫重要的東西，進行分類……工作從早忙到晚，吃了晚飯之後繼續加班到十點。」[3]就在這項緊張而繁雜的工作進行中，胡福林悄然告辭了。

當時整個中研院史語所大師如林，將星雲集，一個小小的助理員如胡福林者要休一個月的假，本不足掛齒。而此事的非同尋常之處就在於，當石璋如奉命搜尋胡福林蹤跡時，突然發現胡氏的一切書籍文件、生活用品等器物，隨著本人的消失也一道無影無蹤。石璋如深感蹊蹺，覺得其中有詐，立即向傅斯年和李濟做了彙報。傅、李二人一聽，亦覺不可思議，遂帶著疑問與不解在史語所與周邊學術機關展開調查。第二天，得知胡福林確已追隨顧頡剛跑往成都齊魯大學辦研究所去了。傅斯年聽到這個切實消息，大為震怒，認為這個小胡把自己當猴耍了，遂在彌勒殿幾個泥塑金剛面前晃動肥胖的身子，不時跳動腳跟兒，對胡福林以及齊魯大學連同顧頡剛、錢穆等人罵將起來。罵過之後乃展紙修書一封致胡福林，說：「頃聞兄就齊魯大學事，為之愕然。如有此事，務乞打消；如無此事，亦乞示知。」隨後又命史語所考古組發出一函：「奉傅所長囑，請將〈武丁多妻多子〉及〈殷代農業〉兩文留下，交汪和宗先生帶來，以便編入集刊。」[4]

兩函寫就，傅斯年覺得並沒有解除心頭之恨，於是再修書一封，把窩在肚子中的虛火狂洩到齊魯大學主事者身上，其書云：

本所職員胡福林君請假離所一日後，本所即得到若干口頭報告，謂，貴校之國學研究所一年前即已聘定正在本所任職之胡福林君為教授，資以薪給。其本年之職務則為：（一）在雲南為貴校購買書籍。（二）在本所抄錄影拓一切本所正在研究尚未出版之材料，以備將來貴校國學研究所之用等語。事涉離奇，殊難置信……據負責人報告，近一年來，該員將本所所藏重要史料謄錄甚多。本所之正式工作（資料），該員亦全數攜走，其目的為何？實難揣測……[5]

傅斯年在函中強烈要求齊魯大學立即「查覆上述傳言是否屬實」，並給史語所一個說法。

齊魯大學為英美長老會傳教士於一九一七年在濟南聯合創辦，但長時間未能正式立案，後在號稱基督徒、蔣介石「老二」孔祥熙的暗中關照下，於一九三一年十二月，南京國民政府教育部批轉山東省教育廳准予在濟南立案，承認其合法地位。因孔氏對此出力甚大，按中國特色的處世哲學，齊魯大學主動聘請孔祥熙擔任了該校的名譽校長。[6]

抗戰爆發後，濟南淪陷，齊魯大學流落到四川成都，寄居於華西壩華西協和大學校園內。此時，顧頡剛已辭去燕大教職，先是組織一個西北考察團對西北邊疆展開調查，後受

青年錢穆

雲南大學校長熊慶來聘請，於一九三八年十月抵達昆明任雲大教授。未久，北平研究院（南按：非中央研究院）遷至昆明，顧頡剛兼任該院史學研究所歷史組主任。一九三九年春，齊魯大學校長劉世傳邀顧頡剛到該校出任國學研究所主任，顧氏認為齊大開列的條件對自己的生活與學術研究較為有利，慨然應允，並悄悄拉上正在西南聯大任教的錢穆一道入夥。

錢穆出生於江蘇無錫，幼年讀過家鄉私塾，及長，為蘇州中學教師，雖滿肚子學問，卻一直沒沒無聞。直到顧頡剛自北平回老家探親，經人介紹，偶然發現這位鄉村才子學識淵博，對歷史文化有獨到見地，言談舉止非一般「土鼈」甚至放洋的「海龜」可以匹敵，稱得上是中國鄉村自學成材的標本式人物，不覺心生惜才之心。顧頡剛一回到北平，便竭力向學術界薦錢並得到回應。一九三〇年秋，三十六歲的錢穆離開蘇州至北平，先是隨顧頡剛在燕京大學任教，後由顧氏推薦執教於北京大學。錢氏自此鯉魚跳龍門，一躍進入全國頂尖級的高等學府，迅速成為史學界一顆亮麗的明星。

因個人成長經歷、學術觀點以及性格等差異，錢穆與傅斯年、胡適等團體中人的關係由表面的客氣逐漸變為不再客氣，感情裂隙越來越大。[7]究其內情固然複雜，但大體的脈絡還能看出，按錢穆本人的說法，當時的史學界有兩大派系，一是「革新派」，一是「科學派」。錢氏對所謂「以科學方法整理國故」的代表人物胡適、傅斯年輩頗不以為然。在錢穆眼裡，這一學派價值並不大，無非是「震於『科學方法』之美名，往往割裂史實，為局部窄狹之追究。以活的人事換為死的材料」而已。[8]就胡與傅相較，錢穆更看不上眼的是傅斯年，因為胡適當時尚有一部《中國哲學史大綱》上卷問世。傅斯年一直反對「著史」，倡導以專題研究為重，崇尚德國蘭克學派的實證、客觀等理論衣鉢，此點與錢穆心中那帶有蘇州甜米糕和鹹魚味的史學觀相牴牾，言談交往中互不服氣，終致個人關係惡化。據錢穆自己回憶說，他與傅斯年只有在批判康有為今文家疑古之說這一點上是同志，過此以往，則涇渭分明。傅斯年赴臺去世後，史語所研究員王汎森奉命檢查整理傅氏攜臺的全部檔案資料，發現傅與錢之間只有兩封通信，且都是為公家之事，其中一封信是錢穆為學生爭取獎學金而與姚從吾聯名寫信給傅斯年，可見二人關係之薄。[9]

到了二十世紀四〇年代，傅斯年公開對外宣稱他從來不讀錢某人的書，而錢穆對傅也已明顯地表露出厭惡之情，二人積怨漸深，幾乎到了見面開打找練的地步，這一情結和怨仇畢生都未能化解。據一位知情者回憶，錢穆嘗謂傅斯年霸氣十足，是水泊梁山忠義堂裡的山大王一類人物，就是一個造反起事的土匪頭頭。而傅斯年則罵錢穆屬於狗頭貓腦的鼠輩，充其量是一個南方小裁縫，根柢膚淺，不足與謀。抗戰之後，錢穆的《國史大綱》出版，一度出任浙江大學史地系教授兼主任，時為中國地理學會總幹事的張其昀（字曉峰），在重慶中央研究院總辦事處見到傅斯年，詢問對此書的看法。[10]張某人明知錢、傅二人不和，故意詢問，無非是一種陰暗的心理在作祟，挑撥是非，看個熱鬧。傅斯年當然不傻，知道對方之意，但又不把對方與錢穆等他心目中的鼠輩人物放在眼裡，遂高聲回答道：「我從來不讀錢某人的書文一個字。錢某人屢談西方歐美學術如何如何，那些知識其實都是從《東方雜誌》轉抄而來的，沒有什麼自己的發明創造。」[11]

張其昀聽罷，立即瞪圓了蠶豆狀的眼睛，老鼠一樣齜牙咧嘴地「吱吱」怪叫著回敬道：「你既然號稱不讀錢某人書文一字，又如何知道得這麼詳細？」

傅氏脹紅著臉吭了一聲，爾後憤然罵道：「他媽的，不讀他的書就不知道其淺薄可笑了？你見過你老爺爺，也就是你爺爺的老爸沒有？」

對方不知何意，搖著頭道：「沒有，早死個屌的了。」

「你有沒有老爺爺？」傅斯年快速問著，晃動著小山包一樣的身軀，疾步向前，擺出要以體積乘速度，給對方致命一擊的架式。

「我當然有老爺爺！」對方見勢態不好，後退幾步，囁嚅著說。

傅斯年突然仰天哈哈大笑，繼而又面色嚴肅地說道：「此謂我不讀錢某人書文一字，乃

1939年傅斯年在昆明龍頭村回應寺觀音殿善本書室閱鑑圖書（傅樂銅提供）

知其荒唐之故也！」

張其昀愣了一會兒，終於醒悟，深為傅斯年的嬉笑怒罵所懼，怕再爭執下去不但看不到對方的熱鬧，弄不好會被眼前這位活閻王暴打一頓，乃縮頭勾背，老鼠一樣一步三回頭，連蹦加跳地溜走了。

從錢穆晚年的回憶文章可知，他在北大和西南聯大時，交往最密切的是湯用彤、蒙文通和熊十力等輩。這些人都不是「新文化運動」中人，唯有例外的是顧頡剛——儘管顧在這個運動中沒有多少可圈可點的功績可言。錢穆一直對顧的知遇之恩心懷感激，他之所以離開西南聯大赴成都協助顧，與顧頡剛的邀約有關，但也與那時校園的政治空氣有聯繫。據錢穆自述：「自余離開聯大以後，左傾思想日益囂張，師生互為唱和。聞一多尤為跋扈，公開在報紙罵余為冥頑不靈……凡聯大左傾諸教授，幾無不視余為公敵。」[12]聞一多跳著腳尖大罵錢穆不是個東西的情形，雖然發生在錢氏離開聯大以後，可以想見，在他未離開以前，已經有了不少反對者，對立面仍在不斷擴大增長中。就當時錢穆的為人處世而言，也並不是如傅斯年所說的臭狗屎一堆，一無是處，對其深表同情和支持者還是大有人在，如後來在成都燕大任教的史學大師陳寅恪就對錢氏說，倘若在昆明，當「可以誹謗罪將聞一多等人訟之法庭」。[13]正是由於派系傾軋與各方面錯綜複雜的緣由，錢穆接受了顧頡剛的建議，辭去西南聯大教職，於一九三九年九月先回蘇州老家探親，爾後赴四川成都齊魯大學研究所任職。而這個時候，中研院史語所幾乎沒人知道，顧頡剛已祕密和胡福林建立了聯繫，並拉胡氏一同入夥齊大研究所了。

無論是北大時代還是抗戰之後，胡與顧的關係較為隱祕，對於二人的交往外界熟知者不多。而一直對顧頡剛心懷不滿的傅斯年始終蒙在鼓裡。如果傅氏知道胡與顧的密切關係，胡不可能進入史語所工作，即使陰差陽錯進了史語所，也會被傅斯年踹出門外。胡福林與顧頡剛一直隱而不宣，自是胡氏的聰明之處。按照石璋如推斷，當在昆明龍頭村的胡福林得知中研院可能還要遷徙的消息後，「覺得未來難料，就與以前的老師顧頡剛聯繫……顧的兼職很多，表面上不活動，可是實際上很活躍。北平研究院當時在黑龍潭，顧頡剛住在龍頭村西北邊、隔金汁河就到黑龍潭的浪口村……既然浪口村與龍頭村不遠，可能顧就與胡厚宣有聯繫。」[14]

石氏的猜測確實不錯，許多年後，胡福林對這段經歷交代說：「正在雲南任教的顧頡剛先生，時居鄉下離我處不遠的浪口村，先生時常遣師母於去『街子』（集市）時，帶字條給我，命查找資料。而錢穆先生亦隨聯大來西南，只播遷途中，家人皆留蘇州，先生即東歸探母。此時顧先生已與哈佛燕京學社商得專款，於遷校成都之齊魯大學創國學研究所，他邀請教書於西南聯大的錢先生和我任研究員。顧先生告，齊魯大學有明義士所藏甲骨需要整理，故約我同往。這樣，在史語所即由昆明遷往四川時，我於一九四〇年轉往成都來到齊魯大學。而錢穆先生亦於同年在返鄉侍親一年後，經重慶抵蓉。」[15]

胡福林所說的這位明義士，原是加拿大教會中人，英文名 James Mellon Menzies，曾受教會派遣來中國安陽一帶傳教，見當地的甲骨具有文物和學術價值，趁機收購保存了一批有文字甲骨。一九三二年，明義士攜這批甲骨入齊魯大學任考古教授，並在校中辦了一個博物館收藏自己的部分甲骨。抗戰爆發後，齊大遷入成都華西壩，部分甲骨也隨之同遷。可以想像的是，欲棄昆明赴成都的顧頡剛正需要人手以壯聲威，且齊魯大學又有明義士收藏的大批甲骨需要整理研究，胡福林在甲骨整理方面受過專門訓練，算是內行，顧氏乃暗中拉胡氏入夥。胡出於個人利益考慮，認為另立山頭的機會來臨，遂與顧一拍即合，這才有了後來胡福林離奇出走的事發生。

傅斯年的霸氣以及在學界政壇的身分和地位，齊魯大學當權者自然深知，接到質詢函不敢怠慢小視，於一九四〇年九月二十日覆函傅斯年，解釋說：「敝校三年前，曾購置明義士所藏甲骨，以整理需人，夙聞胡福林先生精於是學，遂行奉聘，此議雖係發於去年，但當時胡先生以貴所工作一時未能結束，辭謝不來，並將原聘函退還，此為去歲十月中事。至本年四月胡先生來函謂貴所工作再有三四月可了，敝校因再寄出聘書，訂明自本年九月一日起薪，惟因道途艱阻，特發給旅費國幣一千元正」云云。

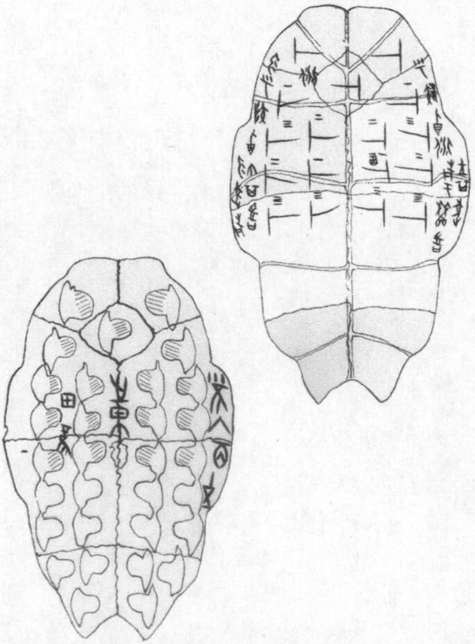

董作賓手繪殷墟第十三次發掘所得武丁時期甲骨文（董敏提供）

這封信函，明白無誤地證實了傅斯年聽到的消息，儘管此前傅認為「事涉離奇，殊難置信」，但此次卻不得不予以置信了。為此，傅斯年更加惱怒，認為這是顧頡剛、錢穆者流另立山頭，與史語所分庭抗禮，向自己挑戰的不祥之舉。李濟、董作賓、梁思永等諸學術大腕聞訊，皆對此表示憤慨，並鼓動傅斯年對齊魯大學校方（實則是對顧、錢、胡等人）來一番口誅筆伐，以正視聽。於是，傅斯年捲袖揮臂，再度振筆疾書向齊魯大學開起炮來，書曰：

查本所助理員胡福林於本年八月二十三日請假一月送眷赴渝，言明一月後即返滇銷假，並預支九、十兩月薪金，以做旅費。行前並未表示辭職之意，且謂其妻由許心武君介紹在北碚工作，言之鑿鑿。該員領有本所任書，任期至本年度年底截止。但據貴校來函，該員又已接受貴校聘書，並訂自本年九月一日起薪，此種矛盾事實，究應由貴校解釋，抑由胡福林本人解釋，無關重輕，惟有不能不向貴校正告者：本所歷來對於服務人員，除契約中所規定雙方必須遵守之少數條件以及一切文化國家學術機關共認之原則外，無任何其他約束，但在規定中者，則雙方均有嚴格遵守之義務。十餘年來，本所同仁之聘任、續約、解約、去職，各隨意志，照章而行，來去均極光明。曾有其他學術機關借用本所專門學者，先例甚多，大抵均在約滿以後行之，或由請求機關徵得本所同意，本所亦樂為贊助。如胡福林之未向本所辭職，即接受貴校聘書，並領雙方薪金者，尚為初見。該員在本所工作有年，尚屬勤謹，向無外務，不意貴校利用美金收入，外匯高漲，由滇赴川旅費一項，即支一千元，使一青年學者背其契約上之義務及做人之道，且事前並未與本所有商洽，此等辦法，是否基於貴校所謂「基督教之精神」，自應仍請貴校思之。本所以為此類舉動，似與學術機關之身分不合，且易在青年學者之心術上生不良之影響，實不勝遺憾。

在指責教訓了一番後，傅斯年又以凌厲的姿態和攻勢向齊魯大學發出警告：

至此後關於胡福林個人之行動，自與本所無涉，但在該員服務於貴校期間，若在貴校任何刊物內，載有本所未經發表之任何材料，自應由貴校負責，本所當採取適當辦法辦理。又，貴校來函，如昆明「購書之困難」等語，不知胡福林在此，乃向北平、上海購書，由此轉寄貴校，積之已久，人所共見。諸如此類，以無大情，不暇細論，一切統希照查為荷。[16]

當傅斯年發出這篇言辭激烈的討伐檄文時，已是一九四〇年十一月一日，其時，胡福林已悄然轉道趕赴成都齊魯大學，與顧頡剛等人勝利會師於成都北郊崇義橋賴家院研究所駐地了。對於傅斯年的憤怒與指責，齊魯大學校方與顧頡剛、胡福林等商討後，認為傅氏儘管霸氣沖天，但畢竟鞭長莫及，對齊魯大學構不成巨大威脅，且齊魯大學的名譽校長是重權在握的孔祥熙，有這位孔大人罩著，諒傅斯年也不敢、或者說不能在太歲頭上動土，做出不利於齊大的事來。於是，校方當局與顧、胡等人以勝利者的姿態會心一笑，不再理睬。只是令顧頡剛與胡福林沒有想到的是，早在抗戰前的一九三六年，明義士回加拿大休假，行前將所藏甲骨中的大部分珍品悄悄打包，祕密轉移到外籍好友麥克盧醫生住房地下室中，這個詭祕的行動沒有一個中國人知曉。抗戰爆發，齊魯大學南遷，這批最具學術研究價值的甲骨並未隨校遷到成都，學校於兵荒馬亂中帶走的只是一小部分零散甲骨。因而胡福林到了研究所之後並沒有多大的空間可供發揮，頗為窩火（南按：直至一九五一年夏，時任齊魯大學文學院院長的林仰山，才向當局交出了一份明義士埋藏地點的祕密地圖，這批甲骨珍寶才從地下室挖出，得以重新面世）。

一九四一年五月十九日，胡福林致函傅斯年，詢問可否援引史語所「集刊十本一分附錄論陷文稿辦理之例」，用於自己最新撰寫的《甲骨學商史論叢初集》中。傅斯年與李濟、董作賓商量後，李、董二人皆認為不可，於是傅回信予以拒絕。想不到胡福林並不甘休，來信提出抗議，指責史語所幾位巨頭不通人情世故。李濟得知此情，勃然大怒，在七月三十日致傅斯年的信中毫不客氣地說道：「弟對於胡福林實在厭惡。他所抗議的幾條是否可做有效答覆這要問彥老了。士林多此一人即多一敗類，未議尊意如何？」八月三日，傅斯年回覆

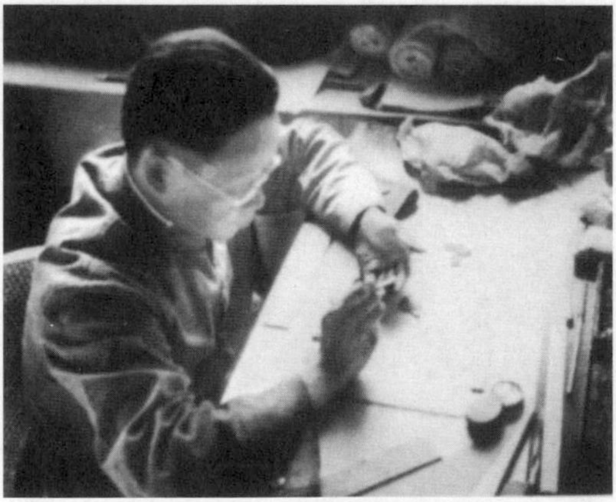

1940年，董作賓於昆明龍頭村「龍頭書屋」工作室摹寫研究殷墟YH127坑出土甲骨情形。（董敏提供）

李濟：「關於胡福林事，如就其引彥老之文與之辯，轉不易說，只能就他末了『不得已』一節，罵他一頓。弟覺應覆一信，尊意如何，乞示知。」[17]

傅斯年與李濟對胡福林的抗議有無反擊，如何開罵，不得而知。但自此之後，史語所算是與胡福林徹底脫離了關係，雖胡氏日後還有主動示好的信函致傅、李、董幾位大腕，幾人皆漠然處之。

三、挺起中國人的脊梁

就在傅斯年火氣凜凜地寫信討伐胡福林，以及與齊魯大學你來我往地較勁爭吵之際，史語所大隊人馬已經離開昆明，正在翻越崇山峻嶺，奔走於風雨迷濛的路途之中。

此時，趙元任已赴美講學，李濟、董作賓、梁思永各有一攤子業務需親自料理，史語所的搬遷事宜，由語言學組的研究員李方桂主持，石璋如作為總提調予以協助。

在中央研究院十個研究所中，史語所的物資之多是出名的，甲骨、青銅器、陶器等地下出土器物，連同從各方陸續運來的共二十多萬冊珍貴書籍和部分明清檔案，有六百餘箱之巨。面對這份國寶級的龐大物資，李方桂從昆明利國公司雇用了二十多輛汽車，每三輛為一組，分批行動。

一九四〇年十月五日，史語所組織的第一批車隊由昆明龍頭村向四川李莊進發，由於中國營造學社與史語所的依附關係，梁思成、林徽因及學社的其他同人，儘管對遷往偏僻的李莊很不情願，但為了利用其圖書資料的緣故，只好隨車前往。為此，梁思成在給好友費正清的信中表白道：「這次遷移使我們非常沮喪。它意味著我們將要和已經有了十年以上交情的一群朋友分離。我們將要去到一個除了中央研究院的研究所以外，遠離任何其他機關、遠離任何大城市的全然陌生的地方。大學將留在昆明，老金、端升、奚若和別的人也將如此。不管我們逃到哪裡，我們都將每月用好多天、每天用好多小時，打斷日常的生活——工作、進餐和睡眠來跑警報。但是我想英國的情況還要糟得多。」[18]

梁氏所說的英國，此時正在經歷一場巨大的苦難和考驗。一九四〇年七月十六日，希特勒實行「海獅計畫」，德英爆發不列顛之戰。九月七日至一九四一年五月十日，法西斯德國對英國發起大規模長波次轟炸襲擊，轟炸範圍遍及英國各大城市和工業中心，以倫敦受創最為嚴重。到不列顛戰役結束，倫敦被轟炸超過七十六個晝夜，約有十萬幢房屋被摧毀，四萬三千名市民死亡。倫敦因此成為第二次世界大戰期間遭受轟炸最為嚴重的三座城市之一（其他分別是柏林和重慶）。感同身受，遠在昆明的梁思成得知與日本共同結成邪惡軸心的法西斯德國對英倫和歐洲大陸實施大規模轟炸的消息，自有一種兔死狐悲、芝焚蕙歎之感。

儘管心情沮喪，但要繼續進行學術研究，就必須跟隨史語所一同進川，別無選擇。十月二十五日晚，住在龍頭村的梁思成、林徽因夫婦邀請金岳霖、曾昭燏等朋友到家中吃飯，算是離別昆明前的最後晚餐。席間，眾人盡量避開令人傷感的話題，以免把聚會搞成追悼會，大家只談一些歷史傳奇和花邊新聞。在「名嘴」林徽因的誘導下，眾人「談鬼至深夜」，[19]

1939年前後，於昆明郊外龍頭村合影。左起：傅斯年、梁思永、李濟、李方桂。（李光謨提供）

直到天際放出亮色才戀戀不捨地散去。

因敵機不斷前來轟炸，所有準備工作在一種混亂、焦急、恐懼中度過，過度的勞累使梁思成於起行前突發高燒，只得暫時留下休養。林徽因獨自帶著兩個孩子和母親，隨史語所專門為家眷闢出的一輛有篷客車離開了昆明。據林徽因事後寫信對費慰梅說，這輛特殊的客車，裡面裝載了三十多人，年齡從七十歲的老人到懷中的嬰兒一個年齡段都不缺。由於人多物雜，車廂擁擠不堪，每個人只好採取「騎馬蹲襠式」，把兩腳叉開坐在行李捲上，盡量縮小占有空間，隨著車的顛簸動盪苦熬時日。

從昆明到李莊，需經滇黔公路入川，中途翻越溝壑縱橫、坡陡路險的烏蒙山脈，並需渡過著名的赤水等幾十條水流湍急、險象環生的河流方能到達長江上游的城市瀘州。許多年後，總提調石璋如回憶說，由昆明到李莊，一路要過曲靖、宣威、黑石頭、赫章、威寧、畢節、敘永、藍田壩等地。除了其他幾個地方的艱難險阻，在「黑石頭、赫章、威寧一帶的山區，其實都很危險，因為夜晚時老虎會下山覓食，人都不敢出來。在黑石頭、赫章，司機、副手會留在車內，鎖上車門，不敢出來。到了威寧，地方稍微平坦一些，車子可以圍在一塊，司機還是留在車內，萬一有老虎過來，司機可以打開車燈嚇走老虎」。[20]

史語所人員所乘車輛歷盡艱險抵達瀘州，停在長江南岸的藍田壩卸貨，通過當地的轉運站轉送到大噸位輪船，再沿長江水道運往宜賓，最後從宜賓再返運到李莊碼頭上岸。根據傅斯年的指示，先遣人員潘慤、王文林等人與長江航線赫赫有名的民生公司聯繫，負責具體的轉送航運事宜。

「民生」是合川人盧作孚於一九二五年創立的輪船公司，主要經營重慶至上海的長江航運。一九三七年全面抗戰爆發前，民生公司已擁有輪船四十六艘，總噸位一萬八千七百一十八噸，成為中國內河航運最大的民營企業和長江航運的主力。

抗戰爆發後，國民政府任命盧作孚為軍事委員會第二部副部長兼農產、工礦、貿易調整委員會運輸聯合辦事處主任。自此，盧氏臨危受命，放棄了預定到歐洲考察船運業務事宜，全力投身於航運組織中，並向他的員工明確提出了「民生公司應該首先動員起來參加戰爭」的倡議。隨著華北陷落，淞滬戰爭爆發，南京告急，武漢面臨威脅，民生公司奉命集中了所有的輪船，在兩個星期內將四個師、兩個獨立旅的川軍將士，由重慶、萬縣等地以最快的速度輸送到了武漢前線。

上海、南京淪陷後，武漢成為中國的政治、軍事中心，盧作孚出任國民政府交通部次長，同時兼任軍事委員會下屬的水陸運輸委員會主任——包括民生公司、招商局等在內的所有大小輪船公司的船隻均歸這個委員會指揮，主要的任務則是搶運戰略物資入川。此時，從上海、南京和華北、華中撤退到武漢的工廠設備、戰略物資，大批的軍隊和給養，以及故宮南遷的國寶等等，需要在極短的時間內運到西南後方。盧作孚集中川江中下游的所有輪船，在武漢保衛戰的炮火硝煙中，日夜工作，緊急搶運。

一九三八年十月二十一日，廣州落入敵手。二十四日，蔣介石正式下達放棄武漢的命令。二十五日，武漢淪陷，日軍沿長江一線開始向西南大舉進攻。至此，原集中於武漢三鎮及周邊進行防禦的一百二十九個師一百一十萬國軍已被打得七零八落，中國國土精華盡失，徹底陷入內無糧草、外無救兵的絕境。整個國民政府抗敵武裝力量，已無一個完整的師可以繼續作戰。若論外援，除從蘇聯購買的一點有限軍援外，英美和其他所謂民主國家皆袖手旁觀，幾無片甲之贈。有些巧合的是，就在武漢淪陷的那天晚上，駐美大使胡適與奉命前往美國借貸的金融家陳光甫，正在美國財政部長小亨利．摩根索（Henry Morgenthau, Jr.）家中拜佛求神，竭求美國當局盡快為借款求援打開綠燈，為身衰力竭、即將崩潰斷氣的中國政府「打一劑救命針」。而這個時候美國的戰略物資如鋼鐵等仍源源注入敵國日本。

在這生死存亡的危急時刻，決定中國不被滅亡的最後一線希望，就是滯留在武漢西部長江岸邊宜昌城內的九萬噸重要戰略器材——這是中華民族得以生存並決定未來反攻的有生力量。盧作孚後來在回憶這段艱難歲月時說道，那些器材是當時整個中華民族工業的精華，是國家僅存的一點元氣，全中國的兵工工業、航空工業、重工業、輕工業的生命，完全交付在這裡了。敵機已飛臨宜昌實施轟炸，日軍正向宜昌推進，中華民族危在旦夕。而民生公司承擔的任務，除了這九萬噸極其重要和珍貴的戰略物資，還有十萬聚集在宜昌等待入川的軍政兩界要員及其部下與附屬人員，外加一百萬噸左右的零散物資和不計其數的難民，處境萬分危急。當時國內重量級的船運實業家是浙江鉅賈虞洽卿和盧作孚，虞洽卿掌控的三北輪埠公司、中華輪船公司和鴻安輪船公司更大，總噸位達到九萬餘噸，主要在長江下游和海面上經營。抗戰爆發後，虞洽卿的船隻大部分按國民政府軍事委員會之命鑿沉於長江下游，以封鎖江面，阻止日軍艦船沿黃浦江口上溯。尚餘的四萬噸左右大船，因吃水深而無法進入淺水位的川江。當時在川江行駛的船隻共有二十四艘，其中二十二艘屬於民生公司。

1938年底，日軍攻占漢口後所繪製的宣傳海報，指稱蔣介石、宋美齡夫婦攜帶金銀財寶落荒而逃。

十月二十三日，即武漢淪陷的前兩天，盧作孚到達宜昌坐鎮指揮輸送事宜。被稱為「川鄂咽喉」的宜昌，是長江航線上一個重要的轉運港，上游的三峽航道狹窄彎曲，灘多浪急，有的地方僅容一船通過。凡一千五百噸以上的輪船不能溯江而上，所有下游開來的船隻都不能直達重慶，乘客和貨物必須在宜昌下船換載大馬力小船，才能繼續入川。從宜昌到重慶，上水航行至少需四天，下水航行至少兩天，而當時川江已接近枯水期，較大噸位的船隻航行的時間只有四十天左右，過後便是漫長的枯水停航期。也就是說，所有的人員和物資，都必須在四十天的時間內運出。而要完成如此之巨的運輸量，以民生公司當年的運力計算，需要一年時間。

此時的宜昌小城已是人心恐慌，大街小巷遍布逃難的人群，滿地是待運的物資與器材，輪船公司內外塞滿了前來交涉的各色人物，「管理運輸的機關，責罵輪船公司，爭運器材的人員，又相互責罵」。[21]面對人聲鼎沸、混亂不堪的局面，盧作孚到達宜昌的當天晚上，立即召集各輪船公司負責人、船長、技術人員會議，促使眾人要以《孫子兵法》「陷之死地而後生」的悲壯精神，想方設法打破困境，突出重圍，保全中華民族生存、反攻僅存的一點血脈。次日清晨，隨著太陽光芒初照戰爭陰影籠罩下的宜昌，搶運方案終於制定完畢，其核心是分段運輸，縮短航程，多運快運，整個川江分三段航行：宜昌至三峽入川為第一段；三峽至萬縣為第二段；萬縣至重慶為第三段。待運物資中，除了最重要的戰略物資和最不容易裝卸的笨重設備，由宜昌直接運到重慶外，次要、較輕的設備，則縮短一半航程，運到奉節、巫山或巴東卸下，留待以後再轉行轉運。如此這般，川江水位回落之前的時間被充分利用，僅有的運力也最大限度地發揮出來。

計畫既定，盧作孚指揮部下在三峽航線增設碼頭和轉運站，臨時增加雇工三千多人，徵用民間木船八百五十餘隻予以協助。由於川江航道獨特的條件，只能白天航行，為了爭取時間，盧作孚號令員工夜間裝卸，凡是次日運走的物資，當晚必須裝備完畢，拂曉即拔錨啟航。每當夜晚來臨，江邊碼頭、輪船、駁船，燈火交映，人影綽綽。裝卸人員的號子聲、起重機的轟鳴聲、汽笛聲、江水湧動聲交織在一起，形成了抗戰烽火中獨特而動人的歷史畫面。

民生公司輪船在搶運貨物（民生公司提供）

這場後來被著名教育家晏陽初稱為「東方的敦克爾克大撤退」[22]的行動開始後，盧作孚指揮民生公司，在日機轟鳴與殘酷轟炸中，把重要物資的三分之二在四十天內安全轉運到大後方。此後，枯水期來臨，中水位輪船已不能在川江繼續航行，盧作孚臨危不亂，組織民生公司職員改用木船和絞盤拖船裝載著最後三分之一的物資日夜運輸。遇到淺灘水枯處，民生公司的員工與前來援助的軍民一道，改用人力在長江岸邊拖著一艘艘分裝的木船艱難地一步步前行，開始了長江航運史上前所未有的意志與力量的競拚。儘管有為數眾多的輪船被追逐而來的日機炸沉，有的觸礁而毀，水手和船員傷亡慘重，但那大船小船齊頭並進，那軍民不分、通力合作的悲壯場面，以及在硝煙密布、彈片橫飛的川江水面負重前行的身影，永遠留在中華民族的精神史上而使後人越發奮勵。其間，有外國記者拍下了全裸的民生公司職員和當地縴夫，為搶運戰時物資，於寒風凜冽中在長江岸邊匍匐前行的照片。當這批照片在西方報刊登載後，引起強烈震動。為此，西方國家特別是美國人，才知道世界東方這個被譏諷為「拿著筷子與日軍刺刀交戰」的民族，在最危急的時刻會用肉體與炸彈、刺刀搏鬥，用鮮血澆潑戰火的煙焰，中國民眾有著一種不可戰勝的意志與潛在力量——這樣的民族是不會滅亡的。美國民眾援華的呼聲空前高漲，美國政府與議會對中國抗日前途的估計以及對華政策，發生了巨大改觀。

一九三八年十二月上旬，宜昌大撤退結束。此次搶運的物資，相當於民生公司戰前一九三六年全年的運輸總量。直到宜昌淪陷前，民生公司運送部隊、傷兵、難民等各類人員總計

三峽江段的縴夫（1946年，國民政府擬與美國合作開發三峽，美《生活》雜誌因此拍攝的一組彌足珍貴的三峽照片之一）。

一百五十餘萬，貨物一百餘萬噸，其中包括兩萬噸空軍器材和廣東炮廠的物資。正是得益於這次大搶運，一批現代化的鋼鐵廠、兵工廠和紡織廠，在山河破碎中又於長江上游大後方相繼建立起來，為中國政府組織反攻和奪取整個抗日戰爭的最後勝利發揮了至關重要的作用。日本軍方後來在檢討武漢會戰得失時，才認識到此次中國軍民拚著性命搶運戰略物資在整個戰爭中的意義，並慨歎道：「假定昭和十三年（一九三八）攻占武漢作戰的同時就攻占宜昌，其戰略價值就大不一樣了。」[23]

限於當時的特定條件，日本侵略者沒有這樣做，或者上帝沒有給予他們機會實施這一進攻計畫，中華民族絕處逢生，最終等到了戰略反攻的那一天。

聲名遠揚的民生公司在戰火紛飛中度過了最危難的時刻，留下了一段光芒四射、千古不朽的歷史榮譽，盧作孚本人也於一九三九年元旦獲得了國民政府頒發的一等一級獎章。

事隔兩年，面對中國學術重鎮由滇至川，盧作孚與他的民生公司開始了新一輪轉移中華民族國寶和學術菁英的行動。與武漢會戰期間宜昌特殊搶運不同的是，這一次運輸更注重商業營運模式，並遵照雙方擬定的協約予以操作。

四、滇川道上的行旅

中央研究院史語所由昆明派出的第一批車隊行程並不順利，一輛在易隆附近山區翻車，

位於宜賓東部長江南岸的李莊古鎮全景（王榮全攝影並提供）

一輛中途拋錨，只有趴在山野草莽中暫且與虎狼為伴，後來經過千難萬險才到達瀘州江邊。林徽因等人乘坐的眷屬車也無一例外地遇到了麻煩，據梁從誡回憶：「到威寧縣城，天已全黑，而車子在離城門幾里處突然拋錨。人們既不能卸下行李揹進城，又怕行李留在車裡被人搶劫，最後只好全車人留在卡車裡過夜。而我又偏偏發起高燒，媽媽只好自己拖著一家人進城為我找醫生。次晨聽說，夜裡狼群竟圍著車廂嗥了半宿。」[24]

當車輛陸續到達瀘州南岸的藍田壩後，在潘慤、王文林等先行人員與當地轉運站交涉下，人與物資一起轉入民生公司輪船，沿江西行至宜賓，再轉乘小型木船返回李莊。身在重慶的傅斯年得到消息，於一九四〇年十月十五日致電王世杰轉呈四川省政府報告說：「謝撥給南溪縣李莊為遷徙所址，第一批人員物資已到達，餘在途中。」[25]

十一月十二日，由史語所研究人員王崇武押隊的第三批共一百四十箱物資抵達宜賓，稍事停留後，分裝幾艘民生公司小型駁船運往李莊。意想不到的是，剛駛出宜賓不遠，其中一艘駁船不幸失重傾覆，船上運載的貨物全部滾落於江水。眾人一看大事不好，急忙上岸找人打撈搶救，宜賓專員冷寅東聞知，深感事關重大，當

（左）李莊鎮內的祖師殿，抗戰時期同濟大學醫學院。（王榮全攝影並提供）
（右）同濟大學醫學院在李莊時期的女生，後來三人分別在成都醫院、海軍和空軍總醫院工作。（李莊鎮政府提供）

即下令所屬水運局火速派遣潛水夫下水打撈。在上下左右一番緊急搶救後，總算把落江的箱子全部打撈上來。萬分遺憾的是，落水者偏偏不是收藏的青銅器、陶器或甲骨，而是分裝於各箱中的拓本與善本書籍，儘管裝箱時外部包了一層函套，仍全部被江水浸透。

此事迅速報知了先期到達李莊的董作賓和在重慶的傅斯年，二人聞聽大驚，董作賓向傅斯年發電商討救治辦法，傅斯年早已氣急敗壞，大罵王崇武成事不足敗事有餘，眼睜睜地看著幾十箱珍貴書箱翻落水中。罵過之後，一面派人和民生公司在重慶的總部聯繫查驗、索賠事宜，一面指示宜賓王崇武等人速把落水書箱搬到一個安全地方開啟驗示並設法救治。

此後，傅斯年電請董作賓由李莊趕往宜賓，親自組織指揮對落水書籍的救治事宜，凡從江水中打撈出的箱子，全部集中到宜賓明德小學進行開箱、晾曬，並一一登記造冊。於是，在重慶與宜賓之間，傅斯年與董作賓的信函你來我往，頻頻交換救治情況並向民生公司通報。

宜賓方面，除了王崇武一隊人馬外，又加派了後到的一組同人共同晾曬救治。大約到了一九四一年一月十一日或十二日，晾曬的書卷才算告一段落，所有人員乘船押運物資抵達李莊板栗坳駐地，正如石璋如所說，這一下「等於曬了三個多月的經」。[26]

除了王崇武等一隊人馬中途發生意外，在昆明最後一批押車啟程的石璋如，途中也遇到了較大的麻煩。一輛汽車翻入赤水河橋下，所幸沒有摔入水流滾滾的河心，車上的箱子大都散落在橋頭，只有幾個滾落於河邊的淺水裡。石璋如與同行的王志維等人憋著悶氣到當地去找吊車求百姓幫忙拖吊，寒風呼號中，經過三天三夜的折騰，車子才被拖上來重新上路。當來到瀘州裝船時，已是一九四一年一月九日。又經過四天的裝船押運，全船物資才算安全運往李莊板栗坳居地。至此，史語所全部人員和物資抵達李莊，眾人懸著的心才得以放下。

一九四一年一月十八日，傅斯年從重慶匆匆趕往李莊，主持分房事宜。

就在傅氏準備動身之時，同濟大學師生也陸續翻越烏蒙山脈，渡過赤水河，溯江向李莊趕來。原本只有三千多人口的李莊古鎮，突然要安置上萬之眾的「下江人」，儘管當地士紳和民眾早有心理準備，但當一隊隊人群扛著箱子，背著背包，提著行李，潮水一樣湧來時，還是感到震驚和為難。

當初聯繫遷徙地點時，同濟大學在先，李莊鄉紳拍發的電文也是「同大遷川，李莊歡迎，一切需要，地方供給」，中研院的史語所等機構只是跟隨而來，因而在李莊的院落房舍分配上，如同當地豪門大戶分家一樣，就形成了正房夫人與偏房二奶、三奶、四奶及小妾、丫鬟們的主次關係。同濟大學憑藉此次行動中開山鼻祖的地位，自然博得了頭彩，凡李莊鎮內最適合外來人員辦公、學習的場所，如歷史上「湖廣填四川」時興建的各種會館、祠堂，或年代稍晚的九宮十八廟，均被其所占據。如當地著名的南華宮成了同濟大學理學院，紫雲宮變成了同大圖書館。鎮內位置最好、規模最大、院內房舍最為寬敞明亮的禹王宮，成了同濟大學的校本部。最具川南代表性的建築——東嶽廟，由當地士紳組織人力用滑輪和長杆起吊神像，讓這些掌管著風調雨順、五穀豐登的天神們暫時集中到一間黑屋子裡「辦學習班」，待抗戰勝利後再出來工作。騰空的大殿、偏殿和各個大小不一的套院，支起了簡易的課桌——同濟大學規模最大的工學院在此敲響了上課的鐘聲。鎮內原小學校址——祖師殿，騰出後移交同濟大學醫學院，除平時上課，還作為學院解剖、實驗場所應用。當地駐軍十八師一個團部住在東嶽廟的偏殿內，經學校委婉勸說，也移遷他處，調給同大使用。同濟師生在這座千年古鎮找到了一片綠蔭與棲息之地。

與同濟大學相比，中研院來李莊的研究所、中央博物院籌備處、中國營造學社等機構，則遜色了許多。處於「二奶」位置的史語所，總算占據了離鎮四公里張氏家族最龐大的住居地——板栗坳（栗峰山莊）。半年之後，當西南聯大文學院教授羅常培來李莊時，對這座山莊的位置和地形做過如下描述：

> 歷史語言研究所的所址在板栗坳，離李莊鎮還有八里多……離開市鎮，先穿行了一大段田埂，約有半點鐘的光景。到了半山的一個地方叫木魚石，已經汗流浹背，喘得上氣不接下氣。躲在一棵榕樹蔭下休息一會兒等汗乾了，才能繼續登山。又拐了三個彎，

已經看不見長江了，汗也把襯衫濕透了，還看不見一所像樣的大房子。再往前走到了一個眾巒逃拱的山窪裡，才算找到板栗坳的張家大院。[27]

儘管板栗坳離鎮中心遠了點，且位居一座大山的山頂，要到其地需過田埂，穿樹林，上山需爬五百多級臺階，但這個當年曾經暗藏刀兵的大本營，如同當年水泊梁山的水寨一樣龐大，且自成一統。太平天國後期，當地一個號稱「張四皇帝」的人，曾與出走西南的石達開暗中聯繫，率萬餘人在此造反起事，後被清兵與當地民團剿滅。如此龐大的城堡式山莊，房舍除了存放大批物資，還可安置研究人員和家眷，倒也不失為一處理想的避難之所。

傅斯年到來後，開始找人修整房舍並著手分配。因板栗坳交通相對困難，特別是要爬五百多級臺階才能到達山峰頂部的山莊，來往異常辛苦，考古組的李濟與梁思永兩個重量級人物都不想上山，自己在李莊鎮內找房租住。另一位重量級人物董作賓則不怕山高路艱，樂意上山與眾人一起聚居。為此，傅斯年嚴格規定，凡是單身的研究人員

（左）1940年冬，史語所再遷至四川南溪縣李莊，圖為李莊板栗坳牌坊頭，史語所大餐廳之所在地。

（右）李莊板栗坳牌坊頭，中研院史語所辦公處，現已改為學校。（作者攝）

（左）李莊板栗坳——田邊上，史語所圖書館、語言組、民族學組之所在地。
（右）李莊板栗坳——新房子，史語所歷史組之所在地。

與技工全部上山，並在山上成立伙食團，共同搭伙做飯，實實在在地過一段水泊梁山豪傑聚眾山寨的日子。板栗坳的住房按照等級制分配，職級較高的研究人員分配的房子相對明亮寬敞，職級低的青年人自然要在小黑屋裡蹲著。為便於管理，整個住房與辦公場所基本以當地原稱如桂花坳、柴門口、田邊上、牌坊頭、戲樓院等四處大院落為主。

按照各機構座次排列，中國營造學社作為一家被政府「棄之不顧」的民間學術機構和史語所的附庸，此次是被迫來到李莊，經過學社另一位重要支柱劉敦楨和林徽因等人的努力，總算在李莊郊外的上壩月亮田找到一處農舍落下腳來。這座房舍屬於普通的川南民宅，布局為前後兩個較大的院落，院中各有平房幾間，梁家與劉敦楨一家各占其一部分，用於日常生活，其餘的房屋作為營造學社的辦公室用房。主持學社工作的梁思成因在離昆時突發高燒，直到一個月後方隨史語所最後一批車隊趕來。此後，梁、劉二人在本地找了幾個木匠製作了幾張桌子與條凳，算是辦公用具，以備同人看書、繪圖、寫作之用。

中國營造學社總算安頓下來，條件雖苦，但畢竟有史語所的圖書可參看，有過去野外考察的大批資料可供整理、編寫，有一個較為安靜的環境，學問可以慢慢做下去。相對這幾家機構而言，陶孟和率領的中央研究院社會科學研究所就顯得頗有些尷尬和狼狽了。

注釋

1 二〇〇四年十月，作者在李莊採訪羅萼芬記錄。
2 熊明宣主編，《四川省歷史文化名鎮：李莊》（內部發行）（宜賓：李莊人民政府，一九九三）。
3 陳存恭、陳仲玉、任育德訪問，任育德記錄，《石璋如先生訪問紀錄》（臺北：中央研究院近代史研究所，二〇〇二）。
4 中央研究院史語所傅斯年圖書館存傅斯年檔案。
5 石舒波，《龍山春秋》（鄭州：大象出版社，二〇〇八）。
6 關於孔祥熙與齊魯大學的情緣頗有戲劇色彩，其源頭要追溯到一九〇〇年（庚子）的義和團運動。那一年，由山東省冠縣趙三多領導的義和拳，打著「扶清滅洋」「助清滅洋」的口號，與中國境內的洋人發生爭鬥，打砸搶燒事件很快席捲全國。除京津一帶特別是著名的北京西什庫教堂等西洋人傳教的據點遭到了義和團攻擊外，散落於全國各地的基督教堂，同樣遭到了義和團的攻擊與焚毀。在這種形勢下，美國公理會設在直隸通州（今北京市通州區）的潞河書院已無法上課，外國教師感到大禍臨頭，紛紛潛逃。此時，一個叫孔祥熙的晉籍青年學生也被迫離開書院，欲回山西太谷老家避難。
一八九〇年春，教會所辦山西太谷福音小學招生，年幼的孔祥熙要求入該校讀書，獲得父親同意，但是族人多表示反對，認為此舉違背了孔氏子弟讀「聖賢書」的光榮傳統，洋人搞的那一套是典型的歪理邪說，進教會學校就是走歪門邪道。經過多次爭辯，最後以承諾只在校讀書不信奉洋教為條件，才被允入學。一八九四年底，孔氏小學畢業，成績優良，但對八股試帖之類的制藝卻未學習。為將來打算，孔祥熙的父親孔繁慈支持兒子繼續念新式學堂，走求新知的道路。次年，經太谷小學堂外籍教師魏祿義推薦，孔祥熙來到直隸通州，入美國公理會所設的潞河書院讀書。孔在校學習勤奮，由於國學根柢較好，在隨同傳教士到校外講道時，經常把儒家思想和基督教義結合起來增強宣講效果，從而受到書院高層的重視。潞河書院年輕美麗的女傳教士麥美德，對孔氏尤為關注，認為這個整日滿臉掛笑的中國小夥子是個可造之材，遂以她出眾的魅力與熱情，最終引導年輕的孔祥熙接受洗禮成為一名忠心耿耿的基督教徒。

義和團運動興起後，孔祥熙於歸晉途中，急急趕回太谷，去營救早年曾給他治過病的教會醫生高斯和極力保送他進入教會學堂的魏祿義等洋人。此時，那聳立在太谷縣城的基督教堂早已被義和團焚毀，所有在太谷的外籍傳教士均被捉拿關押在教堂三間尚未完全焚毀的偏房內。孔祥熙回到家中，經過一番密謀，暗中買通看守洋人的鄉民，兩次看望了包括魏祿義、高斯在內的九名外國傳教士及部分教民，囑咐他們做逃跑的準備，並給予逃亡的部分旅費。在孔祥熙重金賄賂下，看守的義和團成員暗中幫助其中三位洋人逃走。孔氏的行動儘管詭祕，仍被義和團的高層偵知，義和團聲言如抓到孔祥熙立即處死，有知情不報或故意隱匿者一經查出，格殺勿論。面對日趨嚴峻的局勢，孔祥熙不敢在太谷停留，依靠族人和鄉親的掩護，在一個月黑風高之夜逃離險境。

義和團被清剿後，孔祥熙回到太谷，並找太谷知縣料理了被害傳教士和教徒的後事。稍後，他與同學張振福赴京向華北公理會彙報了太谷教案的情況，並作為華北教會派赴山西教案善後談判代表葉守貞和文阿德的助手，赴晉談判。太谷教案處理完畢後，華北公理會對孔「一心事主」的品質和處事幹練的才能十分賞識，決定推薦其到美國歐柏林大學學習。不久，經孔祥熙的引路人、潞河書院麥美德教士的奔波努力，該院教務會會議通過，由該校出資送孔氏赴美。

一九〇一年秋，孔祥熙在潞河書院美麗的女教士麥美德親自護送下赴美，入俄亥俄州歐柏林大學，先攻讀理化，後改修社會科學。在美期間，孔氏用自己的生花妙筆，將這段驚心動魄的傳奇經歷廣泛刊布於北美及歐洲大陸報刊，使這位「中國青年英雄」的壯舉廣為人知。一九〇五年，孔祥熙考入耶魯大學研究院，研習礦物學。一九〇七年於耶魯大學畢業，並獲得理化碩士學位。孔氏歸國後，躊躇滿志，自稱未來的理想和抱負是：「提倡教育，振興實業。」

庚子之亂三十年後的一九三〇年，直隸州潞河書院的美女麥美德，在傳經送寶的生涯中，輾轉來到了山東濟南，擔任齊魯大學女生部主任一職。當這位已不再年輕的麥美德，對齊魯大學的洋教授們敘述三十年前的義和團運動與山西太谷的往事，並深情地回憶著她心目中的「青年英雄」孔祥熙時，敏感的校方領導人立即意識到埋藏在這個故事背後的玄機，認為齊魯大學苦苦尋求而不得的備案機會終於到來了，當即委派麥美德親赴南京拜見孔祥熙。

此時的孔祥熙已今非昔比。自美歸國後，他藉天時、地利、人和等三種大勢，在仕途上平步青雲，時已身居南京國民政府工商部部長要職。當孔氏與滿臉皺紋的麥美德相會後，突然從內心深處喚醒了自己美好的回憶，真可謂別有一番滋味在心頭。當麥美德提出自己的使命，孔氏一臉真情地滿口答應。於是，在孔氏的直接過問幫助下，一九三一年十二月，南京國民政府教育部批轉山東省教育廳准予齊魯大學立案，承認其正式的合法地位。功績赫赫的孔祥熙擔任了該校的名譽校長。

立案後的齊魯大學，算是獲得了新的生命。校方抖起精神，以雄厚的美金做後盾，廣泛擴充校舍規模，聘請儒林名流前來任教，入校學生驟然增多，各系、科和課程設置日臻完備。與此同時，還仿效國內幾所著名大學，成立了以弘揚、研究中國民族文化為主旨的國學研究所，開設鐘鼎文、文字學、音韻學、古代文選、美學、考古等課程。為了與國內其他幾個大學的國學研究所（院）抗衡，齊魯大學專門把曾在河南安陽傳教多年的加拿大籍牧師明義士調到齊大，讓其在國學研究所從事研究，並開講考古學。明義士號稱是博學多聞的「中國通」，對中國文化有著痴迷的情結和強烈的占有欲望。他在安陽傳教期間，藉中國時局動盪不安的時機，渾水摸魚，常騎一匹老白馬往來於洹水岸邊，在傳經布道的幌子下，大量搜求中國古代文物，僅其所藏殷墟甲骨就達五萬多片。所收藏的古物大部分都被偷運出境，入藏加拿大多倫多皇家博物館專為其開設的「明氏收藏專室」。來不及運走的文物，一部分折價賣給齊魯大學國學研究所，一部分被他祕密深埋入齊大的住宅底下，企圖在適當的機會偷運出境。直到抗戰結束，經過幾番周折，明義士的祕密藏寶圖被發現，這批寶物才重見天日，回到中國人民手中。

7 關於錢穆與胡適、傅斯年等派系的恩怨，緣自幾個方面。據錢穆的侄子，曾做過清華大學教務長的錢偉長在二○○二年四月二十五日與吉林省政協退休幹部在北京一次談話中所說：「我是無錫人，祖父生了十個孩子，由於人口多、收入微薄，家很窮。我從小在家族的祠堂裡念書，念的四書五經，只背不講，並沒有讀懂，只是培養了記憶力。後來念初中、高中，都不怎麼完全。我的叔叔錢穆，是一位文史大師。他到北大去講歷史，胡適看不上他，兩人都講中國通史，並且都出了教材，胡適講的是理論，我叔叔講的是史實，他二十四史史料很熟，故事講得娓娓動聽，聽講的人越來越多，胡適終於沒有講過他。後來我叔叔又被請到美國的哈佛大學講中國史，到香港辦大學，在海外很有影響。上個世紀七十年代，他才回到臺灣，辦了國學培訓班。八十多歲眼睛失明了還用自己口述、別人筆錄的方式著書，在九十多歲臨終前，完成了一部大書叫作《晚學盲言》，是一部集大成的書」（蕭善因述，《廈門日報》，二○○五年三月四日）。

從錢偉長的談話中可知，錢與胡積怨，是由於胡適在北大講臺上敵不過錢穆，頓覺失了面子，因妒生恨，從此結怨。但細考起來，二人的恩怨似乎從第一次見面就注定了。

據錢穆本人回憶說：「常熟陳天一畢業南京中央大學，任教蘇州東吳大學，與余相識，惟往來不甚密。一日，蘇州女子師範請胡適之來演講。翌晨，轉來蘇中演講。余早在前排坐定。典存（南按：蘇州中學校長汪懋祖）偕適之進會場，見余即招至臺上三人同坐。適之袖出天一一柬示余，柬云，君來蘇州不可忘兩事，一當購長洲江湜弢叔《伏敔堂集》一書，蓋適之提倡白話詩，江湜乃咸同間人，遭洪楊之亂，工詩，造語遣詞頗近昌黎，多寫實。可為作白話詩取鏡。此集唯蘇州有售。其二，則莫忘一見蘇州中學之錢某。適之與余本不相識，蓋以詢典存，故典存招余上臺同坐也。余時撰《先秦諸子繫年》，有兩書皆討論《史記·六國年表》者，遍覓遍詢不得。驟遇適之，不覺即出口詢之。適之無以對。演講畢，典存留宴，余亦陪席。適之午後即欲返滬，典存告以太匆匆，何不再留一宵。適之謂，忘帶刮鬍子刀，今晨已不耐，不可再留。典存謂，刮鬍子刀可購可借，區區小事，何足為困。適之之言，積習非此常用刀不可……余與適之初次識面，正式與余語者僅此。自念余固失禮，初見面不當以僻書相詢，事近刁難。然積疑積悶已久，驟見一天下名學人，不禁出口。亦書生不習世故者所可有。適之是否為此戒不與余語。倘以此行匆匆不克長談，可於返滬後來一函，告以無緣得盡意。余之得此，感動於心者，當何似。顏斶見齊王，王曰斶前，斶曰王前，終不前。此後余亦終不與適之相通問」（錢穆，《八十憶雙親．師友雜憶》〔北京：生活．讀書．新知三聯書店，一九九八〕）。

可以說，錢、胡兩人初次見面雖然時間短，未做深入長談，當時也並沒有論及文化志向上的分歧，但卻顯示了胡適尺有所短的尷尬和錢穆尋覓知音不得的失望情態。在胡適這一方是揮之不去的尷尬，以後也不能以正常的心態來與錢穆交往；在錢穆這一方或許是深深的失望，他筆下的胡適名不副實，度量狹小。兩人初識，遠非思慕已久所應有的親切自然，這似乎預示著兩位大學者日後的不諧乃至相斥。

錢穆來北平後進入的燕京大學，於一九二九年在中國註冊，按當時中國政府教育部規定，凡外國勢力在華創辦學校，校長必須是中國人，因而當時燕大的校長由清末的老翰林，曾做過民國教育部副總長的吳雷川出任。其實中國人心知肚明，吳不過是聾子的耳朵——擺設，真正拿大頂、主持校務的是美國人司徒雷登博士。那些受聘來燕大任教的美籍教員既不把吳雷川放在眼裡，也不信任中國的董事會，他們把「校長」翻譯成chancellor，司徒雷登改稱「校務長」，翻譯成英文就是president。而美國大學校長可以稱chancellor，也可以稱president。如此這般驢打滾式地反覆包裝倒騰，美國人被弄得眼花撩亂，根本不知道燕大在中國政府立了案，更不知還有了一位中國校長。而在中國杭州出生、成長的司徒雷登，自然是揣著明白裝糊塗，以中國人的柔道或稱「搗糨糊」術來對待美國人，根本不去做任何解釋。因而從燕大註冊一直到珍珠港事件爆發，司徒雷登的職務一直是「校務長」或「教務長」——即美國人認為的校長。司徒雷登就是以這樣的「法術」取得了中美雙方的認可。

據錢穆說，有一天司徒雷登在家中設宴招待新來的教員，錢亦在其內，司徒問來者對燕大印象如何，作為在鄉村小學、中學教了十八年書的土包子錢穆，對司徒雷登制定的校訓「因真理，得自由，而服務」含義稀里糊塗，更不會明白此語源自《聖經》中的一句話：「你們必曉得真理，真理必叫你們得以自由」（司徒雷登〔John Leighton Stuart〕著，程宗家譯，《在華五十年：司徒雷登回憶錄》〔*Fifty Years in China*〕（〔北京：北京出版社，一九八二〕）。錢穆說：「初聞燕大乃中國教會大學中之最中國化者，心竊慕之。及來，乃感大不然。入校門即見『M』樓、『S』樓，此何義，所謂中國化者又何在。此宜與以中國名稱始是。一座默然。後燕大特為此開校務會議，遂改『M』樓為『穆』樓，『S』樓為『適』樓，『貝公』樓為『辦公』樓，其他建築一律賦以中國名稱。園中有一湖，景色絕佳，競相提名，皆不適，乃名之曰未名湖。此實由余發之。有人知其事，戲謂余曰，君提此議，故得以君之名名一樓，並與胡適名各占一樓，此誠君之榮矣。」

其實在燕大所謂的「M」「S」「貝公」樓，皆是美國捐款人英文字母縮寫，以其命名某某樓，不僅為了紀念捐款人，同樣也彰顯了一種人道主義的奉獻精神。

因有了在家鄉不快的經驗，錢穆認為胡適「世俗之名既大，世俗之事亦擾困之無窮，不願增其困擾者，則亦遠避為事」，因此兩人再度見面，則是錢穆在燕大任教之時了。

一九三一年秋，錢穆在顧頡剛舉薦下受聘北京大學歷史系任教，這就不可避免地與胡適展開了正面交鋒。畢竟是文人相逢，開始二人都相互拿捏，各自隱而不發，胡對錢尚屬客氣，「每有人問適之有關先秦諸子事，適之云可問君，莫再問彼」（錢穆，《八十憶雙親．師友雜憶》，頁一五七）。但後來隨著各自的學術觀點與為人處世的不同，衝突已不可避免。就學術觀點上，二人關於老子時間之爭，引起學界矚目和胡適的極大不快。胡適沿襲清人的一種說法，認為老子年代早到春秋晚年，略早於孔子，因為有孔子問學於老子之說為證，並在自己所著《中國哲學史大綱》（上冊），把傳說神仙化的「老子」還原為哲學化的老子。錢穆在其所作〈關於老子成書年代之一種考察〉中，則認為老子晚到戰國，晚於孔子，略早於韓非。胡適堅持己說，不但與馮友蘭、顧頡剛、錢穆的意見相左，並且曾遭到學術名流梁啟超的公開反對。在這種形勢下，錢穆在北大不同場合與胡適展開辯論。北大師生中有好事者趁機煽風點火，興風作浪，將此事鬧得不可收拾，坊間也有許多關於錢、胡二人爭論老子問題的趣聞，於幽默之中反映了二者的尖銳分歧。據說有一次胡適面對前來聽講的師生憤然說道：「老子又不是我的老子，我哪會有什麼成見呢？」當一位同學問錢先生的說法和他不同，究竟哪一個對時，胡適答道：「在大學裡，各位教授將各種學說介紹給大家，同學應當自己去選擇，看哪一個合乎真理。」當時在北大求學的學生張中行，晚年在《紅樓點滴》一文中曾就此事記載說：「胡書早出，自然按兵不動，於是錢起兵而攻之，胡不舉白旗，錢很氣憤，一次相遇於教授會，錢說：『胡先生，老子年代晚，證據確鑿，你不要再堅持了。』胡答：『錢先生，你舉的證據還不能使我心服，如果能使我心服，我連我的老子也不要了。』」（張中行，《負暄瑣話》（哈爾濱：黑龍江人民出版社，一九九七）這次激烈的爭執以「雙方各具主觀，殊難相辯也」不了了之。對此錢穆曾感慨地說：「余自入北大，即如入了一是非場中。自知所言觸處有忤，然亦無自奈何。」又說：「大凡余在當時北大上課，幾如登辯論場。上述老子孔子兩氏不過其主要之例而已。聞有北大同事之夫人們前來余課室旁聽，亦去適之講堂旁聽，退後相傳說以為談資。」胡錢之爭，不但令北大師生爭相觀看，連夫人們也一道攪了進來，其熱鬧可想而知。

由最初的學術觀點之爭，最終發展到人事等各方面鬥爭，直至涉及對各自人格的是非評價。錢穆認為胡適人格低下，不但霸道成性，而且內心相當陰暗，他列舉了幾個事實加以證明：「胡適之藏有潘用微《求仁錄》一孤本，余向之借閱。彼在別室中開保險櫃取書，邀余同往。或恐余攜書去有不慎，又不便坦言爾」（錢穆，《八十憶雙親．師友雜憶》，頁一八〇）。對於這一說法，後世研究者大都認為是可信的，胡適確實有這方面的毛病。當年魯迅提到胡適予他的印象：「緊緊的關著門，門上貼一條小紙條道：『內無武器，請勿疑慮。』這自然可以是真的，但有些人——至少是我這樣的人——有時總不免要側著頭想一想」（魯迅，《且介亭雜文．憶劉半農君》）。錢穆與魯迅之間的距離，恐怕比他與胡適間相去更遠，有趣的是，他對胡適，經常也不免要「想一想」。

以上自是說胡適性格陰暗之一面，而在「霸道」上則表現得更加露骨。錢揭露說：「某一年暑假後，錢氏得知北大歷史系名教授孟森（心史）頂著酷暑對商務新出版的《水經注》做了許多考訂，當孟把稿子送北大《國學》季刊欲發表時，主其事者發現孟氏之考證與胡適學術意見有異，當時胡號稱業內考證《水經注》專家，震於他的赫赫聲名，主事者便告之孟森，適之先生現在國外訪學，非等到他回來而不能發此文。孟森一氣之下，索性將稿收回，自此之後決定不再考訂《水經注》」（錢穆，《八十憶雙親．師友雜憶》，頁一六八）。

當時北大歷史系有位名教授蒙文通，四川人，從師廖平，乃錢穆的好友。他最早賞識錢穆的《先秦諸子繫年》，並將其發表於南京某雜誌。或許出於道不同不相為謀的習性，在北大同人中，蒙氏與胡適關係疏遠，時任北大文學院院長的胡適便以「文通上課，學生有不懂其所語者」為由，決定秋後將不續聘。錢穆聽說後據理反駁，胡適自知理屈，兩次「語終不已」。錢替蒙氏開脫辯解說：「文通所任，乃魏晉南北朝及隋唐兩時期之斷代史。余敢言，以余所知，果文通離職，至少在三年內，當物色不到一繼任人選。」但胡適並不理會，「兩人終不歡而散」，蒙文通還是被解聘了。對此，錢穆暗含譏諷地回憶說：「北大教授蒙文通在北平七八年，胡適僅來訪過一次。而且胡適來，僅為告訴蒙文通解聘之事。」「文通在北大歷史系任教有年，而始終未去適之家一次，此亦稀有之事也。」明眼人一看便知，這個不動聲色的補白，意在進一步說明胡適的霸道與卑劣。

與蒙文通的命運相反的是北大圖書館館長毛子水，在談到毛與胡適的關係時，錢說：「子水北大同事，為適之密友，在北平時，常在適之家陪夫人出街購物，或留家打麻雀。」又說：毛子水見錢氏撰寫的《國史大綱》引論在報上發表後，曾「憤慨不已」，指天發誓「將作一文批駁」，但終「未見一字」。如此這般描述，在時人和後人心目中頗有人緣和聲望的毛子水之形象頓時一落千丈，簡直不像一位鼎鼎大名的教授，而是一個專靠拍馬溜鬚，陽奉陰違的小丑或佞臣了。

自蒙文通被胡適逐出北大之後，錢穆亦從中感到了一絲涼意，心中隱含落聘之憂，他在北平購書五萬餘冊，嘗笑語友人曰：一旦學校解聘，可擺一書攤，不愁生活。當然胡適對他，還沒有到對待蒙文通的殘酷地步，儘管二人失和，胡適從各方面考慮，仍繼續聘他任北大教授。不過，一旦涉及實際問題，胡的態度就變得敵友分明。據北大文科研究所學生任繼愈回憶，有一年歷史系主任陳受頤休假，有人提議系主任是否由錢先生接替。當時胡適任文學院院長，說：「錢先生剛來北大時是副教授，現在已是教授了。」沒有往下說，這個建議就擱淺了。到了臺灣以後，胡適任「中央研究院」院長，在他有生之年，錢穆一直沒能評上院士。有一號稱「臺大歷史系跑出的一條小瘋狗」名李敖者為此抱不平，認為「他（指錢穆）在古典方面的樸學成就，卻更該先入選成院士」。然而，中央研究院無論是在大陸時期，還是在遷臺後的殘山剩水，確是一直將其拒之門外的。要說起這段恩怨，除了胡適之外，則與比胡適霸道百倍的傅斯年（字孟真）有很大關係。

當錢穆由燕京轉北大任教時，中央研究院史語所已從成立時的廣州遷往北平北海靜心齋辦公。期間傅斯年與李濟、董作賓等兼任北大歷史系教授，意在從學生中選拔人才，後來入所的胡福林（厚宣）等就是這一時期的北大學生。由於工作的關係，傅、錢二人相識。就像胡適對錢穆開始表現得很客氣一樣，傅斯年也稟承老師遺風視錢穆為上賓。據錢回憶：「孟真屢邀余至其史語所。有外國學者來，如法國伯希和之類，史語所宴客，余必預，並常坐貴客之旁座。孟真必介紹余乃《劉向歆父子年譜》之作者。孟真此意，乃以此破當時經學界之今文學派，乃及史學界之疑古派。繼此以往，則余與孟真意見亦多不合」（錢穆，《八十憶雙親．師友雜憶》，頁一六一）。

在錢穆看來，當時的史學界有兩大派，一是「疑古派」，一是「考古派」或稱「科學派」。他對考古派所謂「以科學方法整理國故」的代表人物胡適、傅斯年輩頗不以為然。考古派迷信地下出土材料而將古代典籍拋諸腦後，這個做法與疑古派一味疑古、否定典籍同樣有害，甚至有過之而無不及。儘管錢穆認為以顧頡剛為首的疑古派搞的那個《古史辨》否定古史，疑而太過，辨而過激，弄出了不少問題，仍認為「考信必有疑，疑古終當考」，只是錢氏「願以考古名，不願以疑古名，疑與信皆須考」。

對於原是同窗好友，後來反目成仇的顧頡剛與傅斯年各自史學觀與治史方法的不同，錢氏曾直言不諱地說：「余與頡剛，精神意氣，仍同一線，實無大異。而孟真所主，則似尚有迥異於此者。如其以歷史語言二者兼舉，在中國傳統觀念中無此根據。即在西方，亦僅德國某一派之主張。大體言之，西方史學並不同持此觀念。其在中國，尤屬創新。故在其主持之史語所，其時尚僅有地下發掘與龜甲文研究兩門，皆確然示人以新觀念、新路向」（錢穆，《八十憶雙親．師友雜憶》，頁一六〇）。正是有了如此這般裡裡外外的隔閡與矛盾，胡適、傅斯年與錢的關係從一個道上的同行者，最終步上了水火不容、分道揚鑣的途程。當然，赴成都後的錢穆未久又與顧頡剛發生矛盾，並與張維華合力將顧擠出了成都，則又是另一回事了。

8 錢穆，《國史大綱．引論》（北京：商務印書館，一九四〇）。

9 王汎森，《中國近代思想與學術的系譜》（石家莊：河北教育出版社，二〇〇一），頁三四三。

10 曉峰，即張其昀，字曉峰，歷史地理學家，中國現代人文地理學的開創人，號稱歷史地理學的鼻祖。曾任浙江大學文學院院長兼史地系主任，國民黨中央委員會祕書長等職，深受蔣介石信賴。一九四八年，國民黨兵敗如山倒之時，蔣介石正是聽從了他的建議，下決心撤往臺灣固守，等待「反攻」大陸的機會。張其昀隨蔣政府到臺後，曾任「教育部長」等職。一九八五年於臺北去世。

11 錢穆，《八十憶雙親．師友雜憶》（臺北：東大圖書公司，一九八三）。

12 同前注。

13 同前注。

14 陳存恭、陳仲玉、任育德訪問，任育德記錄，《石璋如先生訪問紀錄》（臺北：中央研究院近代史研究所，二〇〇二）。

15 胡厚宣，〈齊魯大學國學研究所回憶點滴〉，《中國文化》一四期（一九九六年十二月）。

16 石舒波，《龍山春秋》（鄭州：大象出版社，二〇〇八）。

17 中央研究院史語所傅斯年圖書館存傅斯年檔案。

18 〔美〕費慰梅（Wilma Fairbank）著，成寒譯，《中國建築之魂：一個外國學者眼中的梁思成林徽因夫婦》（上海：上海文藝出版社，二〇〇三）。

19 《曾昭燏日記》，南京博物院藏。

20 陳存恭、陳仲玉、任育德訪問，任育德記錄，《石璋如先生訪問紀錄》（臺北：中央研究院近代史研究所，二〇〇二）。

21 趙曉鈴，《盧作孚的夢想與實踐》（成都：四川人民出版社，二〇〇二）。

22 著名的敦克爾克大撤退是第二次世界大戰時，英法聯軍防線在德國機械化部隊快速攻勢下崩潰之後，於敦克爾克這個位於法國北部靠近比利時邊境的港口城市進行的當時歷史上最大規模的軍事撤退行動。大體經過如下：一九三九年九月一日凌晨，德國軍隊在希特勒命令下，對波蘭發動了突然襲擊，第二次世界大戰爆發。九月三日，英國和法國被迫對德國宣戰，但實際上英法軍隊躲在馬其諾防線後，各自打著自己的如意算盤，並沒有對波蘭進行有效的軍事支援。九月二十七日，氣勢正盛的德軍占領波蘭首都華沙，波蘭完全淪陷。一九四〇年五月十日清晨，德軍一百三十六個師在三千多輛坦克引導下，繞過馬其諾防線，以A、B兩個集團軍群發起強大攻勢，進攻比利時、荷蘭、法國、盧森堡等國。僅十多天時間，德國裝甲部隊就橫貫法國大陸，直插英吉利海峽岸邊。五月二十日，德軍裝甲部隊切斷了英法聯軍與其南翼法軍的聯繫，倉卒中組成的英法聯軍三個集團軍約四十個師被包圍在法、比邊境的佛蘭德地區。隨後德軍抵達英吉利海峽沿岸，聯軍被壓縮在寬五十公里的敦克爾克周邊濱海地區不能動彈。五月二十六日英國海軍下令代號為「發電機」的撤退行動。德國空軍猛烈轟炸敦克爾克，將港口炸成廢墟，阻止聯軍撤退。五月二十七日，比利時軍隊大批投降，四十萬英法聯軍不得不集中起來，拚上最後性命向敦克爾克撤退——西面的英吉利海峽成為聯軍絕處逢生的唯一希望。由於英國海軍軍艦吃水深，無法靠近海灘，撤退速度較慢，二十七日全天只撤出了七千多人，而德國大軍緩緩而來，並調集一切力量設法切斷聯軍唯一的後退之路。面對如此險惡的局面，英國政府呼籲民眾提供任何可用的船隻，並調集所有能抽調的軍艦和民船，無數業餘水手和私人船主也應召而來。這支由駁船、貨輪、汽艇、漁船，甚至花花綠綠的遊艇和內河船隻組成的「敦克爾克聯合艦隊」，冒著德國飛機、潛艇與大炮的猛烈炮火，往返穿梭於海峽之間，將一批批聯軍官兵送回到英國本土。由於德軍空襲和逼近敦克爾克海灘的密集炮火令英國海空軍無法相抗，自六月二日開始，聯軍撤退改為夜間進行。其後三天，聯軍利用暗夜的掩護，每天將二萬六千名左右的人員撤往英國。六月四日，德軍攻克敦克爾克，擔任後衛來不及撤離的法國軍隊四萬餘人被俘。

自五月二十七日開始至六月四日結束的敦克爾克大撤退，歷時九天。據英國政府後來披露的數字顯示，此次撤軍共有三十三萬八千二百二十六人從敦克爾克撤到英國，其中英軍約二十一萬五千人，法軍約九萬人，比利時軍約三萬三千人。近三十四萬從死亡陷阱中撤退而出的大軍，為盟軍日後反攻保存了有生力量，敦克爾克大撤退作為二戰史上的一個奇蹟傳遍世界。

23 李天元、楊金邦，〈東方的敦克爾刻大撤退〉，《宜昌文史資料》第七輯。
24 梁從誡，《不重合的圈：梁從誡文化隨筆》（天津：百花文藝出版社，二〇〇三）。
25 中央研究院史語所傅斯年圖書館存傅斯年檔案。
26 陳存恭、陳仲玉、任育德訪問，任育德記錄，《石璋如先生訪問紀錄》（臺北：中央研究院近代史研究所，二〇〇二）。
27 羅常培，《蜀道難》（瀋陽：遼寧教育出版社，二〇〇〇）。

第七章

陶孟和逼上「梁山」

一、與毛澤東北大結緣

率部由昆明前往李莊的陶孟和，名履恭，字孟和，以字行世。一八八八年出生於天津一個讀書人家。清末，天津教育家嚴修創辦以新學為主的家塾，聘其父陶仲明擔任塾師，陶孟和隨父就讀。一九〇一年，陶仲明因病早故，其位由張伯苓繼之。到了一九〇四年，嚴氏家塾改為敬業學堂，陶孟和仍在此就讀。一九〇七年，學堂遷入南開地區並改稱私立南開學校，張伯苓任校長，陶孟和畢業並留校任助教。南開學校人才輩出，比陶孟和稍後畢業的有後來大名鼎鼎的梅貽琦、周恩來等一批人傑。

陶孟和在南開學校任教時間不長，遂以官費生的資格赴日本留學，進東京高等師範學校攻讀教育學專業，兩年後因事回國。留日期間，編譯出版了兩卷本的《中外地理大全》。據說這套書頗受讀者歡迎，十年內再版七次。一九〇九年赴英國求學，入倫敦大學政治經濟學院專攻社會學和經濟學，一九一三年獲經濟學博士學位。在留學期間，受韋伯夫婦的影響極大，其時韋伯（Sidney Webb）與蕭伯納（G. B. Shaw）等人共同創立費邊社（Fabian Society），在英國從事社會改良主義運動，而倫敦的政治經濟學院就是費邊社成員所創立。陶孟和在費邊社人員的影響下，撰寫了《中國鄉村與城鎮生活》一書，於一九一五年在倫敦出版。該著的問世，成為中國社會學的開山之作，此時陶孟和二十七歲。許多年後，著名社會學家巫寶三對此評價說，此書至少有三個方面的貢獻：一是認為家族是中國社會結構的基層單位和核心；二是最早使用比較研究的方法，指出中國與歐洲社會的歷史發展和社會結構各有其特點，各有其利弊；三是肯定了中國的祭祖風俗以及佛教傳入中國的積極作用。

一九一三年，陶孟和學成歸國，先任北京高等師範學校教授，後出任北京大學教授、系主任、文學院院長、教務長等職，其間與胡適、蔣夢麟、丁文江等學界名流過從甚密。蔡元培於一九一七年入主北大時，陶氏極力支持其對北大的改革，並於一九一九年一月邀集楊昌濟、馬敘倫等教授發起成立北大哲學研究會，宗旨是「研究東西諸家哲學，論啟新知」，積極參與與舊文化對立的另類文化運動。據巫寶三、羅爾綱等曾在社會科學研究所工作過的研究人員回憶說，陶孟和乃一「學問通家」，對社會學、經濟學、政治學、文學、史學、地理學乃至地質學、天文學等等諸種學問，可謂無一不知，無一不曉，在北大時期鋒頭之健勁，聲威之顯赫，不在李大釗、陳獨秀、胡適之輩以下。一九一九年三月，遠在歐洲問學的張奚若收到胡適寄來的幾份雜誌，閱讀後向胡表達了這樣的看法：「《新青年》中除足下外，陶履恭似乎還屬學有根柢，其餘多半皆蔣夢麟所謂『無源之水』。李大釗好像是個新上臺的，所作《Bolshevism 的勝利》及《聯治主義與世界組織》，雖前者空空洞洞，並未言及 Bolsheviki 的實在政策，後者結論四條思律，不無 mechanical（機械的），而通體觀之，尚不大謬，可稱新潮。」[1] 此番評價是否妥當是另一回事，至少說明陶孟和年輕時算是一個新銳人物。當然，對於陶氏的學問本領，也有一部分更為新銳的青年學者不放在眼中，或曰不屑一顧。當時的學生領袖之一羅家倫在回憶《新青年》創辦與幾名編輯的特點時，曾以嘲諷的口吻鄙薄道：「更有一位莫名其妙的，便是陶孟和，陶是英國的留學生，他外國書看得很

陶孟和

多，是一位很好的讀書顧問，但是他的中國文字太壞了，而且他讀書不若胡適之之能得簡，且沒有綜括之能力，做出來的文章非常笨（以後他還出了一部《孟和文存》，真是可笑之至）；但是因為能夠談什麼社會問題、家庭制度等等，所以他也成為一位編輯了。」[2]

儘管仁者見仁，智者見智，陶孟和在當時的北大擁有舉足輕重的學術地位和人脈關係當是一個不爭的事實。據蕭三回憶，一九一八年毛澤東在北大圖書館做圖書登記員時，經楊昌濟介紹，毛帶蕭專門拜訪過北大名流蔡元培、胡適、陶孟和等。一九二〇年初，北大教授楊昌濟病故後，蔡元培與馬寅初、胡適、陶孟和等四人聯名刊登「啟事」，向北大師生徵集賻金。此事過去三十七年，在那場聲勢浩大的「反右運動」中，陶孟和曾公開發表自己的觀點，認為毛搞的那一套鬥爭方法，對知識分子是一場浩劫。毛澤東通過郭沫若聞知陶氏的「妄言」，勃然大怒，本想給陶施以顏色，忽想起當年在北大的往事，特別是在楊家唯一的精神與經濟支柱——楊老教授坍崩歸天之時，陶孟和作為北大名流之一，給予了道義和經濟上的體貼、關照。感念舊恩，毛澤東只採取了敲山震虎式的方法，通過郭沫若對陶氏提出了嚴厲警告，讓其閉上嘴巴，不要再出頭露面亂哼哼，否則就地拿下，施以顏色。自此之後，陶孟和噤若寒蟬，歷次運動皆閉嘴不語，所有的悶氣與怨氣都憋在心中，終致在政治擠壓下憂鬱死去，稍占便宜的是免掉了像他的師友弟子們所經歷的那般皮肉之苦，可謂不幸之中的大幸。

因在學術和政治上與蔡元培比較契合投緣，陶孟和對蔡氏主持的北大改革和發展規畫皆熱心效力，陶氏本人博取了蔡元培與北大教授特別是歐美派的信任與支持。一九一九年初，陶孟和赴歐洲考察，魯迅在二月十二日的日記中有簡要記錄：「向晚同往歐美同學會，係多人為陶孟和赴歐洲餞行，有三席，二十餘人。夜歸。」[3] 陶氏赴歐洲考察期間，時時注意為北大網羅人才。當他在英國見到李四光與丁燮林（丁西林）並相互過招後，感到兩位年輕人功力非凡，道術高深，才華超群，有幹大事業的眼光與魄力，於是很快致函胡適，滿懷敬佩之情地盛讚李、丁二人為「不多覯之材」，將來必有一番大作為。「望與校長一商，如能得兩君來吾校，則大佳矣。」[4] 後來李、丁二人皆被延聘，使北大又平添了兩名重量級「海龜」教授。再後來，李、丁二人分別出任中央研究院地質研究所和物理研究所所長，名噪一時，各自成為雄霸一方的盟主。一九二〇年八月，陶孟和與胡適、蔣夢麟、王徵、張祖訓、李大釗、高一涵等七人聯名發表〈爭自由的宣言〉，宣言說：「我們本來不願意談實際的政治，但實際的政治，卻沒有一時一刻不來妨害我們。」因而，「我們」便產生一種徹底覺悟，認定政治的清明，首先要依靠人民的覺悟。如果沒有養成「思想自由評判的真精神，就不會有肯為自由而戰的人民；沒有肯為自由而流血流汗的人民，就絕不會有真正的自由」。[5]

按胡適的說法，他與著名地質學家丁文江相識，是陶孟和所介紹，從此丁文江成了胡適最好的一位朋友。一九二二年五月初，胡適在「丁大哥」的影響下，一改「二十年不談政治」的主張，創辦了以談論政治為主的《努力週報》。這份刊物問世後，在第二期刊登了由胡適起草，蔡元培、丁文江、陶孟和等十六人簽名的〈我們的政治主張〉，竭力宣導「好政府主義」。儘管此舉很快成為落花流水春去也的殘景舊夢，而自以為經驗豐富的丁文江受軍閥孫傳芳支使，在上海弄權施術很快落得個灰頭土臉，被國民黨通緝捉拿，甚至差點被當時留學歐洲的「大炮」傅斯年殺掉，但這畢竟是中國知識分子干預政治的一次非常可貴的努力。這也是胡適當年為什麼與他的朋友們有「二十年不談政治，二十年不幹政治」的戒約，後來又不能不談政治甚至參與政治的內在原因。

為了這種改革的理想，陶孟和發大慈悲，立大宏願，主張開展社會各方面的調查，尤其是鄉村調查，對中國社會問題做出分析，提出見解。他身體力行，親自參與調查，發表了〈北京人力車夫的生活情形〉、〈中國的人民的分析〉、〈貧窮與人口問題〉等社會調查文章。在文章中，除了呼喚「民主是一個高尚的理想……要設法增高人民的程度，使他們有資格能夠實行那個理想」等等之外，還一針見血地指出了「中國的貧窮更是與人口的關係小，與政治及經濟的關係大」[6]這一阻礙生產力發展的根本癥結。

一九二六年二月，美國一個社會宗教團體通知設在北京的中華教育文化基金董事會（簡稱中基會），願捐贈三年專款，委託該會辦理社會調查事宜。中基會隨即決定接受此項贈款，在該會之下增設一個社會調查部，專門從事社會調查，聘請在學界聲名顯赫的陶孟和為主任，全面主持調查部的工作。陶頗為乾脆地接受其聘，糾集一幫志同道合者，風風火火地折騰起來。組建之初，調查部研究人員與統計人員共有八人，主要骨幹如樊弘、楊西孟、王子建等，均畢業於北京大學。

所謂中基會，原是為管理美國第二次退還庚子賠款，於一九二五年成立的一個行政管理機構。一九二四年五月，美國國會通過議案，決定將中國庚子賠款之餘額及利息約一千兩百萬美元退還中國，分期支付。當時中外人士皆認為此款應作為發展中國文化教育事業的基金，而近代中國軍閥混戰，政局多變，為防政府官吏挪作軍費或政治活動費，組織了一個由中美兩國民間知名人士為主的基金董事會，共同管理和使用這筆巨額款項。這個董事會既決定資助的領域，投放的力度；又經營資本，購買有價證券，使基金也有收益。考慮到庚款餘額終有用罄之時，遂決定設置一筆基金，並接受捐贈，以圖長久。美國政府之所以如此行事，主要是出於保持在中國的長久利益，及傳播美國文化和政治價值觀的考慮；而中國政府則認為藉此可發展教育等事業，加快現代化步伐。二者各為其想，各有所得，因而一拍即合，迅速納入操作軌道。

1922年5月7日，丁文江與胡適、高一涵等合辦的《努力週報》創刊。

成立後的中基會最高決策者歸

1920年8月，胡適（右）與任鴻雋、陳衡哲夫婦合影。胡與任氏夫婦在美國留學時即建立了深厚的友誼，胡適曾有新詩〈我們三個朋友〉（1920年8月22日），敘述他們的友誼。據美國學者夏志清等人考證，胡適與陳衡哲自在美國留學時代起就建立了友好關係，這種關係保持了許多年。

屬於董事會，主持日常工作的是中基會幹事長。成立之初，由范靜生、周詒春相繼任幹事長，任鴻雋擔任該會的專門祕書、執行祕書。按任鴻雋的說法：「自民國十四年美國第二次退還庚款的消息傳出以後，全國的教育界都感到一個異樣的興奮。其原因就是因為在中國教育文化經費常鬧饑荒的時代，這一年百餘萬的款子，就好像一支生力軍，人人都希望它能發生一點奇蹟。」又說：「中華教育文化基金董事會，這個機關的組織，是美國退還庚款的一個條件。當時國民政府尚未北伐，北方的軍閥又瀕於崩潰，美國政府不把這筆款子直截了當地交還中國政府，而要求成立一個中美合組的董事會來管理，老實說，就是表示對於當時政府的不信任。不過這會的名稱，不為『中美』而為『中華』，還表示這個機關完全是中國的。這不能不說是美國人對於我方的尊重。」根據中美兩國的協議，這筆款子只有中基會有支配的全權，其用途是「促進中國教育及文化之事業」。由於「教育文化」是個很寬泛的概念，所以中基會把「教育文化」的含義限定在科學事業。隨後「中基會再加限制，把科學的範圍規定為自然科學及其應用，社會科學事業雖然偶爾也有闌入，但已不是中基會事業的重要部分了」。[7]

二、自立山頭的甘苦

有了中基會對服務方向的定調，其附設的「社會調查部」就顯得有些尷尬和多餘，親主其事的陶孟和也越來越感到這樣一個非自然科學研究的機構隸屬於中基會，實乃權宜之計，對於調查研究事業的發展終非所宜。為此，陶氏在苦惱中覺得這一機構非獨立不能發展，便有了拉桿子鬧革命，另立山頭的打算。一九二八年，陶孟和在給正在上海中國公學做校長的胡適信函中披露了當時的心情和渴望獨立的計畫：「現有一件事，打算請你特別幫忙，就是擴大我們這個小機關並且使它獨立的事，現在能夠明白社會科學研究重要的人很少，就是稍微明白，也缺乏遠大的眼光。像這個小機關永遠做一個行政機關的小附庸，終非長久之策。

還不如索性停止了罷。」陶孟和所說的「停止」當然是一時的氣話，他心中想的不但不是停止，而是獨立和壯大。他繼續說道：「我現在正起草一種意見書及計畫，將來請你教正，並且希望你在明年二月大會裡有所主張——如你贊成的話。」

在中國學術界早已暴得大名的胡適是中基會的董事之一，對內部人事有相當的影響力，陶孟和希望他能鼎力相助促成此事。緊接著，陶氏又敘說了一番自己的另一種苦悶：「北京自從諸友人去後，又經變成沙漠似的枯寂。我們所過的是離群索居的生活。我每天除了八小時的公事外，便是在家庭裡。小孩們因為請不到合適的先生，太太也變成老夫子了。」[8]

陶氏的這種苦悶，很難向外人道及，也只有對胡適這樣的好友才能略加表白。不過即使向外人道，也未必能得到多少理解。當年由林徽因、沈從文鼎力提攜和栽培的記者兼作家蕭乾，在許多年後的一九九四年八月，寫了一篇〈我的書房史〉的文章，其中有一段涉及陶孟和，文章說：

> 我生在貧苦人家。小時睡大炕，擺上個飯桌，它就成為「餐廳」，晚上擺一盞煤油燈，它就是「書房」了。可是我老早就憧憬有一間書房——一間不放床鋪、不擺飯桌、專門供讀書寫文用的地方，對於讀書人或文學工作者，不應說它是個奢侈，那就像木匠的作坊。然而它在我大半生中都曾經是可望而不可即的。
>
> 二十年代初期，我每天都去北京安定門一條胡同去上小學，在三條拐角處有一排槐樹，旁邊是一道花磚牆，通過玻璃可以看到那棟洋式平房裡臨街的一間書房——後來才

> 知道它的主人就是社會科學家陶孟和。平時窗上掛了挑花的窗簾，看不清裡面。冬天黑得早，書房裡的燈光特別亮。我有時看到主人在讀書或伏案寫作，有時又叼著煙斗在一排排書架中間徘徊。當時我小心坎上好像在自問：我長大後有一天會不會也有這麼一間書房？[9]

霧裡看花的蕭乾，眼見的朦朧影像是美好的，在他童年的心靈裡羨慕這間如同天堂般書房的同時，也一定猜想生活在裡面的主人的生活該是多麼愜意和無憂無慮的吧。豈不知此時陶孟和心中卻凝結著巨大的孤寂與落寞。

自一九二八年六月，國民黨北伐成功，定都南京，改北京為北平，隨著政治重心南遷，中基會人事也隨之變更。一九二九年一月四日，在杭州新新旅館召開的第三次董事常會上，周詒春被當時的副董事長蔡元培，董事蔣夢麟、胡適、翁文灝、顏惠慶、顧臨、貝諾德、司徒雷登、孟祿等人整肅掉，由蔡元培出任董事長，孟祿、蔣夢麟為副董事長，翁文灝、趙元任為執行委員，與胡適在美國留學時的同學加好友任鴻雋（南按：胡適自稱與任鴻雋及夫人陳衡哲為共同的朋友），當選為董事、名譽祕書、幹事長，中基會的大權落到了蔡元培與任鴻雋手中，而身兼三職的任鴻雋則成了名副其實的掌櫃大臣。此次大會，胡適因董事任期已到，辭職並被接受。與胡適出於相同原因辭職的還有郭秉文、顧維鈞、張伯苓、顏惠慶、周詒春，分別由汪兆銘、孫科、李煜瀛、伍朝樞、任鴻雋、趙元任繼任該職。因胡適的特殊處境，此次會議對陶孟和所託之事似乎沒有什麼明顯「主張」，除會議「議決撥付國幣八千元，作為社會調查部基金本年之息金，撥入該部存帳備用」，[10]沒有其他記錄在案的明顯動作。

同年六月二十九至三十日，中基會第五次年會在天津利順德飯店舉行，出席者為蔡元培、蔣夢麟、任鴻雋、翁文灝、趙元任等人。會議其中一項為改選董事。因汪兆銘、施肇基、蔣夢麟三董事，於本年度任滿，照章改選。此次改選所整肅的目標是在國民黨蔣介石政權中失勢的汪兆銘，「全體一致票選胡適君繼汪兆銘董事之任」，「名譽祕書任鴻雋任滿，票選胡適董事繼任」。同時會議全體一致票選施肇基、蔣夢麟二人董事連任。本次選舉意味著暫時避退的胡適捲土重來，並進入中基會權力核心，這個時候的胡適開始為陶孟和的理想事業助一臂之力。正是得益於胡適的「主張」，此次會議正式通過陶孟和的社會調查部改為社會調查所，並得到了下半年四萬元經費的預算。鬱悶中的陶孟和終於實現了造反起家，另立山頭的「宏願」，正式成為一個獨立的研究機構。據《社會調查所概況》載：「十八年七月改組以後，本所始有獨立之組織。首由中基會聘陶君孟和為所長，而另設社會調查所委員會。所內規模亦略事擴充。」又「專門學術機關之規模於是乎粗具」。[11]——這是陶孟和在胡適的鼎力相助下爭取獨立自主的一次小勝。

對於胡適在自己危難之時顯示的真情與血性，陶孟和感恩戴德。作為投桃報李，對胡適遇到為難又非辦不可之事，陶孟和同樣採取了盡量予以支持的姿態加以呼應。

一九三一年底，胡適的愛徒吳晗給胡寫了一封推薦函，文中說：「生有一北大友人千家駒君，此次在文史號撰〈東印度公司之解散與鴉片戰爭〉一文，他是用新的觀點來做嘗試，雖不能說是成功，卻似乎比時下一般自命唯物觀者之生吞活剝、削趾就履來得強一些。千君是一個比較肯用功看書的人，他從前曾寫過一些文章，如在《平等》上發表之〈抵制日貨之史的考察及中國之工業化問題〉、〈中日外交關係之過去與現在〉等文，都還有點新見。他是一個畸零人，自幼便見棄於舊官僚的父親，憑著自己的努力，工讀到現在，今年在北大經濟系畢業了。他很想來見先生，不知可否？」[12]

吳晗在信中囉唆了那麼多，其實就是想讓聲名顯赫的胡適為同學千家駒謀個差事。胡見信後，除了顧及吳的臉面，也對千家駒的論文選題和不幸經歷產生了興趣與同情，遂相約來見。為人謙和又好熱鬧的胡適經過一番交談，對千家駒大為賞識，認為此君乃堪造之材，便在不知不覺中把千氏當成了「我的朋友」。既然是朋友，就要為其兩肋插刀，排憂解難，時為號稱大學生「畢業即是失業」之時，找份工作談何容易。興致中的胡老師想來想去，找不到一把合適的椅子供這位年輕的新朋友來坐，最後一拍腦門，終於想到了陶孟和的社會調查所，順手提筆修書一封，讓千家駒揣在懷裡上門求職。陶孟和見了胡適的手諭，當即表示可以在角落安一把椅子讓千家駒來坐。但稍後從側面一打聽，得知千家駒乃北大著名的「搗亂分子」，擔心其人是共產黨，或與共產黨有瓜葛，遂向胡適表示了自己的擔憂。開朗的胡適幾句話就打消了陶孟和的憂慮：「搗亂分子與研究工作並不矛盾，會搗亂不一定做不好研究工作，而且進研究機關，你怕他搗什麼亂呢？至於共產黨，我看不會吧！這樣的人才你不用，還用什麼人呢？」[13]在胡適一番勸解、說和下，陶孟和勉強答應下來。

千家駒進了社會調查所後，胡適感到一件心事有了著落，頗為歡喜，後來專門把千、吳二人作為例證，在天津《大公報》「星期論文」欄中發表文章，證明當時社會上所謂的「畢業即失業」之說，是根本不能成立的，「只要有本領，畢業絕不會失業」云云。當然，內中的曲折與人際關係的糾纏，幾次號稱「為政府做一點面子」的胡適是不會透露一個字的。

關於千氏在北大的所作所為，並不糊塗的胡適是清楚的。一九三六年元旦，當千家駒與楊梨音結婚時，證婚人便是胡適。胡在致辭中說：「千家駒在北大時，擔任學生會會長，是著名的搗蛋頭兒，但在今天的婚禮上，卻一點搗蛋氣息都沒有了，大概從今天起，千家駒已變成楊家駒了！」儘管是席間的玩笑話，但聰明如胡適者，已經隱約地暗中點出了千氏的政治身分。事實上，剛滿十七歲的千家駒於一九二六年考入北京大學後，就祕密加入了中共地下黨，開始參與鼓動學潮、驅趕教授等等「搗蛋」生涯，北京大學發生的許多怪事，都與千氏和他的一幫地下兄弟之暗中操作有關。

進入社會調查所的千家駒，最大的感受就是陶孟和的寬容和信任。他後來回憶說：「陶先生是知道我的政治立場的，但他頗有蔡元培相容並包的風範。他從不干涉我們的研究自由，他評判一個人的研究成績，是看他的成果，而不是其他。」[14]從回憶中可以看出，當時的陶孟和也不是傻蛋一個，他只是礙於胡適的情面，揣著明白裝糊塗而已。不過，就陶孟和當時的思想觀點，確實也是能容忍不同思想傾向的人在一起做事的，只要別鬧出大的亂子，他也就睜一隻眼閉一隻眼地過去了。千家駒有所不知，當他到來之時，這個調查所的好日子即將走到盡頭。

在陶孟和主持的社會調查所獨立前，蔡元培主持的中央研究院於一九二八年在南京成立了一個社會科學研究所。此時的中研院如同當年的水泊梁山一樣聲勢浩大，威震八方。社會科學所成立之初，蔡元培曾邀陶孟和赴南京，專門商談籌組事宜，意欲讓其出面主持工作。但陶氏覺得自己已經在北平組建了社會調查部，山頭已立，並且有擴大的計畫與「宏願」，遂婉言謝絕。蔡元培見對方無意在自己手下為將，且有分庭抗禮之野心，轉而邀請留學歐美的博士、北大史學系與法學系教授陳翰笙出任所長，無奈由於時任教育部長的王世杰以陳氏屬「共產分子」加以阻撓，未果。到了一九二九年，為減輕阻力，蔡元培以院長身分親自兼任社會科學研究所所長，正式邀請陳翰笙出任該所副所長，所內一切具體工作交陳翰笙主持。

如此，在中國一南一北，實際上存在著兩個研究性質相同的陣營或山頭。由於蔡元培尚有相容並包的度量，兩家還算相安無事，陳翰笙實際主持的調查所特別關注「三農」問題，按他的想法，既然馬克思發現了資本家剝削工人的祕密，那自己就要試著發現一下窮人，特別是農村那些窮人的祕密。對這一構想，陶孟和也大感興趣，一九三〇年雙方以平等的地位進行了友好合作，共同對河北保定清苑進行農村經濟調查，選定十個自然村一千五百七十八家農戶，對其勞動力、雇傭農業勞動、工資、畜養、住房及農舍、水井和水澆地、耕地占有與使用、交租形式等等進行了詳細調查研究。

一九三三年八月，陳翰笙出席在加拿大召開的太平洋國際會議，宣讀了論文〈現代中國的土地問題〉。論文號稱繼馬克思之後，陳翰笙本人發現了窮人的祕密，認為中國嚴重的「三農」問題是地主富農一手造成的，必須來一番打土豪、分田地等等暴力手段才得以最終解決。陳氏的言論傳到國內，立即引起了社會各階層震動，國民政府的黨國大員對此大為不滿，立即給予痛擊。在一片喊打討伐聲中，陳翰笙只好採取鞋底抹油——溜之乎也的戰略戰術，辭去中央研究院本兼各職，帶著手下幾個鐵桿弟兄悄悄溜下山坡，跑到魚龍混雜的上海灘潛伏下來，準備伺機而動。中央研究院社科所幾乎成為一個有名無人的空機構，各項工作無法運轉。

正在這時，對陶孟和自立山頭成割據之勢產生芥蒂且耿耿於懷的中基會幹事長任鴻雋跳將出來，表示陶孟和既已獨立，腰桿子越來越硬，喘氣也越來越粗，看來沒有必要再依附中基會這個老巢了。既如此，索性把這個調查所拋將出去，讓其合併於中研院。此舉既在形式上幫助了蔡元培，使其麾下勢力不至於因陳翰笙的出逃而削弱，同時也達到了給陶孟和施以顏色，並驅逐出中基會這座大靠山的目的。主意打定，任鴻雋主動與中研院方面聯繫。其時，中研院總幹事楊杏佛因與蔡元培、宋慶齡、魯迅等人搞中國民權保障同盟，於一九三三年六月十八日被國民黨高層派出特務暗殺。聲名顯赫的地質學家丁文江受邀繼任中研院總幹事。丁氏聽任鴻雋如此一說，當場表示樂意接收陶氏調查所的家業，收編全部人馬為己所用。老於世故的丁文江讓任鴻雋作為說客先與陶孟和接頭，算作投石問路，待陶氏方面有此意向，再由丁文江親自出馬一舉拿下。

丁文江

想不到任鴻雋把自己的打算跟陶孟和說出時，陶氏勃然大怒，嚴厲痛斥對方濫用職權、假公濟私、黨同伐異、排棄異己等等不道德做法，並義正詞嚴地指出：此舉完全違背了中基會的宗旨與學術界的公理，是對北平調查所合法權益的公然挑釁和肆意踐踏，也是對陶氏本人及手下職員人格尊嚴的汙辱，遂當場予以拒絕。

眼看陶孟和敬酒不吃要吃罰酒，任鴻雋毫不退讓，表示樂意奉陪到底。於是，任氏憑其手中的大權，指示中基會大量削減調查所的預算，截其糧道，斷其財路，使之不戰自潰，以達逼其就範的目的。面對這一凶招，陶孟和極其惱怒與憤慨，他在致胡適的信中說道：「叔永（南按：任鴻雋字）逼我們一步一步的太緊了，先限制我們的預算，繼之以促進合併（即驅逐之變相），又繼之取消我們對於現用的建築所有權，並規定我們幾時退出。現在竟公然的要求隨時停止我們的補助費了。」[15]

陶孟和此舉，是想讓胡適出面「拉兄弟一把」。但此一時彼一時，如今的情形已比不得當初拉桿子時的「獨立運動」了。當年陶氏要另立山頭，成就一方霸業，只是與任鴻雋一人或一個中基會的諸位大老交鋒，胡適尚可躍馬挺槍為陶助戰，或在陣外擂鼓為其吶喊助威。而現在中間又橫插進一個坐地「招安」的老大——中央研究院，這中研院坐前兩把交椅的又是自己的師輩人物蔡元培與平輩的「丁大哥」，胡適聞之雖甚著急，但感到左右為難，不便援手發力，處於觀望之中。由於胡適的怯戰與未能及時救援，陶孟和很快陷入前無救兵、後無糧草的絕境。在此境況下，向以辦事幹練著稱的中研院總幹事丁文江一馬當先衝出本部立入陣前，以勝利者的姿態揮槍弄刀，威風凜凜地勸其降服，並令其放下武器，老老實實地接受改編。陶孟和眼看大勢已去，如不就此下馬受降，等待著自己的將是丟盔卸甲、全軍覆沒的命運。瞻前顧後，為保住自己的實力，在山窮水盡中只好就範。同當年大宋朝少華山的史進、朱武、陳達、楊春等一幫頭領，率部歸降實力雄厚的水泊梁山晁蓋、宋江兩大首領一樣。萬般無奈中，陶孟和只好放棄割據勢力，以悲愴的心境硬著頭皮將隊伍自北平拉到南京，無條件地接受改編。在丁文江致胡適的信中，可以看到陶孟和當時的痛苦之情和艱難抉擇：「當叔永提出合併的問題的時候，孟和就大怒，說××『壓迫驅逐』。經我再三疏通……彼方表示可以合作。」[16]

對於此事，丁文江是打著避免浪費金錢和人才的旗號而做出的收編決定。關於這一做法的得失功過，李濟後來曾有所提及：「他（丁文江）的理由詳細說來是很動聽的。他說，中國的科學人才不多，而金錢更少，我們現在花一個錢，就應該有一個花這一個錢的意義。現在中國的學術機關，往往以科學研究的名義買了很多儀器，卻常常沒人用，等到上了鏽，糟蹋了，也沒人管，豈不是浪費？這毛病就是有責任的人不但對於金錢的價值沒有真正的認識，對於人的價值也沒有真正的認識。而這種損失，不特是金錢的、人才的浪費，更難估計的，為那追求的目標將愈離愈遠。」

當時不只是李濟一人，幾乎整個中央研究院所屬人員都頗贊成丁文江收編陶孟和這支流散隊伍的做法。在他們眼裡，陶氏在北方另立山頭，無論從哪個方面來看都不舒服，必須收入麾下才覺心安理得。丁文江在收拾陶孟和與社會所一役中終於如願以償，斬獲頗豐。在凱歌聲裡，丁文江於聲威顯赫中接著排兵布陣，欲一鼓作氣將中基會所屬的靜生生物調查所拿下，收編合併到中央研究院自然歷史博物館，成立一個由中研院領導、秉志主持的動物研究所。此時，中基會所屬的靜生生物調查所，由北洋政府時期的教育總長、中基會第一屆幹事長、尚志學會會長、著名生物學家范靜生草創。范不幸於一九二七年十二月因病去世，為紀念范靜生提倡生物學未竟之志，由其胞弟、化工實業家范旭東捐出范家在北京石駙馬大街八十三號的房產作為調查所開辦所址，由尚志學會撥付基金十五萬元，委託中基會組織靜生生物調查所。一九二八年十月一日，靜生生物調查所正式成立，由動物學家、教育家秉志任所長，植物學家胡先驌、動物學家壽振黃為主要成員，任鴻雋兼任該調查所委員會委員長，翁文灝任書記。調查所成立後一切經費皆由中基會承擔，與中基會成為依附的母子關係。因生物調查所的科研人員老老實實地依附於中基會這座大靠山，沒有像陶孟和一樣拉桿子造反另立山頭的野心，因而，當中央研究院方面的丁文江率部襲來時，遭到了中基會掌門人與生物調查所雙方的共同抵抗，丁文江見對方無隙可乘，久攻不下，最後只得收兵回城不再出戰，收編靜生生物調查所的宏願無果而終。

三、何處覓安居

當年少華山的史進、朱武弟兄被以晁蓋、宋江領導的梁山武裝集團兼併改編後，在後來的眾勢力平衡和兄弟排座次中，史進被列入三十六天罡領導層之內，朱武居為七十二地煞星之首。陶孟和率部接受改編後，其隊伍仍按梁山的辦法，沒有遭到分割肢解，仍按原建制保留，只是為了與舊體制，也就是少華山山頭有所區別，讓各位被改編者認識到此處非彼處，必須好自為之，名稱改換成中央研究院社會科學研究所，陶孟和以中央研究院第十一罡星的身分出任高級領導層的所長一職，副所長也由陶的舊部擔任，算是地煞星之一員。

當新的格局形成後，歷史給予陶孟和一個可以立於不敗之地的契機，那就是盡快招兵買馬，培植自己的班底，以與林沖等梁山舊部和原二龍山歸降人馬抗衡，免遭白衣秀士王倫被火併的悲慘命運。由於陶孟和在北大任教多年，樹大根深，具有一定的號召力，在此之前，原北平社會調查所的人員全部來自北大，但此時情形有所不同的是，作為「北大之父」兼中研院院長的蔡元培，對這所學府和學子的影響與號召力，自然是陶孟和輩不能望其項背的。於是，在併入中研院之後，陶氏改變了原來的戰略戰術，除從北大招收人員外，開始在清華、燕京、南開、武漢、復旦、中大（南京）等高校廣泛撒網，招收畢業生入主自己主持的研究所，以這種特有的雜交混血式的新生力量，為自己連同研究所本身在中研院的立足奠定基礎。因陶孟和夢想一舉坐大，在氣勢上首先壓倒山中群雄的心理作祟，加之各大學的畢業生來勢凶猛，陶孟和已無力選拔、延聘留學國外的「海龜」，直到抗戰爆發前，陶氏所主持的研究人員與儲備人員共五十餘眾的研究所，只有梁方仲等四隻「海龜」，其他均為黨性色彩混雜的「土鼈」，且這僅有的四隻「海龜」皆屬於名聲不大的小號型，相當於水泊梁山的朱武、陳達之流，壓根無法與梁山英雄魯智深、武松、楊志、曹正、施恩、張青、孫二娘等原二龍山派的學術「大鱷」如傅斯年、陳寅恪、趙元任、李濟、梁思永、李方桂等武功蓋世的特大型「海龜」相提並論，而傅、陳、梁等人又出身名門，非常看重家學淵源與本人在學界的身分地位，因而中研院其他所的人員，包括史語所的傅斯年、陳寅恪等人，戲稱陶孟和的研究所為「土鼈」或「土包子」研究所，大有輕視之意。儘管如此，陶孟和並不在乎別人的看法與稱呼，依然按自己的處世哲學和行事方式，帶領如湯象龍、梁方仲等幾員大將與一幫小嘍囉，在屬於自己的小山包上默默經營，並漸漸打拚出一方天地。

一九三七年抗戰軍興，陶孟和帶領社會科學研究所全體人員，自南京西遷，由湘而桂，而滇，直到遷往四川南溪李莊。

社會科學研究所由昆明遷往李莊是在倉卒中成行的。此前，既然陶孟和沒能像同濟大學或史語所那樣派出人員前往李莊考察並與當地士紳談判，已形成被動之局。當陶率部來到李莊這塊陌生的地盤後，同濟大學師生幾乎全部占據了李莊鎮內鎮外的「九宮十八廟」，處於龍頭老大的位置，只有一個張家祠讓給了李濟掌控的中央博物院籌備處。而次一級的史語所占據了郊外的板栗坳張家大院與周圍民房，勢力相對不弱。社會科學所到來後的境況是，前無救兵，後無糧草，沒有一點人力財力支撐，只有扮演「三奶」之類的末流角色了。瞻前顧後，思考再三，陶孟和不得不放下師輩的身分，向學生輩的一代霸主傅斯年乞求。

一九四一年十月二十八日，尚在昆明一籌莫展的陶孟和致電重慶的傅斯年：「張家大院之房，務請撥幾間給社所暫用，頃社所已去十餘人。」也就是說，直到社會科學所的人拖家帶口，乘車在坡陡路險的烏蒙山區顛簸的時候，陶孟和都不知道這些人該在李莊的哪個地方落腳禦寒。

陶氏是傅斯年的師輩人物，且在北大主持《新青年》編務時，編發過傅斯年幾篇文章，無論是師承還是私誼皆不算差，只是兩人性格以及處事方式大不相同，傅斯年以他「目空天下士」的傲氣和頗有幾分綠林色彩的霸氣與豪氣，並不把這個曾做過北大教務長的師輩長者放在眼裡。史語所在昆明時，與社科所相距並不遠，但兩所人員極少打交道，陶、傅二人更是很少來往。現在，整個李莊鎮湧入的外地師生、科研人員、家屬等人員已過萬人，宮殿廟宇已被同濟大學近萬名師生和中央博物院籌備處所占。郊外山頂的板栗坳作為一個獨立王國式的龐大山莊有屋有房當是事實，但當地土著都在此居住，並沒有太多空房專等著中研院的人來填補空白，一個史語所加上北大文科研究所的職員與家屬近百口人湧進，已顯得相當擁擠，怎好再霸王硬上弓，強行塞進一個社科所。倘若社科所的所長不是陶孟和，而是陶氏的朋友胡適之，傅斯年是拚了命也要在板栗坳為其找到一個安身之所。遺憾的是，陶孟和不是胡適之，傅斯年當然不會為其拚命效力，龐大的板栗坳栗峰山莊之門，轟然一聲無情地向陶孟和關閉了。

可憐的社會科學研究所，當大隊人馬全部抵達李莊後，鎮裡的頭頭腦腦與士紳們此前不知有個社會科學所一同前來，故沒有為其找院備房的準備，遂弄了個措手不及，陶部大隊人馬躑躅街頭，不知將在何處棲身。此時已是寒冬季節，李莊的天氣雖然沒有北方那樣冰冷，但長江的霧氣瀰漫天空，擋住了陽光照射，使人感到有一種陰森森的徹骨寒意。而這種氣候對於剛由四季如春的昆明遷徙而來的人員來說更是難以適應。為此，許多社科所研究人員，特別是隨所而行的老老少少的家眷，先後「撲撲騰騰」地病倒在地，所屬人員呈現出了一片困厄潦倒、無家可歸、乞丐與叫化子般悲慘的淒涼景象。萬般無奈中，匆匆趕到李莊的陶孟和只得和羅南陔、張官周等當地士紳協商，把社科所人員連同家眷化整為零，分散於有空房的戶主家中暫住，先治病救人，恢復身體，等熬過嚴冬，來年春天再設法安置。

當一九四一年春天來臨的時候，陶孟和總算在李莊鎮找到了張家祠堂附屬的三間倉庫，並與張氏家族的士紳張官周等人商定，欲借此處作為社科所的辦公用房。但天不合作，該倉庫此前已租賃給盧作孚的民生公司，並存放著該公司的部分物資，要想把這些物資搬到別處，必須徵得民生公司的同意並給予轉租賠償。陶孟和深感自己勢單力薄，無力與民生公司財大氣粗的老闆爺盧作孚抗衡，再次屈尊就駕，恭請傅斯年出面合力與民生公司商談。傅斯年身在重慶，正以中央研究院代理總幹事的身分處理各項事務，見陶氏求援，本想不予理睬，又想到自己畢竟暫時還坐在總幹事這把椅子上，社科所的事務就是自己的分內工作，遂與陶孟和聯名致電民生公司老闆、國民政府交通部次長盧作孚，請求「擬借用貴局在李莊張家祠倉庫三個月，為兩所臨時辦公之用，如承慨允，祈電飭該庫管理人員以便商洽」。[17] 想不到此事又遇到了麻煩。

自武漢淪陷之後，民生公司的活動範圍被壓縮在川江流域，由於航運通道縮短，船隻來往頻繁，民生在沿江的許多大小碼頭，都租賃倉庫存放貨物，以便更有效地營運。如果是在半年之前，憑傅斯年在朝野的威望或與盧作孚本人的私交，民生讓出倉庫是完全可能的，但此次卻大不相同了。由於年前民生公司為史語所轉運物資在宜賓翻船事件，導致史語所的珍貴圖書落入長江並造成重大損失，傅斯年親自找到在重慶的盧作孚，不依不饒地讓其賠償。面對確鑿的人證物證，盧氏自知理虧，無力狡辯，只好咬著牙答應賠償。而按照這批圖書的價值算下來，民生公司為中研院幾個所搬遷所掙的全部運費，遠遠抵不上要賠償的巨額資金。儘管盧作孚身居高位，且愛國心切，堪稱民族英雄，但商人畢竟是商人，其職業特性是不會改變的，且龐大的民生公司要生存發展，整日翻船賠款總是令人不快的事情。為此，盧作孚頗為惱火，但又不好遷怒於傅斯年，只有採取打落牙齒和血吞的方法，把這口悶氣憋在心裡，一面虛與委蛇，拖欠賠款，一面等待合適的時機予以發洩。就在這個時候，傅斯年、陶孟和不請自來，竟沒事一樣地向自己求援，盧作孚的心情可想而知，其抉擇也就用不著做過多的考慮了。他當即給傅、陶二人回電道：「承囑暫借李莊張家祠倉庫一節，歉難應命，希鑒察。」[18]可以想像，盧作孚在他那寬大的辦公室向祕書口述完這短短的二十個字時，嘴角上一定露出了令人難以察覺的冷笑。

此所謂沒吃著羊肉反惹一身臊，傅斯年被弄了個灰頭土臉，大罵盧作孚是小人一個，嘴裡不住地嘟囔著「此處不養爺，必有養爺處」等等沒有多少實質性意義的無聊之語。為顯示自己的「硬骨頭」精神，也為了在陶老先生面前挽回一點面子，傅斯年索性一咬牙，告之對方可把李莊板栗坳的地盤設法先擠出兩個院子，以便陶孟和與社科所的部分人員居住與辦公。面對傅氏的義氣與血性，陶孟和頗為感動。回到李莊後，先找板栗坳史語所代理所務的李方桂牽頭，又找當地鄉紳和房主商談，總算弄了兩個不大的院子。

因院子過於狹小，顯然不能安排社科所全部人員在此居住與辦公，陶孟和只得再次率人在李莊郊外四處奔波，尋找地盤，直到一九四一年五月中旬，總算在距李莊鎮五里地的石崖灣與門官田（又稱悶官田，以夏日酷熱，不透風而聞名）兩個地方找到了落腳點。儘管兩處相隔四五里路程，生活、研究等極其不便，且門官田的辦公室隔壁就是牛棚，中間僅有一道竹「牆」分離，整日牛喊驢鳴，臭氣薰天，真可謂實實在在地入了牛馬圈，但畢竟安下了一張平靜的書桌，有了自己的棲身之處。在陶孟和的親自指揮下，社科所人員分批遷入居住地和辦公處。

至此，李莊的外來人員達到了一萬一千之眾，這些「下江人」在抗戰烽火中，隨著就讀和服務的學校與學術機構，在這塊陌生的土地上生根發芽，開始了新的生命歷程。

注釋

1 中國社會科學院近代史研究所中華民國史研究室編，《胡適來往書信選》（香港：中華書局香港分局，一九八三）。

2 羅家倫口述，馬星野記錄，〈蔡元培時代的北京大學與五四運動〉，《傳記文學》五四卷五期（一九七八年五月）。

3 魯迅，《魯迅全集》卷一四（北京：人民文學出版社，一九八一）。

4 巫寶三，〈紀念我國著名社會學家和社會經濟研究事業的開拓者陶孟和先生〉，《近代中國》第五輯（上海：上海

抗戰期間位於李莊門官田的中研院社會科學所辦公處（王榮全攝影並提供）

社會科學院出版社，一九九五）。

5 胡頌平編著，《胡適之先生年譜長編初稿》（臺北：聯經出版公司，一九八四），頁四一一。

6 巫寶三，〈紀念我國著名社會學家和社會經濟研究事業的開拓者陶孟和先生〉，《近代中國》第五輯（上海：上海社會科學院出版社，一九九五）。

7 任鴻雋著，樊洪業、張久春選編，《科學救國之夢：任鴻雋文存》（上海：上海科學技術出版社，二〇〇二）。

8 中國社會科學院近代史研究所中華民國史研究室編，《胡適來往書信選》（香港：中華書局香港分局，一九八三）。

9 徐雁編，〈我的書房史〉，《書裡閒情》（青島：青島出版社，二〇〇七）。

10 知之整理，〈中華教育文化基金董事會第四次報告〉，《近代史資料》總一一八號（北京：中國社會科學出版社，二〇〇八）。

11 巫寶三，〈紀念我國著名社會學家和社會經濟研究事業的開拓者陶孟和先生〉，《近代中國》第五輯（上海：上海社會科學院出版社，一九九五）。

12 中國社會科學院近代史研究所中華民國史研究室編，《胡適來往書信選》（香港：中華書局香港分局，一九八三）。

13 千家駒，〈懷念陶孟和先生〉，《懷師友》（北京：人民日報出版社，一九八七）。

千家駒（一九〇九－二〇〇二），筆名錢磊，浙江武義人，經濟學家。在陶孟和主持的社會調查所工作不久即離開，曾任北京大學經濟系講師，廣西大學教授。抗日戰爭時期在香港從事民主運動，並為《大公報》撰寫社論。後回廣西，在黃姚與歐陽予倩等辦的《廣西日報》任編輯。勝利後又去香港，辦「經濟通訊社」，兼達德學院教授。一九四五年八月十三日加入中國民主同盟，任南方總支部祕書長。新中國成立後，歷任中國人民銀行總行顧問，清華大學、交通大學教授，政務院財經委員會委員，中央工商行政管理局副局長，中央社會主義學院副院長，中國科學院哲學社會科學部學部委員，中國社會科學院顧問等職。民盟第五、六屆中央副主席。一九八九年六月客居美國洛杉磯，後由美國返回中國深圳居住。關於其人的學問有一點不得不加以提及。一九九一年，千家駒在海外發布了一個聳人聽聞的研究成果，即周作人的日本老婆羽太信子曾經是魯迅的妻子，證據是魯迅一九一二年七月十日的一則日記。原文是：「午前赴東交民巷日本郵局寄東京羽太家信並日銀十。」按照千家駒的研究，羽太「即羽太信子，魯迅把寄羽太信子的信函稱為『家信』，可知他們是夫妻關係」（千家駒，〈魯迅與羽太信子的關係及其他〉，《明報月刊》一期〔一九九一〕）。事實是：羽太信子是魯迅二弟周作人之妻，一九〇九年在日本成婚。羽太信子家貧，人口多，既有祖母、父母，又有一弟二妹。為幫助周作人及羽太一家的生活，當年留學日本的魯迅毅然中斷了留學生活歸國。一九一一年五月，周作人夫婦歸國。一九一二年五月十六日，羽太信子分娩，得一子。其弟羽太重九攜妹羽太芳子來紹興，照顧產婦。魯迅七月十日寄羽太家信」，並不是寄給羽太信子的信，而是寄給日本羽太家的信。當時羽太信子在浙江紹興。魯迅也曾覆羽太信子信，日記明確寫道「與二弟婦信」，而不是「家信」。

14 同前注。

15 中國社會科學院近代史研究所中華民國史研究室編，《胡適來往書信選》（香港：中華書局香港分局，一九八三）。

16 同前注。

17 中央研究院歷史語言研究所傅斯年圖書館存傅斯年檔案。

18 同前注。

第八章

揚子江頭的來客

一、廟堂之困

各機構與所屬人員在李莊古鎮內安頓下來後，開始各行其是。史語所的日常工作由李方桂主持。未久，李方桂因史語所待遇微薄，入不敷出，索性辭職離開李莊到成都，進入以美鈔做後盾的燕京大學任教，史語所代所長一職由董作賓出任。

按照工作計畫，史語所考古組人員開箱整理安陽殷墟出土的甲骨。李濟指導人員整理殷墟出土的陶器；梁思永做侯家莊大墓出土資料研究。後來增加的四組吳定良等人整理殷墟出土的人頭骨；淩純聲、芮逸夫等則籌畫做少數民族風土人情的調查。一、二組人員繼續研究自己的課業，各項工作逐漸步入正軌，李莊板栗坳（栗峰山莊）不時閃動著學者們忙碌的身影。當大家在這個新環境中漸漸適應並略感寂寞之時，有客人自遠方而來。

一九四一年六月二十七日，西南聯合大學常委梅貽琦、總務長鄭天挺、中文系主任羅常培，自四川瀘州碼頭乘船，溯江而上，朝萬里長江第一古鎮——李莊進發。[1]

梅氏一行自五月中旬陸續從昆明飛到戰時陪都重慶，在處理了一堆繁雜公務後，向國民政府教育部彙報並商談解決敘永分校回遷事宜。

敘永小城坐落在川江以南，位於瀘州的正南方，屬於川、黔、滇邊境之地，素有「雞鳴三省」之稱。此處有永寧河通往長江，往南可入雲貴高原，與西邊的南溪李莊雖有一段距離，但同屬於川南地區，兩地在各方面多有聯繫。中央研究院史語所、同濟大學等機構從昆明遷李莊時，敘永是必經之地。史語所的石璋如在押運物資從昆明遷往李莊的途中，曾在敘永附近翻車於河中，晚年他對敘永及西南聯大分校的情況曾有片段回憶：「敘永算是一個關口，也不算小地方，不過查得沒有藍田壩厲害……當時很多搬遷的機構來到敘永附近，像西南聯大就把招考的新生搬到敘永上課，結果有很多在昆明考上的學生，千里迢迢來到敘永上課，但是在敘永上課的地方很小，是借用一間小廟來用。我們在敘永的時候，聯大正準備教室的布置，尚未正式上課。」[2]

梅貽琦一行於六月九日由重慶到達敘永分校，因交通閉塞，地理位置偏僻，分校師生整日窩在破舊荒涼的野廟中上課，條件簡陋，生活極端困苦，女生宿舍設在帝王宮，食堂設在城隍廟，更是多有不便。因是在小廟及周邊安置課堂與宿舍，城內的電燈不能接通，晚上只有用一只小碗或小碟，灌上桐油或菜籽油，點燃燈芯照明。時間不長，埋頭學習的學生眼毛、鼻孔已被燻得烏黑，倘不小心用手一抹，便成了戲曲中的黑臉包公。師生們整日伴著一堆黑乎乎的泥菩薩上課下課，文化生活幾乎為零，不但青年學生難以忍受，即便是隨來的教授也覺得不好。梅貽琦等到來後，「助教多願回昆，學生聞返昆訊皆大高興」。對於戰爭局勢的判斷，敘永分校教授們的看法儘管有所不同，但又多傾向於「昆明敵所必取，而我方自亦必據守，但昆明如失則敘府（宜賓）繼陷，而川南川東亦必不穩定矣。此種推測數月之後或能證明」。[3]

鑑於師生返昆心切和前途未卜的情形，梅貽琦等三人返回瀘州後，於六月十九日分別致信昆明西南聯大主持日常事務的常委蔣夢麟、教務長潘光旦等人，謂「詳告敘永分校諸君對

中研院史語所人類學組在李莊板栗坳辦公處陳列的人類體質測量標本，多數是安陽殷墟發掘的古物。

於取消分校之意見，正反各列五條，未附本人意見……總之無論如何以早決定為宜。如敘校遷回，同仁及眷屬旅費應酌予增加」。[4]

蔣夢麟等接信後，同意敘永回遷昆明，並上報教育部，著手籌措旅費等事宜。梅貽琦一行得知蔣的意見，頗感欣慰，表示在四川多待些時日，自瀘州溯江而上，對抗戰期間遷往樂山、成都的學術、教育機構做一番考察。

因瀘州方面一時無船上行，梅貽琦等人只好坐地苦等，八天之後，總算於六月二十七日登上長豐輪，一路顛簸動盪來到李莊。此行的目的除了看望遷往該地的老朋友，還有一項任務必須完成，那便是由昆明遷往李莊的北大文科研究所部分青年學子的論文需要答辯，鄭天挺作為該所的副所長，羅常培身為直接授業的導師，需完成各自應負的責任。李莊古鎮在瀘州去樂山一線的長江邊上，此行正可一舉兩得。

創立於一九一八年的北京大學文科研究所，是以培養文、史、哲等學科研究生為主的學術機構。一九二一年稱北京大學研究所國學門，後改稱北京大學研究院文史部，由沈兼士、劉半農擔任正副主任，當年顧頡剛、羅爾綱等人曾在該機構擔任編輯員。一九三四年始稱北京大學文科研究所，由北大文學院院長胡適兼任所長，傅斯年為副所長。該研究所自組建之初，就具有學術資料豐富、工作範圍廣泛等與眾不同的特點，且在不同階段的工作重點也不盡相同。如在歷史、考古、整理編纂清朝內閣大庫檔案、參加一九二八至一九二九年西北科學考察團考古調查並整理所獲居延漢簡等學術活動方面，都取得過舉世矚目的業績。抗日戰爭爆發後，北大文科研究所停辦。一九三九年春，西南聯大在昆明穩住陣腳，北大文學院一些大牌教授，深感一個具有光輝人文傳統的研究所長期中斷而未恢復，實有負創立者特別是胡適所長的心願，應藉聯大成立之機，在昆明重新鳴鑼開張，以展示國人不屈之意志，並培養一批學術種子。這一想法得到了傅斯年的大力擁護與支持。在徵得北大校長蔣夢麟同意後，於這年五月在昆明恢復。

由於胡適此時正在美國辦外交，所長一職暫由傅斯年代理，原北大祕書長鄭天挺擔任副所長。文科研究所下設語言、文字、文學、哲學、史學等組，各組導師分工如下：

文字組導師：唐蘭；
文學組導師：羅庸、楊振聲等；
哲學組導師：湯用彤；
史學組導師：陳寅恪、姚從吾、向達、鄭天挺等；
語言組導師：羅常培、李方桂、丁聲樹等。

據說語言組導師本來還有魏建功，因魏和羅常培鬧彆扭，不久離開北大，赴四川白沙女子師範學院等院任教，其導師之職自然化為烏有。

恢復後的北大文科研究所導師陣容之強大，遠過於國內任何一所大學，師生暫借住中研院史語所在昆明靛花巷三號租來的房子學習與生活，形成了一個特殊的學術小圈子。第一屆招收學生實到者十人（語言組招收的女生陳三蘇未曾報到），分為文學、哲學、史學、語言四組。因後來移居昆明郊外龍泉鎮龍頭村寶臺山回應寺彌勒殿，很有點中國古代書院的味道，而書院的總負責人稱山長，因而羅常培戲稱鄭天挺為「山長」，十名弟子號稱「寶臺山北大十翰林」。第一屆研究生名單與專業分別是：

文學組：逯欽立、陰法魯；
哲學組：任繼愈、王明；
史學組：楊志玖、汪籛、閻文儒；
語言組：馬學良、周法高、劉念和；
文字組：第一屆未招生。

第二屆與下一屆的研究生有：王玉哲、殷煥先、高華年、董澍、王永興、李孝定、王叔岷、王利器等，前後幾屆加在一起約二十人。

對於昆明寶臺山的這段生活，第二屆文字組研究生王玉哲有過這樣一段回憶：「北大文科研究所的導師，如羅常培先生、湯用彤先生、鄭天挺先生，大部分時間和我們住在這裡。他們除了到聯大上課時進城外，一般都和我們共同生活，朝夕相處。所居鄉村，僅數十戶，平時荒僻清冷，幾不聞人聲。研究所坐落在龍頭村旁的寶臺山上，設備簡陋，我們住的幾間小土房既是宿舍，又是圖書室，連做飯、吃飯也在裡面。隔壁是只住有一兩個老僧的破落寺院，從不見他們拜佛、誦經，而外面香客亦復鮮過。這也增加了我們似乎舊式書院的清靜生活。幾十個師生除了每天讀書之外，便促膝縱談學問，別無他事。由於鄉下沒有電燈，晚上我們是在菜油燈下攻讀的……那時我們研究所的所長是傅斯年先生，但是真正關心我們學習和生活的，卻是做副所長的鄭先生。」[5]

1938年至1940年間史語所所址，昆明龍泉鎮龍頭村響應寺。

1940年秋冬之交，西南聯大時期北京大學文科研究所研究生在昆明城。

因傅斯年並不常在龍頭村或寶臺山，所內事務大都由鄭天挺主持，才有這樣一個笑話傳出。說的是：「每當有人來文科所訪問，守門的那位老司閽就一定會問：您是找正所長，還是找副所長？接著解釋說：正所長是傅（副）所長，副所長是鄭（正）所長。」[6]有一天，一位少壯軍官模樣的人來到昆明拜訪傅斯年，當他費盡力氣一路打聽摸到龍頭村寶臺山文科研究所，那位忠於職責的守門老司閽擋住去路，開始用昆明土話沒完沒了地解釋起正所長與副所長的關係來。時正值盛暑溽熱，來者越聽越糊塗，以為眼前這個老傢伙裝瘋賣傻，原地兒圈兒故意與自己為難，遂抬手抹了一把臉上的汗水，不耐煩地用山東話道：「你就不要給我瞎雞巴胡扯蛋了，我要見的是傅所長，你裝什麼孫子？」一言畢，順手賞給了對方一個響亮的嘴巴。

老司閽身子一歪差點倒地，待站穩腳跟，

一看對方黑塔一樣的塊頭，面露慍色，眼角有凶光透出，不敢再行多言，急忙轉身跑到所內一間小黑屋，把鄭天挺叫了出來，結果雙方大眼瞪小眼，並不認識。因了這次尷尬事件，寶臺山上的研究生們在竊笑的同時，又戲編一副對聯，曰：

鄭所長是副所長，傅所長是正所長，鄭、傅所長掌研所。

甄寶玉是假寶玉，賈寶玉是真寶玉，甄、賈寶玉共紅樓。[7]

晚年的鄭天挺在教育界人士的慫恿下，曾想把這段特殊而有意義的生活寫一長文留世，且把當時的學生名之為「寶臺山子」，惜文未成而身已歿，令人扼腕。儘管傅斯年因兼職過多，對研究所事務和學生學業管理、指導較少，但也傾注了大量心血，特別是在導師的聘任和處理各方關係方面著力甚多。一九四〇年八月二十六日，傅在寫給駐美大使胡適的信中曾這樣道及：

北大事，我這一年亦頗盡力，近則焦頭爛額矣。北大文科研究所去年恢復，向中英庚款會捐了點小款，除教授兼導師外，請了向覺明（南按：向達）做專任導師，鄧廣銘做助教，考了十個學生，皆極用功，有絕佳者，以學生論，前無如此之盛。湯公公道盡職，指導有方，莘田大賣氣力，知無不為，皆極可佩。此外如毅生、公超、膺中皆熱心，只有從吾胡鬧。此人近辦青年團，自以為得意。其人外似忠厚，實多忌猜，絕不肯請勝己之教員，寅恪斷為「愚而詐」，蓋知人之言也。近彼大罵受頤無學問，我真不能忍耐，即與之絕交。我自求代理此事，一年中為此進城不少，又由史語所借了一大批書，弄得史語所中頗有怨言，真不值得。[8]

傅斯年提到的受頤即陳受頤，原是留美畢業生，歸國後辭卻境外大學聘請，受胡適之聘到北大歷史系任教，並做過一段時間的系主任，深得胡適與傅斯年尊敬。此時在昆明，受到正擔任北大歷史系主任姚從吾的排擠，傅斯年為之大鳴不平。傅在信中提到的「從吾胡鬧」之從吾，即姚士鼇，號從吾，河南襄城人，一九二〇年畢業於北大歷史系，留學德國柏林大學，其間結識了傅斯年、陳寅恪、毛子水、俞大維、羅家倫、何思源等人，算是歐美派的一個人物。一九三四年歸國後出任北京大學歷史系教授，兩年後出任系主任，抗戰時期任西南聯大歷史系教授，但其為人為學一直不為傅、陳等歐美派重量級學者所重。由於這種關係，抗戰勝利各校復員後，姚從吾沒有再進北大，而是跑到他的老家河南大學做了校長。一九四八年六月，解放軍圍攻開封的戰役打響，姚從吾負嵎頑抗，最後見開封陷落，大勢已去，便混於百姓中逃出城外。後企圖在蘇州恢復河南大學，剛及成形，便在解放戰爭隆隆炮火中倉皇逃往臺灣，不久在臺灣大學謀得了一份教職，得以繼續從事教書匠生活。姚在臺大的一個名叫李敖的學生，曾對其形象做過這樣的描述：「大二時候，我選了姚從吾老師的『遼金元史』。此公挺著一個大肚皮，講課時最喜歡用手去揉搓，滿頭白髮，造型厚實樸拙，他一大把年紀，卻對我們滿口自稱『兄弟』。第一堂課下來，班上女生眾口紛紛，笑謂他怎麼跟我們稱兄道弟呀？他那麼老，被他稱『兄弟』，多倒楣呀！姚從吾老師有滿口亂牙，我從沒見過一個人有那樣亂的牙。他的牙，每顆都很大，並且N多，我始終懷疑他不是『重瞳』而是『重牙』，牙齒比一般人要多。當然我這樣說，毫無根據，但從亞里斯多德把他老婆的牙齒數目搞錯一點上看，這種牙多之感，可見也不唯我獨有也！姚從吾老師長得一副中原老農相，這副相其實救了他。他在河南大學校長任上，共產黨打開封，他在亂軍之中，能夠逃出，吉人農夫相之故也！吳組緗老師在〈姚從吾師盡瘁史學〉中回憶，說姚老師當時『化裝為一老農』得以逃出，我看了，一直暗笑。——姚者造型原裝即一老農，又何須化裝啊！姚從吾老師學名姚士鼇，從德國留學回來，做北京大學歷史系主任。他雖喝過洋墨水，但是出身河南襄城，人還是土土的。學生們乃把『姚士鼇』戲呼為『姚土鼇』，深為他所忌，乃用姚從吾之名代之。有一次同我兩人照相，洗好後，我送他一張，背面題『士鼇老師惠存』等字樣。後來一個偶然機會，又看到這張照片，背後『士鼇』兩字已被他偷偷塗去，自改為『從吾』矣！」[9]

赴臺後的姚從吾（左）與李敖合影

不只臺灣學生稱姚士鼇為「姚土鼇」，即在昆明時的研究生們也在背後偷偷地稱他為「姚土鼇」。而作為極其重視家庭門第、家學淵源的陳寅恪、傅斯年等破落貴族子弟，平時待人接物最反感的就是一種唯唯諾諾、鬼頭倒把的「土鼇」相。而姚從吾在做學問上更是稀鬆得令人不屑，他的臺大弟子李敖在自己主辦的《千秋評論》四十三期〈五十・五十・易〉一文中有這樣一段話：「讀書當然很重要，但讀書的方法更重要，這方法就是要不死讀書。很多人書念多了，就從呆子變成了書呆子，像我從前有位老師叫姚從吾，是遼金元史專家，非常用功，最後死在書桌上。但是他太笨了，他是遼金元史專家，而元史卻沒有看過一遍，多令人驚訝！就好像一隻狗熊進到玉米園裡，折一根玉米夾在腋窩下，左摘右丟，弄了一夜，出園時腋下還是只剩那一根。他們看過的東西隨時扔掉了！我看過太多這一類的人，我只能說他們選錯了職業！」試想，姚從吾的學問如此，又加一副嫉賢妒能、刁鑽刻薄的中原「土鼇」做派，怎能贏得同人的敬重。姚士鼇不幸，竟陰差陽錯地與陳寅恪、傅斯年兩隻光芒四射的重量級「海龜」共為同學兼同事，因而被得出一個

板栗坳一角。李莊抗戰史研究專家左照環（左）說，這就是當年北大文科研究所人員居住的地方。（作者攝）

「外似忠厚，實多忌猜」「愚而詐」的結論，也就不能怪對方刻薄寡恩了。

史語所遷往四川李莊，北大文科研究所的研究生本可繼續留昆明，因西南聯大幾乎沒有圖書可借閱，而史語所藏書豐厚，研究生們不得不像梁思成主持的中國營造學社一樣隨史語所遷川。一九四〇年九月七日，鄭天挺致信在重慶的傅斯年，專門談及此事。信中說道：

此外尚有一事，即北大研究所址，非追隨史語所不可。此事已數向兄言之，而兄皆似不以為然。但細想之，北大無一本書，聯大無一本書，若與史語所分離，其結果必致養成一班淺陋的學者。千百年後探究學術史者若發現此輩淺陋學者，蓋我曹之高徒，而此淺陋學風為北大所軔始，豈不大糟！弟亦知若此十餘人追隨史語所離開聯大，在史語所、在吾兄均增加無窮麻煩，但此外實無他策。弟意：萬一史語所與聯大不能在一地，而研究生必須隨史語所者，北大可每年或每學期，請一位教授隨同前往，俾稍減史語所之麻煩，並負其他事務責任。兄意如何？如兄意以為可行，則此時即可準備起來也！10

此事涉及問題較為複雜，史語所遷川已有中央博物院籌備處、中國營造學社兩個機構相依附，如今再加上一個北大文科研究所，實在令傅斯年頭痛，但考慮到手心手背都是自己身上的肉，或者「肉爛在鍋裡」等事理，在鄭天挺一再勸說下，傅斯年終於答應下來。據史語所檔案顯示，北大文科研究所研究生隨同史語所先後入川駐李莊者有：馬學良、劉念和、任繼愈、李孝定、逯欽立、楊志玖等。作為助教的鄧廣銘和他在北大的同班同學、進所不久的助理研究員、傅斯年的侄子傅樂煥等，也相繼遷來李莊。有幾位同學因各種情況留在了昆明，如周法高就因為車況問題未能成行。據周回憶說：「語言組的馬學良、劉念和都隨車去了李莊，而我卻在停車場停留了好幾天沒有去得成。三十餘年後，在臺灣，當時的總提調石璋如先生曾經對我表示過歉意。後來在一九四一年秋天，我得到傅所長的同意，命我乘車赴李莊，由公家出路費。當時通常都是坐在卡車司機旁邊的空位上，出一筆錢給司機，這樣夾帶的客人就叫作『黃魚』。我就是作為『黃魚』被帶到四川的。」[11]與周法高命運基本相同的另外幾個研究生，也是以此種方法被當作「黃魚」由卡車司機陸續帶到了李莊。

既然史語所所長傅斯年仍為北大文科研究所代理所長，在李莊為學生們適當安置一個讀書的環境是義不容辭的責任。況且，傅斯年辦這個研究所的主要目的，就是把畢業生招到史語所留用，北大文科研究所，實際上成了中央研究院史語所的一個預備培訓班。當研究生們到達李莊後，全部被安排在板栗坳與史語所同人一起居住、生活，平時則各人在圖書館看書學習，著手撰寫論文。為了顯示這股力量的存在，傅斯年還專門讓研究生們在居住的門口掛起了一塊「北大文科研究所辦事處」的牌子，作為一個相對獨立的單位彰顯於世。若干年之後，當地政府在統計李莊外來學術機構時，北大文科研究所也理所當然地被列入其中了。

二、梅貽琦在李莊

相對流亡李莊的幾個學術、科研機構的人員，除陶孟和之外，按照輩分排列，梅貽琦幾乎是所有人的前輩，尤其對清華出身的學子更是如此。聲名赫赫的李濟、梁思成、梁思永、李方桂等皆是梅貽琦的學生。一八八九年生於天津的梅貽琦（字月涵），於一九〇八年以第一名的成績畢業於南開私立學校第一屆師範班，當時的校長為張伯苓，助教陶孟和，陶算是梅的師輩人物。一九〇九年，梅貽琦考取了清華學校前身——遊美學務處招收的第一批庚款留學生，直接入美國伍斯特理工學院機電工程系就讀，一九一四年畢業並獲工學學士學位後回國，一九一五年到清華學校任教，先後講授數學、英文、物理等課程。據當年就讀於清華學校的李濟回憶說：「我是他（梅貽琦）所授的三角這門課程的學生，那時候所留下來的印象，保存到現在的只有兩點：他是一個很嚴的老師，我卻算不得一個好學生。」[12]

梅貽琦生性不愛說話，被弟子們稱為「寡言君子」（gentleman of few words），若不與其相當熟悉，一般看不到他的言笑。梅氏頎長的身材常配一身青布長衫，臉形如雕塑般稜角分明，風度翩翩，算是那個時代的美男子，曾被來中國訪問的英國科學史家李約瑟譽為「中國學者的完美典型」和「中國學者的理想化身」。[13] 梅氏的風度與雅量，早在一九〇九年參加第一批庚款留美學生考試時，就給人留下了深刻印象。據梅的同屆同學徐君陶回憶，在放榜那天，考生們都很活躍，考上的喜形於色，沒考上的則面色沮喪。只有瘦高的梅貽琦，始

梅貽琦為清華大學第五級學生題詞

終神色自若，「不慌不忙、不喜不憂地在那裡看榜」，讓人覺察不出他是否考取——而實際上，在全國六百三十名考生當中，他名列第六。[14]

後來李濟赴美留學，所在的美國東部麻薩諸塞州伍斯特城的克拉克大學，與梅貽琦早年所讀的伍斯特理工學院在同一城中，這所大學已有許多中國留學生就讀。有一次李濟來到這所大學遊玩，便有中國留學生對他說：「梅月涵先生就是從這個工業學校畢業的高材生。」這一情景，給李「留下了一個深的印象」。[15]

當李濟進入清華國學研究院任導師不久，梅貽琦接替張彭春出任清華學校教務長，負責全校的教務兼管研究院事務，開始有機會一展其治學思想與才能。一九二八至一九三一年，梅貽琦被派赴美國任清華留美學生監督。一九三一年冬，受南京國民政府教育部長李書華舉薦，回國擔任清華大學校長，梅以「生斯長斯，吾愛吾廬」的心志表達了自己對清華的愛戀與深厚情誼。

盧溝橋事變爆發後，梅貽琦率清華師生遷長沙，再遷昆明。西南聯大成立，梅以常務委員的名義執掌事實上的聯大事務。一九四〇年，美國伍斯特理工學院鑑於梅貽琦在清華服務二十五年成績卓著，以及在艱苦的抗日烽火中主持西南聯大嘔心瀝血的高尚人格與不屈精神，特授予他名譽工程學博士學位。此次梅貽琦等人的李莊之行，受到眾位學者的普遍敬仰與尊重則是順理成章的事情。

梅貽琦等三人來到李莊的第二天上午，在董作賓、梁思永、李方桂陪同下，到吳定良等人的工作處如戲樓院、田邊上、新院等地參觀，順便到北大文科研究所青年學子們的宿舍視察，並叮囑準備論文答辯事宜。據梅貽琦日記載：「晚飯為董家備辦，同座有淩純聲、芮逸夫，為第四組研究員，專民族學者。飯後因飲酒稍多，更覺悶熱，汗出如漿，燈下稍坐即先歸房睡下。李（方桂）太太給余萬金油，令塗額上，蓋余顯有醉態矣。」[16]

關於飲酒，梅貽琦在學界向以愛喝、能喝但不鬧酒聞名，每遇他人在酒場敬酒，總是來者不拒，極豪爽痛快地一飲而盡，因而落了個「酒風甚好」和「酒聖」的美名。李濟曾專門著文說道：「大家都知道梅先生酒量很高，但他的酒德更高。他在宴會中飲酒總保持著靜穆的態度。我看見他喝醉過，但我沒看見他鬧過酒。這一點在我所見當代人中，只有梅月涵先生與蔡孑民先生才有這種『不及亂』的記錄。」[17]梅貽琦到臺灣後，有一位叫孫觀漢的助手在回憶文章中說得更加真切：「大家都知道梅先生最使人敬愛的時候，是吃酒的時候，在許多次的聚會中，我從來沒有看到過他拒絕任何敬酒人的好意。他乾杯時那種似苦又喜的面上表情，看到過的人，終身不會忘記。在清華全校師生員工中，梅先生的酒量可稱第一。」[18]

世間萬物相生相剋，贏得這一連串的「美名」是需要付出代價的。此點，在梅貽琦去世

1941年清華大學校委會成員於昆明迤西會館合影。左起依次為施嘉煬（工學院院長）、潘光旦（教務長）、陳岱孫（法學院院長）、梅貽琦（校長）、吳有訓（理學院院長）、馮友蘭（文學院院長）、葉企孫（特種研究委員會主席）。

後，其子梅祖彥曾有過論述：「先父在外表上給人印象嚴肅拘謹，非對熟人不苟言笑，實際上他對生活仍是充滿熱情的。例如他喜歡喝酒，酒量很大，這可能是由於當時社交的需要，另外在閒暇時他也常與三五好友品嘗美酒。在日記中他承認自己喝酒太多，也有過自我批評，但似乎沒有什麼改變。」[19]

人云知子莫如父，作為兒子的梅祖彥，看來也是頗知父親生活況味的。從梅貽琦日記看，在許多場合梅氏都有喝酒過多且在事後自責的記載。就在此次由昆明飛往重慶與來李莊之前的五月二十三日，梅貽琦日記載：「（晚）六點余至國貨銀行清華校友十六七人之飯約，食時因腹中已餓，未得進食即為主人輪流勸酒，連飲二十杯，而酒質似非甚佳，漸覺暈醉矣。原擬飯後與諸君商量募款事，遂亦未得談。十點左右由寶弟[20]等將扶歸來，頗為愧悔。」

這次在李莊板栗坳董作賓家中，梅貽琦雖沒有暢懷豪飲的「壯舉」，也未當場失態，但從記載看，也多少有些悔意。當離開李莊與鄭天挺、羅常培三人結伴赴成都與重慶考察時期，對朋友招待的各色酒水同樣是來者不拒，且仍有不少醉酒記錄，在不到二十天的短短時間內就有三次。請看梅氏自己的記載：

七月二十五日

6：30至南打金街九十九號赴鄧敬康、王孟甫飯約，在彼晤佩弦、李幼椿、魏、李祕書長等。酒頗好，為主人及朱、李、宋等強飲約二十杯，微有醉意矣。

9：00回寓，蘇永煊來談清華中學事。留苐齋住寓中，在房中加設一床。

八月四日

3：00王錚如（中行專員）來，陪余往朝陽城垣訪劉季陶，季陶適病瘧稍痊，勉強起床。

晤其所中劉鴻萬及康某。德章忽滑倒，傷顴骨，頗重。

晚飯為劉太太留住，並由余送信邀鄭、羅及楊夫婦同來。飯時飲大麴，劉太太興致頗好，但飯後即嘔吐上床，羅亦至院中嘔二次。余初代劉太太打牌一圈，後牌停，在堂屋坐椅上竟睡去，蓋亦有幾分酒意者。

10：30歸寓時誤著王衣，余未覺，而王亦因醉先歸去矣。

八月十一日

5：30至小可食館，主人為王翰仙、鄭穎孫、戴應觀、鄒樹椿，客為余等三人：楊仲子、任東伯、張女士。席間飲大麴，酒杯頗大，五杯之後若不自勝矣，臨行竟嘔吐，主人以滑竿送歸，王君伴行，益感不安也。[21]

上述記載，第一次是梅、鄭、羅三人抵達成都之後，邀請者皆梅氏的故舊與學生，西南聯大的朱自清（佩弦）時正休假被邀往成都講學，因而陪坐在側。梅氏一次痛飲二十杯，可見確是酒場中難得的痛快豪爽之人。當年的英雄好漢武松打虎前在插有「三碗不過岡」招旗的酒店裡，也不過喝了十八碗「透瓶香」，到得岡上就不行了，且喝的還是勁道較小的當地自產的老酒，如果不是遭到猛虎驚嚇和涼風一吹，打個激靈醒了過來，可能連人加哨棒都進入老虎肚中。而梅氏連乾二十杯高度白酒，竟能回寓後還與來客談論事務，可見確是海量，假如不幸路上遇到類似景陽岡上的吊睛白額大蟲，完全可以搏上幾個回合，只是身子骨沒有武松硬朗，後果如何就不好說了。

上述記載的第二次，是在梅氏一行返重慶途中的內江。第三次是已回到重慶沙坪壩青木關經歷的酒局。以後類似酒局仍然不斷，作為一所名牌大學的校長，酒桌上的應酬自是不可避免，只是身體很難扛得住酒精對健康的腐蝕力。一九四五年十月十四日，梅貽琦在日記中又記載道：「上午十時清華評議會，會後聚餐，共十一人……食時飲『羅絲釘』酒甚烈，又連飲過猛，約五六杯後竟醉矣，為人送歸家。以後應力戒，少飲。」兩個星期後的十月二十八日，又有：「上午十時半清華服務社委員會討論結束事項，會後聚餐，為謝諸君努力，飲酒約二十杯。散後大睡……」[22]

據梅祖彥推測：「實際上他（梅貽琦）晚年得的中風病，肯定是和飲酒過多有關。」[23]梅氏博得的善飲美名，最終還是讓他付出了沉重代價。由此引伸出一個生活命題：人的生活習性一旦形成，很難因外力而改變，儘管理智、剛毅堅卓如梅貽琦者，亦不例外，並終因飲酒過度中風倒下。悲夫！

且說梅貽琦在李莊董作賓家中痛飲之後，次日上午，梅、鄭、羅三人到門官田陶孟和的社會科學所訪問。據梅貽琦日記載，這天的天氣是「晴熱，蔚藍天空，片雲絕無，蓋較昨日更熱矣」。

幾人氣喘吁吁趕到社科所，剛在廳堂坐定，外面突然傳來警報聲，梅貽琦問陶孟和：「這裡不斷有警報？」

陶孟和一副滿不在乎的樣子道：「警報是不斷，不過這裡不夠級別，日本人沒有那麼多炸彈來照顧，有數的炸彈都投到重慶、瀘州、宜賓去了。」正說著，外面傳來了「隆隆」的轟炸聲，梅貽琦等三位客人有些驚惶，所內十幾位青年學者紛紛跑到室外向天空和四周觀看，有幾人回到廳內道：「可能是重慶那邊被炸了，這邊聽到的是爆炸的回響。」梅貽琦聽了，忍不住微笑起來，心想這年輕人是不是神經有毛病，重慶爆炸在幾百里外的李莊山坳裡怎能聽得如此清晰？於是在當天的日記明確記載「不信聲音能傳來如此之遠也」。

下午一點半時，警報聲稍歇，所內清華出身的八九人告梅貽琦，要在李莊鎮設宴款待，以表達學生情意。梅氏不好推辭，只得隨之向山下走去。未走多遠，突然又從東方傳來劇烈的轟炸聲，此時陶孟和面色驟變，立即招呼梅貽琦等奔到山坡下一片樹林中躲避。如此躲躲閃閃，直到下午兩點多鐘才到達李莊鎮。只見「街上人甚多，為趕場者，竟都不疏散」，梅貽琦認為如此冒險「實為不妥」。[24]對此種情形，羅常培也感到有些不可思議，但問當地人聽沒聽到轟炸聲，咋不分散躲避時，趕場的鄉民卻若無其事地說：「這是轟炸重慶的回響。」第二天羅常培一對報紙，發現「所記的空襲時間，果然不錯」。[25]看來梅貽琦此前的估計有誤，相隔幾百里有如此大的回響，足見重慶被炸之慘烈。

參加李莊宴會者共十三人，梅、鄭、羅、董、陶等幾位元老為客，年輕的後學，且清一色清華出身的湯象龍、梁方仲、巫寶三、潘嘉林、嚴中平、林興育、桑恆廉、夏鼐（時屬中博籌備處）八人為主。在異地他鄉，師生相見，自是感慨良多、祝福良多，多少往事湧上心頭，恍若隔世又如在眼前。

一九三一年「九一八」事變之後，日本侵華意圖已十分明瞭，國人的危機感越發緊迫。這年十月十四日，國民政府任命梅貽琦為清華大學校長。十二月三日，梅貽琦到職，發表了「所謂大學者，非謂有大樓之謂也，有大師之謂也」的著名演講，同時強調大學教育「一是研究學術；二是造就人才」的辦學至理。[26]對於「九一八」以來的危局，梅貽琦特別提醒師生「中國現在的確是到了緊急關頭，凡是國民一分子，不能不關心的。不過我們要知道救國的方法極多，救國又不是一天的事，我們只要看日本對於圖謀中國的情形，就可以知道了。日本田中的奏策，諸位都看過了，你看他們那種處心積慮，就該知道我們救國事業的困難了。我們現在，只要謹記住國家這種危急的情勢，刻刻不忘救國的重責，各人在自己的地位上，盡自己的力，則若干時期之後，自能達到救國的目的了。我們做教師做學生的，最好最切實的救國方法，就是致力學術，造成有用人才，將來為國家服務」。[27]

梅貽琦的良苦用心在這段文字中已表達盡致，但有些思想另類的學生覺得這個表達並不能代表廣大師生及國人的意志，遂不明事理和不知深淺地向校長請願，要求遷校，並有「愛國有心避難無術」的怪論貼到校內牆上，以蠱惑眾志。時華北情形岌岌可危，表面上寧靜、弦歌不絕的清華園，實際上已動盪不安，人心惶惶。履新未久的梅貽琦認為部分學生的此種要求，是懦弱苟安的軟骨症行為，極為痛心失望，遂振筆疾書，貼出文告，剴切地告誡師生特別是一部分欲偏安江表、苟安圖存者注意：國家的將來依賴青年的努力與作為，「自強不息」是清華的校訓，期勉青年負起時代的神聖責任，不可妄自菲薄。且清華大學是用庚子賠款退還部分成立的，其中含有很沉痛的歷史背景，因此清華學生應對國家更多一份「飲水思源」「自強不息」的責任。梅氏的布告在清華引起了極大震動，那些蠱惑遷校偏安的另類人士，不得不閉上荒唐怪誕的嘴巴。而梅氏的「這篇文告，對於民國二十年以後的同學播下了優良的種子」。[28]

梅貽琦上任的時候，清華學生絕大多數無黨無派，純粹以求學為唯一目的，對政治鬥爭不感興趣。隨著時間推移，少數學生開始有了較為堅定的政治理想和信仰，且有社會上或明或暗的政治派別做後盾，如此一來，便引起清華園的騷動。一九三五年冬，清華學生姚克廣（依林）、蔣南翔、陸璀、黃誠、吳承明等輩，在中共北方局人員林楓、葉小舟、黃敬等人的暗中鼓動下，以抗日為號召，在北平策動了著名的「一二・九」「一二・一六」學生示威遊行，一九三六年又發起了南下擴大宣傳隊等政治活動。幾次活動使大批愛國心切的學生捲了進去，國民黨政府對此十分惱火，多次派憲警到校園抓帶頭煽動學潮的學生，卻又很難捉到。

一九三六年二月二十九日，正是年終大考的第一天，盤踞平津地區的軍閥、時任冀察政務委員會委員長的宋哲元，派出軍隊到清華園清查學生共產黨員。宋本是受南京政府的指令行事，並不太情願做此類出力不討好甚至敗壞名聲的事，再加上清華校長梅貽琦等經常與宋見面交談學潮問題及消融解決辦法，宋哲元懷揣複雜的心情命令進入清華園的一個團，可以攜帶槍枝做威嚇工具，但不得動真格的，最好是徒手將「刺頭」的學生擒拿歸案。該團團長得令，率部攜帶未裝子彈的槍枝進入校園。有消息靈通者得知這一命令並親眼看到官兵們「溫柔」的表現，認為大兵們很傻、很天真，且有點軟弱可欺。於是乎，聚集而來的學生們在幾名學生地下黨的指揮下，一擁而上，將官兵們三拳兩腳打翻在地，繳了槍枝，掀翻了運輸的車輛，團長以下的軍官全部被扣留。越聚越多的學生們群情激昂，對官兵們指手畫腳地開起了批鬥會。幾個激進的學生感覺只開會批鬥並不過癮，索性把幾個當官的用繩子捆住吊在樹上。與此同時，一個由師生組織的護校組織應運而生，這個組織儼然以清華園為堡壘，大有長期與憲警對抗之意，只要發現風吹草動，便在園內小丘鐘亭上敲響警鐘，集合同學，以擴大聲勢。不少有識之士預感到如此鬧騰，必將引起更大的衝突甚至禍端。天快黑的時候，校園的氣氛更加緊張，一幫學生關閉了校門，外文系主任陳福田親自在門口與校警把守大門，嚴陣以待，預防不測。天黑之後，突然有一個師數千人荷槍實彈，並附有大刀隊和部分警察、特工隊伍，由西苑浩浩蕩蕩地開來，關閉的校門被轟然撞開，守衛的陳福田與數名警衛被闖入官兵一頓槍托拍倒在地，爾後用繩子捆了吊在樹上，表示以牙還牙。大兵們喊著號子，潮水一樣向校園深處襲來，黑暗中只聽見跑步的號子聲，撞擊的槍管聲，沙沙的刺刀摩擦聲，整個校園籠罩在一片恐怖之中。那些白天組織圍攻官兵的「刺頭」們，眼見對方來勢凶猛，知道大禍來臨，腦袋急轉彎，丟下一臉茫然、不知如何應對的學生隊伍，一個個鞋底抹油──溜之乎也。多數學生見平時蠱惑鬧騰得最厲害者逃之夭夭，也在一片大呼小叫中四散奔逃。奉命追捕的官兵在黑夜中四處搜尋，先是到學生宿舍查尋，不見幾個人影，最後在新體育館中找到了近千名「避秦」的同學。官兵們將學生們分開，按照名單上的姓名一一查找、核對地下黨和帶頭鬧事者。折騰了大半個晚上，名單上的人一個也沒抓到，只有二十餘名參與者被官兵帶走。

來勢洶洶的軍警特工們撤走了，校園又恢復了往日的模樣，但有二十餘名學生被捕，生死不知，令人無法平靜。天亮之後，昨晚悄悄溜走的幾個帶頭者不知從什麼地方又冒將出來，重登講臺煽動部分學生向校方質問昨晚的名單由誰提供，提供者該當何罪等。議論紛紛中，有人認為名單是教務長潘光旦提供的，便圍聚到辦公樓前堵截潘光旦，欲施以顏色，作為報復性懲罰。

潘光旦早年就讀於清華學校，因跳高傷了一條腿，未得到及時治療成為終生殘疾，成了「獨腿客」，以後走路總是架著拐子，為此很擔心留學問題。一九二二年，潘氏清華學業期滿，到了該放洋的時候，他問代理校長嚴鶴齡：「我一條腿能否出洋？」嚴氏不假思索地說：「不太好吧，美國人會想到我們中國人兩條腿的人不夠多，把一條腿的都送來了！」

潘光旦聽罷這個校長暗含譏諷侮辱的混帳話，沮喪不已又無可奈何。有位教美術的美籍女教員司達（F. S. Starr）得知此情，專門找到嚴校長為潘打抱不平：「他不能出洋，誰該出洋！」[29]

經過一番周折，最後潘光旦總算與其他同學一道赴美國留學。潘氏抵美後，先入達特茅斯學院，一九二四年獲學士學位，同年入哥倫比亞大學研究院，主攻心理學，並獲理學碩士學位。一九二六年歸國，在上海光華大學、復旦大學等校教書，與聞一多、徐志摩、梁實秋、胡適等創辦《新月》雜誌和新月書店，一九三四年回母校清華任教授。當宋哲元的官兵進校搜捕學生時，他正擔任教務長。學生們見潘氏拄著拐杖來到校園，立即進行圍攻，幾名「刺頭」上前把他的拐杖奪過扔到地上，潘只好用一條腿邊站邊跳以保持平衡。後面的學生見狀，甚為得意，大呼小叫地興師問罪。潘光旦頭髮凌亂，卻面帶笑容，在地上來回蹦跳。有一個叫林從敏的學生見此情景，於心不忍，與另一名學生方鉅成上前扶住，將拐杖拾起，架著潘氏向大禮堂走去，後面仍有一群學生不依不饒地高聲喊著討伐口號。走至臺階，只見梅貽琦身穿一件深灰色長袍，從科學館方向慢步走來。梅停留片刻，大體弄明白事情經過，快步來到潘光旦身邊的臺階上站定，面帶慍色，表情嚴肅，眼睛瞪著二三百名學生，有半分鐘未發一言，顯然是盡量抑制胸中的憤怒。夾在人叢中高呼喊打的學生見此情形，頓時閉上了嘴巴，其他學生也靜了下來。

只見梅貽琦往臺階上移了一格，挺起胸膛，對眾人厲聲說道：「你們要打人，就打我好啦！你們如果認為學校把名單交給外面的人，那是由我負責。」[30]

現場的學生頓時被梅貽琦的威嚴姿態和堅硬如鐵的話震住，瞪著眼睛相互望望，縮著脖子，悄無聲息地漸漸散去。許多年後，一直在現場架扶潘光旦的林從敏頗為感慨地回憶道：「我們記得某學長戲作打油詩一首，描述校長說話謙遜含蓄情形：『大概或者也許是，不過我們不敢說，可是學校總以為，恐怕彷彿不見得。』但是在推打潘光旦先生這一天梅師堅定果斷，毫不含糊其辭。這是我們第一次見到梅師表現他在『危機』情況下，當機立斷處事的精神。」[31]

圍攻潘光旦的學生們四散而去，此事並沒有就此了結，名單的事可以不再追究，但二十餘名學生的命運不能不加以探詢。當天上午，梅貽琦召集全校學生講話，以沉痛憐愛的口氣告誡道：「青年人做事要有正確的判斷和考慮，盲從是可悲的。徒憑血氣之勇，是不能擔當大任的。尤其做事要有責任心。昨天早上你們英雄式的演出，將人家派來的長官吊起來。你不講理，人家更可不講理，晚上來勢太大，你們領頭的人不聽學校勸告，出了事情可以規避，我做校長的不能退避的。人家逼著要學生宿舍的名單，我能不給嗎？」[32]停了一下，又說：「我只好很抱歉地給他一份去年的名單，我告訴他們可能名字和住處不太準確。」最後，梅貽琦表示負責保釋所有被捕的學生，以維護學校和學術上的獨立。學生們聽罷，深為感動，皆報以熱烈的掌聲。

三日後，被捕的學生全部放回，一場風波就此消解。

梅貽琦「是一個很現實的人，他雖不從事實際政治，但他對政治上的潮流卻認識得很清楚」。[33]這是李濟對梅貽琦的評價，也是梅氏本人真實的寫照。而如今，在李莊街頭這個異鄉餐館裡就座的，有幾位就是當年參與鬧事的清華學子，當他們從梅貽琦那一直「保持著靜穆的態度」和「不多但能切中要害」的言談中，再次感到了這位「寡言君子」在大是大非面前的政治眼光與坦蕩胸懷，從而對母校清華和包括自己在內的同胞飽受戰亂之苦的困境有了更多理解。在相互告慰與祝福聲中，酒酣耳熱的梅貽琦又向他的弟子們重複了不久前對清華同人說過的幾句話：「在這風雨之秋，清華正好像一隻船，漂流在驚濤駭浪之中，有人正趕上駕駛它的責任，此人必不應退卻，必不應畏縮，只有鼓起勇氣，堅忍前進。雖然此時使人有長夜漫漫之感，但我們相信，不久就要天明風定。到那時，我們把這條船好好開回清華園。到那時，他才能向清華的同仁校友敢告無罪。」[34]

一番話令在座的清華學子熱血沸騰，激情蕩漾，紛紛表示要在這個偏僻小鎮的山坳裡老老實實地待著，不管是平日與牛為伴還是夜晚與狼共舞（南按：此時社會科學所的青年學者仍與牛圈為鄰，晚上時常聽到狼嗥，並有狼竄進院內覓食和吃人之事傳出），總要盡心研究學問，惟如此，方可向清華師友敢告無罪，云云。

宴會在情感交織與慷慨激昂的旋律中結束，此次梅貽琦連飲二十餘杯未顯醉意，仍精神矍鑠，豪氣飛揚。離席後，與鄭、羅二人在陶孟和引領下，步伐輕盈，絲毫沒有拖泥帶水，一如平常地來到李莊鎮內禹王宮同濟大學校本部，拜訪了同大校長周均時，爾後至鎮內羊街六號、八號，分別拜訪了李濟、梁思永等各家，天夕時分方重返郊外板栗坳。幾人剛登上五百級臺階，如漿的汗水尚未擦去，年輕的董同龢夫婦就從一個小山包上奔過來，聲言已在家中設了便宴，專等幾位業師到來品嘗。限於戰時李莊的條件，董、王這對小夫妻只能以精心製作的打滷麵來招待恩師。因中午已喝過白酒，晚上食吃滷麵倒覺得特別舒服，為此，梅貽琦等三人很是滿意。

董同龢乃清華出身，夫人王守京出身名門，其父是中國最早留日歸國學生之一，王本人則畢業於西南聯大，梅、鄭、羅三人皆屬她的師輩人物。董同龢於一九三六年畢業於清華大學中文系，在校時曾任《清華週報》副刊編輯、清華中國文學會主席，師從著名語言學家王力習音韻學。當時唐《切韻》殘本正引起中國語言學者的注意和重視，董同龢抓住這一機遇進行研究，畢業論文就是〈切韻指掌圖的幾個問題〉，其文得到了導師與眾多文科教授的高度稱讚。因了這一成就，走出清華校門的董同龢順利考取了中央研究院史語所研究生，先是給趙元任做助手，並不時地向李方桂、羅常培等名師請教。後從事方言調查，跑遍了大半個中國，特別是西南少數民族地區，收益頗大，引起了語言學界的重視。關於這對夫婦頗為奇特的性格、學識和經歷，石璋如曾有一個簡單的回憶，說的是在昆明時，傅斯年表面看上去威風凜凜，不可一世，

李濟與梁思永等安家的李莊羊街，約建於清同治年間。

同事平時都不愛跟他講話，但是二組（語言組）的董同龢並不怕他，經常與其辯論。傅斯年的身材儼然一龐然大物，體重約二百八十多斤，走起路來像一座小山包在移動。有一次羅家倫笑傅斯年曰：「你這大胖子怎樣能和人打架？」傅頗為自信地答曰：「我以體積乘速度，產生一種偉大的動量，可以壓倒一切。」[35]這便是流傳甚廣的傅氏名言之出處。後來，傅斯年又在南京對他的學生、史語所助理研究員何茲全說：「我就是不怕死。在北大讀書時，在紅樓門口幾十個人打我一個，把我壓在底下，還是傳達室的工友把我拉出，我也不怕。」[36]從前後兩段不同的話語可見，傅斯年所謂的無往不勝和壓倒一切，也是要有前提條件的，否則就只有被人打趴在地並踏上幾隻腳的份兒了。

同世間萬物皆相生相剋的規律一樣，史語所二組的董同龢同樣生得人高馬大，如黑塔一樣聳立於眾人面前，若以「體積乘速度」，產生的爆發力絕不在傅斯年之下，且董氏風華正茂，血氣方剛，比已現頹相的傅氏更具實力，所以初生牛犢的董氏並不畏懼傅氏這隻號稱「壓倒一切」的老虎——當然，二者的比擬並不是真的要拳打腳踢，刺刀見紅，主要體現在平時的學術論戰上。傅斯年雖學問廣博，文史數理皆有精深造詣，號稱練就了前記五百年、後算五百載的妙法神功，但史語所二組有音樂之類專門的學問，且這種學問並不是諸葛亮擺空城計弄的那種吹拉彈唱的小把戲來蒙人的，而是實實在在的「大音希聲，大象無形」式的文化語言藝術，即使諸葛武侯再生，亦不見得盡解其中的玄機奧祕。在這方面，作為專家的董同龢自然要比傅氏懂得更多更精也更廣，故在石璋如所親臨的場合，傅斯年每與董同龢辯論，「在許多時候辯不過董。有時不知為一個什麼問題，二人就開始抬起槓來，史語所的同仁就聚過來圍觀」。[37]傅斯年眼看自己出現力不能支的頹勢，就以「這個董同龢最愛抬槓」為名宣告敗退。

此時，無論是董同龢本人還是圍觀的史語所同人，都不可能想到，這一場場看似激烈而傅氏又往往最後敗北的論爭，實際上暗藏著傅的另一種心機。幾年之後，傅斯年在為董作賓撰寫《殷曆譜》的序言時，才將這玄機奧祕拋露出來。傅氏用心之細微和良苦，也才為大家理解和心生敬意，此是後話，暫且不表。

三、一場特殊的考試

且說梅貽琦等人在李莊鎮內鎮外轉了一圈，江也渡了，山也爬了，酒也喝了，汗也流了。接下來的七月三日，開始對幾位研究生進行考評。

按北大文科研究所的制度，每一個研究生配一位正導師、一位副導師，語言組第一屆研究生研究的範圍和導師為：

馬學良，雲南非漢語研究，導師李方桂、羅常培。

周法高，漢語歷史音韻，導師羅常培、丁聲樹。

劉念和，漢語歷史音韻，導師羅常培、魏建功（未就聘）。

每當研究生答辯時，不論是正副導師，按理都要參加。此時，與其他組的研究生一樣，以上這三位研究生都將出席在板栗坳戲樓院召開的論文答辯會。但身處戰時，受各種條件限制，導師、學生皆被戰爭炮火分割幾地，且有的導師如魏建功等早已與北大文科研究所分道揚鑣，哪裡還有師生齊聚一堂的機會？因而，不但當年鄭天挺在致傅斯年信中相商「北大可每年或每學期，請一位教授隨同前往，俾稍減史語所之麻煩，並負其他事務責任」的事未能落實，即使是在李莊板栗坳進行的這個答辯會，也因缺乏導師與學術委員會人員而變為一種外在形式，比不得在北平時北京大學校園內的氛圍，更無法與該研究所的創辦者胡適當年在美國哥倫比亞大學博士論文答辯時，面對的肅殺情景相提並論了。[38]

可能由於胡適在美國哥倫比亞大學的那段被搞得灰頭土臉、口吐白沫、差點倒地不起的特殊經歷，使他銘記在心，他在自己入主中國學界執掌學位生殺大權的漫長歲月裡，顯得格外寬容和民主，從而令無數後生小子感念不已。據一位叫陶元珍的北大文科研究生回憶：抗戰前的北大文科研究所，常舉行研究報告會，由研究生提出研究報告，所主任及導師加以批評。某次一位姓韓的研究生，提出一篇有關隋唐之際佛學的研究報告，宣讀完畢之後，胡適以研究所主任資格首做批評，言辭謙和卻滔滔不絕，剛說到中途，韓君突然打斷他的話頭說：「胡先生，你別再說下去了，你越說越外行了。」隨即把胡批錯了的地方一一指點出來。胡適立刻停止批評，毫不動氣，請韓姓學生的導師、佛學權威湯用彤對報告繼續加以檢討。當報告會結束時，胡適說：「以後舉行報告，最好事先讓我們知道題目，以便略做準備，免得像我這次對韓君的報告做出錯誤批評啊！」此後胡適並未因此懷恨那位韓姓學生，反而特別重視，為其學習、謀生幫忙多多。幾十年過後，陶元珍不無感慨地說：「他（胡適）的民主風度，應用到學術上，實足獎掖後進的學者，促成學術的進步，與藉口維持師道尊嚴，壓抑後進，僵化學術者，真不可同日而語。」[39]

此時北大文科研究所研究生的論文答辯，儘管鄭、羅二位導師早已知道弟子們各自研究的題目，但也不敢像胡適那樣聽完報告就開始滔滔不絕地大發議論，甚而提出批評，倒是把胡適大度、寬容的方式延續下來。其主要原因在於這批研究生來到李莊後，與昆明相隔千山萬水，鄭、羅二人已是鞭長莫及，只是名譽上的指導教授而已。實際的情況是，李莊的這批學生，除了相互切磋，靠史語所藏書自學，主要依靠史語所幾位大師指導。如羅常培在他的《蒼洱之間》中所言：此時的「馬、劉兩君（馬學良、劉念和）受李方桂、丁梧梓（聲樹）兩先生指導，李君（李孝定）受董彥堂（作賓）先生指導，李、董、丁三位先生對他們都很懇切熱心。據馬君告訴我說，李先生常常因為和他討論撤尼語裡面的問題，竟致忘了吃飯，這真當得起『誨人不倦』四個字。任君（繼愈）研究的題目是『理學探源』，他在這裡雖然沒有指定的導師，可是治學風氣的薰陶，參考圖書的方便，都使他受了很大的益處」。[40]

早在昆明時期，馬學良就曾跟隨李方桂赴雲南路南縣的尾則村做過倮倮語調查研究。師徒二人在路南縣境奔波了一個多月，各掉了十多斤肉，白皙的皮膚也早已變成灰黑色，總算把撤尼語的詞彙記錄下來，並整理出了一個語音系統。遺憾的是，由於經費短缺，時間不足，未能進一步記錄其語法系統。一九四〇年秋冬，馬學良與張琨等研究生，隨李方桂與史語所大隊人馬遷往李莊板栗坳，並繼續在李氏的指導下，整理研究撒尼語資料，同時著手撰寫畢業論文。

此時，鄭天挺和羅常培看到的馬學良論文，就是有關撒尼語的整理研究成果。對於馬生本人及論文的評價，羅常培在他的《蜀道難》一書中做了如下敘述：「三日上午，約馬學良君來，評定他所作的《撒尼倮倮語語法》……李先生對我說，他這篇論文在已經出版的關於倮倮語的著作裡算是頂好的。這雖然含著獎掖後學的意思，但是我看過論文初稿後，也覺得李先生的話不算是十分阿好或過譽。我一方面佩服馬君鑽研的辛勤，一方面更感謝李先生指導的得法。」[41]羅氏的記述，字裡行間透著溫暖和感念的真情，令人讀後久不能忘。

經過一天的忙碌，答辯會結束，對各位研究生提交的論文，鄭、羅二人均感到滿意，除個別地方需要「小修」外，全部通過。整個過程沒有出現當年胡適在哥倫比亞大學論文答辯時叫天天不應，呼地地不靈，「面如死灰」的悲壯場面，師徒雙方皆感欣慰。

七月五日凌晨，李方桂夫婦忽聞外面傳來槍聲，立即驚起，出門察看。只見板栗坳遠山近林籠罩在墨一樣的黑暗中，並無異常動靜。剛要返回室內，槍聲再度傳來，且越來越密集，越來越清晰，似是沿長江邊向板栗坳推移。

「土匪，是土匪，不是搶劫就是火併。」暗夜裡，李方桂輕聲對夫人說。

「要不要喚起梅校長？」李夫人徐櫻悄聲問著，此時梅貽琦就住在李方桂家中的樓上。

「他可能剛睡著，不要喚他，估計沒啥大事。」李方桂回答著，夫人徐櫻不再作聲。

槍聲響了一陣，漸漸稀疏起來，見板栗坳周邊仍沒異常動靜，李氏夫婦方回歸室內。

早上六點鐘，梅貽琦等即起床準備下山，下午在李莊碼頭登船赴宜賓。早餐時，李方桂夫婦問道：「校長，昨夜聽到什麼異常動靜沒有？」

梅貽琦搖搖頭道：「開始熱得睡不著，等睡著的時候就什麼也不知道了。」

當李方桂講述了昨晚外面槍聲大作，並斷定是土匪騷擾作亂時，梅貽琦略作驚奇狀，叮囑道：「看來你們以後要多加小心，我在瀘州和敘永分校時，就聽說川南一帶土匪自抗戰以來，像蝗蟲一樣在川江兩岸竄起了。亂世出盜賊，自古亦然，只是你們別發生意外就好。」梅貽琦斷斷續續地說著，吃罷早餐，離開李家，同鄭、羅二人一道告別了史語所與北大文科研究所諸君，在李方桂夫婦陪同下，往山下走去。

至一山坡，李莊鎮內風物已看得分明，梅貽琦等在一棵大樹下站住向對方辭謝。李氏夫婦戀戀不捨地望著三位師友，各自眼裡含著淚水。握別時，李方桂道：「今日一別，何時再得一見，天南地北，恐遙遙無期矣！」一句話引得夫人徐櫻的淚水「唰」地落下，眾人頓感愴然。梅貽琦在當天的日記中寫道：「亂離之世會聚為

李方桂與徐櫻在清華園合影

難，惜別之意，彼此共之也。」[42]

八點半左右，梅氏一行來到了李莊郊外上壩月亮田中國營造學社租住的院子，看望梁思成夫婦與劉敦楨等研究人員，並藉此告別。

四川氣候潮濕，秋冬時節陰雨連綿，這對在昆明時就一直身體欠佳，曾患有肺病未得到根除的林徽因來說無疑雪上加霜。一九四〇年冬，梁家從昆明趕來時，天氣的陰寒加上路途顛簸勞累，不到一個月，林徽因肺病復發，連續幾個星期高燒四十度。此時李莊隨著民國戰亂，百事凋敝，醫療衛生條件極差。恰逢梁思成為了營造學社的生計問題，已赴重慶向國民政府教育部「乞討」活命與學術研究的經費。當他從信中得知愛妻發病的消息後，向重慶的朋友們借錢，買了些藥品匆忙回趕。儘管心急如焚，從重慶到李莊，也要在水上漂流三天三夜才能抵達。據梁從誡回憶說，當時沒有肺病特效藥物，也不可能進行肺部透視檢查，病人只能吃點於事無補的藥物，憑體力慢慢煎熬。因了這一場病，林徽因臥床不起。儘管在稍好時還奮力持家和協助梁思成做些研究工作，但身體日益衰弱，梁思成的生活擔子因而越發加重。

按照輩分，梅貽琦與梁啟超算是同代人，梁思成夫婦自屬晚輩，但平日相處共事卻沒有隔代之感，故雙方交情頗好。此次梅貽琦等人來李莊，沒有忘記這對可愛的夫婦，此前的六月三十日，幾人曾專程登門看望過梁氏一家，林徽因臥病不能起床，幾人在病室談約半小時便匆匆告辭，為的是「恐其太傷神也」。[43]

此次梅貽琦等三人下山登門「再看梁夫人病」，令梁林夫婦甚為感動，為表示禮節和禮貌，林徽因強撐著發燒的病體，令人將行軍床抬到室外與來客交談。對於當時的情形，梅貽琦在日記中記載道：「大家坐廊下，頗風涼。徽因臥一行床，云前日因起床過勞，又有微燒，諸人勸勿多說話，乃稍久坐。」[44]

當梅貽琦問梁思成近來生活、工作等情況時，梁氏有些傷感地說：「除徽因有病外，由於營造學社經濟窘迫，到重慶政府『化緣』又沒得到幾個錢，大半年來未開展什麼具有開拓意義的工作，也不能組織野外考察，只是貓在這房子裡，整理前兩年在昆明野外考察的資料，同時把抗戰前在山西五臺山佛光寺考察的報告也找了出來，繼續整理。佛光寺的研究報告在長沙和昆明時整理了一大部分，遷李莊時草稿一併帶來，現在正好藉這個缺少經費外出考察的機會加以整理。如這部報告能順利完成，接下去準備寫一部英文的中國建築史方面的著作」云云。[45]

梅貽琦等人聽了，一股憂傷之情瀰漫心頭，不知話題如何說下去。最後，主客雙方又談了一些生活方面的事務，斜躺在帆布床上的林徽因認為李莊缺醫少藥，不利於養病，提出希望自己與中國營造學社同人重返昆明，與西南聯大的朋友住在一起工作、生活。梅貽琦聽罷，以自己所知的醫學知識，深感對方的病情很難在短時間內好轉，恐怕還要在眼前這張帆布床上度過一段漫長歲月，而且由李莊遷昆明，千山萬水又談何容易，故未予回應。

談話在鬱悶與壓抑的氣氛中結束，梅、鄭、羅三人離開營造學社，在李莊羊街六號李濟家中吃過湖北做法的涼麵後至江邊一茶樓飲茶，藉等船來。此時，董作賓、芮逸夫、楊時逢、陶孟和、李濟、梁思成、梁思永等皆來送行。李濟的父親、詞人——李老太爺（郢客）

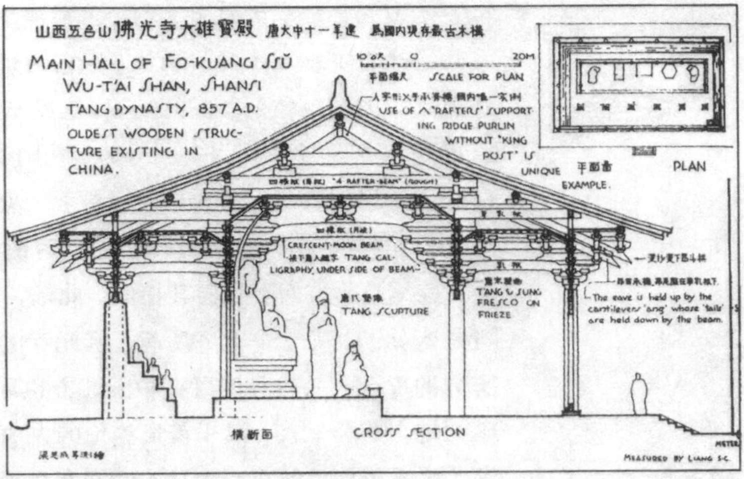

梁思成、林徽因手繪的五臺山佛光寺大雄寶殿測繪圖。

也從家中顫巍巍地走來參加到送行之列，此舉令梅氏甚覺不安。臨別時，李老太爺與梅貽琦握手曰：「江干一別。」梅氏聽罷，一陣酸楚襲上心頭，「言外之意，不禁淒然」。[46]

下午三點鐘，長豐輪自下游開到李莊碼頭，仍以「地漂」（躉船）登輪，梁思成堅持獨自踏「地漂」將梅貽琦一行送到輪上。望著思成瘦弱的身體和因過度勞累而灰黃的臉龐，想起林徽因躺在病床上送自己出門時，那雙透著淚光、令人愛憐的眼睛，梅貽琦不禁生出了「余對此小夫婦更為繫念也」[47]的感慨。在無盡的祝福和感念中，長豐輪載著三位學界鉅子，迎著滾滾的江水向宜賓方向駛去。

注釋

1 國民政府教育部任命北京大學校長蔣夢麟、清華大學校長梅貽琦、南開大學校長張伯苓三人為西南聯大常委，共同主持校務工作。因張年老體弱，又兼任國民參政會副議長職，公務甚忙，無更多精力管理聯大之事。蔣夢麟先在聯大參與主持管理，後常駐重慶，或在國外奔波，再後來到國民政府行政院做官，西南聯大的事務從始至終實際多是梅氏一人主持，因而梅貽琦被學界一直稱為「梅校長」。鑑於此稱已成為習慣上的「事實」，故用之。同時，本文沿襲當時學界的習慣，稱「校長」而不稱「梅常委」。也為對應下文中梅氏的活動與對話場面，避免因名稱交代不清而產生混亂。又，一九四〇年，清華大學歷史系畢業之後考入北京大學文科研究所，師從陳寅恪與鄭天挺就讀的王永興，在許多年後自己成為北大歷史系教授時，對西南聯大的具體情形如此說：「西南聯大在昆明能正常進行教學科研，種種重大問題主要落在清華校長梅貽琦先生與北大祕書長鄭毅生（天挺）先生肩上，毅生先生處理的事務更多。西南聯大的辦學方向與精神，由梅、鄭二位先生決定，西南聯大之所以能培養出眾多傑出人才，固然因為眾多學術水平甚高的教師與學生的努力，亦與西南聯大辦學方向和精神密切相關」（王永興，〈憶北京大學文科研究所〉）。在西南聯大時期，論人數、經費、設備，清華均占壓倒性優勢。而此時主持聯大校務工作的梅貽琦，則必須讓清華不感到吃虧，也讓北大和南開不覺得被清華占了上風。事實證明，梅是這樣做的，且做出了令人敬佩服膺的水平。梅在此等問題上再次顯示了胸懷之「大」，這種「大」就是令他對整個聯大平等看待。因而整個聯大師生一樣看待他，共同尊稱他為梅校長。這亦是本文稱梅氏為校長的又一個原因。

2 陳存恭、陳仲玉、任育德訪問，任育德記錄，《石璋如先生訪問紀錄》（臺北：中央研究院近代史研究所，二〇〇二）。

3 黃延復、王小寧整理，《梅貽琦日記》（一九四一—一九四六）（北京：清華大學出版社，二〇〇一）。

4 同前注。

5 何兆武、馮佐哲，〈憶傅斯年先生二三事〉，收入布占祥、馬亮寬主編，《傅斯年與中國文化》（天津：天津古籍出版社，二〇〇六）。

6 同前注。

7 王玉哲，〈憶鄭毅生師二三事〉，《南開史學》一九八三年一期。

8 〈致胡適〉，收入歐陽哲生主編，《傅斯年全集》卷七（長沙：湖南教育出版社，二〇〇三）。又，傅氏提到的湯公，指湯用彤；莘田，指羅常培；毅生，指鄭天挺；公超，指葉公超；膺中，指羅庸。

9 李敖，《快意恩仇錄》（西寧：青海人民出版社，一九九九）。另據李敖說，李在臺大歷史系讀書時，其父突患腦出血死在家中。由於李氏在喪葬事宜上不按常規出牌，號稱特立獨行，搞得世人議論紛紛，並背上了「不孝」的惡名。據李自言，其中一個好笑的說法是：「李敖把他老子氣死了！」對此，李敖認為散布這種說法的，李濟便是一人。說有一天，李濟向姚從吾說：「聽說李敖跟他父親意見不合，最後把他父親氣死了。」姚從吾說：「這我還是第一次聽說。我知道李敖的父親是我們北大畢業的。北大畢業的學生，思想上比較容忍、開通。李敖的父親若能被李敖氣死，他也不算是北大畢業的了！李敖對他父親的態度如何，我不清楚，但我知道李敖對母親很好，一個對母親很好的人，大概不致對父親不孝吧！」（李敖，《李敖回憶錄》〔北京：中國友誼出版社，二〇〇四〕）

不知李濟是否真的說過李敖氣死他老子之類的話，而其人竟完全相信了姚從吾的一面之詞，從此之後與李濟結下了不共戴天之仇。後來李敖許多攻擊李濟的言論，皆與此事有關。許多人認為李敖不該張口咬人，且咬到李濟身上，卻不知這世間沒有無緣無故的愛，也沒有無緣無故的恨，李敖對李濟之恨，其始作俑者，則是這位河南農民出身「外似忠厚，實多忌猜」且「愚而詐」的臺大歷史系教授姚從吾也。

10 鄭克晟，〈中研院史語所與北大文科研究所——兼憶傅斯年、鄭天挺先生〉，收入布占祥、馬亮寬主編，《傅斯年與中國文化》（天津：天津古籍出版社，二〇〇六）。

11 周法高，〈記昆明北大文科研究所〉，《傳記文學》四二卷一期、二期（一九八三年一月、二月），轉引自王世儒、聞笛編，《我與北大：「老北大」話北大》，北京：北京大學出版社，一九九八）。

12 李濟，〈我的記憶中的梅月涵先生〉，收入李光謨編，《李濟與清華》（北京：清華大學出版社，一九九四）。

13 李約瑟（Joseph Needham）、李大斐（Dorothy Needham）編著，余廷明等譯，《李約瑟遊記》（貴陽：貴州人民出版社，一九九一）。

14 清華學校是宣統三年（辛亥〔一九一一〕）成立的，美國退錢是在宣統元年就開始了，所以在學校正式成立之前，遊美學務處先派出了三批留美學生。分別是：

一，宣統元年（己酉，一九〇九年）八月，四十七人；

二，宣統二年（庚戌，一九一〇年）七月，七十人；

三，宣統三年（辛亥，一九一一年）七月，六十三人。

在第一批留美學生中，「有一個瘦瘦的長著雷公嘴的人物，就是梅貽琦」（〈梅校長月涵博士七秩年譜紀要及其與清華有關事蹟〉，《清華學報》新二卷一期〔一九六〇年五月〕）。第二批便是胡適、趙元任、張彭春等人。

關於胡適參加留美考試與錄取經過，胡氏曾有一段回憶：「那一年（庚戌，一九一〇年）是考試留美賠款官費的第二年。聽說，考試取了備取的還有留在清華學校的希望。我決定關起門來預備去應考試……留美考試分兩場，第一場考國文英文，及格者才許考第二場的各種科學。國文試題為〈不以規矩不能成方圓說〉，我想這個題目不容易發揮，又因我平日喜歡看雜書，就作了一篇亂談考據的短文，開卷就說：『矩之作也，不可考矣。規之作也，其在周之末世乎？』下文我說《周髀算經》作圓之法足證其時尚不知道用規作圓；又孔子說『不逾矩』，而不並舉規矩，至墨子、孟子始以規矩並用，足證規之晚出。這完全是一時異想天開的考據，不料那時看卷子的先生也有考據癖，大賞識這篇短文，批了一百分。英文考了六十分，頭場平均八十分，取了第十名。第二場考的各種科學，如西洋史，如動物學，如物理學，都是我臨時抱佛腳預備起來的，所以考得很不得意。幸虧頭場的分數占了大便宜，所以第二場我還考了個第五十五名。取送出洋的共七十名，我很挨近榜尾了」（胡適，《四十自述》〔合肥：安徽教育出版社，一九九九〕，頁八三—八四）。

其實，這次考試胡適並沒有達到各學校通常劃定的及格線，平均分數僅得五十九分。既然要湊足七十人，招收的方式自然就是矬子裡拔將軍，這就決定了招考方顧不得投考者是打虎的武松，還是武松的兄長——賣燒餅的武大郎了。但無論如何，像歷史上所有真正的招考一樣，在放榜之前，考生們的心情總是懷揣一隻小兔，恍恍然，怦怦然，坐立不安。尤其像自我感覺並不好的胡適就更是如此。許多年後，胡適回憶道：「那一天，有人來說，放榜了。我坐了人力車去看榜，到史家胡同時，天已黑了。我拿了車上的燈，從榜尾倒看上去（因為我自信我考得很不好），看完了一張榜，沒有我的名字，我很失望。看過頭上，才知道那一張是『備取』的榜」（胡適，〈回想明復〉，《科學》一三卷六期〔一九二八〕）。

胡適的聰明此時顯露無遺，一般人看榜是從上往下看，他卻來個反其道而行之，倒著看。當時自我感覺或實際情況考得比他差的大有人在，恐怕不見得都有自知之明和如此做法。當得知剛才所看的並不是「正榜」時，胡適如同從跌落的深坑又突然望見了暗夜中跳躍的鬼火，惶恐中揣著一顆忐忑不安的心，抬起衣袖擦了一把額頭上的汗水，看到了另一張榜。榜文如下：

第二次考取庚子賠款留學美國學生榜（宣統二年）					
名次	姓名	年歲	籍貫	學堂	平均分數
1	楊錫仁	十八	江蘇震澤	上海南洋中學	79
2	趙元任	十九	江蘇陽湖	江南高等	76
…	…	…	…	…	…
53	過憲先	十九	江蘇金匱	上海高等實業	59
54	鄺翼堃	十九	廣東番禺	約翰書院	59
55	胡適	十九	安徽績溪	中國新公學	59
56	許先甲	二十	貴州貴築	四川高等	58
57	胡達	十九	江蘇無錫	高等商業	58
58	施瑩	二十	江蘇吳縣	上海高等實業	57
59	李平	二十	江蘇無錫	江蘇高等	57
60	計大雄	十九	江蘇南匯	高等實業	57
61	周開基	十九	江蘇吳縣	上海南洋中學	56
62	陸元昌	十九	江蘇陽湖	上海高等實業	56
63	周銘	十九	江蘇泰興	上海高等實業	55
64	莊俊	十九	江蘇上海	唐山路礦	55
65	馬仙嶠	十八	直隸開州	保定高等	53
66	易鼎新	二十	湖南醴陵	京師財政	53
67	周仁	十九	江蘇江寧	江南高等	51
68	何斌	二十	江蘇嘉定	定浙江育英高等	51
69	李錫之	十九	安徽合肥	安徽高等	50
70	張寶華	二十	浙江平湖	美國加厘福宜大學	50

胡適在回憶中繼續說道：「我再拿燈照讀那『正取』的榜，仍是倒讀上去。看到我的名字！仔細一看，卻是『胡達』，不是『胡適』。我再看上去，相隔很近，便是我的名字了。我抽了一口氣，放下燈，仍坐原車回去了，心裡卻想著，那個胡達不知道是誰，幾乎害我空高興一場！」（引文同上）至此，胡適懸著的一顆心才算砰然落地。

後來方知，那個胡達便是胡明復。胡適回憶說：「後來我和他和（胡）憲生都到康南耳大學，中國同學見了我們的姓名，總以為胡達胡適是兄弟，卻不知道憲生和他是堂兄弟，我和他卻全無親屬關係」（〈回想明復〉）。胡適所說的胡達，共三兄弟，即胡敦復、胡明復、胡剛復。胡達後轉哈佛大學，獲博士學位，是中國科學社發起人之一。回國後任大同、交通、東南等大學教授。在東南大學時與吳宓等一群重量級「海龜」同事，並與這些同事共同開創了東南大學最為鼎盛的局面。一九二七年夏季休假回鄉，為避暑到一個偏僻池塘游泳，用的是狗刨式。遊到中途不幸其小腿肚子轉了筋兒，不能繼續蹬踹，乃緊急呼救。時值正午，鄉民們正在家中睡覺午休，其聲不聞。只有附近一個八十多歲的老嫗聞訊，拄著拐杖，全身打著哆嗦趕到水塘邊探個虛實。只見胡達在池中呈旱鴨子狀嗚嗚哀叫著不住點頭喝水和吐水，情形甚急，性命甚憂，那老嫗卻只能望塘興歎而不能下塘救人。胡達撲騰了一陣後，終於氣盡力絕，沒水淹死，年僅三十七歲。

與胡明復（後改名胡達）頗為相似的是，胡適的名字也是留洋前才改的。胡在回憶中說：「我在學校裡用胡洪騂的名字，這回北上應考，我怕考不取為朋友學生所笑，所以臨時改用胡適的名字。從此以後，我就叫胡適了」（《四十自述》，頁八四）。此又見出胡氏之聰明。至於是大聰明還是小聰明，或者是否聰明反被聰明誤等，只能另當別論了。

15　李濟，〈我的記憶中的梅月涵先生〉，收入李光謨編，《李濟與清華》（北京：清華大學出版社，一九九四）。

16　黃延復、王小寧整理，《梅貽琦日記》（一九四一—一九四六）（北京：清華大學出版社，二〇〇一）。

17　李濟，〈我的記憶中的梅月涵先生〉，收入李光謨編，《李濟與清華》（北京：清華大學出版社，一九九四）。

18　孫觀漢，〈清華和酒〉，收入黃延復主編，陳岱孫、尚傳道審訂，《梅貽琦先生紀念集》（長春：吉林文史出版社，一九九五）。

19 梅祖彥，〈寫在本書出版前的幾句話〉，收入黃延復、王小寧整理，《梅貽琦日記》（一九四一－一九四六）（北京：清華大學出版社，二〇〇一）。

20 寶弟，即梅貽寶，梅貽琦之幼弟，燕京大學教授，時由蘭州專程來渝與梅貽琦會晤。

21 黃延復、王小寧整理，《梅貽琦日記》（一九四一－一九四六）（北京：清華大學出版社，二〇〇一）。

22 同前注。

23 梅祖彥，〈寫在本書出版前的幾句話〉，收入黃延復、王小寧整理，《梅貽琦日記》（一九四一－一九四六）（北京：清華大學出版社，二〇〇一）。

24 黃延復、王小寧整理，《梅貽琦日記》（一九四一－一九四六）（北京：清華大學出版社，二〇〇一）。

25 羅常培，《蜀道難》（瀋陽：遼寧教育出版社，二〇〇〇）。

26 《國立清華大學校刊》三四一號（一九三一年十二月四日）。關於梅貽琦這句名言的歷史背景如下：

一九二八年八月，蔣介石率領的北伐軍把奉系軍閥趕出北平後，國民政府把清華學校正式改為國立清華大學。五四運動學生領袖之一羅家倫在北伐軍總司令蔣介石的親自支持下，出任清華大學首任校長。楊振聲為教務長，馮友蘭為祕書長。羅到任後，推行了擴充學額、添招女生、興建館舍等一系列措施，表面看起來搞得頗為紅火。可惜好景不長，一九三〇年五月二十二日，在各種壓力下羅被迫辭職離校。關於羅氏在清華的是非功過以及離校的原因，時任清華理學院院長的葉企孫有幾句評論：「羅確有缺點，但在那時的政治形勢下，清華只有接受羅為校長。梅貽琦、趙元任和我等都是這種看法。那時，還有別人在謀做清華校長，他們還不如羅。」又說：「羅家倫對於清華大學的發展是有功的。但是他也有缺點。羅在學問上根柢不切實，又好大言，以致為教師們和學生們所輕視。一九三〇年春，教授會和學生會都表示了對羅不滿意的意見，羅不得不辭職離校」（虞昊、黃延復，《中國科技的基石：葉企孫和科學大師們》（上海：復旦大學出版社，二〇〇〇）。下同）。羅辭職時，他的計畫大都開始實施，有的半途而止，有的已初見成效，大部分被他的後任梅貽琦校長出色地完成了。

羅家倫辭職後，清華校務會議推舉理學院院長葉企孫代理校務會議主席，兼代理清華校長職務。未久，山西軍閥閻錫山的勢力擴展到北平，藉此機會，有一山西人名喬萬選者，通過山西省政府祕書長謀到了清華校長一職。喬為清華一九一九級畢業生，留美後專習法律，回國後曾做過律師、法官等職業，其學問、人品皆不能令天下士林服膺，更不能令清華師生滿意。結果喬一到清華，即被聞訊而來的學生拒之大門之外，連校長的椅子都沒能摸一摸就灰溜溜地掉頭走了。據當時的北平衛戍司令、山西人楚溪春對代理校務的葉企孫說：「從山西來北平的許多閻的部下並不贊成喬這樣草率到任，曾勸告他不要這樣做，而喬不聽，以致被拒。」楚氏還表示，衛戍司令部絕不以軍警支持喬到校，全校師生員工因而都放心了。

葉企孫代理校務至八月底，九月中旬即照原計畫休假一年，赴德國進行學術研究。一九三一年春，由於CC派頭目陳立夫的關係，吳南軒被派為清華大學校長。吳曾在美國一個極為普通的大學裡學習過教育，無論是學問還是見解都與羅家倫相差一大段距離，到校後遭到了教授會和師生的強烈反對，被迫離校。接下來在教育部次長錢昌照的支持下，翁文灝受請出面代理清華校長，翁應允就職。這年的九月十二日，清華結束暑假開學，舉行全校大會，翁文灝講完話後，表示自己因事務繁雜，不再主持校務，代理校長一職仍由三天前從德國歸來的葉企孫擔任。

據說，在吳南軒要求辭職後，南京政府教育部曾請趙元任出任清華大學校長，但趙卻推薦了當時在美的清華留學生監督梅貽琦，梅氏推託不過，只得由美返國就任。國民政府遂命趙元任赴美接替梅職，趙當了一年多的留美學生監督後返國重回史語所工作（李方桂著，王啟龍、鄧小詠譯，李林德校訂，《李方桂先生口述史》（北京：清華大學出版社，二○○三））。

也有另一種說法，即一九三○年中原大戰期間，清華大學因校長人選引發學潮。戰爭結束後，清華師生希望在周貽春、趙元任和胡適中挑選一位出任校長，但政府卻以趙元任「『非辦事人才，胡適議論乖謬，礙難予以任命』，而周貽春又堅辭不就」為理由，否決了師生的意見（蘇雲峰，《抗戰前的清華大學一九二八－一九三七：近代中國高等教育研究》（臺北：中央研究院近代史研究所，二○○○），頁五五）。一九三一年三月，清華大學派三位學生代表赴南京請願，蔣介石在接見學生代表時表示：「政府非不欲容納學生意見，但先徵周貽春未得同意，胡適係反黨，不能派。」消息見報後，胡適在日記中只寫下這樣一句話：「今天報載蔣介石給了我一個頭銜」（《胡適日記全編》卷六，頁九八）。當時胡適正和蔣介石政權鬧彆扭（一九二九年，胡在《新月》上發表〈人權與約法〉、〈我們什麼時候才可以有憲法〉等文，上海市特別黨部呈請將胡適撤職查辦，國民政府教育部發布對胡適的警告令），所以蔣對胡沒有好感。而向來與國民黨沒有瓜葛的趙元任自然也不在蔣介石圈選的範圍之內。

另據時任南京教育部長的李書華回憶：「民國十九年冬，我當著教育部長，那時清華大學羅志希先生堅決求去，梅先生在美國任清華留學生監督，我去電請其回國掌管清華校務，他最後終於同意了，任職一直到現在。清華有今日的成績和地位，他當然盡了不少的力，這是我在教育部長任上最滿意的一件事」（《清華校友通訊》六六卷九期〔一九四〇年九月〕）。由此可見，當時的國民政府從一開始就準備推選梅貽琦的可能性較大。梅貽琦以獨特的人格魅力被時人稱為「寡言君子」。正如清華早期著名的體育教員馬約翰對梅貽琦的評價：「他有他的人格……真君子 Real Gentleman 的精神。梅先生不但是一個真君子，而且是一個中西合璧的真君子，他一切的舉措態度，是具備中西人的優美部分。」就當時的情形論，由梅出任清華校長，可謂眾望所歸。

梅受命返國後，於一九三一年十二月三日到職視事。到校當天，即在全校大會上發表了著名的就職演說：「本人能夠回到清華，當然是極其愉快的事。可是想到責任之重大，誠恐不能勝任，所以一再請辭，無奈政府不能邀准，而且本人又與清華有十餘年的關係，又享受到清華留學的利益，則為清華服務乃是應盡的義務，所以只得勉力去做，但求能夠盡自己的心力，為清華謀相當的發展，將來可能無罪於清華足矣。」同時梅貽琦宣布了自己的施政方針。略有如下幾條：

一、辦大學的目的。「辦學校，特別是辦大學，應有兩種目的：一是研究學術；二是造就人才。清華的經濟和環境，很可以實現這兩種目的，所以要向這方面努力。」

二、大學者，有大師之謂也。「一個大學之所以為大學，全在於有沒有好教授。孟子說『所謂故國者，非謂有喬木之謂也，有世臣之謂也』。我現在可以仿照說，『所謂大學者，非謂有大樓之謂也，有大師之謂也』。我們的知識，固賴於教授的教導指點，就是我們的精神修養，亦全賴有教授的 inspiration。」

三、既要造就人才，更要（合理）利用人才，避免人才浪費。「……就拿清華說罷，清華的舊同學，其中有很多人才，而且還有不少傑出的人才，但是回國之後，很少能夠適當利用的，多半是用非所學，甚且有學而不用的……我們今後對本校的畢業生，應該在這方面多加注意。」

四、保持良好校風。「清華向來有一種簡樸好學的風氣，這種良好的校風，我希望今後仍然保持。」一位清華的老校友在紀念梅貽琦的文章中稱：「母校以『自強不息，厚德載物』八字為校訓。歷屆畢業同學，凡是請梅先生題紀念冊的，梅先生輒書此兩語為勉。梅先生一生行誼，也正可以這兩句來說明。」

五、合理使用經費。「清華的經濟，在國內總算是特別的好，特別幸運。但如果和國外相比，還相差甚遠。」「我們對於經濟問題，有兩個方針，就是基金的增加和保存。我們總希望清華的基金能夠日漸增多，並且十分安全，不致動搖清華的前途。然而我們對於目前的必需也不能因為求基金的增加而忽視，應當用的，我們也還得要用。不過用的時候總要力求撙節罷了。」

六、時刻不忘救國的責任。「最後我不能不談一談國事，中國現在的確是到了緊急關頭，凡是國民一分子，不能不關心的。不過我們要知道救國的方法極多，救國又不是一天的事，我們只要看日本對於圖謀中國的情形，就可以知道了。日本田中的奏策，諸位都看過了，你看他們那種處心積慮的處在，就該知道我們救國事業的困難了。我們現在，只要謹記住國家這種危急的情勢，刻刻不忘了救國的重責，各人在自己的地位上，盡自己的力，則若干時期之後，自能達到救國的目的了。我們做教師做學生的，最好最切實的救國方法，就是致力學術，造成有用人才，將來為國家服務」（《國立清華大學校刊》三四一號〔一九三一年十二月四日〕）。

以上六條施政方針，對清華後來的發展，具有奠基和示範作用。特別是「所謂大學者，非謂有大樓之謂也，有大師之謂也」之句，被稱為至理名言廣為流傳。據北大教授、中國教育史家陳平原說：「我相信，當他說這句話的時候，腦海裡浮現出來的，很可能是早年主持清華國學院院務會議時，和梁啟超、王國維、陳寅恪等人的交往。正是這一因緣使他深有感受：辦大學，關鍵是要有學術專精且聲名顯赫的教授」（胡顯章、曹莉主編，《大學理念與人文精神》〔北京：清華大學出版社，二〇〇六〕）。

梅貽琦對於這些基本思想終生奉行不渝，而且隨著實踐的不斷深入而加以充實、完善。梅本人從來沒有被稱為

「大師」，但在他的任內，卻為清華請來了眾多的大師，並為後世培養出了眾多的大師，並在短短的五六年間，使清華創造了一個舉世矚目的「黃金時代」。而他的教育思想也在風雨的磨礪中漸趨大成，在遍布世界的清華校友心目中，提到梅貽琦就意味著清華，提到清華也就意味著梅貽琦。梅氏本人作為中國最有聲望和成功的教育家之一，被譽為「清華之父」和清華「永遠的校長」，而後來的校長無一人可與之匹敵。

27 同前注。

28 徐賢修，〈懷念梅校長〉，原載《傳記文學》四〇卷六期；轉引自黃延復主編，陳岱孫、尚傳道審訂，《梅貽琦先生紀念集》（長春：吉林文史出版社，一九九五）。

29 鄧雲鄉，《文化古城舊事》（北京：中華書局，一九九五），頁二三二。

30 林從敏，〈追憶校長梅貽琦先生〉，《梅貽琦先生紀念集》，收入黃延復主編，陳岱孫、尚傳道審訂，《梅貽琦先生紀念集》（長春：吉林文史出版社，一九九五）。

31 同前注。

32 徐賢修，〈懷念梅校長〉，原載《傳記文學》四〇卷六期；轉引自黃延復主編，陳岱孫、尚傳道審訂，《梅貽琦先生紀念集》（長春：吉林文史出版社，一九九五）。

33 李濟，〈我的記憶中的梅月涵先生〉，收入李光謨編，《李濟與清華》（北京：清華大學出版社，一九九四）。

34 梅祖彥，〈天南地北坐春風——懷念先父梅貽琦校長〉，收入宗璞、熊秉明主編，楊振寧等著，侯宇燕選編，《永遠的清華園：清華子弟眼中的父輩》（北京：北京出版社，二〇〇〇）。

35 王為松編，《傅斯年印象．編選小序》（上海：學林出版社，一九九七）。

36 何茲全，〈憶傅孟真師〉，《傳記文學》六〇卷二期（一九九二年二月）。

37 陳存恭、陳仲玉、任育德訪問，任育德記錄，《石璋如先生訪問紀錄》（臺北：中央研究院近代史研究所，二〇〇二）。

38 胡適自一九一七年離開哥倫比亞大學返國後，他的博士帽子問題就引起學界與坊間關注，但內在的懸疑直到今日仍未搞清。隨著新世紀的到來，這一問題又成為研究者疑惑、考據、爭論的熱點。

一九一九年二月，胡適的《中國哲學史大綱》上卷，由蔡元培推薦，商務印書館出版，封面署名「胡適博士著」，蔡元培親自為之作序。蔡氏在序中說胡適是著名的績溪大學問家「三胡」的後代，並云：「適之先生生於世傳『漢學』的績溪胡氏，稟有『漢學』的遺傳性；雖自幼進新式的學校，還能自修『漢學』，至今不輟；又在美國留學的時候兼治文學哲學，於西洋哲學史是很有心得的。所以編中國古代哲學史的難處，一到先生手裡，就比較的容易多了。」

後世有一種說法認為，蔡元培明知道胡適沒有拿到博士學位，且不是績溪大學問家「三胡」的後代，但在《大綱》中有意加上「博士」二字，以抬高胡適的身價。而在序中有意移花接木向「三胡」靠攏，為的是彰顯其具有深厚的家學淵源。所有這一切，目的只有一個，就是為了震懾當時北大氣焰囂張的保守派和反對派。亦有人認為，當時的蔡元培對胡適這路英雄的家底並不熟悉，關於「博士」與「三胡」問題，是受胡適巧妙的矇騙而稀里糊塗地落入圈套的。也就是說「蔡氏固不明胡氏的底細，而胡適明知而照登在書前，直到後來有了『安全感』後，才說（自己）原非出自漢學世家的績溪胡氏」（汪榮祖，〈胡適歷程的曲直〉，《讀書》二〇〇五年二期）。到底哪種說法更具歷史的真實，還有待研究者進一步考證。不過有一點是肯定的，即胡適於一九一七年離開哥倫比亞大學時並沒有戴上博士帽子，而是光著頭，空甩著十個手指頭歸國的，直到十年後的一九二七年才獲得博士學位。有爭論的是，胡氏為何畢業十年才得以戴上他夢寐以求的那頂博士帽子，其中的奧祕何在？

金岳霖晚年曾寫過一小段關於胡適的回憶文章，叫作〈胡適，我不大懂他〉，其中涉及胡氏畢業論文事，金說：「在國外留學，寫中國題目論文的始作俑者很可能是胡適。他寫的博士論文好像是〈在中國的邏輯發展史〉。在論文考試中，學校還請了一位懂中國歷史的、不屬於哲學系的學者參加。這位學者碰巧是懂天文的，他問胡適：『中國歷史記載是在什麼時候開始準確的？』胡適答不出來。那位考官先生說：『《詩經》上的記載「十月之交，率日辛卯，日有食之」，是正確的記載，從天文學上已經得到了證實。』這個情節是我聽來的，不是胡適告訴我的。雖然如此，我認為很可能是真的」（金岳霖學術基金會學術委員會編，劉培育主編，《金岳霖的回憶與回憶金岳霖》（成都：四川教育出版社，一九九五））。老金說這話的時候已是新中國成立後的若干年，當年老成持重的金岳霖已變成了老金頭，記憶力明顯衰退，回憶起往事也就免不了有一些失誤。其實，胡適的論文題目是〈中國古代哲學方法之進化史〉，一九二二年由上海亞東圖書館以英文刊行，底稿的中文本標題是《先秦名學史》。一九八三年上海學林出版社以《先秦名學史》書名出版了中譯本。

金岳霖對胡適的學問向來有輕視意味，蔡元培說胡適「舊學邃密，新知深沉」，而金氏卻說胡「舊學不過乾嘉，新學止於赫胥黎」（余世存，〈非常道〉），又說「西洋哲學與名學又非胡先生之所長」（馮友蘭，《中國哲學史》審查報告二）等。從老金表示對胡適不太懂的文章中還曾舉過幾個小事例，其中一個說：「這位先生我確實不懂。我認識他很早的時候，有一天他來找我，具體的事忘了。我們談到necessary時，他說：『根本就沒有什麼必需的或必然的事要做。』我說：『這才怪，有事實上的必然，有心理上的必然，有理論上的必然……』我確實認為他一定有毛病。他是搞哲學的呀！」又說：「還有一次，是在我寫了那篇〈論手術論〉之後。談到我的文章，他說他不懂抽象的東西。這也是怪事。他是哲學史教授呀！」（《金岳霖的回憶與回憶金岳霖》）

通過這些小事例，看出金岳霖對胡適這位哲學博士的疑義，同時也隱約透出金氏懷疑胡適當年在博士學位考試中沒有合格的信息。這個信息得到了海內外學術界見仁見智不同的評述，相信者有之，否定者亦不乏其人。早年畢業於中央大學，曾任教於哥倫比亞大學的美籍華人，著名史家唐德剛就曾明確指出：「金岳霖先生說：『西洋哲學與名學又非胡先生所長！』這就很明顯的是一種『文人相輕』的心理在作祟。」「但是在中國哲學界裡像金氏這種能夠和胡氏『相輕』一下的『文人』也實在不多啊！在文學、史學、宗教……等各行各業，其情形亦復如是。相輕者既鮮，剩下如我輩的芸芸眾生就只有『愛而且慕』了。這也該是『我的朋友胡適之』所以能為舉國上下一致接受的主要原因吧！」又說：「加以胡氏氣味好，有所為，有所不為；深知自重，因而縱使『批胡』『搞胡禍』的專家們也斷難信口雌黃，罵胡適之『無聊』『無恥』『無行』。他們如果以三『無』中的任何一『無』來加諸胡適，也就會『不得人心』了。無聊、無行乃至無恥之人，在今日世界裡，真是滔滔皆是！但是，憑良心，不是胡適！」（唐德剛，〈「我的朋友」的朋友〉，《胡適雜憶》〔桂林：廣西師範大學出版社，二〇〇五〕）

為此，唐德剛給胡適當年的博士問題辯誣，專門用功費力做了仔細精密的考證。按唐的說法，胡適時代的哥倫比亞大學文科博士學位研讀過程是：研究生修畢規定學分之後（胡氏在康乃爾研究院的學分，哥大是承認一部分的），還要考過一道筆試、一道口試、一門歐洲語。門門及格，這樣才算是「博士候選人」。既為候選人便可選擇題目，撰寫「博士論文」了。論文完畢，再來一道「防衛口試」。防衛口試是最後一道關，也是最容易的一道關。但是儘管比較容易，考後仍有三種，通稱「三欄」或「三柱」的不同結果。其分別如後：

第一柱，「小修通過」。「通過」之後，由主任論文導師監督，「小」事「修」改就成了。

第二柱，「大修通過」。「通過」之後，要另組考試委員會監督「大」加「修」改。這是件極麻煩的事。論文「大修」之後，還要回校參加「補考」。

第三柱，「不通過」。十年之功，廢於一旦，不許補考，博士告吹。

還有，哥大當年博士論文一定要出版成書，繳入大學一百本（今日用縮微膠片），才算有正式學位。所以不論你考得大修、小修，至少要一年半載以後才能算真博士。加以那時美國出版太貴，中國學生論文頗多帶回上海交商務印書館一類的出版商代印，然後以一百本寄回哥大，才算大功告成。所以那時的中國留學生在美國，不管考得哪一「柱」，甚至沒有考，一旦回國，都迫不及待地以「博士」自居了。所以那位疑胡派詩人張子英先生說的「哥倫比亞讀未終，先把博士使用」，那時幾乎個個博士都如此。張詩人如把他〈西江月〉裡的「先」字改成「都」字就更貼切了。不過有的「先用」一年半載，有的三年五載乃至十載。「先用」一輩子的也不是沒有。

夏（志清）、富（路得）二教授認為胡公先用了十年，別無他因，只是「論文緩交了」就是了……夏、富二先生都「有疑處不疑」地認為他考得第一柱——小修通過。如此，則胡氏的論文便立刻可以在上海出版，一九一七年底便可拿得哲學博士學位了（哥大博士學位是論文隨繳隨拿，不以學期為限），何必等到一九二二年杜威離華之次年始付印，一九二七年親返紐約始拿學位呢?!

事實上，胡氏在一九一七年口試上所遭遇的困難略同於後來的「二柱」。考入第二柱在普通情況之下，便非返校補考不可了。那時中美之間又無噴氣客機，返校補考，談何容易！所以他就只有「拖」之一途了，一拖就是十年！

杜威來華講學歸國後，以杜氏當年在哥大的地位，配合胡氏本身在中國和國際間的聲望，從大修改小修，自然就沒有補考之必要了。如果杜威遺札尚存，哥大記錄猶在，「胡適學位問題」的官司也就不必再打了（胡適口述，唐德剛譯註，《胡適口述自傳》〔上海：華東師範大學出版社，一九九三〕）。唐德剛之說遭到了胡頌平、余英時等人的反對與責難，胡頌平在《胡適之先生年譜長編初稿》的「編者按」中引述了唐德剛在《胡適雜憶》（臺北：傳記文學出版社，一九七九）中的一段記述。唐說：「胡氏在哥大研究院一共唯讀了兩年（一九一五—一九一七年）。兩年時間連博士學位研讀過程中的『規定住校年限』（requiredresidence）都嫌不足，更談不到通過一層層的考試了……所以胡適兩年時間讀完是不可能的。」對此，胡頌平為胡適辯護說：「照《胡適雜憶》的話，似哥大不應授予胡先生博士學位的。但哥大授予胡先生博士學位乃是事實，若非唐君推斷有錯誤，則是哥大辦理博士學位授予的人有錯誤。」

按史家余英時的說法，「胡適的『博士學位問題』全無問題，除了因『論文緩交』延遲了十年之外，別無其他可疑之處」。也就是夏志清所說的，只是「手續未完」而已。為證明這一說法，余英時根據胡適日記、往來書信與《口述自傳》等材料，列舉了幾項與此相關的事例加以論述，認為胡適在康乃爾大學的最後兩年已修夠了哲學史和哲學課程，所以加上哥倫比亞的兩年，讀博士學位的時間一共是四年，「有了這樣充分的準備，胡適兩年內在哥大完成『哲學博士學位的一切必需課程和作業』便絲毫不必詫異了」（余英時，《重尋胡適歷程》〔桂林：廣西師範大學出版社，二〇〇四〕。下同）。

余氏還指出，在已出版的《胡適秘藏書信選》續篇（臺北：遠景出版公司，一九八二）中，有一封一九一九年九月七日朱經農給胡適的信，文曰：「今有一件無味的事體不得不告訴你。近來一班與足下素不相識的留美學生聽了一位與足下『昔為好友，今為讎仇』的先生的胡說，大有『一犬吠形，百犬吠聲』的神氣，說『老胡冒充博士』，說『老胡口試沒有pass』，『老胡這樣那樣』。我想『博士』不『博士』本沒有關係，只是『冒充』兩字絕不能承受的。我本不應該把這無聊的話傳給你聽，使你心中不快。但因『明槍易躲，暗箭難防』，這種謠言甚為可惡，所以直言奉告，我兄也應設法『自衛』才是。凡是足下的朋友，自然無人相信這種說法。但是足下的朋友不多，現在『口眾我寡』，辯不勝辯，只有請你把論文趕緊印出，謠言就沒有傳布的方法了。」

據史家余英時考證，這「昔日好友，今日讎仇」乃指與胡適同在美國留學的梅光迪。這是當年「謠言」的策源地，但朱經農顯然知道問題的癥結在於胡適的博士論文沒有印出來。一九二〇年八月九日，朱經農在致胡適函中附注說：「又，你的博士論文應當設法刊布，此間對於這件事，鬧的謠言不少，我真聽厭了，請你早早刊布罷。」根據這兩封信件，余英時認為胡適的論文終於在一九二二年刊出，與其有一定的關係。

按唐德剛的說法，如果胡適在哥大不是在考試時遭遇了大修通過而且必須補考，胡氏何必等到一九二二年杜威離華之次年始付印，一九二七年親返紐約始拿學位呢？（《胡適口述自傳》）余英時認為此說比較荒唐，當時哥大「博士論文『口試』是『最容易的一道關』，這是唐先生也承認的。除非『哥大紀錄』中有關於胡適從『大修』改『小修』的明確記載，我們實在很難想像考官中有誰故意和杜威過不去，一定要挑剔他所指導的論文」。余英時的解釋是：「胡適一九一七年回國後立即捲入了如火如荼的『文學革命』，緊接著又是一九一九年的五四運動。在最初四五年中，他活動之多和工作量之大簡直到了不可想像的地步。我們只要一查一九一九至一九二〇年《日程與日記》殘本（《全編》第三冊）便可見其一斑。這一段時期他心中不可能有印論文、拿學位證書的念頭。那麼他為什麼終於在一九二二年出版了這篇論文呢？除了與上引朱經農的信有關外，另一原因是他一度動念，願意應哥大之聘，去教一兩年中國思想史和文學史……這應該是他決定將論文付印的主要原因，一方面完成學位的最後手續；另一方面也可用為講授中國哲學的教材。不但如此，一九二三年六月他還有赴美參加教育會議的機會。所以論文不遲不早，就在一九二二年出版，絕不是偶然的。後來這兩個遠行計畫都取消了，因此拖延到一九二六至一九二七年才有歐美之行……總之，胡適的『博士學位問題』除了因『論文緩繳』延遲了十年之外，別無其他可疑之處」（《重尋胡適歷程》）。

畢業於美國哈佛大學並在該校任教授，後出任過香港新亞書院院長與中文大學副校長的余英時——這位錢穆的追隨者，一向自視甚高，號稱海外研究胡學的權威人物，雖沒有到當年傅斯年「目空天下士」的分上，但也牛氣烘烘，不把其他史家放在眼裡。因而便有了痛責海外史學界大腕唐德剛的「義舉」。不過與「天子門生」唐德剛相比，無論在哪個方面都不是一個等級，英時堪稱小字輩，無法與修鍊得幾乎成精的唐老夫子對陣匹敵。就唐德剛而言，英時只不過是個娃娃，無須與之較真，面對責難乃避而不言，一笑了之。但英時的「猶大之吻」卻惹惱了與其年齡相當的臺灣史家汪榮祖，汪氏同樣出於看不慣唐德剛遭受問責的「義舉」，像大陸二十世紀五、六〇年代經常說的一句政治術語一樣，「自己跳出來」揮刀弄棒地對余氏進行了一番痛擊。汪說：「余氏澄清事實的主要依據就是胡適的日記，根據胡適日記所載來糾正一些有意的誤傳與謬誤，當然有其正面的意義；不過，胡適日記的權威性也不能說百分之百。除了日記常因事後追記、補記而失真外，胡適由於成名甚早，而又愛惜羽毛，他的日記明擺著是要公之於世，給別人看的，不免因謹言慎寫而掩遮真相。換言之，胡適的日記並不全是胡適的私密空間，像他與何炳棣在紐約閒聊時所說的『陳寅恪就是記性好』『雷海宗就是笨一點』『馬寅初每天一個冷水澡，沒有女人是過不了日子的』（見何著，《讀史閱世六十年》）等『真情表白』全無掩飾的話，在胡適日記裡是找不到的」（汪榮祖，〈胡適歷程的曲直〉，《讀書》二〇〇五年二期。以下引文同）。

在談到胡適「博士問題」的關鍵點時，汪榮祖說：「大力捧胡而又出版《猶大之吻》來痛罵唐德剛的蘇雪林，也承認她當年上胡適課時，胡適用的就是印有『胡適博士著』的《中國哲學史大綱》，不過，她引胡適的話說：『我向來不喜以學位的頭銜炫人，這胡適博士著數語，是出版商弄的花樣。』所謂不喜炫耀學位，乃表示有學位不炫耀而已，至於出版商又如何能擅自弄此花樣？如蘇雪林所引不誤，反而顯示胡適的不誠實。當年北大並沒有非博士不能當教授的規定，若非胡適尚未取得學位時已自稱博士，就不會有識者所謂『老胡冒充博士』的反應，朱經農也沒必要在一九一九年的信裡提醒胡適，並希望他趕快將論文印出，以釋群疑。胡適在此壓力下，並沒有盡快將論文印出，取得博士學位，卻等待了十年之久，當然可疑。余氏的解釋是：胡適於一九一七年回國後，『立即捲入了如火如荼的文學革命』；換言之，胡適無暇去印論文、拿學位。然而，如果學位考試在一九一七年就已通過，論文既不需要大修或小修，但須交給書商印書，則所謂『沒有時間』或『沒有念頭』（在朋友們質疑下念頭應該很強），就難成理由；剩下的理由沒錢印論文，恐怕也難以成立，其中必有蹊蹺。唐德剛曾告知筆者，胡適博士論文未於一九一七年通過的檔案資料仍存哥倫比亞大學，他曾取閱過，也曾當面與胡適談過；不過，現在這些檔案非經家屬同意，不再能夠調閱……」

汪榮祖最後說：「胡適的缺點在余氏的筆下可以成為優點，甚至是『健全的榜樣』。套一句殷海光的口頭禪：『要我們從何說起呢？』」

近來又看到余英時新近發表的一篇名為〈胡適「博士學位」案的最後判決〉（見余英時著，沈志佳編，《現代學人與學術》，《余英時文集》卷五〔桂林：廣西師範大學出版社，二〇〇六〕）。余氏在文中稱自己又發現了幾條新證據，足以徹底解決胡適「博士學位」的懸案，並舉例說明，以「作為全案的最後判決」。

余氏所得新證據為胡適的一篇「略記」和一封信。「略記」寫於一九二二年一月，是胡適為亞東版《先秦名學史》所寫，內中說：「這部論古代中國邏輯方法之發展的專著是我在一九一五年九月到一九一七年四月旅居紐約市時期寫成的。它已被哥倫比亞大學哲學系接受，作為完成哲學博士學位的一部分要求……過去四年中我曾渴望能有機會，對這篇論文進行一次徹底的修改。但工作的壓力使我無法達成這一願望，這是此書遲遲未能出版的原因。在華的英、美朋友讀過此書原稿的，都一再勸說我將四年前的舊作照原樣刊印出來。我現在決定這樣做，雖然很有些勉強……」就這一「略記」，余英時得出結論：「我們由此確知兩個基本事實：第一，一九一七年他的博士論文呈繳後，當時便已為哥大哲學系所正式接受；第二，一九二二年亞東刊本，除『略記』和『導論』之外，與一九一七年呈繳的論文原稿完全相同，並無改動。一九二六年十二月（胡適）《日記》記：『發電亞東，請他們寄《名學史》一百冊到杜威處。』可知他一九二七年正式取得博士學位即是憑著一九一七年寫成的論文定稿。這一事實必須建立在一個絕對性的前提上面，即一九一七年五月二十二日的論文口試已順利通過。」第二個憑證是，一九一七年四月十三日，胡適有一封長信給韋蓮司，信末說：「我還在寫論文的結論。我把寫好的部分給了杜威教授，他對我所寫的非常滿意，並給了我許多鼓勵。我估計再一星期就可以整個寫完了。」余英時得信後，認為「這真是一條鐵證，可以摧毀任何關於論文口試未通過的妄測」。針對唐德剛一段「極其生動而有趣的『想像』，最主要的關鍵人物當然在於指導教授杜威對它的評價如何」。因而余英時認為：現在「我們已確實知道，杜威讀過了除『結論』以外的全部論文初稿，感到『非常滿意』並且給予『許多鼓勵』，那麼所謂『口試未過』的推測已徹底失去了存在的根據……指導教授杜威既已肯定了論文的價值，任何奇峰突起的意外是不可能在這一場最後的口試中發生的」。因而，余氏認為胡適的博士學位遲拿了十年的根本原因就是論文遲交的緣故，其他的解釋和猜測都是妄言。「八十五年來的一件疑案終於完全消解，再也沒有爭論的餘地了。」余氏所做的這個結論是否就是真正的結論，在這一懸案破譯的過程中還有沒有「奇峰突起」的可能？且等歷史的檢驗吧。

39　參見「五柳村網站」，本文原名〈胡適之先生在北大文科所的民主風度〉，發表於一九四六年九月，署名「雲深」。

40 羅常培，《蒼洱之間》（瀋陽：遼寧教育出版社，一九九六）。

41 羅常培，《蜀道難》（瀋陽：遼寧教育出版社，二〇〇〇）。

42 黃延復、王小寧整理，《梅貽琦日記》（一九四一－一九四六）（北京：清華大學出版社，二〇〇一）。

43 同前注。

44 同前注。

45 一九三六年六月，建築學家梁思成、林徽因夫婦，以中國營造學社研究人員的名義赴山西考察古建築，在五臺山豆村附近的山中發現了著名的晚唐建築佛光寺。經過幾天的考察研究，佛光寺的建造年代隨著相關的物證推演而出。這座古老廟宇的大殿建成於晚唐的西元八五七年。這個時代，不但比此前梁思成等人發現的最古老的木結構建築——獨樂寺早一百二十七年，而且是當時中國大地上已搜尋到的年代最為久遠、唯一的一座唐代木構建築（獨樂寺，位於天津薊縣，梁思成、林徽因於一九三一年在考察中發現，始建於遼代統和二年，即西元九八四年，當時是已發現的中國現存最古老的木構建築，這座建築保存了不少唐代建築的風格。一九三三年九月，梁氏夫婦在山西大同沿線的考察中，發現了聞名於世的應縣遼代木塔，相當於西元一〇五六年）。驚喜交加的梁思成曾感慨道：「我們一向所抱著的國內殿宇必有唐構的信念，一旦在此得到一個實證了」（梁思成，〈記五臺山佛光寺的建築〉，《文物參考資料》一九五三年五－六期。二十世紀五〇年代初，山西省文物管理委員會於古建築普查中，在五臺山離佛光寺不遠處發現了年代更加古老的南禪寺，該寺院重建於唐德宗建中三年，即西元七八二年，比佛光寺早七十五年，但殿宇規模較佛光寺小了許多。參閱《文物參考資料》一九五四年一一期）。

當梁思成、林徽因連同兩位助手走出山門，騎上毛驢離開五臺山佛光寺來到附近豆村一家雞毛小店住下時，當天夜裡，遠在北平的盧溝橋響起了槍聲，由此拉開了八年抗戰的序幕，梁家開始了流亡西南的人生之旅。

46 黃延復、王小寧整理，《梅貽琦日記》（一九四一－一九四六）（北京：清華大學出版社，二〇〇一）。

47 同前注。

第九章

似水流年

一、人生若只如初見

梅貽琦等人離去不久，一位中年男子又自昆明來到李莊梁家——此人便是被學界朋友們親切呼之為老金的西南聯大教授、哲學家金岳霖。

老金的到來，與梅貽琦一行到梁家有著只可意會不可言傳的不同意味，他給梁氏夫婦特別是病中的林徽因的慰藉，是梅氏等任何其他人所無法比擬的。

出生於湖南長沙的老金，一九一四年畢業於清華學校，先後留學美國、英國，外加遊學歐洲諸國，時間近十年，所學專業由早期的經濟學轉為許多人看來枯燥無味的哲學。按照當時風行的清華—放洋—清華的人生模式，金岳霖於歐洲歸國後回清華執教，轉了一圈又回到了起點。只是此點非彼「點」，正如許多年後一位叫王洪曦的山東武警教官所說：「不同和不一樣，就是不一樣。」裝了滿肚子洋墨水的老金，已是今非昔比了。

自清朝同治年間金岳霖的家鄉出了一位曾文正公，湖南人的雄心壯志就空前膨脹起來。據老金說，他少年讀書時，就跟著學長們齊聲高唱：「學友們，大家起來，唱個歌兒聽，十萬軍人，狠狠狠，好把乾坤整。」另有更狠的，如「中國若是古希臘，湖南定是斯巴達；中國若是德意志，湖南定是普魯士；若謂中國即將亡，除非湖南人盡死」等。[1]這種「捨我其誰」的豪氣、霸氣加蠻氣，貫注於金岳霖的神經與血液中，並決定了他對政治的態度，即「參政意識」和「改變歷史」的意識。只是由於歐風美雨的浸淫，又使老金的「參政」與

「改變」意識中少了土生土長的霸蠻之氣，增添了現代主義的改良與民主性的因子。一九二二年，在英國倫敦大學讀書、時年二十八歲的金岳霖，受羅素《數學原理》與休謨《人性論》的影響，對知識分子改良社會產生了自己的理想。面對國內蔡元培、胡適、丁文江等自由知識分子大張旗鼓地宣傳鼓吹中國要有「好人政府」，也就是要選拔好人做官，由好人在政府裡辦事才能改良社會並使之進步等幼稚的理論與虛幻多於現實的理想，金岳霖卻為知識分子提供了另一條道路和獨特的生活方式。第一，知識分子必須成為「獨立進款」的人。老金說：「我開剃頭店的進款比交通部祕書的進款獨立多了，所以與其做官，不如開剃頭店，與其在部裡拍馬，不如在水果攤子上唱歌。」第二，知識分子不做官，也就是不做政客，不把做官當一種職業來經營。「若是議定憲法修改關稅的事都是特別的事，都是短期的事，事件完了以後，依然可以獨立過自己的生活。」第三，知識分子不發財，「如果把發財當作目的，自己變作一個折扣的機器，同時對於沒有意味的人，要極力敷衍」。第四，知識分子要能有一個「獨立的環境」，並要有一群志同道合的人在一起。

當時的金岳霖意識到，這個理想要落實到中國大地，並在知識分子和人民大眾中生根發芽、開花結果，自然需衝破相當的阻力和荊棘遍布的圍網，甚至漆黑的鐵幕，還有一段遙遠的包括流血的路要走。但他堅決認為，無論遇到多大困難和阻力，中國的路非這樣走下去不可，中國知識分子必須要在這條路上做出典範，「有這種人去監督政治，才有大力量，才有大進步。他們自身本來不是政客，所以不至於被政府利用，他們本來是獨立的，所以能使社會慢慢地就他們的範圍。有這樣一種優秀分子，或一個團體，費幾十年的工夫，監督政

1917年至1920年在美國。左起：張奚若、金岳霖、徐志摩。

府，改造社會，中國的事，或者不至於無望」。[2]

對於老金這一天真、率性、淳樸的稟性和獨特的思想觀念與行事準則，馮友蘭認為「風度很像魏晉大玄學家嵇康」。[3]這個比喻未見得妥帖，但從老金身上，能隱約看到或想像到魏晉人物、號稱「竹林七賢」之一的嵇康的影子。這裡強調的只是一個影子，或者像《晉書・嵇康傳》所言「康早孤，有奇才，遠邁不群。身長七尺八寸，美詞氣，有風儀，而土木形骸，不自藻飾，人以為龍章鳳姿，天質自然」的外在風度、風儀和韻味，並不是歷史上真正的嵇康。金岳霖比那個逆歷史潮流而動，不與司馬氏新興政治勢力合作，動不動就抱著琴瑟大彈《廣陵散》，年僅四十歲就被司馬昭砍了頭的嵇康要聰明、清醒、理智和識時務得多。儘管當年的小金、後來的老金不止一次說過他一生對政治不感興趣，卻又不知不覺地對政治投入了相當的熱情。與當時許多清華、北大出身的歐美派「海歸」一樣，中年與晚年的老金也曾在許多公開場合發表宣言，特別對學生運動和新中國成立後的「思想改造」等運動，更是傾注了極大的熱情和真誠，對新興的政權也是從心底裡予以服膺和配合。正因為老金不同於當年的嵇康，且在新政權時期一系列出色的政治表現，才有幸活到一九八四年九十歲高齡去世，這樣的際遇在金氏的同輩朋友、同事中算是個罕見的異數，由此可見老金的政治頭腦以及對政治和王道理論活學活用的功夫，並非一般知識分子如陳寅恪、吳宓或葉企孫等人可以比擬的。

飽受歐風美雨的浸淫，思想、生活觀念已相當西化的老金，自重返清華執掌教鞭後，總是西裝革履，打扮入時，加上一米八幾的高個頭，可謂儀表堂堂，極富紳士氣度。在所有關於老金的逸聞趣事中，最引人注目的一件事是他終生未娶。好事者們闡釋的版本相當一致：他一直暗戀著心中的聖女、建築學家、詩人林徽因。據說，老金在英美讀書時，曾得到很多妙齡少女的追捧，其中有一風流俊美，整天高喊著「哈嘍」「ＯＫ」的金髮女子，還一往情深地追隨老金來到北京同居了一段時期。

但自從金岳霖與林徽因相識後，與其同居的那位風流美女，便被老金想方設法打發到美國她老娘家，再也沒有回來。[4]

當那位金髮碧眼的美女含淚離去之後，老金在長出一口氣的同時，索性捲起床上那張狗皮褥子，提了鍋碗瓢盆，於一九三二年搬到北總布胡同三號梁思成、林徽因一家的院子「擇林而居」了（林徽因原名林徽音，因與一位男作家重名，憤而改為林徽因。後來書信往來中，仍有稱林徽音者）。後來老金對這段生活有過描述，說：「他們住前院，大院；我住後院，小院。前後院都單門獨戶。三十年代，一些朋友每個星期六有集會，這些集會都是在我的小院裡進行的。因為我是單身漢，我那時吃洋菜。除了請了一個拉東洋車的外，還請了一個西式廚師。『星期六碰頭會』吃的咖啡冰淇淋和喝的咖啡都是我的廚師按我要求的濃度做出來的。除早飯在我自己家吃外，我的中飯、晚飯大都搬到前院和梁家一起吃。這樣的生活一直維持到七七事變為止。抗戰以後，一有機會，我就住他們家。」又說：「我離開了梁家，就跟掉了魂似的。」[5]

金岳霖與林徽因相識直至相愛，緣於好友徐志摩的引薦，而徐志摩與林徽因的相識則在英國劍橋，即徐志摩詩中不斷吟詠的康河與康橋，著名的「輕輕的我走了，正如我輕輕的來，我輕輕的招手，作別西天的雲彩……」便是〈再別康橋〉的名句。

梁思成的父親梁啟超與林徽因的父親林長民，在北洋時代分別出任財政總長和司法總長，皆屬顯赫一時的高官大員，又是多年摯友。因了這一關係，梁思成與林徽因於一九一九年，也就是著名的五四運動爆發的那一年在北京相識。儘管梁、林兩家的前輩頗有結成兒女親家之意，但梁啟超並不想按傳統婚俗行事，來個指腹為婚，或弄個娃娃親之類的團圓媳婦（南按：即童養媳）。他曾明確告訴年僅十八歲的梁思成與年僅十五歲的林徽因：「儘管兩位父親都贊成這門親事，但最後還是得由你們自己決定。」[6]令梁啟超意想不到的是，第二年，便有一不知好歹的小子橫衝直撞地鑽入了林徽因的感情世界，並在大洋彼岸生發了一股狂濤巨瀾。此人就是徐志摩。

一九二〇年，當時在段祺瑞內閣任司法總長的林長民，因受各方政治勢力排擠被迫卸任，旋以中國國際聯盟同志會駐歐代表的身分赴英國考察，心愛的女兒林徽因一同前往。其時林長民四十四歲，林徽因十六歲。就在這年十月，徐志摩告別克拉克大學的同學好友李濟，由美國渡海來到倫敦，入劍橋大學學習。兩個月後，因一個偶然機會認識了林家父女。此時徐志摩出洋已三年，在歐風美雨吹拂的花花世界裡，已蛻變為摧花折枝的情場老手。林徽因情竇初開、妙齡含春的音容笑貌，令徐志摩一見驚為天人。欲火難耐中，徐很快施出幾十年走南闖北練就的八卦勾魂術與七步麻醉散，向林徽因發起愛情攻勢。其用情之烈，完全可與水泊梁山一派人物中在孟州道上十字坡開人肉包子店的孫二娘有一拚，只是目的有點不同罷了。在浪急風高的異國他鄉憑空遭遇這樣一個猛漢的情愛襲擊，林徽因惶恐失措不知如何是好。但林長民是個見過世面且豁然大度之人，對有婦之夫的徐志摩夜裡挑燈看劍式的豪放做派，不但不橫加指責，反而有些曖昧地為其開脫。從當年十二月一日林長民給徐志摩的信中，可以看到各自內心情感的波動，林在信中說：「足下用情之烈令人感悚，徽亦惶恐不知何以為答，並無絲毫 mockery（嘲笑），想足下誤解了。」信末附言「徽因問候」。[7]

一九二一年十月，林徽因隨父回國。仍在英國讀書的徐志摩於一九二二年三月趕到德國柏林，由中國留學生吳經熊、金岳霖作證，與從國內追隨而來的結髮之妻張幼儀翻雲覆雨地鬧騰了一番後，正式離婚。[8]同年秋，自認為掙脫了鎖鏈的徐志摩匆匆結束學業，由倫敦歸國。在家鄉浙江海寧和上海等地稍事停頓，於十二月來到北京。徐之所以匆忙離開歐洲回到國內，一個重要原因就是他聽到林徽因已許配給梁思成的消息。而回國的目的，除了弄清虛實，還想以自己的實力和練就的情海勾魂術，贏得林氏的芳心，使其拋卻舊構，與自己共結百年之好。然而，徐志摩一到北京，便聽到梁思成與林徽因將要結婚的消息。這個消息如同當頭一棒，令他許多天緩不過勁兒來。

清華出身的梁思成畢業於一九二三年，亦稱癸亥級，這一級的清華學生曾產生了陳植、顧毓琇、梁實秋、施嘉煬、孫立人、王化成、吳文藻、吳景超等後來聞名於世的人物。梁思成本來在這一年出國留學，結果在一九二三年五月七日，梁氏騎摩托車帶著弟弟梁思永參加北京學生舉行的「國恥日」紀念活動（一九一五年五月七日，日本向袁世凱政府提出企圖滅亡中國的「二十一條」），剛出長安街，就被北洋政府交通次長金永炎的汽車撞倒在路邊溝中。梁思成血流滿面，當場昏迷。尚清醒的梁思永飛跑回家說：「快去救二哥吧，二哥碰壞了。」等梁家的聽差曹五奔到出事地點把梁思成背回家時，梁思成臉無血色，昏迷不醒，急送協和醫院檢查，梁思成左腿骨折，脊椎受傷。梁思永只是嘴唇被撞裂了一處，流血很多但無大礙。因是當世名人梁啟超的兩位公子被撞傷，媒體藉機大肆炒作，一時產生了許多版本，徐志摩與林徽因也被捲入其中，成為炒作的化工原料，直至許多年後仍有一種較為刺激的說法在流行。這個版本說的是：當時在北京西山養病的林徽因，和「她的追求者們定下了一個賭賽：誰能以最快速度從城內買到剛上市的蘋果給她，就證明誰對她最忠心耿耿。有目擊者稱曾見到梁思成先生的摩托自西山駛出」，於是在北京街頭發生了車禍，梁氏被撞翻在地。記述此事的作者援引了一段當年的「本報訊」並附加了一個證據，「本文資料由陳從周先生書面提供。交代一句：陳從周先生為著名建築學家，是梁思成先生和林徽因女士的同行，也是著名詩人徐志摩先生的表弟」云云。[9]

無論如何，梁思成被撞傷是一個事實，梁啟超夫人見肇事者金永炎在人前人後仍然牛氣哄哄，拒不前來賠禮道歉，便直奔總統府大鬧了一場，據說還跑到金永炎家中，從放洋油燈的坎子（小窗）伸進手去，把金次長的臉上抓出了幾道血印子。

極其不幸的是，梁思成因這次車禍導致骨折的左腿沒能接好，比右腿短了約一釐米，落下終生殘疾，走起路來有些微跛。更為嚴重的是，梁的脊椎受到了嚴重損傷，影響了他一生的健康。後來不得不穿上一件醫院為此特製的厚重鋼背心，以支撐上身。因了這一特殊情況，梁氏只好推遲一年放洋。

一九二四年，在梁啟超精心策畫、操作下，梁思成與林徽因同去美國賓夕法尼亞大學學習。許多年後，當梁思成談到自己為何進入建築專業，並成為中國建築史一代宗師時，毫不諱言得益於林徽因的啟示。梁說：「當我第一次去拜訪林徽因時，她剛從英國回來，在交談中，她談到以後要學建築。我當時連建築是什麼還不知道，徽因告訴我，那是包括藝術和工程技術為一體的一門學科。因為我喜愛繪畫，所以我也選擇了建築這個專業。」愛屋及烏，梁思成先是被林徽因的個人魅力所吸引，爾後才走上建築這門學術道路。當然，這一抉擇與乃父梁啟超的思想觀念與平時的教導密不可分。頗具學術眼光的梁啟超，出於對世界學術前景的了解和關注，很想讓兒子到國外學習這些在俗世看來極其偏僻的專業，並對這一學科在中國的發展前途充滿期待。梁思成與林徽因結伴抵達美國後，因賓夕法尼亞大學建築系不收女生，林只好入該校美術學院學習，但仍選修建築系的課程。

二人赴美入學剛一個月，梁思成的母親李夫人病逝，梁啟超再三阻止梁思成回國奔喪。第二年，林徽因的父親林長民因參與郭松齡倒戈反對奉系軍閥張作霖的戰爭，不幸被流彈擊中身亡。梁啟超親自寫信給梁思成，通知這一不幸的消息，並給予林徽因極大的精神安慰。

1928年，梁思成、林徽因在加拿大結婚期間留影。

一九二七年，林徽因於賓大美術學院畢業，旋進耶魯大學戲劇專業學習舞臺美術設計，成為中國向西方學習舞臺美術的第一位留學生。同年二月，梁思成獲賓大建築系學士學位，後入哈佛大學攻讀並獲建築學碩士學位。根據梁啟超的安排，一九二八年三月二十一日，梁思成、林徽因在加拿大溫哥華梁思成的姐姐梁思順家中舉行了婚禮。

一九二八年八月，梁啟超在國內為梁思成夫婦聯繫好了工作——去瀋陽東北大學創辦建築學系。梁思成擔任教授兼系主任，月薪八百元；林徽因擔任教授，月薪四百元。這是中國大學最早設立的一個建築學系。此前，梁啟超曾在清華為梁林夫婦聯繫了教學工作，但後來又改變主意，力主這對小夫妻去瀋陽，理由是：「（東北）那邊建築事業將來有大發展的機會，比溫柔鄉的清華園強多了。但現在總比不上在北京舒服……我想有志氣的孩子，總應該往吃苦路上走。」[10]對於梁啟超的良苦用心，梁思成夫婦深以為然，表示完全聽從父親的指教。東北大學方面要求梁、林盡快到職，而這個時候梁啟超的腎病日趨嚴重，梁、林這一對周身散發著溫熱，正沉浸在甜蜜幸福中的重量級「海歸」，不得不中斷婚後歐洲的考察和旅行，於這年九月匆匆趕回國內赴東北大學就職。

此時梁啟超已病入膏肓，將不久於人世。一九二九年一月十九日，梁啟超溘然長逝，與前些年去世的李夫人合葬於北京西山腳下。梁林夫婦專程從瀋陽趕回北平奔喪，並設計了造型簡潔、古樸莊重的墓碑。梁思成沒有想到，自己一生中所設計的第一件建築作品，竟是父親的墓碑。天命人事如此聚合，令人不勝欷歔。

這年八月，林徽因在瀋陽生下了一個女兒。為紀念晚年自號「飲冰室主人」的父親梁啟超，梁林夫婦給女孩取名再冰。

梁林夫婦在東北大學如魚得水，工作極其順利，遺憾的是東北地區嚴酷的氣候對林徽因的健康極其不利。第二年，林徽因那原本有些柔弱的身體受到損傷，肺病復發，不得不返回北平赴香山雙清別墅長期療養。瀋陽回返，標誌著林徽因青少年時代的肺病再度發作。自此之後，這種被時人視為像癌症一樣不可治癒的肺病，一直與她形影相隨，糾纏不休，直至把這位才華橫溢的美麗女人拖向死亡的深淵。

由於林徽因身體狀況已不允許她重返瀋陽東北大學工作和生活，梁思成不得不重新考慮以後的生活方向。恰在這時，一個新的機會出現在面前，這便是中國營造學社的聘請。

中國營造學社最早設在北平天安門裡西廡舊朝房，後屬於中山公園的一部分，是一個民辦學術團體和科研機構，主要從事中國古代建築研究，堪稱中國歷史上第一家建築學研究機構。學社的發起人是朱啟鈐（字桂莘），人稱朱桂老。此大老一八七二年生於貴州，一九一四年（民國三年）十月出任北洋政府內務總長，後又代理過國務總理，一九一五年奉袁世凱之命修繕皇宮時，對營造學產生了濃厚興趣。一九一七年，朱啟鈐在江南圖書館偶然發現了一部湮沒日久、由宋代建築學家李誡（明仲）創作的《營造法式》抄本。此書編成於宋哲宗元符三年（一一〇〇年），鏤版印刷於宋徽宗崇寧二年（一一〇三年）。朱氏看罷驚為祕笈，將此書借出館外兩次出資刊行，很快引起學術界矚目。在一片追捧叫好與鼓譟聲中，朱啟鈐頭腦一熱，索性自籌資金，發起成立了一個專門研究中國古建築工程學的學術團體——中國營造學社。朱氏自任社長，辦公地點就在他的家中，一些國學名家被邀入社成為社員。這時的情形，還是一群對建築感興趣的儒生聚在一起談古論今的沙龍模式，沒有形成什麼氣候，更沒有什麼科學研究可言。

一九三一年「九一八」事變前夕，東北地區瀰漫著濃重的火藥氣味，駐瀋陽的日本關東軍不斷以演習為名進行挑釁，經常闖入校園橫衝直撞。為強行修建瀋陽—鐵嶺的鐵路，日本人竟把東北大學通往瀋陽城裡的一條大路截斷，樹起路障，上書「隨意通行者，格殺勿論」等散發著血腥氣味的恐嚇標語。政治形勢日趨緊張，戰爭一觸即發，東大建築系「弦歌」正處在斷亡絕繼之秋。中國營造學社的朱啟鈐探知此消息，託人捎信，希望梁思成夫婦能加入該社工作。此時東北大學校園內已是老鼠動刀——窩裡反了，幾位院長之間的派系鬥爭到了劍拔弩張，不是你死就是我活的地步。梁思成看不慣日本人的橫行和校內諸位鼠輩拳腳相向與明槍暗箭的廝殺，加上林徽因身體不適，已不能回東大工作，於是決定離開他親手創建的建築系，一切事務交給當地人童寯料理，回到北平應聘到營造學社擔任法式部主任，林徽因繼之被聘為營造學社校理之職。

當年梁思成夫婦在美國留學時，梁啟超就曾給他寄去過由朱啟鈐重印的《營造法式》，但在當時的學術界，對於中國古建築的科學研究是一塊尚未開拓的荒原，而這部《營造法式》更像一個浸在霧中的謎團，無人辨識真正面目。梁思成作為建築系的學生，對《營造法式》的術語同樣不知所云，遂視為「天書」。這個時候，西方學者對於歐洲古建築，幾乎每一處都做了精確的記錄、測繪，並有深入而透徹的研究。此種情形，對於漸開眼界的梁、林既是一種啟發，又是一種鼓勵，兩位海外學子似乎突然看到了天光乍洩，一下找到了為之奮鬥的目標。梁思成懷著激動之情專門寫信給梁啟超，談了自己日後要寫成一部《中國宮室史》之類書籍的志向。梁啟超接信後大為驚喜，立即回信鼓勵說「這誠然是一件大事」，但還需要多方學習研究，才有可能達到目標。正因為梁思成心目中始終懷揣著《營造法式》這部「天書」的不解之謎，以及乃父所鼓勵支持並值得終生為之奮鬥的一件「大事」的因緣，才使梁思成最終決定離開東北大學，為實現心中的「大事」轉入民辦的中國營造學社工作。後來梁林夫婦有了一個兒子，取名梁從誡，有「跟從李誡」，並以此紀念《營造法式》作

1937年7月，林徽因在山西考察途中測繪五臺山佛光寺唐代經幢。

者、宋代大建築學家李誡之寓意。

梁林夫婦辭歸北平不久，東北大學建築系的畢業生劉致平、莫宗江、陳明達等人，一起來到北平投奔老師梁思成夫婦，從而成為營造學社的骨幹。未久，曾畢業於東京高等工業學校建築科的建築學家劉敦楨，從南京國立中央大學轉赴北平，參加營造學社的工作並出任文獻部主任。自此，梁思成、劉敦楨兩位建築學界的健將，構成了營造學社兩根頂梁柱，並作為發起人朱啟鈐的左膀右臂，對學社的未來發揮著舉足輕重的作用。

梁思成和林徽因加入中國營造學社，標誌著他們古建築研究學術生涯的開始。這個學社由於梁、林以及劉敦楨等菁英的加入和卓有成效的工作，逐漸成為在中國乃至世界享有盛譽的學術組織。自然地，中國營造學社本身也為梁、林等人提供了施展才華、實現抱負的舞臺。梁思成後來之所以能成為聞名世界的建築學家、中國古建築史學的開拓者、文物建築和歷史名城保護的先驅，與他在中國營造學社這段生活經歷有極大關係。

二、林徽因與冰心成為仇敵

梁、林從海外歸國時，家中已為他們準備了新房，即梁啟超在東四十四條北溝沿胡同的住宅（南按：即今北溝沿胡同二十三號），但這對新婚的小夫妻在此住了不長時間即赴東北大學任教。當他們從瀋陽回來後，全家搬入地安門內米糧庫一號居住。當時米糧庫胡同一帶住著大批清華、北大的學術界名流，如陳垣、傅斯年住在米糧庫胡同一號，胡適住在四號等。後來，梁、林認為米糧庫胡同住宅過於狹窄，又搬到北總布胡同三號。同米糧庫胡同相比，這是一個頗具特色的四合院，寬敞明亮，安靜適宜，確是難得的佳處。

自搬到北總布胡同三號的四合院，梁林夫婦所具有的人格與學識魅力，很快吸引了一批當時中國知識界文化菁英圍聚而來，如當年在英國狂追林徽因、時已名滿天下的詩人徐志摩，在學界頗具聲望的哲學家金岳霖，另有政治學家張奚若，哲學家鄧叔存，經濟學家陳岱孫，國際政治問題專家錢端升，物理學家周培源，社會學家陶孟和，考古學家李濟，文化領袖胡適，美學家朱光潛，作家沈從文、蕭乾，等等。這些學者與文化菁英常常在星期六下午陸續來到梁家，品茗談天，坐論天下事。每逢朋友相聚，風華絕代、才情橫溢的林徽因，總是思維敏銳，擅長提出和捕捉話題，具有超人的親和力和調動客人情緒的本領，使眾學者談

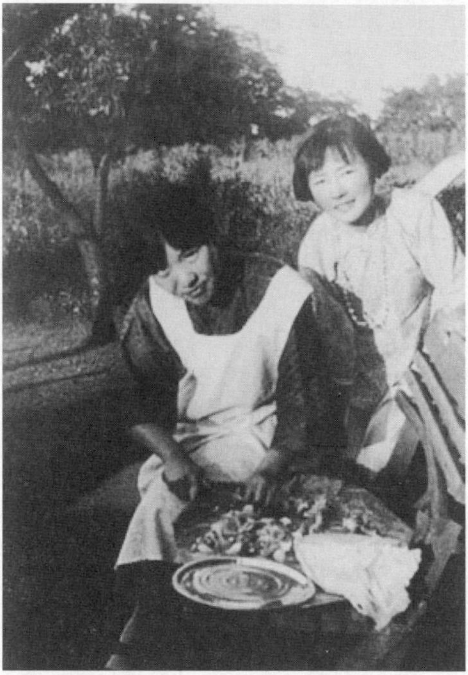

1925年夏，冰心（前）和林徽因在綺色佳風景區野炊。

論的話題既有思想深度，又有社會廣度；既有學術理論高度，又有強烈的現實針對性。可謂談古論今，皆成學問。隨著時間推移，梁家的交往圈子影響越來越大，漸成氣候，形成了二十世紀三〇年代北平最有名的文化沙龍，時人稱之為「太太的客廳」。對於這個備受世人矚目，漸成國際俱樂部特色的「客廳」，曾引起許多知識分子特別是文學青年的心馳神往，如蕭乾、沈從文等小字輩人物，就曾因前來請教而得到林徽因的欣賞和提攜。

當然，這個時期和林徽因打交道的不只是像蕭乾這樣的傻小子兼文學青年，一旦承蒙「召見」受寵若驚，感激涕零。有一些在文學創作上成就赫然者，特別是一些喝過洋墨水的女性，不但不把林氏放在眼裡，還對此做派加以嘲諷挖苦。當年與林徽因過從甚密的作家李健吾對林徽因的為人做過這樣的描述：「絕頂聰明，又是一副赤熱的心腸，口快，性子直，好強，幾乎婦女全把她當作仇敵。」為此，李健吾還加以舉例說明：「我記起她（林徽因）親口講起一個得意的趣事。冰心寫了一篇小說〈太太的客廳〉諷刺她，因為每星期六下午，便有若干朋友以她為中心談論時代應有種種現象和問題。她恰好由山西調查廟宇回到北平，帶了一罈又陳又香的山西醋，立即叫人送給冰心吃用。」對於這一趣事，李健吾得出的結論是：林徽因與冰心之間「她們是朋友，同時又是仇敵」。導致這種情形的原因，則是「她（林）缺乏婦女的幽嫻品德。她對於任何問題（都）感到興趣，特別是文學和藝術，具有本能的直接的感悟。生長富貴，命運坎坷，修養讓她把熱情藏在裡面，熱情卻是她生活的支柱。喜好和人辯論——因為她熱愛真理，但是孤獨、寂寞、抑鬱，永遠用詩句表達她的哀愁」。[11]

李健吾提到林的「仇敵」冰心，頗有些令後人耳目一新的感覺。核查歷史，冰心確實寫過一篇諷刺文章，標題是〈我們太太的客廳〉。此文寫畢於一九三三年十月十七日夜，自九月二十七日在天津《大公報》文藝副刊連載。這年的十月，林徽因與梁思成、劉敦楨、莫宗江等人赴山西大同調查研究古建築及雲岡石窟結束，剛剛回到北平。從時間上看，李健吾的記載似有一定的根據，送醋之事當不是虛妄。冰心此為，的確刺痛了林徽因的自尊心。按冰心小說中的描述：「我們的太太是當時社交界的一朵名花，十六七歲時候尤其嫩豔……我們的先生（的照片）自然不能同太太擺在一起，他在客人的眼中，至少是猥瑣，是市俗。誰能看見我們的太太不歎一口驚慕的氣，誰又能看見我們的先生，不抽一口厭煩的氣？」「我們的太太自己雖是個女性，卻並不喜歡女人。她覺得中國的女人特別的守舊，特別的瑣碎，特別的小方。」又說：在我們太太那「軟豔」的客廳裡，除了玉樹臨風的太太，還有一個被改為英文名字的中國傭人和女兒彬彬，另外則雲集著科學家陶先生、哲學教授、文學教授，

1938年夏，冰心懷抱小女兒吳青，全家在燕京大學燕南園寓所前留影。此後，冰心全家離開北平，前往昆明。

一個「所謂藝術家」名叫柯露西的美國女人，還有一位「白袷臨風，天然瘦削」的詩人。此詩人「頭髮光溜溜的兩邊平分著，白淨的臉，高高的鼻子，薄薄的嘴唇，態度瀟灑，顧盼含情，是天生的一個『女人的男子』」。

冰心的這篇小說發表後，引起平津乃至全國文化界的高度關注。作品中，無論是「我們的太太」，還是詩人、哲學家、畫家、科學家、外國的風流寡婦，都有一種明顯的虛偽、虛榮與虛幻的「三虛」，以及庸俗、低俗、媚俗等「三俗」，外加「一二」，即二桿子色彩，這「三虛」「三俗」加「一二」人物的出現，對社會、對愛情、對己、對人，都是一股頹廢情調和萎縮的濁流。冰心以溫婉伴著調侃的筆調，對此做了深刻的諷刺與抨擊。金岳霖後來曾說過：這篇小說「也有別的意思，這個別的意思好像是三十年代的中國少奶奶們似乎有一種『不知亡國恨』的毛病」。[12]

當時尚是一名中學生，後來成為蕭乾夫人的翻譯家文潔若在〈林徽因印象〉一文中說：

「我上初中後，有一次大姐拿一本北新書局出版的冰心短篇小說集《冬兒姑娘》給我看，說書裡那篇〈我們太太的客廳〉的女主人公和詩人是以林徽因和徐志摩為原型寫的。徐志摩因飛機失事而不幸遇難後，家裡更是經常談起他，也提到他和陸小曼之間的風流韻事。」[13]

冰心的夫君吳文藻與梁思成同為清華學校一九二三級畢業生，且二人在清華同一寢室，屬於真正的「同窗」。林徽因與冰心屬福建福州同鄉，其前輩就有接觸，兩對夫妻先後在美國留學，只是歸國後的吳文藻、冰心夫婦服務於燕京大學，梁林夫婦服務於東北大學和中國營造學社。這期間兩對夫婦至少在美國的綺色佳，也就是當年陳衡哲與任鴻雋外加一個胡適搞三角戀愛的地方相識並有過愉快的交往。只是時間過於短暫，至少在一九三三年晚秋這篇明顯帶有影射意味的小說完成並發表，林徽因派人送給冰心一罎子山西老醋之後，二人由朋友變為仇敵，以後的歲月再也難以相處了。

一九三八年之後，林徽因與冰心同在昆明居住了近三年，且早期的住處相隔很近，冰心先後住螺峰街與維新街，林住巡津街，步行只需十幾分鐘即可相見，但從雙方留下的文字和他人的耳聞口傳中，從未發現二人有交往經歷。倒是圍繞冰心這篇小說與徐志摩之死又滋生了一些是非恩怨，且波及後輩，這可能是冰心與林徽因當時沒有想到的。冰心在小說中所譏諷的那幫學界名流，卻一直作為梁思成、林徽因夫婦的摯友和知音在時間的長河中綿延不絕。而「太太客廳」最忠實的參與者，當是著名的哲學家金岳霖。為此，有人說林徽因之所以成為林徽因，離不開梁思成，缺不了金岳霖，也少不了風流情種徐志摩。此一語，可謂道出這三位優秀男兒對林徽因一生所產生的重要影響與人格塑造。據林徽因的美國女友費慰梅說：「徽因和思成待他如上賓，一見了他們，志摩就迸發出機智和熱情。他樂意把那些氣味相投的朋友介紹給他們……無疑地，徐志摩此時對梁家最大和持久的貢獻是引見了金岳霖——他最摯愛的友人之一、清華大學哲學系教授、『老金』。」[14]

徐志摩介紹了老金，自己的情感也漸漸轉入另一個女人，這便是一代名媛兼交際花陸小曼。

一代名媛陸小曼

當林徽因從英國歸來，在與梁思成赴美留學歸國這段時間，徐志摩完成了與髮妻張幼儀離婚，再回國迎娶畢業於美國西點軍校的中國軍官王賡的夫人、京城名媛——陸小曼的感情歷程（陸在徐的迷戀下，與其夫離婚）。對這段曲折變故，梁從誡曾說：「徐志摩的離婚和再娶，成了當時國內文化圈子裡幾乎人人皆知的事。可惜他的再婚生活後來帶給他的痛苦多於歡樂。」[15]事實確如梁從誡所言，徐志摩與陸小曼結婚後，遷往家鄉海寧與南京、上海等地居住。一九三一年初，為了照顧新婚不久的陸小曼的生活並陪其開心取樂，徐志摩捨北平同事朋友而跑到上海光華大學與南京中央大學任教。意想不到的是，徐到南方不到一年，就羽化登仙了。

一九三一年十一月十九日早八時，徐志摩搭乘中國航空公司「濟南號」郵政飛機由南京北上，他要參加當天晚上林徽因在北平協和小禮堂為外國使者做中國建築藝術的演講會。當飛機抵達濟南南部黨家莊一帶時，忽然大霧瀰漫，難辨航向。飛機師為尋覓準確航線，只得降低飛行高度，不料飛機撞上白馬山（又稱開山），當即墜入山谷，機身起火，機上人員——兩位機師與徐志摩全部遇難。

噩耗傳來，林徽因當場昏倒在地。梁思成、林徽因、張奚若、陳雪屏、錢端升、張慰慈、陶孟和、傅斯年等相聚胡適家中，眾人相對淒然，張奚若慟哭失聲，林徽因潸然淚下。二十二日下午，受北平學界同人委派的梁思成、張奚若、沈從文等人分別從北平和青島趕到濟南白馬山空難現場，收殮徐志摩的遺骸。梁思成帶去了他與林徽因專門趕製的小花圈以示哀悼。[16]

喪禮結束後，按照林徽因的叮囑，梁思成專門帶回一小塊失事飛機的殘骸。此後的歲月，這塊飛機殘骸一直掛在林徽因臥室的牆壁上，以表達對徐志摩的永久懷念。

徐志摩乘風歸去，與林徽因最為相知相愛的男兒，只有梁思成和老金了。

金岳霖比梁思成大六歲，比林徽因大九歲，在梁、林面前是名副其實的老大哥。自從得徐志摩引見後，老金始終是梁家沙龍中最為痴迷的鐵桿客人。梁家與老金之間，文化背景相同，志趣相投，交情也就非尋常人可比。孑然一身、無牽無掛的老金，對林徽因的人品才華讚羨至極，而林對這位金大哥亦十分欽佩敬愛，二者之間的心靈溝通達到了只可意會、不可言傳的奇妙境界。徐志摩死後，金與林之間的感情越來越深，最後到了心心相印，難捨難離，火花閃閃，一度到了乾柴烈火加草木灰攪在一起不可收拾的程度。

關於金與林之間的愛情謎團，在林徽因去世後，梁思成曾有所披露。據梁的後續夫人林洙說：「我曾經問起過梁公，金岳霖為林徽因終生不娶的事。梁公笑了笑說：『我們住在總布胡同的時間，老金就住在我們家後院，但另有旁門出入。可能是在一九三一年，我從寶坻調查回來，徽因見到我哭喪著臉說，她苦惱極了，因為她同時愛上了兩個人，不知怎麼辦才好。她和我談話時一點不像妻子對丈夫談話，卻像個小妹妹在請哥哥拿主意。聽到這事我半天說不出話，一種無法形容的痛苦緊緊地抓住了我，我感到血液也凝固了，連呼吸都困難。但我感謝徽因，她沒把我當一個傻丈夫，她對我是坦白和信任的。我想了一夜，該怎麼辦？我問自己，徽因到底和我幸福還是和老金一起幸福？我把自己、老金和徽因三個人反覆放在天平上衡量。我覺得儘管自己在文學藝術各方面有一定的修養，但我缺少老金那哲學家的頭腦，我認為自己不如老金，於是第二天，我把想了一夜的結論告訴徽因。我說她是自由的，如果她選擇了老金，祝願他們永遠幸福。我們都哭了。當徽因把我的話告訴老金時，老金的回答是：「看來思成是真正愛你的，我不能去傷害一個真正愛你的人。我應該退出。」從那次談話以後，我再沒有和徽因談過這件事。因為我知道老金是個說到做到的人。徽因也是個誠實的人。後來，事實也證明了這一點，我們三個人始終是好朋友。我自己在工作上遇到難題也常去請教老金，甚至連我和徽因吵架也常要老金來「仲裁」，因為他總是那麼理性，把我們因為情緒激動而搞糊塗的問題分析得一清二楚。』」[17]

梁思成進一步解釋說：「林徽因是個很特別的人，她的才華是多方面的。不管是文學、藝術、建築乃至哲學，她都有很深的修養。她能作為一個嚴謹的科學工作者，和我一同到村野僻壤去調查古建築，又能和徐志摩一起，用英語探討英國古典文學或我國新詩創作。她具有哲學家的思維和高度概括事物的能力。所以做她的丈夫很不容易。中國有句俗話，『文章是自己的好，老婆是人家的好』。可是對我來說是，老婆是自己的好，文章是老婆的好。我不否認和林徽因在一起有時很累，因為她的思想太活躍，和她在一起必須和她同樣地反應敏捷才行，不然就跟不上她。」[18]

從流傳下來的可靠材料看，這三人間的關係真有點像西洋小說裡的故事，這個故事的結局是：金和林一直相愛、相依、相存，但又不能結成夫妻。金終身不娶，以待徽因，只是命運多舛，徽因英年早逝，只留得老金成為一個孤獨的騎士，繼續愛情孤旅了。

當欲望之火熄滅之後，金岳霖理智地看待自己所處的位置並理性地掌控著他的處世哲學，許多時候用「打發日子」來形容他長期不成家的寂寞。他在後來著述的文章中，把自己與梁、林三人間的親密關係做了簡單的、純粹外表上的描述，並發揮了對「愛」和「喜歡」這種感情與感覺的分析。按老金的邏輯：「愛與喜歡是兩種不同的感情或感覺。這二者經常是統一的，不統一的時候也不少，就人說可能還非常之多。愛，說的是父母、夫婦、姐妹、兄弟之間比較自然的感情，他們彼此之間也許很喜歡。」而「喜歡，說的是朋友之間的喜悅，它是朋友之間的感情。我的生活差不多完全是朋友之間的生活」。[19]看得出，此時的老金已真的把愛藏在心底，與梁林夫婦以純粹的朋友相互「喜歡」了。

由於老金在日常生活中名士氣或曰書呆子氣太重，在當時的北平學術界流傳著許多令人為之捧腹的故事。因老金只迷戀林徽因一人，平時不太與其他女性來往（南按：只有一個沈性仁是個異數，後有詳述），也不是那種太好熱鬧之人，閒來無事，平時迷戀起養雞和蛐蛐等小動物，想不到這養雞鬥蛐蛐竟鬧出了一件奇事。據趙元任夫人楊步偉在回憶錄《雜憶趙家》中說：趙家在北平時，有一天，金岳霖忽然給趙元任家打了一個電話，說是家裡出了事，請趙太太趕快過來幫幫忙（南按：楊步偉原在日本學醫，專業是婦產科）。楊步偉認為大概老金那時正跟一位 Lilian Taylor 小姐做朋友（南按：即從美國跟來的那位金髮碧眼的洋女），可能出了什麼男女私情方面的事，跑去一看，原來是金家的一隻老母雞生不出蛋，卡在後窗的半當中，情急之下老金忙請婦科專家楊醫生前來幫忙助產。此舉搞得楊步偉哭笑不得，因而許多年後仍對此事記憶猶新。

除上述所列，還有更令人拍案叫絕者。據金岳霖自己回憶：陶孟和在北平時與老金是好朋友，陶也是介紹金在北平較早吃西餐的引路人。當時陶住在北平的北新橋，電話是東局五十六號，金岳霖平時記得很牢，可有一天給陶孟和打電話，突然發生了意外。老金撥通後，電話那頭的小保母問：「您哪兒？」意思是你是誰。老金一聽，竟一時忘了自己是誰，但又不好意思說自己忘了，即使說，對方也不會相信，一定認為是搞惡作劇，但是老金真的是忘了。憋了半天，急中生智，說：「你甭管我，請陶先生說話就行了。」可那位小保母仍不依不饒地說：「不行。」老金好言相勸了半天，對方還是說不行。萬般無奈中，老金只好求教於自己雇來的洋車夫王喜，說：「王喜呵，你說我是誰？」王喜聽罷，將頭一搖，有些不耐煩地答道：「你是誰我哪裡知道。」老金著急地說：「你就沒聽見別人說過我是誰？」王喜把頭一扭說：「只聽見人家叫金博士。」一個「金」字才使老金從迷糊中回過神來，急忙答道：「呵，我老金呵！」電話那頭早已掛斷了。[20]

以上故事是說老金的「痴」與「愚」，下兩例則是老金的「直」與「憨」。

留美才子，當年清華研究院主任、外文系教授吳宓與老金友善。一次，吳按捺不住愛情對他的折磨，公然在報紙上發表了自己的情詩，其中有「吳宓苦愛毛彥文，三洲人士共驚聞」之句。眾人聞見，大譁，認為吳有失師道尊嚴，不成體統，便推舉老金去勸勸吳，希望對方以後多加收斂，不要鋒芒畢露，刺痛了別人，也傷及自身。於是，老金便稀里糊塗地找到吳說：「你的詩如何我們不懂，但是，內容是你的愛情，並涉及毛彥文，這就不是公開發表的事情。這是私事情。私事情是不應該在報紙宣傳的。我們天天早晨上廁所，可是，我們並不為此宣傳。」

話音剛落，吳宓勃然大怒，拍著桌子高聲呵斥道：「你休在這裡胡言亂語，我的愛情不是上廁所，廁所更不是毛彥文！」老金聽罷，不知如何是好，只有木頭一樣呆呆地站著聽吳罵了半天。後來老金曾自我檢討說：「我把愛情和上廁所說到一塊，雖然都是私事情，確實不倫不類。」[21]

七七盧溝橋事變後，金岳霖與梁家一起離開北平，轉道天津赴長沙。後來，又先後抵達昆明。梁、林繼續經營中國營造學社，老金則任教於西南聯大哲學系，但多數時間仍與梁家住在一起。據當時就讀於西南聯大並聽過老金講課的汪曾祺說：「金先生的樣子有點怪。他長年戴著一頂呢帽，進教室也不脫下。每一學年開始，給新的一班學生上課，他的第一

1939年，林徽因（中跪者）與朋友金岳霖（左一）等在昆明合影。

句話總是：『我的眼睛有毛病，不能摘帽子，並不是對你們不尊重，請原諒。』他的眼睛有什麼病，我不知道，只知道怕陽光。因此他的呢帽的前簷壓得比較低，腦袋總是微微地仰著。他後來配了一副眼鏡，這副眼鏡一只的鏡片是白的，一只是黑的。這就更怪了。後來在美國講學期間把眼睛治好了，——好一些了，眼鏡也換了，但那微微仰著腦袋的姿態一直還沒有改變。他身材相當高大，經常穿一件煙草黃色的麂皮夾克，天冷了就在裡面圍一條很長的駝色的羊絨圍巾……除了體育教員，教授裡穿夾克的，好像只有金先生一個人。他的眼睛即是到美國治了後也還是不大好，走起路來有點深一腳淺一腳。他就這樣穿著黃夾克，微仰著腦袋，深一腳淺一腳地在聯大新校舍的一條土路上走著。」[22]

老金這一頗具特色的鮮明形象，給聽過課和相熟的西南聯大師生留下了深刻印象。中文系出身的汪曾祺還回憶道：「金先生是研究哲學的，但是他看了很多小說。從普魯斯特到福爾摩斯，都看。聽說他很愛看平江不肖生的《江湖奇俠傳》。有幾個聯大的同學住在金雞巷……沈先生（從文）有時拉一個熟人去給少數愛好文學、寫寫東西的同學講一點什麼。金先生有一次也被拉了去。他講的題目是《小說和哲學》。題目是沈先生給他出的。大家以為金先生一定會講出一番大道理。不料金先生講了半天，結論卻是：小說和哲學沒有關係。有人問：那麼《紅樓夢》呢？金先生說：『紅樓夢裡的哲學不是哲學。』他講著講著，忽然停下來：『對不起，我這裡有個小動物。』他把右手伸進後脖領，捉出了一個跳蚤，捏在手指裡看看，甚為得意。」[23]

汪曾祺講的只是生活中幾個逗人的片段，就金岳霖而言，當然還有他生活嚴謹和憂國憂民的一面，否則金岳霖將不再是金岳霖，而成為王岳霖或什麼張岳霖，甚或張學良乃父、東北鬍子出身的軍閥張作霖了。

老金一生所搞的邏輯哲學真正懂得的人不多，但他在自己的專業領域則是首屈一指的大師級人物。當時西南聯大文學院一年級就開設邏輯課，聽的人不多，每堂課只有七八個學生，而真正能聽懂且領會其中名堂的也就一二人。對於這門學問的深奧與哲理，與金同在哲學系的馮友蘭曾有過這樣的話：「金先生還有一種天賦的邏輯感。中國有一個諺語：『金錢如糞土，朋友值千金。』金先生說，他在十幾歲的時候，就覺得這個諺語有問題，如果把這兩句話作為前提，得出的邏輯結論應該是『朋友如糞土』。這和這個諺語的本意正相反。」[24]

當年在聯大上課的學生做了教師之後，經常把老金列舉的這一事例作為邏輯的輔助知識傳授給自己的學生，只是說得更通俗易懂罷了。如說「錢財如糞土，仁義值千金」這話不合邏輯，既然錢財是糞土，仁義又值錢財（千金），那麼仁義也就等於糞土。邏輯學的一個功用就是訓練人的頭腦，養成縝密思維的習慣，一步步與真理接近。

殷海光與夫人、女兒在臺北留影。

對於這門深奧的學問，外行只能瞧個熱鬧，真正的奧妙是難得一窺的。金岳霖的學問中有很重要的理想主義成分，這個理想或者說夢想，充溢著反中國傳統理念的西方現代新式思維，具有相當的特立獨行色彩。當時在聯大聽老金講邏輯課的幾個學生中，有一個叫殷福生的學生在課堂上比較活躍，似乎頗得老金學說的要領。殷福生（後改名殷海光）曾這樣描述金岳霖對他的影響：「在這樣的氛圍裡，我忽然碰見業師金岳霖先生。真像濃霧裡看見太陽！這對我一輩子在思想上的影響太具決定作用了。他不僅是一位教邏輯和英國經驗論的教授，並且是一位道德感極強烈的知識分子。昆明七年教誨，嚴峻的論斷，以及道德意識的呼喚，現在回想起來實在鑄造了我的性格和思想生命。透過我的老師，我接觸到西洋文明最厲害的東西——符號邏輯。它日後成了我的利器。論他本人，他是那麼質實、謹嚴、和易、幽默、格調高，從來不拿恭維話送人情，在是非真妄之際一點也不含糊。」[25]

一九一九年生於湖北黃岡回龍山鎮一個傳教士家庭的殷福生，中學時代迷上了哲學，曾寫信向金岳霖求助，老金給予了無私幫助。晚年的金岳霖寫過幾十篇短小精悍的回憶文章，其中一篇〈張東蓀幫助我加入民盟〉，明確提到了當年資助殷福生求學的事，並對時任燕京大學哲學系主任張東蓀大為不滿。文中說：「我同張東蓀的關係，一部分是好的，另一部分是不愉快的。先說不愉快的部分。殷福生是當時要學邏輯的青年，寫信給我要學這門學問。我問張東蓀，有什麼青年可以做的事，得點錢過過日子。他說那好辦。我就讓殷福生到北京來了。來了之後，張東蓀說沒有事給殷做。我只好維持殷的生活。多少時候，現在忘了。」[26]

正是得益於金岳霖的資助和言傳身教，殷海光才有了上西南聯大的機會，並從金氏哲學中受益良多。到臺灣之後，殷氏憑著一張大嘴和湖北佬的聰明，吸引了一批激進青年圍觀膜拜，一時聲名鵲起，號稱臺灣二十世紀五、六〇年代最具影響力的學者、政論家、哲學家和邏輯學家，中國現代自由主義思潮的重要代表人物，現代青年知識分子的精神導師，飄揚在臺島上空的自由主義的一面光輝旗幟等。[27]

或許，正是由於有了這樣一個特立獨行的學生，許多年後，金岳霖的名聲在臺灣又響亮一時，並成為一個可望而不可即的神祕人物，留在了知識分子心中。

三、老金千里走單騎

卻說老金來到李莊梁家，無論是林徽因的病情還是梁家的生活環境，都比他想像的還要糟糕。林徽因之所以舊病復發，與當地的氣候、環境有極大關係。

抗戰時期曾在重慶工作、生活的德國人王安娜博士，在她的回憶錄中，對重慶一帶的環境曾做過這樣的描述：「從飛機上俯瞰重慶，但見迷茫一片。每年十月至第二年四月末，全市都覆罩著濃霧。風平浪靜時，長江及其支流嘉陵江這兩條大川的水蒸氣，與含硫量很高的煤塊燒出來的煤煙混在一起，便成了煙霧。無數的煙囪冒出滾滾濃煙，使得重慶到處都瀰漫著硫磺的氣味。因此，重慶自不待說，河岸的各個村莊的空氣對健康都很有損害，肺結核病蔓延得很廣。」[28]儘管李莊離重慶幾百公里，但上游的瀘州、宜賓等中等城市的情形與重慶極為相近，硫黃的氣味並未消滅，林徽因與後來梁思永，還有陶孟和的夫人——民國時期一代名媛沈性仁相繼發病——且皆是肺病，第一禍首就是當地氣候和被硫黃毒素汙染的環境。

老金看到，梁家唯一能給林徽因養病用的「軟床」，是一張搖搖晃晃的帆布行軍床，這張床已跟隨梁家轉了大半個中國。自晚清至抗戰前的幾十年，川南軍閥混戰不斷，戰禍連綿，此時的李莊已衰落凋零，整個鎮子沒有一所醫院，也沒有一位正式醫生，更沒有任何藥品。林徽因告訴老金，家中唯一一支體溫計已被兒子從誡失手摔碎，搞得她大半年竟無法測量體溫，只有靠自己的感覺來估計發燒的度數。在這種條件下，林的病情漸漸加重，眼窩深

梁思成在月亮田營造學社工作室的工作情形

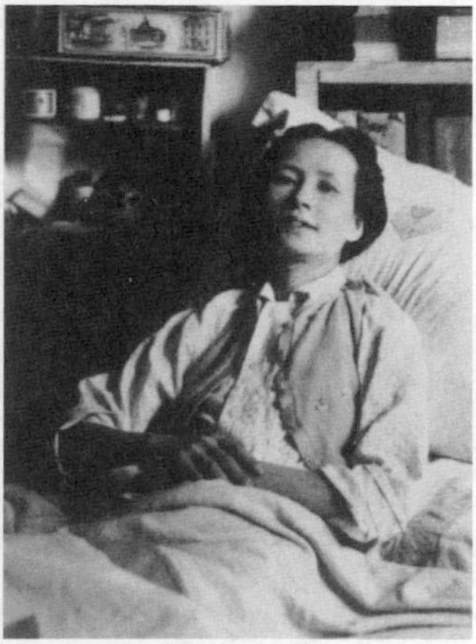

李莊時期，病中的林徽因。

陷，面色蒼白，晶瑩的雙眸也失去了往日的神采，成了一個憔悴、蒼老、不停咳喘的衰弱病人。此前林徽因在寫給西南聯大沈從文的一封信中，曾這樣表露過自己的痛苦、無奈心情：「如果有天，天又有旨意，我真想他明白點告訴我一點事，好比說我這種人需不需要活著，不需要的話，這種懸著的日子也不都是奢侈？好比說一個非常有精神喜歡掙扎著生存的人，為什麼需要肺病，如果是需要，許多希望著健康的想念在我也就很奢侈，是不是最好沒有？」[29]每當看到愛妻躺在病床上痛苦地掙扎時，束手無策的梁思成便在心底呼喊著：「神啊！假使你真的存在，請把我的生命給她吧！」

好在隨著天氣轉暖，林徽因發了幾個月的高燒有點消退，但還是時退時燒，無法穩定，身體仍然十分虛弱，大多數時間都躺在行軍床上，不能隨意行動。這樣的束縛對好動慣了的林徽因而言，無疑是一件莫大的痛苦。自從林徽因病倒後，家中一切事務自然要靠梁思成承擔。由於李莊沒有任何醫療

在空軍學校受訓時的林恆

條件，梁思成只好自己學著給林徽因打針，並學會了肌肉注射和靜脈注射。經過大半年的治療和靜養，人總算掙扎著活過來了，梁思成對妻子的堅強和上帝的眷顧心懷感激。

除疾病折磨和生活艱難，對林徽因的另一個重大打擊就是她弟弟林恆與其他飛行員朋友的不斷罹難。

林徽因與梁思成結婚後，因父親林長民已去世，林徽因的母親與三弟林恆便跟梁家一起生活。「七七」盧溝橋事變時，已考取清華的林恆受抗日愛國風潮影響，毅然決定退學，轉而報考了空軍軍官學校，成為中國空軍航空學校第十期學員。當梁家遷到李莊時，從航校畢業不久的飛行員林恆卻不幸在成都上空與日機作戰時陣亡。

梁思成得知噩耗，沒敢立刻告訴病中的愛妻，自己藉到重慶出差的機會，先悄悄拐往成都，匆匆收殮了林恆的遺體，掩埋在一處無名墓地裡。為了向林徽因的母親（南按：抗戰爆發後，一直隨梁家流亡）隱瞞這一不幸的消息，梁思成歸來，把林恆的遺物——一套軍禮服，一把畢業時由部隊配發的「中正劍」，小心翼翼地包在一個黑色包袱裡，悄悄藏到衣箱最底層。後來老人還是從別人口中得知了真情，悲痛欲絕，當場昏厥。與自己的母親相比，林徽因得此消息，尚能直面慘澹的人生，承受住了感情打擊。據說，梁思成還專門在林恆的遇難地找到了一塊飛機殘骸，帶回了李莊。後來，林徽因把這一塊殘骸掛在自己的床頭，以示緬懷。[30]

林徽因以驚人的毅力強抑住內心的悲慟，但相當長一段時間，梁家仍沒有完全從林恆陣亡的陰影中擺脫出來。老金的到來，使林徽因又想起了林恆，想起了與老金交情極好的年輕的「三爺」（在家中排行第三）。遙想當年北總布胡同時代，林恆還是個蹦來跳去的頑皮孩子，其志向與才識深得老金讚賞，二人經常開一些頗為幽默的玩笑，而老金有時稱呼他為「三爺」。如今「三爺」駕鶴西去，再也無緣相見了。林徽因躺在病床上敘述弟弟的往事與陣亡經過，不覺悲從中來，幾度泣不成聲。坐在一旁靜心聆聽、極富理性的老金，也禁不住為失去這位年輕朋友而潸然淚下。

災難和痛苦形影相隨，但生活還要繼續，梁林夫婦「直面慘澹的人生，正視淋漓的鮮血」，拚上性命，繼續堅持著自己為之追求的學術事業。自離開北平南下，輾轉近萬里逃難，梁家幾乎把全部「細軟」都丟光了，戰前梁思成和營造學社同人調查古建築的原始資料——數以千計的照片、實測草圖、記錄等，卻被緊緊地帶在身邊，完整地保留了下來——這是他們生命中被視為最寶貴的財富。而那些無法攜帶的照相底版，還有一些珍貴文獻，在離開北平前，經老社長朱啟鈐同意，梁思成經手，存進了天津英租界的英資銀行地下保險庫，就當時的情形論，這是最安全的一種方法。意想不到的是，一九三九年夏季，天津暴雨成災，整個市區呈水漫金山之勢，那家銀行的地下室頃刻間變成了一座水庫，營造學社所存資料幾乎全部被毀。消息兩年後才傳到李莊。此時，老金正在梁家，當聽到這個不幸的消息時，林徽因傷心欲絕，梁思成與老金也流下了悲傷的眼淚。

失去的永不再來，劫後餘存的資料使營造學社同人倍加珍惜。在李莊上壩月亮田幾間四面透風的農舍裡，梁思成與劉敦楨、莫宗江、劉致平、陳明達等幾位共患難的同事，在幾張簡易木桌上，攤開他們隨身攜帶的資料，著手系統地總結整理營造學社戰前的調查成果。為實現多年的夙願，梁、林決定用英文撰寫並繪製一部《圖像中國建築史》，以便向西方世界科學地介紹中國古代建築的奧祕和成就，同時草擬《中國建築史》寫作題綱，欲完成一部積聚在心中多年的皇皇大著。淒風苦雨中，夫婦二人一面討論，一面用一臺古老的、劈啪震響的打字機打出草稿，又和他們親密的助手莫宗江一道，用心繪製了大量英漢對照注釋的精美插圖。此時，梁思成的頸椎灰質化病再度發作（南按：留學前在長安街騎摩托車被撞的後遺症），常常被折磨得抬不起頭來，他只好在畫板上放一個小花瓶撐住下巴，以便繼續工作。林徽因只要身體稍感舒適，就半躺半坐地在床上翻閱《二十四史》和各種資料典籍，為書稿做種種補充、修改、潤色工作。床邊那一張又一張粗糙發黃的土紙上，留下了病中林徽因用心血凝成的斑斑字跡。

為了給林徽因積弱的身體增加一點營養，老金從自己微薄的薪水中拿出一部分，到集鎮上買來十幾隻雞飼養，盼望著雞們早日生蛋。老金是圈內知名的養雞能手，早在北平北總布胡同居住時代，就養著幾隻大鬥雞，並有同桌就餐的經歷——當然也有請楊步偉醫生「助產」的笑話。據梁從誡說，大家住昆明的時候，「金爸在的時候老是坐在屋裡寫呵寫的。不寫的時候就在院子裡用玉米餵他養的一大群雞。有一次說是雞鬧病了，他就把大蒜整瓣地塞進雞口裡，它們吞的時候總是伸長了脖子，眼睛瞪得老大，我覺得很可憐。」[31]正是由於老金具有豐富的養雞和取蛋經驗，在李莊集鎮上買來的十幾隻雞長勢很快，不但沒生病，後來還開始下蛋了，這讓所有的人都為之開心。

至於老金自己，他對生活的艱難與當時的通貨膨脹總是用哲學家的觀點加以對待，他對梁林夫婦和營造學社同人們說：「在這艱難的歲月裡，最重要的是，要想一想自己擁有的東西，它們是多麼有價值，這時你就會覺得自己很富有。同時，人最好盡可能不要去想那些非買不可的東西。」[32]老金的「金口玉言」，使正處在艱難困苦中的岩穴寒士們精神上獲得了一絲慰藉。

老金在李莊梁家院中餵雞，身後右立者是梁思成、梁再冰、梁從誡和鄰居家小孩。

就在梁思成緊鑼密鼓地準備《中國建築史》的寫作之時，老金也借營造學社一張白木桌子，開始了他那部多災多難的《知識論》的寫作。按老金晚年的說法，他一生共寫了三本書。比較滿意的是《論道》，寫得最糟的是大學《邏輯》，花時間最長、災難最多的是《知識論》。此書之所以花時間最長，其中有一段頗為離奇的插曲。一九三九年，老金剛到昆明不久，洋洋六七十萬言的《知識論》已基本殺青。有一天，敵機忽來轟炸，整個昆明警報大作，老金正伏案趕寫他那視若生命的《知識論》，且靈感大發，沉醉其中欲罷不能。遲疑間，突然幾聲巨響，房屋晃動，桌椅跳騰，碎片紛飛，塵土飛揚。痴迷的老金晃晃腦袋，抖抖手稿繼續沉浸在忘我的寫作中。待警報解除，師生歸來把他叫出，才看到前房後屋皆被炸彈擊毀，老金於驚恐中喊了聲「幸哉」，自此再也不敢只管書本不管炸彈了。每逢日機轟炸昆明，他便攜帶一只書箱跑到郊外，一邊躲避，一邊埋頭修改書稿。

每次老金跑警報，手提箱裡除了視若生命的《知識論》，還裝著視為自己靈魂的林徽因寫給他的信函。對這一情狀，西南聯大學生汪曾祺在後來撰寫的〈跑警報〉一文中說：聯大師生跑警報時沒有什麼可帶，因為身無長物，一般大都是帶兩本書或一冊論文的草稿。但「有一位研究印度哲學的金先生每次跑警報總要提了一只很小的手提箱。箱子裡不是什麼別的東西，是一個女朋友寫給他的信——情書。他把這些情書視如性命，有時也會拿出一兩封來給別人看。沒有什麼不能看的，因為沒有卿卿我我的肉麻的話，只是一個聰明女人對生活的感受，文字很俏皮，充滿了英國式的機智，是一些很漂亮的Essay，字也很秀氣。這些信實在是可以拿來出版的。金先生辛辛苦苦地保存了多年，現在大概也不知去向了，可惜。我看過這個女人的照片，人長得就像她寫的那些信。」汪後來曾對人明確表示，文中所說的金先生即金岳霖，那位「女朋友」就是林徽因，他對金、林的愛情和愛戀方式十分尊崇和敬仰。

當時昆明人跑警報，大都要把一點值錢的東西帶在身邊。最方便的是金子，最普遍的是金戒指。老金提著林徽因的情書跑了幾次警報後，忽然靈感迸發，非同常人的頭腦立即意識到這樣一個常識性問題：既然有人帶金子逃跑，必有人會丟掉金子；有人丟金子，就會有人撿到金子；我是人，故我可以撿到金子。——有了這個邏輯推理之後，便把這個發財的門道悄悄告訴了幾個學生，讓其如法試行。跑警報時，特別是解除警報以後，幾個學生每次回歸都很留心巡視路面。果真有同學兩次撿到過金戒指，老金聞訊甚為得意。邏輯推理有此妙用，是教這門課的金岳霖此前未曾料到的。

所謂有福必有禍，即「福兮，禍之所伏」也。金岳霖不但沒有料到他的學生撿到金子小發一筆，同樣沒有料到自己那比金子還要寶貴的手稿竟會黃鶴一去不復返。

卻說有一次敵機突至，警報響起，老金同往常一樣挾起藏有林徽因情書與《知識論》手稿的小箱子向郊外逃奔。當趕到城北蛇山安全地帶後，日軍飛機在城內轟炸，他坐在山中一塊石頭上，打開箱子取出書稿埋頭修改。想不到這次日機轟炸的時間比往日長了許多，老金又饑又困，疲憊至極，以書稿當枕頭躺著休息，竟一覺睡過去了。當老金醒來時，天就要黑了。老金坐起身，揉揉眼睛，提起箱子就走，恍惚中書稿被遺忘在山上。等回到宿舍忽然想起時，急忙提了燈籠趕回去尋找，憑著記憶找到白天躲警報的大體方位，卻怎麼也找不到那塊石頭。待第二天再去找，方位是找到了，但只有幾塊石頭和飄蕩的野草在林中閃現，書稿卻蹤跡絕無。這部書稿到底是被風捲走，還是被人撿去保存，或當作垃圾隨手扔掉，或者是老金誤記了方位等等，一切皆不得而知。回到宿舍，在一陣捶胸頓足之後，老金從巨大的懊喪與悲苦中逐漸恢復平靜，痛下決心來個「重開窯子另燒磚」，一切從頭再來。於是，這部後來在學術界影響巨大的哲學巨著於昆明創作了一部分，藉休假的空隙，又攜來李莊繼續寫作。老金之「痴」與「倔」，由於這一離奇事件的發生而傳誦一時。

不過此稿最終完成時，已是七年之後的一九四八年底了（南按：據老金回憶可能是十二月十二日或十四日）。書成之後，老金曾送給大名鼎鼎的哲學家馮友蘭審閱。只是像這樣的專業性特強的書稿，不是一般人能看得懂的，即便是哲學家而不研究這個哲學分支的學者讀起來也感到吃力，有時甚至不知所云，馮友蘭也深有同感。據馮在二十世紀八〇年代發表的一篇回憶文章中說：「他（老金）把定稿送給我看，我看了兩個多月才看完。我覺得很吃力，可是看不懂，只能在文字上提了一些意見。美國的哲學界認為有一種技術性高的專業哲學，一個講哲學的人必須能講這樣的哲學，才能算是一個真正的哲學專家。一個大學的哲學系，必須有這樣的專家，才能算是像樣的哲學系。這種看法對不對，我們暫時不論。無論如何金先生的《知識論》，可以算是一部技術性高的哲學專業著作。可惜，能看懂的人很少，知道有這部著作的人也不多。我認為，哲學研究所可以組織一個班子，把這部書翻譯成英文，在國外出版，使國外知道，中國也有技術性很高的專業哲學家。」[33]

馮友蘭如是說，不排除有自謙和耍一點布袋戲的成分，但細考究起來恐怕多數還是真話，只是以馮當時的地位和名聲，不足以令人特別是當政者聽從，對這部著作的出版與翻譯等建議亦不可能有人理會。事實呈現給世人的是，老金從馮友蘭手中接過《知識論》手稿，稍作修改即寄給商務印書館，時中共軍隊正在圍攻北平城，炮火硝煙中，印書館的職員已是人心惶惶，各自顧命，沒有人再去顧及這部天書一樣的書稿了。直到三十餘年後的一九八三年底，由於政治大氣候的需要，商務印書館才把這部傾盡了老金前後兩次共十餘年心血的結晶——《知識論》印了出來。此時老金已重病在身，和梁思成、林徽因之子梁從誡住在一起，並由梁從誡家人負責照顧這位「金爸爸」的日常生活。當老金病情好轉開始翻看這部大著並回憶寫作的坎坷歲月時，已是一九八四年春天。這年十月，九十歲的老金與世長辭，這部大著遂成哲學家金岳霖學術生涯的一曲絕響。

注釋

1 劉培育主編，《金岳霖的回憶與回憶金岳霖》（增補本）（成都：四川教育出版社，二〇〇〇）。
2 金岳霖，〈優秀分子與今日的社會〉，北京《晨報．副鐫》，一九二二年十二月四—五日。
3 馮友蘭，《馮友蘭自述》（北京：中國人民大學出版社，二〇〇四）。
4 據好事者研究考證，跟金岳霖同來中國的是中文名字叫麗琳的美國女人。此女與老金何時相識相戀記載不詳。外界所知的是，該女子與老金同於一九二四年赴法國遊歷，後又去義大利轉了一圈，於一九二五年十一月來中國同居。在當時看來，麗琳屬於婦女界的另類，她倡導不結婚，但對中國的家庭生活又極感興趣，表示以同居的方式體驗中國家庭內部的生活與愛情真諦，於是便和老金在北京悄然蟄住下來。對於這段生活，當時北京學界許多人都知此事並識其人。徐志摩與麗琳同樣相識，他在一九二八年十二月十三日由上海到北平後，給陸小曼寫的信中，對此事有所披露：「老金他們已遷入（凌）叔華的私產那所小洋房，和她娘分住兩廂，中間公用一個客廳……麗琳還是那舊精神……」（高恆文、桑農，〈徐志摩、凌叔華八寶箱事件之真相〉，《中華讀書報》，二〇〇〇年六月七日）至於這位來自美國的麗琳，因何事、何時離開了老金回歸家鄉，並黃鶴一去不復返，在已發現的文字中少有記載，而當時的學界中人又為愛護老金的面子計，對此事大都諱莫如深，後人也就很少知曉了。

5 金岳霖，〈要說說「湖南飯店」，也就是我的客廳〉，收入劉培育主編，《金岳霖的回憶與回憶金岳霖》（增補本）（成都：四川教育出版社，二〇〇〇）。

6 吳荔明，《梁啟超和他的兒女們》（上海：上海人民出版社，一九九九）。

7 韓石山，《尋訪林徽因》（北京：人民文學出版社，二〇〇一）。

8 陳從周，《徐志摩年譜》一九二二年徐氏離婚條下按：「是年林徽因在英，與志摩有論婚嫁之意，林謂必先與夫人張幼儀離婚後始可，故志摩出是舉。他對於徽因傾倒之極，即此可見。而宗孟（林長民）曾說：論中西文學及品貌，當世女子捨其女莫屬，後以小誤會，兩人暫告不歡。志摩就轉舵追求陸小曼，非初衷也。」

9 高芾，〈東安市場的一次車禍〉，《南方周末》，二〇〇三年二月二十七日。

10 梁從誡，〈倏忽人間四月天〉，《不重合的圈：梁從誡文化隨筆》（天津：百花文藝出版社，二〇〇三）。

11 陳學勇，〈林徽因與李健吾〉，《文匯報》，二〇〇一年十二月六日。

12 劉培育主編，《金岳霖的回憶與回憶金岳霖》（增補本）（成都：四川教育出版社，二〇〇〇）。

13 文潔若，〈林徽因印象〉，《隨筆》一九九二年一期。

14 〔美〕費慰梅（Wilma Fairbank）著，成寒譯，《中國建築之魂：一個外國學者眼中的梁思成林徽因夫婦》（上海：上海文藝出版社，二〇〇三）。金岳霖與徐志摩相識於美國哈佛大學並成為好友。一九一八年，老金與徐志摩、張奚若、王伯衡等人共同發起創立《政治學報》，但該報僅出版三期即停辦。一九二一年三月，金岳霖來到柏林留學，與吳經熊一起為徐志摩和張幼儀的協議離婚做證人。一九二六年十月三日，徐志摩與陸小曼結婚，金是徐的證婚人。一九二八年年末，金岳霖與徐志摩、張彭春、瞿菊等人赴江蘇、浙江兩省考察，為實踐印度詩人泰戈爾所謂的農村建設計畫選擇實驗區。後來一度選定浙江，但終因太過於烏托邦式的空想而流產。

15 梁從誡，〈倏忽人間四月天〉，《不重合的圈：梁從誡文化隨筆》（天津：百花文藝出版社，二〇〇三）。

16 徐志摩遇難後，之所以由沈從文和梁思成去收屍，與沈和徐的深厚情誼有關。按沈從文的說法，徐志摩是他走上文學之路的導引者兼「恩人」。徐遇難時，沈正在青島大學任教，因而由青島直接趕赴濟南與梁思成等人會合料理善後是合理的。對徐之死因，沈在給好友趙家璧的信中說道：「徐南去，主要因小曼不樂意去北京，在上海開支大，即或徐先生把南京中央大學和北大教書所得薪金全寄上海，自己只留下三十元花銷，上海還不夠用，因乘蔣百里先生賣上海愚園路房子時，搞個仲介名義，簽了點字，得一筆款給小曼，來中多留了幾天，急於搭郵件運輸機返北京，則因為當天晚上林徽因在協和小禮堂為外國使節講中國建築藝術，急於參加這次講演，才忙匆匆地搭這次郵件運輸機回北京。到山東時（白馬山只隔濟南二十五里）因大霧，飛機下降觸及山腰，失事致禍，一切都這樣湊巧，而成此悲劇」（陳從周，〈記徐志摩〉，《陳從周散文》〔上海：同濟大學出版社，一九九九〕）。

沈的說法大致不差，更具體的細節他可能不太明瞭，據山西作家韓石山對這段歷史事實研究後說：徐離北京是搭乘張學良專機飛南京的，當時張以全國陸海空軍副總司令的身分駐節北京，顧維鈞幫張學良辦外交，常乘坐張的專機在南京與北京之間飛行。此次是南京政府要顧維鈞代理外交部長，顧仍乘張學良專機赴寧，徐志摩與顧友善，藉機一道前行。而「從南京返回北平，徐志摩原打算仍乘坐張學良的專機，但顧維鈞一時還不能回去，他便決定不搭乘了。正好離開上海時，他順便將去年保君健（航空公司財務科長）贈給他的免費機票帶在了身上，經聯繫後獲准第二天一早可搭乘航空公司的郵政飛機。徐志摩之所以要匆匆趕回北京，前面說了，是因為北大的教員有活動，要一起表示抗日的精神，但也不能說，與林徽因當天下午要在協和小禮堂做報告，給外國人講中國的建築藝術無關。十一月十九日早八時，徐志摩乘『濟南號』飛機從南京明故宮機場起飛。十時十分，飛機抵達徐州，徐志摩在機場發信給陸小曼，說頭痛不欲再行，但最終還是又走了。十時二十分，飛機繼續北上，及飛抵濟南附近黨家莊時遇大霧，觸開山山頭，機身著火墜毀，徐志摩遇難身亡，終年三十五歲」（韓石山，《悲情徐志摩》〔北京：同心出版社，二〇〇五〕）。關於徐志摩墜機事件，十一月二十日《北京晨報》以〈京平北上機肇禍，昨在濟南墜落機身全焚，乘客司機均燒死，天雨霧大誤觸開山〉為題，做了如下報導：

〔濟南十九日專電〕十九日午後二時中國航空公司飛機由京飛平，飛行至濟南城南三十里黨家莊，因天雨霧大，誤觸開山山頂，當即墜落山下，本報記者親往調查，見機身焚毀，僅餘空架，乘客一人司機二人，全被燒死，血肉焦黑，莫可辨認，郵政被焚後，鈔票灰彷彿可見，慘狀不忍睹……

徐志摩遇難後，社會議論蜂起，哀悼者有之，慨歎者有之，補充各種作料添油加醋以供飯後談資者有之。學人雅士有興文追祭者，絲竹之輩有為之作詩吟賦緬懷者，有謂「徐先生之死，等於除東三省以外，我們又失去了一省」者（鄧雲鄉，《文化古城舊事》〔北京：中華書局，一九九五〕），有大談徐志摩與林徽因、陸小曼之「三角關係」者。如此這般吵吵嚷嚷，談來說去，直到國民黨敗退臺灣，新中國成立，這個老幼皆宜的消遣話題才暫時沉寂。想不到幾十年之後，隨著政治解凍，思想開禁，文化復昌，徐志摩再度成為大眾明星和巷里坊間的熱門話題，尤其是與此相關的電視劇《人間四月天》的出籠與熱播，如同火上澆油，再度吊起了億萬觀眾的胃口，從而引起了一場圍繞主人公是是非非的論爭。媒體與網友的評論自不待言，圍繞著主人公林徽因、梁思成、徐志摩等人故事情節的真實與否，徐家和梁家後人都捲了進來，予以激烈抨擊……

一九九三年四月，梁從誡在為某出版社出版的《徐志摩林徽因詩集》而寫的序文〈空谷回音：關於這本詩集的作者——林徽音〉中說道：「關於林、徐之間的感情關係，幾十年來都是社會上一些人喜歡議論的話題。但也可以說，這是一個帶有悲劇色彩的故事。其悲劇性就在於：作為詩人，他們在志趣上是那樣投合，徐對林又是那樣的一往情深，但兩人卻不僅始終無緣，而且事實表明，他們本來就不可能走上同一條生活道路。可以說，徐志摩的精神追求，林徽因後來是完全理解的，而反過來，林徽因所追求的，卻未必都能得到徐的理解，更談不到專業性的支持。從古建築研究和美術創作的角度看，林徽因和梁思成是天生的搭檔。雖然梁思成不搞文學，但抗戰前那幾年，林徽因在古建築研究方面的成就不僅沒有妨礙她的文學活動，而且實際上兩者相得益彰，使她在兩個方面都得到了相當輝煌的成績。但如果真是徐志摩和林徽因生活到了一起，那麼，我們就肯定不會有——如最後她的墓碑所銘刻的——『建築師林徽因』了；而生活裡沒有了建築和美術活動，又會有我們所認識的這個『詩人林徽因』嗎？回顧徐志摩的一生，可以看出，他是一個易受情緒支配，充滿幻想，有時甚至放蕩形骸之外的浪漫主義者；而林徽因在精神上卻比他保守，比他更重務實。她在少年時代就一心要以『把美術創作與日常生活需要結合起來』的『建築學為自己的終身事業』。說明了她氣質上和徐詩人之不同。」又說：「徐志摩的詩人生涯，可以說是倫敦邂逅林徽因之後開始的，在隨之經歷了巨大的感情波瀾和生活挫折之後，他生命之路的終結，竟又是為了趕去聽林徽因關於古建築的一場學術報告。這是不幸的巧合呢還是天意？」（此文後來載梁從誡所著的《不重合的圈》一書）

文中的語氣透出，梁從誡相信徐志摩被燒死，是冥冥之中有一隻上帝之手在操縱的，徐之死就是上蒼的旨意。說得更明瞭一點，那就是——徐志摩必死。

這股暗含抑徐揚梁（思成）的情緒到了數年之後，隨著電視劇《人間四月天》的播出，異常激烈地噴射而出，一時引得眾人側目，紛紛駐足觀望。梁從誡在答媒體提問時憤然說道：「我一直替徐想，他在一九三一年飛機墜毀中失事身亡，對他來說是件好事，若多活幾年，對他來說更是個悲劇，和陸小曼肯定過不下去。若同陸離婚，徐從感情上肯定要回到林這裡，將來就攪不清楚，大家都將會很難辦的。林也很心疼他，不忍心傷害他，徐又陷得很深。因而我一直覺得，徐的生命突然結束，也算是上天的安排」（《文藝報》，二〇〇〇年五月六日）。

梁從誡的憤慨之言，立即招來了徐志摩粉絲們的反「憤慨」，並很快做出了回擊，韓石山在〈梁從誡不該這樣說〉一文中，對梁指責道：「當晚輩的說這樣的話，實在太不應該了。為了自己的家聲，竟說他人燒死是好事，不像個有文化的人說的話……不看這些話，人們還不知道一九三一年在北平，徐林之間的感情已發展到這樣危險的地步」（韓石山，〈林情徐愛有多深〉，《尋訪林徽因》〔北京：人民文學出版社，二〇〇二〕）。

在旁觀者的眼裡，梁從誡與韓石山的話看起來各有道理，但似乎又缺失了點什麼。當年海涅在他的名作〈兩個波蘭人〉中曾寫過這樣的詩句：「為祖國犧牲是很好的，可要是活著那就更好了。」或許出於各種考慮，或許一時情緒失控，梁從誡的言論顯然有些過激了。而韓石山與那些徐志摩的超級粉絲們，在梁從誡一再否定徐林之愛的情況下，非要把「徐林愛情」進行到底。再加上電視劇的火上澆油，整個社會輿論就變得硝煙瀰漫，烽火連天了。假如不存偏見，對這段歷史和歷史人物是不是可以這樣看待：不管徐與林之間是有愛還是無愛，如套用海涅的詩句，不妨理解成「為了避免雙方日後更大的苦痛，徐志摩適時被燒死是很好的，可要是活著那就更好了」。

除了圍繞徐志摩該不該被燒死，是燒死好還是活著更好的論爭外，梁從誡對電視劇《人間四月天》的公開批評中，還說把梁思成演得窩囊了一些。韓石山則針鋒相對地認為「這是做兒子的還沒完全了解父親。正因為梁思成深愛著林徽因，也正因梁思成是當時新舊交替之際接受西方文明的君子代表式人物，所以他對徐志摩表現得特別寬厚仁慈，包括後來同樣地對待金岳霖先生，他的得體的言行絕非窩囊，而是知識文明在身上的崇高體現，是海闊胸懷」。梁從誡則堅持認為，若是林當年真的從了徐，那麼林徽因只是一個詩人的林徽因。而從了梁思成，結果是林徽因既是詩人的林徽因，又是建築學家的林徽因，可謂一舉兩得矣！對這一說法，社會輿論各有不同的看法，贊成與否定各有各的理由。否定者說，若按以成什麼名與什麼家為座標的邏輯去推理，似乎離「愛」與「愛情」偏遠了一些。有贊成者說當年的邏輯大師金岳霖曾公開表達過此意，認為梁思成是林氏最佳的人選，徐志摩只是個不自量力的醜八怪而已。

金岳霖確實說過林與梁結合比與徐結合好的話，但要說把徐描繪成一個醜八怪，似乎是後人添油加醋的結果。有研究者陳宇與陳鍾英二人，曾於一九八三年對金岳霖進行過一次針對性的訪問，從當時的談話記錄可知金氏晚年對徐志摩的評價：

> 我們（按：指採訪者陳宇與陳鍾英等人）取出另一張林徽因相片問他。他（按：金岳霖）看了一會兒回憶道：「那是在倫敦照的，那時徐志摩也在倫敦。——哦，忘了告訴你們，我認識林徽因還是通過徐志摩的。」於是，話題轉到了徐志摩。

金岳霖所說的大意是：徐志摩在倫敦邂逅了才貌雙全的林徽因，不禁為之傾倒，竟然下決心跟髮妻離婚，後來追林徽因不成，失意之下又掉頭追求陸小曼。為此，金岳霖談了自己的感觸：「徐志摩是我的老朋友，但我總感到他滑油，油油油，滑滑滑——」又說：「當然不是說他滑頭。」

經老金解釋，採訪者才領會，金岳霖是指徐志摩感情放縱，沒遮沒攔。老金接著說：「林徽因被她父親帶回國後，徐志摩又追到北京。臨離倫敦時他說了兩句話，前面那句忘了，後面是『銷魂今日進燕京』。看，他滿腦子林徽因，我覺得他不自量啊。林徽因、梁思成早就認識，他們是兩小無猜，兩小無猜啊。兩家又是世交，連政治上也算世交。兩人父親都是研究系的（南按：是一個政治派別，非某學院某系）。徐志摩總是跟著要鑽進去，鑽也沒用！徐志摩不知趣，我很可惜徐志摩這個朋友」（陳宇，〈金岳霖憶林徽因〉，《傳記文學》一九九九年四期）。說這話時，金岳霖已八十九歲高齡（翌年去世），和梁從誡一家住在一起，梁家後人以尊父之禮相待，呼曰「金爸」。為此，金岳霖頗感欣慰。

關於老金晚年對徐的這段評價，若記錄無誤，顯然是老金帶有抑徐揚梁的感情色彩，同時似乎也忘記了他曾是徐、張離婚的鼓動者與簽字見證者，也是徐志摩與陸小曼結婚的證婚人這段陳年舊事了。

17 林洙，《困惑的大匠：梁思成》（濟南：山東畫報出版社，一九九七）。

18 同前注。

19 劉培育主編，《金岳霖的回憶與回憶金岳霖》（增補本）（成都：四川教育出版社，二〇〇〇）。

20 同前注。

21 同前注。

22 汪曾祺，〈金岳霖先生〉，《讀書》一九八七年五期。

23 同前注。

24 馮友蘭，〈懷念金岳霖先生〉，轉引自余斌，《西南聯大．昆明記憶》（昆明：雲南民族出版社，二〇〇三）。

25 張斌峰、何卓恩編，《殷海光文集》（卷四．書信與隨筆篇）（武漢：湖北人民出版社，二〇〇一）。

26 同前注。

27 殷海光，原名殷福生，一九一九年十二月出生在湖北省黃岡縣（今團風縣）回龍山鎮殷家樓村，他的伯父殷子衡係辛亥革命志士、日知會骨幹。殷海光七歲隨父母遷到本縣上巴河鎮，一九二五年入葉家瓦小學（私塾）念書，一九三〇年到武昌上初中。一九三三年念高中時與著名哲學家、邏輯學家金岳霖通信，並與金討論有關邏輯學問題，得到老金賞識，這在殷海光的思想深處播下了自由主義的種子。上高中二年級時，殷海光開始在報刊上發表文章，並翻譯了一部四十萬字的譯著《邏輯基本》，後在正中書局出版。一九三八年，殷海光在金岳霖幫助下考入西南聯合大學，並成為哲學系的高材生。在西南聯大，殷接收了五四時代知識分子為自由、民主和科學奮鬥的思想洗禮。一九四二年，殷海光從西南聯大畢業，再以優異成績考入清華大學哲學研究所，專攻西方哲學和西方邏輯學。一九四四年參加青年遠征軍，被派往印度西多學習汽車駕駛技術，一九四五年因不適宜當軍人提前退伍，在重慶獨立出版社任編輯。其間，在《掃蕩報》發表了大量政論文章，被國民黨要人梁寒操、陶希聖看中，調入《中央日報》任主筆，同時兼任南京金陵大學副教授。在《中央日報》任職期間，殷撰寫了大量社論、評論，出版了多部理論著作。

據西南聯大學生何兆武說：殷福生是個很怪的人，當年在聯大時，每次上課發言總是滔滔不絕，做慷慨陳詞狀，「用北京話來講，還挺『唬人』的，而且他講完了之後還罵人。記得有一次他罵胡適，說：『胡適這個人一點哲學都不懂！』」罵了胡適，再跟著國民黨罵共產黨，如國民黨說中共在延安「游而不擊」「擺出一副超然的姿態」等，他也跟著狂罵一氣。後來跟著國民黨跑到臺灣，又狂罵國民黨。同為西南聯大哲學系學生、金岳霖愛徒的王浩曾對何兆武說：「其實殷海光不懂哲學，不過他很有口才，而且是個政治宣傳家。」後來在臺灣專門宣傳政治自由主義。晚年的時候，國民黨等於把他軟禁起來，五十幾歲得癌症死去了（何兆武口述，文靖撰寫，《上學記》〔北京：生活・讀書・新知三聯書店，二〇〇六〕）。

一九四九年春，殷海光去臺灣，繼任臺灣《中央日報》主筆，主編《青年》周刊，並兼任《民族報》總主筆。一九四九年八月，因受到不同政見者的攻擊，憤然辭去臺灣《中央日報》主筆職務，轉入臺灣大學任教。同年十一月與胡適、雷震等人一起創辦《自由中國》半月刊，任編委兼主筆。一九五四年，作為訪問學者赴哈佛大學考察、研究、講學一年。一九五五年，殷回到臺灣，一面在臺大任教，一面為《自由中國》和香港《祖國》周刊撰稿。一九六九年，被美國哈佛大學聘為研究員，並邀請去美國，但遭到蔣介石、蔣經國父子阻攔。由於殷海光不斷在報刊發表批評、揭露臺灣政治當權者的文章，令當局極為不滿，蔣氏父子利用其控制的黨、政、軍、特及學術界一幫鐵桿追隨者，對殷做「政治思想工作」，勸其「改邪歸正」，不要再搞「歪理邪說」，做毒害「黨國」菁英和人民大眾之事。想不到殷海光敬酒不吃吃罰酒，表示要以自己五尺之軀與國民黨政權對抗到底。當局對其所作所為保持了最大克制，只對其採取了敲山震虎和小打小鬧的所謂「整訓」。

儘管殷海光不識時務，整天像喝醉了酒的莽漢一樣，兩腿打晃，四處叫罵攻擊臺灣的蔣氏政權及屬下臣僚，但念及殷氏作為一個知識分子的地位和影響，蔣政權恨之入骨，但始終保持克制而沒有採取措施傷其皮肉。只是殷海光本人總覺得不爽，他認為一切政治制度和文化教育應該按照他的性子和理想來鬧騰，只有按他的理想行事，才是最高境界和臺灣人民之福。遺憾的是，當局置之不理，惱怒時還來一番輿論鞭撻，或施以小小顏色。殷海光在悲憤交加又無可奈何中疾病纏身，最後身患胃癌不治，於一九六九年九月六日去世，終年五十歲。

殷氏去世後，其在臺大時的學生有一個名叫李敖者，多次撰文為殷氏喊冤叫屈，以鳴不平。同時又不斷地為自己的牢獄之災大放悲聲，整日連哭加叫地大放厥詞，天上地下地痛罵蔣氏父子及其列位臣僚，並不時擺出一堆垃圾狀的事例來向圍觀的看客們證明對方如何卑鄙渺小頑劣，自己如何「高大全」等等。其實李氏應該知道古人所云「好漢死在牢裡」的道理，他是身在福中不知福，李敖與其師如此鬧騰竟沒能死於牢中，更沒有弄個「秋後問斬」或「斬立決」，實為萬幸。殷海光活到了半百，據說李敖是青出於藍而勝於藍，已活到現在（七十五歲。編按：李敖逝世於二〇一八年三月十八日）尚未登鬼錄，且還在六十歲時生一小兒。

上述所論，並不是無根無據、無憑證、無事實的「三無」式信口開河，故意貶低殷、李師徒並指責其身在福中不知福的稟性。一九五二年四月十七日，金岳霖在《光明日報》發表〈批判我的唯心論的資產階級教學思想〉一文，曾有這樣的話：「我培養了只做概念遊戲，不關心政治，甚至於反動的人。例如殷福生就是我所供給所培養的一個反動分子，他現在在臺灣為蔣匪幫服務。」又說：「殷福生這個人，我非常不贊成他，他為什麼要反對中國共產黨，逃到臺灣？」當然，除殷海光之外，還有老金早年得意弟子沈有鼎和王浩也與殷氏一道受到了指責：「我也有資產階級天才教育觀點，例如沈有鼎先生在概念遊戲方面有特別的能力，我就只看見他的這一方面，他受了我的毒素，一直到現在還嚴重的脫離實際……天才教育觀點在這一方面使我特別的捧王浩，他現在仍然留在美國大學裡，為美帝國主義服務。」

金岳霖如是說，內心並沒有傷害殷海光、沈有鼎、王浩輩的故意，其目的還在於貶其自身，以便在政治上過關。但從另一側面透露出那個時代政治形勢的險惡。

據說，一九四八年由英自動返國並留在中國科學院學部（後進社科院哲學研究所）的沈有鼎，在新中國成立後政治運動開始不久就主動閉上了嘴巴，僥倖躲過了一劫。王浩於一九四九年前赴美教學、定居，日後成為世界公認的傑出的華裔哲學家。中美關係解凍後，王浩每次重回祖國，都不忘去看望一下他的恩師老金。而殷海光對恩師更是投入了深情的眷戀。殷重病之後，臺北中華電視臺曾經採訪過他，問一生中還有什麼未了的心願。殷答：「我沒有什麼心願了，唯一讓我遺憾的是沒能再見一下我的恩師金岳霖先生。五十年了，我很想念他。你們將來有機會去大陸，請替我問候一下，就說他的學生殷福生很想念他。」兩個月以後，殷海光撒手人寰。海峽兩岸民間交往解凍後，臺北中華電視臺記者來到北京並採訪了已近九十歲的老金。當記者問金岳霖是否還記得過去曾經教過一個叫殷福生、後來改名殷海光的學生，老金說：「我太老了，教過的學生很多，記不得了。」對方說：「可是您的學生還記得您，對您給他的幫助念念不忘。」金岳霖說：「都是過去的事情了，還提他幹嗎！」

這位記者走後，北大哲學系主任湯一介（湯用彤之子）曾專門問過老金，說金先生您的記性那麼好，難道真的忘了這個叫殷福生的學生了嗎？老金笑了笑說：「沒有。殷海光在海內外有一點小名氣，這是他自己努力的結果。他原來的名字是殷福生，真難為他還能記得我。他是湖北人，我那時年輕，孤身一人，每月有幾百塊大洋，我又用不完，殷福生很窮，我資助過幾十個哲學系的學生。我從來沒有想過讓他們回報我。我對殷海光好，不是為了他將來報答我。一個人真心地幫助別人，不是為了別人怎麼回報。善之為善，不求回報，這才是善的原意啊！」

幾年以後，殷海光的學生、臺灣大學教授陳鼓應應邀來北京大學訪問講學，藉機拜見金岳霖，說是十多年以前，受自己的老師——臺大教授殷海光之託，來看看太老師。遺憾的是，此時老金已經去世了。

28〔德〕王安娜著，李良健、李希賢校譯，《中國：我的第二故鄉》（*Ich kämpfte für mao*）（北京：生活‧讀書‧新知三聯書店，一九八〇）。

29〔美〕費慰梅（Wilma Fairbank）著，成寒譯，《中國建築之魂：一個外國學者眼中的梁思成林徽因夫婦》（上海：上海文藝出版社，二〇〇三）。

30 徐志摩在濟南白馬山墜機身亡時，按照林徽因的叮囑，前去收屍的梁思成專門帶回一小塊失事飛機的殘骸。此後的歲月，這塊飛機殘骸一直掛在林徽因臥室的牆壁上，以表達對徐志摩的永久懷念。就是這塊飛機殘骸，令好事者視為林愛徐的「鐵證」。有一名叫苗雪原者，在《書屋》二〇〇一年一一期上，發表了〈傷感的旅途——徐志摩情愛剖析〉一文，著重提出梁思成是否真正愛著自己的妻子林徽因的問題。經過苗氏的一番論證，認為：「日後成為中國第一流建築大師的梁思成與林徽因看起來郎才女貌十分般配，實際上梁與林的婚姻本質上極為不幸。梁在徐生前一直與之保持著良好的朋友關係。徐飛機失事後，親赴出事地點參與料理善後事宜，並給林帶回失事飛機殘骸上燒焦木片一塊（南按：實際是鐵片）。但林徽因的反應一定令梁始料不及，林竟將此木片懸掛於臥室正中央，並一直掛了二十四年，直至辭別人世。深知徐林過去的交往，對其也並非沒有一點本能的戒心，但既然能夠主動帶回存留著詩人印跡的遺物，說明梁此舉是在信任徐、林朋友關係的基礎上，出於尊重和理解妻子的感情而為之的。但梁在徐死後才驚覺林與徐之間的關係絕非友誼所能包容——詩人是林心中永遠的痛，占據著任何人都無法占據的位置——而這在徐死前，一直超出梁的理解力。至於梁是否真正愛著自己的妻子林徽因呢？由於缺乏足夠的史料，難以下斷語。也許在徐死前是愛的，由於父蔭而得到林的梁或許出於對林所承受的痛苦而心懷內疚，對林的舉動加以遷就包容，但這並不成為永恆的愛的充分證明。幾十年如一日懸掛於臥室牆壁中央的焦木片所包蘊的含義遠遠超出梁最初的定義——它以遲到的勇氣寄託了始而柔弱終而剛強的女詩人對不幸婚姻的無言控訴和對意中人無限的深情。在它面前，梁作為一個男人，一個丈夫的尊嚴，及其對妻子的感情直至整個婚姻，在每一天每一晚都將受到挑戰、考驗和折磨。」

為了證明梁林之間沒有愛情，苗氏舉例加以說明：「林徽因於一九五五年辭世後僅一年梁就有了新夫人林洙的事實，或許能夠說明一切。就人之常情而言，即便是緣分平常的夫妻，幾十年的共同生活，也會產生相濡以沫的感情，在如此短的時間內追思亡靈之痛尚未平復，遑論再議迎娶新婦？二人貌合神離的婚姻其裂痕一至於此！」

苗氏此說一出，在坊間與學術界引起了不小的波瀾，林徽因與徐志摩、梁思成的關係一時甚囂塵上，又成為新一輪飯後談資。苗氏之說，看似獨闢蹊徑，另立門戶，成一家之言，但細一考察又不盡然。第一，梁娶新夫人林洙與林病逝「僅一年」明確有誤。從當事人留下的材料看，梁與林洙相愛是在一九五九年之後，結婚是一九六二年，此時離林徽因去世已七年矣（參見林洙，《困惑的大匠》，另，作者曾親自找林洙證實過）。如此時間間隔，無論對生者還是死者都是可以說得過去的。第二，如果說林在臥室懸掛徐志摩遇難飛機殘骸是林愛徐的「鐵證」，那麼林在李莊懸掛弟弟林恆罹難飛機殘骸之舉則說明了什麼？

對於林收集飛機殘骸的真偽，有一位名叫陳宇的徐志摩研究者曾專門到古城西安採訪過林徽因的堂弟、已由大學講堂退休在家的教授林宣。據林宣說，林徽因跟他情同手足，幾乎無所不談。林宣與徐志摩也很熟，當年林徽因在香山養病，就是林宣陪徐志摩不斷看望、照顧林徽因的。已進入耄耋之年的林宣對陳宇回憶說，「他（南按：指林宣）陪徐志摩下了香山後不久，就聽到徐志摩再次北上飛機失事。關於林徽因保存飛機殘片，確有其事。但不是一塊，而是兩架飛機的兩塊殘片，並且都是由梁思成去取回的。一次是抗戰期間，林徽因當飛行員的胞弟林恆在對日空戰中陣亡，梁思成參與後事處理帶回的。另一次即徐志摩出事時，林徽因叫梁思成馬上趕去濟南取回的。林宣說兩塊殘片他都見過，有燒焦的痕跡，都用黃綾紮著，放置地方並無定所」（陳宇，〈一路解讀徐志摩〉，《傳記文學》一九九九年一二期）。

如果林宣的回憶無誤，這兩塊「鐵證」唯一合理的解釋是，林只把此物視作一種親情、友情的紀念性標誌，並不專含男歡女愛的愛情之「愛」。這一標誌儘管不能如梁從誡所說徐、林二人一生都沒有男女之愛的「愛」，但至少可說明所謂的「鐵證」並不太「鐵」。至於梁思成到底愛不愛林徽因，就如同鞋子穿在腳上，只有自己知道合不合適一樣，也只有梁思成自己心裡明白，外人看到的都是表象，不足為憑。據梁思成的後續夫人林洙在《困惑的大匠》中記載，梁思成生前針對社會上流傳的「老婆是人家的好，文章是自己的好」一語，曾對人說過「文章是老婆的好，老婆是自己的好」，此語是否可代表梁氏的心境，或許較為複雜，有待識者明察，但絕非苗氏所說的如此簡單則是肯定的。

31 梁從誡，〈北總布胡同三號——童年瑣憶〉，《不重合的圈：梁從誡文化隨筆》（天津：百花文藝出版社，二〇〇三）。

32〔美〕費慰梅（Wilma Fairbank）著，成寒譯，《中國建築之魂：一個外國學者眼中的梁思成林徽因夫婦》（上海：上海文藝出版社，二〇〇三）。

33 馮友蘭，〈懷念金岳霖先生〉，轉引自余斌，《西南聯大．昆明記憶》（昆明：雲南民族出版社，二〇〇三）。

第十章

大愛無言

一、狀元府走出的才子

日子一天天過去，當老金休假期滿，準備離川回昆，傅斯年又攜妻帶子離開重慶來到李莊。傅氏的到來，對正處於艱難困苦中的梁家與史語所同人無疑是一個喜訊。

此次傅斯年返李莊，除對史語所事務放心不下，主要原因是身體狀況已糟糕得不容許他再行代理中央研究院總幹事一職了。傅氏身體垮得如此之快，除原有的病根與終日奔波忙碌，與他突遭老母病故有很大關係。

傅斯年父親早逝，家中全靠年邁的祖父與母親支撐。到了傅斯年祖父傅淦這一代，當年的狀元府已經衰敗，兄弟們分家時，處世淡泊的傅淦只要了一點末等房產安身度日，因而到了傅斯年成長的年代，家中就顯得寒酸落魄，生活困窘。如有急事用錢，告貸無門，傅母只得忍心含淚命人從頹垣斷壁上拆一些磚瓦變賣。因住房破損又無錢修理，每逢風雨來臨，屋頂漏水，傅母只好懷抱幼子孟博，頭上撐一把布傘遮風擋雨，生活十分艱難。按當地風俗，身為長子的傅斯年，在十六歲讀中學時，就由祖父和母親做主，把聊城縣紳士丁理臣之女丁蘸萃姑娘一頂花轎抬到家中拜堂成親。年輕的丁姑娘雖略通文墨，號稱聊城第一美女，但由於長期生活在鄉下小城，處世態度和生活方式與傅斯年反差極大。隨著年齡的增長和系統接受與中國傳統教育不同的另類教育，傅斯年對自己的婚姻越來越感到不快，對傳統的「父母之命，媒妁之言」的婚姻形式更是深惡痛絕。他與丁媳婦長期分居，既已失了共同的志趣，

傅斯年家族宅院（作者攝）

感情更是無從談起。傅氏為此悲憤滿腔，想擺脫這種困境，又如同老虎吃天無處下口，轉來轉去總不得要領，令他苦惱至極。

當他留學歐洲歸來，以一隻全身散發著海腥味的學術「大鱷」重新爬上遠東之岸時，情況就大不相同了。傅斯年挾西洋之學以自重，再也不管中國社會瘟疫一樣繁衍盛行的那一套亂七八糟的「吃人」禮教，遂下定決心要與母親娶的那位「兒媳婦」一刀兩斷。於是，在一九三四年那個酷熱的夏季，傅斯年擦著滿頭大汗，咬牙掏出了一筆「青春損失費」，總算與丁媳婦在濟南協議離婚。同年八月五日，與俞大維的小妹俞大綵在北平共結百年之好。

出身名門官宦之家的俞大綵，幼沖之年即接受新式教育，及長，求學於上海滬江大學，長於文學，尤善英文，且寫得一筆好字，做得一手絕妙的小品文章。得益於傅斯年留德同學俞大維從中牽線搭橋，傅氏才與比自己年輕近十歲的俞大綵締結連理。一九三五年九月，兒子傅仁軌出生，傅斯年把在老家聊城的母親接到北平與自己一起生活。據說，傅斯年平時對母親十分孝順，雖已成了學界政界呼風喚雨的人物，且霸氣十足，不把任何人放在眼裡，但偶遇母親發脾氣，乃立即長跪不起，聽任母親斥責，直到老太太發完脾氣，讓他起來方才站起，或是對母親解釋，或是好言安慰。因傅母患高血壓病，忌吃豬肉，作為兒媳的俞大綵為照顧婆母身體，不敢給她食肉，而傅母卻偏喜好這一口，且極愛好吃肥肉，於是矛盾不可避免。晚年的俞大綵曾回憶說：

孟真侍母至孝，對子侄輩，也無不愛護備至。太夫人體胖，因患高血壓症，不宜吃肥肉，記得有幾次因我不敢進肥肉觸怒阿姑，太夫人發怒時，孟真輒長跪不起。他竊語我云：「以後你給母親吃少許肥肉好了。你要知道，對患高血壓症的人，控制情緒，比忌飲食更重要，母親年紀大了，別無嗜好，只愛吃肉，讓她吃少許，不比惹她生氣好麼？我不是責備你，但念及母親，茹苦含辛，撫育我兄弟二人，我只是想讓老人家高興，盡孝道而已。」[1]

抗日戰爭全面爆發後，南京空襲日頻，危在旦夕。傅斯年由於領導中央研究院各所的搬遷事宜，無暇顧及家庭，更無力陪侍老太太避難同行，特委託一位下屬和兩個侄兒負責保護母親轉移至安徽和縣暫住。南京淪陷，傅氏輾轉來到重慶後不久，兩個侄兒來見，傅斯年以為家人順利脫險，十分高興，當侄兒述說祖母沒有逃出來時，傅斯年大怒，當場打了侄兒兩個耳光，又各自踹了兩腳。隨後，千方百計令人把母親於戰禍連綿的安徽接了出來，輾轉二十餘天由陸路逃至漢口，最後抵達長沙。斯時老太太年已七十餘歲的高齡，傅斯年每言及老母逃難事，總懷歉疚之情，他曾對同事說：老母「幸能平安至後方，否則將何以面對祖先？」後來，史語所由長沙遷昆明，傅斯年把母親接到重慶，安置在歌樂山下一個較為安全的地方，與弟弟傅斯嚴（孟博）一起生活，費用全部由傅斯年負擔。

傅氏老母體胖，加之為躲避戰火長年奔走勞累，一旦安定反生病恙，時好時重。到了一九四一年春，作為兒子的傅斯年又一病不起。此病源於他身體過於肥胖，又患有高血壓症，整日奔波操勞，遂使病情加重，不得不住進重慶中央醫院救治。傅斯年患病的消息傳出，遠在美國的胡適曾專門致函表達了真摯的關切之情：

昨晚得你四月三十日的飛郵，才知道你病了，我真十分擔心，因為你是病不得的，你的「公權」是「剝奪」不得的！你是天才最高、又擔得起擔子的領袖人才，國家在這時候最少你不得，故我讀你病了的消息，比我自己前年生病時還要擔心……你的病必須休息靜養，若能如來書所云，「六個月內絕對休息」，我可以包你恢復健康，但不可憂慮氣惱，也不可貪吃肥肉！你的興致好，和我一樣，我想你一定可以恢復健康的。[2]

不管是「天才」還是「領袖」，或者是真龍天子，作為人難免是要生病的，上帝不會單

1934年傅斯年與夫人合攝於北平寓所書房

獨照顧傅斯年。但胡適的手足之情，還是在傅的精神上給予一些慰藉，使他增加了同病魔抗爭的信心和勇氣。幾個月後，傅斯年終於出院，回到重慶郊外的家中休養。

意想不到的是，傅斯年出院了，他的老母卻因膽結石引發的疾病死在了醫院。

老太太病逝後，傅斯年因不知病情，醫院方面的專家又拿不出一個確切的結論，為此雙方吵吵嚷嚷，爭論不休，最後院方提出解剖，以驗證病症之要害。傅斯年猶豫再三，最後同意解剖，其結果確為膽結石所致。經此病案，藉此可見當時中國頭號醫院醫藥設備及醫療技術是怎樣的落後與糟糕，亦知傅斯年之心情是如何的悲憤交集又徒感哀傷了。

斯人已去，作為孝子的傅斯年能夠做的就是盡其所能地料理後事。國難當頭，喪事又須從簡。傅母墓地選在歌樂山附近中研院數學所辦公處旁的一個小山頂上，由俞大維派兵工署人員在岩石中鑽一洞穴，下葬時用吊車將棺木放入，用水泥製成七、八寸厚預製板三塊，用吊車吊起蓋在墓穴上方，整體看上去如同一個應用於戰爭的碉堡，極為堅固。為此，傅斯年致信胡適說：「家母葬於歌樂山風景絕佳處，做成一水泥之壙，甚堅。」短短幾十字，透出傅斯年的得意與寬慰之情。令他沒有想到的是，當一九六六年「文革」風潮興起時，這個寄託著自己緬懷之情的「水泥之壙」，作為「地主妖婆」和「蔣幫特務的後臺老闆」的窩點，被紅衛兵和造反派以「摧枯拉朽」之勢，用炸藥炸開，拋骨揚屍，蕩滌殆盡。此時傅斯年在臺灣孤島去世已十餘年矣。

傅斯年安葬了老母，懷著哀痛與悲壯的雙重心境，拖著病體，堅持出席了十一月中旬在重慶召開的國民參政會會議，但僅出席了一半就因體力不支回到家中繼續養病。此時，傅斯年對所謂的「參政」早已沒了興趣，只因為他的老對頭孔祥熙，在前一段時間曾到處散布流言，謂：「聽說傅斯年病得要不行了！」[3]言外之意是馬上就要斷氣死掉了。傅斯年聞知怒不可遏，大罵孔氏是亂臣賊子，混帳王八蛋，人人得而誅之等。這次帶病出場亮相，完全是為了反擊幸災樂禍的孔祥熙，正如他在給胡適的信中所言：「蓋證明我未死也！」

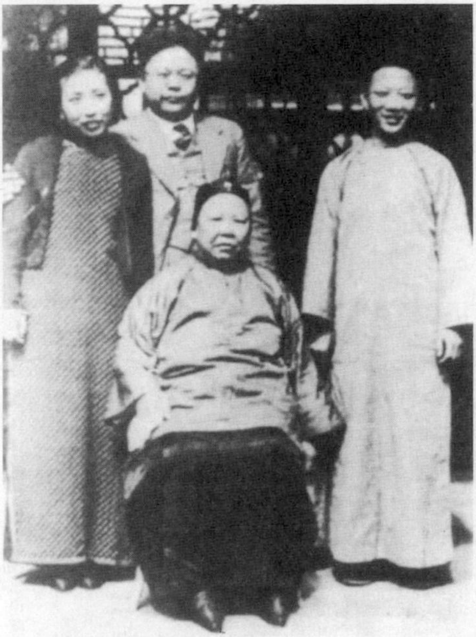
傅斯年夫婦與母親合影，後排右一是傅斯年侄子。（傅樂銅提供）

未死的傅斯年心力交瘁，越來越感到撐不下去了，遂下定決心離開重慶這塊是非之地，回李莊休整。

一九四一年十二月三日，已辭去中央研究院代理總幹事之職的傅斯年，攜家眷乘長豐輪趕赴李莊。

就在傅斯年乘坐的輪船溯江而上，艱難前行的時候，日本帝國海軍六艘航空母艦，盛載四百餘架飛機，攜同兩艘戰列艦、兩艘重巡洋艦，以及驅逐艦、潛艇、油船等共三十三艘艦隻組成的龐大艦隊，在第一航空艦隊司令長官南雲忠一海軍中將的指揮下，根據日本軍令部發布的絕密作戰命令，以頗為壯觀的環形航海隊形，在波濤滾滾、濃霧密布的太平洋海面上，向離日本本土三千海里以外的美國珍珠港急速挺進。

美國西部時間十二月七日凌晨，日本艦隊已抵達夏威夷群島，並進入預定作戰位置。一時十六分，漆黑冰冷的太平洋瓦胡島海底，隨著「咔嚓」一聲輕微的響動，牽縛五艘日本潛水母艦的固定帶迅速斷開，隨著暗流巨濤驟然滾動，五艘特種潛水母艦如脫韁野馬，向位於夏威夷群島的美國太平洋艦隊基地——珍珠港駛去。

夏威夷時間七日早上六時十五分，從六艘航空母艦甲板上起飛的一百八十三架日機，在黎明的天空中編好隊形，組成第一輪衝擊波，發瘋般向珍珠港撲去。

日軍轟炸機群對珍珠港先後實施兩輪攻擊後迅速撤離，總計炸沉、炸傷美太平洋艦隊各種艦船四十餘艘，炸毀、炸壞美飛機四百五十架，有四千五百多名美軍官兵傷亡，美國太平洋艦隊幾乎全軍覆沒。

美國時間十二月八日，羅斯福總統身披深藍色海軍斗篷，登上國會大廈講壇，發表了令全世界為之震撼並注定要流傳後世的演說。羅斯福同時要求國會宣布：「自十二月七日星期天無端發動這場卑鄙的進攻之時起，美國和日本帝國之間處於戰爭狀態！」

二、梁思永患病之因

因冬季上水行船，傅斯年乘坐的輪船行駛緩慢，經過連續五天的顛簸動盪，總算於一九四一年十二月七日上午到達李莊板栗坳。一進家門，便感到頭暈目眩，全身無力，一量血壓，水銀柱忽忽上躥，竟打破了先前的一切記錄。面對高血壓症再度加重，只得大把吃藥，迷迷糊糊地昏睡了兩天才稍有好轉。當傅斯年從床上爬起來，晃晃悠悠地走出宅院，站在板栗坳的山頂上，舒展著筋骨，眺望東流不息的滾滾長江，大有「山中方七日，世上已千年」之感。此時，珍珠港事件已經爆發，就在羅斯福總統發表講話的同一天，中國政府對德、義、日三國宣戰！

隨後，英國、加拿大、澳大利亞、荷蘭、紐西蘭、自由法國、波蘭等二十多個國家，相繼對德、義、日宣戰。驚心動魄的第二次世界大戰全面爆發。

隨著世界反法西斯聯盟的形成，根據美國總統羅斯福建議，十二月二十二日，蔣介石電令國民黨杜聿明第五軍、甘麗初第六軍、張軫第六十六軍編組以羅卓英、杜聿明為正副司令官的中國遠征軍，入緬甸配合英軍對日作戰。中國軍隊首次以戰略進攻的姿態走出國門，與同盟國軍隊一起夾擊日軍。

十二月二十三日，蔣介石在重慶官邸召集中、美、英等國軍事代表會議，對太平洋戰局發表了意味深長的演說：「日、美開戰之初，日本不宣而戰，偷襲檀島，[4]使美國遭受不測之重大損失……我國抗戰，以後如能自強不息，則危險已過大半。往者美國限制日本，不許其南進（南按：東南亞諸國）北進（南按：蘇俄），獨不反對其西進（南按：中國）。而今則日本全力侵華之危機，已不復存在矣！」[5]蔣委員長一席話，令中方人員不禁想起當年最有實力制衡日本的美國，不但隔岸觀火，而且還暗示日軍把戰火燒向積貧積弱、災難連連的中國，以保存他們在東南亞的既得利益。面對日寇步步進逼與中國軍民在長達四年半的時間裡孤軍禦敵、堅苦卓絕的抗戰歲月，在座的軍政大員無不悲感交集，泫然淚下。

國際戰爭局勢明顯向著有利於中國的方向發展，但作為偏隅一地的李莊，卻一如既往，看不出有什麼明顯變化，所有的當地人和「下江人」仍在戰爭威脅與生活極度匱乏的陰影中艱難度日。

在此之前，史語所代所長董作賓已被諸種繁雜的事務搞得疲憊不堪，祈盼傅斯年早日回到李莊主政，從他給傅氏的信中不難看出其迫切之情。一九四一年五月二十一日，董作賓致電傅斯年，詢問「是否提前來李，當代籌備」；八月九日再發一電：「兄寓修成，弟當遷入，為兄守門戶，靜候返所。」八月二十七日，傅斯年從重慶致信董作賓，表示不日將回歸李莊，並寄來一字據，曰：「茲經淩純聲、芮逸夫、董作賓先生介紹，承張雨蒼先生雅意，願將本宅大禮堂東邊套房二間借與本人居住。本人亦願出資，代為修理倉房五小間，以答厚誼。立此字據，附黏修理倉庫房工料一單，並祈存查。」九月二十二日，董作賓再度致函傅斯年，告之曰：「兄之房子裝修後大致可用，弟偶工作於此，以示其屋有用……」云云。[6]

董作賓所說的房子，是專門為傅斯年預留的一個叫桂花坳的小地方。此地坐落在一個小山坡上，離板栗坳張家大院隔著幾十米水田，石頭壘起基腳，高出水田許多，視野比較開闊。在這個看上去既獨立又和張家大院整體上連在一起的地方，幾棟房子圍成一個三合院，房前屋後茂林修竹，風景倒也典雅別緻。傅斯年全家入住後，甚感滿意。許多年後，俞大綵記述道：「那是一個水秀山明、風景宜人的世外桃源。我們結廬山半，俯瞰長江……在李莊幾年中，孟真在家時更少，常去重慶，心所焦慮，唯在國家之危急存亡。」[7]

這段敘述，與梁思成、林徽因夫婦及梁再冰、梁從誡等人描繪有很大不同。在梁家人眼裡，這裡是個偏僻荒涼、寂寞的「名副其實的窮鄉僻壤」，這裡除了潮濕、陰冷、簡陋的農舍，就是滿屋子亂竄亂

傅斯年在李莊桂花坳的故居（作者攝）

爬的老鼠和臭蟲，可謂「簡直不是人居住的地方」（林徽因語）。而在傅斯年夫妻眼裡，除了環境如「世外桃源」，居住條件也如傅斯年給胡適信中所說：「兩處皆是一片大好房子。」從宏觀的角度看，梁家與傅家住房條件基本相當，甚或在上壩月亮田的梁家還更高一籌，之所以產生天壤之別的分歧，主要取決於各自的心境與面對苦難的生活態度。事實上，傅斯年在來李莊之前和之後，身體、生活條件並不比梁家更好，這一點從俞大綵回憶中可辨得分明：

孟真屢年來，因為公務奔波勞碌，感時憂國，多年的血壓高症暴發，頭昏眩，眼底血管破裂，情形嚴重。不得已，在（重慶）郊區山中，借屋暫居，藉以養病。那時，他奄奄在床，瀕臨危境，悲身憂世，心境極壞，看不見他常掛在嘴角的笑容了。

那是一段窮困悲愁的日子。孟真重病在身，幼兒食不果腹。晴時，天空常有成群的敵機，投下無數的炸彈。廊外偶爾細雨紛霏，又怕看遠樹含煙，愁雲慘澹，我不敢獨自憑欄。

記得有一次，三五好友，不顧路途遙遠，上山探疾。孟真囑我留客便餐，但廚房中除存半缸米外，只有一把空心菜。我急忙下樓，向水利會韓先生借到一百元，沽餚待客（我與韓君，素不相識，只知他曾在北京大學與孟真同學，但不熟）。那是我生平唯一的一次向人借錢。

事隔一月，我已還清債務，漫不經心地將此事當笑話說與孟真聽。不料他長歎一聲，苦笑著說：

「這真所謂貧賤夫妻百事哀了。等我病癒，要拚命寫文章，多賺些稿費，絕不讓你再覥顏向人借錢了。我好慚愧！」我很後悔失言，不料一句戲言，竟引起他的感慨萬千，因為他常為國家多難而擔憂，但他於個人生活事，從不措意！

孟真病稍癒，我們即還李莊。[8]

傅斯年到李莊稍事休整，狂漲的高血壓症慢慢好轉，而大山那邊林徽因的病情卻依然沒有康復的跡象。更為嚴重的是，梁思成的弟弟梁思永——史語所最重要的支柱之一，此時已身染重疴，性命堪憂了。

當傅斯年走出板栗坳，滿頭熱汗地來到李莊上壩月亮田營造學社駐地，見到梁思成、林徽因夫妻時，對於林的病情沒有太感意外，聞知梁思永的病況如此之重，則大出意料，十分焦心。

當史語所在昆明時，梁思永曾抱怨此處的天氣不冷不熱，搞得人一點進取心都沒有，工作情形不佳。四川的天氣有冷有熱，人會精神得多，也就不會呆鈍，所以「當芮逸夫在李莊找到房子後，梁思永很贊成搬家」。[9]按梁思永的想法，或許到了四川就可以提起精神多做一些工作，因而到了李莊之後，儘管路上受了很多苦，但精神很好，跑前忙後不亦樂乎。當史語所大部分人員遷入李莊郊外板栗坳張家大院後，梁思永考慮到山上的環境可能對自己身體不利，便住進了李莊鎮羊街八號羅南陔家一個單獨的小院中。

羅南陔屬於讀書人出身，時任國民黨李莊黨部書記，無論是思想還是眼界都較一般當地土著為高。自梁思永攜妻子李福曼和女兒梁柏有住進之後，雙方的關係越來越融洽。羅

1932年，羅南陔（左三）在期來農場的養蜂場。（逯弘捷提供）

家種植了近三百盆蘭花，見梁思永身體比較虛弱，還伴有類似氣管炎的病症，春天來臨時，羅南陔就命家人把幾十盆上等蘭花搬到羊街八號梁家院落，除了便於觀賞，還藉以改善環境，調節空氣。當梁思永在緊張的勞作之餘，於院中望著碧綠的蘭花，嗅著撲鼻的芳香，心中自有一種說不出的喜悅。時在李莊鎮郊外上壩月亮田的梁思成經常到羊街八號看望弟弟一家，羅南陔與梁思成也漸漸熟悉並成為要好的朋友。當時羅家還開辦了一個期來農場，僅菜地就達一百多畝，從開春到秋後，每當新鮮蔬菜下地，羅家總是專門精選兩份，一份送給梁思永，一份送給梁思成一家，以接濟他們艱難的生活。梁家兄弟在李莊近六年，與羅家的這種親情一直保持下來。

梁思永把家安在李莊鎮內，生活較為方便，由於史語所在山上板栗坳辦公，上山下山都需爬五百多級臺階，來回異常辛苦，梁思永便採取週一上山在史語所宿舍居住，週六下山回家休息的辦法，在鎮內家中的時間是每週兩夜一天。當時梁思永的身體尚好，工作熱情頗為高漲，「在山上時，忙於工作，不分晝夜。雖然是研究室內的工作，但拚命的程度，不減田野工作的精神」。[10]

自一九三四年始，由史語所編寫、出版的中國第一部考古專門報告《城子崖》出版之後，學術界好評如潮。受其鼓舞，傅斯年、李濟等開始籌備安陽殷墟發掘報告《小屯》的編寫、出版事宜。一九三四年秋，梁思永主持殷墟西北岡發掘時，恰好小屯的發掘由第一次至第九次告一段落，即著手進行發掘報告編著。受城子崖報告編寫方法的啟發，梁思永擬把自己主持的西北岡工作告一段落後，接下來做室內整理工作，其他人可以主持另外遺址的發掘，這樣田野、室內均可工作。待報告完成，再去做田野工作。如此循環往復，遺址不斷發掘，報告不斷出版，中國的考古事業將出現一個良性發展的盛況。遺憾的是，盧溝橋一聲槍響，驚碎了這個輝煌的夢。抗戰之前，梁思永只寫出了〈後岡發掘小記〉、[11]〈小屯龍山與仰韶〉[12]兩篇文章。僅此二文，就引起學術界廣泛矚目和好評，「在當時都認為在中國考古學上是劃時代的貢獻，使中原史前文化的層位予以確定」。[13]

來到李莊的第一個夏天，梁思永精神幹勁一如從前，日間工作之暇，穿著背心短褲打乒乓，以保持健康。與梁思永抱怨的昆明氣候大為不同的是，李莊夏天悶熱，冬天濕冷，稱得上有刺激性。只是這種刺激有些過火過度，晚上不但悶熱流汗，蚊子又結隊來叮，這種氣候對他的身體極為不利。到了第二年初夏，梁思永臥病不起，不但不能再到田野工作，還差點

梁思永與夫人、女兒在李莊羊街八號羅家院中留影。（引自吳荔明，《梁啟超和他的兒女們》〔上海：上海人民出版社，1999〕）

丟了性命。

嘗謂「冰凍三尺，非一日之寒」，當地的氣候是造成梁思永發病的一個原因，但梁氏本身就有沉疴，其病症肇始於殷墟發掘的年代。

一九三一年春，二十七歲的梁思永來到殷墟參加史語所考古發掘團工作，由此發現並正確劃分了著名的「後岡三疊層」。一九三二年，在一次野外發掘時身患感冒，因田野發掘緊張，生活艱苦，梁思永來回奔波，不能稍離工地，病情未得到及時控制。直至高燒幾日，轉成病情嚴重的烈性肋膜炎，才急忙轉到北平協和醫院住院治療。由於延誤了最佳治療時機，梁思永胸肋部開始大量化膿積水，協和醫生從他的胸腔內連續抽出了四瓶如同啤酒一樣顏色的積水。經加量用藥和多方設法救治，方穩住病情。當時梁思永的妻子李福曼已懷身孕，日夜守在丈夫病床前施以照顧。梁思永這場突如其來的大病，直到一九三二年底才漸漸好轉，但未能完全康復，且在未來歲月中留下了一個潛在隱患。

一九三四年，梁思永再度參加安陽殷墟侯家莊南地與同樂寨的田野考古發掘，接著於一九三五年主持殷墟侯家莊西北岡的發掘。也就在這次發掘中，梁思永與夏鼐兩位在中國考古史上影響深遠的巨擘不期而遇了。對於這次相會的情形，時隔近二十年，夏鼐回憶道：「我初次跟梁先生做野外工作，是一九三五年春間在安陽侯家莊西北岡。雖是二十年前的事情，但留在我腦中的印象仍很鮮明。那次也是我們初次會面。梁先生那時剛過三十歲，肋膜炎病癒後並不很久。瘦長的身材，蒼白的臉色，顯得身體還沒完全恢復過來。但是在工地上，他是像生龍活虎一般地工作著。他的那種忘我的工作精神使他完全忘記了身體的脆弱。白天裡，他騎著自行車在各工地到處奔跑巡視。對於各工地在發掘中所顯露的新現象和產生的新問題，他隨時都加以注意，加以解決。他有時下坑親自動手，有時詳細指點助理員去做。那次的工作地範圍廣達數萬平方米，分成五六個區域，但是幾乎隨時到處都有梁先生在那兒。四百多個工人和十幾個助理員，在他的領導之下，井然有序地工作著，像一部靈活的機器一般。晚間在油燈下，他有時和工作隊助理員談談當天發掘中的新發現，有時查閱各人的田野記錄簿，有時看著助理員們剔花骨等，整理當日出土品，有時和他們討論新問題——因之時常深宵還未入睡。」[14]

抗戰爆發後，梁思永與李濟等組織全所同人攜帶物資由長沙經桂林、越南海防遷往昆明，由於物價飛漲，入不敷出，隨梁思永一同流亡到昆明的妻子李福曼，不得不在街道兩邊擺地攤變賣家中稀有的一點衣物艱難度日。據梁思永的外甥女吳荔明說：當梁思永一家從長沙撤往昆明繞道越南海防時曾稍事停留，五歲的女兒梁柏有在商店看見一個模仿美國當時紅透世界的女童星設計的洋娃娃——秀蘭·鄧波兒，便在櫃檯前轉來轉去不肯離開，軟磨硬泡來。這個洋娃娃在昆明陪伴幼小的梁柏有度過了一段歡樂而難忘的時光，並於戰時的西南之地給予她幼小心靈莫大慰藉。令人不忍追憶的是，一九四〇年冬，當梁思永攜家隨史語所即將遷李莊時，家中生活實在困難，李福曼忍痛把女兒已愛撫了兩年多的洋娃娃——可愛的秀蘭・鄧波兒，以十八元的價格賣給了一位富商的女公子。面對這一突如其來的「災變」，年僅七歲的梁柏有大哭不止，在幼小的心靈中留下了久久難忘的傷痛。

讓媽媽李福曼買下來。當時生活已極清苦，但梁氏夫婦實在不忍傷孩子的心，一咬牙買了下

來到李莊後，梁思永開始著手撰寫抗戰前殷墟西北岡的發掘報告，並有「一氣呵成」之志。這部報告自南京撤退長沙時即開始撰寫，梁思永一有機會便出示標本，加以整理。在昆明時已將西北岡的全部出土古物都摩挲過一遍，寫下要點，對報告的內容組織也有了大致輪廓，完成似乎指日可待。遺憾的是天不遂人願，未過幾個月，梁思永開始患病。一九四一年十月十六日，梁思永給正在重慶出差的李濟寫信彙報三組的工作情況，順便談了自己的病況，信中說：

一、技術員張曼西君試用期滿，成績不佳，已於上月底辭去。三組繪圖員一席又虛懸。請兄就便在重慶招考。關於資格，弟意：學歷不必限制；年歲在二十五歲左右或以下，年輕一些好；能繪圖兼攝影為上選；繪圖以鋼筆黑墨畫為主（尤著重線條）；須能寫生兼機械畫。三組各報告大致都進行到繪製圖版之階段，此項技術人員之需要甚為急切；如研究所不能供應，工作只好讓實君（南按：指繪圖員潘慤）一人慢慢做，何年何

月做得完，就無法估計了。三組現積之繪圖工作，非少數人短期內所能完成；這次招考，研究所如能取用二人更好。如用二人，其中至少一個須能兼攝影。

二、西北岡器物之整理，本預定十月底完畢。今因上月二十二日、本月八至十日弟之胃病大發了四次，八日至十日幾不能飲食，下山回家調養，耽誤約半個月，完工之期又展遲至十一月中旬。器物整理完畢之後，即開始繼續報告之編輯。報告中統計製表、編索引等機械工作，擬請研究所指派一專人協助。[15]

信中看出，此時梁思永尚能帶病堅持工作，並為撰寫殷墟西北岡發掘報告之事操勞不息。但隨著冬季來臨，梁思永肺病復發，且來勢洶洶，發展迅速，梁氏自稱是「閃擊戰」，極大地威脅到生命。正在這個生死存亡的節骨眼上，傅斯年由重慶趕往李莊。

三、在困境中突圍

在李莊鎮羊街八號，傅斯年詳細詢問了梁思永的病情，雖暫時得到了控制，但仍「頗使人憂慮」。傅斯年環視周圍環境，認為羅家的房子雖好，但少陽光，且有些陰冷，這對患有肺病的人極其不利。經過反覆權衡，傅斯年決定在板栗坳山上史語所租住的一個院內，專門騰出三間上好的房子，請來當地木工安上地板，釘上頂棚，在窗上裝上玻璃，打造晾臺等，讓梁思永搬來居住，以便能每日曬到太陽，並可在晾臺上做簡單的室內活動。待一切準備停當，梁思永已病得不能走動，只得請人用擔架抬到板栗坳。但上山需跨越五百多級臺階，為求萬無一失，傅斯年與梁思成親自組織擔架隊伍，先由梁思成躺在擔架上請人抬著在上山的臺階上反覆試驗，出現問題及時設法解決，感到切實可行後，方請人把病中的梁思永抬到板栗坳稱作「新房子」的住處安頓下來。

鑑於史語所與中國營造學社研究人員都已「吃盡當光」，只剩了一個「窮」字，傅斯年意識到非有特殊辦法不足以治療梁思永和同樣處於病中的林徽因的病症。於是，一九四二年春天，傅向中央研究院代院長朱家驊寫信求助。信曰：

騮先吾兄左右：

茲有一事與兄商之。梁思成、思永兄弟皆困在李莊。思成之困是因其夫人林徽音女士生了T.B.，臥床二年矣。思永是鬧了三年胃病，甚重之胃病，近忽患氣管炎，一查，肺病甚重。梁任公家道清寒，兄必知之，他們二人萬里跋涉，到湘、到桂、到滇、到川，已弄得吃盡當光，又逢此等病，其勢不可終日，弟在此看著，實在難過，兄必有同感也。弟之看法，政府對於他們兄弟，似當給些補助，其理如下：

一、梁任公雖曾為國民黨之敵人，然其人於中國新教育及青年之愛國思想上大有影響啟明之作用，在清末大有可觀，其人一生未嘗有心做壞事，仍是讀書人，護國之役，立功甚大，此亦可謂功在民國者也。其長子、次子，皆愛國向學之士，與其他之家風不同。國民黨此時應該表示寬大。即如去年蔣先生賻蔡松坡夫人之喪，弟以為甚得事體之正也。

二、思成之研究中國建築，並世無匹，營造學社，即彼一人耳（在君語）。營造學社歷年之成績為日本人羨妒不置，此亦發揚中國文物之一大科目也。其夫人，今之女學士，才學至少在謝冰心輩之上。[16]

三、思永為人，在敝所同事中最有公道心，安陽發掘，後來完全靠他，今日寫報告亦靠他。忠於其職任，雖在此窮困中，一切先公後私。

總之，二人皆今日難得之賢士，亦皆國際知名之中國學人。今日在此困難中，論其家世，論其個人，政府似皆宜有所體恤也。未知吾兄可否與陳布雷先生一商此事，便中向介公一言，說明梁任公之後嗣，人品學問，皆中國之第一流人物，國際知名，而病困至此，似乎可贈以二三萬元（此數雖大，然此等病症，所費當不止此也）。國家雖不能承認梁任公在政治上有何貢獻，然其在文化上之貢獻有不可沒者，而名人之後，如梁氏兄弟者，亦復少！二人所作皆發揚中國歷史上之文物，亦此時介公所提倡者也。此事弟覺得在體統上不失為正。弟平日向不贊成此等事，今日國家如此，個人如此，為人謀應稍從權。此事看來，弟全是多事，弟於任公，本不佩服，然知其在文運上之貢獻有不可沒者，今日徘徊思永、思成二人之處境，恐無外邊幫助要出事，而幫助似亦有其理由也，此事請兄談及時千萬勿說明是弟起意為感，如何？乞示及，至荷。

專此敬頌

道安

弟　斯年謹上　四月十八日

弟為此信，未告二梁，彼等不知。因兄在病中，此寫了同樣信給詠霓，詠霓與任公有故也。弟為人謀，故標準看得鬆。如何？

弟　年又白[17]

此信發出十一天，未見回音，擔心重慶方面無能為力或深感為難，情急之下，傅斯年召開所務會，想出了一個新的援助辦法，再度寫信於中央研究院總辦事處，滿懷摯誠與愛慕之情地歷數梁思永功高過人之處，並請其核准史語所做出的決定。原文如下：

騮先先生院長
企孫、毅侯兩兄　賜鑒：

梁思永先生病事，茲述其概。十年前，思永於一年過度勞動後生肋膜炎，在協和治癒，但結疤不佳，以後身體遂弱。自前年起，忽生胃病甚重，經二年來，時好時壞。去年胃病稍好，又大工作，自己限期將殷墟報告彼之部分寫完。四個月前，即咳嗽，尚聽不出肺病聲氣。上月醫生大疑其有肺病，送痰往宜賓驗，結果是＋＋＋！所聽則左右幾大片。此次肺病來勢驟然，發展迅速，思永自謂是閃擊戰，上周情形頗使人憂慮，近數日稍好。思永之生病，敝所之最大打擊也。茲謹述其狀。

思永雖非本所之組主任，但其moral influence甚大，本所考古組，及中央博物院之少年同志，皆奉之為領袖，濟之對彼，尤深契許。彼學力才質，皆敝所之第一流人，又是自寫報告、編改他人文章之好手，今彼病倒，殷墟報告之進行，一半停止矣。思永尤有一特長，本所同仁多不肯管公家事，或只注意其自己範圍事，弟亦頗覺到敝所有暮氣已深之感。思永身子雖不好，而全是朝氣。其於公家之事，不管則已（亦不好管閒事），如過問，絕不偏私而馬虎也。其公道正直及公私之分明，素為同仁所佩。弟數年以來，時思將弟之所長職讓彼繼任，然此事不可不先有準備。抗戰時，弟在京代總幹事，思永在長沙代弟，不特敝所翕然風服，即他所同在長沙者，亦均佩之也（孟和即稱道不置之一人）。以後弟在重慶時，曾有若干次託彼代理，其目的在漸漸養成一種空氣，俾弟一旦離職，彼可繼任耳。彼於代理殊不感興趣，強焉亦可為之。自胃病後，不肯矣。弟此次返所，見其精力甚好，前計又躍於心中，今乃遭此波折，亦弟之大打擊矣。

彼如出事，實為敝所不可補救之損失，亦中國考古學界前途之最大打擊也，故此時無論如何，須竭力設法，使其病勢可以挽回。此當荷諸先生所讚許也。查敝所醫務室現存之藥，在兩年中可以收入二萬數千至三萬數千元（如照市價賣去，當可得六七萬，今只是用以治同仁生病之收入，故少）。擬於此收入中規定數千元為思永買其需要之藥之用（本所原備治T. B.之藥甚少，所備皆瘧、痢等）。此事在報銷上全無困難，蓋是免費

（即少此項收入），而非另支用經費也。此意昨經敝所所務會議討論通過，敬乞賜以考慮，並規定一數目，其數亦不可太少，至為感荷！若慮他人援例，則情形如思永者亦少矣。以成績論，尚有數人，然以其在萬里遷徙中代弟職務論恐濟之外無他人，故無創例之慮也。如何乞考慮賜覆，至感！

專此，敬頌

日安！

傅斯年　謹頌

四月二十九日[18]

寫完此信，傅斯年思忖半天，覺得意猶未盡，許多具體的操作細節亦未言明，為了達到終極目的，還需做一點補充說明。於是，在昏暗的菜油燈下，傅氏再次展紙，蘸墨揮毫，做了如下追述：

騮先吾兄：

此函尚有未盡之意。思永是此時中國青年學人中絕不多得之模範人物，無論如何，應竭力救治，彼在此赤貧，即可賣之物亦無之（同仁多在賣物補助生活中）。此種症至少須萬元以上。此信只是一部分辦法耳。去年弟病，兄交毅侯兄中央醫院費公家報銷，弟初聞愕然，託內子寫信給毅侯兄勿如此辦，內子謂，然則將何處出耶。弟後來感覺，去年之病，謂為因公積勞，非無其理，蓋一月中弟即自覺有毛病，而以各會待開，須自料理，不敢去驗，貽誤至於三月末，遂成不可收拾之勢，故去年受三千元，在兄為格外之體恤，弟亦覺非何等不當之事。思永身體雖原不好，然其過量工作，實其病暴發之主因。報銷既無問題，甚願兄之惠准也！

專此，敬頌

痊安！

弟　斯年　再白

四月二十九日

與早年和梁啟超交往並友善的李濟不同，傅斯年與梁家並無深交，他進北大求學以及留學海外再歸國的那段歲月，梁啟超的思想光芒已經暗淡，影響力顯然大不如前，思想不但與時代脫節，且有倒退之嫌，再也沒有當年萬人景仰的盛況了。故當年清華國學研究院主任吳宓奉校長曹雲祥之命聘請梁啟超為導師時，曾發出過「兒時讀《新民叢報》，即於梁任公先生欽佩甚至。梁先生之行事及文章恆大，影響我的思想精神」。又「及宓留學美國，新文化運動起後，宓始對梁先生失望，傷其步趨他人，未能為真正之領袖，然終尊佩梁先生為博大宏通富於熱情之先輩」。[19]傅斯年在給朱家驊的信中也曾明言「弟於任公，本不佩服」。但無論如何，梁任公對社會改良以及「其在文運上之貢獻有不可沒者」。這就是說，梁啟超思想光芒的餘暉還是在吳宓、傅斯年這一代知識分子心中閃耀未絕，只是僅此而已。何況梁啟超晚年竭力反對國民黨的主張，並作為國民黨的敵人，在演講中公開罵過孫中山、蔣介石等人卑鄙下流，無論什麼壞人，只要一入他的黨，立刻變成了很好的好人。握權者向來都是最凶惡陰險齷齪的分子，什麼強盜、小偷、土棍、流氓之類，個個得意，善良之人都變成了俎上魚肉等。如此怨慨與評價，搞得天下輿論洶洶，對國民黨北伐與日後的統治極其不利。尚以士大夫階層和「御史」自居的傅斯年，政治立場一直站在國民黨政府一邊，儘管他數次強調自己擁護政府，不是擁護既得利益集團，但與梁啟超的是非觀念自然有著根本區別。從梁思成與林徽因早期的交往圈子看，傅斯年偶有參與，如徐志摩乘機遇難之事，傅氏就曾與胡適等人一道參與了處理後事的討論，但仍不能說是深交。當年北平以林徽因為主角的著名的「太太客廳」，也少有傅斯年出沒的身影，這一緣由與傅氏本人有一多半時間在南方有關，但徐志摩也並不是全部生活在北方，卻是「太太客廳」最為活躍的座上客。兩相比較，可見傅與梁家交往之深淺。而今傅斯年之所以對思成、思永兄弟加上林徽因不遺餘力地關心幫助，確如傅本人所言「名人之後，如梁氏兄弟者，亦復少！」梁思永來到史語所後，一直作為傅斯年的下級從事工作，其間亦無其他如俞大維、陳寅恪、傅斯年等三人關係轉化成親戚關係的枝節橫生。傅、梁二人之交，如同一條直道的河流在蒼茫大地上毫不喧囂地汩汩流淌，此景也壯觀，其情也綿綿，純粹屬於自然界的正常互動，整個脈絡清澈明媚，沒有半點汙濁之氣，真可謂應了古人那句名言——君子之交淡如水。

當然，像這種四處求人、八方聯絡以取得款項的事，也只有傅斯年這樣的「人間一個最稀有的天才」和「最能辦事、最有組織才幹的天生領袖人物」（胡適語）才能做到——否則，僅就梁啟超「曾為國民黨之敵人」這道門檻就難以邁過去。因了傅的性格和在政學兩界放射的巨大能量，在當時或之後，有不少學界和官場中人稱傅斯年為典型的學霸或學閥。[20]這雖是一個仁者見仁、智者見智、淫者見淫的事，但也多少反映了時人對傅為人處世的定位。按臺灣學者王汎森的說法，在那樣一個時代，要成為「學霸」或「學閥」，也不是容易做到的事，必須有學術以外的網絡，綿密的政府關係，同時與僅有的一些基金會如中基會及中英庚款委員會，保持密切的關係，而傅斯年正好具備了這樣的條件。「在政府關係方面，傅與國民黨的組織部長、教育部長朱家驊形同莫逆，而且共同具有在中國建立一個學術社會的理想。他與國民黨內自由派官員關係密切，並最後得到蔣介石的尊重。在基金會方面，朱家驊是中英庚款的負責人，而與傅氏誼兼師友的胡適，則是中基會的負責人。不僅史語所的諸多經費——尤其是安陽發掘的龐大費用，能得到中基會的挹注，傅斯年實際上也常成為廣大學者與政府及基金會間的橋梁。」又說：「在民間資源絕少的年代裡，這是極為關鍵的一種關係。而其來往書信中，與此性質有關者乃極多，尤其抗戰期間，大量知識分子貧病交迫，為知識分子請求各種補助成為他的要務，傅氏成為照顧知識分子的知識分子。」王汎森說這段話的時候，曾翻檢史語所保存的傅斯年檔案，列舉了幾個事例，其一就是正在雲南大理家鄉進行民間文化調查的史語所研究人員李家瑞，曾致信傅斯年「因生活迫人，為兒女太多所累，無法維持生計，不得已請假一年，暫營商業」，以免餓死。另一個就是為梁思永與林徽因請求補助一事，「梁思成夫人林徽音（因）在一封給傅斯年的信中表示他們感謝得不知說什麼好」。[21]

林徽因這封信在封存、湮沒了幾十年後，被臺灣史語所傳斯年檔案整理者王汎森重新發現並公之於眾，由此為傅斯年與梁家的交往又增添了真誠而感人的一筆。信曰：

孟真先生：

接到要件一束，大吃一驚，開函拜讀，則感與慚併，半天作奇異感！空言不能陳萬一，雅不欲循俗進謝，但得書不報，意又未安。躊躇了許久仍是臨書木訥，話不知從何說起！

今日里巷之士窮愁疾病，屯蹶顛沛者甚多。因為抗戰生活之一部，獨思成兄弟年來蒙你老兄種種幫忙，營救護理無所不至，一切醫藥未曾欠缺，在你方面固然是存天下之義，而無有所私，但在我們方面雖感到lucky（幸運），終總愧悚，深覺抗戰中未有貢獻，自身先成朋友及社會上的累贅的可恥。

現在你又以成永兄弟危苦之情上聞介公，叢細之事累及詠霓先生，為擬長文說明工作之優異，侈譽過實，必使動聽，深知老兄苦心，但讀後慚汗滿背矣！

尤其是關於我的地方，一言之譽可使我疚心疾首，夙夜愁痛。日念平白吃了三十多年飯，始終是一張空頭支票難得兌現。好容易盼到孩子稍大，可以全力工作幾年，偏偏碰上大戰，轉入井臼柴米的陣地，五年大好光陰又失之交臂。近來更膠著於疾病處殘之階段，體衰智困，學問工作恐已無分（份），將來終負今日教勉之意，太難為情了。

素來厚惠可以言圖報，惟受同情，則感奮之餘反而緘默，此情想老兄伉儷皆能體諒，匆匆這幾行，自然書不盡意。思永已知此事否？思成平日謙謙怕見人，得電必苦不知所措。希望詠霓先生會將經過略告知之，俾引見訪謝時不至於茫然。此問

雙安[22]

此信略有殘缺，落款日期已難覓，因而具體時間已不可考。據輾轉得到這封信影印件的梁思莊（梁思成妹）之女吳荔明推測：朱家驊收到傅斯年的求援信後，與翁文灝等人設法做了援救之策，而傅斯年得知確切消息或收到款子後，在轉給梁思成的同時，順便把他給朱家驊信的抄件一併轉來，意在說明緣由。而此時恰逢梁思成外出（最大可能是去重慶辦理公務），信落到林徽因的手中。林看罷自是感激莫名，未等梁思成回李莊，便先行修書一封，表示對傅感謝，同時順便做些謙虛性的解釋，並問及其他事宜，如「思永已知此事否」，等等。

至於傅斯年為梁家兄弟討來多少款子，吳荔明說：「因為當事人都已經謝世，無法妄測，只有耐心等待相關檔案後才能真相大白。但是，林洙舅媽記得二舅曾告訴過她：收條是傅孟真代寫的……傅斯年為思成、思永兄弟送來的這筆款子，無疑是雪中送炭，二舅媽林徽因和三舅思永，從此生活品質有了改觀。」（南按：林徽因去世七年之後，梁思成於一九六二年與清華建築系女同事林洙結婚。）

為了證明傅斯年確實送來了款子，吳荔明還引用梁思成給美國駐華好友費正清的信做補證，梁氏在信中寫道：「你們可能無法相信，我們的家境已經大為改善。每天生活十分正常，我按時上班從不間斷，徽因操持家務也不感到吃力，她說主要是她對事情的看法變了，

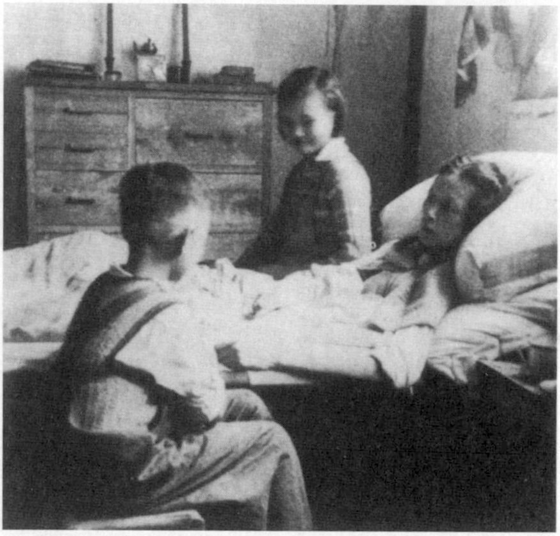

在李莊病中的林徽因與女兒梁再冰、兒子梁從誡。

而且有些小事也讓她感覺不錯，不像過去動不動就惱火。當然，祕密在於我們的經濟情況改善了。而最高興的是，徽因的體重兩個月來增加了八磅半。」[23]

吳荔明的這個推測，有其合理的成分，但也有令人困惑之處，從梁思成致費氏的信中看，內中並未述及傅斯年送款之事，而後來費正清夫人費慰梅在寫梁思成與林徽因的傳記中，引用這封信之前是這樣說的：「可是，他（梁思成）已不再像從前那樣無憂無慮。他現在成了管理者，一個什麼都得管的『萬事通』，奔波在李莊和陪都之間籌集資金，成天忙於開會和聯絡人等等，而不是從容不迫地專注於他的研究、繪圖和田野調查。」[24]從這段記載分析，似乎費慰梅更傾向於梁家生活的改善是梁思成本人奔波的結果。

當然，要徹底推翻吳荔明的論斷是困難的，除了林洙一面之詞外，最能證明梁家得款的證據是林徽因在給傅斯年信中那句話：「希望詠霓先生會將經過略告知之，俾引見訪謝時不至於茫然。」倘若梁家未見成果，何以憑空生出「引見訪謝」之意？

這個謎團湮沒了六十多年後，於二十一世紀初有了破譯的線索。中國社會科學院近代史研究所得知翁文灝日記有一部分收藏於臺灣「國史館」，經與翁的家屬和臺灣方面溝通，特派研究員李學通前往查閱核校。李從翁氏一九四二年的日記中發現了如下兩條記載：

九月十六日，訪陳布雷，談梁思成、思永事。又談魏道明為駐美大使，美方頗為不滿。

九月二十八日，接見周象賢、Fitzroy、周茂柏、李允成、黃人傑、張克忠、胡禕同、周國劍（送來蔣贈梁思成、思永貳萬元正，余即轉李莊傅孟真，託其轉交）。[25]

如果沒有相牴牾的推理，這兩條日記就是梁氏兄弟得款過程和數目多少的鐵證，其操作程序當是朱家驊與時任國民政府經濟部資源委員會主任的翁文灝（詠霓）商談，由翁找蔣介石侍從室一處主任陳布雷，再由陳向蔣呈報，蔣介石以他自己掌控的特別經費贈梁氏兄弟二萬元，以示救濟——這個環節得以破譯，上述三封信便可通解。

有一點必須提及的是，從傅斯年上書到蔣介石贈款的五個月裡，梁家兄弟的生活特別是梁思永的病情一直有惡化的趨勢，必須隨時用藥物控制。而除了史語所有個醫務室和一位被同人稱為「白開水」的專職醫務人員（南按：據石璋如說，每當同事到醫務室看病，這位老哥就說多喝白開水，於是大家便送了他一個「白開水」的綽號），要從外部購點藥困難重重，傅斯年只好以割腕斷臂的方式打起了內部主意，而這個主意產生的後果，正如八月六日傅斯年給中央研究院總幹事葉企孫信中所說：「又云弟平日辦此所事，於人情之可以通融者無不竭力，如梁思永兄此次生病，弄得醫務室完全破產」，「為思永病費，已受同仁責言」。又，八月十四日信：「本所諸君子皆自命為大賢，一有例外，即為常例矣。如思永大病一事，醫費甚多，弟初亦料不到，輿論之不謂弟然也。」[26]

由此可見，為了挽救梁思永的生命，傅斯年以他特有的霸氣加梁山好漢的哥們義氣，把醫務室本來並不厚實的家底，幾乎全部傾注在了梁思永身上，從而出現了史語所同人不滿和各種輿論滋生的狀況，而傅斯年本人也感到進退不得，頗為惱火。事實上，在如此堅苦卓絕、生死茫茫的緊急關頭，因一個人的病情把整個史語所同人、家眷所依靠的醫務室弄得破產解體，這對全所人員造成的惶恐是顯而易見的，輿論對傅氏的做法不以為然，甚至非議也是一種必然。若不如此，才是不可思議的。看來，即便是在別人眼裡手眼通天、霸氣沖天、牛氣沖天的「三天」之才傅斯年，面對梁家兄弟這種特殊情形，也有點力不從心。幸運的是，因有了蔣介石贈送的這筆款子，來回奔波的傅斯年，總算可以抬頭挺胸抹幾把額頭上的汗水，長吁一口氣了。

注釋

1 俞大綵，〈憶孟真〉，收入岳玉璽等，《傅斯年》（濟南：山東人民出版社，一九九一）。

2《胡適研究叢刊》第三輯（北京：中國青年出版社，一九九八）。

3 歐陽哲生主編，《傅斯年全集》卷七（長沙：湖南教育出版社，二〇〇三）。
4 檀島，即夏威夷群島著名的檀香山島，美國太平洋艦隊大本營所在地。
5 李勇、張仲田編，《蔣介石年譜》（北京：中共黨史出版社，一九九五）。
6 中央研究院史語所傅斯年圖書館存傅斯年檔案。
7 俞大綵，〈孟真與我〉，收入岳玉璽等，《傅斯年》（濟南：山東人民出版社，一九九一）。
8 同前注。
9 陳存恭、陳仲玉、任育德訪問，任育德記錄，《石璋如先生訪問紀錄》（臺北：中央研究院近代史研究所，二〇〇二）。
10 石璋如，〈考古方法改革者梁思永先生〉，收入杜正勝、王汎森主編，《新學術之路：中央研究院歷史語言研究所七十周年紀念文集》上冊（臺北：中央研究院歷史語言研究所，一九九八），頁三五三—三六六。
11《安陽發掘報告》一九三三年二期（北平；上海：中央研究院歷史語言研究所，一九三三），頁六〇九—六二五。
12 國立中央研究院歷史語言研究所編，《慶祝蔡元培先生六十五歲論文集》（北平：國立中央研究院歷史語言研究所，一九三三—一九三五），頁五五五—五六八。
13 石璋如，〈考古方法改革者梁思永先生〉，收入杜正勝、王汎森主編，《新學術之路：中央研究院歷史語言研究所七十周年紀念文集》（臺北：中央研究院歷史語言研究所，一九九八）。
14 夏鼐，〈考古學家梁思永先生〉，原載《新建設》一九五四年六期，轉引自夏鼐著，中國社會科學院考古研究所編輯，《敦煌考古漫記》，《夏鼐文集》卷中（北京：社會科學文獻出版社，二〇〇〇）。
15 李光謨輯，〈李濟與友人通信選輯〉，《中國文化》（北京版）一五、一六期（一九九七年十二月）。
16 此處令人感到有些突兀。為何傅在頌揚林徽因的同時，突然從半道扯出一個冰心來為其墊背？且明確表示林的才學「至少在謝冰心輩之上」，此種語氣顯然含有對冰心輕視的意味。傅何以要弄出一個不相干的冰心與林對比，難道傅與冰心之間還有「太太客廳」的糾葛與過節嗎？

從傅斯年、冰心的人生歷程看，二人沒有特別的交往，也沒有明顯的矛盾。據梁實秋與費孝通等人說，當年冰心留美時已是國內知名的女作家和詩人，加上外表文靜高雅，得到了許多熱血正盛的男生青睞，一時間求愛者雲集，在美利堅合眾國那塊充滿野性與朝氣的土地上，上演了一場好萊塢式的愛情追逐大戰。但在五彩繽紛又夾雜著刀光劍影的情場上，多路來攻的英雄豪傑只能在圍城之外來回兜圈徘徊，無法破門而入，來一個生擒活拿。縱然有強悍之將如顧毓琇者，用盡全身氣力，一次又一次發起強攻，其結果仍無法突破冰心那冰冷如鐵、固若金湯的防禦體系，大敗而歸。在各路攻取的人馬中，平時不聲不響的吳文藻堅信世間無不破之城與不盜之墓，乃抖起精神，以《孫子兵法》所倡導的巧取制勝之道，利用獨特的火攻戰術，幾個回合下來，使冰心防線產生雪崩，從而一舉拿下，取得了令人喝采又被眾人嫉妒的輝煌戰績……而這部大片中上演的一切因緣際會、愛恨情仇，與傅斯年皆毫無干係，可見傅對冰心的輕視，與世俗的愛情觀或佛洛依德的情愛欲望理論都沒有直接關聯。有人謂冰心當年寫〈我們太太的客廳〉小說，諷刺林徽因與「客廳」裡的知識分子，產生了牽一髮而動全身的負面影響，引得與「客廳」有聯繫的傅斯年大為不快，並對冰心如此輕率加輕狂的做法，產生了厭惡與輕視之感，從此懷恨在心。此次藉向朱家驊進言的機會，正好把林徽因與冰心放在一起做一對比，以揚林抑冰的方式，達到出一口惡氣的目的云云。

以上說法不能說沒有一點道理，冰心確是有她的人格缺陷，據北大教授季羨林回憶說：「我於一九三〇年考入清華大學，入西洋文學系（不知什麼時候起改名為外國語文系）。西洋文學系有一套完整的教學計畫，必修課規定得有條有理，完完整整。但是給選修課留下的時間卻是很富裕的。除了選修課以外，還可以旁聽或偷聽。教師不以為忤，學生各得其樂。我曾旁聽過朱自清、俞平伯、鄭振鐸等先生的課，都安然無恙，而且因此同鄭振鐸先生建立了終生的友誼。但也並不是一帆風順。我同一群學生旁聽冰心先生的課。她當時極年輕，而名滿天下。我們是慕名而去的。冰心先生滿臉莊嚴，不苟言笑。看到課堂上擠滿了這樣多學生，知道其中有『詐』，於是威儀儼然地下了『逐客令』：『凡非選此課者，下一堂不許再來！』我們悚然而聽，憬然而退，從此不敢再進她講課的教室」（季羨林，〈憶陳寅恪先生〉，《懷舊集》〔北京：北京大學出版社，一九九六〕）。從這段回憶看，冰心除了當年撰寫〈我們太太的客廳〉諷刺與梁思成、林徽因交好的學界朋友，並引得林徽因派人送給她一罎山西陳醋以示報復外，的確有剛愎自用、自以為是、令人不太喜歡的一面。但這些事仍然與傅斯年無關，看來傅氏對冰心的鄙視必有更複雜的原因。

從已披露的材料看，傅斯年對冰心的輕視，與她的丈夫吳文藻有極大關係。這一說法的證據是，晚年曾做過高官大員，且一直堅持認為新中國成立後知識分子非來一場「改造」不能走上正途的費孝通，在接受上海大學教授朱學勤訪問時，曾斷斷續續地說過這樣的話：「在燕京，吳文藻同他們都不對的，他是清華畢業的，應當回清華的，因為冰心到了燕京。他們夫妻倆以冰心為主，她同司徒雷登很好的。這樣，吳文藻是被愛人帶過去的，在燕京大學他沒有勢力的，在燕京靠老婆。後來出了燕京，他才出頭。吳文藻的一生也複雜得很啊。我們燕京大學是跟老師的，一個老師帶幾個好學生，我是跟吳文藻的」（朱學勤等，〈費孝通先生訪談錄〉，《南方周末》，二〇〇五年四月二十八日。下同）。

在談到當時燕京與北大、清華及相互之間的關係時，費孝通明確表示北大、清華與燕京有很大不同，「吳文藻同傅斯年也不對的，搞不到一起的。吳文藻想自己建立一派，他看得比較遠，想從這裡面打出一個基礎來，通過Park這條思路創造中國這一派。他有自知之明，知道自己的力量不夠，他就培養學生」。又說：「雲南大學校長是清華的熊慶來，他請吳文藻去組建社會學系……但到了雲南大學沒有辦法發展。後來冰心不願意在雲南，她的朋友顧毓琇想追冰心，沒有追到。冰心厲害，看中吳文藻，吳文藻一生受冰心影響。」

最後，費孝通總結性地說：「對舊知識分子，我一直看不起。在我眼中，真正好的沒有幾個，好的知識分子，有點學問的，像馮友蘭、金岳霖、曾昭掄這批人，我是欣賞的。自然科學裡也有點好的，可是也不是好在哪裡，叫他們來治國、平天下，又不行。」因而，一九四九年之後，官場得意的費孝通竭力主張要給這些不能「治國平天下」的舊知識分子來一場脫胎換骨的政治改造。這之後，數以萬計的知識分子被關進了「牛棚」，而有幸得到費某人「欣賞」的知識分子如曾昭掄等亦未能幸免，「文革」中被活活整死。最後費某人自己也落入圈套不能自拔，成了不折不扣的「牛鬼蛇神」。當然，在費氏看上的人物中，只有馮友蘭是個異數，他以「梁效」顧問的身分，跟隨江青在中國政治舞臺上騰雲駕霧好一陣子，在得以苟活性命的同時，也給這紛亂的世界留下了一個活生生的人生哲學命題和具有反面典型意義的標本。

費孝通是吳文藻的得意門生，在很長的時間裡一直唯吳的馬首是瞻，從費氏的談話中知道吳與傅斯年不和，但他沒有明確列舉不和的原因，只隱約透露了吳到雲南大學之後要建立一個社會學系，但又遇到強大阻力，最後只得放棄雲南赴重慶工作云云。這一點，從臺北傅斯年圖書館檔案保存的傅與顧頡剛、朱家驊等人通信中，可窺知一個不為外界所知的側面。

一九三八年十月，顧頡剛應雲南大學校長熊慶來之聘，赴昆明任職，主要講授「經學史」與「中國上古史」兩門課程。並在距城二十里的北郊浪口村安居。據顧的女兒顧潮說：「出於排解不開的邊疆情結，父親到昆明不久，便在《益世報》上創辦《邊疆》周刊，集合許多朋友來討論。」想不到這一討論，引起了社會各界的廣泛關注，同時也引起了傅斯年的警覺。

抗戰時期中國人口流動大增，「外來戶」與當地土著或私下稱作「土包子」之間不團結鬧矛盾，或暗中較勁兒的現象普遍存在。在當時國民黨統治的西南邊城昆明如此，而共產黨控制的陝北黃土窯洞依然若是。當時的左翼作家茅盾在晚年撰寫的回憶錄中，就曾敘述過抗戰期間自己在昆明與顧頡剛、朱自清、聞一多、吳晗等人交談的情形。據說茅盾曾讓朱自清派人去找過冰心，正好冰心外出不在家，未能參加。談話不久，茅盾就發現所謂的「外來戶」與「土包子」之間不團結的問題，遂當即決定「把話題轉到外來文化人與本地文化界如何聯絡感情加強團結的問題」。參加談話的顧頡剛在發言中說：「大家步調一致是對的，但把單方面的意見強加於人就不對了」云云（茅盾，《我走過的道路》〔北京：人民文學出版社，一九八八〕）。差不多就在這個時候，針對顧頡剛在《益世報》上弄出的那個《邊疆》周刊以及登載的文章，傅斯年通過對昆明社會各階層思想現狀分析，清醒地意識到民族矛盾是一個極為重要和敏感的問題，從團結的大局出發，毫不客氣地給予了批駁。傅在致顧頡剛的信中這樣說道：

> 有兩名詞，在此地用之，宜必謹慎。其一為「邊疆」。夫「邊人」自昔為賤稱，「邊地」自古為「不開化」之異名；此等感覺雲南讀書人非未有也，特雲南人不若川粵人之易於發作耳。其次即所謂「民族」。猶憶五六年前敝所刊行淩純聲先生之赫哲族研究時，弟力主不用「赫哲民族」一名詞。當時所以有此感覺

者，以「民族」一詞之界說，原具於「民族主義」一書中，此書在今日有法律上之效力，而政府機關之刊物，尤不應與之相違也。今來西南，尤感覺此事政治上之重要性。夫雲南人既自曰：「只有一個中國民族」，深不願為之探本追源；吾輩羈旅在此，又何必巧立各種民族之名目乎！今日本人在暹羅宣傳桂滇為泰族Thai故居，而鼓動其收復失地。英國人又在緬甸拉攏國界內之土司，近更收納華工，廣事傳教。即迤西之佛教，亦自有其立國之邪說。則吾輩正當曰「中華民族是一個」耳，此間情形，頗有隱憂。迤西尤甚。但當嚴禁漢人侵奪蕃夷，並使之加速漢化，並制止一切非漢字之文字之推行，務於短期中貫徹其漢族之意識，斯為正途。如巧立名目以招分化之實，似非學人愛國之忠也。

針對這一論點，傅斯年正告顧氏：要盡力發揮「中華民族是一個」之大義，證明夷漢之為一家，並以歷史為證。「即如我輩，在北人誰敢保證其無胡人血統，在南人誰敢保證其無百粵苗黎血統，今日之雲南，實即千百年前之江南巴蜀耳。此非曲學也。」又說：「日前友人見上期邊疆，中有名干城者，發論云：『漢人殖民雲南，是一部用鮮血來寫的爭鬥史。在今日，邊地夷民，仍時有叛亂情事。』所謂鮮血史，如此人稍知史事，當知其妄也。友人實不勝駭怪，弟甚願兄之俯順卑見，於國家實有利也」（歐陽哲生主編，《傅斯年全集》卷七（長沙：湖南教育出版社，二〇〇三））。

當此之時，顧、傅二人因在廣州中山大學時代和後來的一系列矛盾，早已割袍斷義，互不來往。但為民族大義計，顧接信後，聽從了傅的勸說，即作〈中華民族是一個〉的長文刊於周刊。顧氏如此說，當然不是屈服於傅的壓力，而是一種外力警醒下的自覺。當時雲南的政治情形正如本地出身的學者楚圖南在後來回憶中所言：除蔣介石的「中央」與雲南省掌門人龍雲的「地方」之間控制與反控制的矛盾之外，在文化教育界，已經產生了「本省人和外省人，雲大與聯大之間的隔閡」，以及「高級知識分子之間如留美派、留歐派、洋教授和土教授等門戶之見」（楚圖南，〈抗戰期間雲南的民盟工作和民主運動〉，收入政協西南地區文史資料協作會議編，《抗日民族統一戰線在西南》（成都：四川人民出版社，一九九〇））。正是鑑於這一錯綜複雜的情況，顧頡剛在自傳中說道：「因為我到西北去時，在民國十七年回民大暴動之後十年，在這暴動區域裡，處處看見『白骨塔』『萬人塚』，太傷心慘目了，經過十年的休息，還不曾恢復元氣，許多的鄉鎮滿峙著禿垣殘壁，人口也一落千丈。到西寧時，一路上看見『民族自覺』的標語，這表示著馬步芳的雄心，要做回族的帝王。我覺得如果不把這種心理改變，邊疆割據的局面是不會打破的，假借了『民族自覺』的美名，延遲了邊民走上現代化的日期，豈不是反而成了民族罪人。所以發表這篇文字，希望邊民和內地人民各個放開心胸，相親相愛，同為建立新中國而努力，揚棄這種抱殘守缺的心理。」

顧在一九三九年二月七日的日記中寫道：「昨得孟真來函，責備我在《益世報》辦《邊疆》周刊，登載文字多分析中華民族為若干民族，足以啟分裂之禍，因寫此文以告國人。此為久蓄於我心之問題，故寫起來並不難也。」在這篇文字裡，顧氏主張「中國沒有許多民族，只有三種文化集團——漢文化集團、回文化集團、藏文化集團。中國各民族經過了數千年的演進，早已沒有純粹血統的民族。尤其是『漢族』這名詞，就很不通，因為這是四方的異族混合組成的，根本沒有這一族」。後來顧頡剛在自傳中回憶說：文章發表後，「聽人說各地報紙轉載的極多，又聽說雲南省主席龍雲看了大以為然，因為他是夷族人，心理上總有『非漢族』的感覺，現在我說漢人本無此族，漢人裡不少夷族的成分，解去了這一個癥結，就覺得舒暢多了」（顧潮，《歷劫終教志不灰：我的父親顧頡剛》〔上海：華東師範大學出版社，一九九七〕）。

顧文的刊發，令當地土著和省主席龍雲等甚感滿意舒暢，傅斯年當然也樂意看到這一結果，寫信謂顧氏深明國家民族大義並加以讚揚。為此，二人的心又拉近了一步。當時在西南聯大任教的史學大師陳寅恪也同意傅、顧的觀點，認為外來的知識分子不要亂說一些夷漢籍貫之事。如雲南史學家方國瑜請陳寅恪以及顧頡剛、姚從吾、向達、方豪等人吃飯。席間，方豪問方國瑜，雲南的方姓是從哪裡遷來的。方國瑜答：「我桐城方氏的後裔。」飯後，顧頡剛告訴方豪：「方國瑜是麼些人（南按：雲南少數民族稱呼），說是桐城方氏後裔，只是面子好看些。」陳寅恪便提醒方豪：「我們萬不可揭穿他，唐代許多胡人後裔，也用漢姓，也自道漢姓始祖何處」（蔣天樞，《陳寅恪編年事輯》（增訂本）〔上海：上海古籍出版社，一九九七〕，頁一二六）。

意想不到的是，就在大家以抗戰團結為重，盡量避談夷漢民族之別，並對傅、顧的學術觀點群聲叫好之時，卻惹惱了另一個山頭的派系，為首者乃吳文藻，馬前卒乃吳的學生費孝通。

吳與費同在雲南大學社會學系，費做吳的助手，當時吳文藻是屬於中英庚款基金會派往雲南大學的，因而吳氏挾庚款之聲威，與費孝通輩聯合一幫師生和所謂的「民族學家」，在昆明搞了一個號稱「民族學會」的山頭，並扯出大旗，占山為王，有聲有色地鬧將起來。眾所周知的是，以傅斯年為首的中央研究院歷史語言研究所，本來就有一個聲望頗大的民族人類學組，其人員由大字號「海龜」吳定良、淩純聲以及著名學者芮逸夫等人構成，這個組至抗戰爆發時，已遍走中國大部分地區，特別對東北與西南地區少數民族有廣泛的調查研究，並動用了當時世界最先進的攝影機進行實地考察拍攝。這就是說，此組無論是人員還是裝備都在全國獨樹一幟，沒有任何一個同類團體和個人可以匹敵。在這樣的背景下，吳文藻、費孝通欲在雲南邊陲拉桿子立山頭樹大旗，這自然就被傅斯年與學術界同人看作是對史語所甚至整個中央研究院的挑戰。

傅斯年眼看吳、費之輩高舉的大旗在雲南高山峽谷中飄揚開來，並對自己所屬的陣營來了一個先發制人式的打擊，公開在報上駁斥傅、顧之說，宣稱「中華民族不是一個」。傅斯年一看，自是怒火攻心，立即意識到吳、費等「民族學家」的言論，將在雲南產生極其不良的社會影響，弄不好會產生新的亂子，引起複雜的民族糾紛，必須立即想法截斷這股勢力。根據兵來將擋、水來土掩的兵家戰略，傅斯年採取後發制人的戰術決策，聯合一切可以聯合的力量，開始向吳、費聯盟反擊，於是有了顧頡剛與傅斯年關於「中華民族是一個」的主題論文發表。兵鋒所指，一目了然。已經占山稱王的吳文藻見顧、傅集團揮刀弄槍地向自己砍來，頗不服氣，認為顧、傅聯盟構築的理論堡壘乃牧豎之妄語，必須以「替天行道」的豪氣與正氣，堅決、徹底、乾淨地給予毀滅性打擊。於是，吳文藻親自秉燭焚香，籌畫密謀，坐鎮指揮，遣費孝通為大將，高擎「民族學會」的大旗，呼喊著「為學問而學問」，以及「學問不為政治服務」的口號，率領部分精兵強將一路喊聲震天地殺出山門，欲掃蕩顧、傅聯盟堡壘。面對來勢洶洶的敵對勢力，傅斯年揮舞令旗，急速從西南聯大、北大文科研究所、中央研究院史語所等陣營調兵遣將予以迎戰。因吳氏敢於較勁稱王的底氣來自有美金英鎊支撐的中英庚款董事會，而當時該會的董事長是由國民黨中央組織部長朱家驊兼任，總幹事為杭立武，傅斯年便採取釜底抽薪的狠招，立即密函朱家驊、杭立武二位錢權在握的掌門人，揭露吳、費之謬說，痛陳其妄為，歷數思想觀點之荒唐，成事不足、敗事有餘之危害，要求朱、杭二人緊急將吳氏他調，以免破壞民族團結，發生不測之事端，藉機達到將來犯之敵一舉擊潰之目的。

傅在致朱、杭二人的密函中告之曰：

先是頡剛在此為《益世報》辦《邊疆》附刊，弟曾規勸其在此少談「邊疆」「民族」等在此有刺激性之名詞。彼乃連作兩文以自明，其一，論「中國本部之不通」。其二，論「中華民族是一個」。其中自有缺陷，然立意甚為正大，實是今日政治上對民族一問題唯一之立場。吳使弟子費孝通駁之，謂「中國本部」一名詞有其科學的根據；中華民族不能說是一個，即苗、瑤、猓玀皆是民族。一切帝國主義論殖民地的道理，他都接受了。頡剛於是又用心回答一萬數千字之長文，以申其舊說。

欲知此事關係之重要，宜先看清此地的「民族問題」。此地之漢人，其祖先為純粹漢人者本居少數，今日漢族在此地之能有多數，乃同化之故。此一力量，即漢族之最偉大處所在，故漢族不是一個種族，而是一個民族。若論種性，則吾輩亦豈能保無胡越血統。此種同化作用，在此地本在進行中，即如主席龍雲，猓玀也；大官如周鍾嶽，民家也；巨紳如李根源，夷也。彼等皆以「中國人」自居，而不以其部落自居，此自是國家之福。今中原避難之「學者」，來此後在報屁股上作文，說這些地方是猓玀，這些地方是夷……更說中華民族不是一個，這些都是「民族」，有自決權，漢族不能漠視此等少數民族。更有高調，為學問做學問，不管政治……弟以為最可痛恨者此也。

最後，傅斯年說：

夫學問不應多受政治支配，固然矣。若以一種無聊之學問，其想影響及於政治，自當在取締之列。吳某所辦之民族學會，即是專門提倡這些把戲的。他自己雖尚未作文，而其高弟子費某則大放厥詞。若說此輩有心作禍固然不然，然以其拾取「帝國主義在殖民地發達之科學」之牙慧，以不了解政治及受西洋人惡習太深之故，忘其所以，加之要在此地出頭，其結果必有惡果無疑也。

以傅斯年的霸氣及與朱、杭二人的密切關係，加上顧、傅在昆明所調集各路精兵強將的強力支援與夾擊，吳、費山頭不穩，派系不牢，最終力不能敵，丟盔卸甲敗下陣來。最終的結局是，吳文藻偕夫人冰心棄昆明轉重慶另謀新職，整個昆明「民族學會」陣營樹倒猢猻散，傅斯年所說的「費某」也顧不得「大放厥詞」，而不得不設法撤離山寨，殺出重圍，奪路而逃了。

正是鑑於這樣一種充滿了火藥味的政治、學術背景，深知費氏所言「吳文藻一生受冰心影響」的傅斯年，在反對、輕視吳氏的同時，對他認為的真正幕後操縱者——冰心沒有好感，並在致當年曾給過吳文藻一記悶棍的朱家驊信中，再度與林徽因同時提出來，並給予輕視性的評價，也就不足為奇了。

17 歐陽哲生主編，《傅斯年全集》卷七（長沙：湖南教育出版社，二〇〇三）。下引信件同。重點符號為信中原有，信中提到的「詠霓」為翁文灝。

18 騮先，朱家驊表字。企孫，指葉企孫，葉氏原為清華大學特種研究事業委員會主任，時接替傅斯年任中央研究院總幹事。毅侯，指王毅侯，時為中央研究院會計處主任。

19《吳宓詩集．空軒詩話》（北京：中華書局，一九三五），頁一四九。

20 李敖，《一個學閥的悲劇》，《李敖全集》卷一二（臺北：遠流出版公司，一九八六）。

21 王汎森，《中國近代思想與學術的系譜》（石家莊：河北教育出版社，二〇〇一），頁三三八。

22 吳荔明，《梁啟超和他的兒女們》（上海：上海人民出版社，一九九九）。

23 同前注。

24（美）費慰梅（Wilma Fairbank）著，成寒譯，《中國建築之魂：一個外國學者眼中的梁思成林徽因夫婦》（上海：上海文藝出版社，二〇〇三）。

25 翁文灝著，李學通、劉萍、翁心鈞整理，《翁文灝日記》（北京：中華書局，二〇一〇）。

26 歐陽哲生主編，《傅斯年全集》卷七（長沙：湖南教育出版社，二〇〇三）。

第十一章
歸去來兮

一、李濟的哀傷

就在傅斯年為梁思永、林徽因的病情積極謀畫籌款、醫治之時，史語所與中央博物院籌備處最為宏大和重要的支柱——李濟，由於家庭突遭不幸，又出現了坍塌崩毀的跡象。

抗戰爆發後，李濟帶著一家老小六口（父親郢客老人，妻子，女兒鳳徵、鶴徵，幼子光謨），從南京到重慶、長沙、桂林、越南直至昆明，輾轉數千里，備受艱難困苦，總算有了一個喘息的機會。萬沒想到，一九四〇年夏，在史語所議遷李莊時，十四歲的二女兒鶴徵突患急性胰腺炎，因得不到藥物及時治療而死去。一枝含苞待放的鮮花，無聲無息地凋落在紅土結成的高原之上，在西南邊陲那溫暖的陽光照耀下，永久地與青山茂林作伴了。

心中滴血的李濟夫婦在巨大悲慟中，來到愛女的墳塋做最後辭別，旋即含淚打點行裝，帶領全家匆忙遷往李莊。積在心頭的哀痛尚未淡去，一九四二年初春，在李莊中學讀書即將畢業的十七歲大女兒鳳徵又不幸身染傷寒，一病不起。因李莊缺醫少藥，終於不治。愛女臨走的那天下午，握著父親李濟的手，有氣無力地說：「爸爸，我要活下去，我要考同濟大學，在李莊讀書，永遠不離開您和媽媽，還有爺爺……」縱然有偉大的學者李濟博士，連同遷入李莊的同濟大學醫學院數位留德「海龜」教授共同努力，亦回天乏術，只能眼睜睜地看著女兒美麗的雙眸悄然滑下兩滴淚珠，帶著無盡的遺憾，走了。鳳徵的墓地選在李莊郊外一座小山崗的平坦之處，這是李莊鄉紳張官周出於對郢客老人和李濟父子的敬重，特地從自

1937年12月，李濟一家攝於桂林，後排左一是女傭。（李光謨提供）

家的園地中闢出無償出讓的一塊地方。小小的山崗之上，痛失愛女的李夫人撕心裂肺的呼喊，在荒草萋萋的山野迴盪。李濟的眼睛裡汪著一潭痛楚的淚水，將一把把溫潤的泥土輕輕地撒在女兒的墓穴裡。一片片於西南早春盛開的黃色花瓣被拋向天際，於新起的墳塋上空飄舞飛旋。沒有葬禮，沒有悼詞，唯有滾滾的江水和陣陣襲來的山風，讓人感到生命的淒美與哀傷。

從一九四〇至一九四二年的兩年間，李濟的兩個愛女——「鶴」——「鳳」，撇下風燭殘年的祖父、悲痛欲絕的雙親以及年少的弟弟，悄無聲息地撒手人寰，乘風而去。

面對接踵而至的災難，李濟的心靈受到了重創，在一夜接一夜痛苦的失眠與哀歎中，精神支柱開始傾斜。徹骨的淒涼與過度的悲傷，終於使李濟病倒床頭。李濟的父親李權（郢客）老人，這位清王朝末年的小京官，著名的詞人雅士，面對兩個從小圍在自己身邊嘰嘰喳喳，小鳥一樣惹人愛憐的孫女不幸夭亡，更是悲情難抑，身體很快垮了下去，不久即中風癱瘓在床，生活不能自理。老爺子自感將不久於人世，遂立下遺囑，一旦自己魂歸道山，讓家人在其墓碑上鐫刻「詞人郢客李權之墓」以示紀念。五年之後，當身衰體殘、骨瘦如柴的郢客老人在南京去世時，李濟按照遺囑一字未改地書寫了碑文，算是實踐了老人的遺願。

在淒涼悲苦的心境中，李濟勉強從病床上支起身體找到傅斯年，於李莊郊外板栗坳一個月高風清的晚上進行了一次秉燭長談。按李濟的想法，他要辭去史語所考古組主任和中央博物院籌備處主任之職，去掉安在自己頭上的兩頂「官帽」，以便擺脫行政事務煩擾，調整心態，做點案頭研究工作，藉以緩解日甚一日的精神苦痛。對李濟的處境，傅斯年深感悲戚，清醒地意識到這根宏大支柱一旦坍塌，對史語所和中央博物院籌備處的工作將意味著什麼。在如此艱難困苦的緊要關頭，他所做的不是順水推舟，而是要盡可能地使對方從頹喪委靡中振作起來，在事業上開拓出一片新天地。

一九四二年三月二十七日，李濟在中央博物院籌備處於李莊鎮張家祠租賃的辦公室，以憂傷的筆調給傅斯年修書一封，派人送到幾里地之外的板栗坳，信中說：

> 前日所談，感弟至深。弟亦自知最近生活有大加調整之必要，但恐西北之行（未嘗不願）未必即能生效，或將更生其他枝節。數月以來，失眠已成一習慣，中夜輾轉，竊念研究所自成立以來，所成就之人才多矣，而弟愧不在其列，有負知己，誠自不安，然此亦非弟一人之咎。弟自覺念日最迫切之需要，為解脫，而非光輝。衷心所祈求者為數年

安靜之時間。若再不能得，或將成為一永久之廢物矣。[1]

從信中可以看出，前天晚上的交談，傅斯年除了給予同情、理解和好言相慰，還為李濟想出了一些解脫之法，如到西北地方進行田野調查等，以緩解對方的精神壓力與惡劣情緒。但一直處於極度痛苦與悲傷中的李濟，雖被傅氏的真誠與熱情所感動，終未能回心轉意。三天之後，傅斯年回信，再次以誠摯坦率之言勸慰：

惠書敬悉，深感！深感！大約四十為一大關，過此不能不寶愛時光矣，弟之大症，有一好處，即能辭去總幹事也。雖今日治學未必有望，而在總幹事任中必無望。援庵[I]之「開快車」（彼亦同感而言），寅恪之「損之又損」，[II]前者弟不能，後者弟亦求其如是矣。兄目前之事，不在博物院，而在精神之集中。博物院事，似乎辦事人不比史語所少，兄可不必多操心（此人勸我語，兄或鑑於袞事，[III]然彼等事不能再有？亦不可有反常之心理也）。安陽報告固為一事，此外似尚須有一大工作，方可對得起此生。弟所以勸兄一往西北者此也。總之，治學到我輩階段，無所著述，甚為可惜。兄之一生，至少須於安陽之外再有一大事，方對得起讀書三十年也。然西北不過是一法；其他亦有法，要看戰事如何耳。我之一病大約是一無結局，故此等問題多不敢想也。[2]

傅斯年推心置腹的一席話，令李濟不好意思再僵持下去，只好帶著一顆悲傷、抑鬱、孤

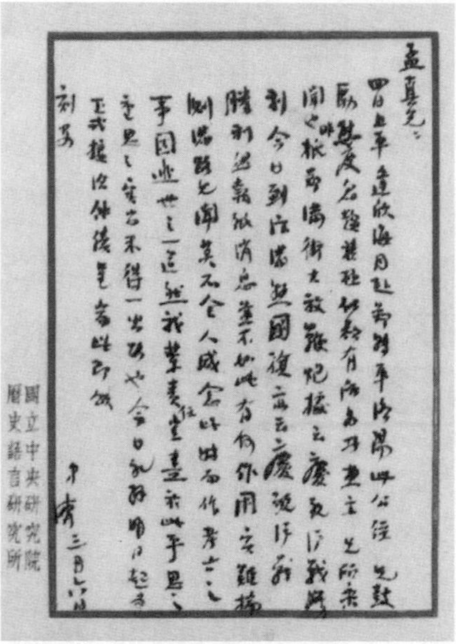

在李莊期間李濟致傅斯年的信函（李光謨提供）

獨的滴血之心，在史語所考古組與中央博物院籌備處之間艱難支撐。就當時的情形言，無論哪一個方面，都不容許李濟輕易對嘔心瀝血為之經營的事業撒手不管。何況此時以史語所為主體組織的西北科學考察團之事正在緊張地籌畫之中，中央博物院的主力人馬，對岷江流域彭山一帶的田野發掘剛剛取得大捷，並醞釀對牧馬山墓葬進行大規模發掘。頭戴中央研究院史語所考古組主任、中央博物院籌備處主任兩頂「官帽」的李濟，此時如同乾手插進濕麵裡，想抖摟得一乾二淨幾乎是不可能的。歷史給予他的，只能像在駐美大使任上的胡適自嘲的那樣：「做了過河卒子，只能拚命向前。」

早在一九四一年春，受「西北考察熱」影響，在李濟倡議下，經傅斯年、朱家驊及時任國民政府教育部部長陳立夫等實權派要員批准，擬組織一個西北科學考察團和川康古蹟考察團，對西北敦煌一帶和四川、西康兩省的古蹟做一次大規模調查和發掘。西北科學考察團由中研院史語所、中博籌備處、中國地理所三家合作，並從西南聯大文學院抽調以研究中西交通史聞名的北大文科研究所導師向達（覺明）出任團長。由於事涉多家機構，此事一直在不間斷的聯繫、組織中，遲遲未能成行。而川康古蹟考察團卻較為順利地按計畫實施起來。

川康古蹟考察團由抗戰期間流亡李莊的中研院史語所、中博籌備處、中國營造學社三家機構聯合組成。考察團以吳金鼎為團長，全面主持工作。一九四一年一月，吳金鼎率隊赴敘府一帶做考古調查和發掘，並在較短的時間內，就發現南溪葬地、九家村崖墓、雙江頭、舊州城等遺址。同年三月至四月，考察團由敘府沿岷江而上，至成都及周邊地區，在新津發現堡子山葬地、舊縣城故址。繼而在彭山發現蔡家山葬地、雙江葬地，在溫江發現古城埂遺址，在成都發現青羊宮葬地，在郫縣發現馬鎮古城等頗有考古價值的遺址。

調查工作告一段落，考察團成員撤回李莊休整。一九四一年五月，吳金鼎再度率中央研究院考察團自李莊乘船溯江而上，沿湍急的岷江直奔彭山而去。

當考察團一行抵達彭山地區後，經過調查走訪，發現此處山嶺相連，古蹟頗多。自漢代始，隨著各類墓葬制度和喪葬風俗的興起，彭山縣境成為四川漢代崖墓分布最為廣泛、密集的地區。考察團將地理方位與崖墓的分布情況做了大致了解後，決定以彭山縣城東北約五公里，位於武陽江、府河與岷江交會處的江口一帶群山定為考察重點，並把江口鎮東南一座名叫寂照庵的寺廟作為工作站安營紮寨。此後以江口附近山中崖墓為起點，開始一路向西連排式發掘。儘管考察團人數不多，卻是一支意氣風發、才華橫溢的精銳之師，尤其吳金鼎、曾昭燏、夏鼐三人，作為中央博物院乃至整個中國考古與博物館界最明亮的新星，橫亙於中國西南知識分子群落之中，光彩奪目，令人無法忽略他們的存在。而三人周身散發出的強勁勢力與剛健鋒芒，以及從大洋彼岸帶來的最為新鮮的蔚藍色思想與科技之光，也將隨著此次調查發掘，在中國西南地區創造出前所未有的輝煌。

二、吳金鼎與城子崖遺址

作為本次考察團團長的吳金鼎（字禹銘），與傅斯年雖同為山東人，但身材短小，不善言辭，生性靦腆，有時在陌生人面前還偶露幾分羞澀，全然沒有傅斯年膀大腰圓、虎氣生生、揮斥方遒、激揚文字的山東大漢形象。在外形特徵上，如把傅、吳二人比作水泊梁山好漢中打虎英雄武二郎與在陽穀縣街頭賣燒餅的大郎弟兄，當然不確，因為這對吳金鼎似缺乏公道和人文關懷。但若把傅譽為山東大漢，把吳稱為山東小漢，應是符合實際並說得過去。儘管吳氏身材矮小，身子骨卻壯健結實，脈管裡流淌著山東人倔強直行的血性，倘若打起架來，可與一般壯漢較勁對敵，三拳兩腳難分勝負，很可能還會把對方撂倒，這一特色算是多少彌補了五短身材的缺憾。

或許是吳金鼎與傅斯年在身材、性格、教育背景及思想等各方面相差太大，二人斷斷續續相處的十餘年裡，傅氏似乎一直不把吳金鼎放在眼裡，不但缺少對這位既是後學又是同鄉的關照，反而在李莊期間，還表現出令吳氏不快的態度和處事方式。至少可以這樣說，傅斯年與吳金鼎在感情上未曾建立過個人友誼並為對方傾心過。

相對傅斯年的態度，李濟與吳金鼎的關係則顯得情同手足，非同一般。這一情形追根溯源，自然與清華時代結下的師生之誼有密切關聯。

一九〇二年出生於山東安邱縣萬戈莊的吳金鼎，青年時代就讀於山東齊魯大學文理學院歷史政治系，在畢業之後的一九二六年考入清華研究院，有幸成為第二屆三十六名學生之一。他在清華主要追隨導師李濟學習人類學與考古學，其後在中國考古學與人類學上的巨大成就和貢獻也根植於此。據當時吳金鼎的同屆同學、後任職華東師範大學教授的戴家祥回憶說：當時「李（濟）老師所講的考古學與我們過去所講的考古，或者挖古董、收藏古董，實在相去十萬八千里。在第二屆同學中，只有吳金鼎一個人選擇這門專業。吳金鼎山東人，畢業於齊魯大學，看樣子實在是個木訥君子，整天拿著本巨型的外文書，據寅恪師背地對我說：『吳金鼎英文好極了！』可是他沒有寫出論文，一九二七年暑假沒有拿到畢業證書。這可能是因為當時找不到一個考古發掘現場」。[3]

吳金鼎在清華就讀時研究的課題為「中國人種考」，李濟作為他的指導老師儘管只有短短不足一年時間，但對其影響可謂至深且巨。吳氏在一九三八年出版的博士論文《中國史前陶器》引言中，曾透露了他醉心考古人類學的心願根植於清華，並受李濟的影響至大。吳說：「當李濟博士在夏縣史前遺址進行發掘時，我就讀於清華大學國學研究院。李濟博士將其發掘所得的遺物帶回大學。從典型器物的展覽以至李濟博士及袁復禮教授在茶話會中關於發掘工作的演說都十分生動有趣，使我也不自覺地想像有一天能夠發現一個遺址，研究它，發掘它，並撰寫它的歷史。」

據清華大學檔案顯示，一九二七年六月七日，國學研究院召開第十二次教務會議，審查並確認是年有三十名畢業生合格，並給予畢業證書。李濟也出席了會議，但合格學生名單上並沒有吳金鼎的名字。吳沒有寫出論文，戴家祥推測他在當時可能找不到一個考古發掘的現場，這個推測是否合乎當時的實際情況，有待考證。只是吳金鼎英年早逝，沒有留下與這一歷史懸疑相關聯的說明文字，他親近的朋友如夏鼐等雖有回憶文字，但對此疑點同樣沒有隻言片語的信息透露，這給考證者增加了困難的同時，也提供了多種思考空間。許多年之後，有臺灣學者名蘇雲峰者，經過對這段史實折舊翻新，寫出了下面一段話：「李濟因主持安陽考古發掘工作及赴美參加考古學術會議，在（清華）研究院講課的時間每學期不過數周，參加研究院教務會議次數也最少，所指導的學生僅徐中舒、吳金鼎二人，在他的《感舊錄》中，無隻字談到清華研究院之事，可見他與學生之間，沒有建立起像王國維和梁啟超一般的親密關係。」[4]

蘇氏沒有點明吳金鼎沒有拿到畢業證書，是與李濟的關照不夠有直接關係，但如果推理無誤，想來蘇氏之言應有這方面的指向吧。那麼李濟就吳金鼎的畢業證書問題，是否像當年胡適在美國哥倫比亞大學進行博士論文答辯時，於生死抉擇的最後一刻，大名鼎鼎的導師杜威教授只是冷眼旁觀，任其就地倒斃不起，還是曾熱心奔波周旋？這一過程雖無確切的證據流傳於世，但從後來李濟與吳金鼎的關係看，想來不會像當年的杜威老夫子那樣絕情，對考場上「面如死灰」的胡適視而不見，甚而見死不救。李濟至少應為此做過一定的努力，只是最終未能成功罷了。

這一推陳出新的理由是，從可考的資料看，在後來的若干歲月，李濟一直在鼓勵、關注著吳氏學術事業的進展。吳金鼎後來在他的著作《山東人體質之研究》一書的引言中，曾這樣說道：「民國十六年（一九二七年）春，作者肄業於清華大學研究院，蒙李濟先生授以人體測驗之方法。同時且就地實習以資熟練。更蒙助教王以中先生之助，約於一月期間共量清華學生六十八人。此作者對於人體測驗工作之第一次嘗試也。」又說：「既而清華放假整裝回籍，濟之先生慨允以儀器借予，俾得帶回山東做長期測驗，以完我未成之工作，所期望者尚遠且大也。歸魯後任教齊魯大學，逐日疲於校課，幾無餘暇得做課外之研究。所幸於學期內尚有長短若干假期，稍得從事工作。計自十六年秋迄十八年冬，共量二百九十一人。適濟之先生以書來，詢及所獲成績，於是乃取所有資料，核算之整理之草成〈山東人體質之特質〉一文，郵示先生，極蒙嘉許，十九年春來本所考古組，承先生命，取原稿重新計算之，乃成本篇。」[5]如果此話不虛，戴家祥所言應有一定的道理，吳金鼎可能就是因為沒有完成論文而未拿到畢業證書。

想來一九二七年那個酷熱的夏季，吳金鼎是帶著悵惘和些許的遺憾之情離開清華的。走出校

1990年，山東省考古研究所在城子崖遺址發掘中清理的龍山文化時期城牆遺址。（山東省考古研究所提供）

龍山遺址發掘之始（董作賓藏，董敏提供）

傅斯年、吳金鼎（右）勘察龍山文化遺址。（董作賓藏，董敏提供）

門後，他返回母校齊魯大學做了一名助教。這個抉擇，除他本人內心的故鄉情結，還有一個重要原因，那就是山東跟其他中國北方多數省份一樣，有相當豐富的古代遺跡，自新舊石器時代一直到漢代的古代遺物，幾乎在每一個縣區均可發現。既然吳氏有志考古學與人類學的研究，選擇有機會進行考古工作的齊魯大學並不令人感到意外。

在齊魯大學任教期間，吳金鼎利用業餘時間到野外做田野考古調查，並進一步堅定了他畢生從事中國新石器時代文化研究的路向。他在〈平陵訪古記〉中曾這樣描述自己在一九二八年四月四日第二次踏勘龍山遺址後的心情：「自此之後余始確切認定此遺址，包含層中所蘊蓄之重大意義。而余之興味自此不知不覺亦為之轉移，平陵研究之熱忱漸趨冷淡。嗣後所讀參考書多關於新石器時代之文化。餘暇所思念者，亦多為石器時代人之生活狀況。蓋余已認明此龍山遺址，確為新石器時代之一村落。一部古代史跡深藏黃土壟中。嗣後余將犧牲所有餘暇，盡吾全力以求此遺址之了解。」[6]

平陵訪古是吳金鼎涉足田野考古的起點，也是他人生歷程的重要轉捩點。一九二八年，當吳金鼎前往山東平陵進行考古調查時，就注意到城子崖一臺地有異於尋常的堆積——這是發現偉大的龍山文化一個高亢嘹亮的前奏。後來經過多次探查試掘，城子崖遺址埋藏的以黑陶為代表的龍山文化得以正式出現在中國考古學的序列中，並在世界範圍內引起廣泛而巨大的影響。

不能說沒有吳金鼎就一定沒有龍山文化的發現，但至少這個發現要晚一段歲月，而晚些歲月發現、發掘的城子崖遺址，在中國乃至世界考古史上是否還占有如此重要的地位，並具有如此廣泛的影響，則是無法想像的。對此，李濟說得十分清楚：當「殷墟出土的實物分析出來，顯然地呈現著極複雜的混合狀態，相比的材料必須多方追求。在這類材料實現以前，殷墟出土物之意義，就不能十分明瞭。故史語所發掘殷墟以來即從事於類似之搜求……有了城子崖的發掘，我們不但替殷墟一部分文化的來源找到一個老家，對於中國黎明期文化的認識我們也得了一個新階段」。[7]由這段記述可以看出，龍山文化的發現適逢其時，吳金鼎功莫大焉。

城子崖龍山文化發掘之後，吳金鼎把主要精力集中到中國新石器文化的追尋研究中，對於各地所出陶器特別加以注意。一九三二年春，吳氏跟隨李濟、董作賓等前輩再赴安陽殷墟進行第六次發掘，計得字骨一版及可分三期的建築遺跡遺物。這年冬天，吳金鼎再於津浦路臨城車站附近發現一處包含黑陶和石器的重要遺址，引起學術界極大關注。鑑於吳金鼎在考古學上的重大貢獻，山東省政府專門拿出獎學金，於一九三三年七月，派他偕夫人王介忱入英國倫敦大學研究院從葉茲（Professor W. Perceval Yetts）教授攻讀考古學博士學位（南按：王介忱陪讀）。同年冬，又跟隨英國的埃及考古學泰斗彼特里（Professor F. W. Petrie）教授赴中東地區巴勒斯坦做發掘工作。關於這段經歷，後來赴英留學的夏鼐回憶道：「我經過耶路撒冷城晉謁彼特里教授談起吳先生時，這位八十七高齡的老教授還掀著銀鬚說：『吳先生確是一位田野工作的好手。雖不勇銳機警，但沉著勤奮，工作罕匹。』在巴

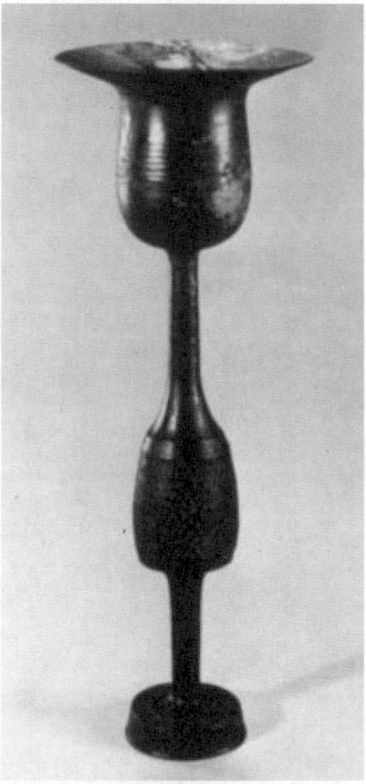

城子崖遺址出土的龍山文化時期高柄蛋殼陶

出土的龍山文化時期陶鬹

勒斯坦碰到幾個跟吳先生做過工的阿拉伯工人，提到吳先生，都翹起大拇指說他『誇依思』（Kwaiyis，即『頂好』意），吳先生也常以幽默的語調，敘說他在巴勒斯坦跟從老教授工作的經驗。」[8]

一九三四年，詳細記錄城子崖龍山文化發掘緣起、經過及成果的考古報告《城子崖》一書，由中研院史語所出版。此書由李濟、梁思永、董作賓任主編，傅斯年、李濟撰寫序文，主要撰稿人為吳金鼎、郭寶鈞、劉嶼霞等。在赴英國之前，吳氏以相當大的精力投入到這部中國第一部考古報告的撰寫之中。該書共有七章，吳金鼎一人撰寫兩章，與人合寫四章，幾乎囊括了報告的全部。這一工作業績誠如李濟在序言中所說：「初稿大部分是由吳金鼎君預備出來的，他是城子崖的發現者，田野工作他費力很多，屋內工作及報告草稿也費時最久。他的初稿交到梁思永先生手中的時候，要比現在的多一倍以上，可見他用力之勤了。」[9]

當《城子崖》考古報告在國內出版並引起業內轟動之時，吳金鼎卻在萬里之外的倫敦中央高等工業學校實習原始製作陶器的方法，未能親睹這一盛況。一九三五年春，吳氏獲倫敦大學中國委員會獎學金，返回國內搜集論文材料。就在這個時候，他與另一位中國考古學史上舉足輕重的人物——夏鼐相遇了。

三、考古界兩只學術大鼎

一九一〇年出生於浙江溫州城內厝庫司前老屋的夏鼐（字作銘），原是燕京大學社會學系的學生，主要選修功課有：張爾田的「史學」、錢穆的「國文」、蕭公權的「政治學」、任宗濟的「經濟學」等。一九三一年暑期考取清華大學二年級插班生，改入歷史學系。選修功課有：吳其昌的「中國通史」，孔繁霱的「西洋通史」，錢穆的「戰國秦漢史」，史祿國的「人類學」，商承祚的「殷墟文字研究」，以及「法文」，後再選修雷海宗的「史學方法」和「中國上古史」，陶希聖的「中國社會史」，蔣廷黻的「中國近代外交史」，劉崇鋐的「西洋十九世紀史」，以及「法文」「日文」等。一九三四年五月完成畢業論文《太平天國前後之長江流域田賦問題》，受到導師蔣廷黻教授讚譽，七月獲文學學士學位。八月以考試成績之冠（總平均八十三分），被清華研究院近代史門錄取。十月以考試成績總平均七十八分，獲得中美「庚款」提供的出國留學獎學金。據夏鼐研究者孟甫說：當時能獲得留學美國資格的名額只有歷史、考古各一名。夏鼐的同學楊紹震，自知水平不及夏鼐，便對夏說，如果你我都報考歷史，我定會下榜，如果你考考古，我考歷史，那麼我們都有希望。這樣我們清華就會有兩名公費留學生了。夏鼐一聽認為他說得也對，就同意，果然二人均被錄取。就當時夏鼐的學習情形言，他原致力於中國近代外交史和經濟史，對考古學所知甚少，為此他曾後悔，一度想放棄名額，準備重新報考清華的中國近代經濟史研究生。後經朋友勸說，才決定先出國看看再說。[10]

當時要赴國外學習考古學，按規定學生在出國前必須有田野考古發掘的經歷，於是，清華大學確定傅斯年、李濟為其導師。夏鼐開始閱讀考古學書籍，而他閱讀的第一篇學術論文就是李濟在清華研究院時期於山西西陰村田野考古的發掘報告《西陰村史前的遺存》。

一九三五年一月四日，夏鼐抵南京，至中央研究院歷史語言研究所拜見李濟，並在所中廣泛閱讀中外文考古書刊，時間長達兩月有餘。在傅斯年和李濟安排下，這年三月，夏鼐抵河南安陽，參加梁思永領導的殷墟發掘團進行考古實習，在侯家莊西北岡殷代王陵區東部，先後發掘了幾座小墓和車馬坑。其間，與石璋如、劉燿、胡福林等考古人員相識。又遇及由傅斯年陪同前來參觀的法國漢學家、探險家伯希和。許多年後的一九八三年，夏鼐應日本廣播協會（NHK）邀請，在日本做了三次有關中國文明起源的學術講演，在談到商代文明和安陽小屯殷墟的發掘時，夏說：「我是一九三五年春季在安陽殷墟初次參加考古發掘的，也是我第一次到這考古聖地。那一季我們發掘西北岡墓群。發掘團在侯家莊租到幾間房住下去。因為當時盜墓賊猖狂，曾寄來匿名信，要我們不要染指他們視為寶藏的西北岡墓群，否則當心

1934年，夏鼐於清華大學歷史系畢業照。（夏素琴提供）

性命，所以住處的門前有威風凜凜的武裝士兵站崗。」[11]

夏鼐所言，自是安陽發掘後期的情形，而先前的發掘，其艱難險阻要比這時嚴重得多。最早駐守安陽的兵士由同情史語所考古人員處境的馮玉祥將軍所派，後來一直延續下來。兵士的進駐，在盜賊蜂起的年代，客觀上使殷墟發掘人員的生命和出土文物得到了保護，這是身處戰亂不休的年代頗為慶幸的一件事。

夏鼐在安陽殷墟考古發掘實習期間，接受的是李濟、梁思永二人的指導訓練，因而繼吳金鼎之後，夏鼐算是從李濟直接受業的弟子。鼐，大鼎也。歷史竟是如此的巧合，此前的李濟不會想到在中國田野考古這道亮麗的星河中，竟有兩只大鼎齊聚自己門下，並在日後的歲月領一時風騷，發出燦爛光芒。當年李濟與梁思永在美國哈佛大學學習時，皆受業於狄克遜教授並獲益匪淺，因而李、梁二人皆主張夏鼐赴美後仍投奔到狄克遜門下攻讀。不巧的是狄克遜剛好於這年病故，李、梁遂把英國倫敦大學定為中國考古學的培養基地。夏鼐徵得有關方面同意，改赴英國留學。於是，一個原本對考古學知之甚少的大學生，由於命運的安排，從留美改為留英，並由心儀的歷史學轉向陌生的考古學。

夏鼐即將赴英就讀，對同樣陌生的大英帝國，特別是即將就讀的倫敦大學充滿了好奇與遐想，而這時恰好在殷墟發掘工地上遇到了一位從這所學校臨時返回的留學生吳金鼎，二人自然地交往親近起來。對於這段經歷，夏鼐在回憶中做如是說：「我和吳先生的初度相識，是民國二十四年春在安陽侯家莊的工作站。那時他正由英國返國來搜集論文材料，偷空暇跑到我們的發掘團來看看。他的誠懇，他的模樣，初見面時便令人心折，相見恨晚。」[12]

一九三五年夏季，夏鼐結束了安陽殷墟發掘實習活動，於八月七日在上海乘義大利郵船赴英國。途經香港、新加坡、可倫坡、孟買、蘇伊士運河、威尼斯，然後乘火車，於九月二日抵巴黎，三日到達倫敦。十月，正式在倫敦大學考陶爾德研究所註冊就讀。

1935年春，歡迎李濟視察殷墟發掘團時合影。左起：王湘，胡福林（厚宣），李光宇，祁延霈，劉燿（尹達），梁思永，李濟，尹煥章，夏鼐，石璋如。（李光謨提供）

儘管吳金鼎比夏鼐大九歲，由於同為李濟的門生，並有了安陽殷墟相識、相知的經歷，外加共同的理想與追求，二人很快結成了親密無間的摯友，在生活、學習上的相互幫助與切磋自是必然。對此，夏鼐在回憶中曾繪聲繪色地說道：「在英倫時，我和他人很少往來，但時常不惜跑幾里路，爬上幾十級的樓梯，到他所住的三層樓小閣上去看他，一起聊天，有時在不列顛博物院中工作後一同出來，在英倫的狂霧中，並臂相偕，一面行走，一面談話。」[13] 此段敘述，如同一幕幕電影畫面，令人彷彿置身於霧都縹緲奇幻的生活中，親眼所見兩個風華正茂的東方青年學子，在霧氣瀰漫飛捲的倫敦古城，於一幢幢陳舊而壯麗的樓群交織而成的街道旁側，身心充滿激情地探討著中國考古學的前景。那瘦削的背影在狂霧中漸行漸遠，若隱若現，如同他們東方祖國的命運，於政治霧幕與戰爭硝煙的裹挾中升降浮沉，前途莫測。

一九三七年，吳金鼎通過論文答辯，獲得倫敦大學博士學位。次年，他的博士論文《中國史前的陶器》（*Prehistoric Pottery in China* [London: Publishedd on behalf of the Courtauld Institute of Art, University of London, by Kegan Paul, Trench, Trubner & Co., 1938）獲倫敦大學出版基金資助並得以順利以英文在倫敦出版，由此成為中國學者研究中國史前各地區陶器的開先河之作。關於寫作這篇論文的目的，吳金鼎在序言中有明確的說明：「中國考古學中最令人迷惑的問題，就是中國文化的起源，以及中國與西方在古代的關係。而這些問題隨著彩陶的發現又再復甦引起爭論。」吳氏通過對各地區陶器的分析與比較研究，擬建立一個中國史前文化的年代順序表，以解決當時考古學界爭論不休的問題。對這部著作的成就，後世考古學史家陳星燦曾做過中肯的評價：「應該肯定吳金鼎已經正確地根據陶器的比較（主要在製作技術方面）把仰韶村的文化遺存劃分為兩個時期，這比梁思永漫然地稱之為混合文化已經進了一步。」又說：「吳金鼎氏雖然沒有論及彩陶的來源，但是通過對陶器的分析，把甘肅史前文化遠遠置於河南仰韶文化之後，這種做法也間接地否定了仰韶文化西來的假設。」[14]

時身在英國曾親眼目睹吳金鼎撰寫這一長篇論文過程的夏鼐，後來不無感慨地論述道：「為了做這一研究，吳先生不但翻遍了所有已出版的關於中國史前陶器的書籍，親身觀摩了幾萬片已出土的陶片實物，並且還特地在倫敦中央高等工業學院，實習原始製作陶器的方法。他的這一部書，因為所收入的材料的豐富，已成為外國人研究中國史前陶器的必備參考書。雖然因為近數年來西北的考古工作者有了好些新發現，加之安特生氏近來將他二十年前在中國發掘的收穫，陸續寫成報告發表，所以新材料增加了不少，有許多可以補充或修正吳先生的書中的說法。但是在還沒有人出來再做這樣綜合的工作以前，吳先生這部書，仍不失為最詳盡的關於中國史前陶器的參考書。」[15]斯言是也。

一九三七年冬，吳金鼎偕夫人王介忱挾洋博士之光環、「海龜」之盛譽、成名著作《中國史前的陶器》之威力，涉洋渡海回到了生養他的故土。只是適逢中華大地硝煙瀰漫、人頭亂滾、血流湧動的「主大凶」之秋。中央研究院史語所與中央博物院籌備處已遷往長沙聖經學院，吳金鼎夫婦聞訊趕赴長沙，於戰亂中尋找李濟、梁思永等幾位導師。想不到剛剛抵達長沙值敵機轟炸，差點死於敵人炸彈之下。驚魂甫定，便跟隨梁思永等調查小吳門及北關外，因為那裡常有銅器時代墓葬出土。「十二月南京淪陷，研究所緊縮，又擬他遷。」[16]

一九三八年春，史語所與中央博物院籌備處等機構遷昆明，吳金鼎受李濟之聘，出任中央博物院籌備處專門委員之職。自此，吳氏夫婦協助李濟對安陽殷墟出土的二十幾萬片典型陶器標本進行全面審查整理。同年十月，在李濟具體組織下，由中研院史語所、中央博物院籌備處聯合組織的「蒼洱古蹟考察團」成立，吳金鼎任團長，吳的夫人王介忱以及剛從英國學成歸國的曾昭燏小姐為團員，另偕同幾名技工赴雲南大理及洱海一帶進行史前遺址調查，至一九四一年一月，在吳金鼎主持下，曾、王二位女士帶領技工在大理一帶發現了蒼山、馬龍、龍泉、下關西等遺址。

一九三九年二月至一九四〇年六月，吳金鼎率領王介忱、曾昭燏等「蒼洱古蹟考察團」成員赴大理郊外，開始用現代科學手段對所獲遺址進行發掘。據曾昭燏在一九五一年向中共組織部門提交的一份自傳說：「吳氏夫婦皆基督徒，性格也較為保守，所以彼此在一起研究、生活的過程中關係相當融洽。」[17]從後來的事實看，曾昭燏所言不虛，但吳氏在工作、生活中遭遇的挫折甚至悲劇，也與他的性格有很大關係。

此時吳金鼎、曾昭燏一行在大理民眾中了解到，該地區的風俗習慣與中原有異，男人基本不下田勞動，所有的野外工作都由婦女承擔，而此次發掘也只能採取入鄉隨俗之法，所雇

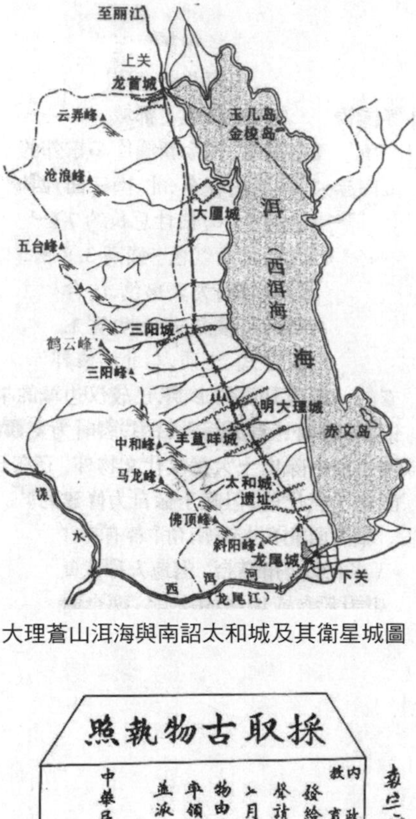

大理蒼山洱海與南詔太和城及其衛星城圖

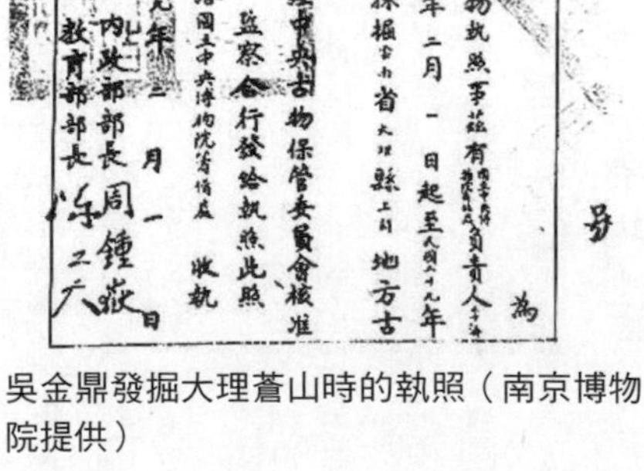
採取古物執照

內政 教育 部 為
發給採取古物執照事茲有 負責人
聲請於 年 二月 一 日起至 年
月 日止採掘 省 縣 地方古
物由吳金鼎
率領採掘並經中央古物保管委員會核准
並派 監察合行發給執照此照
右給國立中央博物院籌備處 收執
中華民國二十九年二月 一 日
內政部部長周鍾嶽
教育部部長

吳金鼎發掘大理蒼山時的執照（南京博物院提供）

用的技工幾乎是清一色的女性，因而有人說吳金鼎主持下的「蒼洱古蹟考察團」開了中國「女性考古」的先河，創造了考古史上的新紀錄云云。發掘隊先後發掘了馬龍、清碧、佛頂甲、佛頂乙、中和中、龍泉、白雲甲七處新石器時代遺址和十七座古墓。經過對發掘遺物進行整理研究，吳金鼎與他的業師李濟、梁思永等皆認為這一地區的文化面貌與中原地區有很大差異。鑑於發掘遺址分布於蒼山之麓和洱海之濱，故定名為「蒼洱文化」。這一文化的發現和命名，開創了西南地區文化研究的先河，為中國西南部田野考古與考古學的發展奠定了基礎，同時為後來整個西南部地區文化體系建立了座標，並產生了廣泛而深遠的影響。

一九四二年，吳金鼎、曾昭燏主持編寫完成了《雲南蒼洱境考古報告》，作為中央博物院籌備處專刊在四川李莊出版，這本報告的特殊性在於，插圖全部用木版刻印，為考古發掘報告所罕見，從內容到形式都引起了業內專家熱情關注。作為師輩人物的梁思永更是讚不絕口，並有「像吳禹銘先生才算是田野考古學的正統派」之讚譽，並說吳金鼎著重田野考古而輕視故紙堆中的研究，為中國的考古學開闢了一條新的道路云云。[18]

歷史行進到此處，吳金鼎成長歷程的脈絡以及他與李濟的關係也就變得清晰明瞭起來。這裡不妨舊話重提，試想，如果像蘇雲峰對清華國學研究院幾位導師的評價，僅憑李濟在自己《感舊錄》中「無隻字談到清華研究院之事」，就武斷地認為「可見他與學生之間，沒有建立起像王國維和梁啟超一般的親密關係」，著實有欠公允，並有信口雌黃、胡言亂語之嫌。至於臺北有一位名叫李敖者，謂李濟其人的性格中「悲觀」的成分過重，「嚴肅而不可親，氣量狹窄小氣與態度跋扈專橫」「把持職位、學術資料」「師心自用，不善用人，排斥異己，唯我獨尊」，外加老而不退，後繼乏人，性格狷介，難免走上「惡惡而不能去，愛才而不能用（或不敢用）」[19]的十字街頭等等一連串「罪名」，也就不再是正常的學術批評與道德論述，而是像鄧小平所說的某些「不懷好意」的外國鬼子一樣，完全是由咬文變成「咬人」，甚至如同得了病的小瘋狗一樣狂吠亂咬了。一位叫徐復觀的學者曾痛斥「以胡適為衣食父母的少數兩三人……豢養一兩條小瘋狗，專授以『只咬無權無勢的人』的心法，凡是無權無勢的讀書人，無不受到這條小瘋狗的栽誣辱罵」。其間的「小瘋狗」就是指四處咬文加咬人的李某人。

就李濟而言，他嘗謂自己「寧犯天下之大不韙而不為吾心之所不安」。[20]這個「大不韙」他沒有言明何所指，想來應包括強加在他頭上的無奈之事與無恥之辭吧。儘管許多學界中人不一定像臺大考古人類學系畢業生許倬雲那樣「在李先生身上，我們看見了希臘精神和儒家修養的結合」，[21]但從吳金鼎的身上，可以看出，作為一個傳道、授業、解惑的導師，李濟對其至少是盡了自己最大心力來獎掖提攜的，假如李濟靜夜獨坐遐思，其「心」當是相「安」的吧。

如果沒有過硬的反證，可以說，若不是李濟十幾年來不間斷的教誨與鼓勵，天分並不出眾的吳金鼎取得如此令人矚目的成績是不可能的。或許正如李濟之子李光謨所言：「李濟一直把吳金鼎當作自己學術工作的接替者來看待。清華國學研究院時期所建立的一段師生情誼，亦驅使吳金鼎以李濟為自己的終身學習的對象。不論是《山東人體質之研究》的完成；龍山城子崖遺址與黑陶文化的發現；《城子崖》發掘報告的撰寫；安陽殷墟發掘的參與以至事不避親，其說[22]中國西南地區的考古調查工作，吳金鼎都是得到李濟的支持和鼓勵的。」應該算是公允和公道的。令人扼腕的是，由於吳金鼎英年早逝，失去了承接李濟學術道統的機會。倒是另一位年輕的門生夏鼐步吳金鼎之後，繼承了李濟的學術衣缽與治學路數，並在十幾年後的中國大陸創造出承前啟後、繼往開來的輝煌局面。

據夏鼐後來對人說，當他剛剛走出清華園來到安陽殷墟之時，李濟除自己與傅斯年共同擔任導師外，還特意把他安排到當時最好的發掘現場——侯家莊西北岡殷墟第十一次發掘工地，交由「中國第一位專門考古學家」梁思永親自帶在身邊栽培。這個時候學術界沒有人特別留意年輕的夏鼐在安陽的實習和赴英留學對中國未來的考古學意味著什麼，但此時的傅斯年、李濟、梁思永等幾位名宿心中已十分清楚，以夏鼐出眾的天分和才氣，倘學成歸國，無疑是接替李、梁二人挑起中國考古學發展重擔的主要人選，因而在傅、李、梁等學術界大腕的眼裡，夏鼐的渡海求學，關係到中國考古學的未來和在國際上的地位與聲望，其意義與

2008年11月26日，作者（左）隨當地考古人員（右）在大理蒼山中和峰考察吳金鼎等人當年發掘地點。（顏竹攝）

一般留學生不可同日而語，而後來的事實也對此做了確切的明證。

可能傅斯年、李濟對夏鼐寄予的希望過大和過於迫切，僅實習半年，傅、李二人就開始催促其遠赴英倫。對於這一史實，夏鼐赴英後在給清華校長梅貽琦要求延長留學年限的信函中有所披露：

> 生曾於（一九三四年）十二月二十三日陳請學校擬再留國內預備一年，當時承批覆，此事須得導師同意。生曾與導師李濟之、傅孟真二先生商酌，二先生皆勸以早日出國為是（李先生於二十四年四月初旬，致函安陽，勸生能早日出國，還以早日出國為佳。傅先生則口頭接洽）。蓋以國內考古學之標本實物，皆極缺乏……生有見於自己預備功力之不足及國內預備之困難，曾企圖轉習近代經濟史，結果未能成功，只得貿然出國……[23]

在這種情形下，夏鼐懷揣李濟寫給自己的朋友、倫敦大學考古學教授葉茲的介紹信，踏上了開往英國的輪船。從夏鼐踏上大不列顛國土的那一刻起，中國少了一個經濟史學家，而多了一位具有國際聲望的偉大的考古學家。

到達倫敦大學的夏鼐，在學習史前考古學還是有史之後考古學問題上，於倫敦大學和愛丁堡大學這兩座著名學府之間左右搖擺，最後終於決定在倫敦大學跟從葉茲教授學習「中國考古與藝術史」，選修「岩石與礦物學」「普通測量學」等普通課程，並且師從惠勒教授，學習田野考古工作方法。後來主攻倫敦大學最為出名的埃及考古學。由於考古學過於繁雜與深奧，特別是需要學習艱深的古埃及文字，儘管絕頂聰明如夏鼐者，也不得不在四年的基礎上申請清華校方同意給予延長一年的學習時間。在得到梅貽琦校長批准後，夏鼐如願以償，繼續留在海外攻讀。

一九三七年十二月，夏鼐受學校指派，參加英國派遣的埃及考察團，前往埃及進行田野考古實習，途經法國的巴黎，義大利的都靈、威尼斯、布林迪斯、羅德島，直至抵達埃及的亞歷山大和開羅及盧克索附近艾爾曼特（Armant）遺址的工作站。一九三八年初，參觀艾爾曼特地區的托勒密神廟遺址和撒哈拉遺址發掘。隨後至尼羅河西岸的帝王谷，詳細參觀圖坦卡門、拉美西斯二世古埃及帝王墓，以及戴爾巴哈里神廟。另轉赴王后谷，參觀尼斐爾提提王后（拉美西斯二世之后）等陵墓和卡納克的庫蘇、阿蒙、拉美西斯三世、孟圖、圖特摩斯三世等神廟，以及尼羅河西岸的幾十座陵墓，並對這些遺址皆做了學術性考察。三月二日，夏鼐隨團由開羅抵達巴勒斯坦加薩，參加杜韋爾（Tell Duweir）遺址的考古發掘。一個月後離開發掘工地，轉赴耶路撒冷和伯利恆參觀，並在那不勒斯停留，細細參觀龐貝、赫爾庫蘭尼姆兩處遺址。四月十九日抵達羅馬，參觀考察諸多古羅馬時代遺址。直到四月二十三日返回倫敦。

1940年，夏鼐在埃及開羅博物館工作時留影。

此次旅行、發掘和考察，共用去了四個多月的時光，夏鼐自感所得的收穫遠超過四年室內讀書生涯。所謂「讀萬卷書，行萬里路」方得胸懷開闊、眼界高遠、學問竟成的中國古訓，在年輕的夏鼐身上得到了應驗。而在這一期間，夏鼐曾瞅準機會致信和當面向吳金鼎的導師、耄耋之年的埃及考古學泰斗彼特里教授請教。夏鼐憑著自己過人的天資和刻苦努力，像進入埃及金字塔法老的墓穴一樣，一步步接近埃及遠古歷史之門，直至進入輝煌殿堂，窺探到了深藏於學術煙海中的玄心妙訣。

一九三七年初，李濟藉赴英國講學的機會，多次與夏鼐晤談，關心其論文的寫作，並約夏氏返國後與自己一道工作，嗣後又一再促其歸國，為振興中國考古學效力。一九三九年十月二十一日，根據導師格蘭維爾教授的安排，夏鼐離開英國，前往埃及工作，並進一步收集撰寫博士論文所需資料，於三十日抵達亞歷山大和開羅。由於戰爭的關係，夏鼐的博士論文《古代埃及的串珠》回國以後於一九四三年最後完成寄往英國。戰後，倫敦大學於一九四六年復課，七月作為特殊情況免於答辯，授予夏鼐博士學位，夏鼐從而成為中國第一位埃及考古學專家（南按：一九四七年十月六日，夏鼐在國內收到倫敦大學授予博士學位的證書）。

同吳金鼎一樣，在回國之前，夏鼐已接到李濟代表中央博物院籌備處發來的聘請函。作為一隻才華橫溢，光芒四射，對中國未來考古學事業肩負重大傳承與發展使命的「海龜」，毫不遲疑地於一九四〇年十二月六日由開羅啟程回國。先乘火車赴巴勒斯坦，由仰光乘汽車，經曼德拉、臘戌，向闊別五年半的祖國駛來。

一九四一年一月二十四日，抵達中國雲南邊境畹町。二月三日抵達昆明，與自己的師友相會於祖國西南這個兵荒馬亂的邊陲城市。而風塵未洗，又要離開，到一個自己從未聽說過的小鎮生活。遙想當年，安陽殷墟發掘的宏大場面與虎氣生生的風采英姿，是何等令人嚮往自豪，而如今，面對一張張因戰爭災難而變得憂鬱、壓抑、慌張的菜色面孔，大有「山中方幾日，世上已千年」的恍如隔世之感。面對眼前的一切，夏鼐灼熱的內心驀地增添了一股悲壯與淒涼。

一九四一年二月二十八日，夏鼐未顧得回家鄉看一眼離別五年的雙親與妻子兒女，按照傅斯年與李濟的電示，由昆明乘汽車趕赴重慶，晉見傅斯年、李濟，彙報留學事宜。三月十九日乘船抵達李莊，到中央博物院籌備處報到，出任籌備處專門委員之職，相繼與郭寶鈞、馬長壽、王天木（振鐸）等中博籌備處人員，以及史語所考古組的董作賓、梁思永、石璋如、高去尋等師友會面。七月七日，夏鼐受李濟委派，由李莊出發，前往彭山參加以吳金鼎為團長的考察團，開始了抗戰時期中國最著名的漢代崖墓的田野考古調查與發掘。

注釋

1 李光謨輯，〈李濟與友人通信選輯〉，《中國文化》（北京版）一五、一六期（一九九七年十二月）。據李光謨考證，

Ⅰ為史學大師陳垣表字；

Ⅱ本為莊子語，傅氏借用陳寅恪所言，可能解為「求其精到」之義；

Ⅲ「裘事」疑指與抗戰初期史語所留守北平的機構負責人裘善元有關的事。

2 同前注。

3 戴家祥，〈致李光謨〉，收入李光謨編，《李濟與清華》（北京：清華大學出版社，一九九四）。

4 蘇雲峰，《從清華學堂到清華大學》（北京：生活・讀書・新知三聯書店，二〇〇一）。

5 吳金鼎，《山東人體質之研究》，《國立中央研究院歷史語言研究所單刊・甲種；七》（北平：國立中央研究院歷史語言研究所，一九三一）。

6 吳金鼎，〈平陵考古記〉，《中央研究院歷史語言研究所集刊》第一本（北平：國立中央研究院歷史語言研究所，一九三〇）。

7 李濟，《安陽》（石家莊：河北教育出版社，二〇〇〇）。

8 夏鼐，〈考古學家吳金鼎先生〉，《中央日報》（南京）第六版，《泱泱》副刊，一九四八年十一月十七日，轉引自夏鼐著，中國社會科學院考古研究所編輯，《夏鼐文集》卷上（北京：社會科學文獻出版社，二〇〇〇）。

9 傅斯年等著，李濟編，《城子崖：山東歷城縣龍山鎮之黑陶文化遺址》（南京：國立中央研究院歷史研究所，一九三四）。

10 夏鼐的許多情況，均承在負責整理夏鼐日記的王世民先生見告。《夏鼐日記》（上海：華東師範大學出版社，二〇一一）。

11 夏鼐，《中國文明的起源》（北京：文物出版社，一九八五），頁八三。

12 夏鼐，〈考古學家吳金鼎先生〉，《中央日報》（南京）第六版，《泱泱》副刊，一九四八年十一月十七日，轉引自夏鼐著，中國社會科學院考古研究所編輯，《夏鼐文集》卷上（北京：社會科學文獻出版社，二〇〇〇）。

13 同前注。

14 陳星燦，《中國史前考古學史研究一八九五—一九四九》，（北京：生活・讀書・新知三聯書店，一九九七）。

15 夏鼐，〈考古學家吳金鼎先生〉，《中央日報》（南京）第六版，《泱泱》副刊，一九四八年十一月十七日，轉引自夏鼐著，中國社會科學院考古研究所編輯，《夏鼐文集》卷上（北京：社會科學文獻出版社，二〇〇〇）。

16 石璋如，〈田野考古第一——吳金鼎先生〉，收入杜正勝、王汎森主編，《新學術之路：中央研究院歷史語言研究所七十周年紀念文集》下冊（臺北：中央研究院歷史語言研究所，一九九八），頁六三四。

17 一九五一年曾昭燏所寫自傳，曹清、張蔚星編撰，《曾昭燏年譜》（徵求意見稿）（南京：南京博物院，二〇〇九）。

18 夏鼐，〈考古學家吳金鼎先生〉，《中央日報》（南京）第六版，《泱泱》副刊，一九四八年十一月十七日，轉引自夏鼐著，中國社會科學院考古研究所編輯，《夏鼐文集》卷上（北京：社會科學文獻出版社，二〇〇〇）。

19 李敖，〈李濟：他的悲劇與貢獻〉，《文星》七三期（一九六三年十一月）。

20 許倬雲，〈尋真理的李濟之先生〉，《心路歷程》（臺北：文星書店，一九六四）。

21 同前注。

22 林錦源、陳淑玲，〈吳金鼎在中國史前考古學上的貢獻〉，《考古與文物》二〇〇三年三期。

23 夏鼐，〈陳請梅貽琦校長准予延長留學年限的信函〉，《敦煌考古漫記》（天津：百花文藝出版社，二〇〇二）。

第十二章

三隻新生代「海龜」

一、一代才女曾昭燏

從李莊出發的彭山漢墓考察發掘團，除吳金鼎、王介忱、夏鼐之外，還有一位與吳、夏二人同在倫敦大學研究院攻讀考古專業的女性——曾昭燏。吳、夏、曾三人，是李濟領導下的中央博物院籌備處在鼎盛時期所擁有的留學英倫的三隻最著名「海龜」。

就吳、夏、曾的人生經歷和取得的成就而言，雖是殊途同歸，但畢竟又有各自的門徑。自踏入考古之路始，無論在國內還是國外，夏鼐跟隨的導師基本與吳金鼎相同，治學的路數也大同小異。二人均為人中之傑，考古學界的一代英才，不同的是，吳金鼎在許多方面無法與夏鼐抗衡。二人在性格和習性上就充分體現了典型的南方人與北方人，或者更具體的浙江溫州人與山東昌濰平原人的特點。吳氏木訥不善言辭，天資一般卻異常努力；夏鼐在言辭上的表現雖不能說出口成章、呈江水滔滔之勢，卻清楚流利，尤其講到英語，比吳金鼎更為流暢通達。就各綜合素質論，夏鼐比吳金鼎更聰明，更有才華，更具有學術眼光和處事能力。這種落差是天生的，且是不可彌補與不可逆轉的。這天生差異也是決定夏鼐在留學前後深受傅斯年賞識，而到李莊之後不久，其鋒頭很快就蓋過了他的學長吳金鼎的根本原因。

但是，此時和之後的夏鼐，也並非一騎絕塵，打遍天下無敵手。像天下事物有陰即有陽，陰陽相剋相生一樣，繼李濟、梁思永等一代考古學家之後，在新生代考古學家中，堪與夏鼐叫板匹敵者，便是他在英國倫敦大學留學時的女同學，晚清「同治中興」名臣、著名愛國將領曾國藩家族後裔——具有女中英豪之譽的曾昭燏。

晚清乃至整個中國歷史上赫赫有名的曾國藩，是湖南湘鄉曾家長子，同胞兄弟依次為曾國藩、曾國潢、曾國華、曾國荃、曾國葆等五人，以祖父輩的家族序列排，分別為老大國藩、四弟國潢、六弟國華、九弟國荃、季弟國葆。哥五個在後來的歲月裡，除僅具中等之資的曾國潢在湘鄉原籍經營家業，曾國藩作為湘勇的締造者和指揮者，率部與太平天國洪楊輩展開搏擊拚殺。曾國華以下三兄弟均投筆從戎，加入了翦滅「長毛」的「聖戰」之中。隨後的結局是，曾國華在三河戰役中戰死，曾國葆在圍南京時身染瘟疫病亡，曾國荃則成為攻克太平天國首都南京的頭功之將。

曾昭燏是曾國藩二弟（行四）曾國潢的長曾孫女，按照曾家「國、紀、廣、昭」的排列，曾昭燏屬於第四代。昭燏的祖父曾紀梁、父親曾廣祚都是清代縣學附生，皆誥授中憲大夫。曾廣祚是晚清舉人，著有《屏鍥齋詩文》行世。曾昭燏的母親陳季瑛是湖南巡撫陳寶箴之女，即陳寅恪的嫡親姑母。清宣統元年農曆正月初八（一九〇九年二月三日），曾昭燏出生在湖南湘鄉縣（今雙峰縣）荷葉鎮峽石村曾家萬宜堂，母親共生十三個孩子，其中六個早夭，七個長大成人，依次是：長兄昭承，二兄昭掄，昭燏，弟昭拯（又名紹傑），二妹昭懿，三妹昭鏻，四妹昭楣。兄妹七人皆勤奮好學，且學有所成，各有所長。昭承為美國哈佛大學碩士；昭掄為美國麻薩諸塞理工學院博士；紹傑為上海大夏大學學士；昭懿為北平協和醫學院著名婦科醫師林巧稚的學生、醫學博士；昭鏻為西南聯大經濟系學士；昭楣為西南聯大生物系學士。七兄妹在世俗社會中名聲最大者，當是昭燏的二兄——中央研究院首屆

1932年，曾昭燏家庭合影。前排蹲者為曾昭楣，中為曾昭燏母親。後站立者自左至右：曾昭懿，曾昭鏻，曾紹傑，曾昭燏，曾昭熙，曾昭承。（曾寧提供）

院士，一九四九年之後一度出任北大教務長、高教部副部長的著名化學家曾昭掄。

曾昭燏出生時，曾家雖失了往日的輝煌，但豪門顯宦的餘暉仍照耀著這座承載著夢想與榮光的巨宅深院。萬宜堂為當年曾國藩所籌畫取定之名，取「萬代千秋」「宜室宜家」「萬事咸宜」等寓意。房院規模宏大，具有明式風格，由曾國潢主持建造，並於同治十二年（一八七三年）建成。此時曾國藩去世已近一年，曾國潢一支移居於此。國潢死後，兩個兒子曾紀梁、曾紀湘分家，各居一頭，這種格局一直延續到曾昭燏成長的時代。

在家庭排列中，曾國藩比曾國潢及其他四個弟弟分別年長十歲、十二歲、十四歲、十八歲。作為晚清歷史上扭轉乾坤、聲名顯赫的一代人傑，曾國藩最初以吏部侍郎的身分在家鄉湖南創辦湘勇，與洪秀全、楊秀清等搞出的所謂「太平天國」展開血戰，歷經幾年苦鬥，終於平息了聲勢浩大的洪楊之亂。治軍有方的曾國藩以卓越戰功和道德人格平步青雲，先後受封大清帝國兩江總督、直隸總督、欽差大臣等高官顯爵，一時名動朝野，為天下所重。曾昭燏另一位叔伯曾祖曾國荃，以著名的湘勇「吉字營」起家，在血與火交織的大拚殺中，率部攻陷「太平天國」首都南京城，給予即將斷氣的洪楊殘餘勢力最後一擊，由此奠定了晚清歷史上著名的「同治中興」基石。當洪楊為首的武裝割據力量被殲滅後，戰勛卓著的曾國荃登上了湖北、陝西、山西等省巡撫、兩江總督等高位。一時間，整個湖南湘鄉曾家祖墳上空，青煙呼呼亂躥，沖天蓋地，直逼牛斗，迎來了真正意義上的「福祿周全，門祚鼎盛」的輝煌局面。家中的人丁也如三月的桃樹，枝繁葉茂，一串串吐絮放花，繁衍開來。

當然，這個局面的形成是伴著長期的辛勞、無盡的血汗甚至生命換來的，得之並不容易。常言道，長兄如父，曾國藩未發達之時，就肩負起教導幾位弟弟的使命，並為此踏踏實實地下了一番苦功夫。晚清著名外交家兼散文家黎庶昌所編《曾文正公年譜》道光二十六年條：「公與弟國潢國華相砥礪於學，有如師友。」從其他材料還可看出，曾國藩為師的時候更多，其中不乏代父發言的威嚴和責任感。道光二十二年九月十八日，任職於京師翰林院兼國史館協修的曾國藩寫信給家鄉的曾國潢等兄弟，謂：「予生平於倫常中，惟兄弟一倫抱愧尤深，蓋父親以其所知者盡以教我，而我不能以吾所知者盡教諸弟，是不孝之大者也。」[1]

類似這樣透著殷殷親情的家書，在曾國藩書劍飄零的一生中可謂多矣。它不僅展示了曾家這位長兄望弟成材的苦心，更在一定意義上體現了其儒家文化忠實繼承者的道德風範。在

曾國藩墨蹟

諸兄弟中，國藩與國荃二人面相極為相似，命運也頗相同，於同日封爵開府，又都死於南京兩江總督任上——在中國近代史上，如此巧合還屬首例。

曾國藩一生崇尚功名，但更重視修身齊家之道，當他在京師任職時，接得家書，知國潢、國華兩位弟弟未得入學，頓覺悵然。他回信說：「科名有無遲早，總由前定，絲毫不能勉強。吾輩讀書，只有兩事：一者講德之事，講求乎誠正修齊之道，以圖無忝所生；一者修業之事，操習乎記誦詞章之術，以圖自衛其身。」[2]曾氏所說的「衛身」，乃修身向學，自食其力之意。又說：「衛身莫大於謀食。農工商勞力以求食者也，士勞心以求食者也。故或食祿於朝，教授於鄉，或為傳食之客，或為入幕之賓，皆須計其所業，足以得食而無愧。科名者，食祿之階也，亦須計吾所業，將來不致尸位素餐，爾後得科名而無愧。食之得不得，窮通由天作主，予奪由人作主；業之精不精，則由我作主。然吾未見業果精，而終不得食者也。農果力耕，雖有饑饉必有豐年；商果積貨，雖有壅滯必有通時；士果能精其業，安見其終不得科名哉？即終不得科名，又豈無他途可以求食者哉？然則特患業不精耳。」

曾國藩的嫡系後人及諸弟的後人，無不被這位聲震天下的大清帝國「同治中興第一名臣」光輝籠罩。而曾氏家風中蘊含的一種腳踏實地、明智的奮發精神，則是由曾國藩一手促成，此點在社會變革的時代尤顯其重要和難得。同治六年五月初五，曾國藩致信歐陽夫人，又重複了他屢屢言及的「勤儉自持，習勞苦」「修身齊家」等道理：「居官不過偶然之事，居家乃是長久之計。能從勤儉耕讀上做出好規模，雖一旦罷官，尚不失為興旺氣象。若貪圖衙門之熱鬧，不立家鄉之基業，則罷官之後，便覺氣象蕭索。凡有盛必有衰，不可不預為之計。望夫人教訓兒孫婦女，常常作家中無官之想，時時有謙恭省儉之意，則福澤悠久，余心大慰矣。」[3]在這種家風薰染下，曾家後人中為官者越來越少，更多的是憑一技之長在數學、化學、教育、考古學、藝術等領域，找到了安身立命之所。這個轉變，不是從做官的形式中，而是從精神上使曾家達到了曾國藩所謂「福澤悠久」的功效。曾家的男性如此，女性亦然，且多有特立獨行、開風氣之先的人物，如曾國藩的曾孫女曾寶蓀（曾紀鴻一支）就是一個極好的例證。一九一八年，曾寶蓀與胞弟曾約農在長沙創辦教會學校——藝芳女校，後擔任過湖南省立第一女子師範學校校長，一九二八年出席世界基督教協進會會議，一九四八年被選為國大代表，名動一時，成為中國婦女自強自立的典範。

曾國潢的曾孫輩中，曾昭燏、曾昭懿、曾昭楣等幾位女性更是非同尋常，堪稱一代女傑。曾昭燏的妹妹曾昭楣晚年在臺北家中回憶湘鄉生活時，曾有過這樣一段話：「燏姐長我十一歲。幼時我多病，每次都是她給我講故事，剪紙人，餵藥。先母治家甚嚴，對我們的教育尤為注意，家中設家塾，請一飽學的老師專授中文。我等都是五歲入學，讀完十三經，兼背誦古文詩詞等。滿十二歲去長沙進初中。族叔筱屏老師從姐教起（長沙兩兄另從一師），至我讀書，整整在我家教了十八年。姐學得最精，詩詞歌賦，無所不能。後入藝芳攻讀六年，學行俱佳。」[4]

曾家的姐妹之所以自小能受到優秀和新式的教育，與她們的母親有關，更與她們祖母輩的郭筠老太太有重大關係。郭筠（字誦芳）乃曾國藩次子曾紀鴻夫人，其父郭沛霖，後世許多不明就裡的人寫文章，以為郭筠是郭嵩燾的女兒，其實不對。郭沛霖是曾國藩的同年，二人一起考取進士，又一起進翰林院，感情甚好。當曾紀鴻一歲的時候，曾家和郭家就把他們的婚事定下了。郭沛霖去世的時候，郭筠剛剛十二歲，成了郭家的女主人。因要做很多家務事，沒什麼時間看書，後來郭氏和曾紀鴻完婚，才有飽讀詩書的機會。郭筠晚年曾對同鄉後輩們講過：「大部頭的書，如《十三經注疏》等，都是到曾家來，在文正公指導下才讀的。」[5]曾國藩有兩個兒子，長子曾紀澤長期出使外國，從光緒三年離開荷葉鎮富厚堂再沒回來過。曾紀鴻早年患有咳血病，伏根已久，時作時輟，已而遂成痼疾。光緒七年（一八八一年）病情加劇，不治而亡，終年三十四歲，與其同年的婦人郭筠遂成為寡婦，清朝誥封恭人，晉封一品夫人。

因了早年的家教和磨練，郭筠持家教子不讓鬚眉，且老當益壯，曾氏家族的重大內外事務，皆由郭氏決斷。相當長的時間，郭筠其實是富厚堂真正拿得起放得下的第一主人，曾家子孫幾十口人都聽她的號令。郭氏寫了個《曾富厚堂日程》，要求子孫自立自強，還一度把自己的書齋取名藝芳館，並有《藝芳館詩存》傳世。這部詩集後由湖南湘潭大儒王闓運作序，在世家名門中影響很大。郭氏晚年立有「家訓」六條，策勉男女兒孫要謀求自強自立，同時不要求女兒、孫女們纏足，不贊成八股文章，亦不願孫輩去考秀才，卻要他們學外國文字，接受新式教育。而「每房長孫，不管孫男孫女，她都要帶到身邊，她把女兒曾廣珊的長子俞大維也帶在身邊教，並請了個日本人給孫輩們教日語，江南製造局一位留過洋的工程師教英語。除了私塾讀完就嫁人的女兒，別的兒孫她都送到國外去留學」。因「曾家人才輩出實得益於老太太的早期撫育之故，以致女孫曾寶蓀開設女校要以『藝芳』之名作為紀念」。[6] 此時曾家仍然呈現著一派繁榮昌盛，從表面上還能看出曾國藩治家精神的痕跡和慣性作用，但又明顯發生了新的、與時俱進的歷史性大轉變。

曾昭燏是一九二三年剛滿十四歲的時候，與其姐曾昭湲一起離開湘鄉荷葉鎮來到長沙，進入堂三姐曾寶蓀創辦的藝芳女子學校讀書。翌年曾昭湲得傷寒症死去，曾昭燏備受打擊，家母一度讓她回湘鄉，免得再染病身死，幸得曾寶蓀力勸才得以繼續留校就讀。

曾寶蓀是曾紀鴻的長孫女，曾廣鈞之女，一九一三年進入倫敦大學西田學院就讀，主修生物學。一九一六年夏獲理科學士學位，旋進入倫敦師範學院就讀。因受西田學院在教育方法和尊重學生人格、師生相互信任方面的啟迪，以及在師範學院受到的薰陶，曾寶蓀立定人生志向，以教育為終身職業。一九一七年取道美洲歸國，即著手教育事業的籌備。曾寶蓀去英國前，曾在浙江一所高等女校讀過書，自英歸國，這所高等女校的校長巴路義（英國人）支持她在湖南辦女校。於是，曾寶蓀邀請剛從英國倫敦大學礦冶科畢業的堂弟曾約農（南按：曾紀澤長孫，曾廣詮長子），一起在長沙創辦了私立藝芳女子學校，曾約農任教導主任，曾寶蓀為校長。曾昭燏的兩個妹妹昭懿、昭楣也都在藝芳女校讀過書，後各有成就。

藝芳女校先設在長沙西園，一九一八年開始招生，計有英文、算學專修生及大學預科兩科，後遷曾文正公祠（即曾國藩祠堂）。祠堂位於長沙小吳門正街，占地廣袤，約有百畝，係用清廷祭銀三千兩、門生親友祭銀四五千兩，以及鹽商捐助建成，曾氏家族每年為其提供資費用以維護。藝芳遷入曾文正公祠，房舍和空間擴大，學校實行六年中學一貫制，除了開設數、理、化、英語、音樂、體育等現代科學知識的新式教育，還進行基督教義的宣傳與洗禮，但在義理上與純粹的基督教學校又有不同，明顯地融入了中國優秀文化的優長。如編配班級就採用孔子主張遊於六藝的思想，共編六個班，即以禮、樂、射、御、書、數六個字，依序命名為禮字第一班、御字第一班等。

藝芳女校旁邊即曾國藩祠的一部分建築被船山學社占據，當年毛澤東主持的自修大學就辦在船山學社。據曾約農從湘鄉老家帶到臺灣的書童朱竹生回憶說，曾寶蓀一直記得一件事——毛澤東有一次到藝芳女校對曾寶蓀、曾約農講：「你們兩位曾先生，書讀得好，品德也高尚，可惜我們政見不同。」[7]

除了政見不同，後來兩家為爭奪曾國藩祠中的浩園矛盾加劇，最後的結果是船山學社裡的人動用梭鏢隊對藝芳師生大打出手，藝芳師生四散奔逃，學校一度停辦。此次事件又引起了一連串的反應，雙方勢力在社會急遽動盪的長沙展開了一場曠日持久的角逐，除毛澤東外，李淑一之夫柳直荀，以及中共一大代表李達等人都捲入其中，從而鑄就了一連串的恩怨糾葛、愛恨情仇，並為曾氏家族成員日後的命運埋下了伏筆。——這是後話，下文再表。

且說在藝芳這座基督教會的學校裡，作為校長的曾寶蓀期望學生「好學，又不專讀呆書」，能「崇信基督，又不忘孔孟之道」，能「守校規，又能提出有條有理的建議」。[8] 這些校訓和教育方法給少年曾昭燏留下了深刻的印象。許多年後，曾昭燏回憶說：「藝芳雖不是教會學校，而教育帶有宗教性，因曾寶蓀是個基督徒，不過她不是個普通『吃教』的人，而是一個對於基督教的哲理有研究的人。她每天早上和我們全體學生講話，告訴我們：『人在上帝面前是平等的』『為義受逼迫的人是有福』『做事要負責認真，做人要勇敢堅強，有是非心，有正義感』『要愛人如己，犧牲自己，幫助別人』。這些話在我生平做人上，起了相當大的影響。」[9]

一九二九年夏，二十歲的曾昭燏於長沙藝芳女校畢業，校長曾寶蓀勸其留在長沙升學，日後好在藝芳教書。曾昭燏出於對堂姐的崇拜，願意留下，但其二哥曾昭掄力阻不允，並召其到南京或上海升學。在其兄的堅持下，曾昭燏來到上海住到法租界大哥昭承家中，由正休假住在上海岳父俞明頤家的二哥曾昭掄負責為其補習功課，準備報考中央大學。

曾昭掄（字雋奇，號叔偉），一八九九年五月二十五日生於長沙城內陳宅外祖母家（陳寅恪家），後隨父舉家遷回湘鄉荷葉鎮萬宜堂居住。在父親和塾師的嚴教下學習中國古代典籍，接受啟蒙教育。曾家藏書巨富，在曾國藩舊居富厚堂專門修建了一座藏書樓，珍藏三十餘萬冊書籍，號稱與中國近代四大藏書樓齊名，甚至更為出類拔萃的藏書樓之一。[10]受先祖「勤奮好學，知書識禮」的故事和「吃千般苦，讀萬卷書」的家風薰染，曾昭掄從孩提時代就迷戀書本，大多數時間都是在藏書樓和鄉間的田埂上捧著書本度過。富厚堂藏書樓廳堂側門上的一副對聯「不為聖賢，便為禽獸；不問收穫，但問耕耘」，成為激勵曾昭掄和曾氏家族子弟讀書的源泉和動力。曾氏家族人才輩出，連續五代都有傑出人物出現，屬於歷史上少有的五世不斷的官宦之家，其長盛不衰的奧祕，或許就暗伏在這座藏書樓裡。

同曾氏家族其他子弟一樣，曾昭掄六歲進入家塾館讀書，九歲讀四書五經。塾師對其驚人的記憶力大加稱讚，謂日後必有大發之時。一九一二年，十四歲的曾昭掄與胞兄曾昭承一起赴長沙進入美國聖公會創辦的雅各學校就讀，半年後轉入美國耶魯大學民間團體主辦的長沙雅禮大學堂預科就讀。一九一五年夏，考入清華學堂。在清華期間，因學習成績優異，只用五年的時間念完了八年的課程，於一九二〇年提前結業。同年夏，曾昭掄與其兄昭承同時考上了庚款留學生，即將赴美國讀書。此舉引起了家族的議論，姑母們大表反對，對兩位兄弟的母親說：「他們將來在番邦招了駙馬，你怎麼辦？」[11]曾母表示招駙馬事小，留洋事大，堅決讓兒子放洋。於是，曾昭承進了美國威斯康辛大學經濟科，後轉入美國哈佛大學進修並獲碩士學位。曾昭掄進入著名的麻薩諸塞理工學院化學工程系學習，三年修完四年課程，後轉攻化學，一九二六年獲該校工學院博士學位，旋歸國參加在廣州召開的中國科學社年會。時「大革命」在南方鬧騰得正凶，曾昭掄受其影響，到廣州兵工試驗廠任技師，這是曾昭掄關注兵工製造業與戰爭理論研究之始。抗戰爆發後，他對世界戰爭局勢的分析與戰後

曾國藩舊居富厚堂，藏書曾達三十餘萬卷。（南京博物院提供）

實施原子彈製造計畫，與這段生活經歷不無關係。

當曾昭掄歸國經過上海俞家拜謁堂姑母曾廣珊時，與俞大維胞妹俞大絪相戀。一九二七年六月，曾昭掄回到上海與俞大絪成婚，個人出資送俞大絪入上海滬江大學學習。未久，應當年與胡適同船赴美留學、時任上海政治分會教育委員會委員的哲學博士胡明復（胡達）之薦，出任中央大學化學系教授。當曾昭掄來到中央大學並把手中的絕活亮出一二，其出眾的才華與淵博的學識立即贏得師生喝采，很快就兼任中央大學化工系主任。至此，曾昭掄與教育和學術研究事業結下了終身之緣。

在中央大學任教的日子，曾昭掄縮衣節食，設法讓弟妹們入學讀書。在這樣一個背景下，經曾昭掄一個暑假的輔導，曾昭燏報考中央大學並被外文系錄取，秋季開學成為中央大學的學生。一九三〇年秋季開學後，曾昭燏轉入中文系。當時的中央大學中文系，可謂名師雲集，高手如林，如黃侃、吳梅、胡小石、汪東等均於此執教。在幾位大牌教授中，對曾昭燏思想學識影響最大的師輩人物首推胡小石。

胡小石，名光煒，字小石，號夏廬（齋名願夏廬），以字行。原籍浙江嘉興，生長於南京。一九〇六年九月考取兩江優級師範學堂，三年後畢業。由於國學功底深厚和天資聰穎，在校學習期間，受到學堂監督、經學大師、書法名家李瑞清（號梅庵，又號清道人）的賞識。李是中央大學前身兩江優級師範學堂的創辦人，《清史稿》稱他「詩宗漢魏下涉陶、謝。書各體皆備，尤好篆隸」。日本書家稱他是「中國書法家五百年來第一人」。拜在其門下的弟子除胡小石外，另有張大千、呂鳳子等人。一九一七年，經業師李梅庵介紹，胡到上海明智大學任國文教員。翌年一月，應邀到梅庵家中任塾師，在教其弟侄經學、小學及詩文的同時，又受李梅庵的指點教導。當此之時，「海內老宿像沈子培（曾植）、鄭大鶴、徐積餘、劉聚卿、王國維等名士，都流寓滬上，各出其平日所藏的金石書畫，相與觀摩討論。小石交遊於期間，得閱緒論，遂由碑版、法帖，上溯到金、石、甲骨刻辭，無不加意尋研」。稍後，胡小石又經李梅庵介紹，與江南才子胡翔冬一起拜師陳寶箴之子、陳寅恪之父、清末詩壇「同光體」領袖之一陳散原（三立）門下，從受詩學。陳氏因材施教，「命胡翔冬專習中晚唐五律，胡小石專習唐人七絕，爾後再就性之所近，兼習各體。胡小石謹遵師教，轉學多師，自成風格」。其詩作被業師陳散原讚為「仰追劉賓客，為七百年來罕見」。[12]

胡小石步入大學講壇執教後，除一連串著名教育家、學者、詩人、書法家等頭銜外，畢生致力於古文字學、聲韻學、書學、楚辭之學、中國文學史之研究，皆有巨大成就。許多年後，曾昭燏為胡氏所撰的墓誌中，特地點出其生平最致力的三大領域，即古文字之學、書學和楚辭之學——這也是曾昭燏得益最多的三門學問。楚辭之學對於出生於楚地的曾昭燏來說，自有一種特別的感情。在湖南湘鄉荷葉鎮時代，曾昭燏的母親對包括她和曾昭掄在內的七個子女都教讀過屈原的作品，昭燏本人還寫過〈讀楚辭〉九首之類的詩作，頗受時人稱許。關於從胡小石問學的這段經歷，曾昭燏有一段頗含深情的回憶文字：「余自一九三一年秋始識師。其時師在金陵南雍講甲骨文及金文課，余往聽課，驚其引證之淵博，說理之緻密，自是有課必往聽，亦嘗登門請益。師手寫聲韻表及說文雙聲字例，皆命余謄錄一遍，余略知古文字聲韻之學，皆師之教也。師講中國文學史、楚辭、陶謝詩等課，不僅見解精闢，且深得其神味，聽者座無虛席。師所居在城北將軍巷，為自築小樓一所，號為『願夏廬』。師自居二樓北室中，稱北樓。一榻倚壁，前列几案，皆堆典籍，室中置大案，為師揮毫作書之所。亦於此教余書法，初學即命寫鐘鼎文，不令習法帖，恐開頭便落圓熟陳套也。余每習書，師自後觀之，耳提面命，如誨蒙童。」[13]

胡小石

胡小石一生最得意的門生不過幾人，當年得其書法真傳者還有就讀於金陵大學的張隆延和一位女弟子游壽。時游壽就讀於中央大學國文系，曾昭燏轉入中文系實得益於游氏的啟發。據游壽回憶說：「我與曾昭燏是同窗好友，某日遇到曾昭燏，她在外語系一年級，我叫她轉到中文系，學文字學，再學一點文獻、考古文物，這樣前途較廣闊。[14]曾昭燏聽了游壽的勸說，便前往中文系旁聽，時胡小石正在講授甲骨文及金文課程，倡導銅器上文字的變遷與花紋相適應之說，並主張將文字、花紋做綜合的研究。兩堂課下來，曾昭燏大受震動，驚其引證之淵博，說理之緻密，於是興趣大增，每課必聽，並登門請益。胡小石手寫聲韻表及說文雙聲字例，命曾昭燏謄錄一遍，意在測其功底，曾氏很出色地完成，並對古文字聲韻之學表示了濃厚的興趣，胡氏對曾的表現亦甚滿意。於是，師生一拍即合，在第二年學期轉換時曾昭燏便轉到了中文系，並與游壽「共同構寫了甲骨文前後編，用蟬翼箋影寫，請胡小石先生題詞」。[15]一九三二年秋，曾昭燏與游壽、張隆延三人，按照舊式拜師規矩在胡小石「願夏廬」廳堂一起叩首，呈遞門生帖，正式成為胡門入室弟子。後來游壽得以進入中央博物院籌備處與中央研究院史語所，張隆延留學法國南溪（Nancy）大學獲法學博士學位，並一度出任臺灣藝術專科學校校長等職，皆與早年這一歷史機緣和打下的深厚學術功底密不可分。

曾昭燏拜師不久，曾昭掄因中央大學系主任開會之事，受到校長朱家驊「叫你們主任來」這句話的羞辱，一怒之下辭去中央大學教職，應蔣夢麟之邀赴北平任北京大學化學系教授、系主任，孤單的曾昭燏遂移居胡小石「願夏廬」吃住。對於這段生活，曾昭燏回憶說：「願夏廬之三樓，為藏書樓，牙籤萬卷，師甚珍之，外人罕得窺，余常讀書其中，竟日不下……」[16]

三年間，師生二人朝夕與共，留下了諸多溫馨的慈父愛女般的深情厚誼。小樓的燈火，伴著蒼穹的星光跳動明滅，神奇的知識之門無聲地向年輕的曾昭燏打開，金石、書法、歷史、考古、藝術、音韻學等宏大精深的學問，如汩汩清洌的泉水，從盛夏的青山高原流出，注入一位渴求知識的才女心田。

斗轉星移，曾昭燏對其師的治學淵源和精髓深有領悟，而對音韻學的感悟、研習更是頗得要領，據南京大學所藏〈國立中央大學文學院學生歷年成績表〉音韻一門顯示，曾昭燏連續三年考試成績均為一百分，藉此可見學業之精進。一九三三年《國立中央大學文藝社叢刊》一卷一期刊發的《古文變遷論》，就是曾昭燏記錄胡小石講課（演）稿。胡小石去世後，曾昭燏對這篇文章著重提出：「胡先生研究商周銅器，遠在一九三一年、一九三二年間，就青銅器上文字的變遷與花紋相適應之說，主張將文字、花紋做綜合的研究，其說見所著《古文變遷論》一文。」幾年後，曾昭燏在倫敦大學研究院所做的洋洋十多萬字的碩士論文《中國古代銅器銘文與花紋》，即是在《古文變遷論》基礎上的深入細緻研究和對胡氏治學路數的傳承。

中央大學畢業後，曾昭燏擔任金陵大學附屬中學國文兼職教員。一九三四年秋考入金陵大學國學研究班深造，與其同班的有游壽、沈祖棻等幾位好友，胡小石在此兼課講授書法史課程。期間，曾氏完成了〈讀《契文舉例》〉一文，刊於一九三六年本校《小學研究》雜誌。

當曾昭燏考入金陵大學國學研究班時，她的二嫂、曾昭掄夫人俞大絪已考取中英庚款留學生，往英國牛津大學攻讀英國文學，此為歷屆庚款中唯一錄取的女性。俞氏到達英倫後，眼界開闊，感到世界真奇妙，放洋讀書確是人生夢想中最絢麗的一刻。沉浸在新鮮時尚與澎湃激情中的俞大絪遂致函曾昭燏，勸其莫在國內空耗青春，趕緊赴英留學，以融入世界學術潮流之中。俞氏之說受到曾昭承特別是曾昭掄的支持，曾昭燏感念兄嫂的好意，決定渡海求法，窺資本主義列強之堂奧，得其學術真針。

一九三五年三月初，曾昭燏中斷金陵大學研究班學業並辭去附中教職，在兩位兄長的資助下（昭掄出自己薪水的百分之六十做學費，昭承出路費）赴英倫求學。行前，曾昭燏辭告親友，登詣師門，一一作別，並特詣胡小石「願夏廬」與恩師家人告辭。曾氏以禮稱胡小石之母為太師母，當曾昭燏聽太師母「歸後未知能相見否」之語，[17]不禁淒然，頓時熱淚盈眶。

三月十三日，曾昭燏由二位兄長送至上海碼頭，登上義大利郵輪，赴英國求學，隨後在倫敦大學研究院選定考古學專業——這是中國首位赴海外就讀考古學的女性，正是在這所世界著名的大學裡，曾昭燏與吳金鼎、王介忱、夏鼐等三位海外學子不期而遇了。

二、倫敦大學的中國學生

夏鼐與曾昭燏皆出生於清宣統元年（己酉），只是曾氏出生於農曆正月初八，夏鼐於十二月二十七日戌時生於溫州城內厝庫司前老屋。按中國傳統曆法的演算法，曾昭燏生在年頭，夏鼐在年尾。但按西曆計算，夏鼐出生時已是一九一〇年二月七日，比曾氏小一歲。

從曾、夏二人赴英國留學的時間排序看，曾在前，夏在後。曾昭燏由上海動身時，夏鼐正在安陽從梁思永領導的殷墟發掘團進行考古實習，直到這年的八月七日始離上海。儘管曾、夏二人入學時間相差幾個月，但同拜在葉茲教授門下就學，屬於同年同師真正意義上的同窗。因吳金鼎早已入學，且同為葉茲的學生，曾、夏二人自然尊吳氏為學長，或按武俠小說中的排行稱為「大師兄」是也。

同祖上曾文正公長年撰寫日記的習性一樣，曾昭燏留學期間寫有大量日記，其兄曾昭掄也有記日記的習慣，這大概是曾國藩所說的「有恆」的一種家風的再現。曾昭掄的日記大都在戰亂中遺失，而曾昭燏日記原藏於曾氏後人曾憲洛家中，惜「文革」被抄沒，只有少量殘存。從南京博物院於二〇〇九年曾昭燏百年誕辰期間編輯印行的《年譜》所引曾氏部分日記、信函等材料可見，曾昭燏在英國留學期間，除了隨導師讀書，還有機會參加實際的田野發掘工作，生活頗有趣味，也是一生中難得的短暫的幸福時光。一九三五年十月，曾昭燏奉導師葉茲教授之命外出做考古發掘實習，在三十日這天，她給堂兄曾約農寫過一信，敘述了自己的學習生活等情況。信曰：

二哥則鑒：

妹走入考古一途，事亦滑稽。妹在國內，雖曾起此一念，然自問於此道，毫無根柢，念亦旋消。到英以後，顧小姐力勸妹入維斯堡校補習。因上期是學年最後一期，各大學例不收新生。妹以此校之設，似專門為各殖民地之公民訓練的，於妹以不甚須。故妹未上此校，而往倫敦大學各學院接洽旁聽。同時請用一教員補習德文及英文。故上期除私人補習外，在倫敦兩學院旁聽，欲在此一期從容考慮。因妹在中大所學是中文，於英國任何課目均不相銜接。不意倫敦大學藝術學院教授葉茲，係研究中國及印度佛刻銅器等藝術，現任中國考古及美術學教授，見妹大喜，即令為其校之旁聽生。於妹基本科，如人類學等特加教習。再三勸妹專心就學此地。如此一期之久，下期已成不可離之勢。妹亦不知其然而至此也。然錄於此地亦甚滿意……

國土日蹙，強鄰內逼，誠不知二三年後國家如何也。妹在此，遇三姐（南按：曾寶蓀）之前後同學數人，皆盛言三姐的天才，並問近狀，妹一一告之。妹常自念，以三姐之學問才能十倍於妹，為藝芳終身犧牲，妹何以不能？……愷姐（南按：俞大絪，字愷芳）在牛津甚忙，大約明年可回國。妹因教授之命，來此地做發掘工作三星期，日與鍬鋤泥土為伍，亦覺有趣。擬於明日返倫敦。因聞恆姐（南按：俞大縝）將於後日來英，妹往迎之。恆姐到後，即將往牛津。妹在倫敦居一二星期，亦往牛津。四姐（南按：堂姐曾寶菡）已抵英，有信與愷姐，託於牛津覓屋。家人骨肉能於萬里相聚，何樂如之？……18

十一月一日，曾昭燏接自國內來的姑表姐俞大縝（恆姐）往牛津與二嫂俞大絪會合。至此，曾、俞兩家表姐妹在英倫讀書人數達四人，一班心性高潔的才女相聚於千里之外的異國校園，曾昭燏的快樂心情是可想而知的。

一九三六年，曾昭燏利用寒假到各地博物館收集散失在英國的中國銅器資料，為寫作碩士論文做準備。這年六月十九日，曾氏給傅斯年寫了一封長信，內容不但關係她的留學生涯和治學路數的抉擇，還牽涉到同在倫敦大學的夏鼐和吳金鼎。從這封信中，可從另一個側面了解中國考古界新生代中，最有希望的三位考古學家的留學生活以及當時的處境。信曰：

孟真先生：

……前兩個星期，夏鼐將您寫與他的信給我看，您和他討論他求學的問題，並要他轉告我，我很感謝您的好意，所以今日冒昧地寫信和您商量……

當然在此地（Courtaulld Institute）也有相當的好處，第一是倫敦大學各學院的課程很多，我們可以自由地去聽講做實習，例如這一年來我和夏鼐、吳金鼎三人都在其他學院上課，夏鼐上的尤其多，第二論文可以馬虎一點，而騰出較多的時間來學習其他課程，不過根本而論，我們到外國來，應當學外國的東西，中國考古是無從學。

您信上說中國考古學之發達須有下列專科之研習者：

(1) Prehistory.
(2) Egyptology.
(3) Assirriology（？）including Ancient Asia junior.
(4) Classical Archaeology.
(5) Byzantine and Arabic Arch.
(6) Indian Arch.
(7) Oceanic Arch.

(8) American Arch.

但是在英國對於考古並不十分完全，例如(5)(7)(8)是完全沒有。關於「史前」的考古，愛丁堡是很有名的，但因地方小，錢太少，設備不十分充足。劍橋似乎也有一點，但我們不十分清楚。您信上說「中國學史前的已有數人」，勸夏鼐不必到愛丁堡去，所以我們也用不著討論。關於Classical的，倫敦大學和牛津都有，但多注於藝術，尤其是雕刻，似乎和我們無大關係。「印度考古」倫敦大學也有少數的課程，但十分的不完全。倫敦大學考古部分最好的要算「埃及學」，其次便是「近東的考古」，包括米索波大米伊蘭等。夏鼐大約決計學埃及學，我本來也想學埃及學的，已和教「埃及學」的教授接洽過，他表示歡迎，但夏鼐既學此，我不想學了，因為用不著兩人同學一種。夏鼐勸我學「近東」的一種，巴比倫或伊蘭，並勸我放棄一切科學的課程，如「測量」「製圖」「地質」「人類學」等，而專從事於「文字」和「歷史」的研求，將來以近東的一種文字和文化發展的歷史與中國的相比較，也是很有用處。我自己想也是這個方法最好，因為我在中國的時候，比較於文字和歷史用功多，而於科學用功少。但我許多的朋友反對，說既然有機會，何不多學點歐洲的文字，何必學這種「死語」幹什麼，愷姐也是反對的一個，愷姐說「與其學埃及、巴比倫的東西，不如學點梵文」，但我知道學梵文的中國已經有了，陳六哥（南按：指陳寅恪）和許地山就是有名的，您對於此事覺得如何？

我還有私人的問題，我在國外讀書，以前是家裡供給，現在是老聞[19]供給，但老聞收入有限，最多能供給我一年，所以我在英國，只有一年了。您給夏鼐的信說「不必學有所成，即學到半途而返，猶有用處」，假使我把這一年的工夫專學近東的文字和歷史，您覺得有用沒有？

您信上又說「夏鼐與吳金鼎從葉茲讀書，無非備其顧問」，當然呢，我也是顧問之一，但我在此地讀書，或者可以借葉茲的力量，得到一筆獎學金，可以延長一年或兩年，此事雖不可必，但有五分可能，本來是互相利用的性質，他利用職權（利用）我的學識，我利用他的金錢，也無所不可。我假使得了獎學金，便勢不得離開此地，而勢不得應酬式的寫篇論文，但寫個關於中國東西的論文，不到半年就完了，橫豎是騙人的，他們也不懂，而我可以利用其餘的時間來學其餘的東西，您以為如何？

現在我總結的問您幾個問題：

（一）假使我不能得獎學金，那我在英國只有一年的時間，我應當學什麼？還是學點科學的方法？還是學一種文字和歷史？不讀學位，在中國有沒有關係？

（二）假使我能得獎學金，則在英國尚有二年或三年的時間，除寫一篇論文外，其餘的時間，應當向哪一方面研求？

我沒有寫信和老聞商量，也沒有和家裡其餘的人商量，因為他們於中國考古界情形完全不懂，於外國考古學尤其不懂，冒昧地寫信麻煩您，希望您為我個人著想，為中國的考古學發展著想，我學什麼東西最有用處，趕快回信給我，因為我在暑期中必須決定下期的計畫，您既然不憚煩地指教夏鼐，希望您也能不憚煩地指教我，您知道老聞很深，一定能相信我一切的話都是真的，最後請您看完此信，即刻撕掉，不要給別人看。

……20

曾昭燏寫這封信的時候是二十七歲，其思想成熟或者說對世事洞察的程度大大超過了她的同齡人，真有點當年曾國藩為官處事之老辣世故的意味。尤其是後幾句，更見其道業之深和非同尋常的魄力。夏鼐是作為清華當時唯一的留英名額，以中英庚款的名義公派到倫敦的，在他的身上肩負著傅斯年、李濟、梁思永等考古界前輩的熱切期望，以及中國考古學未來發展的前途使命，傅斯年與李濟對他自是關懷備至，殷切之情溢於書信往來之中。曾昭燏沒有這份運氣，但為中國考古學的前途和自身利害計，她內心頗有些不服氣，並對傅斯年有責怪的意味，因而便有了你「既然不憚煩地指教夏鼐」，為何不能一視同仁地也來指導一下我的怨氣與期望。可以想像的是，以曾昭燏處事之老成，如果此信是寫給李濟或梁思永等諸前輩，是斷然不會如此直白剖露心跡的。之所以在傅斯年面前敢如此大膽地放言，是與下面那句「您知道老闆很深」有很大關係。此時傅斯年與俞大綵結婚已近兩年，而俞大綵的同胞姐姐是俞大絪，俞大絪即是曾昭掄的夫人，也就是曾昭燏的嫂子。既然傅斯年與曾昭掄是連襟，那俞家、曾家與傅家，就自然地具有了剪不斷、理還亂的內在親情，且傅斯年與曾昭掄夫婦私交甚篤，又加上陳（寅恪）家、俞氏家族與曾家有著三代姻親的舊故，此時的曾昭燏自然要把自己放在這一個盤根錯節的姻緣圈子裡，並以小妹的身分向傅斯年來一番略帶撒嬌式的告白。

可以想像的是，絕頂聰明的曾大小姐在倫敦大學那霧氣升騰的美麗夜晚，獨自一人在斗室裡縱情潑墨揮灑之時，也一定感覺到了這封信所言「一切的話都是真的」，甚或覺得太過於「真」了，這才有了讓傅氏看完信立即燒掉的警示。恰恰是這最後的警示，更見出一家人不說兩家話那心照不宣的真性情，以及當年曾國藩於營中燈下密謀機要時謹小慎微、處處提防的影子——當然，信中除了真誠的道白，並沒有「不足為外人道」的狹隘自私之處，相反還真誠地透露了曾大小姐要以「為中國的考古學發展著想」的遠大理想，足見其眼光之高，胸懷之廣，氣魄之大。或許這便是傅斯年終未將信燒掉，並把這一歷史見證有意無意地留給後人參閱的原因吧。

咸豐十一年正月十四日，曾國藩致函「少負俊才」的長子曾紀澤說：「今年已二十三歲，全靠爾自己扎掙發憤，父兄師長不能為力。作詩文是爾之所短，即宜從短處痛下工夫。看書寫字爾之所長，即宜拓而充之。走路宜重，說話宜遲，常常記憶否？」[21]這一全靠「自己扎掙發憤」「從短處痛下工夫」的精神，在曾昭燏信中亦不難看出。如此不讓鬚眉之氣，不知是以曾國藩為核心父權文化下女性的「他塑」，還是女性本身的「自塑」，或者兼而有之？通觀中國近代傑出女性活動的領域，多是在文學、藝術、教育、醫學等幾個門徑中來往穿梭，而曾昭燏卻從古文字學入手，最後選擇了連許多男性都望而卻步的田野考古學，而且能堅持下去，並蔚然成家，這不能不說是中國女性奮鬥史上的一個令人驚歎的異數。

接到信的傅斯年對大洋彼岸這位翹首以盼的曾大小姐做何答覆，因公示的資料缺乏，無法妄加推斷，但曾昭燏似乎沒有學習近東或巴比倫等文字，主攻方向還是中國的歷史、古文字和新興的博物館學。這個選擇除了傅斯年的旨意，恐怕與李濟的影響和指導大有關係。一九三七年一月二十一日至四月七日，李濟應英國皇家人類學研究院和大學聯合會及瑞典王儲、考古學家古斯塔夫・阿道爾夫之邀，赴歐洲講學和學術訪問，並出席國際科學聯合會總會的倫敦大會。期間，吳金鼎、夏鼐、曾昭燏陪同李濟至倫敦大學考陶爾德藝術研究所、皇家亞洲學會等處活動和講演，參觀倫敦大學考古研究所、大學學院博物館等地，並幫助李濟聯繫英倫的考古界專家，先後陪同會見了伍萊、惠勒、賽利格曼、格蘭維爾等著名學者。就在李濟抵達倫敦不久，突患一場重病，住了二十餘天的醫院，幸虧吳金鼎夫人王介忱與曾昭燏兩位女性悉心照料，才算康復得較好。據李濟之子李光謨說，李濟在英倫期間，與吳、曾、夏等學生過從甚密，並且「非常關心這幾位青年朋友的成績和他們的去向，時常約請他們討論，探詢他們的志趣。他以一個長者的身分動員這幾位青年人回國後到史語所和中博去工作，最後果然都實現了」。[22]

據南京博物院檔案顯示，這年三月，曾昭燏允得中央博物院籌備處每月百元津貼，並要求曾氏擇機赴德國考察，藉此研究博物館學。這份檔案和上述信函，連同個人回憶等基本證實，這一時期，傅斯年與李濟對曾昭燏攻讀方向和治學路數進行過具體的指教，曾氏接受了傅、李的好意，攻讀門徑與治學路數隨即拐彎，先是從課堂與紙面轉向了廣闊的田野，再是從中國和近東的學術目光與研究理想，轉向了處於世界前沿的博物館學科。這個轉變無論是對曾昭燏本人，還是對中國考古學，特別是博物館學未來的發展，都是一個不可或缺的戰略性轉移與突破。中國文化中所謂的「青出於藍而勝於藍」，在此時的傅斯年、李濟、曾昭燏身上再次得到了生動鮮活的體現。

一九三七年六月初，曾昭燏以學術論文《中國古代銅器銘文與花紋》，得到導師葉茲的讚許並獲文學碩士學位。這篇論文實乃一部專著，文中所列古代銅器上的六百種徽識，是從兩千零八十二件青銅器中整理得來。這是曾氏留學海外數年的收穫，也是她的成名之作，因了這部大著，曾昭燏在學術界的地位由此奠定。六月底，在牛津就讀的俞大絪、俞大縝結束學業，與曾昭燏一起離開倫敦抵達巴黎，在稍事遊覽與休整之後，俞家姐妹購買船票歸國，曾昭燏則按照中央博物院李濟的約定和學習計畫，赴德國柏林國家博物館參加什維希威格（Schleswig）為期十個月的考古實習。

曾昭燏到達柏林的這天，盧溝橋事變爆發，曾氏聞聽，大為驚駭，這使剛剛告別同學加親友、孤懸海外的她，「感覺沉悶憤激」和心中戚戚。直到「八一三」淞滬抗戰爆發的消息傳來，曾昭燏與同學們才「以萬分振奮的心情，注視這戰事的發展，而且慎重考慮自己能在這抗戰中做些什麼事」，並「開始痛恨自己為什麼要學歷史考古，想當初如果隨曾昭掄學化學多好」。[23] 此時曾昭燏認為，抗戰爆發，祖國最需要的是槍炮彈藥與軍隊的勇武犧牲，而學化學可以像汪兆銘、蔡元培、喻培倫、黃復生、任鴻雋等老一輩革命黨人一樣製造炸彈，把侵華日軍的戰艦炸個粉碎。只是自己有心無力，徒歎奈何而已。

懷著這樣的心境，曾昭燏經常與在柏林留學的袁炳南、吳大任、趙九章等中國留學生聚會，每次見面，總是談論國內戰爭形勢。當從柏林的華文報紙得知「北方將士抗戰之艱苦情形，而人民逃避一空，救護無人，飲食不給。有餓死者、有自投河死者、轉徙流離以達到後方救護所在者蓋無幾」的悲慘酷烈情形時，曾昭燏悲傷哀痛，心緒不安，歸所後久不成寐，只有借助日記抒發心中的慨歎。在十月三十一日的日記中，曾昭燏寫道：「此傷心慘目之情況，真不忍言。余尚偷生此間，過歐洲人之普通生活，真何以對我戰士耶！」十一月十四日晨，曾昭燏與中國留學生楊允植，同往「八一三」淞滬抗戰爆發之後，以蔣介石特使身分出訪德國的軍事家蔣百里祕書謝君處探訪消息，「聞其言，心緒更為不寧。又聞傅作義將軍戰死之訊，悲痛不能自已」（南按：傅氏之戰死屬誤傳）。十一月二十一日，曾昭燏往聽蔣百里、張彭春演講。當蔣氏講到「千言萬語化作一句話，中國是有辦法的」時（南按：蔣百里在他的《國防論》扉頁上曾強調了這句話），心情為之振奮。但曾氏亦親眼目睹演講後的僑胞大會上，「兩派爭執幾至動武」，於是大起反感，憤然道：「至今日黨見猶不解除，事之可悲觀者，孰過於此！……戰敗不足悲，惟今日國人而尚不能團結，則真可悲也。」

此時，曾昭燏逐漸認識到自己對於國家、民族和抗戰的幫助，莫過於做好目前的分內工作，待學業大成再為國效力。想到此處，遂強按悲愴心情把自己埋於學問中。十二月八日晨，曾昭燏一出家門，即見德報以大字登載南京失守的消息，曾氏立感「觸目驚心，心痛欲裂」。本不欲往史前古史博物院實習，只是因為昨日說過自己必往，覺得「不能失信」，於是，「在車站徘徊良久後，仍決心一往工作如常」。下午，曾氏去學生會閱報，方得知南京失守是誤傳，心中「為之稍定」，同時認為「其實南京之失，於我戰略無大關係。徒以為我首都觀瞻所繫，不由不特別關懷也」。這天深夜，曾昭燏懸著的心仍未放下，乃寫信向朋友詢問國內真實戰況。十日晨，得到正在巴黎訪學的北大教授向達信函和所附《泰晤士報》一份，知「南京淪陷，蓋旦夕間事」，心情又陡然沉重，發出了「感痛何極」的哀歎。十二月

1938年，曾昭燏在德國柏林史前古史博物院實習時所攝。（南京博物館提供）

十八日，正在史前古史博物院上課並實習修補陶器法的曾昭燏，突然從報上看到了南京確實已經失陷的消息，頓時痛哭失聲。恰在此時，有一與曾氏同室修補陶器的工人詢問中日戰爭情況，令曾氏有「出語傷人」之感覺，曾昭燏憤恨至極，「恨無手槍擊之」。只是考慮「彼非有意，蓋教育程度不夠」，方沒有動手胖揍這個不懂事的傢伙一頓。

隨後的日子，曾昭燏在學習的同時，仍關注國內抗戰情形，並與同學好友以及由巴黎至柏林訪學的向達、呂叔湘等竟日交談，對歸國後的前途一片迷茫。一九三八年一月三十一日，曾昭燏完成了柏林史前古史博物院實習課程，與指導業師 Brittner 教授和實驗室同事依依惜別。想到國事家愁，前途暗淡，不禁流下了熱淚。

二月一日傍晚，曾昭燏踏上了開往慕尼黑的火車，在德意志博物館蔡司（Zeiss）教授指導下，到巴伐利亞國立博物館、德國民族博物館、人類民俗博物館等眾多博物館參加藏品整理和展覽設計實習工作。鑑於曾昭燏在異國土地上展示了中華女性自強不息的精神和深厚的治學功力，英國倫敦大學欲讓其留校任教。二月五日，得到葉茲教授相聘為助教的信函。曾昭燏接信後，當天覆信許聘。三月二十四日，曾昭燏結束了在德意志博物館的實習任務，前往柏林國家博物院與導師等人見面後，於四月十八日返回倫敦，十九日正式出任倫敦大學葉茲教授的助教，主要從事教書及編目工作。按曾昭燏當時的設想，如繼續在本校工作兼學習，最終斬獲一頂博士帽子，無論是憑本人的學識，還是與導師的真誠或相互「利用」的關係，當是順理成章之事。想不到這年三月十二日，德國法西斯希特勒軍隊吞併奧地利，引起歐洲動盪不安。幾個月後，曾昭燏主動放棄留在英國工作和戴上博士帽子的雙重心願，決心辭去教職，回歸祖國。在任葉茲助教期間，曾昭燏陸續完成了論文《論周至漢之首飾制度》和《博物館》等兩部專著初稿，後在國內出版。

一九三八年六月三日，曾昭燏在倫敦大學工作整日，並得到碩士畢業文憑。據曾氏在後來提交的自傳中說：「暑假時，倫敦大學舉行盛大典禮，授學位給上年的畢業生，發了通知給我，我不去，心裡想：『祖國的人民正在浴血抗戰的時候，我何必去參加這種為個人榮譽的典禮！』我只寫了封信去，讓學校將文憑寄到我寓所來。」[24] 另據她當天日記載：「二年工夫只此一紙而已。」

六月十日，曾昭燏聞「廣東遭敵機慘炸。平民死者已達五六千，慘不可言」的消息，發出了「此真百世之仇，不可忘也！」的憤慨與悲鳴，遂堅定了盡快回到祖國，與人民一起受難的決心，並寫信向家人講述這一打算。八月一日，曾昭燏收到時在國民政府任職的大哥曾昭承信函，謂中國已戰火遍地，混亂不堪，抗戰前途甚憂，「力阻其歸國」，曾昭燏一時「心緒頗亂」。經過幾天的思考，仍堅持返回家園。八月二十一日，駐美大使胡適赴倫敦中華協會演講，曾昭燏前往聽講，並與胡適「略談」，且「印象甚好」，認為「所謂聞名不如見面」。從這條日記推斷，此為曾氏與胡氏的初次謀面，而這次交談為日後二人交往埋下了伏筆。九月十四日，曾昭燏歸國的決心已經下定，並寫一航空信至柏林的朋友楊允植，讓其代訂二等船票。次日，曾氏與威格納爾（Wignall）教授午餐，席間，幽默風趣的威格納爾講了許多他當年在中國北平訪問時的見聞趣事，說有一次與一美國人往看明陵，同乘一汽車前往，並雇一嚮導。因道路崎嶇不平，那位美國人大為抱怨，並問嚮導：「此路何時所修？」嚮導從容答道：「大概兩三千年。」美國人遂啞然而不作聲。曾昭燏聽罷，一股複雜的情愫湧向心頭，號稱有五千年文明歷史的古老中國，如今卻面臨被外虜大卸八塊的滅頂之災，不能不令人倍感神傷。當天晚上，她把自己決定歸國並已訂船票之事告知夏鼐，得到了夏的支持。

一九三八年九月十九日，曾昭燏向導師和倫敦大學校長告辭，啟程返國，由夏鼐和另外兩位朋友送到維多利亞（Victoria）車站。在當天的日記中，曾氏以略帶傷感和戀戀不捨的心情寫道：「別矣，倫敦！」

二十六日，曾昭燏由柏林抵達巴黎，此時歐洲戰局更趨緊張，巴黎民眾人心惶惶，開始逃難。因一時不能成行，遂獨自到羅浮宮一觀，因時局混亂，那裡已閉門謝客。正在悵然中，有一守門人問道：「你是中國人還是日本人？」曾昭燏抬頭答道：「中國人。」對方聽罷大為歡喜，說我們兩國人都是朋友呵！遂向曾昭燏送了一個飛吻。曾氏見狀，心頭的陰霾消了一半，心想法國人的愉快性情真非英國人所能比，笑意中，也學著法國佬的樣子給了對方一個飛吻，對方大為高興。晚八時許，曾昭燏登上火車前往馬賽港，夜色朦朧中透過車窗向外看了最後一眼，心中默念一句：「別矣，巴黎！」

九月三十日，曾昭燏踏上了由馬賽港啟程的輪船，向東方故國駛來，同船有中國留學生費孝通等數人為伴，倒也不顯孤寂。十月二十二日，曾昭燏一行在越南西貢上岸，此時傳來廣州失陷的消息，頓感「晴天霹靂，聞者皆面無人色，大事從此去矣！」[25]

經過幾番周折和長途跋涉，曾昭燏等終於在二十九日上午接近國境，眾人見到久違的國內風物山色，不禁觸景生情，又「遙見一穿灰色衣之士兵荷槍而立，幾為之淚下，看見其老邁龍鍾之態，不免失望」。[26]經過一天的顛簸，下午六時抵達昆明，與前來迎接費孝通的友人李君一同到居住在昆明的吳文藻、冰心夫婦家中晚餐。餐後乘黃包車到西南聯大找二哥曾昭掄，到校後方知曾昭掄到重慶開會未返，而時在聯大讀書的三妹曾昭鏻亦居親戚尹家，不在校內，遂大為失望，幸得曾昭掄同事介紹表哥俞大紱在此，方喜出望外，立即找尋交談，並知道家中所有人的消息，久懸的心始落地。

第二天，曾昭燏與俞大紱談及歸國時，一路看到大好河山遍布瘡痍，難民成群，民族危殆，欲暫時捨棄學術研究工作，做一名戰地新聞記者，以便更直接地為中國的抗戰服務。這一設想緣於曾昭燏對國難的焦慮，以及愛國人士勇於犧牲精神的感召，也顯示出，在她的血液中暗伏著一名政論家和記者的因子。早在一九二七年，正在長沙藝芳讀書的曾昭燏經歷了「湯翯事件」。當時國民黨正在北伐，一年僅十七歲的女中學生湯翯，無父無母，家境清貧，平時並未涉足政治，因被國民黨特務在其枕頭中搜出共產黨的傳單而被捕。儘管湯翯聲明這份傳單她並不知情，定是別有用心的人所為，但仍被關入監獄。事後查明，該傳單為一左翼學生陳姓同學所放。儘管如此，國民黨仍視湯翯為親共分子，決定施以嚴刑。曾昭燏與湯姓同學平時來往密切，眼看好友蒙冤被難，挺身而出，不顧親友的反對和自己被牽連的危險，同幾位要好的同學一道設法營救，一面為其寫法庭辯護詞，一面讓湯翯的孀母到庭長的姨太太處說情，公私兩面夾擊。但終於無果，湯翯被當作罪犯遊街示眾後慘遭砍頭，遺體棄市，遭到凌辱。身臨其中的曾昭燏目睹了慘痛的一幕，又在湯翯一個在教會做事的姐姐處讀到了遇難者臨刑前留下的一封帶血的遺書，傷心欲絕，心靈備受刺激，難以釋

1938年10月，曾昭燏留學歸國途中與費孝通在越南河內留影。（曾寧提供）

懷。一九二九年，曾昭燏就「湯鬻事件」的真相撰文在《新社會》雜誌九期發表，揭露國民黨的暴行，傾吐了積鬱在心中日漸膨脹的惡氣，痛苦憤懣之情稍感緩解。此為曾氏第一次發表時事文章，也是她萌發日後成為一名報刊評論家和記者，揭惡揚善，傳達民眾心聲的志願的發端。一九五一年，曾昭燏在向中共組織撰寫的自傳中，專門提及這件往事，並坦承自英國回來後想當一名戰地記者，為抗戰服務的想法就緣於此。

只是，曾昭燏的記者之夢剛一萌生，就遭到在昆明的親友特別是俞大綵反對。俞認為眼前這位曾小姐過於天真，對國內抗戰情形亦不夠了解，徒憑一腔熱血欲棄多年的學術造詣不顧，去做一個並不熟悉行情的戰地記者，於國於己皆無益處，還是以教書和進研究機關為正途。曾昭燏亦覺俞大綵所言有理，遂打消了做一個記者的念頭，於十一月四日到昆明靛花巷史語所租居之處拜見李濟。五日，曾昭燏與李濟、梁思永、吳金鼎夫婦共同聚餐，商談受聘中央博物院事宜。六日，赴昆明郊外溫泉傅斯年、俞大綵一家居處拜訪，就留學與歸國後的前途等與傅斯年做了推心置腹的交談。傅明確表示支持曾昭燏進中央博物院籌備處工作，並對曾的事業和前程寄予很大希望。十日，曾昭燏突接一親屬自昆明打來的長途電話，謂曾昭承來信，囑其回湘迎母，遂立即告別傅斯年夫婦搭車返回昆明。時俞大綵以「金陵大學文化研究所聘書相示」，但曾昭燏思母心切，無暇顧及。當天下午，由在西南聯大就讀的曾昭楣相送曾昭燏至汽車站，「別時不覺淚下。此去湘中烽火萬里，未知能生還否也？」[27]按當時的行程計算，由昆明至湘中至少需要十二天，且時逢戰亂，凶險莫測，故姐妹倆深感悲戚。

當曾昭燏乘車抵達桂林時，接曾昭承電報，告母似已逃出湘鄉，正向西南奔徙，囑其留桂探候。曾昭燏聞訊，立即在當地登報，並留有時住駐桂林的中央研究院物理研究所地址。十一月二十三日，突有一個叫陳昭熙的表姐找上門來，謂家鄉淪陷，熙妹與母親及一男工逃出湖南抵達桂林，正準備趕往昆明投親，想不到在此地看到了報上的消息，真是曾家祖輩燒了高香，才得到這異地相逢的因緣。曾昭燏聞訊，悲喜交集，立即隨熙妹到下榻的旅館，母女相見，自是一番熱淚與親暱。

經過一番旅途周折和千辛萬苦，曾昭燏母女及隨行的親屬經貴陽、越南海防等地，總算於一月十九日到達昆明，與家中在昆的親人團聚。也就是這一天，曾昭燏首次見到了剛從重慶回昆、分別四年的二哥曾昭掄，其親近歡樂之情非外人所能體會。第二天下午，曾昭燏來到西南聯大宿舍，與曾昭掄、俞大絨交談未來工作事宜，俞大絨告「金陵大學陳裕光校長以『考古講座』名義邀請其至金大工業講學」，曾昭燏以「余心在中央博物院」而辭謝了陳校長的好意。

其後，「為了使國內田野考古學的炬火不熄滅」（夏鼐語），在國難當頭的危難中，曾昭燏正式進入中央博物院籌備處，參加了史語所與中央博物院籌備處合組的蒼洱古蹟考察團，於一九三九年二月九日與吳金鼎、王介忱等人，一道赴雲南大理蒼山洱海地區進行考古調查、發掘。藉此際遇，曾昭燏大顯身手，首次向中國考古界展示了她卓越的才華和廣博的學識，發掘成果極為驚人。

一九四一年二月，曾昭燏以出眾的學術才能和組織能力，被任命為遷往李莊的中央博物院籌備處總幹事，位居李濟一人之下而統攬實際上的全局事務。此時夏鼐已攜英倫博士之盛名來到了李莊。自此，吳、曾、夏三位年輕的考古學家，勢同滔滔不盡的江河穿越層巒疊嶂的高山峻嶺，在揚子江盡頭的小鎮融會集結，並將以銳健的英姿和蓬勃朝氣，蕩漾開一片爛漫的風景。

——抗戰期間最著名的彭山漢代崖墓大規模調查發掘的序幕由此揭開。

三、發掘彭山漢墓

自一九四一年五月始，川康古蹟考察團在彭山江口鎮方圓百里的崎嶇山區展開調查，至一九四二年十二月，共探明崖墓墓址九百餘座。六月十四日，考察團對江口附近崖墓開始大規模發掘。此後以江口為座標，一直向西延伸，發掘地點計有寂照庵、石龍溝、丁家坡、豆芽坊溝、李家溝、砦子山等處，共發掘漢代崖墓七十七座，磚墓二座，所發掘墓葬均有詳細的勘測記錄並繪製了精確的實測圖。如曾昭燏後來撰寫的《永元殘墓清理報告》中，做了這樣的描述：

一九四一年六月十二日，與吳金鼎君自寂照庵北行，往寨子山調查。於山之西向半腰上，見有近代石工所開之大缺口，其近處有一洞，蓋一已開之崖墓。入其內，見墓室尚完好，惟石槨破片與泥土堆積不平。吳君忽於墓之盡頭處左側，發現一內室，室門外兩側石上，各有刻字一行。向內一行過暗，不能讀。向洞口一行，有「永元十四年三月廿六日」字樣。既已知墓之年代，當即決意全部加以清理。

十五日，再往訪此墓，為內室門側刻字二行做拓片。內室不見天光，甚暗，持燈入，見瓦棺殘片及泥土堆積，於土中拾得殘陶數十片而歸。

十六日，率一工人往，將內室瓦棺碎片，堆於一處，室內泥土，全清理一遍，凡遺物皆為拾出。十九日，清理外室左面石槨內之積土。二十日，為內外二室做平面剖面各圖，工作遂畢。據本地人言，四五年前，山下石工鑿石修路，此墓遂開。然（英人）陶然士於一九三一年在《華西大學邊疆雜誌》上發表〈四川西部崖墓與古代葬阜〉一文，言在川所見之崖墓中，惟有一墓帶刻字，可確知其年代，為永元十四年三月廿六日，但陶氏並未言此墓在何地。今吳君所發現之永元墓，與陶氏所見者年月相合，疑即為一也。[28]

從簡短的文字可以看出，剛剛三十歲出頭的曾昭燏，此時已超越了中國傳統金石學的範疇，完全按近代田野考古的科學方法進行操作，工作方法真正代表了當時英國乃至世界的先進水平，使田野考古學上的地層學和類型學方法得到進一步發展。由曾氏與吳氏等新一代考古學家的操作規程，可清楚看到中國考古學在輸入了西方科學理念之後，所發生的承前啟後的重大轉變。

曾昭燏在報告中提及的陶然士，乃一英國傳教士，一九〇八年，這位陶然士（Rev. Thomas Torrance）來到中國沿四川岷江流域做漢墓調查，曾到過彭山，後寫成〈四川西部

1941年發掘四川彭山崖墓主要人員合影。左起：吳金鼎、王介忱、高去尋、馮漢驥、曾昭燏、李濟、夏鼐、陳明達。（南京博物院提供）

崖墓與古代葬阜〉一文，發表於上海《亞洲學會會志》卷四十一，曾氏顯然讀過此文。

事實上，四川省境內的崖墓自南宋起就有發現的記載，當地土著常在山區崖間發現洞穴，但並不認為是墓葬的一種，而稱為「蠻洞」，也就是遠古時代出沒於草莽叢林中的野蠻人居住的洞穴。直到近代才被考察者證實為漢代人有意開鑿的洞室墓，簡稱崖墓。二十世紀初，當歐美學者、傳教士、文化強盜，以各種名義紛紛擁向中亞和遠東大陸進行古蹟考察或劫掠之時，同敦煌藏經洞的命運一樣，偏居西南一隅的彭山地區也引起了注意和重視。繼英人陶然士之後，一九一四年，法國考古學家色伽蘭（Victor Segalen, 1878-1919）組織了一支考古隊，在轉遍了大半個中國後，又沿嘉陵江和岷江進行崖墓調查。這支考古隊一度抵達岷江流域的江口，並在彭子浩一帶發掘了大量崖墓。色伽蘭本人有《中國西部考古記》行世，書中用詩一般的語言讚歎中國文物「精美絕倫，名冠天下」。同時又以歐洲中心主義和「中國文化西來說」的觀點，武斷地判定四川漢代崖墓的建築形制來源於古波斯崖墓。一九三五年，色伽蘭編寫的《漢代墓葬藝術》一書出版行世。

一九三三年，美國人葛維漢（D. C. Graham），在擔任川南傳教士和華西大學博物館館長期間，曾專程到彭山江口一帶調查崖墓，並對其中一墓進行發掘。墓壁用花磚砌造，惜此墓早已被盜，內中空無一物，無功而返。後來葛氏率華西大學一批師生，調查發掘了四川廣漢三星堆玉器坑，從而揭開了三星堆器物與文化大發現的序幕。

此次以吳金鼎為首的考察團於彭山漢墓的發掘，無論是技術還是思想觀念上，都比陶然士與色伽蘭等人先進高明得多，因而所得到的收穫與研究成果也就自然不同。如在第十五號墓發掘中出現的「祕戲圖」，以及對該圖的認識和處理就是一個極其鮮明的例證。這個例證從一九四一年十一月二十六日，吳金鼎於砦子山給李濟的一封信中可辨大概，信曰：

前函諒達左右。作民（銘）兄於昨日去成都，明達兄回寂照庵幫豆芽房（發掘）隊趕辦結束，鼎一人留砦子山。今日新開本區第十五墓，忽然奇運來臨。墓門面刻一鳳（殘），楣上刻雙羊相向，中刻「春宮」——一對男女並坐擁抱接吻，男之右手搭過女肩持乳部，女左手撫男肩，餘兩手相攜。

前函陳述，鼎及作民皆不主張鑿取石刻，惟此處春宮或將視為例外。自今午出現以後，好奇來觀者大有其人。因踐損洞下麥苗以致地主厭煩，青年男女以此畫為調笑資料。由此二事可以推測，將來此處石刻不毀於地主之手，即遭道學先生敲碎。似不妨站在衛護彭山風化的立場上，將其移運嘉定存藏中博院倉庫，地方人士當能諒解，甚或欽佩吾人之衛道精神，而同時亦不違反保護古物之旨。其唯一困難即石質不佳，石匠能否鑿下而不致碎，極有問題。[29]

吳金鼎發現的「祕戲圖」門楣高浮雕，在藝術史上的地位不言而喻。更重要的是，它展示了漢代風俗中以往不為人知的一個側面，向後人「提供了與歷來正統觀念相悖的題材，這就需要今人對漢代的意識形態觀念重新加以估計」，[30]尤其是將「祕戲圖」置於墓口門楣處，不避諱甚至特意展示人體和性愛，這在中國性史和陵墓史上極為罕見，其保存、研究價值無疑都是極其重要的。從吳金鼎給李濟的信中可看出，他主張把「祕戲圖」作為標本堅決地、毫不猶豫地切鑿下來移入博物館做永久性保存，而一同前來發掘的陳明達則從建築學上的完美性考慮，力主保持原貌，堅決反對切鑿，於是二人展開了爭論。吳金鼎在徵求夏鼐等人的意見後，以少數服從多數的原則，硬是從當地請來極富經驗的石工將「祕戲圖」浮雕鑿了下來。此圖先是藏於中央博物院籌備處倉庫，後藏於北京故宮博物院。那座雕刻「祕戲圖」的崖墓，則於後來「文革」中被「已覺醒了的革命群眾以滿腔的熱情全部搗毀砸爛」，成為一堆荒草飄蕩、蛇鼠出沒的廢墟。而此時吳金鼎已去世多年，尚活在人間的陳明達聞知此情，不禁為之欷歔，由此感謝吳氏當初的「固執己見」。

經發掘團的史語所研究人員高去尋考證，這幅「祕戲圖」的功能和作用主要是辟邪厭勝，正如在他的論文〈崖墓中所見漢代的一種巫術〉中所說：「漢墓之有這類圖像乃為保護墓葬或死者之屍體及靈魂的一種巫術之用也。」[31]曾在抗戰前參加過殷墟發掘的高去尋，在田野工作中特別注意對民風民俗的調查研究，他於這年十二月十二日的日記中載：「午前彭山寨子山工人楊玉山謂余曰，『此地有錢人家死後，綢子包屍首，玉環金圈戴在手腕上，因為如此則屍不朽爛。口內含銀子，子孫可以有錢使』。余問曰近日此種風俗仍存否？楊曰：『有錢人家仍然如此。』」[32]這種在民間代代流傳的材料，令善於思考的高去尋馬上想到安陽殷墟發掘時，所見到的屈肢葬、殷禮含貝與握貝等風俗，他把這種風俗同彭山崖墓的「祕戲圖」聯繫起來，共同作為宗教史與文化史加以考察、研究，從而得出了全新的結論，令學術

川康古蹟調查團在彭山漢墓發掘中出土的「祕戲圖」（南京博物院提供）

祕戲圖線描圖（李光謨提供）

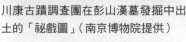

彭山王家坨崖墓460號門楣。門口站立者是發掘者陳明達特意安排的當地少年，意在與墓門大小形成對照。（陳明達攝影，殷力欣提供）

界為之耳目一新。

除「祕戲圖」之外，考察團還發現了佛教造像和飛羊乘人插座（南按：又稱搖錢樹插座，現藏於南京博物院），首次證實佛教至少在東漢時期就傳播到了中國。而崖墓建築格局及墓內大量的隨葬品，第一次以實物形式模擬再現了東漢四川地區的現實生活場景，表現出與中原地帶的地域性差異。特別是大量仿木結構的石質建築構件的發現，如編號為四六〇號墓墓門斗拱、五三〇號墓墓內石柱，皆向古建築研究者提供了接近原大的漢代建築構件資料和堪與同時期希臘建築柱式相比肩的中國建築標誌性實物。吳金鼎等人從墓葬的技術源流等各方面分析，所得結論與當年法國人色伽蘭完全相反——四川漢代崖墓確係本土文化的產物，與所謂的古波斯崖墓沒有任何內在聯繫——這一結論，再次對甚囂塵上的「中國文化西來說」給予了顛覆性回擊。

歷時一年半的彭山崖墓發掘，在資金短缺、生活艱苦的條件下取得了輝煌成果。正如夏鼐在回憶這段生活時所言：「那時候因為抗戰正殷，經費困難，吳先生想以最少的費用，取得最大的收穫，當時住在山中一個叫作寂照庵的和尚廟中。吳先生提倡節約，以身作則。不但早晨吃苞穀麵做的粗饃饃，還要輪流推磨磨苞穀麵。發掘蠻子洞，有時找不到工人，便幾個人親自動手。逢到休息日，還跑十幾里路趕街子買吃的東西打牙祭。然而生活雖是清苦，大家精神上都很愉快。每日收工時，大家從崖墓中鑽出來，弄得滿身是泥。返工作站換衣服，一起傳觀著新獲的罕見的古物，撫摩欣賞。有幾天，吳先生患了腳氣病，只好留守工作站，看見大家收工回來，一一慰勞。晚上，一天的工作結束後，大家圍坐一盞菜油燈，吳先生談笑風生，時常說幾句笑話，使大家哈哈大笑，打破了古廟中沉寂的空氣。此情此景，恍惚猶昨。」[33]

一九四二年三月七日，彭山崖墓發掘工作結束。面對如此重大收穫，作為發掘團團長的吳金鼎仍感意猶未盡，又率領人員移師牧馬山再度展開調查發掘。與彭山崖墓不同，牧馬山屬於土坑墓或磚室墓類型。這類墓葬比崖墓要大得多，除擁有不同於崖墓的特色外，墓坑多未擾動，內藏器物極其豐富，具有極大的田野考古價值和收藏價值。

面對如此豐厚的文化寶藏，吳金鼎顯現了少有的大將之風和罕見氣魄，他在一九四二年九月由牧馬十七保一位周姓人家寄給李濟的信中說道：

今春鼎在蓉參觀華大及四川博物館時，私立小小志願，希於三年期內願見中央博物院所有藏品在全國居首位，並使自己在漢代考古學上得有一知半解。自發現牧馬山葬地後，此志益堅。近與鄉珊（南按：後補隊員趙青芳）兄仔細計議，擬於短期內多開幾

> 墓，冀天從人願，在江水大退前獲有特殊重要發現……今特早日以所志願求助於先生，願在指引之下，趁留川機會，盡力代博物院搜集標本，並增長個人學識，為公為私，苟得如願以償，則感戴之忱，更將倍於往日矣！[34]

胸中擁有如此氣魄和宏願，加上已發現的豐富地下遺物，在李莊大本營坐鎮遙控指揮的李濟，自然樂意設法籌集經費，使牧馬山的發掘不致中斷。吳金鼎等人得此支持與鼓勵，不負所望，甩開膀子大幹起來，很快發掘了大型墓葬七座，其中磚室墓兩座，土坑墓五座，收穫了大量的上等文物。

一九四二年十二月九日，嚴寒的冬天已經到來，岷江水位急速消退，吳金鼎等人儘管心有不甘，但鑑於運輸所必需的水位尺度，不得不開始停工撤退。在吳金鼎的組織指揮下，發掘團隊人員把出土的各類隨葬品，所採集的石質建築實物標本等，總量在二十噸以上，分裝三條大船從江口鎮啟程，順岷江浩浩蕩蕩駛往李莊鎮碼頭——抗戰期間最大規模的一次田野考古發掘，以豐富的斬獲宣告結束。

就在彭山漢代崖墓發掘斬獲甚豐，捷報頻傳，李濟從亡女的陰影中得以擺脫，梁思永病情逐漸好轉，眾人準備挽起袖子在揚子江盡頭的小鎮上大幹一場時，蹲在板栗坳山頂上的「寨主」傅斯年，卻進入了舊憂方解新愁添的尷尬境地，圍繞「三百年僅此一人」[35]的史學大師陳寅恪是否來李莊，以及薪金如何支付等一系列問題，與新任中央研究院總幹事葉企孫你來我往地叫起板兒來。

注釋

1〈致諸弟〉，《曾國藩家書》上（長沙：岳麓書社，二〇〇二）。

2同前注。

3〈致歐陽夫人〉，《曾國藩家書》下（長沙：岳麓書社，二〇〇二）。

4徐雁平，〈舊世家，新女性——以湘鄉曾昭燏為例〉，《東方文化》二〇〇一年二期。

5劉建勇、謝靈芝，〈雙峰荷葉，那些曾家的女人們〉，《瀟湘晨報》，二〇〇八年六月二十七日。

6曹清、張蔚星編撰，《曾昭燏年譜》（徵求意見稿）（南京：南京博物院，二〇〇九）。

7劉建勇、謝靈芝，〈雙峰荷葉，那些曾家的女人們〉，《瀟湘晨報》，二〇〇八年六月二十七日。

8李又寧，〈曾昭燏——我國最傑出的女性考古學家及博物館學家〉，《近代中國婦女史研究》一期（一九九三年六月）。

9曾昭燏於一九五一年十月三日所作「幹部履歷表」中之〈自傳〉，原載曹清、張蔚星編撰，《曾昭燏年譜》（徵求意見稿）（南京：南京博物院，二〇〇九）。

10按傳統說法，中國近代四大藏書樓分別為江蘇常熟縣瞿紹基的鐵琴銅劍樓，始於乾嘉時的瞿紹基；浙江吳興縣的皕宋樓，始於咸豐年間的陸心源；浙江杭州丁申、丁丙兄弟的八千卷樓，始於光緒初年；山東聊城的海源閣，始於道光年間進士出身的楊以增。其中以瞿、楊兩家所收藏的宋元刻本和抄本書為最多，因之又有「南瞿北楊」的美稱，深為海內外學者所仰慕。湘鄉曾氏家族的富厚堂始建於清同治四年（一八六五年），又稱「毅勇侯第」，當地人稱「宰相府」。同治三年（一八六四年）六月，曾國藩被詔封太子太保，加封一等毅勇侯。富厚堂建好以後，就在大門上方懸掛了「毅勇侯第」匾。據曾寶蓀在〈我的家世〉中描述：「這棟大屋，大體是照侯府規制蓋的。宅有東西兩門。進來是一個半月形的石板大坪，半月形外，是一張大塘，也是半月形，有如泮宮。中門因為門樓很寬，所以並不顯得高大，門上有『毅勇侯第』四個大金直匾。進了大門，便像北京的四合大院」（轉引自曹清、張蔚星編撰，《曾昭燏年譜》（徵求意見稿）（南京：南京博物院，二〇〇九））。

富厚堂的建築，最精華部分則是藏書樓。包括求闕齋、歸樸齋、藝芳館、思雲館四個部分，分別為曾國藩、曾紀澤、曾紀鴻與郭筠、曾寶蓀等曾氏子嗣的藏書。其建築面積總計為兩千零五十四平方米，其中專用於藏書的占十六間，計八百餘平方米，藏書三十餘萬冊（卷）。宅南是曾國藩的藏書樓求闕齋，裡面收藏有曾國藩的藏書十萬卷，種類主要有經、史、子、集和各地的地方志，地方志是曾國藩藏書的一個重要特色。闕者，空也，缺也。意為學識無涯，無瀛之時，同時也暗含福祿不可盡享，要有缺憾之意。其他諸樓也名有寓意，如曾紀澤興建的「歸樸齋」為反璞歸真之意等。除曾國藩的求闕齋外，另外三樓歸樸齋、藝芳館、思雲館總計藏書二十萬卷之多，收有大量經、史、子、集線裝書，另還收藏有大量平裝書籍和外文書籍，尤以歸樸齋收藏外文書籍為特色，如《大英百科全書》以及西方政治、經濟、軍事、教育、醫學、農學書籍陳列滿架。整個富厚堂藏書樓藏書數量比楊氏「海源閣」多出十萬卷，比陸氏「皕宋樓」多出十五萬卷，比丁氏「八千卷樓」與瞿氏「鐵琴銅劍樓」都分別多出二十萬卷。另比其他四樓多出大量平裝書籍和外文書籍。單就數量而言，富厚堂藏書樓堪稱晚清以來天下第一樓。

11 曾昭楣，〈致北京大學化學與分子工程學院的信函〉，收入《曾昭掄百年誕辰紀念文集》編撰委員會編，《一代宗師：曾昭掄百年誕辰紀念文集》（北京：北京大學出版社，一九九九）。

12 徐雁平，〈舊世家，新女性——以湘鄉曾昭燏為例〉，《東方文化》二〇〇一年二期。

13 曾昭燏，〈憶胡小石師〉，收入南京博物院編，《曾昭燏文集》（北京：文物出版社，一九九九）。

14 曹清、張蔚星編撰，《曾昭燏年譜》（徵求意見稿）（南京：南京博物院，二〇〇九）。

15 同前注。

16 曾昭燏，〈憶胡小石師〉，收入南京博物院編，《曾昭燏文集》（北京：文物出版社，一九九九）。

17 曹清、張蔚星編撰，《曾昭燏年譜》（徵求意見稿）（南京：南京博物院，二〇〇九）。

18 同前注。

19 據流傳的說法，曾昭掄乳名聞，因而謂之「老聞」。此說恐怕有誤，凡乳名皆有避諱，作為妹妹不會對像傅斯年這樣的外人公開言說。但從流傳的一些史料看，其說不止曾昭燏一人，據俞大絪胞姐俞大縝回憶：「有一年暑假，昭掄夫婦從北京到南京去探親，一天，他們家人和幾位親友正坐在房中，昭掄也站在房中指手畫腳地談他出外旅行的經過，我的哥哥大紱（現任北京農業大學校長）忽然招手，把在門外的大綱叫到身邊，輕輕對她說：『老聞的褲帶又沒繫緊，褲子都快掉下來了，肚臍眼都露出來了，趕快設法讓他把褲穿好。』弄得哄堂大笑。過了暑假，他們回了北京，天氣漸漸地冷了，我哥哥大紱從南京寫一封信給我們姐妹說：『天氣已冷，想必老聞已不再做昆蟲呼吸矣！』因為昆蟲是從腹部呼吸的，大紱是指昭掄連褲子都不繫好，掉下褲子讓肚臍眼露在外面」（俞大縝，〈化學家曾昭掄二三事〉，《中國科技史料》一九八一年一期）。由這段回憶可見曾昭掄的名士派頭，亦可見「老聞」這個雅號是在家族與好友的圈子內頗為流行。因了這一現象，或可推斷「老聞」的雅號，是因其高度近視，看書讀報總把臉貼著紙面，似「聞」的模樣而得之。

20 王汎森、杜正勝主編，《傅斯年文物資料選輯》（臺北：傅斯年先生百齡紀念籌備會，一九九五）。〈曾昭燏致傅斯年〉，中央研究院史語所傅斯年圖書館存傅斯年檔案。

21 〈諭紀澤〉，《曾國藩家書》下（長沙：岳麓書社，二〇〇二）。

22 李光謨，《從清華園到史語所：李濟治學生涯瑣記》（北京：清華大學出版社，二〇〇四）。

23 《曾昭燏日記》（未刊本），南京博物院保存。

24 曾昭燏於一九五一年十月三日所作「幹部履歷表」中之〈自傳〉，原載曹清、張蔚星編撰，《曾昭燏年譜》（徵求意見稿）（南京：南京博物院，二〇〇九）。

25 《曾昭燏日記》（未刊本），南京博物院保存。

26 同前注。

27 同前注。

28 曾昭燏，〈彭山漢代磚室墓〉，收入南京博物院編，《曾昭燏文集》（北京：文物出版社，一九九九）。

29 李光謨輯，〈李濟與友人通信選輯〉，《中國文化》（北京版）一五、一六期（一九九七年十二月）

30 南京博物院編，《四川彭山漢代崖墓．結束語》（北京：文物出版社，一九九一）。

31 杜正勝，〈通才考古學家高去尋〉，收入杜正勝、王汎森主編，《新學術之路：中央研究院歷史語言研究所七十周年紀念文集》下冊（臺北：中央研究院歷史語言研究所，一九九八），頁六七七—七〇七。高氏日記「寨子山」與吳氏信「砦子山」為同一山。

32 同前注。

33 夏鼐，〈考古學家吳金鼎先生〉，《中央日報》（南京）第六版，《泱泱》副刊，一九四八年十一月十七日，轉引自夏鼐著，中國社會科學院考古研究所編輯，《夏鼐文集》卷上（北京：社會科學文獻出版社，二〇〇〇）。

34 李光謨，〈吳金鼎致李濟〉，《從清華園到史語所：李濟治學生涯瑣記》（北京：清華大學出版社，二〇〇四）。

35 據與傅斯年、陳寅恪二人同在德國柏林留學的羅家倫回憶說：當時中國留學生讀書的普遍趨向、治學風氣大都是「先博後專」，求知欲極其旺盛，又各懷學術創獲的雄心壯志。「朋友中陳寅恪從哲學、史學、文字學、佛經翻譯，大致歸宿到唐史與中亞西亞研究，又供他參考運用的有十六七種語言文字，為由博到精最成功者」（羅家倫，〈元氣淋漓的傅孟真〉，《中央日報》，一九五〇年十二月三十日）。

從保留下來的六十四本之多的陳寅恪學習筆記看，當時除梵文和巴利文外，陳氏還學習過藏文、蒙文、滿文、突厥文、回紇文、朝鮮文、印地文、俄文、波斯文、希伯來文等多種文字。至於陳寅恪一生究竟懂多少種文字，當時學術界中人和日後的研究者皆無定論，據陳氏在西南聯大時期的研究生王永興說，陳氏「具備了閱讀藏、蒙、滿、日、梵、巴利、波斯、阿拉伯、英、法、德、拉丁、希臘等十三種文字的能力」（王永興，〈陳寅恪〉，《中國史研究動態》一九七九年八期）。

另據陳氏的再傳弟子、臺灣學者陳哲三云：「他（陳寅恪）所會業已死了的文字，拉丁文字不必講，如梵文、巴利文、滿文、蒙文、藏文、突厥文、西夏文，及中波斯文非常之多。至於英法德俄日希臘諸國文更不用說，甚至於連匈牙利的馬札兒文也懂」（陳哲三，〈陳寅恪先生軼事及其著作〉，《傳記文學》一六卷三期〔一九七〇〕）。面對諸種說法，陳寅恪的侄子陳封雄後來較為謙虛、平和地對外宣稱：「一般說來，他能讀懂十四種文字，能說四、五國語言，能聽懂七、八種語言，是大致不差的。這些成績基本上是他在三十六歲以前取得的」（陳封雄，〈卌載都成斷腸史——憶寅恪叔二三事〉，《戰地》一九八〇年五期）。求學時代的陳寅恪嘗自言：「寅恪平生治學，不甘逐隊隨人，而為牛後」（〈朱延豐突厥通考・序〉，《陳寅恪史學論文選集》〔上海：上海古籍出版社，一九九二），頁五一三）。這是他的志向，也是實至名歸的一種境界。

當陳寅恪在國外學業大成，載譽而歸，出任清華研究院導師後，聲名日隆，為學界同人廣為推重。從陳的學生劉隆凱整理的當年課堂記錄，陳寅恪在考證講解唐代白居易那篇著名的〈琵琶行〉時，陳氏廣徵博引，以此考出了那位「千呼萬喚始出來」的倡女原籍何處，什麼人種，多大年齡赴長安為妓，屬於幾流妓女，在什麼年紀金盆洗手成為「商人婦」，與那位茶商是正式結婚還是同居關係等。每一步考證，皆縝密謹嚴，無不令人拍案叫絕。因而，陳寅恪每次授課，除學生外，因羨慕其學問之廣博與才情之高，清華的吳宓、朱自清等名貫一時的教授皆前來聽講，因而陳寅恪便有了「教授的教授」之美譽。對陳氏通今博古、學貫中西的鴻學碩論，目空天下士的傅斯年於敬重推崇的同時，深感自愧不如，甘拜下風，並慨歎曰：「陳先生的學問近三百年來一人而已！」（陳哲三，〈陳寅恪先生軼事及其著作〉，《傳記文學》一六卷三期〔一九七〇〕）

第十三章

三千里地山河

一、三百年來一大師

一九二八年，陳寅恪加入中央研究院史語所並出任第一組（歷史組）研究員兼主任。與李濟和趙元任不同的是，陳寅恪因不捨得丟掉清華國學研究院這個與自己建立了血肉情感的學術陣地，以及那些好學上進的學生，雖答應了傅斯年聘請，並未前往廣州赴任。當盛極一時的研究院解體後，陳寅恪仍在清華園擔任大學改制後的歷史、中文兩系合聘教授，史語所一組主任職務屬遙領性質，除人員聘請、職稱晉升與研究課題等大政方針親自操勞，具體事宜並不過問。

一九二九年春末，中央研究院史語所由廣州遷往北平北海靜心齋辦公，陳寅恪得以與史語所同人會合，並有了經常在一起研討的機會。而這個時候，經陳寅恪與天津一位叫李盛鐸的藏書家無數次談判，終於把清宮流出的號稱八千麻袋，計約六萬公斤內閣檔案（南按：即滿清入關後的檔案文書，曾作為廢紙被賣掉，後被羅振玉、李盛鐸先後獲得），以史語所名義買下，並運到北海靜心齋供陳寅恪主持的一組整理研究——這是史語所自成立以來所獲得的第一筆寶貴史料和學術研究資源，史語所「有此一得，聲光頓起」，達到了一鳴驚人，為天下學界所重的奇效。隨著安陽殷墟發掘成果的擴大，史語所威望日隆，成為傲視群雄的學術重鎮。正如董作賓後來在〈歷史語言研究所在學術上的貢獻〉一文中所言：到了一九四八年，中央研究院已有十三個研究所，史語所排行第九，「該是一位小弟弟，其實他一向在研究院中被推居老大哥的第一把交椅上」。史語所人員多達八十四人，比其他的所多一倍至九倍。而「那些兄弟所們，在敬、畏、妒，複雜情緒之下，不能不尊他是老大哥，稱之曰『大所』」。[1]

正在往「大所」路上行走的傅斯年自搬來北平，大有潛龍歸淵、虎踞深山之勢。除了統率史語所本部人馬，傅氏還躍馬挺槍殺回北大，於霧色蒼茫中爭占地盤，以再展當年學生領袖的風采與輝煌。傅斯年入主北大公開的名號是北大文學院歷史系兼職教授，暗中的打算是藉授課之機，發現讀書種子和有希望的學術研究苗子加以栽培籠絡，以便其人畢業後拉入史語所，繼續擴大「大所」的陣營和聲勢，後來加入史語所的胡福林——也就是在昆明不辭而別的那一位，就是這個時候被傅斯年發現並著意栽培的學生。對於北海靜心齋儲存的數量驚人的內閣大檔，傅斯年認為非陳寅恪出面主持整理不可，於是要求在北平郊外清華園居住的陳寅恪，立即「改住北平，至少可以在北平住每周數日，以便從事上列（內閣檔案）工作」。[2]

陳寅恪在清華園留影

既然擔負著史語所歷史組主任兼研究員之職，而整理內閣大檔的工作又屬於歷史組，陳寅恪責無旁貸，遂痛快地答應了傅斯年的要求，除保留清華園新西院三十六號的寓所，另在北平城內西四牌樓姚家胡同三號租賃了一處寬敞舒適的四合院，並把其父陳三立，連同本家大嫂從南京接來居住。有了城裡城外的兩處住房，且兩處住宅房間牆上都安裝了當時極其稀有的電話，陳寅恪開始比較從容地奔波於兩地之間。除在清華授課，大部分時間都在城裡北海靜心齋帶領史語所歷史組人員如徐中舒、勞榦、李光濤等人整理內閣檔案。這年九月，傅斯年與陳寅恪籌畫成立了「歷史語言研究所明清史料編刊會」，除傅、陳二人，另聘史學大家朱希祖、陳垣以及年輕的學術中堅徐中舒為編刊委員，擬列了一個龐大的出版計畫，歷史組人員一邊進行整理、分類、編目，一邊刊布印行，將珍貴史料公之於世，取名為《明清史料》。這是陳寅恪一生在生活上最舒心、精神上最得意、學術上最有創見的極盛時期。

可惜好景不長，一九三一年「九一八」事變之後，日本占據東三省，中國的政治、文化中心逐漸南移。一九三三年四月，遵照中央研究院總辦事處指令，史語所拔寨啟程，由北平遷往上海曹家渡小萬柳堂辦公，除一小部分人員與內閣檔案留守北平外，其他人員全部南遷。陳寅恪不忍捨棄清華園生活環境與學術氛圍，沒有隨所遷移，仍留校任教，同時改任史語所「專任研究員暫支兼任薪」（南按：意為陳氏在史語所的主任與研究員名義保留，但只給一點薪金補貼，主要薪水由清華支付）。這是陳寅恪與他所統領的史語所歷史組共同相處了四年之後首次分別。就陳寅恪當時的情形言，史語所自廣州成立之日起，就有遷北平的打算，而陳氏之所以答應傅斯年出任歷史組主任，正在於史語所遷北平後自己可以兩頭兼顧，

1936年1月28日，傅斯年移家南京，告別史語所同人，於北平北海靜心齋所攝。後排左二為傅斯年，左三為陳寅恪。

或者辭去一頭而專顧另一頭，無論是在清華園任教，或到城內史語所辦公處從事專門的學術研究，二者皆可。想不到史語所僅在北平四年就來了個「孔雀東南飛」，一口氣跑到了上海，獨自留在清華園的陳寅恪遂有辭去史語所職務的打算，只因時局動盪，史語所最後在何處落腳生根仍未有明確的目標，儘管有定居南京的議案，但畢竟沒有落實，何況政局不穩，說不定哪一天又出個什麼岔子，再度返回北平亦未可知。於是，陳寅恪只好採取靜觀待變的態度，視具體情形再做最後打算。一九三四年，中央研究院在南京北極閣興建的辦公地點陸續竣工，大部分研究所陸續遷入，史語所隨之由上海遷南京，同年五月增設人類學組，並於籌備完成後的一九三五年聘請歐洲歸國的大字號「海龜」吳定良博士主持。就在這個時候，陳寅恪產生了辭去史語所歷史組主任，一心一意在清華園教書的想法，但未得到蔡元培和傅斯年應允。

一九三六年春，傅斯年致函陳寅恪，請其赴南京參加史語所會議，就未來大政方針和發展方向進行商討。陳寅恪思慮再三，於一九三六年四月八日致函傅斯年，決定不予出席，並正式提出辭呈。函曰：

孟真兄左右：

首示敬悉。所以稽遲未即奉覆者，以尚未決計南行與否故也。今決計不南行，特陳其理由如下：清華今年無春假，若南行必請假兩禮拜，在他人，一回來即可上課，弟則非休息及預備功課數日不能上課，統合計之，非將至三禮拜不可也。初意學生或有罷課之舉，則免得多請數日之假，豈知竟不然，但此一點猶不甚關重要。別有一點，則弟存於心中尚未告人者，即前年弟發現清華理工學院之教員，全年無請假一點鐘者，而文法學院則大不然。彼時弟即覺得此雖小事，無怪乎學生及社會對於文法學院印象之劣，故弟去學年全年未請假一點鐘，今年至今尚未請一點鐘假。其實多上一點鐘與少上一點鐘毫無關係，不過為當時心中默自誓約（不敢公然言之以示矯激，且開罪他人，此次初以告公也），非有特別緣故必不請假，故常有帶病而上課之時也。弟覺此次南行亦尚有請假之理由，然若請至逾二星期之久，則太多矣，此所以躊躇久之然後決定也。院中所寄來之川資貳佰元，容後交銀行或郵局匯還。又弟史語所第一組主任名義，斷不可再遙領，致內疚神明，請即於此次本所開會時代辭照准，改為通信研究員，不兼受〔任〕何報酬，一俟遇有機會，再入所擔任職務。因史語所既正式南遷，必無以北平僑人遙領主任之理，此點關係全部綱紀精神，否則弟亦不拘拘（泥）於此也。所欲言者尚多，特先約略奉覆，即希鑒諒，並代候諸公，至深感幸。敬叩

撰安

弟　寅恪頓首

四月八日[3]

傅斯年接信，對陳寅恪提出的不出席會議和辭職事皆不照准，退而求其次，想出了一個「兩頭兼顧」之法，讓陳氏只出席幾天會議，保證一個星期內可返北平。為了加重邀請的砝碼，傅斯年與李濟聯名拍發電報，以示尊崇和迫切之情，但陳氏仍未南下。四月十三日，陳寅恪在致傅斯年、李濟的信中說道：「前日奉到來電，又遲疑久之，至今日仍決計不南行，殊負盛意，惶愧之至。弟雖可於一星期內往返，但事實上因身體疲勞及預備功課之故，非請假兩星期不可。自昨日起，又略感冒受涼，則短期內往還之可能更少矣。又弟請於暑假後解除第一組主任名義一事，實考慮再三，認有必要，否則亦不拘泥，務求兄等與諸公會商允許，不勝感禱之至。」一信旁注數語，其中有「弟不列會或可便於討論，否則互相客氣，又恐不易決定矣。此亦不必到會之一小小理由也」。[4]

既然陳寅恪兩次覆函表示不再南下，並列舉了相當的理由，傅斯年自然不便霸王硬上弓，強人所難，陳氏南下之事就此畫上了句號，只是他所堅辭的史語所歷史組主任之職未能

遂願，不但這年的暑假之後未能解除，即便在抗日烽火燃燒於大半個中國之時同樣沒有實現。以陳寅恪在學術界超凡的學識與名望，滿身霸氣的傅斯年好不容易才延攬到自己麾下，自然不會輕易放棄。令傅、陳二人都沒有想到的是，北平分別近五年之後，陳寅恪與史語所同人又有了一次相聚的機緣，只是，這次相聚不在北平，亦不在南京，而是在硝煙瀰漫、彈片橫飛的西南邊陲昆明城。

二、天涯涕淚一身遙

一九三七年七月七日，當盧溝橋槍聲響起時，陳寅恪作為清華大學歷史、中文兩系合聘教授，在講授多門功課的同時，仍兼任中央研究院史語所歷史組主任、研究員。在此之前的七八年間，陳氏在學術研究上著述頗豐，教學上業績輝煌，深得中央研究院蔡元培、朱家驊、傅斯年以及清華大學梅貽琦、馮友蘭、朱自清等雙方大小主事者的讚譽和尊敬。一九三四年五月二十七日，傅斯年在致胡適信中特別提到：「若以寅恪事為例，則寅恪之職務，大事仍由其主持，小事則我代其辦理。」又說：「且寅恪能在清華閉門，故文章源源而至（其文章數目在所中一切同仁之上）。」[5] 這一時期，根據清華大學規定，教授月薪最高以四百元為限，所在學科有特殊貢獻者，可超過此限，其人數不得超過全體教授總數的五分之一。陳寅恪屬當之無愧的「特殊貢獻者」，因而得以連年加薪，到一九三七年上半年，月薪已達四百八十元，為清華教授中薪水最高者。一家人生活穩定，無憂無慮。最令陳寅恪得意的是，他的父親三立老人得以從南京遷北平城內和兒孫輩家人經常見面，不再孤獨。平時城內與清華園兩方面家務都有僕人打理，省心省力，大事小事均可通過家中電話隨時聯絡，真正過上了俗世中所說的幸福像花一樣的美滿生活。[6]

這一時期，與陳寅恪交往頻繁、密切者有清華大學外文系教授吳宓、理學院院長葉企孫，以及文學院院長馮友蘭、中文系教授朱自清等名流大腕。由於陳寅恪日記不幸在「文革」中散失，他的心境已不得而知，但從好友吳宓留下的幾條日記可窺知清華園內的景象和教授們不同的側影。一九三七年五月二十一日，吳宓日記云：

「孟夏草木長，繞屋樹扶疏。」近始感樹木繁榮，綠葉浩浩發明光，景物之美麗，居處之清幽，皆足以適我之性，怡我之情。能端居自讀佳書，即是真樂……蓋宓久為志業、道德、戀愛諸事所困，勞苦多年，不知享受。近頃始漸能超然，略獲解脫，稍致心安意得之境界。苟能長如此，則戀愛婚姻問題，無論如何途徑解決，皆能得所裨益而不足為累矣。[7]

伴著如此怡情舒適的環境和心境，吳宓在整天思索著戀愛與女人相互關係與作用問題的過程中，與陳寅恪交往更趨頻繁。沿著吳宓日記的軌跡延伸下去，可看到這樣的場景：一九三七年五月二十四日晚上、六月三日晚上、十一日上午和晚上、二十二日晚上、二十三日晚上，陳寅恪要麼到吳宓住處閒談，要麼二人在戶外西園散步，談學論世兼及婚喪嫁娶，興致盎然。

六月二十五日晚，陳寅恪與吳宓雙雙來到清華園西園散步，觀天上各色雨雲及彩虹，夜歸後，吳宓作〈寫懷〉詩，以抒當晚得意快活之情懷。

七月六日晚七時，陳寅恪與吳宓再次來到園中散步，後坐在體育館後球場觀晚霞，覺大自然之美妙，人生之苦短。忽陳寅恪心中若有所失，默坐了一會兒，又談起時局變化，感日本之洶洶，歎中國之落後，不禁黯然神傷。第二天夜裡，盧溝橋畔槍聲響起。自此，西天的雲霓霞光被騰起的炮火硝煙所籠罩。

七月十四日，吳宓在日記中記載道：「閱報，知戰局危迫，大禍將臨。今後或則（一）華北淪亡，身為奴辱。或則（二）戰爭破壞，玉石俱焚。要之，求如前此安樂靜適豐舒高貴之生活，必不可得。我一生之盛時佳期，今已全畢。此期亦不可謂不長久，然初未得所享受，婚姻戀愛，事事違心，寂寞憤鬱，痛苦已極。回計一生，寧非辜負？今後或自殺、或為僧、或抗節、或就義，無論若何結果，終留無窮之悔恨。更傷心者，即宓本為踔厲風發、慷慨勤勉之人。自一九二八年以來，以婚姻戀愛之失敗，生活性欲之不滿足，以致身心破毀，性行墮廢。故當今國家大變，我亦軟弱無力，不克振奮，不能為文天祥、顧亭林，且亦無力為吳梅村。蓋才性志氣已全瀉滅矣！此為我最傷心而不可救藥之事。如此卑劣，生世亦何益？思及此，但有自殺，別無它途。」[8]

七月十五日，吳宓日記又載：「是日清華提前發給教職員七月份薪金。計私利，急逃避，此中國人之所能為者耳！」「夕五—六洪謙來（南按：留德哲學博士，時為清華大學講師），同散步。洪君以國人泄泄沓沓，隱忍苟活，屈辱退讓，絲毫不圖抵抗，使日本不費力而坐取華北。如斯喪亡，萬國騰笑，歷史無其先例，且直為西洋人士所不能了解者。故洪君深為憤激痛苦，宓亦具同情。按西洋古者如Troy與Carthage之亡（南按：指古希臘特洛伊城與古羅馬時代迦太基之亡），皆歷久苦戰，即中國宋、明之亡，爭戰支持，以及亡後圖謀恢復之往跡，皆絕異中國今日之情形。中國之科學技術物質經濟固不如人，而中國人之**道德精神尤為卑下**，此乃致命之傷。非於人之精神及行為，全得改良，絕不能望國家民族之不亡。遑言復興。」

七月二十一日，風聞盧溝橋已開戰，此為大戰之始，清華園內師生更加驚慌。面對此情此景，吳宓頗為悲憤地記述道：「三—四，蔣振東來。友生多為個人逃避之計，或包運書物，而絕少激昂悲憤，以談論國事者；遑言捨生取義耶？」

七月二十九日，吳宓日記詳盡地記述了戰爭緊迫，清華園末日各色人等的形態，以及自己逃亡入城的慌亂情形：

> 晨，在荷花池散步，花猶盛開。日機在空中整隊飛翔，偶聞一二擲彈或炮聲，旋及平靜。8：00企孫電告，因張自忠軍及石友三保安隊等倒戈，我軍大敗，宋等已於昨夜退走保定。城中已另有政治組織云云。一夕之間，全局盡翻，轉喜為悲。不特為事實上之大損失，抑且為道德精神上之大失敗。益歎人不能亡我，而我能自亡也！

陳昌年來，言擬隨同眾學生走門頭溝，由此南行，以避敵鋒，因學生將被搜捕云云。甘肅學生馮繩武兩次來，以存款不多，生活無術，求為宓之僕。宓拒之。此時，見學生紛紛乘自行車（攜小包）離校，或以人力車運行李入城。教授亦紛紛以汽車載物送眷入城。校工則退還儲金，又將發給兩月工資解散。

傳聞日軍已南進至清河，前隊已駐守清華園車站。不久，或即來校接收。情形甚為忙亂。宓深感清華瓦解之易，與員生之但求自逃，不謀團結維持。宓原擬終留清華，至是，葉企孫力勸入城。陳寅恪亦謂「在此生命無憂，入城可免受辱」。宓以眾教授如此行動，遂亦決入城（事後思之，實太急遽）。電K，則香山電話已不通矣。10：00卞慧新來。還書。宓與吳延增匆匆收檢隨身零件，單衣，及一部分日記等，於二小手提箱。餘皆棄置（深悔平日不早決行止，雙軌預備。此時尚可自雇汽車，多帶要件及貴重物品書籍以行，乃全行棄置，悔咎無及）！至1：00畢。約2：00，與吳延增別，託其暫管宓之書物。又以彥函一包，託彼攜歸家中保藏。吳延增又大悲泣，揮淚送我。宓忽如此捨棄可愛之清華園西客廳，一生美滿舒適之環境與生活，從茲盡矣！關魁元亦來送。宓附乘葉企孫之汽車，並熊大縝君，入城。約3：00抵城內簾子庫一號姑母宅中。

就在這一天，陳寅恪見清華園已經大亂，知花落春去，事不可為，亦乘一輛人力車攜帶部分小物件，於紛亂中逃入北平城內西四牌樓姚家胡同三號寓所與家人團聚。一進大門，陳寅恪便急切地招來侄子陳封雄說，其他的東西都可犧牲，唯多年購置的常用書籍與手稿不能丟，讓陳封雄盡快想法雇車赴清華園寓所把這些東西搶出來。陳封雄知道書籍與手稿乃叔父的性命，想方設法雇了一輛小汽車前去搶運。陳寅恪購書之多在清華眾人皆知，早在哈佛求學時，他就主張大購、多購、全購書籍。一九一九年八月十八日，吳宓在日記中記載：「哈佛中國學生，讀書最多者，當推陳君寅恪及其表弟俞君大維，兩君讀書多，而購書亦多。到此不及半載，而新購之書籍，已充櫥盈笥，得數百卷。陳君及梅（南按：即梅光迪）君，皆屢勸宓購書。回國之後，西文書籍，杳乎難得，非自購不可。而此時不零星隨機購置，則將來恐亦無力及此。故宓決以每月膳宿雜費之餘資，並節省所得者，不多為無益之事，而專用於購書。先購最精要之籍，以次類及，自本月起，即實行焉。」[9]

陳寅恪歸國時曾於國外購買一大批書，到清華後仍四處收購不輟。一次竟將積蓄的兩千元購買一套日本印製的《大藏經》，約有二三百冊之巨，放於清華園寓所中研讀。此次陳封雄乘車趕到清華園陳氏寓所，本想把這套巨著一併帶上，無奈體積實在龐大，汽車空間有限，只好暫時捨棄不顧，先把書桌內外的手稿及書桌周圍的書籍匆忙收拾起來塞進車內。當滿載書籍、手稿的汽車於慌亂中駛出清華大學西校門時，正好碰見一輛日軍坦克迎面駛入，幾個鬼子嗷叫著鑽出坦克，荷槍實彈衝過來喝令汽車停下接受檢查。待車門打開，鬼子們揮動槍上的刺刀胡亂挑檢起來，見裝載的都是一捆捆的破書亂紙，有些失望地衝陳封雄嗚哩哇啦地喊了幾句聽不懂的鬼話，抬腳狠狠地踹了一下車門，示意放行。據陳封雄後來說，當時日軍仍在西苑一帶投彈，處境十分危險，遂沒有再返回清華園。翌日，因通州敗退之保安隊為日軍追擊，潰敗人員繞北平城北、城西而遁，西直門外萬壽寺之地猶有戰事，西直門連續幾日關閉，不能出城，逃入城內的朱自清、陳福田、吳有訓等清華教授皆乘車出城，欲入清華園搶救書籍、衣物，皆被阻回。後來清華園成了日軍的兵營，陳寅恪又遭逢父喪，沒再施行搶救措施，當年花費重金購買的《大藏經》和其他大量書籍全部下落不明。

正應了「福無雙至，禍不單行」的古話，陳寅恪入城之時，八十五歲高齡的父親陳三立老人已身染沉疴，行將不治。盧溝橋事變發生後，面對山河破碎，生靈塗炭，日本軍隊咄咄逼人的凶妄氣焰，三立老人憂憤不已，情緒低沉，終致一病不起。無論家人如何勸慰，總是憂憤難平。臥床期間，每有親朋故舊前來探視，老人則艱難撐起病體，以低沉沙啞的聲調問道：「時局究竟如何，國軍能勝否？」外傳馬廠國軍大捷，老人特向來訪親友詢問消息是否確鑿。當中國軍隊敗退，有悲觀者言稱中國非日本人之對手，必棄平津而亡全國時，三立老人於病榻上圓睜二目，怒斥曰：「中國人豈狗彘不若，將終帖然任人屠割耶？」[10]言畢遂不再服藥進食，欲一死明志。平津淪陷後，老人傷心欲絕，大放悲聲，曰：「蒼天何以如此對中國邪！」延至九月十四日，一代詩文宗師溘然長逝。

炮火連天中，老父的不幸棄世，對陳家可謂雪上加霜。時陳寅恪幾個兄弟均在南方，因交通阻隔，一時難以趕赴北平奔喪，陳寅恪只得在等待中先行準備喪事。

進入城中的吳宓自八月十日始，又幾次潛入清華園，將寓中書籍、衣服被褥等物皆清點裝箱，雇人力車拉回城內姑母家中保存。

九月二日，清華大學校長辦公處發出公告：「開學無期，現組織校產保管委員會，自九月份起停止發薪。」[11]各自設法向長沙集中，吳宓對此猶豫不決。二十三日，吳宓親至城內姚家胡同陳宅參加三立老人祭弔。此時，北平早已淪陷，日軍已進清華園，清華師生多數已躲避逃亡。吳與陳寅恪商量逃難辦法。吳宓不願南下，欲留北平暫避讀書，陳寅恪表示贊成，唯謂：「春間日人曾函邀赴宴於使館，倘今後日人徑來逼迫，為全節概而免禍累，則寅恪與宓等，亦各不得不微服他適矣。」[12]也就是說，日本人已注意到自己的身分並開始拉攏，且日後還會前來糾纏，身為富有民族骨氣的學界名流，要想不受日本人拉攏和脅迫，甘當漢奸，做有辱人格與民族氣節之事，就必須離開北平，遠走他鄉。於是，二人決定奔赴長沙臨時大學，吳宓比陳寅恪提前一個星期，也就是十月二十六日，攜兩位女學生與葉企孫、熊大縝等人一起離平去津，自此開始了流亡西南的亂離生活。而熊大縝抵津後，突然決定赴冀中參加中共指揮、呂正操直接領導的部隊抗日，就此踏上了前途撲朔迷離的艱險生涯。

吳宓與葉企孫等同事好友走後，陳寅恪繼續留在北平家中辦理喪事。國恨、家愁交疊而來，陳氏急火攻心，導致視力急遽下降，不得已到同仁醫院檢查，診斷為右眼視網膜剝離，醫生叮囑及時入院手術治療，不可延誤。陳氏聽罷，面露驚慌之色，但猶豫不決。據陳寅恪女兒陳流求回憶說：「記得那天晚上祖父靈前親友離去後，父親仍久久斜臥在走廊的藤躺椅上，表情嚴峻，一言不發。」又說：「考慮到當時接受手術治療，右眼視力恢復雖有希望，但需費時日長久。而更重要的是父親絕不肯在淪陷區教書，若在已陷入敵手的北平久留，會遭到種種不測。當年，美延剛出生，流求八歲（南按：應為九歲）。側聽父母嚴肅交談反覆商量，從大人的語句中感覺出父母做出決定很慎重，也極艱難。父親終於決定放棄手術治療眼疾，準備迅速趕赴清華大學內遷之校址。此時父輩四兄弟均已抵達，共議祖父身後事，在祖父逝世後剛滿『七七』尚未出殯時，於十一月三日父親隱瞞了教授身分，攜妻帶女，離開北平，決心用唯一的左眼繼續工作。」[13]

關於陳寅恪身患眼疾的淵源，據流求說：「父親出身在一個世代讀書的家庭，家中藏書豐富，自五六歲入家塾啟蒙後即嗜好讀書」，從而影響了視力。另據陳寅恪在成都燕大任教時的助手王鍾翰談到陳寅恪突患右眼視網膜剝離症一事時透露：先生「一日見告：『我之目疾非藥石所可醫治者矣，因齠齡嗜書，無書不觀，夜以繼日，舊日既無電燈又無洋燭，只用細小油燈藏於被褥之中，而且四周放下蚊帳，以免燈光外露，防家人知曉也，加以清季多有光紙石印縮本之書，字既小且模糊不清，對目力最有損傷，而有時閱讀愛不釋手，竟至通宵達旦。久而久之，形成了高度近視，視網膜剝離，成為不可幸免之事了！』先生語畢，不勝感慨係之。」[14]儘管陳氏自知「目疾非藥石所可醫治」，但後來還是抱著一線希望去英國醫治，只是被他自己不幸言中，外科手術終告失敗，終致一代史學大師雙目失明，造成了無法挽回的悲劇。

陳寅恪長年漂泊海外求學，無心婚配，直到一九二八年三十九歲時才與唐篔結婚。唐篔小寅恪八歲，廣西灌陽人，其祖父為清廷臺灣巡撫唐景崧。一八九五年甲午海戰一役，中國戰敗。四月十七日，清廷代表李鴻章與日本簽訂《馬關條約》，割讓臺灣予日本。臺灣官吏與士紳聞訊，激昂悲憤，聯合上書唐景崧，謂：「萬民誓不服倭，割亦死，拒亦死，寧先死於亂民之手，不願死於倭人手」，力主唐氏抗日守臺。同年五月二十三日，唐景崧發表「臺灣民主國獨立宣言」，宣稱「臺灣同胞誓不服倭，與其事敵寧願戰死」云云。五月二十五日，臺灣民主國成立，唐景崧被推選為總統，年號「永清」，開始組織軍隊與招募義勇抗擊日本侵臺之敵。六月三日，日軍陷基隆，臺灣岌岌可危。六月四日，唐景崧自感力不能敵，遂化裝為一老婦，帶領隨員和部分官銀逃到滬尾（今淡水），轉乘德國籍輪船「鴨打號」（Arthur）棄職內渡廈門。臺籍士紳、新上任的義勇統領丘逢甲得知唐氏逃遁，亦不再抗日，於混亂中攜帶公款十萬元，逃往廣東嘉應州。此後，整個臺島人心惶惶，潰兵四處搶掠，臺北藩庫存銀被搶劫一空，繼之倉庫失火，秩序大亂。延至六月七日，強悍的日軍占領臺北，曇花一現的臺灣民主國宣告覆亡，臺灣落入日本人之手。

唐景崧逃回大陸後，被清廷以抗命罷黜，一九〇三年卒於家中，有《請纓日記》等傳世。

當時陳寅恪的舅公，即俞大維伯父俞明震曾入臺襄助唐氏策畫防務並出任民主國內務大臣。而胡適的父親胡傳（字鐵花）曾以臺灣直隸州知州兼（軍事）統領的職務，助唐景崧、劉永福守臺，後於一八九五年退出臺灣病死於廈門（南按：一說因棄臺獲罪，遭清廷賜死）。胡適五歲之前曾在臺灣隨父居住。許多年後，胡適由美國轉赴臺灣出任中央研究院院長職，曾專門尋找過兒時的舊居，媒體多有報導。因了這一歷史淵源，唐氏家族與俞家、胡家、陳家皆有交情。陳寅恪在海外學成歸國任教清華，一個偶然的機會，與時任北京女子文理學院體育教師的唐篔相識並「一見如故」，在胡適、趙元任夫婦的撮合下締結連理。在以後的歲月裡，陳唐夫婦相濡以沫，榮辱與共，相扶相攜地走過了悲欣交集的人生旅程。

陳寅恪、唐篔夫婦共育三女：長女流求，其名為臺灣古稱；次女小彭，意指澎湖列島，兩個名字皆為紀念臺灣島和唐景崧所取。三女取名美延。抗戰爆發，當陳氏一家自北平逃亡之際，陳寅恪四十七歲，流求九歲，小彭七歲，美延出生僅四個多月。

未久，陳寅恪與相繼趕到北平的幾個兄弟匆匆議定了父親葬禮辦法（諸如暫停靈柩於西郊寺廟等），未及出殯，便於一九三七年十一月三日攜帶家人，連同傭人忠良與照顧美延的王媽媽等踏上了逃亡之旅。此時日軍已在平津地區穩住了陣腳，整個局勢已完全被日偽政權控制。為防止平津文化、教育界人士出逃南下與抗日力量會合，日偽軍在車站碼頭及沿途重要關口設卡堵截。出逃之前，陳家就聽說清華老教授高崇熙逃出北平後，在天津火車站一下車即被日偽軍識破身分，當場按倒在地一頓拳腳揍了個鼻青眼腫，然後一根繩子拴住手腳扣押起來。為防不測，陳寅恪扮成生意人，又叫孩子們熟背沿途及目的地等有關地址及人名，以便在走失後設法尋找親人或故舊。待這一切匆匆安排妥當，一家人踏上了險象環生的逃難之旅。

此時，深秋已降臨中國北方遼闊大地，在寒風的肆虐中，樹葉枯萎，草木凋零，天地蕭瑟。清晨，北平城內霜氣陣陣，冷風襲人，越發令人感到淒苦悲涼。陳寅恪一家與北大毛子水等幾位教授結伴，在淒冷、慘澹的星光映照下，於微明的夜色中踏著晨霜，悄然告別北平相依相戀的家園，由前門乘火車向天津進發。所幸的是，由於逃難人潮如黃河之水奔騰四溢，無論是火車之內還是沿途停靠的車站，如同一鍋煮爛的餃子，人聲鼎沸，身影幢幢，混亂不堪，使日偽軍的辨別能力受到限制。陳寅恪等幾名教授趁著混亂，引領家人小孩在慌亂的人群中穿行。孩子們則一個接一個牽著父母的衣角，越過了日軍和偽警察設置的盤

抗戰爆發後逃難的人群

查關卡，提心吊膽走出了天津火車站，在租界暫時躲了起來。次日，先到一步的葉企孫已奉梅貽琦密電留守天津保管部分資金，與學生熊大縝共同負責清華師生南遷事務。陳寅恪自葉企孫處領到部分薪水做路費，擇定乘英商船濟南輪南下，一家人於天津紫竹林搭大汽車至大沽口碼頭，登上「濟南號」英國郵輪向青島駛去。跟隨陳氏一家服務十年之久的傭人忠良，因家事不能前行，在把陳家老小送上輪船後，含淚作別，依依不捨地離去，只有王媽媽與陳家同行。另外，與陳家同行的還有袁復禮、毛子水和一位北大教授。

輪船在大海中一路顛簸動盪總算到了青島，乘客登岸後已過午夜，陳家與毛子水等幾位教授不敢停留，急忙購好長沙聯票，連夜擠上去濟南的火車。行至濟南，火車停開，班次皆無。此處風聲更緊，商店關門，人爭相傳日軍即到，各色人員爭相離開這塊危險之地，整座城市陷入混亂之中，逃難者如同被火燒著的螞蟻，擠成一堆，滾成一團，又各自向心中的目標掙扎衝撞。火車站每有火車南開，人潮如江海巨濤，轟然而上，至於最終逃往何處，許多人並不清楚。陳寅恪一家被裹挾在湧動的大潮中，於茫茫人海中不知身歸何處。幸虧蒼天有情，一班列車停在車站未動，被擠撞得熱汗淋漓的毛子水突然從一個窗口中發現清華教授劉清揚眷屬已先在車內。這一發現，如同大海中迷途的航船突然看到了暗夜中的燈火，眾人拚盡力氣擠上前來求援。劉清揚等見車門已不能通行，索性把陳寅恪家人連拖帶拉從窗口一一拽進車廂，毛子水等也藉機鑽了進去。車廂內如同一個被封了蓋的熱鍋，擁擠不堪的人群如同熱鍋上的螞蟻，在一片高呼小叫、哭爹喊娘中四處衝撞遊動，以找到片寸落腳之地。不懂世事的美延突見如此混亂情景，連驚加嚇大哭不停，弄得陳氏一家情緒低落，叫苦不迭。此時，北風呼嘯，陰雨連綿，敵機不斷在沿線轟炸，濟南車站時聞炸彈在附近爆裂的聲音，並有炸起的碎石塵土落入月臺之上，車內車外驚恐淒苦之狀令人心碎。所幸的是，陳家乘坐的火車沒有遭炸彈掀翻，未久即駛出濟南站，一路狂奔向南疾駛。至徐州後下車，天空大雨連綿，日機不能起飛前來轟炸掃射，心神略安，陳家與其他教授轉隴海線至鄭州，旋又轉車奔赴武漢，在入夜的混亂中，毛子水一隻手提箱被人盜走，懊悔憤懣不已又徒歎奈何。在漢口旅店休息半日，即搭粵漢車冒雨前往長沙，歷盡磨難，終於十一月二十日夜抵達長沙。同來的大小知識分子各尋住處，陳氏一家無處覓房，暫時在一位親戚家借住。自北平至長沙，整個行程五千餘里，歷時十八天。在天津之時，陳寅恪本想乘輪直去上海或香港再轉長沙，為求快捷，決定在青島登陸轉火車南下，想不到此路竟拖延了十幾天，且一家人備嘗亂離苦痛，才總算熬到了落腳之日。

一家人喘息未定，長沙臨時大學又奉命南遷雲南昆明，陳寅恪只好攜家眷繼續登程。在遷往昆明的三條路線中，陳家選擇了水路。在南下之前，陳寅恪將清華園搶運出的一批私人書籍另行打包郵寄長沙，但直到要離開此地時，郵寄的書籍因交通阻隔尚未收到。眼看師生已走大半，陳氏已顧不得許多，只好攜家眷啟程。據流求回憶：「我們離長沙時已經霜凍，經衡陽搭乘長途汽車，途中拋錨，走走停停，夜宿零陵縣，入夜米糖開水的叫賣聲，提醒我們逃難的路程已由遼闊的華北平原到達祖國富饒的南方了。」[15]接著乘汽車到廣西桂林市。廣西是唐篔的故鄉，父母早已去世，有些親屬在桂林工作和居住。這是一座看上去較北方安靜的古城，買賣貨物使用的是「桂幣」，物價尚平穩。陳家住進靠近湖畔的一家旅館，一面做繼續上路的準備，一面在城中拜訪唐氏的本家或親戚。

桂林的日子很快過去，陳寅恪一家又要急著趕路。在濛濛細雨中，一家人登上長途汽車，經平樂到達廣西梧州市，稍事休息，再轉內河輪船，沿江夜航而下，經虎門抵達香港。此時已是一九三七年陰曆歲末了。

初到香港，陳夫人唐篔因旅途勞累過度，心臟病突發，三女美延又身染百日咳，高燒發熱，晝夜尖叫咳嗽不止，全家不能再行，只好找一家旅館住下。據流求筆記：「這時香港大學許地山教授夫婦來我們旅館看望，見三妹患病發高燒，許伯母把我和二妹帶到他們家，並代租賃房屋暫住。我家就在這簡單行李和家具的房子裡度過逃難後的第一個春節。」[16]大年之夜，幽暗的燈光映照下的餐桌上，唐篔悄悄叮囑女兒：「王媽媽和我們奔波半年，過舊曆年總要讓她多吃幾塊肉。」意思是讓尚不太懂事的流求、小彭們主動克制、謙讓一些，盡量讓王媽媽多嘗到一點難得的美味。王媽媽從旁側聞聽，感動得淚流滿面。

春節過後，陳寅恪必須趕往西南聯大授課，唐篔心臟病未癒，體力不支，不能隨行。陳氏只好告別家人，獨自一人先行上路，自香港取道安南海防市抵達雲南蒙自。幾個月的艱苦跋涉，令陳寅恪與吳宓、朱自清等清華同人在這座邊陲小城再度相聚，抗戰流亡的生命歷程中添加了一個特殊的注腳。

三、由長沙到蒙自

因內地戰事連連失利，凶悍的日軍燒殺搶掠，大批官僚、士紳、商人與難民紛紛向西南邊陲，尤其是被譽為春城的昆明逃奔而來，使這座舒展安詳的「世外桃源」很快淹沒在滾滾人流與嘈雜的喧囂之中。物價開始上漲，房舍更是高度緊張，幾有爆棚、揭蓋的跡象。面對此情，提前趕至昆明的西南聯大常委蔣夢麟，遂產生讓聯大師生暫在雲南蒙自落腳之意。

一九三八年二月底，蔣夢麟給長沙臨大外文系主任葉公超拍發一份電報，內稱：「昆明校舍無著，工料兩難，建築需時。蒙自海關銀行等處閒置，房屋相連，可容九百人，據視察報告，氣候花木均佳，堪作校址。」[17]未久，在「雲南王」龍雲直接過問、協調與昆明各界人士鼎力相助下，臨時大學總算在昆明租到昆華農校與幾家會館以備急需，但校舍仍不能滿足全校師生需求。於是，蔣夢麟親赴蒙自考察，受到當地政府與士紳的歡迎，蔣認為此處可以供部分師生容身。三月十四日下午，由蒙自返昆的蔣夢麟召集張伯苓、周炳琳、施嘉煬、吳有訓、秦纘、鄭天挺等校務負責人在昆明全蜀會館開會，決定聯大文法學院設在蒙自，暫名蒙自分校，並派出鄭天挺（北大）、王明之（清華）、楊石先（南開）前去籌備。王、楊二人先於鄭天挺抵達蒙自辦理租賃等手續，很快籌備就緒。

蒙自位於雲南省南部邊陲，為一偏僻的縣級小城，靠近紅河，可與安南（今越南）通航。十九世紀五〇年代末六〇年代初，法國用武力侵入越南南部，繼而探測從越南通往中國雲南的航線，期間不斷派出軍隊窺探、入侵越南北部，一八八二年侵占北越重鎮河內等地。

一八八三年，法國擴大侵越戰爭，迫使越南朝廷屈服，法國取得了對越南的「保護」權。中國原與越南屬宗藩關係，清政府為防止法國占領北越、危及中國邊境，遂在西南邊陲增派了軍隊，加強防務。此時法軍已不把奄奄一息的大清王朝放在眼裡，公然向清軍挑戰，中法戰爭隨之爆發。光緒十一年（一八八五年）四月四日，中法雙方匆匆簽訂停戰條件，戰爭終止。這年的六月九日，清政府代表李鴻章與法國公使巴特納在天津正式簽訂《中法和約》，即《中法會訂越南條約》，或《越南條款》，又稱《中法新約》、《李巴條約》。條約共十款，其中第一、二、五條為：清政府承認法國對越南的保護權；中越陸路交界開放貿易，中國邊界內開闢兩個通商口岸，一在保勝以上，一在諒山以北，允許法國商人在此居住並設領事。

光緒十三年（一八八七年），雲南蒙自依照《中法續議商務條約》闢為商埠，設有海關、法國領事館、法國銀行、醫院等，更有希臘人歌臚士（Kalos）在該城開設洋行、旅館等商業設施。一時間，國內外商人蜂擁而至，紛紛向這塊原本並不起眼的偏僻卑濕之地砸錢扔金，蒙自小城迅速熱鬧繁榮起來，四周的錫礦、銅礦等礦業加大了開採力度，聞名於世的「箇舊滇錫」通過蒙自商埠，沿著滾滾紅色河道，源源不斷運往世界各地。據當時的數據顯示，鼎盛之時，僅其一地的外貿額就占到了雲南全省外貿的百分之七十七至百分之八十九・九，小小的蒙自一躍成為滇南甚至整個雲南商業的龍頭重鎮。

光緒二十一年（一八九五年），法國藉口在三國干涉日本退還中國遼東時有功，強迫清政府簽訂協定，取得了滇越鐵路的修築權，並於光緒二十七年（一九〇一年）興工。當三百八十九公里的越南海防至老街段築成後，法國人考慮到中國境內山高谷深，路況十分複雜，決定全線鋪設彎道半徑小的米軌（兩軌間距一米的鐵軌）。中國段原擬從河口經蒙自、臨安（今建水）、通海、新興（今玉溪）、昆陽、晉寧、呈貢等州縣達昆明，因臨安、蒙自等地的無知官僚裹脅一群不明真相的群眾和流氓無產者，上躥下跳，強烈反對在其境內修建鐵路，加之法國勘測隊在蒙自等地為非作歹，四處尋找良家婦女和花姑娘陪酒作樂，強暴姦淫，激起了沿線有良知的士紳和民眾的強烈反對，迫使法國人放棄原選路線，從河口沿南溪河北上，偏東避開蒙自城，經碧色寨，過阿迷州（今開遠）、婆兮（今盤溪）、宜良、呈貢抵達昆明。

光緒二十九年（一九〇三年），法國政府批准東線全長四百六十六公里的規畫，於次年正式開工。宣統元年（一九〇九年）四月十五日，一期鐵路建成，通車至碧色寨。次年四月一日，全線通車。雲南第一條鐵路，也是中國第一條國際線路——滇越鐵路就此誕生。自此，雲南的交通狀況有了突破性進展，這條線路對物資的內進與出口發揮了重大作用。當然，在鐵路修築過程中，中國人民付出了慘重代價，法國殖民者對中國築路工人進行極其野蠻的奴役、壓迫，僅在滇段修築的七年間，從各省招募民工總數三十餘萬，而被虐待折磨致死者近八萬人，可謂每一根枕木下都有中國人的累累白骨。

碧色寨位於蒙自縣城東北十二公里，未通火車前，是一個只有十幾戶人家的偏僻鄉村。通車後，一躍成為滇越鐵路上的特等車站。便利的交通給這個原先名不見經傳的小村莊帶來了勃勃生機和無限商機，每當吐著黑色濃煙和淡淡蒸汽的火車呼嘯而來，車站便擠滿了上下車的旅客和堆積如山的貨物。碧色寨像一個被注入空氣的紅色氣球，眨眼間便熱鬧膨脹起來，成為一個裝卸、搬運、運輸極為繁忙的車站和商家、官家、旅人畢集的大集鎮。

碧色寨火車站（作者攝）

被冷落的蒙自、建水等地的礦主和商人眼見火車使碧色寨迅速崛起，遂於宣統二年（一九一〇年）五月，聯名上書雲貴總督李經羲，要求修建一條由碧色寨經蒙自縣城至箇舊城的鐵路，以便把優質的箇舊錫與其他礦物銷往國外。一九二一年，箇碧鐵路全線通車，以後又延長到建水、石屏，稱為箇碧石鐵路。碧色寨車站正好處在北回歸線與滇越鐵路交會的地方，是滇越鐵路（米軌）與箇碧石鐵路（寸軌）交會換乘之處，碧色寨在商業上的地位如同一顆閃耀的明星，在滇南騰空而起，各色逐利謀財者在星光照耀下競相奔來，一個小小鄉村很快成為雲南的繁華之區。

未久，碧色寨設有海關分關，國際鉅賈如美孚三達水火油公司、英商亞細亞水火油公司、法國加波公司、德國德士古水火油公司等十多家外國公司在碧色寨設立代辦處。車站旁還有一家希臘人開設的歌臚士大酒店，經營項目應有盡有。中國商人、越南商人、法國商人、義大利商人在這塊小小地盤上開設的各種旅館、店鋪更是不可勝數，此地一度被稱為東方的「小巴黎」。

碧色寨的名聲迅速躥升，繁榮一時的蒙自縣城卻一蹶不振。原駐蒙自的海關移至昆明，很多商號、洋行要麼搬遷碧色寨，要麼搬遷省城昆明，蒙自很快衰落下去，重新回到了幾十年前的景況，只剩一片片被主人捨棄的高大堅固的洋房蹲在原處空守寂寞，偶爾以黯然的餘光向世人昭示曾經的輝煌——正是蒙自商業地位的衰落，大片房舍閒置，才給予聯大文法學院師生進駐的歷史機緣。

由長沙撤出的部分教授如湯用彤、賀麟、吳宓、毛子水等到達昆明後，暫住昆明迤西、全蜀兩會館，四月初分幾批乘火車到達蒙自準備開課。校區主要分三部分：

一、原蒙自海關作為學生上課的教室，租期為一年零三個月，租金僅為國幣一元，其象徵意義遠遠大於實際意義。

二、法國銀行、領事館作為圖書館和教職員宿舍。此三處房舍在一個大院中，來往還算方便。據吳宓記述：「此乃法國人昔所經營布置，為一法國式之花園。花木繁盛，多近熱帶植物，如棕、榕（即白樹。寅恪云，即玉樹神油。其汁可避瘴氣，製金雞納）等。綠蔭濃茂，美麗繽紛……惟房屋甚稀少，半中半西式，且多破毀傾圮。現正在芟除修理之中。此間分校庶務，暫由鄭天挺君（毅生，福建）主持，其人賢而才。而工程則夏震寰君任之。宓等均暫住銀行一排有地板之半西式房內。宓與涂文君合住三一一室之前半小間。東北兩面有窗。西為套室，可盥儲。兩床兩寫字桌即占滿矣。飯食初來二旬，甚好。在教職員食堂。晨粥，一雞蛋。午晚米飯。每桌七人，五菜一湯。每日飯費〇．四〇元。恆患不飽，宓以安南人咖啡店所售之麵包佐餐。每枚〇．〇六元，至八月增為每枚〇．〇七元，夜晚以線繩懸麵包於空中，防鼠食也。」[18]

三、希臘人歌臚士開辦的洋行，為另一批到達的教授居住，這是分校租賃的第二處，也是主要一處居住地。歌臚士洋行屬於前後兩進的二層樓房，面湖臨街，建築精美氣派。臨街一進的樓上作為教職員宿舍，樓下與後進作為男生宿舍。鄭天挺回憶說：「我第一次去該處時，記得室內的月份牌為一九二×年×月×日，說明以後未再營業。洋行中尚存有大量洋酒待售，一些清華的教授見到，高興極了，當即開懷暢飲。」[19]

四月八日之後，到達蒙自的教授漸多，房舍開始緊張起來，在海關院內銀行居住者，由每室二人增至四人，而各室內均有門互通，故其「喧擾紛亂之狀況，與昆明全蜀會館亦相差不遠，讀書寫信均難」。[20]

四月十二日至二十日，經粵、港來滇的男女學生，分批抵達蒙自。由長沙步行來滇的學生，也於四月底到達，如此多的外鄉人突然擁入，當地鄉民與士紳紛紛趕來觀望，整個縣城為之轟動。

五月四日，聯大分校宣布開學，寂寞的蒙自小城又重新熱鬧起來。全體女生借住城內早街周伯齋宅第一幢被學生們號曰「聽風樓」的三層小樓，周家不僅借出一幢樓房照應女生住宿，還設宴款待聯大先遣團成員，令師生深為感動。因蒙自地處邊陲，社會成分混雜，打家劫舍的匪徒不時前往光顧。為防不測，分校負責人經與當地政府商妥，由縣裡派保安隊四十名駐紮在「聽風樓」附近的三元宮，對女生實施保護，每當晚自習散後，女生們要由校警護送進城住宿。

前來的師生發現，蒙自地理環境與內陸省份很有些不同，春天就是雨季，暴雨連旬滂沱不止，搞得人不能出戶，城中店鋪多數關閉，而「最堪憂懼者，乃時有巨蛇進入室中，驚惶逃避，不可言狀」。[21]原居住在蒙自海關的教授，因一室多人，性情各異，喧擾紛亂，不宜備課和休息，一些個性獨特的教授開始自覓居處。四月下旬，吳宓、湯用彤、賀麟、浦江清和一位外籍教授於校外合租一幢西式二層小樓，吳宓為其取名為「天南精舍」。到了五月，幾乎每天下雨，且較之前更大更猛，道路泥濘難行。由「天南精舍」到蒙自分校教室，

蒙自海關大門

須經一片田野，久雨則積水成為泥淖，跨越極其艱辛，一不小心就滑倒於泥潭，成為水中鴨子，或一個情形頗為狼狽的泥猴。不堪忍受其苦的吳宓等教授又陸續返回校內宿舍，在教職員食堂用餐。以久雨之故，凡居住在平房或樓房一層的教授，室中積水淹及床腳，除了蚊蠅亂飛，還有花花綠綠的大小群蛇竄入室內，沿床纏繞，對著主人搖頭擺尾，瞪眼吐舌，做齧人狀。教授們一見，便驚呼奔逃，久久不敢回宿舍就寢。有一位清華來的青年講師，晚上看見海關院內牆上有條黑乎乎的大裂縫，頗覺奇怪，拿燈一照，只見一條碗口粗的大蟒從房頂倒掛下來，講師大驚，手中的燈盞「砰」的一聲摔出丈餘，後退兩步一仰身倒地不起。

因海關舊址荒草叢生，蛇蚊特多，令人生畏，大多數教授想到條件較優的歌臚士洋行樓上居住，但洋行房間有限，需抽籤決定。對此，鄭天挺有過這樣一段回憶：「我原住法國銀行三一四號，大批教授來到後，又重新抽籤。三一四號為羅常培、陳雪屏抽得，我抽至歌臚士洋行五號房，邱大年住四號房，於五月三日遷入。此外住在歌臚士樓上的尚有聞一多、陳寅恪、劉叔雅、樊際昌、陳岱孫、邵循正、李卓敏、陳序經、丁佶等十幾人。」又說：「寅恪先生到蒙自稍晚，未帶家屬。經常與我們一起散步，有時至軍山，有時在住地附近。當時他身體尚好，我們一起去過蒙自中學參觀圖書。臨離開蒙自時，大家曾去該地的黑龍潭遊玩，往返十五里，歷時數小時。」[22]

陳寅恪與政治系教授浦薛鳳（號逖生）及一女生，在安南乘火車於四月二十三日下午四時才抵達碧色寨，爾後轉乘小火車到達蒙自海關舊址，時已暮色蒼茫，在與朱自清等教授見面後，方知臨時大學已改為國立西南聯合大學，而原設在西安的臨大，也已遷往漢中，改為國立西北聯合大學了。第二天，經與分校總務主任樊際昌商量通融，陳寅恪與浦薛鳳、沈乃正等三教授沒用抽籤，即允准移住歌臚士洋行樓上一大一小相通的兩室，浦、沈住外面一大間，陳寅恪獨住裡面一小間。一個星期後，聞一多由昆明來蒙自，住歌臚士洋行樓上二號一室。教授房中設備統一配置，分別是每人板床一張（三塊板兩張長凳拼鋪而成），書桌一，木椅一，洋油燈一，餘則一無所有。因條件實在過於簡陋，陳寅恪等各出四元錢，每人向歌臚士洋行購得舊藤椅一把，後來的教授雖欲出重價索購，但藤椅早已售光，只能因陋就簡，應付度日了。

由長沙經香港、安南赴滇時，陳寅恪把自己隨身攜帶的文稿、拓本、照片、古代東方書籍，以及經年批注的多冊《蒙古源流》、《世說新語》、《新五代史》等，連同部分文獻資

蒙自歌臚士洋行正面（作者攝）

料，裝入兩只木箱交於鐵路部門託運——這是他幾十年心血凝聚並視為生命的珍貴財富。萬沒想到的是，待陳氏趕到蒙自，雇人力車夫將運來的木箱拉到居住處興匆匆打開校點，卻發現箱內只有磚頭數塊，書籍等物蹤跡絕無。面對如此慘狀，陳寅恪當場昏厥。後據校內同事分析推斷，很可能木箱在越南海防換滇越火車時發生了變故，而盜竊者可能就是鐵路行業內部的不法分子，他們誤以為箱內盛有金銀珠寶，或其他貴重物品，遂想法竊走，因多數書都由包袱或其他物包藏，竊賊並不以為是書，或以為書中夾有重金。為防盜事過早暴露，另易磚頭數塊入箱內，以此蒙混過關。可以想像的是，當盜賊們懷著滿腹發財的欲望在暗處打開包袱，發現包藏的竟是一堆破舊書籍時，一定氣得七竅生煙。而流亡西南的陳寅恪眼望一堆磚頭和兩只空箱，自是悲憤交加，頓足捶胸，徒歎奈何？奈何?!

陳寅恪所丟之物，並不是傳統意義上所謂的「珍籍祕本」，而是他曾花費無數心血用蠅頭小楷，在書眉詳細記錄相關資料以及自己心得的批注本，其間有蒙古史、佛教史和古代東方書籍。這一批眉批本，可說是他研究工作的「半成品」，是心血與思想的結晶，若在此基礎上進一步加工潤色，便是一部完整的作品。這些書籍在陳寅恪心中的地位之高和價值之巨，是一切讀書人特別是靠讀書、著書安身立命的知識分子所能深切體會的。一九四二年九月二十三日，陳寅恪在給好友、武漢大學文學院院長劉永濟的信中，對此次遺失書籍與手稿做了如下披露：

弟廿年來所擬著述而未成之稿，悉在安南遺失。中有蒙古源流注，係依據其蒙滿文諸本，並參稽其所出之西藏原書四庫提要所謂咖喇卜經等者，考訂其得失。與沈乙庵書大異。後聞伯希和在庫倫獲元祕史元本，故欲俟其刊布，再有所增刪。用力雖勤而原書價值頗不高，今稿既已失去，亦不復談論此事矣。

又有世說新語注，主旨在考釋魏晉清談及糾補劉注之疏失。

又有五代史記注，其體裁與彭、劉舊注不同，宗趣亦別，意在考釋永叔議論之根據，北宋思想史之一片斷也。

又凡佛經與之存於梵文者，與藏譯及中譯合校，凡譯匠之得失，元本之為何（今梵本亦非盡善本，有不及譯本所依據者。又其所據之本，亦有與今不同者。其異同得失，皆略能窺知）列於校記。今雖失去，將來必有為之者。又鋼和泰逝後，弟復苦其煩瑣，亦不敢涉及此事。但有巴利文普老尼詩偈一部，中文無今譯本，間散見於阿含經。鋼君不甚精巴利文，在北平時未與詳校。弟前居柏林時，從德名家受讀，頗喜婦人入道之詩，哀而不怨，深契詩經之旨。然俱是西曆紀元前作品，尤為可貴。欲集中文舊譯並補譯及解精（？）其詩，亦俱失去。[23]

正因為這批傾盡了陳寅恪心血與汗水的書籍與稿本遭竊，使若干部可以在短時間內完成的新著不得不加以延遲，甚至成為泡影。如《世說新語箋證》、《高僧傳箋證》等「半成品」，一直未成完璧，遂成終生憾事。在此期間，還發生了一個小小插曲，即此劫發生十七年之後的一九五五年，棲身嶺南的陳寅恪突然收到越南華僑彭禹銘一封信，言其家居西貢，曾到海防搜買舊書，偶得陳氏當年遺失《新五代史》批注本兩冊，寄存家中。陳寅恪聞訊大喜，急欲見到實物，惜越南政府禁書出口，法令甚嚴，一時無法攜出，只好等待時機。未久，越南戰火突起，兵火所及，將西貢數萬家變成瓦礫之場，彭禹銘家不幸亦在其內，家藏數千卷古籍盡付一炬，陳寅恪批注本《新五代史》一併化為灰燼。據陳寅恪後來說，他唯一得到的「原箱遺物」，是一位舊時清華畢業生梁秩風輾轉買得的《論衡》一部，惜這部書不過是當年為填塞箱子起見，偶然放置其中，實非欲帶之書。對此，陳寅恪在致他的學生蔣天樞信中滿含遺恨地說道：「當日兩箱中文書及古代東方文書籍及拓本、照片幾全部喪失。此時身邊舊箱中原物，僅餘填補空隙不足輕重之《論衡》一種，可歎也。」[24]

陳寅恪的命運如此，而戰時流亡西南的知識分子，在旅途中丟失財物者比比皆是。一九三七年十一月二十七日，吳宓日記載：「陰，微雨。上午9：00至車站，宓之卯箱已運到，遂自昇歸。但已破毀，以繩索之。箱內之黑雲絲棉袍亦已為人取去。後此宓將卯箱中物，歸併其餘各箱，而此牛津紀念品之卯箱遂不復存矣！」[25]時局動盪，世道如此，面對一幕幕慘景，作為一介知識分子除了扼腕長歎，夫復何言？

遭竊事件使初到蒙自的陳寅恪一病不起，悲憤交加中，仍做著登堂授課的計畫。待身體稍有好轉，便寫信向中央研究院史語所同人求援。時史語所歷史組的勞榦（字貞一）、陳述（字玉書）等人已抵達昆明，並與史語所同人丁聲樹、全漢昇等借住拓東路六六三號趙元任家。五月一日，陳寅恪致勞榦、陳述二人信中，以哀傷的筆觸寫道：「弟到蒙已將十日矣，欲授課而無書。不知史語所之三國志、晉書、南北史、魏書、隋書、通典等在昆明否？如在昆明，無論何種版本（即開明廿五史本亦可），請借出，郵寄或託友人帶下均可。如昆明史語所無此類書，則朋友中能輾轉借得否？此次來蒙，只是求食，不敢妄稱講學也。」[26]

五月七日，陳寅恪向勞、陳二人追加一函，謂：「三國志、晉書已在此間借得，可以不寄。通典如一時未能借得，亦可從緩。近中央研究院史語所有書箱運到蒙自，借與聯大。以無目錄，又無人到此點交，故不知其中有無大藏經、四部叢刊、三通在內，請兩兄代弟一查，並速示以在何號書箱內為感。此間聯大已催史語所派人來蒙自點交，愈速愈好，因有許多功課皆視書籍之有無以為開班與否之決定也。弟俟孟真先生到昆明後當來昆一行，大約在五月底或六月初也。所中同仁均乞代致意。」

勞榦與陳述接到陳寅恪求援信後立即行動，於五月五日寄出第一批書。然而路途關口阻隔，寄送並不順利。五月十二日，陳寅恪在覆信中說：「南北史收到，感荷感荷。北史為百衲本，然則百衲本未運到耶？（五日寄南北史，八日即收到。）來示謂本月六日已寄魏書，今尚未收到，乞一查為感。」信末補充道：「蒙自已入雨季，起居飲食尤感不便，疾病亦多，吾儕僑寄於此者皆叫苦連天，想昆明或較此略勝。」

三天後的五月十五日，陳寅恪接到勞、陳二人於十一日發出的信件，謂《大藏經》不在昆明而在重慶。焦急中的陳寅恪再發一函述說急迫之情：「大藏經弟急需用，因弟在此所授課有『佛經翻譯』一課，若無大藏則徵引無從矣。乞速航空信請重慶速徑寄蒙自，不勝感盼之至。魏書今日已收到，謝謝！那君信已收到，所以急盼那君者，為大藏耳。今大藏既在重慶，不知昆明方面尚有哪位可賣或可借否？前雲南省長王九齡提倡佛教，曾請歐陽竟無講經，疑昆明或尚有可借處也。」

陳氏信中提到的那君，指史語所圖書管理員那廉君，此前史語所擬派那氏赴蒙自點交寄往聯大分校的書籍，陳寅恪欲讓那廉君把《大藏經》一併攜往蒙自，想不到昆明無書，希望落空。歐陽竟無，名漸，字竟無，亦稱宜黃大師，江西宜黃人，著名佛學家、居士，與陳寅恪屬同鄉舊識，曾赴昆明講經並為陳氏所知。

幾天後，那廉君來到蒙自欲點交書籍，因涉史語所與聯大的運費問題發生糾葛，未能開箱。陳寅恪亦收到勞、陳二人寄送的昆明佛經流通處所刊佛經目錄。陳氏看罷，認為可買者不多，遂於五月二十一日回覆道：「茲將目錄寄上，乞查收，並希將右列六種購就寄下……屢次煩瀆，心感不已，所費郵資諒已不少（如航空信），希示知，以便弟照數奉還。又，高去尋君文稿亦交那君帶回，並附一覆書，乞轉交為荷。」

六月十七日，陳寅恪給勞榦、陳述二人再發一函，此為迄今可查的陳氏在蒙自期間發給二人的最後一書。內容如下：

大作均收到，容細讀再奉還。弟於七八月間必到昆明，如兩兄不急於索還，則俟弟親帶至昆明面還。如急需，即乞示知，當由郵局寄上也。

聯大以書箱運費係其所付，不欲將書提出。現尚未開箱，故聯大無書可看。此事尚須俟孟真先生來滇後方能商洽解決。研究所無書，實不能工作。弟近日亦草短文兩篇，竟無書可查，可稱「杜撰」，好在今日即有著作，亦不能出版，可謂國亡有期而汗青無日矣。大局如斯，悲憤之至。匆覆。

許多年後，陳氏弟子蔣天樞在《陳寅恪先生編年事輯・師門往事雜錄》中，摘錄了陳寅恪致陳述三封信函，多涉學術方面的問題，陳氏對二人的關愛、呵護、教誨之情溢於言表。在轉引六月十七日致勞、陳二人信後，蔣氏曾注云：「其時先生漂泊西南，備歷艱困，當流亡逃死之際，猶虛懷若谷，獎掖後學，孜孜不倦。其以文化自肩，河汾自承之情偉矣！錄上四信，藉見先生彼時情懷。世之讀上錄函件者，其亦省識先生當日感憤之深歟？」[27]

注釋

1 李敖，〈從李濟的悲劇看中央研究院的幾個黑暗面〉，《教育與臉譜》（北京：中國友誼出版公司，二〇〇一）。

2 陳寅恪著，陳美延編，《陳寅恪集．書信集》（北京：生活．讀書．新知三聯書店，二〇〇一）。

3 同前注。

4 同前注。

5 歐陽哲生主編，《傅斯年全集》卷七（長沙：湖南教育出版社，二〇〇三）。

6 據一九二六年考入清華國學研究院，一九三二年留學法國歸來任清華中文系副教授，後為西南聯大教授的王力說：「抗戰以前，常聽人說大學教授是清高的。『高』字有三種意義，第一是品格高，第二是地位高，第三是薪金高。關於品格高，自不能一概而論，我們也就撇開不提。關於地位高，我們應該感謝達官貴人的尊賢禮士，使一個寒儒也常能與方面之權要乃至更高的官員分庭抗禮。關於薪金高呢？正薪四百至六百元，比國府委員的薪金只差二百元，比各省廳長的薪金高出一二百元不等，比中學教員的薪金高出五倍至十倍，比小學教員的薪金高出二十倍至三十倍。雖然住慣了外國的人對於區區每月四五百元的收入不覺得多，甚至於有『芸閣官微不救貧』之感（自注：芸閣，古代藏書的地方，這裡指掌握圖書的官），但是，像我們這些『知足』的人看來，每日有人送菜上門，每周有人送米上門，每月有人送煤上門，每隔一二十天有書賈送書上門，每逢春天有花匠送各種花卉上門，也就可以躊躇滿志的了」（王力，〈清苦〉，《生活導報》，一九四三年八月二十二日）。

這裡說的是清華大學一般教員的情形，比王力高一級的大牌教授其條件還要好。

自一九三一年梅貽琦出任校長後，為招聘賢能，清華大學頒布規定：教授月薪三百至五百元，每位教授可擁有一棟新式住宅。一九三三年春，清華西院住有陳寅恪、吳宓、聞一多、顧毓琇、周培源、雷海宗、吳有訓、楊武之等近五十家。一九三五年初，聞一多、俞平伯、吳有訓、周培源、陳岱孫等教授又遷入清華新南院，這是三十棟新建的西式磚房，每位教授一棟，其條件比西園更好，除有一個花木蔥蘢的小院子外，內有書房、臥室、餐廳、會客室、浴室、儲藏室等大小十四間，附設的電話、熱水等生活用具一應俱全。清華學生的學費每學期十元，不收寄宿費，共有學生一千兩百餘人。

二十世紀三〇年代幣值與二〇〇〇年的對比情況大體如下：

一九三四年月薪五百元，約合二〇〇〇年一萬五千元。當時大學教授常有兼職，收入更多，例如在學術界地位和陳寅恪齊名的輔仁大學校長陳垣，兼職所得月收入可達上千元，甚至達一千五百元。有一個時期陳寅恪也在北大歷史系兼職，後鑑於身體狀況，夫人唐篔以「再兼職就不管飯」相要脅，陳氏才不再兼職。當時北大文學院院長胡適購置一輛小汽車，耗資五百元，相當於一個月的薪水。一九三六年，顧頡剛因考慮每日往來於城內的北平研究院與西郊燕京大學之間，多有不便，也購小汽車一輛，每月支付司機的薪水是二十元。當時的物價波動不大，基本情形為：一角七分可買一斤上等黃酒；一元錢可買八斤豬肉；一元錢可在正陽樓吃兩隻上等的「高粱紅」肥大螃蟹，且伺候十分周到；一元錢可吃一湯三菜的西餐（小吃、黃油果醬麵包、咖啡）；二元錢可買一袋上等麵粉；月租八元可得一個約有二十間大房的四合院。當時北平一家四口，每月十二元伙食費，即可達到小康水平（參見陳明遠，《文化人與錢》〔天津：百花文藝出版社，二〇〇一〕）。

據周作人回憶，他在「九一八」事變之前的北平與胡適有過「賣稿的交涉」，所謂交涉其實就是由神通廣大的胡適出面推薦給出版商，凡例共有三回，都是翻譯稿。最後一回是周作人翻譯的一冊《希臘擬曲》，也是周在那一時代唯一的希臘譯作，共有四萬字。譯稿由胡適推薦給文化基金會的編譯委員會，所得稿酬是每千字十元，共得四百元。周說：這個價格是他在當時賣稿中所得的最高價格，「有極大的好處，即是就用了買得一塊墳地，在西郊的板井村，只有二畝的地面，因為原來有三間瓦屋在後面，所以花了三百六十元買來，但是後來因為沒人住，所以倒塌了；新種的柏樹過了三十多年，已經成林了。那裡葬著我們的次女若子，侄兒豐二，最後還有先母魯老太太，也安息在那裡，那地方是到今還好好的存在，便是我的力氣總算不是白花了」（周作人，〈憶胡適〉，《知堂回想錄》〔合肥：安徽教育出版社，二〇〇八〕）。

若把周作人的四萬字稿的稿酬放在二十世紀後半葉計算，可得如下數字：六、七〇年代所得稿酬是〇元；八〇年代為千字五元，約二百元，時豬肉大約七、八角一斤；九〇年代為千字三十元，約一千兩百元，豬肉價格略漲；二十世紀末至二十一世紀初，千字四十至五十元，約得一千六百至兩千元。其時中國已連續十年經濟增長為百分之七至八，物價較穩定，若以所得中間數一千八百元算，約可購買北京郊區土地〇．〇一畝；若購豬肉，按每斤七元計，可得兩百五十七斤；若有好事者想買活豬拉回家自己練練宰殺手藝，順便弄些肝腸之類的下水換換口味，可得中等偏上的肥豬一頭。如此而已。

7 吳宓著，吳學昭整理、注釋，《吳宓日記》第六冊（北京：生活・讀書・新知三聯書店，一九九八）。下引日記同。

8 吳宓此處所言「以婚姻戀愛之失敗，生活性欲之不滿足」等等，是指他與妻子陳心一離婚，追一代美女毛彥文又不可得，遂致性欲不得發洩，而只能摀著肚子彎著腰大汗淋漓地幹憋，強忍精神與肉體痛苦之事。就吳氏一生所戀愛的女人而言，儘管有幾十位之多，但毛彥文在其心中的分量當是最重的，當時流傳的許多愛情詩歌與略帶黃色的段子，亦由吳氏狂追毛彥文而引發。可以說，直至死，吳宓都沒有忘掉此人。鑑於毛彥文在吳宓心中的位置，以及毛氏本人在民國時代與幾個男人紛紛揚揚的情愛糾葛，這裡不妨舊事重提，略做釋解。

毛彥文（一八九八—一九九九），小名月仙，英文名海倫。浙江省江山市須江鎮沙埂人。七歲入家塾啟蒙。一九一三年（民國二年）被保送入杭州女子師範，學業名列前茅。一九一六年（民國五年）入浙江吳興湖郡女校，四年後畢業，又以浙江省第一名考入北京女子高等師範學校英文系，學習期間參加了著名的五四新文化運動。一九二二年被推選為女權運動同盟會浙江支會臨時主席。同年，轉學至南京金陵女子大學。一九二九年赴美國密西根大學攻讀教育行政與社會學，兩年後獲教育學碩士學位。回國後，任國立暨南大學、復旦大學教育系教授。一九三五年，與前國務總理熊希齡結婚後辭去大學教職，一心協助熊希齡開展慈善事業，後繼熊出任北京香山慈幼院院長，其間出席印尼雅加達國際禁販婦孺會議。一九三九年當選浙江省參議會參議員。一九四七年當選北平市參議員，同年十一月當選「國大」代表。一九四九年四月去臺灣，一九五〇年四月赴美，先任舊金山《少年中國報》編輯，後任華盛頓大學研究員。一九六二年退休後定居臺灣，一九九九年十一月十日逝於臺北，終年一百零二歲。生前著有《往事》一書。

一九一八年十一月，留學哈佛的吳宓，突然接到清華留美同學陳烈勳來信，欲將自己的妹妹陳心一介紹給吳宓為妻。信中說陳心一畢業於杭州浙江省女子師範學校完全科，現年二十四歲，為浙江定海縣一位小學教員，心氣很高，擇婿特別苛嚴。陳烈勳在信中明確指出，其妹在家中曾多次聽他談及吳宓，後又閱讀過《益智雜誌》、《清華週刊》中吳宓的詩文，尤其是看到《清華週刊》上吳宓的照片，萌發愛慕之情，願嫁吳宓，侍奉終身。吳宓接信後，怦然心動，立即回信認可，旋即收拾好行裝，迫不及待地趕回了國內。悲劇的帷幕就此拉開。

一九二一年八月，留美歸來的吳宓沒休息兩天，便猴急心熱地匆匆趕往杭州，相晤陳心一。然而，這次的相晤極富戲劇性，似乎從一開始便隱示著某種悲劇的意象。到了陳家，吳宓西裝革履，意氣風發，一副海外學子的風采。見過岳父岳母，跪拜叩首後，吳宓在椅子上乾熬了一個小時，陳心一才被家中一個老嫗從一間僻靜屋子裡徐徐牽引出來。按吳宓日記的敘述，大家只是默默相對，沒有話可談，場面甚是尷尬。大約十五分鐘後，一件如同小說般的事情發生了，只見一位打扮時髦華麗的女人翩然臨場，這便是吳宓人生悲劇中最為關鍵的另一中心人物——毛彥文。

對於毛彥文出現的情景，吳宓日記有精采的記述：只聽門口忽報「毛彥文來了」，言時彥已走入，神采飛揚，態度活潑。先對庭中眾人曰：「我由家中（江山縣也）來，要到北京上學。心想吳先生正回國，不知已到否？故來此處探問一下。誰想到這樣巧？」（吳宓著，吳學昭整理，《吳宓自編年譜》〔北京：生活・讀書・新知三聯書店，一九九五〕）

確是一個巧合。毛彥文與陳心一既是同鄉又是同學好友（同校不同班），這天她是專門來陳家作客並探詢一下消息的，想不到與吳宓不期而遇。除卻毛、陳二女子本是同學的關係外，更巧的是毛的未婚夫朱君毅乃吳宓清華讀書時的同桌加好友。朱君毅長毛彥文四歲，為姑表兄妹，二人自幼青梅竹馬，感情甚篤。但在毛彥文九歲時，其父做主，把她許配給了衢州布店小老闆方姓朋友之子為妻。當毛彥文於浙江女子師範學校畢業時，方家怕生變故，催逼完婚，就在方家迎親的大轎抬至毛家大門之際，不甘命運擺布的毛彥文在朱君毅（時為清華大學學生，在家鄉休假）的暗中幫助接應下，從後門悄然逃離。此前，她和表哥朱君毅早已月下為盟，私訂終身。在方家退婚後，由朱、毛雙方家長做主，毛彥文與朱君毅正式訂婚，並約定待朱留學獲得博士學位歸國後再舉行婚禮。一九一六年秋，朱君毅赴美國蒙大拿州霍布金斯大學留學。

早在清華讀書時，吳宓作為朱君毅的同桌好友，便知道了毛彥文其人。那時，朱君毅每次讀完這位表妹寄來的情書，都會讓吳宓過目。吳宓對毛在信中流露出的才情敬佩不已。久而久之，心中便湧動出異樣的情愫，礙於同學之誼，他不曾流露，而是深深隱藏在心底。

吳宓於美國哈佛留學並與陳心一醞釀訂婚的過程中，曾通過清華同學、毛的表哥朱君毅居中介紹，委託毛專門觀察過陳心一，事後又經由朱君毅將其對陳的印象、評價以及對吳的建議報告給吳。毛彥文在寫給朱的信中明確提到：「不悉吳君欲得一種如何配匹，抑須具有世界知識者，或僅通曉中國知識者就可；抑須善於交際者，或僅能在家為一賢主婦即為滿足。以上二端，似不得不先決定。（以妹眼光觀之，陳女士似適應於第二種。）至於陳女士之性情，我實不明瞭，俟調查後再告。」又說：「最好吳君先與之為友，屢與通訊，積久自能知其性情。（性情一節，至難調查，非相處日久，共事時多不能詳悉。）苟吳君對於彼表示滿意者，再行訂婚，較有把握。若單靠妹一度調查，恐不能周到也」（《吳宓日記》第二冊）。

此時，毛彥文的話於含蓄中已表明了真知灼見：吳與陳並不是一路人，結成婚姻並不合適。但吳沒能體察毛的苦心，一回國即迫不及待地來到陳家相親，當他與毛彥文不期而遇時，但見對方活潑雅趣，大方得體，一副新派淑女風範，頓時在心中暗生出一絲落寞。怎奈對方名花有主，且是摯友之未婚妻，吳宓只好暗中「狠鬥私字一閃念」，把痴情的目光轉向默默無語的陳心一。

當日下午，頗為識趣的毛彥文便告別陳家返回上海。據《吳宓自編年譜》記載：毛彥文來後，陳家人與前來幫忙的「章姑母即留彥午飯。彥直盤桓至下午四時，始去。彥在此，對庭中每一人，時時皆有話說。然仍以與宓所談者為多。詢朱君毅，詢美國，詢宓之種種事兼自陳述。毛彥文去時，宓亦辭去。岳父親送宓至城站（火車站）購票，登火車。旋即開行。晚七時前，歸抵上海北車站。下火車，回鴻興坊家中，極近。一九二一年民國十年八月二十三日，即陰曆辛酉年七月二十日（宓二十八歲生日），宓與陳心一（年二十六歲）。在上海一品香旅社結婚」。不知吳宓是另有苦衷故意隱瞞，還是在整理這份年譜的時候，已是年老眼花，神志糊塗，竟把這段「人生若只如初見」的好事、美事的細節記載錯了——其間或許另有隱情？

根據吳宓當年留下的日記可見，毛彥文走後，吳宓並未離開陳家，而是留居陳家並與陳心一過起了浪漫生活。此時，初涉情事的吳宓欲火騰起，對陳心一的沉默寡言似有所諒解。在陳父的安排下，吳、陳二人雙雙泛舟西湖，頗為快活。第二天，二人再度早遊西湖，其樂融融。吳宓在日記中這樣記述道：「是日之遊，較昨日之遊尤樂。家國身世友朋之事，隨意所傾，無所不談……此日之清福，為十餘年來所未數得者矣」（《吳宓日記》第二冊）。沉浸在情愛蜜罐之中的吳宓，十三天以後，即與陳心一匆忙完婚。隨後，吳宓與歸國的同學朱君毅博士雙雙被南京東南大學聘為教授。

隨著家庭成立與相互了解的加深，吳宓逐漸不滿於陳心一的不善交際，不能與他在知識、學業、心靈上溝通，遂有了另謀婚姻之意。而這個時候毛彥文已出落成才貌雙全的奇女子，開始廣泛參加社會活動，並出任了女權運動同盟會浙江支會臨時主席等職務。其善於交際、識見超群的才華，一時為社會各界矚目，不少風流文人傾心向慕，趨之若鶩。與吳宓等人相反的是，對於毛的社交活動，朱君毅由開始的不喜歡漸漸表現得不耐煩，終於導致雙方關係破裂。朱以近親結婚將貽害下一代為由，堅決提出與毛彥文解除婚約。守候六年，逃婚只為嫁表哥的毛彥文始料不及，在萬般無奈之下，只得轉而求助於吳宓夫婦。於是吳宓作為中間人，往返於兩人之間，極力救火說和。怎奈朱君毅去意已決，堅決不肯與毛締結白首。結果於一九二四年雙方解除婚約（後有研究者認為，朱、毛解除婚約的真正原因是毛彥文性冷淡，不願與朱做愛，而朱又年輕氣盛，如同一隻貓圍著一個裝在瓶中的魚頭亂轉，欲入其門而不得。在無法忍受漫漫長夜的枯寂與心癢之際，轉而與一個女生私通並生情，終致走上了解除婚約之途。關於朱與女生私通之事，毛在後來出版的《往事》中有所披露）。

朱、毛二人分道揚鑣後，望著瓶中鮮美的魚頭而欲火中燒的吳宓，不顧有婦之夫的身分，頗為唐突地向毛彥文表白了自己的愛意。經受兩次婚姻打擊的毛彥文極其理智地予以拒絕，只是將吳作為「極好的朋友」看待而已。從吳宓日記看，吳在與髮妻陳心一離婚前，頗為躊躇，費了不少神思。他深恐此舉遭到社會輿論批評，有損名譽，故以兩妻之法是否可行商討於好友陳寅恪，也就是既不棄陳心一，又可摟住毛彥文，來個一棍開二門。陳當即予以嚴肅批評，並勸告其「應持道德，懸崖立（勒）馬，勿存他想。雙妻制度，亦不可行」（《吳宓日記》第四冊，頁一六八）。吳並不死心，決意仿照古人玩一回一棍開二門的把戲，遂以娥皇、女英為喻向毛彥文試探（南按：娥皇、女英，中國古代傳說中堯的兩個女兒，姐妹二人同嫁帝舜為妻）。毛見吳宓如此膽大妄為，憤慨地回駁說：「……彥何人斯，敢冒此大不韙？不特非彥之素志，彥且恥聞之矣，吾輩固以友誼始，而以友誼終者也。此後幸先生萬勿以此事攖心一姐之心境，即自己亦不應有此思念。幸心一姐為一賢淑女子，不然，苟生誤會，至今府上各人起不安之態，則彥雖非作俑者，而先生已陷彥於罪矣」（見《吳宓日記》第四冊，頁一七三）。後來，吳又曾在日記中反覆提及，毛並無愛他之意，吳雖兩次放下課程千里迢迢前往杭州訪毛彥文，意欲觸發其對自己的愛意，但仍一廂情願，毛並未做出吳所期待的回應。

當陳寅恪在美國初識吳宓時，曾對他說過這樣一番話：「學德不如人，此實吾之大恥。娶妻不如人，又何恥之有？娶妻僅生涯中之一事，小之又小者耳。輕描淡寫，得便了之可也。不志於學志之大，而競競惟求得美妻，是謂愚謬」（《吳宓日記》第二冊，頁三五）。此可謂是陳對婚戀家庭生活的徹悟之言。但「千古多情的吳雨僧」（顧毓琇語）不但未能領悟陳氏所言之義理，反而欲火攻心、心亂情迷不能自制，終於做出為追求毛彥文而不惜與髮妻陳心一離婚，並拋下三個女兒的絕情事。一九二九年九月十五日，吳宓於《大公報》和《新聞報》登出離婚啟事，隨後作〈九月十五日感事作〉詩一首：

早識沉冥誰入俗，終傷乖僻未宜家。
分飛已折鴛鴦翼，引謗還同薏苡車。
破鏡成鱗留碎影，澄懷如玉印微瑕。
廿年慚愧說真愛，孤夢深悲未有涯。

離婚之後，吳對毛更加痴情，曾三下江南，一年歐遊，其間苦苦追求毛彥文又反覆無常，終於一無所獲。情急之下，吳宓於一九三一年作詩在《大公報》發表，即：〈吳宓先生之煩惱仿沙克雷所作〈反少年維特之煩惱〉四首〉：

一

吳宓苦愛毛彥文，三洲人士共驚聞。

離婚不畏聖賢譏，金錢名譽何足云。

二

作詩三度曾南遊，繞地一轉到歐洲。
終古相思不相見，釣得金鼇又脫鉤。

三

賠了夫人又折兵，歸來悲憤欲戕生。
美人依舊笑洋洋，新妝豔服金陵城。

四

奉勸世人莫戀愛，此事無利有百害。
寸衷擾攘洗濁塵，諸天空漠逃色界。

此詩一出，立即在社會上引起大譁，當時主張新文化的人在思想上往往流於憤激，對待傳統文化的維護者一概斥為保守。在批評對方觀點時，也常常帶有人身攻擊的意味。吳宓曾聲明：「你們攻擊我的學術，那麼來吧，要是攻擊我的名譽，我吳宓本無名譽可言，隨你們去。」儘管吳氏做出對攻擊者不屑一顧狀，但報刊抓住這一花邊新聞繪聲繪色地大肆渲染，使吳的同僚友好大感跌份和無聊，於是有了金岳霖受朋友之託出面做吳的「政治思想工作」，並勸吳「我們天天早晨上廁所，可是，我們並不為此宣傳」而使吳宓勃然大怒，拍著桌子高聲呵斥老金「你休在這裡胡言亂語，我的愛情不是上廁所，廁所更不是毛彥文」等驚人一幕。

當吳宓決意與陳心一離婚，並幻想著與毛彥文結婚，或一棍撬二門時，吳的好友馮友蘭曾以評論的口吻預言道，吳此舉之結果為「兩頭落空」，蓋謂其「既失心一又不得彥也」（《吳宓日記》第四冊，頁二九五）。可惜吳在未能領會陳寅恪那至理名言的同時，又沒有重視馮友蘭的警語，其結局正如吳宓在自題詩中所言，真可謂「賠了夫人又折兵」也。

9 吳宓著，吳學昭整理、注釋，《吳宓日記》第二冊（北京：生活．讀書．新知三聯書店，一九九八）。

10 吳宗慈，《民國人物碑傳集．陳三立傳略》（北京：團結出版社，一九九五）。

11 吳宓著，吳學昭整理、注釋，《吳宓日記》第六冊（北京：生活．讀書．新知三聯書店，一九九八）。下引日記同。

12 吳宗慈，《民國人物碑傳集．陳三立傳略》（北京：團結出版社，一九九五）。

13 陳流求、陳美延，〈先父陳寅恪失明的過程〉，收入宗璞、熊秉明主編，楊振寧等著，侯宇燕選編，《永遠的清華園：清華子弟眼中的父輩》（北京：北京出版社，二〇〇〇）。下同。

14 王鍾翰，〈陳寅恪先生雜憶〉，收入紀念陳寅恪教授國際學術討論會祕書組編，《紀念陳寅恪教授國際學術討論會文集》（廣州：中山大學出版社，一九八九）。

15 陳流求，〈回憶我家逃難前後〉，收入紀念陳寅恪教授國際學術討論會祕書組編，《紀念陳寅恪教授國際學術討論會文集》（廣州：中山大學出版社，一九八九）。

16 引自蔣天樞，《陳寅恪先生編年事輯》（增訂本）（上海：上海古籍出版社，一九九七），頁一一五。文中提到的許地山，後來曾為陳氏到港大做兼職教授，以及對陳家的生活多有救援性幫助，其熱情與至誠受到海內學界普遍讚譽。許氏簡歷大概如下：

許地山（一八九三—一九四一），名贊堃，字地山，筆名落華生。祖籍臺灣省臺南市，落籍福建龍溪（今龍海）。中國現代小說家、散文家，五四時期新文學運動先驅者之一。在梵文、宗教史等方面亦有突出的研究碩果。早年就讀於燕京大學，後赴美國哥倫比亞大學、英國牛津大學研究文學、宗教和哲學，精通宗教史、梵文。回國後在燕京大學、清華大學、北京大學執教。一九三五年受聘香港大學中文系教授、主任。抗日戰爭爆發後，任中華全國文藝界抗敵協會香港分會常務理事，為抗日救國事業奔走呼號，展開各項組織和教育工作。一九二三年，許地山寫過一篇著名的散文〈落花生〉，文章主要記述童年時，姐弟們在「收穫節」晚上和父親一起討論花生品格的一段生活故事。在孩子們七嘴八舌的討論中，父親經由概括花生的好處，引出了做人「要做有用的人，不要做偉大、體面的人」的人生道理，啟發孩子們要像落花生那樣，質樸無華，埋頭工作，有益人類。父親的這番話，給少年許地山留下深刻印象，直接影響到他後來的人生志向，並長期以「落華生」作為自己的筆名（古文中的「華」同「花」），表明了他的人生態度和品格，並以此自勉。許氏與陳氏一家友善，除了在北平時代結下的情誼外，還有一個特殊的緣由，那就是許地山之父許南英在甲午海戰前後，曾任職清政府駐臺灣籌防局統領。甲午戰爭爆發後，許南英協助唐景崧率部抗擊日軍，終因寡不敵眾，臺灣陷落，淪為日本的殖民地。許南英拋棄臺灣的全部家產，攜帶家眷到大陸福建龍溪定居，過著清貧的生活。自此，唐家與許家遂結成生死之交，其後代感情自不待言。另外，許地山夫人周俟松，即陳寅恪啟蒙老師周大烈之女，故陳寅恪一家與許氏夫婦共為世交。陳寅恪攜家初至港，備受許氏夫婦照顧，蓋在其然也。除追憶父親教誨的著名散文《落花生》外，許地山另有《許地山選集》等著作問世。

一九四一年八月四日，許地山卒於香港，年四十八歲。葬於香港華人基督教聯會薄扶林道墳場。陳寅恪撰贈輓聯表達了哀悼思念與感激之情：

> 人事極煩勞，高齋延客，蕭寺屬文，心力暗殫渾未覺；
> 亂離相倚託，嬌女寄廡，病妻求藥，年時回憶倍傷神。
> （〈輓許地山聯〉，收入陳寅恪著，陳美延、陳流求編，《陳寅恪詩集》〔北京：清華大學出版社，一九九三〕）

17 西南聯合大學北京校友會編，《國立西南聯合大學校史》（北京：北京大學出版社，二〇〇六）。

18 吳宓著，吳學昭整理、注釋，《吳宓日記》第六冊（北京：生活・讀書・新知三聯書店，一九九八）。下引日記同。

19 鄭天挺，〈南遷歲月——我在聯大的八年〉，收入南開大學校史研究室編，《聯大歲月與邊疆人文》（天津：南開大學出版社，二〇〇四）。

20 吳宓著，吳學昭整理、注釋，《吳宓日記》第六冊（北京：生活．讀書．新知三聯書店，一九九八）。下引日記同。

21 錢穆，《八十憶雙親．師友雜憶》（北京：生活．讀書．新知三聯書店，一九九八）。

22 鄭天挺，〈南遷歲月——我在聯大的八年〉，收入南開大學校史研究室編，《聯大歲月與邊疆人文》（天津：南開大學出版社，二〇〇四）。

23〈致劉永濟〉，收入陳美延編，《陳寅恪集．書信集》（北京：生活．讀書．新知三聯書店，二〇〇一）。信中的乙庵，是沈曾植號，沈是王國維與陳寅恪的師輩人物，著有《蒙古源流箋證》等著作。伯希和，法國漢學家，曾來中國並與中國學者有所交往。鋼和泰（Alexander von Stael-Holstein, 1877-1937），俄羅斯人，漢學家，歷任彼得格勒大學助理梵文教授、北京大學梵文與宗教學教授、哈佛大學燕京學社教授並長期擔任哈佛—燕京學社駐燕京大學的中印研究所所長。他與當時世界的漢學家交往甚廣，如著名漢學家高本漢、伯希和、戴密微等，與中國學者陳寅恪、胡適、趙元任、王雲五、湯用彤、吳宓等交情深厚，在中國近現代學術史上占有重要地位。

24 蔣天樞，《陳寅恪先生編年事輯》（增訂本）（上海：上海古籍出版社，一九九七）。

25 吳宓著，吳學昭整理、注釋，《吳宓日記》第六冊（北京：生活．讀書．新知三聯書店，一九九八）。下引日記同。

26 陳寅恪著，陳美延編，《陳寅恪集．書信集》（北京：生活．讀書．新知三聯書店，二〇〇一）。

27 蔣天樞，《陳寅恪先生編年事輯》（增訂本）（上海：上海古籍出版社，一九九七）。

第十四章

南渡自應思往事

一、對花還憶去年人

一九三八年六月下旬，蒙自地界連天的暴雨暫時停歇，天氣放晴，無論是聯大師生還是城內的土著皆以不同的方式活躍開來。

蒙自小城之南、聯大分校附近有一片窪地，周圍遍種楊柳，大雨過後，積水成湖，當地人稱為南湖。湖四周有人行道，中有菘島等景點可供遊覽。每到晚間，月亮升起，輕風微拂，楊柳飄蕩，湖水波光粼粼，美不勝收，「南湖月夜」遂作為蒙自八景之一寫進縣志。善於描寫風物韻致與捕捉女子風情的吳宓，在日記中有過文筆生動的描述：「南有瀛洲亭，北岸為蒙自師範學校及Kalos洋行樓房，東為由校入城之石路，西側為堤，有橋，有樹。堤西更為巨湖，有荷花紅白，極廣且盛。更西南為菘島，遙南為軍山公園，湖岸環以柳槐等樹，南岸有三山公園，又有昔法人布置之墅宅，以花樹覆疊為壁，極美。夏日水漲，湖光鮮豔。」[1]

如此妙湖美景，自然成為聯大分校師生課外時間閒遊之所。在入南湖的堤上，有一橫匾，上書「秋至楊生」四個大字，匾後是兩排茂盛的楊柳。據歷史系教授錢穆回憶說，初時，錢與聯大教授皆不知此匾何所指，後來才知蒙自一入春便是連旬滂沱的雨季，雨季過後便到了秋天，這個時候楊柳才開始發芽，直到綠條成蔭，與湖光水波構成一絕佳之景色。柳樹本應春天萌生發芽，此處卻獨為秋生，令人驚異。有了這般勝景美色，錢穆「每日必

蒙自南湖（作者攝）

至湖上，常坐茶亭中，移晷不厭」。而每當在環湖散步，「遠望女學生一隊隊，孰為聯大學生，孰為蒙自學生，衣裝迥異，一望可辨。但不久環湖淨是聯大學生，更不見蒙自學生。蓋衣裝盡成一色矣。聯大女生自北平來，本皆穿襪。但過香港，乃盡露雙腿。蒙自女生亦效之。短裙露腿，赤足納兩履中，風氣之變，其速又如此」。[2]有一富家出身的女生，本好打扮裝束，自香港經安南一路到蒙自，學業沒增長多少，裝束與妝容方面的業績卻上躥了許多個檔次。當這位女生一襲紅白相映的新衣出現在南湖岸邊時，遊湖的師生驚為天人，繼而恍於夢中突遇仙女下凡。只見這位仙女顧盼生輝，滿面春風地含笑向自己走來、走來……眾師生眼望垂柳搖曳的倩影伴著少女的花容月貌在眼前晃個不停，無不心跳加速，面赤腿軟——許多年後，當時有幸一睹芳容的政治系教授浦薛鳳還牢牢地記著這位女生的名字——王慧敏。只是這位名動一時，號稱「交際花」的王生，後來花落誰家，後半生一度出任臺灣當局「教育部」政務次長的浦薛鳳沒有探聽到確切消息，遂成人生一大憾事。

打扮豔麗的女生耀眼奪目，聯大的男生也較勁兒般，各不相讓兼醋兮兮地跟在女生屁股後頭盡展風流。就特色言之，北大的男生喜穿長衫，文質彬彬如同鄉村學究；清華學生不乏西裝革履者，如同歸國華僑或時髦商人；南開學生則多穿夾克，頭戴軟底的小禮帽，有的還戴一墨鏡，如同美國電影中的偵探，既神祕又恐怖，用北京話說，很是唬人。每有空閒，教授結伴遊湖，男女學生也成群結隊地在湖岸四周溜達，有調皮的男生還專門弄來蒙自特產的藤木拐杖拄在手中，像闊佬一樣西裝革履、大搖大擺地走在前邊，後邊跟幾位著絲綢旗袍、足蹬高跟皮鞋的女生。當地士兵有遊湖者，認為來者是省府或地方要員，情不自禁地向男女生立正行軍禮，並一臉嚴肅、緊張地呼曰「長官」「太太」「小姐」等。男生們聽罷，裝模作樣地點點頭繼續前行，女生們則羞澀地扭著高翹的臀部，以手捂住白齒亮麗的嘴巴，啼笑皆非地跑開。據當時在蒙自分校任教的中文系教授劉文典對他的學生回憶說，女生們從香港帶到學校的奇裝異服，尤使當地百姓感到驚異，有的頑童甚至包圍女生，俯身窺視旗袍之內是否尚有內衣內褲，其風氣可想而知。劉強調：「這些頑童絕不是小流氓，只不過是驚異而已。」[3]

除了頑童的取鬧，面對如花似玉的麗人，動邪念者也不在少數。向來對美女和發生在美女身上驚險故事特別熱心收集的浦薛鳳回憶說，有一女生不知何故於晚八時許單獨入城門回宿舍，途遇穿制服者二三人，喝問女生皮夾內有何物，女生以為遇到了打劫的盜賊，不敢反抗，乖乖將包遞上，說：「可以將鈔票取去。」其中一人接過皮夾看看，突然從袖中拔出一支手槍，對女生喝道：「隨我來玩玩。」女生這才意識到對方不僅劫財還要劫色，環顧四周一片寂靜，女生不敢強抗，只好跟隨幾個賊人往指定地點走去。來到一個拐彎處，忽見一老婦迎面走來，女生趁機一把抓住老婦之手大呼救命。老婦踉蹌幾步差點倒地，幾個賊人就此溜掉。此事驚動了聯大與地方當局，有人謂正是女生們裝束及修飾太顯講究和新鮮，才惹得賊娃子想入非非，差點釀出禍端。[4]於是，學校一面嚴令女生不得單獨外出行動，一面要求穿著打扮不要追求時髦。前一項做到了令行禁止，而後一項卻無效果，即便女生們不刻意裝束打扮，對於當地人來說也如睹天外來客，新奇得不得了。其結果是，聯大學生的裝束打扮，不但令蒙自女生群起效之，蒙自城內的中老年婦女也深受影響。此前，當地婦女長裙及地，長袖及腕，無論冬夏，皆是如此。新娘子上街必打「遮羞傘」，青年男女上街不得並肩而行。自聯大女生到來後，不但新娘子的「遮羞傘」送回了她姥娘家，即是一般婦女也開始穿起短裙，與年輕學生們爭奇鬥豔，甚至於爭風吃醋。而聯大學生還有更加出格的事情發生，如一男生被當地一咖啡店老闆女兒姿色所惑，索性棄學入贅，當起了咖啡店的二老闆。另有學生一男一女，晚自習散後不回宿舍，竟膽大妄為地藉著月色在教室桌上擁在一起呈碌碡樣來回滾動碾壓，結果被好事者發現並報告學校當局，二生被勒令退學。

當然，這種性饑渴嚴重並饑不擇食的學生仍是少數，大多數學生較為理性平和，在穿越飽受戰亂的祖國山河後，深切感到自己的學習空間與時間，是散布在祖國各條戰線上浴血奮戰的將士所賜。時長江中下游兩岸正炮火連天，武漢保衛戰如火如荼地全面展開，民族存亡危在旦夕，遂珍惜每一分時光用於讀書學習，課餘時間則做一些有意義的事情，以慰藉靈魂。到蒙自不久，哲學系學生劉兆吉與中文系學生向長清等人，聯合一些愛好詩歌的學生自發成立了詩社，取名南湖詩社，聘請聞一多、朱自清等教授為導師，社員有查良錚（穆旦）、周定一、趙瑞蕻、林振述（林蒲）、劉重德、李敬亭、劉壽嵩（綬松）、王般、向長清、陳三蘇等二十餘名青年教師和學生，詩社不定期地出版詩歌壁報《南湖詩刊》，舉行詩歌朗誦會、座談會，討論詩歌的創作方向與前途等問題。

事實上，這個以詩交友和勵志的文學社團，自北平南遷湖南衡山時已初具規模，只是沒有創作出幾首新詩，未成氣候便倉卒撤離，倒是馮友蘭的幾首舊體詩，給師生們留下了難忘的印象。詩的靈感來源於一次課外爬山，馮友蘭與幾位教授走到一個叫二賢祠的地方，據說是朱熹和張栻聚會之處。祠裡正房叫「嘉會堂」，堂中立了一塊橫匾，上寫「一會千秋」。馮友蘭觸景生情，作了幾首古體詩，其中兩首是：

二賢祠裡拜朱張，一會千秋嘉會堂。
公所可遊南岳耳，江山半壁太淒涼。

洛陽文物一塵灰，汴水繁華又草萊。
非只懷公傷往跡，親知南渡事堪哀。[5]

在一次詩歌朗誦會上，朱自清以深沉微顫的聲調朗誦了這兩首詩，全體師生受國破家亡的情緒感染，頓有悽愴悲涼之感，有的悄悄流下了熱淚。

南湖詩社成立後，社員以寫新詩、研究新詩為主，但不反對舊體詩，只是不在詩社主辦的壁報上刊載。據詩社骨幹成員、曾在長沙至蒙自步行途中收集民間歌謠並出版過《西南采風錄》的劉兆吉說，像查良錚、趙瑞蕻、劉重德、李敬亭、王般等人都是外文系吳宓的學生，吳也是一位頗有名聲的詩人，且曾翻譯過不少英美詩人的著作。於是社員們想請吳為詩社的指導老師，後來怕這位學衡派主將，不僅反對白話文，還反對白話詩便作罷。當第一期詩刊以壁報形式貼出來後，吳宓站在圍觀的人群中津津有味地品評。十幾年後，當劉兆吉對吳宓談起這段往事並為沒有請吳作為指導老師表示歉意時，吳說自己反對的是不像詩的白話詩，而用白話寫詩古已有之，算不得什麼新發明，如李白的「床前明月光」，杜甫的「兩個黃鸝鳴翠柳」，孟浩然的「春眠不覺曉」，金昌緒的「打起黃鶯兒」等等，都是優秀的白話詩。劉兆吉聽罷，對吳宓的博學心悅誠服，也為當初的拘謹和對老師的誤會感到一絲愧疚。

1937年馮友蘭由長沙經越南轉昆明時護照上的照片

南湖詩社社員於1938年12月遊昆明海源寺，此時已改為高原文藝社。左起：李廷揆，周正儀，陳登憶，林蒲（坐者），邵森棣，王鴻圖，周定一，向長清，于僅，穆旦，周貞一，何燕暉。

儘管劉兆吉為當年邀請了聞一多與朱自清而未邀請吳宓做指導感到不好意思，但就當時的情形論，刻板嚴肅有餘而活潑不足的吳教授，確實不是新詩創作指導的上乘人選。從南湖詩社走出來的詩人後來言談與發表的文章看，他們認為最好的一位指導者，是一位長鼻子的英國佬，著名詩人、學者燕卜蓀。抗戰前，剛過三十歲的燕卜蓀應北京大學外語系之聘來華任教，未久抗戰爆發，燕卜蓀隨校來到長沙、蒙自。此人飲食起居都很隨便，休息的日子常獨自一人到蒙自城四郊漫遊，有一次在鄉間小路上不幸遇上了賊人，錢物皆被劫走，但他捨不得常叼在嘴裡的那把煙斗，居然不顧安危，又追上去要了回來。

別看這個外國佬純真率性，吃喝住行滿不在乎，講課卻很認真，據說將《莎士比亞全集》背誦如流。在學生眼裡他是一位奇才，具有數學頭腦的現代詩人，銳利的批評家。他在聯大開的那門「當代英詩」，從霍普金斯一直講到奧登、艾略特、葉芝。所選的詩人中，有不少是燕卜蓀的同輩詩友，因此他的講解是書上找不到的內部實情，加上他對於語言的精細分析，與一般學院派大為不同，學生們受到的啟迪自然也就非學院派可比。學生們跟著燕卜蓀讀艾略特的〈普魯弗洛克的情歌〉，讀奧登的〈西班牙〉和寫於中國戰場的十四行詩，又讀狄蘭．湯瑪斯的「神啟式」詩。而「聯大的年輕詩人們並沒有白讀了他們的艾略特與奧登……這些年輕作家迫切熱烈地討論著技術的細節。高聲的辯論有時深入夜晚」。[6]在燕卜蓀影響下，一群現代派詩人和一整代英國文學學者成長起來。如南湖詩社社員周定一在蒙自作的〈南湖短歌〉，以新穎別緻的題材和藝術技巧，映射出聯大師生當時的靈性和心境：

我遠來是為的這一園花，
你問我的家嗎？
我的家在遼遠的藍天下。
我遠來是為的這一湖水，
我走得有點累，
讓我枕著湖水睡一睡。
讓湖風吹散我的夢，
讓落花堆滿我的胸，

讓夢裡聽一聲故國的鐘。[7]

差不多與此同時，南湖詩社社員穆旦創作了〈我看〉、〈園〉兩首詩，以新奇的眼光，捕捉著進入這座邊陲小城所看到的大自然舒展開來的鮮活生命。〈我看〉這樣吟道：

我看一陣向晚的春風
悄悄揉過豐潤的青草，
我看它們低首又低首，
也許遠水蕩起了一片綠潮；

我看飛鳥平展著翅翼
靜靜吸入深遠的晴空裡，
我看流雲慢慢地紅暈
無意沉醉了凝望它的大地。

O，逝去的多少歡樂和憂戚，
我枉然在你的心胸裡描畫！
O！多少年來你豐潤的生命

永在寂靜的諧奏裡勃發。

也許遠古的哲人懷著熱望，
曾向你舒出詠讚的歎息，
如今卻只見他生命的靜流
隨著季節的起伏而飄逸。

去吧，去吧，O生命的飛奔，
叫天風挽你坦蕩地漫遊，
像鳥的歌唱，雲的流盼，樹的搖曳；
O，讓我的呼吸與自然合流！
讓歡笑和哀愁灑向我心裡，
像季節燃起花朵又把它吹熄。[8]

幾年後，南湖詩社社員的詩名由昆明傳向全國，風行一時，其中的傑出代表穆旦在香港《大公報》副刊和昆明《文聚》上發表的大量詩作，深受時人追捧熱愛，穆旦一躍成為詩壇一顆亮麗的明星。抗戰後期，穆旦參加遠征軍入緬甸叢林與日寇作戰，歸國後以錐心泣血的情感，寫出了大量反映遠征軍戰地生活的震撼人心的現代詩歌，對後來的詩歌創作產生了

穆旦攝於湘黔滇旅行團到達昆明的第三天，背面記有「1938年5月1日」。（查英傳提供）

巨大而久遠的影響。一九四五年一月，穆旦詩集《探險隊：獻給友人董庶》，由昆明文聚社出版，其中收入了蒙自時期〈我看〉與〈園〉兩首。

當時頗受青年學生推崇愛戴的新月派詩人聞一多已不再寫現代詩，專事《楚辭》和神話研究，除授課外，埋首於歌臚士洋行樓上輕易不踏出房門，每到課休或飯後，教授們結伴到南湖堤上散步閒遊，患有眼疾的陳寅恪也經常參加，唯聞一多不肯「入夥」。據鄭天挺回憶說：「在歌臚士洋行住宿時我和聞一多是鄰屋。他非常用功，除上課外從不出門。飯後大家散步，聞總不去。我勸他說，何妨一下樓呢？大家都笑了起來，於是成了聞的一個典故，也是一個雅號，即『何妨一下樓主人』。後來聞下了樓，也常和大家一起散步。記得一次與聞及羅常培相偕散步，途中又遇湯用彤、錢穆、賀麟、容肇祖等人，大家一起暢談中國文化史問題，互相切磋，極快慰。戰時的大學教師生活，雖然較前大不相同，但大家同住一室，同桌共飯，彼此關係更加融洽。」[9]

鄭天挺所言只是事情的一面，還有另一面並未提及。聞一多在一九四六年七月所寫〈八年的回憶與感想〉中，曾有過一個片段式的回憶：「到蒙自後，抗戰的成績漸漸露出馬腳，有些被抗戰打了強心針的人，現在，興奮的情緒不能不因為冷酷的事實而漸漸低落了。」又說：「在蒙自，吃飯對於我是一件大苦事。第一我吃菜吃得鹹，而雲南的鹽淡得可怕，叫廚工每餐飯準備一點鹽，他每每又忘記，我也懶得多麻煩，於是天天只有忍痛吃淡菜。第二，同桌是一群著名的敗北主義者，每到吃飯時必大發其敗北主義的理論，指著報紙得意揚揚說：『我說了要敗，你看罷！現在怎麼樣？』他們人多勢眾，和他們辯論是無用的。這樣每次吃飯對於我簡直是活受罪。」[10]

聞一多所說的「敗北主義者」代表人物，是聯大法學院教授陳瑾昆，此人不但在飯桌上公開宣講他的敗北主義，在課間也對學生大講中國必亡論，不少教授對其說辭大為不滿，但此人卻不以為然，甚至大放厥詞，公然宣稱做漢奸未必個個都是壞人，就要遺臭萬年等。另有歷史系一年輕教師，把敗北主義發揮到極致，認為「從歷史上看亡國是正常的」，「易姓改號謂之亡國，一國有興即有衰，有亡才有興，一個朝代與國家根本不可能『萬歲』」云云。[11]這種亡國與做漢奸未必不好的言論，自然得到了像聞一多之類熱血知識分子的強烈反感和斥責。許多年後，同在蒙自的政治系教授浦薛鳳回憶道：「聯大同仁，課餘飯後，對於整個國家民族出路，尤其是對目前戰局前途，不免時常談到……有時二三人散步提及，有時飯桌上彼一句此一句雜亂發言。」這些發言，大體上不外分為主戰派與主和派，姑稱為甲乙兩方面。「甲方面是著重情感，出於主見，表示樂觀，認為早應抗戰，精神志氣，較武器尤重要，無論如何，不可委曲求和，必須作戰到底，而且寧為玉碎，不為瓦全。乙方面則著重理智，取客觀態度，持戒慎恐懼之心理，認為當初倘能拖延時日，充實準備，形勢較優，倘能保持主權，雖暫時委屈，可徐圖伸張，諺所謂『能屈能伸』，亦所謂『留得青山在，不怕沒柴燒』……甲乙兩方觀點不同，論斷自異。甲方譏乙方怯懦悲觀，乙方斥甲方為魯莽糊塗，甚或如寅恪所云，『非愚即詐』。」[12]

從浦氏的敘述中可知，所謂「主戰」與「主和」兩派，不但在共桌吃飯時爭論，在散步遊湖時也經常爭論不休。自以為真理在握的雙方，時常爭得面紅耳赤，不歡而散，心中形成芥蒂亦不可避免。被同人謔稱為「何妨一下樓主人」的聞一多，當為主戰派的代表，面對主和派人多勢眾的壓力，他不甘屈服對方的觀點，又憋著悶氣不能傾吐，索性在飯後「躲進小樓成一統，管他冬夏與春秋」，來個耳不聞，心不煩，也算是一個解脫的辦法——這便是聞氏不願下樓的真正原因。

至於蒲氏文中所說陳寅恪云中國人「非愚即詐」，實乃陳氏一生之觀點，這個觀點萌生於幼年，形成於青年和中年，並在戰前有多次披露。

在盧溝橋事變發生一個星期後的七月十四日，陳寅恪在清華園曾對吳宓說過這樣的話：「中國之人，下愚而上詐。此次事變，結果必為屈服。華北與中央皆無志抵抗且抵抗必亡國，屈服乃上策。保全華南，悉心備戰；將來或可逐漸恢復，至少中國尚可偏安苟存。一戰則全局覆沒，而中國永亡矣。」

對於這段話，吳宓的解釋是：「寅恪之意，蓋以勝敗繫於科學技術與器械軍力，而民氣士氣所補實微。況中國之人心士氣亦虛憍怯懦而極不可恃耶。宓按，寅恪乃就事實，憑理智，以觀察論斷。但恐結果，徒有退讓屈辱，而仍無淬厲湔祓耳。」[13]

相對陳寅恪的態度，吳宓似乎在戰和之間搖擺，但精神頗為悲觀，他在七月二十日的日記中寫道：「按今茲事變，吾儕不能慷慨激烈，為國效力，已屬可恥，下至個人親友安全之計，雖多議論，亦少實行。日日慮禍變之來，而終無所動作，無所預備。因循鬱抑，坐待事機運命之支配，嗚呼，精神之頹喪不樂，可知已！」[14]

七月二十一日，吳宓在記述當日所聞戰事情況之後，對陳寅恪觀點和自己的想法再次披露道：「6：30葉企孫、熊大縝來此晚飯，又同出散步。陳寅恪亦來。熊電城中，並閱報，知宋完全退讓，片面撤兵，日內平郊當可無戰事。然和戰無定策，事事隨人轉，豈云善計。惟寅恪仍持前論，一力主和。謂戰則亡國，和可偏安，徐圖恢復。宓謂仍視何人為之，而為之者何如也。寅恪仍安靜讀書。我宜效法。」[15]

此時的吳宓與陳寅恪觀點仍不盡相同，他於悲觀低沉中，寄希望中國有一位鐵腕強人站起來力挽狂瀾，扶大廈之將傾，而這位強人自然是蔣介石。西安事變之後，蔣介石在國人心目中的地位急遽提升，無論是政客、軍閥還是普通民眾，皆認為能領導中國人民與日寇一拚者，非蔣介石莫屬。正如聞一多在〈八年的回憶與感想〉一文所說：「抗戰對中國社會的影響，那時還不甚顯著，人們對蔣主席的崇拜與信任，幾乎是沒有限度的。」隨著平津、上海淪陷，南京棄守，吳宓同許多國人一樣，對抗戰前途的憧憬陷入低谷。十二月十五日，已遷往衡山聖經學院授課的吳宓記述道：「是晨，得悉蔣委員長擬來南岳，在聖經學院駐旌。本校奉令遷讓。頃梅校長等赴桂林尋求校舍（終無所得）。臨時大學全遷云云。甫完長途，又難安居！且自今日起，天氣驟變，陰雨，且大風。兼之戰事消息又惡。上海早敗退，南京又失陷。或云蔣公離南京時，謁孫陵。悲甚，暈倒……亦可為悲劇之英雄也。於是宓心亦甚悲鬱無歡，自茲始矣。」[16]

二、北歸端恐待來生

流亡蒙自後，吳宓把在南岳滋生的悲觀情緒一同帶來，且比衡山尤甚。陳寅恪與吳宓於教課之餘經常往南湖散步，並有詩文唱和，從流傳於世的幾篇詩作中，可見其悲戚哀傷之情。

據吳宓日記載：一九三八年五月，「陰雨連綿，人心已多悲感。而戰事消息復不佳，五月十九日徐州失陷。外傳中國大兵四十萬被圍，甚危云云。於是陳寅恪先生有〈殘春〉（一）（二）詩之作，而宓和之」。[17]

殘春

陳寅恪

（一）

無端來此送殘春，一角湖樓獨愴神。
讀史早知今日事，對花還憶去年人。
過江愍度饑難救，棄世君平俗更親。

解識蠻山留我意，赤榴如火綠榕新。

（二）

家亡國破此身留，客館春寒卻似秋。
雨裡苦愁花事盡，窗前猶噪雀聲啾。
群心已慣經離亂，孤注方看博死休。
袖手沉吟待天意，可堪空白五分頭。

殘春和寅恪

一九三八年五月二十一日作於蒙自

吳宓

陰晴風雨變無端，折樹摧花未忍看。
小勝空矜捷坦堡，覆軍終恐敗師丹。
降心苟活全身易，異志同仇禦侮難。
一載顛危能至此，何堪回首夢長安。

詩中吳宓自注：「捷坦堡今譯坦能堡（Tannerberg）。」此句指發生於一九一四年八月第一次世界大戰時的坦能堡會戰，又稱坦嫩貝格戰役。一九一四年八月十七日，俄羅斯第

一、二軍侵入東普魯士，向首府哥尼斯堡進發。俄軍成功進入德國，直到德國第八軍在八月二十日反擊。德軍設計了一個陷阱，讓俄國第二軍提前進入德國後，在後面反擊其補給線。九月二日，俄軍放棄整個作戰計畫，坦能堡會戰後，沒有再向德國領土進攻。雖然德軍在坦能堡會戰得勝，但德軍原先並沒有準備俄羅斯會在八月中旬開戰，因此德軍用了兩支部隊來抵抗俄軍，造成德軍的資源被分散，繼而影響西線對英法聯軍的戰事。吳宓詩中的師丹，一譯綏丹（Sedan），今譯色當，是發生於一八七〇年普法戰爭中的一次戰役，拿破崙三世因兵敗向普魯士投降。詩中的「小勝空矜捷坦堡，覆軍終恐敗師丹」，當指國民黨軍隊在臺兒莊取得大捷，而徐州很快失陷之事。據吳宓日記：「因憂共產黨與國民政府不能圓滿合作，故宓詩中有『異志同仇』之語，而寅恪又有〈藍霞〉一詩。」

藍霞

陳寅恪

天際藍霞總不收，藍霞極目隔神州。
樓高雁斷懷人遠，國破花開濺淚流。
甘賣盧龍無善價，警傳戲馬有新愁。
辨亡欲論何人會，此恨綿綿死未休。

按吳宓的說法：「藍霞」二字出自吳文英〈鶯啼序〉末段，而寅恪用之則指藍衫黨，通稱藍衣社及紅軍。「寅恪之意，吾能識之。吾愛國並不後人，而極不慊今日上下之注重『革命』等觀念，而忽略中國歷史文化之基本精神，日本俘虜亦有能言此者，見報。此則二十餘年來學術思想界所謂『領袖』所造之罪孽，及今而未已也。」[18]

未久，吳宓與陳寅恪又於南湖散步之餘，以「南湖」為題各賦詩一首：

南湖一首

一九三八年五月二十九日

吳宓

南湖獨對憶西湖，國破身閒舊夢蕪。
繞郭青山雲掩映，連堤綠草水平鋪。
悲深轉覺心無繫，友聚翻憐道更孤。
亙古興亡無盡劫，佳書美景暫堪虞。[19]

南湖即景

一九三八年六月作於蒙自

陳寅恪

風物居然似舊京，荷花海子憶昇平。
橋邊鬢影還明滅，樓外歌聲雜醉醒。

南渡自應思往事，北歸端恐待來生。
黃河難塞黃金盡，日暮人間幾萬程。[20]

據吳氏解釋：「宓以南湖頗似杭州之西湖，故有『南湖獨步憶西湖』之詩。寅恪以南湖頗似什剎海，故有『風物居然似舊京，荷花海子憶昇平』之詩。皆合。惟當此時，日軍已攻陷開封（時已六月中上旬之間）據隴海路，決黃河堤（中日兩軍互詆，孰為決堤者，莫能知）。死民若干萬人，我軍勢頗不利。故寅恪詩有『黃河難塞黃金盡』（指國幣價值低落。據云，語出《史記》封禪書或河渠書）之悲歎，而宓和詩亦有『舜德禹功何人繼，沉陸歐魚信有哉』之責機。」[21]

陳寅恪詩向以多典、隱晦著稱，幾乎無詩不典，不弄懂詩中引用典故，則難窺其堂奧。吳宓詩受陳寅恪影響頗大，當年吳、陳二人在哈佛時，吳曾向陳請教過作詩的奧祕。一九一九年五月二十五日《雨僧日記》載：「近常與遊談者，以陳、梅二君為蹤跡最密。陳君中西學問，皆甚淵博，又識力精到，議論透徹，宓傾佩至極。古人『聞君一夕談，勝讀十年書』，信非虛語。陳君謂，欲作詩，則非多讀不可，憑空雜湊，殊非所宜。又述漢、宋門戶之底蘊，程、朱、陸、王之爭點及經史之源流派別。宓大為恍然，證以西學之心得，深覺有一貫之樂。為學能看清門路，亦已不易。非得人啟迪，則終於閉塞耳。」[22]又，「寅恪習慣，以詩稿持示宓等後，不許宓鈔存，立即自撕成碎片，團而擲之。但寅恪在美國所作之詩，宓皆能背誦」。[23]另據吳宓女兒吳學昭所言：「父親很注意收集寅恪伯父的詩作，從哈佛同學時開始。他常說，寅恪伯父作詩不多，但很精美，寓意深長，不熟悉歷史典故，不具有豐富的文學知識，不對其人有非常的了解，很難確切領會其詩深邃的含義。寅恪伯父關於詩詞的談論，語多精采。如為詩作箋注，詳敘當時情事，以貽後人，寅恪伯父謂之『今典』。談唐詩與唐代文學的特點，說『唐代以異族入主中原，以新興之精神，強健活潑之血脈，注入於久遠而陳腐的文化，故其結果燦爛輝煌，有歐洲騎士文學之盛況。而唐代文學特富想像，亦由於此，云云。」[24]

透過這些記述和追憶，可見陳對吳在學術上和為文作詩方面影響之深。從已發表的吳詩看，大體沿襲了陳詩的路數，作為一代自由知識分子，陳、吳之詩字裡行間透著國破家亡的哀愁與憂戚。但就詩的整體品質和藝術價值而言，吳詩比之陳詩稍遜風騷。

陳寅恪〈殘春〉一詩之深意，除吳宓簡單提及，需解者尚有「讀史早知今日事」「過江愍度饑難救」等句。晚年的陳寅恪棲居嶺南之際，曾有《柳如是別傳》一書問世，開篇有云：「寅恪少時家居江寧頭條巷。是時海內尚稱平安，而識者知其將變。寅恪雖年在童幼，然亦有所感觸，因欲綜觀所未見之書，以釋幽憂之思。」又〈贈蔣秉南序〉云：「清光緒之季年，寅恪家居白下，一日偶揀架上舊書，見有易堂九子集，取而讀之，不甚喜其文，唯深羨其事……當讀是集時，朝野尚稱苟安，寅恪獨懷辛有、索靖之憂，果未及十稔，神州沸騰，寰宇紛擾，寅恪亦以求學之故，奔走東西洋數萬里，終無所成。凡歷數十年，遭逢世界大戰者二，內戰更不勝計……」[25]

陳氏贈蔣文中，有兩個名字屬於難以直言的隱指，這便是辛有、索靖。辛有為周朝大

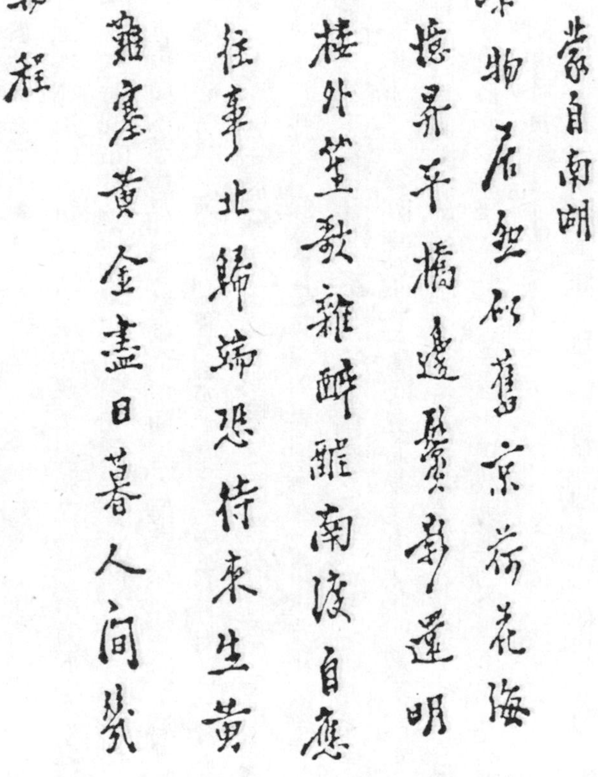
蒙自南湖
景物居然似舊京荷花海
子憶昇平橋邊鬢影還明
滅樓外笙歌雜醉醒南渡自應
思往事北歸端恐待來生黃
河難塞黃金盡日暮人間幾
萬程

陳寅恪手書〈蒙自南湖〉。（引自《陳寅恪詩集》）

夫，周平王遷都洛陽時，辛有在伊水附近看到一個披髮的人在野外祭祀。披髮是戎族的風俗習慣，辛有據此預言這地方不及百年必將淪為戎人居住之地。辛有死後，秦、晉果然遷陸渾之戎人居於伊水之濱。唐代詩人吳融在〈金橋感事〉中用過此典。詩曰：

太行和雪疊晴空，二月郊原尚朔風。
飲馬早聞臨渭北，射雕今欲過山東。
百年徒有伊川歎，五利寧無魏絳功？
日暮長亭正愁絕，哀笳一曲戍煙中。

據《唐詩鼓吹評注》釋讀，此詩「指孫揆敗於沙陀之事」。沙陀，以族名代稱藩鎮李克用。唐昭宗大順元年（八九〇年），李克用進據邢、洛、磁三州。昭宗不顧多數大臣反對，採納了宰相張濬等人發兵討李的主張。由於對形勢估計不足，結果三戰三敗。張濬的副手孫揆在這年九月李克用破潞州（今山西長治西南）時被殺。李克用的軍隊乘勝縱兵焚掠晉、絳、河中一帶。百姓家破人亡，赤地千里。大順二年春正月，昭宗被迫罷了張濬等人的官，二月又為李克用加官晉爵。詩人吳融時在潞州金橋，有感於此，寫了這首詩。吳融生在藩鎮割據時代，預感到唐王朝必將滅亡，但他不可能直陳其事，又如鯁在喉，不吐不快，所以用辛有的典故，巧妙地抒發了對國家命運的憂慮。同時昭示世人，辛有的預言生前無人理睬，死後卻備受讚歎，這又有什麼用呢？肺腑之言，瀉於毫端。儘管個人不能挽狂瀾於既倒，但作為詩人的吳融仍希望皇上採用古時魏絳的方法，以期收到「五利」之功。魏絳是春秋時晉悼公的大夫，晉國所在地的山西，是個漢、戎雜居的地方，民族間經常發生戰爭。魏絳曾建議用「和戎」方式解決矛盾，他認為「和戎」有「五利」，晉悼公採用了魏絳的主張，因此收到「修民事，田以時」的政治效果。吳詩人通過肯定魏絳，婉轉地批判了唐王朝此次對李克用的用兵方略。

另一歷史人物索靖，乃西晉時期著名書法家，累官征西司馬、尚書郎，封安樂亭侯，謚號莊。當西晉行將滅亡前，索靖預見到天下將亂，指著洛陽宮門前的銅駝傷感地歎息道：「會見汝在荊棘中耳！」唐代詩人李商隱有〈曲江〉詩，曾以索靖所指人事隱喻唐王朝的時勢。詩曰：

望斷平時翠輦過，空聞子夜鬼悲歌。
金輿不返傾城色，玉殿猶分下苑波。
死憶華亭聞唳鶴，老憂王室泣銅駝。
天荒地變心雖折，若比傷春意未多。

曲江，是唐代長安最大的名勝風景區，「開元中疏鑿為勝境……花卉環周，煙水明媚。都人遊賞，盛於中和上巳之節」（康駢，《劇談錄》）。安史之亂後漸趨荒廢。唐文宗頗想恢復昇平故事，於大和九年（八三五年）二月派神策軍修治曲江。十月，賜百官宴於曲江。甘露之變發生後不久，下令罷修。李商隱這首詩，寫於事變後第二年春天。

曲江的興廢和唐王朝的盛衰密切相關。李詩中的第六句「老憂王室泣銅駝」，承起首「望斷」句與頷聯，以索靖憂西晉之亡，藉以抒寫對唐王朝國運將傾的憂慮。整首詩在構思方面有一個顯著特點：既藉曲江今昔暗寓時事，又通過對時事的感受抒寫「傷春」之情。而

「天荒地變」之悲並非主體，「傷春」才是真正的中心。儘管詩中正面寫「傷春」的只有兩句（六、八兩句），但實際上前面的所有描寫都直接間接地圍繞著這個中心，皆透露出一種濃重的「傷春」氣氛。

陳寅恪用辛有、索靖二典，謂其青少年時代即預感到中國將亂，外敵入侵。此兩段回憶正可與「讀史早知今日事」相互印證。而〈殘春〉一詩，則暗合了李商隱〈曲江〉「傷春」之意。但與陳詩意蘊更接近的是陳寅恪的本家——南宋陳與義的〈傷春〉。

靖康之難，金兵入侵，權奸誤國，高宗南逃，陳與義流落江南，以「廟堂無策可平戎，坐使甘泉照夕峰」，表達了對國家的憂慮和對未來國家復興的希望。陳寅恪〈殘春〉詩中的「袖手沉吟待天意，可堪空白五分頭」，當自陳與義的〈巴丘書事〉「未必上流須魯肅，腐儒空白九分頭」而來，表達了作者面對國破家亡，自己無力匡扶大廈之傾而只能憂心愁悴、徬徨山澤、嗟號旻天的鬱憤之情。此種心情從陳氏同組詩中的「過江愍度饑難救，棄世君平俗更親」一句中可見要略。

詩中的愍度，因避諱亦作敏度，即支愍度，西晉僧人。據梁慧皎《高僧傳》載，兩晉及晉宋之際，北方南下的高僧幾乎遍及「譯經」「義解」「神異」「習禪」「明律」「誦經」「興福」「經師（轉讀）」「唱導」等各個方面，其中以「義解」高僧的人數最多。兩晉時期南下的著名僧人有：康僧淵、康法暢、支敏度，「晉成之世，（康僧淵）與康法暢、支敏度等俱過江」。《世說新語·假譎》以詼諧、輕鬆的筆調敘述了上述南下過江僧人及受其影響的南方僧人的佛教活動，如「愍度道人始欲過江，與一傖道人為侶，謀曰：『用舊義往江東，恐不辨得食。』便共立『心無義』。既而此道人不成渡，愍度果講義積年。後有傖人來，先道人寄語云：『為我致意愍度，無義那可立？治此計，權救饑爾，無為遂負如來也。』」

當時南下過江的僧人並非都是一帆風順，但他們憑著自己對佛教義理的深刻理解和掌握，使名士們不得不刮目相看。流亡雲南邊陲的陳寅恪以支愍度南渡，喻自己漂泊西南，以授課為生計的無奈之舉。正如他致史語所歷史組勞榦、陳述信中所說：「此次來蒙，只是求食，不敢妄稱講學也。」此話雖有自謙的意味，但正迎合了傖道人「治此計，權救饑爾」之意。

陳詩後一句所說的「棄世君平俗更親」之「君平」，乃西漢蜀郡人嚴君平，名遵。道家學者、思想家。《漢書》記其人於漢成帝時隱居成都市井中，以卜筮為業。「因勢導之以善」，宣揚忠孝信義和老子《道德經》，以惠眾人。日得百錢足自養，即閉門讀《老子》。精老莊之學，終身不仕，著書十萬餘言。年九十餘，以其業終。

據與陳寅恪友善的聯大政治系教授浦薛鳳說，在蒙自時，陳氏曾手書〈殘春〉詩以贈，但與後來流傳者稍有差異，其中上二句為「傖僧義舊饑難救，曹社謀亡夢已真」。前一句與「過江愍度饑難救」用典相同；後一句典出《左傳・哀公七年》：「初，曹人或夢眾君子立於社宮，而謀亡曹。」社：曹之國社。後以「曹社之謀」，指滅亡他人國家的陰謀。北周庾信〈哀江南賦〉「鬼同曹社之謀，人有秦庭之哭」即出此典，藉此可見陳寅恪對抗戰前途的悲觀失望。陳氏的悲觀之情，與〈南湖即景〉中的「南渡自應思往事，北歸端恐待來生」之句，可謂一脈相承。

所謂「南渡」，如馮友蘭在〈國立西南聯合大學紀念碑碑文〉中所言：「稽之往史，我民族若不能立足中原，偏安江表，稱曰南渡。南渡之人，未有能北返者：晉人南渡，其例一也；宋人南渡，其例二也；明人南渡，其例三也。『風景不殊』，晉人之深悲；『還我河山』，宋人之虛願。」[26]一九三七年日寇大舉入侵，大片國土淪陷，政府與人民流亡西南，為第四次南渡。「殷鑑不遠，在夏后之世」，陳寅恪對此次南渡的前途深為悲觀憂慮，於是有「北歸端恐待來生」之語。

作為史家的陳寅恪以史觀今，企圖「在史中求史識」，尋找「歷史的教訓」。而中國漫長的歷史留給後世的一面鏡子，就是立足中原的封建王朝三次南渡未歸而終致滅亡的事實。這個事實在陳寅恪心靈中打下了深深的烙印，並投下了揮之不去的陰影。晚清消亡，民國興起，積貧積弱的中華民族剛剛緩過一口待死之氣，又遭逢日本軍隊入侵，按照中國的軍事實力與國人「上詐下愚」的德性，實難與雄視亞洲，具有超強政治、經濟、軍事實力的日本帝國抗衡。對這一問題的認識，陳寅恪與學界大腕丁文江、胡適、蔣廷黻，甚至抗戰初期所謂「低調俱樂部」成員，包括國民黨高層內部的汪兆銘、周佛海、陶希聖、高宗武者流，具有相同、相通之處。

就在陳寅恪於蒙自南湖岸邊感時憂國、徘徊苦吟之際，他曾經的上司兼好友、原清華大學歷史系主任，著名近代史家蔣廷黻，正貓在國民政府實際中心漢口的一間房子裡，埋首撰寫《中國近代史》。在這本作者稱為「望讀者只把它做個初步報告看待」的薄薄小書裡，蔣氏談到了一八九四年清朝和日本之間為爭奪朝鮮半島控制權，而爆發中日甲午戰爭的教訓，特別指出：「那一次的海軍戰爭是我民族在這次全面抗戰以前最要緊的一個戰爭。如勝了，高麗可保，東北不致發生問題，而在遠東中國要居上日本居下了。所以甲午八月十八日的海軍之戰是個劃時代的戰爭。」結果眾人皆知，中國戰敗了。次年三月，李鴻章與伊藤博文簽訂《馬關條約》，中國承允高麗獨立，割臺灣及遼東半島，賠款二萬萬兩。蔣廷黻因之說：「近代的戰爭固不是兒戲。不戰而求和當然要吃虧，這一次吃虧的是高麗的共管。但戰敗以後而求和，吃虧之大遠過於不戰而和。同治、光緒年間的政治領袖如曾、左、李及恭親王、文祥諸人原想一面避戰，一面竭力以圖自強。不幸，時人不許他們，對自強事業則多方掣肘，對邦交則好輕舉妄動，結果就是誤國。」[27]

借古喻今，自是文人史家的慣用筆法，蔣廷黻此處文字沒有什麼隱祕可言，仍無非是避戰、慎戰等與胡適和陳寅恪類似的戰爭觀念。一九三一年「九一八」事變之後，面對東北淪陷，日本侵略者欲吞併華北，繼而全面征服中國的企圖，胡適認為中國的軍事力量遠不能與日本相抗，力主避戰求和，認為中國軍力不足以言戰，戰則中央軍力必毀，故「與其戰敗而求和，不如於大戰發生前為之」，[28]竭力主張國民政府與日本公開交涉，解決兩國之間的懸案，以謀求十年的和平。這一主張使胡適成為「主和派」的靶子而為「主戰派」群起攻之，並有司法院院長居正要將其逮捕法辦的激憤之語。許多年後，蔣廷黻在他的回憶錄中坦承：「我一向不怕日本，我認為：就中日兩國而言，中國弱、日本強不過是暫時現象。我曉得日本有裝備精良的陸海空軍，有訓練有素的士兵和有效的官員。軍隊的後面，他們有最愛國、最勤奮、最儉樸、最守紀律的國民。儘管日本有上述的優點，我卻不認為他對我國會構成永久威脅。我相信時間是對中國有利的。沒有強國的基本根據地，任何人都不能建立、保持一個偉大帝國。因此，我對九一八事變的主要想法是爭取時間。」又說：「一九三一年冬，有一位朋友告訴我，〔日本外相〕幣原於那年夏天就曾要求當時中國駐日公使汪榮寶，回南京向政府報告。『報告你們政府。』幣原說，『一個大事就要發生了。除非中日雙方政府謹慎處理，雙方均將被毀。盡速和我來解決。但，我一定要占一些便宜。如果你的政府不肯讓步，我的政府必然會垮臺，而後任將較我更甚，會要求無厭。』事實上，整個七、八兩個月，幣原一直都急於尋求談判的機會，而南京和東北方面都盡量設法避免。明瞭對方所使用的策略後，我不禁感到我們政府措置失當。而且也越發使我相信日本民政黨的政府是急欲將『九一八事變』地方化的。」29

為了應付這一險惡局面，當時的中國外交部長顧維鈞提議將東北南部的錦州附近地區劃為中立區，隔開中日雙方的軍隊。此議得到了

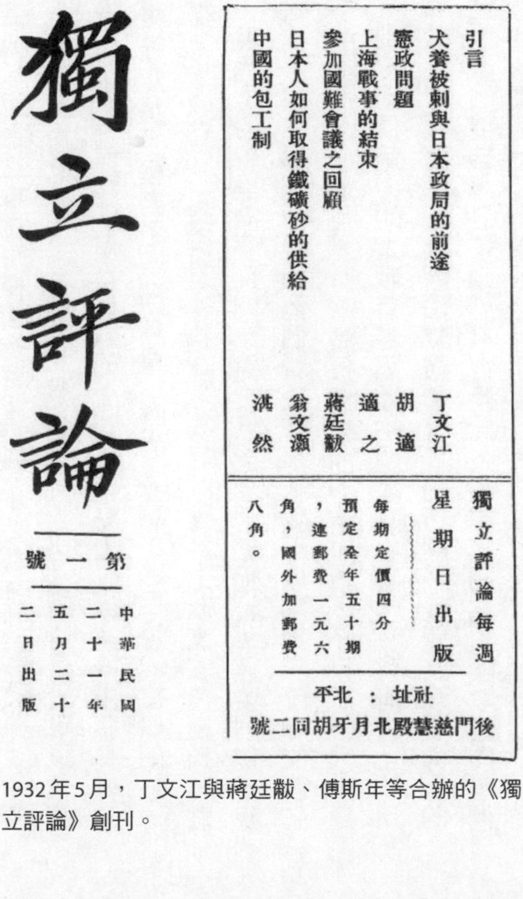
獨立評論
第一號
中華民國二十一年五月二十二日出版

引言
犬養被刺與日本政局的前途　丁文江
憲政問題　胡適
上海戰事的結束　適之
參加國難會議之回顧　蔣廷黻
日本人如何取得鐵礦砂的供給　翁文灝
中國的包工制　溝然

獨立評論每週星期日出版
每期定價四分，預定全年五十期，連郵費一元六角，國外加郵費八角。
社址：北平後門慈慧殿北月牙胡同二號

1932年5月，丁文江與蔣廷黻、傅斯年等合辦的《獨立評論》創刊。

蔣廷黻等「獨立評論」派的贊成，認為這樣做可使衝突緊張形勢不致蔓延。蔣氏說：「《獨立評論》創辦於『九一八』事變後，自然其中會有許多討論到和戰以及國聯是否可以信賴的文章。《獨立評論》同仁中沒有人主張立即對日作戰的。在這一點上，大家的主張是一致的。當時天津《益世報》編輯羅隆基，發表了一篇轟傳一時的文章，題目是〈槍口朝外，不可對內〉。文中大意是主張停止內戰，一致抗日。我在《獨立評論》上為文答覆羅氏，略謂：倉卒對日作戰將遭失敗，現代化的戰爭需要長期準備，然後全國總動員。社中同仁對我的主張均未表示異議……和這些人在一起，常常和他們討論時事，我可以感到〔丁〕文江胸中的激憤，也可感到胡適心中的憂傷。」最後，蔣廷黻以惋惜的心情說道：「日子一天天過去，自由人士在日本越來越失勢，迷信武力的主戰者越來越抬頭。在中國，反政府分子利用純潔的人民愛國熱狂，呼籲作戰，而政府拿不出辦法以緩和人民的情緒。我認為一項偉大的改革和建設計畫或可代替人民主戰的情緒，但是政府無力及此。我想《獨立評論》的同事們的看法都是如此，只是有時他們表示出來，有時不表示而已。」[30]

蔣氏所言大體不差，除了《獨立評論》的主要撰稿者，像陳寅恪、葉企孫、金岳霖甚至吳宓等清華一些較理性的教授，所持觀點與上述基本相同。一九三二年四月，陳寅恪在《清華週刊》發表〈高鴻中明清和議條陳殘本跋〉一文，借古喻今，文章最後提醒國民黨當局並警示世人：「夫明之季年，外見迫於遼東，內受困於張李。養百萬之兵，糜億兆之費，財盡而兵轉增，兵多而民愈困。觀其與清人先後應對之方，則既不能力戰，又不敢言和。成一不戰不和、亦戰亦和之局，卒坐是以亡其國。此殘篇故紙，蓋三百年前廢興得失關鍵之所在，因略徵舊籍，以為參證如此。」[31]金岳霖在一九五二年十二月思想改造運動中曾公開檢討：「抗日軍興，我和許多知識分子一樣覺得鬆了一口氣。但是對於抗日的前途沒有信心，所以我總想外國來幫助，尤其是英美。」[32]

對於這些不同的論調和聲音，正如浦薛鳳所言，知識分子中主張「留得青山在，不怕沒柴燒」的主和派，對於「國際關係與世界局勢之有無變化，而如有變化，其對吾國影響之利害得失，亦難預料」。因而才出現了「甲乙兩方觀點不同，論斷自異」[33]的爭持。而這個時候，無論主和還是主戰，皆是政治策略上的主張不同，屬於個人對時局的識見與判斷問題，即政見之差異，當然不能一提主和就目為漢奸和日本帝國主義的走狗。設若以不損失主權為前提，以較小的代價與日本謀和，未嘗不是一件幸事。只是事實上又如胡適後來所言：「和比戰難。」而一般群眾總是贊成寧為玉碎不為瓦全。一旦果爾演成全面戰局，則民族國家根基時感動搖，力不如人，氣不足靠。因而，抗戰爆發後，在蒙自的浦薛鳳曾做過這樣的推想：「最高當局內心恐本來寧願忍辱一時，不願輕啟戎禍，只因一般高調論者，似乎非此不覺痛快。不得不孤注一擲。」[34]

浦氏之推測自有道理。早在一九三二年，國學大師黃侃在〈牡亡〉一詩中就喊出了「羞與深仇同日月，不妨孤注擲乾坤」的聲音，後來全國軍民特別是知識群體中的學生，抗日熱情空前高漲，曾產生了北平學生南下逼蔣抗日之舉。在如此人勢洶湧的潮流中，若說蔣介石是被這種聲音逼上了抗戰之路是合理的。一九三七年七月三十一日，蔣介石在發表的〈告抗戰全軍將士書〉中特別指出：「這幾年來的忍耐，罵了不還口，打了不還手，我們為的是什麼？實在為的要安定內部，完成統一，充實國力，到最後關頭，來抗戰雪恥。現在，和平既然絕望，只有抗戰到底。」[35]這個講話已透露出蔣氏內心的良好願望與迫不得已的做法。而一旦戰爭打響，蔣介石確如他自己說的那樣孤注一擲，壯士一去不復還了。一九三七年十二月二十九日，蔣介石對于右任談話，堅決表明「與其屈服而亡，不如戰敗而亡」，即是蔣的性格、決心與抗戰的態度。

不可忘卻的一個關鍵是，抗戰一開始，蔣介石就渴望英美等大國施以援手，共同驅逐日寇，他派胡適、蔣百里等人出國即是這一戰略方針的具體體現。只是對於這一方針，汪精衛一派人物並不以為然，曾任汪偽政府「教育部」政務次長、偽南京「中央大學」校長的樊仲雲曾發表一篇〈和與戰〉的奇文，樊氏在文中大放了一番戰難、和亦不易的厥詞之後，以宋人南渡為個案剖析抗戰得失並做了如下結論：「總而言之，戰不容易，和亦非易。這是嚴肅的事實問題。誠如李綱之言，必須『能守而後可戰，能戰而後可和』。若己無能力，而欲利用他人而求一旦的僥倖，如宋之藉金滅遼，藉元滅金，或者以為這是中國以夷制夷之上策，其實卻是最愚蠢不過的辦法。于慎行《讀史漫錄》中論曰：『童貫助金滅遼，徽宗不納种師道之諫，遼滅而北宋隨亡。孟珙助元擊金，理宗不能喬行簡之諫，金滅而南宋亦亡。人病羸頓，不養其元氣，壯其筋骨，而強舉函鼎之重，則喘絕立斃。金，世仇也，中原，故土也，滅之而收其舊疆，其言非不正且順也，然以江南半壁之積疲，蒙古新造之方銳，是病羸頓而舉函鼎也。』所以感情與事實二者，必須慎重斟酌，度量輕重。屈己求和，誠不免於恥辱，尚得救亡圖存，乘時自振。若其不然，貿然出於一戰，則直亡國耳，豈有他哉！南宋之亡，便是如此。南渡之初，宋誠有可以一戰之勢，然而秦檜卻專執和議，結果宋固由此而存，而一般心理對於和議，遂更深惡痛疾，幾於不願聞問。於是到了末季，捨和而戰，遂以亡國。和戰之不易言有如是哉！趙甌北論宋之和戰問題曰：『宋之為國，始終以和議而成，不和議而亡。蓋其兵力本弱，而所值遼金三朝，皆當勃興之運。天之所興，固非人力所爭。以和保邦，猶不失為圖全之善策，而耳食者徒以和議為辱，妄肆詆諆。真所謂知義理而不知時勢，聽其言則是，而究其實則不可行者也。』（《廿二史箚記》）不能不說是持平之論。」

按樊仲雲的觀點，中國的抗戰時局恰似北宋、南宋面臨的危局，面對強盛驕狂的日本，中國既不能守亦不能戰，是無能力。蔣介石欲求他人（英美）以夷制夷，這是「最愚蠢不過的辦法」，相當於「病贏頓而舉函鼎」，汪偽政府所謂「猶不失為圖全之善策」，是識時務之俊傑的圖存之策。

值得特別注意的是，樊仲雲此文刊於《天地》第八、九期，時為一九四四年五月、六月，而不是胡適與陳寅恪聲言「主和」觀點的戰前與抗戰之初了。此時，汪精衛已經在南京成立了偽政府，成為日本人手中的鷹犬和實實在在的幫凶，自然不是懷著對國家民族的春秋大義空頭議論所比擬的。對於汪精衛這一變節行為，與汪直接打過許多交道的蔣廷黻曾說過如下幾句話：「以人而論，汪是很有吸引力的。但他主持洛陽國難會議，講了好多次話，我仍不能獲悉他的真意所在。我曉得他是反對抗日的。然而，在他任行政院長之前，他的手下也曾發動過學生要求對日作戰，以增加政府的困難。政客們為了爭權會做出許多奇怪的事，但是用和戰問題當作手段，我認為是絕對不可饒恕的。我們《獨立評論》的同仁於獲悉汪氏出長行政院時，曾在一次晚餐席上坦率指出此一任命對中國的不利。我自己曾致力於阻止提前對日作戰。汪為了他個人理由也不願對日作戰。但是他在野時拚命煽動戰爭，一旦掌權時又是要大家維持和平，似乎是缺乏愛國心和對國家的真誠。」[36]

蔣廷黻最後兩句話，算是點中了汪精衛的死穴，而樊仲雲等輩的言行，公開為汪偽政府和汪的叛逆行為張目，已遠離了政見之爭，不但缺乏愛國之心和對國家的真誠，實質上已站在了歷史錯誤的一邊，走向了人民的反面，成了典型的漢奸賣國賊外加反革命分子了。

三、別了，蒙自

教授們關於抗戰成敗的爭論還在繼續，眾師生翹首北望，以複雜、悲愴的心境，關注著這場決定民族存亡的戰事。

一九三八年七月七日，蔣介石發表〈告全國軍民書〉、〈告世界友邦書〉和〈告日本國民書〉，以紀念中國軍民抗戰一周年。在〈告全國軍民書〉中，蔣氏要求全國軍民以「軍事第一，勝利第一」為目標，全力促成武漢會戰的勝利。

就在這一天，聯大蒙自分校全體師生在舊海關曠地舉行抗戰周年紀念禮。由樊際昌任主席並致辭，文學院院長馮友蘭演講。馮氏語氣平和，謂「一年來中國之勝而非敗，語極樂觀」。[37]想不到演講中突有一意外插曲，把會場攪亂。一個戰前受聘於清華歷史系、名字叫噶邦福的俄籍老教授，亦隨校南來並參加了本次活動。當馮友蘭演講到一半時，只見這位白鬚飄動的俄國教授號叫一聲撲地不起。身邊的師生見狀，以為是這位俄國佬因高呼口號未能呼出憋氣倒地，或者是故意耍什麼布袋戲，以活躍演講的氣氛。待細看之後，只見這位教授臉色發青，熱淚橫流，滿面呈悲戚之狀，方感另有隱情。眾人手忙腳亂將噶邦福抬出會場請醫生急救，半個小時後方緩過神來。原來這噶邦福當教授前曾做過俄國軍官並參加了第一次世界大戰。在西線戰役中，作為下級指揮官的噶邦福奉命率部衝鋒，突遭敵機關槍掃射，乃緊急下令臥避。當槍聲停止，噶邦福揮槍喝令前進，起來的只有他一個人，其他官兵全部陣亡。此段酷烈往事隨著馮友蘭抗戰演講再度被憶起，遂有這位噶教授突發悲聲、昏厥倒地的一幕。眾師生聞知內情，受其感染，無不淒然，幾個女生掩面而泣。

好在噶邦福教授引發的這段悲情插曲很快過去，禮畢，「是日上課如恆，並舉行獻金救國」等活動。本次獻金活動，全體師生在物價上漲、生活困頓的情形下踴躍捐款。最初以陳岱孫教授的二十五元為首，隨後學生中出現了捐獻三十元者，有的女生無錢，而將手上的金戒指捐出，眾人大受感動。在葉公超、金岳霖等各方鼓動下，教授們捐款數目開始增加，由四十元增至五十而六十五元，直到馮友蘭攀升至七十五元，獨占鰲頭方止。本次捐款共得獻金兩千餘元，超過了蒙自全城捐款的一半以上。

七月底，聯大蒙自分校考試完畢，本學期的學業就此結束。此前，因蒙自地處西南邊陲，交通、生活方面多有不便，西南聯大在昆明陸續建造校舍並有了一定規模，校委會決定分校遷回昆明，蒙自校舍讓於即將由廣西柳州遷往該地的中央航空學校。聯大校委會同時決定，自八月一日起放暑假，至十一月底止，假日期間陸續完成師生向昆明的遷移工作。

因西南聯大成立未久，本屆畢業生均用原校名義發給文憑。清華畢業生專門編纂了一本「清華第十級年刊」紀念冊，請朱自清寫幾句話以示紀念。朱欣然慨允並寫道：「向來批評清華畢業生的人，都說他們在做人方面太雅氣、太驕氣。但是今年的畢業同學，一年來播蕩在這嚴重的國難中間，相信一定是不同了。這一年是抗戰建國開始的一年，是民族復興開始的一年。千千萬萬的戰士英勇地犧牲了，千千萬萬的同胞慘苦地犧牲了。而諸君還能完成自己的學業，可見國家社會待諸君是很厚的。諸君又走了這麼多路，更多地認識了我們的內地，我們的農村，我們的國家。諸君一定會不負所學，各盡所能，來報效我們的民族，以完成抗戰建國的大業。」[38]

暑期開始，學生們背著行囊，告別師友，自碧色寨上車。在送行的隊伍中，除了朱自清等教授，還夾雜著五十多名當地青少年，即聯大學生的學生。在蒙自不長的時間內，聯大學生埋首讀書，成立南湖詩社，還創辦了一所平民夜校，從當地招收失學的青少年學生五十餘人，為其補習文化知識、講解時事、教唱抗日歌曲等等。夜校設在歌臚士洋行一層兩房間大房內，學生們熱情高漲，當地群眾極其滿意，與聯大師生感情得到了進一步溝通和昇華，也播下了進步思想的種子，時間雖短，影響至深。當這五十多名夜校學員聞聽他們的老師——聯大學生赴昆明的消息後，自發組織起來到車站送行。有的為聯大學生提包，有的握著對方的雙手久久不願放下，依依惜別之情催人淚下。據南湖詩社社員周定一說，學員中有一位年齡較大的跛子，只見他在車窗跑前跑後，腦袋一點一點地，滿臉汗水為聯大學生們遞行李，和學生們一一握手告別，臉上淌著淚水。望著他那真誠、憨厚和戀戀不捨的樣子，聯大學生也流下了熱淚。後來這個青年學員還率領幾個代表，專門到昆明看過他們的教師。

長鳴聲中，聯大師生隨車啟程，美麗的蒙自與南湖漸漸遠去。

對於蒙自這段特殊的生活，許多年後，馮友蘭回憶說：「梅貽琦說過，好比一個戲班，有一個班底子。聯合大學的班底子是清華、北大、南開派出些名角共同演出。但是步驟都很協調，演出也很成功。當時還有一個西北聯合大學，也是從北京遷去的幾個學校聯合起來而成的，設在陝西城固。但是它們內部經常有矛盾，鬧彆扭。蔣夢麟說，它們好比三個人穿兩條褲子，互相牽扯，誰也走不動。」[39]這個說法和比喻得到了西南聯大師生的認同，鄭天挺在回憶中特別提到這種合作精神的開端在於蒙自：「西南聯大的八年，最可貴的是敬業和團結精神。教師之間、師生之間、西南聯大三校之間均如此。在蒙自的半年，已有良好的開端。同學初到蒙自時，我與其他教授每次都親到車站迎接，悉心照料，協助搬運行李。北大考慮幹部時，也以敬業、勤奮、團結為出發點，避免不必要之誤會。」[40]

這段話在讚譽的背後又另有深意，而最有研究價值的是「不必要之誤會」一句，此句到底何所指，鄭氏沒有明確所指，或者不便提出，但從清華教授浦薛鳳回憶中可以略知一二。當初以蔣夢麟為首的籌備班子力主西南聯大文法學院遷蒙自，包括浦薛鳳在內的清華部分教授並不認同，浦氏說：「予與寅恪未離香港時，早聞蒙自有飛機場，且緊貼校址附近，當即詫異聯合大學當局何以糊塗至此地步。原所以由湘移滇者，純為安全起見，俾教員學生得長期各事所業。今不於昆明郊外或西山一帶，因陋就簡，改作黌舍，又不聽雲南省政府之示意，到大理一勞永逸，而必貪便苟安暫遷蒙自，其故何在。」當浦薛鳳與陳寅恪等抵達蒙自後，見機場與校址幾乎相連，且均在一塊廣闊的平地間，若敵機飛至，必玉石俱焚，「於是私心更以為遷到蒙自殊不甚妥當」。當時北大部分教授認為浦氏的看法是杞人憂天，敵機不會光顧如此偏遠的蒙自。其結果是徐州失陷不久，政府即開始擴建整修蒙自飛機場，柳州航空學校將遷蒙自，以迎戰即將前往西南地區轟炸的敵機。在這種情況下，置於險境中的聯大不得不被迫遷移。「然而眷屬初來，喘息甫定者，聞之殊甚怏怏……及七月中旬，知已定奪，遷往昆明。異哉明知昆明而可設法，何不早在一處。若係敷衍一時，則曷不乘此時機徹底打打算盤。總之數位校長之委員制，自不能迅捷處理校務。」[41]

由浦氏的說辭可知，當時雲南政府曾有讓文法學院遷大理之意。大理是滇西著名的城邦重地，不但有著名的蒼山洱海，依山傍水，風景優美，且寺院林立，空閒房舍尤多，當是辦學讀書的好去處。一九三九年，武漢華中師範大學從桂林遷入該地喜州小鎮，借用當地的文廟、大慈寺、張氏宗祠及部分民居開堂授課，平安地度過了抗戰歲月。不知為何，西南聯大的代表蔣夢麟等人卻拒絕了雲南當局的示意，捨大理和昆明西山等處不就，匆忙定於偏僻閉塞又潛伏著戰爭危險的蒙自，未幾又在倉皇中撤離。這一番顛來倒去的折騰，實在令人鬱悶，此舉因是以蔣夢麟為主的代表促成，引起部分教授，特別是清華教授不滿和非議也就不足為奇了。

蒙自開學後，梅貽琦與蔣夢麟均分別來此地視察和小住。梅的到來與回返甚為低調，但蔣夢麟攜帶善於交際的夫人陶曾穀到來，則不斷召集北大師生開茶話會，引起清華部分師生的猜忌與不滿。對此，浦薛鳳說：「聞北大與清華學生方面，有些意見。據云起源於步行入滇團。蓋彼此各自團結，曾到處互爭臥地，而發生小衝突。南開學生甚少，固無所謂。北大自蔣校長到後，屢開會談。聞錢賓四曾獨排眾議，謂此刻無所謂北大精神。清華則仍然個人主義，例如梅先生來，同仁絕未想到設宴開會。」[42]

浦氏所聞旅行團中的北大與清華學生在宿營地發生一些小衝突，不難理解，但似不是主要矛盾。而後面所說的「北大精神」與「個人主義」則是關涉這個群體團結與分裂的要害處。只是浦氏所說語焉不詳，不知內情者難得要領，只有參考錢穆的回憶方才明白大體脈絡。浦氏所說「力排眾議」的錢賓四，就是此次事件的參與者、北大教授錢穆（字賓四）。錢氏說：「一日，北大校長蔣夢麟自昆明來（蒙自）。入夜，北大師生集會歡迎，有學生來余室邀余出席。兩邀皆婉拒。嗣念室中枯坐亦無聊，乃姑去。諸教授方連續登臺竟言聯大種種不公平。其時南開校長張伯苓及北大校長均留重慶，惟清華校長梅貽琦常川駐昆明。所派各學院院長，各學系主任，皆有偏。如文學院院長常由清華馮芝生連任，何不輪及北大，如湯錫予（南按：即湯用彤），豈不堪當一上選。其他率如此，列舉不已。一時師生群議分校，爭主獨立。余聞之，不禁起坐求發言。主席請余登臺。余言，此乃何時，他日勝利還歸，豈不各校仍自獨立。今乃在蒙自爭獨立，不知夢麟校長返重慶將從何發言。余言至此，夢麟校長即起立羼言，今夕錢先生一番話已成定論，可弗再在此題上起爭議，當另商他事。群無言。不久會散。」[43]

這個插曲，就是對浦薛鳳上述含糊其詞的釋解。蔣夢麟召開會議遇到的問題，不僅涉及北大本身，更關係到西南聯大的興衰存亡。西南聯大之所以沒有像西北聯大一樣「三個人穿兩條褲子」，由不可避免的摩擦、矛盾，導致互相扯皮，各自為政，甚至拉桿子搞獨立，而是最終以輝煌的成果昭示於世，除了蔣夢麟是一位「有魄力、有擔當」的校長（南按：胡適在北大五十周年紀念會上語），還與像錢穆這樣識大體、顧大局的教授的共同努力不可分割，如果沒有這一團結謙讓精神，西南聯大，特別是後期的聯大，極有可能要鬧到三個人穿一條或者爭奪一條褲子，直至大打出手，落個三敗俱傷的結局。此可謂不幸中的大幸。

蒙自分校學生走後，教授們陸續撤往昆明，有幾人準備暑假後再返昆，期間或處理未盡事宜，或埋首讀書。陳寅恪因身兼中央研究院史語所歷史組主任一職，比之好友吳宓等提前返昆，臨走時，有〈別蒙自〉一詩贈吳宓：

我昔來時春水荒，我今去時秋草長。
來去匆匆數月耳，湖山一角已滄桑。44

隨著大批學生與教授離去，蒙自校園內外頓顯冷落寂寞，令人悵然。吳宓一九三八年八月二十九日《雨僧日記》載：「是日下午，宓自城中西門步歸。街中及城邊，均不見諸多黃色軍服之男生，與藍袍或花衫之女生行聚，更不聞純正爽利之北平官話。於是蒙自全城立成寂寞空虛，館肆中尤闃其無人。而宓行過桂林街女生宿舍及早街之轉角宅樓，不見倚窗人語，又有人面桃花之感矣！及出城，步繞南湖一周，風景依然，荷花正好，而寅恪詩中所謂

『橋邊鬟影、樓外歌聲』者，渺不可見聞。即 Kalos 教授學生所居之樓上下，亦門窗嚴扃，欄杜塵封焉。」[45]

面對蕭條落寂的景色，多愁善感的吳宓倍感淒涼，為排除瀰漫心頭的憂傷，吳氏想起仍居住在「天南精舍」尚未離去的湯用彤、賀麟二教授，於是在八月三十日，索性打起鋪蓋捲移於精舍，與湯、賀二人一起居住。九月七日，暫留蒙自的錢穆、姚從吾、容肇祖、沈有鼎四人也從校舍移於「天南精舍」，與湯、賀、吳三人共同居於精舍上下樓。在同住的七人中，多數埋首讀書和研討學問，吳宓除研讀業務書籍，還弄來湯用彤的《印度哲學講義》、《漢魏西晉南北朝佛教史》，以及謝佐禹的《人生哲學講義》加以研讀。唯年輕的沈有鼎不肯讀書，經常弄出一些反常舉動，令其他教授特別是吳宓大為惱火和反感。

生於上海的沈有鼎，一九二九年畢業於清華大學哲學系，同年考取公費赴哈佛大學就讀，一九三一年獲碩士學位，同年至一九三四年留學德國，先後在海德堡和弗賴堡大學傑浦斯和海德格指導下從事哲學研究。一九三四年回國，任教於清華大學，次年任教授。早在清華讀書時，沈有鼎就以才華出眾令師生刮目相看，他的業師金岳霖與「哈佛三傑」之一的哲學家湯用彤都認為沈生才氣非凡，日後堪當大任。而沈氏自己也感覺良好，且不免自負。金岳霖的得意門生王浩曾有這樣一段回憶：臺灣出了一本金岳霖在西南聯大的學生殷海光（福生）臨終話語的書《春蠶吐絲》（陳鼓應編），書中多處談到殷海光與金岳霖交往的經歷及對老金的評價，其中有一段講到抗戰前北平邏輯研究會。說的是在一次聚會上，有人提起哥德爾工作的重要，「金岳霖說要買他一本書看看，他的學生沈有鼎對金先生說『老實說，你看不懂的』。金先生聞言，先是：哦，哦！哦了兩聲，然後說：『那就算了。』」殷海光在一邊看到他們師生兩人的對話大為吃驚。學生不客氣地批評，老師立刻接受他的建議，這在內地是從來沒有的。時在美國的王浩讀罷這段記載，認為此事「大致不假」，而且覺得「大家都該有金先生這種『雅量』，如果在一個社會裡，這樣合理的反應被認為是奇蹟，才真是可悲」。[46]

金岳霖的雅量令後人肅然起敬，但沈有鼎在日常生活中一些不拘形跡的做法與口無遮攔的說法，並不能令所有人都有如此雅量來對待。長沙臨時大學南岳分校時期，文學院的錢穆、吳宓、聞一多三教授與沈有鼎合住一室。據錢穆回憶：「室中一長桌，入夜，一多自燃一燈置其座位前。時一多方勤讀《詩經》、《楚辭》，遇新見解，分撰成篇。一人在燈下默坐撰寫。雨生（南按：即吳宓）則為預備明日上課抄筆記寫綱要，逐條書之，有合併，有增加，寫定則於逐條下加以紅筆勾勒。雨生在清華教書至少已逾十年，在此流寓中上課，其嚴謹不苟有如此。沈有鼎則喃喃自語，如此良夜，盡可閒談，各自埋頭，所為何來。雨生加以申斥，汝喜閒談，不妨去別室自找談友。否則早自上床，可勿在此妨礙人。有鼎只得默然。雨生又言，限十時熄燈，勿得逾時，妨他人之睡眠。翌晨，雨生先起，一人獨自出門，在室外晨曦微露中，出其昨夜所寫各條，反覆循誦。俟諸人盡起，始重返室中。余與雨生相交有年，亦時聞他人道其平日之言行，然至是乃始深識其人，誠有卓絕處。非日常相處，則亦不易知也。」[47]

錢氏所言，顯然有褒宓厭沈之意，對沈的言行，只是沒有露骨地貶斥而已。但類似事情到了吳宓眼中就大不同了。在吳氏眼中，沈有鼎雖聰明，且甚用功，「然其為人極可鄙。毫無情感，不講禮貌。衣汙且破，服裝如工人。飯時則急食搶菜，醜態畢宣。置父與妻於不顧，而惟事積錢。銀行所儲而外，小箱中存七八百元，一文不肯動用，而惟恐遺失。又或深夜扃戶啟箱，將銀幣一再清數，排列展覽以為樂。彤謂其似織工馬南 Silas Marner。[48]眾於會食或遊談時，恆以沈君種種為笑謔之資。宓有時不能忍，或且面斥沈君之非。沈君則夷然自適，不怒不慊。幾不知人間有羞恥事，噫，此又聰明自私之另一格耳」。在嘲諷責備一番過後，吳宓又頗為感慨地說：「平心而論，諸君皆難得之好人，待宓亦甚厚，然不免為普通中國式之君子，而宓重感情而好負責整飭，本末兼治，群己並顧，時乃感其不足之處。」[49]

吳宓觀察人物心理行為之細緻，描述之生動傳神，幾令人拍案叫絕。但在略顯刻薄的指斥之後，又不失寬宏大量的摯誠以待。儘管學人之間各自家庭、教育背景不同，性格迥異，且有這樣或那樣在別人看來足以笑謔或詬病的地方，但畢竟「同是天涯淪落人」，為保存國家民族的讀書種子而流亡西南邊陲，日子還得過下去，團結互助不只是個人問題，更是民族大義之所需。因而，留住在「天南精舍」的七教授，在相互體諒包容中友好地度過了蒙自的最後一段歲月。而這段最後歲月，在諸位教授的記憶裡，也自有跌宕起伏的情趣所在。按照錢穆所言，七人同住一處後，未久就聽移駐蒙自的空軍基地人員漏出音訊，說是日軍很可能要來空襲，當然這個空襲是針對空軍不是平民，但七教授住的地方與空軍基地很近，一旦敵機投彈，難免會發生基地起火，殃及池魚之事，諸位的性命堪憂。正在眾位焦慮而又不知如何應對之時，沈有鼎發揮了他的特長，謂自己是《周易》研究專家，甚得卜筮之道，可以用八卦之占以卜吉凶。眾人一聽甚是歡喜，乃於月黑風清之夜請其占卜。沈有鼎挽起衣袖，施展法術，一番神祕兮兮的擺弄，得節之九二，驗之以書，竟是「不出門庭凶」五字。眾人大駭，遂召開集體會議，決定自次日起，每日早餐後，攜帶乾糧、水壺與所讀之書，立即出門，到蒙自郊外荒野偏僻之處各自讀書，下午四點之後歸宿。為了做到言而有信，行之有效，會議決定推選吳宓為本次行動的前敵總指揮。每至清晨，由吳宓挨室叩門呼喚督促，遲到者則遭批評。早餐後由吳宓率隊至郊外躲避空襲，一連數日皆由吳總指揮發號施令，其狀「儼如在軍遇敵，眾莫敢違」。

如此這般度過數日，十月十七日，馮友蘭從昆明致信湯用彤、吳宓等人，謂聯大各院均定於十一月十五日提前在昆明開課。於是，「天南精舍」七位教授議定於十月二十九日集體離蒙自赴昆明，並推舉湯用彤為赴昆明旅行團團長，吳宓為會計，總籌赴昆事宜。

十月二十七日，吳宓偕錢穆、沈有鼎二人至南湖、軍山一帶散步，遊覽蒙自秋景。傍晚返回，閱報得知武漢已於前二日失守，眾皆悲戚。二十八日傍晚，吳宓獨自來到南湖，在堤上佇立良久，作詩一首：

離蒙自赴昆明

半載安居又上車，青山綠水點紅花。
群飛漫道三遷苦，苟活終知百願賒。
坐看西南天地窄，顧亭林詩云：「西南天地窄，零桂山水深。」

心傷宇宙毒魔加。

死生小已遵天命，翻笑庸愚作計差。

日前《雲南日報》所登沈從文君〈知識階級反省〉一文，愚甚贊同。

第二天，湯用彤率領吳宓等人打點行裝離開「天南精舍」，由碧色寨踏上了開往昆明的火車。至此，聯大最後一批人員告別了蒙自。曾經留下了聯大師生歡聲笑語和精神慰藉的南湖，連同一幢幢鐫刻著歲月烙印的優美建築，構成一道永恆的風景，長久地留在了師生的記憶之中。

注釋

1 吳宓著，吳學昭整理、注釋，《吳宓日記》第六冊（北京：生活．讀書．新知三聯書店，一九九八）。

2 錢穆，《八十憶雙親．師友雜憶》（北京：生活．讀書．新知三聯書店，一九九八）。

3 傅來蘇，〈文典先生笑談「蒙自趣事」〉，《雲南民革》，二〇〇一年八月三十日。

4 浦薛鳳，《浦薛鳳回憶錄（中）：太虛空裡一遊塵》（合肥：黃山書社，二〇〇九）。

5 馮友蘭，《馮友蘭自述》（北京：中國人民大學出版社，二〇〇四）。

6 王佐良，〈一個中國詩人〉，北平《文學雜誌》（一九四七年七月）。

7 此詩作於一九三八年六月，原載《南湖壁報》第二期，轉引自《西南聯大在蒙自》（昆明：雲南民族出版社，一九九四）。

8《穆旦詩文集（北京：人民文學出版社，二〇〇六）。
9 鄭天挺，〈南遷歲月——我在聯大的八年〉，收入南開大學校史研究室編，《聯大歲月與邊疆人文》（天津：南開大學出版社，二〇〇四）。
10 聞一多，〈八年的回憶與感想〉，《歷史動向：聞一多隨筆》（北京：北京大學出版社，二〇〇八）。
11 浦薛鳳，《浦薛鳳回憶錄（中）：太虛空裡一遊塵》（合肥：黃山書社，二〇〇九）。
12 同前注。
13 吳宓著，吳學昭整理、注釋，《吳宓日記》第六冊（北京：生活・讀書・新知三聯書店，一九九八）。
14 同前注。
15 同前注。
16 同前注。
17 同前注。
18 吳學昭編，《吳宓與陳寅恪》（北京：清華大學出版社，一九九二）。
19 同前注。
20《陳寅恪集・詩集（附唐篔詩存）》（北京：生活・讀書・新知三聯書店，二〇〇九，二版）。編者注：此律吳宓抄存稿題為〈南湖即景〉，第四句作「樓外歌聲雜碎醒」。作者於〈論再生緣〉中錄此詩，第三句作「橋頭鬢影還明滅」，第六句後按：「十六年前作此詩，句中竟有端生之名，『豈是早為今日讖』耶？噫！」
21 吳學昭編，《吳宓與陳寅恪》（北京：清華大學出版社，一九九二）。吳宓《日記》所載「南湖獨步憶西湖」之「獨步」與「獨對」不同，或為原稿所擬，現無存，已不可考。
22 吳學昭編，《吳宓與陳寅恪》（北京：清華大學出版社，一九九二）。
23 吳宓著，吳學昭整理，《吳宓自編年譜》（北京：生活・讀書・新知三聯書店，一九九五）。
24 吳學昭編，《吳宓與陳寅恪》（北京：清華大學出版社，一九九二）。
25 陳寅恪，《陳寅恪集・寒柳堂集》（北京：生活・讀書・新知三聯書店，二〇〇一）。

26 西南聯合大學北京校友會編，《國立西南聯合大學校史》（北京：北京大學出版社，二〇〇六）。

27 蔣廷黻，《中國近代史》（上海：上海古籍出版社，二〇〇四）。蔣廷黻（一八九五—一九六五），湖南寶慶（今邵陽）人。一九一一年由教會資助赴美求學。先後就讀於派克學院、歐柏林學院和哥倫比亞大學研究院歷史專業，一九二三年獲哲學博士學位回國。先後任南開大學、清華大學教授、歷史系主任。任教期間，十分重視中國近代對外關係史檔案資料的整理工作，以當時中央研究院史語所首次影印刊布的清宮檔案《籌辦夷務始末》為基礎，編輯了《近代中國外交史資料輯要》（上、中）兩卷，同時收購散藏於民間的檔案，編輯道光、咸豐、同治三朝《籌辦夷務始末補遺》（同治五年以下未編成）。其間還與胡適等人創辦《獨立評論》並出任主筆。一九三五年十二月，蔣廷黻受蔣介石之邀，以非國民黨員身分出任國民政府行政院政務處長，從此離開清華踏上了仕宦之路。後多從事外交事務，一九四五年被任命為中國駐聯合國常任代表。一九六一年十一月改任臺灣駐美大使，兼駐聯合國代表。有《中國近代史》、《蔣廷黻回憶錄》等著作傳世。
蔣廷黻寫這部《中國近代史》小冊子的時候，正是他已辭駐蘇聯大使，又未恢復國民政府行政院政務處長之職的空隙。當此之時，蔣的好友陶希聖、吳景超、陳之邁三人正準備編輯一套《藝文叢書》，每冊三萬至六萬字。蔣受邀寫稿，並在武漢大會戰到來之前的短短兩個月時間寫就該書，同年由藝文研究會作為《藝文叢書》的一種出版發行。關於此書的寫作動機和性質，蔣廷黻於一九四九年七月為臺灣啟明書局重排出版並改名為《中國近代史大綱》的「小序」中做了這樣的說明：「我在清華教學的時候，原想費十年工夫寫部近代史。抗戰以後，這種計畫實現的可能似乎一天少於一天。我在漢口的那幾個月，身邊圖書雖少，但是我想不如趁機把我對我國近代史的觀感做一個簡略的初步報告。這是這書的性質，望讀者只把它做個初步報告看待。」這部只有幾萬字的著作，實際上為作者的學術生涯與學術成果畫了一個句號。此後，蔣氏整日周旋於官場，在燈紅酒綠與小蜜二奶擁抱的歡笑以及大奶無休止的吵鬧、廝打聲中終了一生。

28 耿雲志，〈七七事變後胡適對日態度的改變〉，《抗日戰爭研究》一九九二年二期。

29 蔣廷黻，《蔣廷黻回憶錄》（臺北：傳記文學出版社，一九七九）。

30 同前注。

31《金明館叢稿二編》（上海：上海古籍出版社，一九八〇），頁一三一。
32 金岳霖，〈分析我解放以前的思想〉，收入中國民主同盟南方總支部宣傳委員會編，《知識分子的思想改造問題》（香港：人間書屋，一九五二）。
33 浦薛鳳，《浦薛鳳回憶錄（中）：太虛空裡一遊塵》（合肥：黃山書社，二〇〇九）。
34 同前注。
35 李勇、張仲田編，《蔣介石年譜》（北京：中共黨史出版社，一九九五）。
36 蔣廷黻，《蔣廷黻回憶錄》（臺北：傳記文學出版社，一九七九）。
37 吳學昭編，《吳宓與陳寅恪》（北京：清華大學出版社，一九九二）。
38 陳孝全，《朱自清傳》（北京：北京航空航太大學出版社，二〇〇八）。
39 馮友蘭，《馮友蘭自述》（北京：中國人民大學出版社，二〇〇四）。
40 鄭天挺，〈南遷歲月——我在聯大的八年〉，收入南開大學校史研究室編，《聯大歲月與邊疆人文》（天津：南開大學出版社，二〇〇四）。
41 浦薛鳳，《浦薛鳳回憶錄（中）：太虛空裡一遊塵》（合肥：黃山書社，二〇〇九）。
42 同前注。
43 錢穆，《八十憶雙親・師友雜憶》（北京：生活・讀書・新知三聯書店，一九九八）。
44 陳寅恪著，陳美延、陳流求編，《陳寅恪詩集》（北京：清華大學出版社，一九九三）。
45 吳學昭編，《吳宓與陳寅恪》（北京：清華大學出版社，一九九二）。
46 王浩，〈從金岳霖先生想到的一些事〉，收入金岳霖學術基金會學術委員會編，劉培育主編，《金岳霖的回憶與回憶金岳霖》（成都：四川教育出版社，一九九五）。
47 錢穆，《八十憶雙親・師友雜憶》（北京：生活・讀書・新知三聯書店，一九九八）。
48 一八六一年出版的英國女小說家喬治・艾略特所著小說《織工馬南》中之主人公。
49 吳宓著，吳學昭整理、注釋，《吳宓日記》第六冊（北京：生活・讀書・新知三聯書店，一九九八）。

第十五章

國破花開濺淚流

一、炸彈下的書生們

從蒙自撤往昆明的聯大文法學院，因事出倉卒，當師生陸續到達後，院址尚無著落。據知情者說，籌畫此事頗為不易，「初議江西會館，但稍有眉目，而工學院主持者又要搶用。嗣聞另有力者，或亦需用江西會館。則工學院能得與否，尚未可知」。[1]

就在江西會館被你爭我奪，鹿死誰手尚難定論之時，蔣、梅二常委又派出陳福田、張奚若、陳岱孫三個系主任前往晉寧盤龍寺一帶查勘，終因地勢狹小荒蕪、不堪應用而作罷。正在左衝右突了無著落之際，忽聞當地政府指令昆明城內各中學、師範學校移散鄉縣僻靜之處，於是陳福田、張奚若等乃竭力串通蔣、梅二常委，外加潘光旦、馮友蘭等實力派人物，租用昆明師範和農校等全部校舍，將聯大文法學院師生遷入。這個決定公布後，一度引起部分教授的不滿和抵制，浦薛鳳則明確表示：「其意一若人愚我智，人怯我勇者。師範當局已將校產之可搬動者，悉數運走。目睹光景，心殊不安。」[2]

浦氏等教授的擔心與不滿自有道理，事後發生於師範學院的一次慘烈轟炸也證明了這一預感的正確，但在如此眾多師生已雲集昆明而學校又無處安置的艱難處境中，遷入師範學院亦是一個便捷的解決之道。未久，蒙自轉入的大多數師生遷入昆師與農校，另有一小部分對《易經》和風水較有研究的教授，感覺此處乃屬卦象所謂「主大凶」之地，一旦住進，很可能落個人財兩亡的結局。於是自行在郊外租房居住，學校當局正好落得個清靜，一概照准。

此時，比吳宓等人早一些時候來昆明的陳寅恪，由於兼職的關係，住進了中央研究院史語所在昆明租賃的靛花巷青園學舍樓上——這是他自北平與史語所同人分別四年多來的再次相聚。想不到剛剛安頓下來，又一個不幸的消息險些將其擊倒。在離北平的時候，陳寅恪曾託侄子陳封雄把一批書籍郵寄到長沙一個親戚家，以便自己到達後取用。想不到這批書直到陳氏一家離開長沙後一個多月才收到。更想不到的是，一九三八年十一月日軍攻占岳陽逼近長沙，國民黨軍事高層欲實施堅壁清野戰略放火燒城，因執行具體任務者發生誤會，於十二日夜間突然自行放起火來，長沙頓成一片火海，不知內情的百姓在大火濃煙中號啕悲呼，四處蹦躥，設法逃生。結果是，一場大火毀房五萬餘棟，死傷市民兩萬餘人，數十萬人無家可歸。陳寅恪親戚的住處也未免劫難，房屋俱被燒毀，而陳氏寄存的書籍也化作灰燼。這場滅頂之災使陳寅恪一生積攢的心血結晶和心中最後一絲希望宣告破滅，禁不住潸然淚下。

不幸之中的萬幸是，昆明的條件優於蒙自，況且還有一個藏書大戶史語所在此，陳寅恪得以借到所需書籍應急，其在聯大開設的「兩晉南北朝史」和「隋唐制度淵源論」課業得以不輟。

陳寅恪居住的靛花巷青園學舍臨近昆明城北門，聯大教室則位於昆明文林街，每逢上課，陳寅恪都需步行一里多路到校。此時他的右眼視網膜剝離，僅剩左眼視力勉強看書授課。陳氏仍像當年在清華園一樣，每次上課都用一塊花布或黑布，包著一大包書向教室匆匆走來，至時滿頭是汗，卻從不遲到。有學生不忍見一隻眼睛已盲的史學大師如此辛苦勞累，主動提議每到上課時前去迎接，並幫助拿書，遭到婉拒。據一位學生回憶：「陳先生上課一絲不苟，多數時候先抄了滿滿兩黑板資料，然後再閉上眼睛講。他講課總是進入自我營造的學術語境或歷史語境，似乎把世事都忘得一乾二淨。某日，第一隻腳甫踏入門，距離黑板尚遠，陳師即開始講述，謂上次講的……隨即走近桌旁，放置包書之包袱，就坐於面對黑板、背朝學生之扶手椅上。講述久之，似發覺座位方向不對，始站起身搬轉坐椅，而做微笑狀。有時瞑目閉眼而談，滔滔不絕。」[3]時在北大文科研究所任助教的鄧廣銘慕陳寅恪才學與聲名，經常跑到聯大教室旁聽，獲益頗豐。對此，鄧氏回憶說：「雖然因為我的根柢太差，對陳先生所講授的未必能有深切的體會，但反思在那一年多的時間內，我在治學的方法方面所受到的教益，較之在北大讀書四年所得，或許可以說是有過之而無不及。」[4]

陳寅恪人格學問，不僅得到了傅斯年與史語所學界大腕與年輕弟子們的尊重，即便是當年同在清華大學任教的馮友蘭、朱自清等輩也備加敬重。一九三四年清華大學出版的《清華暑期週刊・歡迎新同學專號・教授印象記》，曾有一段對陳寅恪的描寫：「在清華大學的校史中，流傳著許多關於陳寅恪先生的趣談。例如，哲學大家馮友蘭先生的學問可謂不小了，從一九二八年入校起，當過祕書長、文學院長，以至數度代理校務，在清華可稱為上乘人物了。但每回上中國哲學史課的時候，總會看見馮先生十分恭敬地跟著陳先生從教員休息室裡出來，邊走邊聽陳先生講話，直至教室門口，才對陳先生深鞠一躬，然後分開。這個現象固然使我們感到馮先生的謙虛有禮，但同時也令我們感到陳先生的實在偉大。」從這個記載中可以看出，陳寅恪的威望和名聲在他步入清華園不久，即已憑著他的才學與人格力量，深入人心並得到同人的普遍尊敬。許多年後，哲學家金岳霖不無感慨地回憶道：「寅恪的學問

1938年春天，史語所遷至昆明，10月遷至昆明郊外。此照攝於昆明龍泉鎮龍頭村。左二為傅斯年，右四為夫人俞大綵。

我不懂，看來確實淵博得很。有一天我到他那裡去，有一個學生來找他，問一個材料。他說：你到圖書館去借某一本書，翻到某一頁，那一頁的頁底有一個注，注裡把所有你需要的材料都列舉出來了。你把它抄下，按照線索去找其餘的材料。寅恪先生記憶力之強，確實少見。」[5]

靛花巷青園學舍小樓共分三層十八間，史語所人員撤往龍頭村後，此樓成為北大文科研究所的大本營，但傅斯年等史語所人員進城，仍住一樓。陳寅恪因兼任北大文科研究所歷史組導師，一直在此居住。據當年在該所就讀的學生周法高回憶：「研究生住在三樓兩間大房裡面，加外兩小間，一間住的是陳寅恪先生，一間住的是湯用彤先生。羅常培先生是住在二樓。另外還有助教鄧廣銘先生和事務員郁泰然先生（郁是劉半農的親戚，江陰人）。此外還有英文導師葉公超先生。」又說：「他（陳寅恪）本來是清華的教授，可能是因為他是傅斯年先生的親戚和好友的關係，又住在靛花巷的樓上，就擔任研究所史學組的導師了。不過他的脾氣也真不小，可能是由於健康不佳的關係吧！我們和他同住在三樓，彼此從不交談。有一次大概他午睡的時候，有一個客人慕名來看他，他一直打躬作揖把那個人趕下樓去。又有一次，二樓羅常培先生的房裡研究生滿座，鬧烘烘的，那時大概九十點鐘吧，聽到樓上陳先生用手杖重重地把樓板敲了幾下，羅先生嚇得趕快偃旗息鼓。」[6]

周法高的回憶，向世人透露了陳寅恪因疾病纏身而導致脾氣暴躁與格外威嚴的一面，同時也透露了另一個信息，那就是陳氏有睡早覺和午覺的習慣。一九四二年八月三十日，陳寅恪在給傅斯年的信中說：「弟之生性非得安眠飽食（弟患不消化病，能飽而消化亦是難事）不能作文，非是既富且樂，不能作詩。平生偶有安眠飽食之時，故偶可為文。而一生從無既富且樂之日，故總作不好詩。古人云詩窮而後工，此精神勝過物質之說，弟有志而未逮者也。」[7]此信是後來陳寅恪攜家從香港逃出抵達桂林時，因家累與身體原因不能速返時已遷往四川李莊的史語所，專門向傅斯年做的解釋。但從這幾句解釋中可知陳氏之睡早覺、午覺，甚或感情衝動、愛發火等是確有緣由的。另據傅斯年一九四二年八月三十一日致中央研究院總幹事葉企孫信中言：「其實彼（指陳寅恪）在任何一處一樣，即是自己念書，而不肯指導人。」又，傅斯年以開玩笑的口氣說：「本所幾個老年助理，他還肯說說，因此輩常受他派查書，亦交換方便也。一笑。」[8]按傅斯年透露的信息，此時的陳寅恪不理睬周法高輩，是合乎其性格和處世方式的。只是陳氏這個看起來與別人毫無關係的習慣，竟把傅斯年折騰得好苦。

傅斯年來到昆明後，為盡到北大文科研究所代理所長的責任，經常在龍花巷三號的青園學舍一樓居住。此時日機已對昆明展開大規模空襲，而發生於九月二十八日的最早一次轟炸就使遷入昆明師範學院的聯大師生受到重創。當時的浦薛鳳雖然竭力反對進駐師院並因此而「心殊不安」，但因一時租不到居處，只好隨文法學院部分教授如金岳霖等遷入。想不到進住不久，敵機轟炸開始。警報響起後，金岳霖、皮名舉、劉晉年等五六人，未及時離開，等到看見銀灰色敵機一排飛臨上空，頓感不妙，急避圖書館內俯伏，掃射與爆炸之聲隨之響起。最後擠進的一個學生「哎喲」一聲大叫，鮮血已順著額頭流淌下來。瞬間一枚炸彈落入圖書館樓後房頂，巨大的爆炸力將樓上一個南開籍學生衝出窗外，身無傷痕而亡，是為震死。片刻工夫，校園大樓正門破碎，窗盡震毀，一座洋房盡成瓦礫，不復辨認。兩位聯大校工和兩名學生被炸後橫屍校園。時聯大校方正組織學生在昆師集訓，一集訓大隊長躲警報稍遲，被炸彈劈成三段，下身半段尚在牆內網球場邊，頭部則飛至牆外操場上，所帶兩個小孩一同遇難，身首異處。敵機飛走後，外出躲警報回歸的浦薛鳳見校內一片狼藉，「屍身家屬正哭場中，匠人則正揮斧做棺」，[9] 望之淒然。

當此之時，住在龍花巷史語所樓上的陳寅恪等人，同樣遭受敵機轟炸的威脅，為了躲避空襲，傅斯年命人在樓前空地挖了一個大土坑，上蓋木板以做防空洞之用，但坑裡經常水深盈尺。住在三樓的陳寅恪一遇到警報，不惜帶著椅子坐在水裡，一直等到警報解除。為此，陳寅恪曾專門做過一副帶有調侃意味的對聯：「聞機而坐，入土為安。」[10]「機」，是指日本的飛機，「入土」者，入防空洞也。每次警報一鳴，眾人爭先恐後向防空洞奔跑，盡快「入土為安」。這個時候，身體虛弱的陳寅恪不但右眼已經失明，左眼也開始患疾，視力模糊，行動極其不便。又由於有睡早覺和午覺的習慣，傅斯年怕陳氏聽不到警報或聽到警報而因視力不濟遭遇危險，每當警報響起，眾人大呼小叫地紛紛向樓下奔跑，傅斯年則搖晃著肥胖的身軀，不顧自己極其嚴重的高血壓和心臟病，喘著粗氣，大汗淋漓地向樓上急奔，待跑到三樓把陳寅恪小心地挽扶下來，送進防空洞「為安」，才算了卻了一件心事，此舉在昆明學界傳為佳話。正是由於陳寅恪、傅斯年等人的密切合作與共同努力，才使一個並不為時人所重的歷史語言研究所一躍成為中國史學研究的中心，並開一代史學研究之風氣。許多年後，曾追隨陳寅恪治學的史語所歷史組研

日本飛機轟炸昆明——聯大南北院中七彈

日本飛機轟炸昆明——聯大南北院被炸情形

究員勞榦在臺灣孤島上回憶往事的時候說道：「二十年來的歷史研究，國內幾個好的大學及研究機關，雖然都有它的貢獻，但孟真主持的中央研究院歷史語言研究所以及北京大學文科研究所，的確能做到中心地位。尤其歷史語言研究所的有關歷史部分在陳寅恪先生以歷史學先進、謹嚴而淵博的方法領導之下，影響尤深。」[11]此為讚譽，也是實話。

位於昆明白泥山中的防空壕，陳寅恪等師生曾在此躲警報。（作者攝）

史語所撤出昆明遷入郊外龍頭村後，陳寅恪的日常生活主要由好友、聯大外文系的吳宓照應。當時吳宓住在玉龍堆，也就是後來改建的雲南大學校門附近，與靛花巷相隔不遠。每有警報響起，吳宓立即拋下手中事務，跑到陳寅恪居住的樓上將其扶下，因靛花巷樓下的防空洞過於狹小，吳不樂意委屈自己，乃攙陳寅恪向遠一點的山中躲避。好在穿過雲大校園至環城北路就是白泥山（南按：吳在日記中稱「第一山」），或越過古驛道至小虹山（南按：吳稱「第二山」），二者路程皆不遠，且山下蘇家塘村還有幾個茶點水果和燒餌塊的小鋪子，敵機來之前和之後可在此小住休息，吃些茶點之類的食物充饑，順便打發無聊時光，算是一個駐足歇息的好去處。據吳宓一九四〇年十月二十八日（星期一）日記載：

晴。晨，上課不久，7：15警報至。偕恪隨眾出，仍北行，至第二山避之。12：30敵機九架至，炸圓通山未中，在東門掃射。時宓方入寐，恪坐宓旁……2：00同恪在第二山前食塗醬米餅二枚。[12]

吳宓所記的兩山因距聯大較近，大都為腿腳不靈便的老教授躲避之所，年輕的師生則跑到更遠的山中躲避，這個地方便是聯大學生汪曾祺在〈跑警報〉一文中所說的後山。這後山需沿古驛道走出四五里，驛道右側較高的土山上有一橫斷的山溝，據說是某年某月由於地震造成。溝深約三丈，溝口有二丈多寬，溝底也寬有六七尺，是一處極佳的天然防空溝，日軍飛機若是投彈，只要不是直接命中落在溝裡，即便是在溝頂上爆炸，彈片也不易蹦進來。機槍掃射也不可怕，因為溝的兩壁是死角，子彈是難以拐彎的。此溝之大可容數百人，年輕人常到這裡躲避，無聊之時就在溝壁上修了一些私人專用的防空洞，大小不等，形式不一。這些防空洞不僅表面光潔，有的還用碎石子或碎瓷片嵌出圖案，綴成對聯。對聯大都有新意。汪氏回憶說，至今自己還記得兩副，一副是「人生幾何，戀愛三角」；一副是「見機而作，入土為安」。後一副顯然是抄襲了陳寅恪的詩句，是一種對眼前場景的紀實。前一副如汪曾祺所說，表面看來「是一種泛泛的感慨，但也是有現實意義的」。因為跑警報的時間與次數多了，在西南聯大就出現了一個特別的情形：同學跑警報，成雙成對者越來越多。跑警報說不上是同生死，共患難，但隱隱約約有那麼一點危險感，和看電影、遛翠湖時不同。這一點危險感使兩方的關係更加親近了。女同學樂於有人伺候，男同學也正好殷勤照顧，表現一點騎士風度。正如孫悟空在高老莊所說：「一來醫得眼好，二來又照顧了郎中，這是湊四合六的買賣。」按照老金所教的邏輯課中的邏輯推理，有戀愛，就有三角，有三角，就有失戀者。當時聯大跑警報的「對兒」並非總是固定的，有時一方被另一方「甩」了，兩人「吹」了，「對兒」就要重新組合。據汪曾祺猜測，在防空洞寫下那副「戀愛三角」對聯的，大概就是一位被「甩」的男同學。不過，也不一定。[13]

像這種帶有浪漫色彩的對聯，患目疾的陳寅恪雖未親眼所見，但肯定知曉，至少對此類事頗感興趣的好友吳宓會告訴他。不過從陳氏留下的日記、書信及談話材料看，絲毫看不出他對此有過什麼議論和感想，可能聽罷淡淡一笑也就過去了。而好友吳宓卻對此感慨多多，他在一九四〇年十月三十日的日記中就曾記載道：「逃避空襲出郊野終日，實為少年男女締造愛情絕佳之機會。」可見吳對跑警報中所見所聞的男女戀愛逸事，是格外關注並充滿幻想的，只是這種幻想落到現實之中又往往生出一種尷尬，而這尷尬一旦落到吳宓身上，又是一場揪心扯肺的心靈之痛。吳宓自早年與夫人陳心一離婚後，一直不間斷地狂追死纏「三洲人士共驚聞」的夢中老情人，時在上海、重慶等地居住、工作的毛彥文，同時又感覺追逐毛彥文前景渺茫，遠水不解近渴，乃在追毛的同時，又坐地追求聯大生物系女助教B（英文名蓓拉），但這位B小姐卻與本校一位姓趙的體育教員相好，這個「三角」令吳十分苦惱。某次跑警報，B小姐與趙青年跑至蘇家塘東山之下並肩坐地歇息，忽見吳宓氣喘吁吁地跑來，二人「見宓，低傘以自障」。吳宓見狀，只好緊急煞腳，眼珠亂轉一通，識趣地喘著粗氣轉道跑開，心中的滋味大概只有親身經歷過類似事件的人方可體會。數日後，警報又響，但見B小姐「裝扮完整，服紅灰色夾大衣」，而趙某人「衣航空褂，草綠軍褲。手持照相機。身貌其偉健壯」，二人「相伴而行」。宓見之，大為尷尬，在拖著並不怎麼靈便的身子往前奔跑中，只好「緩行，遙尾之」。[14]一個既羨又妒又無可奈何的人物肖像，活靈活現地勾勒出來。

二、雞犬飛升送逝波

戰事連綿，人心惶惶，日軍飛機對昆明轟炸越來越凶。在這世事紛亂的艱難環境中，無論是吳宓還是陳寅恪，跑過警報還要繼續上課，吳宓仍開設外國文學；陳寅恪除了應付史語所歷史組、西南聯大、北大文科研究所等職責內的各項課業，還拖著病體，靠一隻即將失明的眼睛，硬是完成了奠定其世界級學術大師地位的不朽名篇《隋唐制度淵源略論稿》的寫作。

一九三九年春，陳寅恪被英國皇家學會授予研究員職稱，並收到牛津大學漢學教授聘書，請其赴牛津主講漢學。校方已安排好該校漢學家休斯副教授充任其副手——這是牛津大學創辦三百餘年來首次聘請一位中國學者為專職教授。面對如此榮光的禮聘，陳寅恪曾兩度辭謝，後考慮夫人唐篔患嚴重的心臟病，不能抵昆團聚，同時藉赴英機會可治療眼疾，

1939年秋在香港。左起：陳小彭、陳寅恪、唐篔、陳美延（前小童）、陳流求。（引自陳寅恪著，陳美延編，《陳寅恪集》〔北京：生活．讀書．新知三聯書店，2001〕）

遂答應就聘。在得到西南聯大主持校務的梅貽琦同意後，陳寅恪於這年六月下旬乘車由安南轉往香港做赴英的準備。全歐漢學家聞陳氏將來，雲集奧格司佛城，靜坐以待。在重慶的史家、文學家陳衡哲得此消息，曾評論曰：「歐美任何漢學家，除伯希和、斯文．赫定、沙畹等極少數人外，鮮有能聽得懂寅恪先生之講者。不過寅公接受牛津特別講座之榮譽聘請，至少可以使今日歐美認識漢學有多麼個深度，亦大有益於世界學術界也。」[15]意想不到的是，抵港未久，歐洲戰火驟起，地中海不能通航，何時能夠啟程，杳無可知。陳寅恪茫然四顧，一時不知如何是好，他於港島寫給傅斯年的信中說：「天意、人事、家愁、國難俱如此，真令人憂悶不任，不知兄何以教我。」[16]此時的傅斯年亦無法可想，無奈中的陳寅恪只好於這年九月由香港重新返回昆明西南聯大上課，繼續等待可行的機會。對此遭際，陳氏有〈己卯秋發香港重返昆明有作〉一詩，藉見其悲感交集之心情：

暫歸匆別意如何，三月昏昏似夢過。
殘剩河山行旅倦，亂離骨肉病愁多。
狐狸狐搰摧亡國，雞犬飛升送逝波。
人事已窮天更遠，只余未死一悲歌。[17]

一九四〇年暑假，聽說歐洲方面戰況稍有好轉，陳寅恪再返香港等候赴英之機。其理由如致傅斯年函中所言：「英國如能去，則弟必須去，因弟覆牛津函言去，故必須踐約也。」[18]想不到這次又出了差錯，剛到香港不久，忽得中國駐英大使郭泰祺（字復初）發來電報，謂因時局關係，赴英之事需延期一年。心灰意冷的陳寅恪欲再次孤身一人返回西南聯大，恰在此時，日軍為切斷廣西與越南之間的國際交通線，出兵攻占南寧，陷落崑崙關，滇越交通中斷，致使陳寅恪無法回昆，而夫人唐篔除心臟病外又患子宮病。陳氏走投無路，一面寫信請傅斯年「如本所及聯大有遷地之消息，乞速示知」，[19]一面做攜家眷遷川之打算，並通過許地山在香港大學暫時謀得一客座教授職位，以換取微薄的薪金維持生計。

一九四一年初，中央研究院史語所已遷往四川南溪李莊，傅斯年致信陳寅恪，告之消息，並云西南聯大也即將遷川，其時已在四川敘永建分校，如在香港不能支撐，可攜家眷由香港直接轉赴四川李莊，專任史語所研究員兼歷史組主任。但此時陳家已一貧如洗，根本無資遷川，處在兩難中的陳氏在走與留問題上搖擺不定，「蓋居港地，進退維谷」。一九四一年二月十二日晚，幾近陷入絕境的陳寅恪在答傅斯年信中道：

現除飛機外，尚有由廣州灣至桂林一道勉強可通（亦需經過無窮苦難）。內人及小孩等不計其生死存亡，令其遷至廣西居住，通計載運人身及搬運行李，據最近車船夫轎之價，約近四五千元國幣，若此能設法籌出，或者於五六月，敝眷及弟全部可由港至廣西，弟一人赴川而置家於廣西，以免多費川資及免再跋涉之苦。但又不知彼時此道能通與否耳！總之，於今年暑假將居時，即五月間，能設法為弟借貸國幣五千元或英金百鎊（與朱、杭諸公商之如何）以為移家至內地之費，則弟或不致愁憂而死，否則恐與兄無見之機矣！

又近六月來，內子與弟無日不病，只得輪班治療服藥，以二人不能同時治病也，因此病又時發，未能全恢復健康也。所幸近已努力作成《唐代政治史略》一部，約七八萬言，又考證唐人小說二篇（〈會真記〉、〈東城老父傳〉）約一二萬言，現因無人謄抄故，尚未能一時寫清寄上求教，約暑假前總可謄清也！[20]

二月二十八日，陳寅恪再致函傅斯年，作為前封信的補充：

內遷既已決定，則廣州灣亦有制限行李之事，衣被不能多帶，故乘天氣尚寒時，將皮袍棉袍盡量穿在身上帶渝，以為過冬禦寒及當作被蓋之用。如有暇則赴李莊一看情形，以為遷後之準備。大約昆明地太高，心臟不能堪。如不能去李莊，敘永不知如何？

傅斯年接信後，想方設法為陳寅恪籌集川資，但來回奔波幾圈，幾無所獲，最後不得不與西南聯大的楊振聲協商，先從北大文科研究所資助三千元以解燃眉之急。但款尚未寄至香港，通往桂林的路又被日軍截斷，任憑陳寅恪捶胸頓足，仰天大呼自己身家性命如此之苦，但蒼天卻板著面孔，未有半點憐憫之意，陳氏一家只有在水深火熱中備受煎熬。陳寅恪在給史語所助理研究員鄧廣銘並轉呈傅斯年的信中道：「弟居港下半年，即六月以後便無辦法，行止兩難，進退維谷，頗如待決之死囚，故半年來白髮又添無數莖矣！」同時明確表示，「弟一人至川，而將家眷由廣州灣赴廣西居住，因路短費省，且可略帶行李（運費極昂）」。最後，陳寅恪特地囑鄧廣銘說：

弟到李莊之可能甚多，便中乞告以地方情形，即何物最須帶，何物不必帶之類，以便有所預備也。

當陳寅恪在勢如牢籠的港島左衝右撞，總是突不出重圍之時，震驚世界的珍珠港事件爆發了。

就在珍珠港事件爆發的同日上午八時三十分，日軍空襲香港並以第三十八師團數萬人之兵力進攻港島。十三日，九龍半島淪陷，二十五日港島失守。英國守軍僅經十八天抵抗便告崩潰，香港總督楊慕琦打著白旗親到九龍半島酒店向日本派遣軍司令酒井投降，一萬五千名駐港英軍被俘，整個港島為日軍占領。隨後，日本在香港設立了大本營直轄的占領地總督，以陸軍中將磯谷為「港督」，受日本「中國派遣軍」總司令節制。

當日軍偷襲珍珠港和繼之空襲港島之日，正是傅斯年從重慶赴李莊的第二天，而到後立即病倒。當傅氏在昏昏沉沉中得知戰火已在太平洋燃起，第二次世界大戰全面爆發的消息後，立即意識到被困在香港的陳寅恪一家性命堪憂，必須立即設法促其離港，於是強撐病體，接連拍發了三封加急電報。

務盼設法助陳寅恪兄來渝，電覆宜賓轉李莊。

斯年　灰

三十年十二月十日

（款）重慶杭立武兄：

重慶王毅侯兄：

祈電丁巽甫兄，設法助寅恪離港，先墊款，弟負責料理此事，並陳院長。再此間無存款，前說四千元，均為同仁墊借，乞速匯。

香港九龍太子道三六九號三樓陳寅恪：

斯年　灰

已電杭及丁巽甫助兄，速飛渝。

斯年　灰[21]

就在傅斯年為陳寅恪一家命運焦慮不安，拖著病體設法營救之時，鑑於港島已被日軍團團圍住且即將淪陷的危局，重慶國民政府火速派出飛機抵達香港，接應、搶運在戰前滯留在香港的政府要員與著名文化教育界人士。十二月十八日，最後一架飛機——中航空中行宮號呼嘯著降落香港啟德機場，此時英港督楊慕琦已經通過廣播公開宣布向日本投降，整個港島事實上已在日軍的控制之下，尚未來得及離港的中國政府要員和文化名人，已是大難臨頭，到了生死攸關的最後一刻。

按照國民政府教育部和中央研究院提議，「三百年僅此一人」的「教授的教授」、史學大師陳寅恪，當之無愧地被排在「搶運」之列。此前朱家驊已拍發密電通知陳寅恪，令其做好準備，攜家乘機返國，萬勿錯過這最後一線生機。當陳寅恪於兵荒馬亂中攜家帶口匆忙趕到機場時，卻被無情地擋在了圈外。與陳寅恪一道被擋在圈外的還有國民黨元老廖仲凱夫人何香凝，國民政府檢察院副院長許崇智，著名文化人士郭沫若、茅盾，同時還有中央研究院故院長蔡元培的夫人等。阻擋者乃是蔣介石的「老二」，時任國民政府行政院副院長兼財政部長孔祥熙的夫人宋藹齡、女兒、隨從和豢養的一批保鏢守卒。

當時素有「南天王」之稱的國民黨中央常委、一級陸軍上將陳濟棠與夫人莫秀英，已搶先一步登上飛機。然而，孔家的二小姐、時常裝扮成半男不女模樣的孔令俊巡視整個機艙後，發現她心愛的兩隻洋狗「雪兒」與「黃雄」蹲在艙內沒有落座。孔二小姐走向前來，沉著臉對陳濟棠喝道：「你們兩個老東西是怎麼上來的？」

陳濟棠抬頭一看孔令俊不男不女的狗熊樣子和粗魯無禮的舉動，面帶怒色地高聲回道：「我是陳濟棠！是蔣委員長請我上來的。你這渾小子，他媽的是誰家的崽？」

「噢，陳濟棠，蔣委員長請你上來的，很好。只是我的狗還沒有座位，我現在請你下去，把座位讓給我的狗狗。」孔二小姐面色冷峻，頗為氣惱地說著，極度傲慢和挑釁地瞥了一眼陳濟棠。

陳濟棠見對方如此無理，竟不把自己這位黨國大員、一級陸軍上將放在眼裡，怒不可遏，忽地從座位上站起來，厲聲喝道：「放你媽的狗屁！你是什麼人，敢在老子面前撒野施橫？」

「我是孔令俊，孔院長的二小姐！你想怎麼著？」孔令俊擺出一副輕蔑、鄙視的神情應道。

陳濟棠聞聽對方來自孔門，知道這就是傳說中的活閻王——孔二小姐，遂強壓怒火，擺出一副老前輩的架式，責怒道：「呵，原來你是庸之先生的女兒，我和庸之在北伐時就相識，還是好友，你做晚輩的，應該照顧我才是，不該如此無禮！」

陳濟棠話音剛落，擁擠混亂的機艙傳出一陣吵嚷聲，孔二小姐意識到時間緊迫，遂不再與對方糾纏，索性從腰間「嗖」地一下拔出手槍，點著陳濟棠的額頭喝道：「媽啦個巴子的，你少給我囉唆，像你這種反覆無常的小人也配當我的前輩？快給我滾下去，否則讓你嘗嘗花生米的滋味，滾！」

「他媽的，還真反天了，難道我陳濟棠還不如你一隻狗值錢？」陳濟棠怒不可遏，欲做拚命狀。

「你是個什麼東西，怎麼能跟我這隻德國純種的狗狗比，快滾，快滾，否則斃了你個屌的！」孔二小姐晃動手槍，在陳濟棠的額頭上連點了三下，陳氏像公雞吃食且被噎著一樣，前仰後合，嗓子眼發出「嗚嗚」的聲響，額頭上凸顯青紫斑塊。

面對眼前的一切，陳濟棠夫人莫秀英早已嚇得面無血色，癱軟在座位上動彈不得，陳的副官見孔二小姐如此凶妄，意識到此時的陳濟棠顯然不再是當年的「南天王」了。落地的鳳凰不如雞，好漢不吃眼前虧，再爭執下去，陳氏的老命可能真的搭在這裡了。想到此處，強按怒火，起身充當調解人，連勸加拉地把陳濟棠夫婦弄下了飛機，孔二小姐的兩隻德國純種洋狗衝主人汪汪地歡叫著跳上空出來的座位。

正當失勢的陳濟棠灰頭土臉地被趕下飛機之時，又一個人斜著身子從舷梯上拱了進來。孔二小姐一見，揮動手槍大聲喊道：「機艙已滿，不能再上，快給我滾下去！」

「孔二小姐，我是《大公報》的胡政之，我們認識的，是布雷先生來電讓我坐這架飛機的，我有要事，必須趕回重慶。」來人嘟嘟囔囔地說著，側身擠進機艙，接著後面又跟進兩個西裝打扮的人。

「什麼狗屁要事不要事，有要事就讓他們派專機來接，都給我滾下去！」孔二小姐怒吼著，身邊幾個保鏢蜂擁而上，將胡政之等幾人連推加踹，「呼呼隆隆」地轟下了飛機舷梯。一代重量級軍閥陳濟棠與中國新聞界呼風喚雨的《大公報》總經理胡政之在地上大罵不止，其他幾十位黨國大員、文化名流，面對如此驕悍的孔家主奴，更是無力登上飛機舷梯。所有的人只能兩眼冒火，情緒激昂，高聲疾呼「國法何在，黨紀何在，公道何在，天理何在」等口號以示抗議。

此時，從天空落下的炸彈已在機場四周爆炸，濺起的塵土直撲機身，滾滾濃煙伴著火星籠罩了整個機場，所有的人都明白，這是逃離港島的最後一刻了。此時只知有四大家族、蔣家王朝，不知有黨紀國法的活閻王——孔二小姐，從容地指揮她的隨從、保鏢把自家大大小小的家私、洋狗甚至私人用過的馬桶全部裝入機艙，強行下令開拔。飛機舷梯迅速撤除，空中行宮號挪動笨重的軀體緩緩劃過跑道，在眾人痛罵與呼叫聲中騰空而起，直插煙霧瀰漫的天空。身後，甩下了一群站在圈外，於淒雨寒風中悲憤交加、捶胸頓足，徒歎「奈何！奈何！」的黨國大員與文化名流。

被孔家強占的飛機剛起飛兩個小時，日軍便進駐了這座當時香港唯一的堪啟用的機場。頗具諷刺意味的是，就在孔家惡少把持的飛機抵達重慶機場時，國民黨中央正在召開五屆九中全會，為了抑制黨內日甚一日的腐敗，迎接世界性的反法西斯戰爭早日取得勝利。會議通過了一個名為《增進行政效能，厲行法治制度以修明政治》的決議案。聽到赴香港飛機返回的消息，參加會議的黨國要員和一批新聞記者按捺不住心中興奮，紛紛趕往機場迎接。然而，從飛機舷梯走下的不是國民黨中央常委、「南天王」陳濟棠，也不是許崇智、何香凝、胡政之，更不是陳寅恪、郭沫若，或蔡元培夫人，而是孔祥熙一家的惡少連同攜帶的老媽子與洋狗、床板、馬桶。見此情景，接機者一個個目瞪口呆，悲憤交集，大有不知今夕何夕之感。

當年著名的五四運動爆發時，北洋軍閥及其一幫御用策士於盛怒中，曾指斥新興的士風為「洪水猛獸」。對此，「北大之父」蔡元培曾專門著文反擊道：「不錯，今日之士風，可以算是洪水，而今日之軍閥，正是猛獸，即非用洪水淹此猛獸不可。」傅斯年進一步補充道：「洪水過了，留下些好的肥土，猛獸卻不見了。」[22]此時，躺在李莊板栗坳泥屋土炕上，強撐病體遙望西南雲天的傅斯年沒有想到，當年掀起的那場洪水巨浪早已過了許多年，而猛獸與猛獸的徒子徒孫們卻還依然如故地興風作浪。假使死在港島的蔡元培地下有知，面對孤苦伶仃淪落於港島的夫人與陳寅恪等文化大師們，不知作何感想？

孔二小姐一行在眾人憤怒的目光逼視下驅車離開機場後，站在清冷的機場上不見自己老闆胡政之的《大公報》接機人員，一路叫罵著回到報館，向總編輯王芸生彙報了事情的大體經過和孔家的惡行，報館同人深為胡政之的處境擔心，更為孔家的專橫跋扈使大批文化名流淪落港島而痛恨，紛紛表示以手中的筆做武器討伐孔氏家族。盛怒中的王芸生立即拍板定案，振筆疾書，很快草成一篇題為〈擁護修明政治案〉社論，於十二月二十二日《大公報》發表。社論借題發揮，巧妙地披露香港淪陷之際，孔氏家族霸占飛機的醜聞，同時揭露了外交部長郭泰祺國難當頭竟以巨額公款買私人豪宅的黑幕。文中說道：

最要緊的一點，就是肅官箴，儆官邪。譬如最近太平洋戰事爆發，逃難的飛機竟裝來了箱籠、老媽與洋狗，而多少應該內渡的人尚危懸海外。善於持盈保泰者，本應該斂鋒謙退，現竟這樣不識大體。又如某部長在重慶已有幾處住宅，最近竟用六十五萬元公款買了一所公館……

社評一經發表，輿論大譁，各地報紙相繼轉載，社會各界正義之士紛紛譴責孔氏家族用飛機裝洋狗行徑。十二月二十四日，昆明《朝報》以〈從修明政治說到飛機運狗〉為標題，轉載了《大公報》社評並對孔家的劣跡給予了尖銳抨擊，文中指出：「香港戰事爆發，有人把飛機裝運沙發和洋狗到重慶，《大公報》前幾天以社論原題為〈擁護修明政治案〉，痛砭此事，今將原文介紹如下……」

《朝報》對《大公報》社評的轉載，立即引起了西南聯大與昆明各校師生的義憤，校園內外沸騰起來。未久，當西南聯大師生得知教育部與中央研究院圈定的陳寅恪本該在「搶運」之列，而由於「飛狗院長」家中的主子與奴才從中作梗而未返回，悲憤交加。許多師生都以為陳寅恪此次在劫難逃，已經在亂槍流彈中死去了。於是幾位歷史系學生在一個名叫《論壇》的壁報上，發表了一篇題為〈悼陳師寅恪〉的文章，以哀婉、悲憤的語調追懷香港淪陷後，生死與下落皆不明的陳寅恪教授及其家人，文中以悲愴的語氣說道：「著名的史學教授陳寅恪導師，不能乘政府派去香港的飛機離港，命運似不如一條洋狗……」

文章刊出，整個西南聯大師生沉浸在莫大的悲痛與激憤中，積壓在心中的怒火如電石碰撞，瞬間爆發。時在西南聯大任教的歷史系教授吳晗在課堂上對學生們說：「南宋亡國前有個蟋蟀宰相（南按：指賈似道），今天又出了一個飛狗院長，真是無獨有偶！」[23]力主師生起來反抗。出於義憤，聯大學生鄒文靖等二十六人立即用毛筆大字起草了「討孔宣言」，張貼在校門口的牆壁上。宣言云：「國家之敗，多由官邪……今日，我國貪汙官吏有如恆河沙數，而其罪大惡極者莫如國賊孔祥熙。孔賊貪汙中飽，驕奢恣睢，已為國人所共憤，為法理所難容，而此次風聞由香港以飛機運狗者，又係孔賊之婦！致使抗戰物資、國家碩老，困於港九，淪於敵手而不得救。嗟夫！銅臭沖天，阿堵通神，用全一己之私，足貽舉國之害。此賊不除，貽害無窮；國事危急，奚容緘默！……呼籲我校學生自治會立即召開全校同學大會，群策群力，共商大計，並通電全國，同聲誅討。通過學運，掀起高潮，期樹討賊之大纛，倡除奸之首義。翦彼凶頑，以維國本。是為國民之天職，尤為我輩之責。」[24]

在學生自治會組織下，全校師生立即回應，於校本部廣場組成了聲勢浩大的「討孔」隊伍。隊伍的前鋒是一幅用床單製成，上畫脖頸上套一巨大銅錢作枷的孔祥熙頭像。學生們在短暫集會後，高呼「打倒孔祥熙，剷除貪官汙吏」的口號，浩浩蕩蕩地走出校園示威遊行。沿途有雲南大學、昆華師範學院、南菁中學等十多所大中學校師生陸續加入，會合成數千人的遊行隊伍。西南聯大當時在校主持工作的蔣夢麟、梅貽琦二常委出於對孔氏一家惡行的義憤，不但對學生的義舉未予勸阻，還暗中準備了應變措施，並乘車尾隨遊行隊伍之後，以備萬一學生與軍警發生衝突，好及時出面加以調解。

遊行過後，聯大與昆明市眾多大中學校學生紛紛宣布罷課，並向全國各地高校拍發「討孔」通電，以期通過這一運動，給國民黨政府和孔祥熙之流的貪官汙吏予以警告和懲戒。流落到西南各地的大學如貴州遵義的浙江大學、四川樂山的武漢大學、陝西漢中城固的西北聯大等師生接到通電後，紛紛響應，相機而動，高舉旗幟和標語，湧向大街小巷，高喊「打倒孔賊祥熙」「懲治貪官汙吏」與「剷除禍國殃民的豪門家族」等口號。遠在四川李莊的同濟大學師生接到通電，迅速集聚學生走向街頭遊行示威，因李莊是個小鎮，師生們轉了幾圈覺得不過癮，便挑著大旗、標語特地來中央博物院籌備處借住的張家祠門前、史語所居住的板栗坳、中國營造學社所在的上壩月亮田等地，高呼口號，背誦詩詞，悼念被「飛狗院長孔祥熙的狗崽子害死的陳寅恪教授」。在李莊的陶孟和、李濟、董作賓、梁思成、林徽因及其所屬機構的同事，聽到陳寅恪「死去」的消息，大為震驚，紛紛派人向傅斯年詢問詳情。傅斯年聞聽更是驚恐萬狀，立即急電重慶中央研究院總辦事處，探詢實情。重慶方面的回電稱同樣聽到了如此不幸的消息，卻無法確定真偽。於是，整個李莊的科研人員與同濟大學師生，沉浸在一片巨大的激憤與憂傷之中。盛怒中的傅斯年暴跳如雷，直呼要「殺飛狗院長孔祥熙以謝天下」。

全國興起的「反孔」「倒孔」熱潮隨著明暗兩條管道很快傳到重慶，平時養尊處優，自恃有強權鉅資撐腰的孔祥熙與夫人宋藹齡還是感到了驚恐，這種恐懼或心理壓力主要來自國際大環境和政治氣候。此時國際反法西斯聯盟已初步形成，十二月二十二日，國民黨第五軍、第六軍已走出國門入緬甸對日作戰。二十三日，蔣介石在重慶官邸召集中、美、英等國軍事代表會議，會議通過了《遠東聯合軍事行動初步計畫》等決議案。二十四日，蔣介石約請美國代表勃蘭德向羅斯福總統轉達：「遠東地區對日作戰，端賴中國之陸軍與英美

1941年2月，坐鎮重慶領導中國抗戰的蔣中正。

海空軍協同一致為一體。務望美國有一中、美聯合作戰計畫。」三十日，國民黨五屆九中全會決定授予蔣介石「全權處理國事，以駁萬變而赴事機」，相當於國家元首的大權。一九四二年一月三日，由美國總統羅斯福提議，蔣介石被正式推舉為中國戰區最高統帥，負責中國、泰國及越南地區聯軍部隊的總指揮任務……

就在這樣一種國際背景下，作為老大的蔣介石自然意氣風發，並想方設法在國際上樹立自己作為一個大國領袖的良好形象。而在這個節骨眼上，卻突然爆出他的胯下「老二」連同周邊荒蕪地區的歪瓜裂棗們，不識大體，招搖惹事，弄出了天下皆怨、學潮洶湧、輿論沸騰的局面。面對此局，蔣介石自是對孔氏一家怒其不爭大為惱火。而孔氏一家，特別是官場老手孔祥熙，深知自己那不成器的老婆孩子給老大捅了樓子，且通過此次事件，自己平時的惡行與醜行得以廣泛地暴露於天下，並引起國內外輿論強烈關注，不但損壞了自己多年苦心孤詣偽裝而成的國民黨「幹才」與「善人」形象，對蔣委員長的形象也是個致命打擊，一旦老大感到扛不過去這個門檻，很可能就要拿手術刀把自己這個胯下「活寶貝」一刀切掉，到那時自己將血染灰土，成為人人可以踹踩的一塊臭肉蛋了。

但是，孔氏家族畢竟不是等閒之輩，廣博的人脈與強大的財力背景，令蔣介石不易也不敢輕舉妄動。蔣氏在深知暫時不能對這個胯下「老二」實施外科手術的情況下，憑藉手中權力，聯合各方勢力共同消除影響，壓制學潮與輿論就成為一種必然。於是，蔣介石與孔派人員開始向一九三八年一月出任教育部長的陳立夫和各地軍政大員施壓，要他們以抗戰建國為重，設法壓制和阻止學潮。陳立夫與各地軍政大員不敢抗拒，只得向各學校校長施壓，令其設法予以阻止。各校校長為保全學校與保護學生計，不得不進行配合，消解學潮。按西南聯大學生何兆武的說法：「校長總是比較難做，特別是學生運動，校長總是被夾在中間最不好受。一方面，做校長的跟學生對立好像說不過去，但另一方面，校長是政府當局任命的，大學的牌子上都寫著『國立清華大學』『國立北京大學』，所以凡是鬧學潮，校長總是非常為難。」[25]

孔祥熙

就在「倒孔」學潮爆發後的第二天，西南聯大常委會突然召開全校師生大會，梅貽琦與蔣夢麟皆到場講話。梅貽琦說：「昨天，我和蔣先生一直都在跟著你們，唯恐你們出事。幸虧沒出什麼事。事情弄得很嚴重，現在是戰爭時期，你們不能老是這樣。」[26]又說：「這次『討孔』運動已經夠了，不要再繼續下去了。這樣下去對我們學校不利，對你們求學不利，希望你們立即復課，不要再鬧了。我認為這樣已經夠了。」[27]梅貽琦講畢，由常委蔣夢麟發表演講，蔣氏說了一些與梅貽琦大致相同的話，最後幾句頗為動容，竟至聲淚俱下，說道：「你們再鬧下去，學校就要關門了！」[28]在一旁就座的昆明警備區司令宋希濂見蔣夢麟哽咽不能語，接著發表了自己的意見，大意是說：「孔祥熙也確實有問題，但要通過合法手續揭發檢舉。這樣停課搞學生運動對學校工作不利，對社會治安不利，對抗日戰爭不利，希望同學們冷靜一下，不要再繼續搞了。」[29]經此一會，學潮的熱情被消解，昆明各校的「討孔」運動陸續收場。儘管此次行動沒有引發更大規模的學潮，使「討孔」運動形成全國各階層波瀾壯闊的局面，但對國民黨統治集團的貪汙腐化、倒行逆施，也算是掄了幾棍子，給予迎頭痛擊。

在重慶的蔣介石與孔氏家族並未因學潮暫時平息而彈冠相慶，喜形於色，當他們從CC頭目、教育部長陳立夫處得知，西南聯大學潮竟有三青團團員鼓動和參加時，甚為惱怒與驚恐，為防死灰復燃和發生更大變故，蔣介石親命黃埔系「十三太保」之一，原「別動總隊」特務頭子，時任三青團中央團部組織處長的康澤飛赴昆明徹查此事。由於當時與蔣介石有隙的「雲南王」龍雲予以抵制，加上聯大校方保護，以及西南聯大教授陳雪屏等三青團骨幹人員從中周旋，另有康澤本人與孔祥熙及其派系人員平時關係不睦等複雜的糾葛，康澤行前原打算逮捕學生的計畫未能實施，只是對學生特別是參與「討孔」的三青團成員集中起來訓斥一通了事。一九四二年三月三日，隨蔣介石從印度歸國的宋美齡在雲南大學講演〈訪印歸來及其他〉，這位第一夫人對昆明學生的「討孔」活動仍耿耿於懷，詭稱洋狗乃飛機機師所帶，箱籠等物資也不是孔家的財產，並以「我阿姐（宋藹齡）是最怕狗的」[30]等謊言為之辯護。此舉正應了陳寅恪「狐狸狐揩摧亡國」的預言詩，入會師生非但不為其言所惑，反而從這位婆姨的狡辯與放浪姿態中，更加堅信孔氏家族與國民黨政府崩潰垮掉的一天確是不遠了。

此次規模浩大的學生民主運動以「倒孔」遊行揭開序幕，儘管很快歸於沉寂，但它的潛流卻一直在校園和民眾之間湧動不息，成為日後聲勢浩大、席捲全國的學生運動正式登場的第一聲驚雷。就陳寅恪而言，畢生從未直接參與現實的政治活動，此次卻無意之中以自身的不幸遭遇成為「討孔」活動的導火索之一。饒有意味的是，發生於國內這一場轟轟烈烈的行動，身陷孤島的陳寅恪並不知曉。

三、殘剩河山行旅倦

陳寅恪沒有死去，只是被困在居處不得動彈，與家人共同承受著戰爭的災難。在整個港島大混亂、大失控的槍炮與硝煙之中，他需要盡快設法找到一條逃亡之路。但此時，香港與中國大陸之間，無論是陸地、海上還是空中，三位一體，所有的交通、書信、電傳、票匯等一切全部斷絕。香港大庫的存糧全部被日軍封存，以供軍需。伴隨而來的是學校停課，商店關門，糧荒四起，大街小巷散落著滿地的垃圾和在寒風中躥動飄舞的破舊報紙。昔日港島歌舞昇平的繁榮景象，似乎在一夜之間全面崩潰，霎時籠罩在一片蕭條破敗之中，整個香港已成為一座墳墓式的孤城。在這種混亂危局中，要想在短時間內逃出孤島，幾無可能。無奈中的陳寅恪一家老小，只能伴隨著這座孤城和孤城中幾近絕望的人群，開始在日軍的鐵蹄下痛苦地呻吟。陳氏的弟子蔣天樞後來在記述這段「事輯」的按語中寫道：「如非日本挑起太平洋戰爭，（陳寅恪）赴英倫之舉或終能成行。先生離北平時，右眼視網膜已發現剝離現象，若得至英倫，眼疾當可醫治痊復，不致終於失明。」走筆至此，蔣氏慨歎曰：「天歟，際遇之不幸歟？」[31]

陷入港島的陳寅恪確是遭到了天命與際遇雙重的不幸。由於學校關門，糧庫封鎖，錢糧來源皆已斷絕，只靠一點存糧維持一家人的生命。陳氏困坐家中，惶惶不可終日。為節省口糧，唐篔開始強行控制家人進食，孩子們吃到紅薯根、皮，甚覺味美無窮。忽一日，日軍又要徵用陳寅恪家所租住樓房作為軍營，勒令所有住戶限期搬出。然而街上交通封閉，日軍在路口架設鐵絲網，動輒開槍殺人，常有過路者無故中彈倒地而亡。聞知將遭驅逐的消息，全樓人驚惶失措，皆感大禍臨頭又不知如何應對。陳家女兒流求清楚地記得：「那天早晨母親含著眼淚，拿一塊淡色布，用毛筆寫上家長及孩子的姓名，出生年月日及親友住址，縫在四歲的小妹美延罩衫大襟上，怕萬一被迫出走後失散，盼望有好心人把她收留。如此情景，不僅全家人眼眶濕潤，連正要告辭返鄉的保母也哭了。」[32]危難之中，陳寅恪決定不再顧及個人安危，豁出性命與日軍一搏，遂毅然下樓與凶悍的日軍交涉，終使對方同意延長時日，以留出居民搬遷的空隙。後因這支軍隊突然奉命開往新的戰場，全樓才得以幸免。陳家那位原

日軍占領香港

本有些牛氣烘烘的房東自此對這位在日軍面前大義凜然，且能用日語交涉的窮教授刮目相看，尊禮有加。

剛剛躲過被驅逐的厄運，夜幕沉沉中，忽又傳來對面樓上陣陣悽慘的哭叫聲與廝打聲，睡夢中的陳家驚恐而起，緊張地聽著外面的動靜，直到天將大亮哭叫聲才漸漸平息。次日有鄰居轉告，說是昨夜前方樓上一家五個花姑娘遭到日本大兵的強姦汙辱。此時陳家大女兒流求已上初中，母親唐篔聽罷打了個寒顫，立即從身旁摸過剪刀，一把拉過流求，不由分說，「喊里咯嗒」把頭髮剪掉，又找出陳寅恪的舊衣讓其穿上，女扮男裝，以躲避可能的不測。恰在此時，又傳來蔡元培夫人家中遭劫的消息，陳寅恪急忙跑去一看，蔡家錢物被洗劫一空，據說是當地一夥不法之徒趁亂所為。蔡夫人悲慟不已，幾次昏死，陳寅恪欲助其難，但已是泥菩薩過河——自身不保，只好空言勸慰，以減輕對方精神苦痛。

在不能出門、無法逃亡，只有苦撐待變的日子裡，陳寅恪強支病弱之軀，取一巾箱坊本《建炎以來繫年要錄》（十二卷）倚床抱持誦讀。此為宋代史家李心傳所撰，建炎是南宋高宗趙構的年號。自建炎以來，正是強鄰壓境，中國由統一走向分裂的時代。戰與和、忠與奸、愛國與賣國、抗戰與投降的矛盾貫穿著這一時期的進程。當讀到汴京圍困屈降諸卷，淪城之日，謠言與烽火同時流竄，陳氏取當日身歷目睹之事與史實印證，不覺汗流浹背，有切膚之感受。在書的最後一卷，陳寅恪跋曰：「於萬國兵戈饑寒疾病之中，以此書消日，遂匆匆讀一過。昔日家藏殿本及學校所藏之本雖遠勝此本之為訛脫，然當時讀此書猶是太平之世，故不及今日讀此之親切有味也。」[33]

建炎以來志士仁人堅守民族氣節的愛國事蹟，激起了陳氏共鳴。未久，駐港日本憲兵首領得知陳寅恪乃世界聞名的學者，便祭出安撫、拉攏之道，欲令其為日本謀事。對此，令幾個憲兵拉兩袋當時在港島已極其緊缺，而陳家又特別急需的大米以示恩賜。陳寅恪夫婦見狀並得知來歷，竭盡力氣把已放於室內的米袋拽了出去，奉令行事的憲兵嗚哩哇啦地說著鬼話又一次搬回，陳氏夫婦再度拽出。如此往復多次，最後陳寅恪面帶怒容用日語高聲斥責憲兵，並告知寧肯一家餓死也不要這來歷不明的大米，憲兵們見狀，知強迫無用了，不再爭持，將米袋拉了回去。

事情並未就此了結，春節過後，忽有一位自稱陳寅恪舊日學生的人來訪，謂奉命請其到淪陷區廣州或上海任教，並撥一筆鉅款讓陳老師籌建文化學院。陳寅恪聽罷，憤而將對方趕出家門，並謂「你不是我的學生」。待靜下心來一想，感到自己的處境越來越危險，說不定哪一天會被日偽漢奸強行利用，想要不與狼共舞，就必須想方設法逃離港島。而這時，在重慶的朱家驊已拍發密電至澳門，委一國民黨地下人員告知陳寅恪，謂某日將有人攜款由澳門至香港某地等候接應，請陳寅恪設法與其人接頭，並攜家眷按計畫出逃。但這位攜款人由澳門赴香港五次接頭，均因日軍盤查甚嚴，未達到目的。陳寅恪眼見形勢緊迫，知事不可為，遂產生了冒死突圍的想法，經過一番籌畫與化裝打扮，陳氏攜全家老小於一九四二年五月五日夜，乘一艘運糧的小商船，在夜幕掩護下悄悄逃離了墳墓般的孤島，並在抵達澳門時得以與接應者謀面。對方奉朱家驊之命送來由中央研究院和中英庚款基金會共同撥發的款項一萬九千元，另有部分逃亡的川資。饑寒交迫的陳寅恪得到這筆款子，如得天助，遂攜家踏上了逃往內地的歷程。先是由澳門乘船取道廣州灣（即湛江），再由陸路乘車向內地進發，一路艱苦跋涉，於六月抵達廣西桂林。

關於逃難經過與顛沛流離之苦，陳寅恪在一九四二年六月十九日致傅斯年信中有一段泣淚滴血的敘述：「此次九死一生，攜家返國，其艱苦不可一言盡也，可略述一二，便能推想，即有二個月之久未脫鞋睡覺，因日兵叩門索『花姑娘』之故，又被兵迫遷四次；至於數月食不飽，已不食肉者，歷數月之久，得一鴨蛋五人分食，視為奇珍。此猶物質上之痛苦也。至精神上之苦，則有汪偽之誘迫，陳璧君之凶惡，北平『北京大學』之以偽幣千元月薪來餌，倭督及漢奸以二十萬軍票（港幣四十萬），託辦東亞文化會及審查教科書等，雖均已拒絕，而無旅費可以離港，甚為可憂，當時內地書問（信）斷絕，滬及廣州灣亦不能通匯，幾陷入絕境。忽於四月底始得意外之助，借到數百港元，遂買舟至廣州灣，但尚有必須償還之債務，至以衣鞋抵值始能上船，上船行李皆須自攜，弟與內子俱久患心臟病，三女皆幼小亦均不能持重物，其苦又可想見矣！」[34]

同一日，陳寅恪在致朱家驊、葉企孫、王毅侯和傅斯年等四人的信中補充道：「弟於疾病勞頓九死一生之餘，始於六月十八日攜眷安抵桂林。」又說：「當時實已食粥不飽，臥床難起……其苦悶之情不言可知，至四月底忽奉騮公密電，如死復生感奮至極。」[35]

脫離虎口，流亡到桂林後，陳寅恪的心情如同久霾的天空忽然晴朗，正如給好友劉永濟的信中所言：「弟前居香港半年，每食不飽，後得接濟，始扶病就道，一時脫離淪陷區域，獲返故國，精神興奮。」[36]而當遠在樂山武漢大學任教的其兄陳隆恪得知乃弟尚活在人間，且在港島被困期間不食敵粟，設法擺脫倭督及汪偽漢奸的糾纏，攜家安全脫險，慶幸之餘又越加敬佩，即寫〈聞六弟攜眷自香港脫險至桂林〉詩一首作為紀念，內中有「辛苦識君來」「正氣吞狂賊」兩句，[37]以示對這位富有民族氣節的胞弟的稱讚與嘉賞。

抵達桂林的陳寅恪一家，最初落腳於中央研究院物理研究所。一九三八年初，長沙臨時大學與中研院史語所、社會科學研究所等機構撤離長沙遷往昆明時，物理所、地質所、心理學所等三個研究所也隨之撤離。鑑於各方面原因，三個所抵達桂林後不再前行，索性在離桂林市四十華里外的良豐鎮郊外山腳下安營紮寨住了下來。陳寅恪一家到達桂林，根據朱家驊電示，中研院物理研究所所長丁西林專程派車把陳氏一家接到所內暫住。歷盡千險萬難死裡逃生的陳家，對這一歷史性的會面，自是百感交集，愴然難忘。

按照陳寅恪女兒流求的說法，「父親原打算繼續上路赴四川李莊歷史語言研究所」，而史語所的同人也翹首以待，渴盼著大師的到來，為這座萬里長江第一古鎮增添新的活力與砝碼。遺憾的是，陳寅恪夫婦身體狀況均不允許繼續前行，使這一計畫隨著歲月流逝而漸漸偏離了前行的軌道，終致大師的身影與李莊擦肩而過。

一九四二年八月一日，陳寅恪給傅斯年的信中道出了自己不能繼續前行的詳情：「然二月之久，舟車勞頓，旅舍喧呼，俟到山中，稍獲休息。豈知久勞之後，少息之餘，忽覺疲倦不堪，舊病如心跳不眠之症，漸次復發。蓋神經興奮既已平靜，大病又將到而尚未到矣，此時必須再長期休息，方可漸復健康。若短期內再旅行，重受舟車勞頓之苦（旅費亦將無所出，此姑不論），必到目的地，恐將一病不起矣！前上一書言，欲與中英庚款會商量，設一講座於廣西大學，即是此旨，想蒙諒解。」[38]信中可見，身心俱疲的陳寅恪很有些打退堂鼓的意思，並極想在桂林這個山清水秀的古城小憩一陣，等身體復原後再作他圖。

此前，陳寅恪已致信中英庚款負責人杭立武，商量設講座事，已蒙同意，所聘薪金由中英庚款與廣西大學合出，為兩家合聘之局，每周開課三小時，只是「月薪則不多」。但慮及「半年或數月之內，弟個人及全家皆不能旅行，又不可無收入以維持日食，授課之時既少，可整理年來在港大講授舊稿，藉此暫為休息過渡之計，做漸次內遷之準備」。[39]

陳氏對自己面臨的窘境和日後打算說得極為清楚，但此信尚未發出，重慶方面的中央研究院總幹事葉企孫，已命人於前一日將聘書匆匆發往桂林，請陳寅恪出任「中央研究院歷史語言研究所專任研究員」。而關於這一切，正在李莊主持工作的史語所所長傅斯年卻蒙在鼓裡。當得知葉企孫竟瞞著鍋臺上了炕，置自己這位史語所掌門人於不顧，膽大妄為，擅自聘陳寅恪為「專職」之後，傅斯年怒火頓起，立即以筆當炮向葉企孫討伐起來。

葉企孫，一八九八年生於上海一個知識分子家庭。據葉後來自述：「父親是科舉出身，研究古書的經史部分。」又說：「吾從十幾歲起，讀了相當多的古書，例如曾讀完《詩經》、《禮記》和《左傳》。這些古書使吾有正統思想。一九一三年入清華學校，又學了一些歐美資產階級思想。」[40]

一九一八年，清華學校畢業後，葉企孫入美國芝加哥大學物理系就讀。一九二〇年獲碩士學位，轉赴哈佛大學研究院攻讀實驗物理，一九二三年獲哲學博士學位，旋即旅遊考察歐洲各國的著名大學，與國際一流大師交流。一九二四年回國，應東南大學之聘擔任物理學副教授。一九二五年八月應清華大學之聘，擔任物理學副教授，同時開始了理學方面的畢生創業。一九二九年出任清華大學理學院院長、校務委員會主席兼代理校長。抗戰爆發後隨校南遷，出任西南聯合大學物理系教授、清華大學特種研究委員會主席、校務委員。

一九四〇年，隨著蔡元培在香港去世，朱家驊經過激烈角逐，如願以償登上中央研究院代院長的寶座，傅斯年出任總幹事，後傅氏體力漸漸不支，不得不重新考慮找人頂替此職。朱家驊與翁文灝、傅斯年反覆商量權衡，決定請葉企孫出山。經過一番周折，葉企孫與梅貽琦終於答應了朱家驊的要求。一九四一年九月十一日，梅貽琦致信葉企孫：「足下之去中研院，在清華為一重大損失，在琦個人尤感悵悵，但為顧國內一重要學術機關之發展起見，不應自吝，乃不得不允君請假，暫就該院職務。」[41]九月底，葉企孫離開昆明飛赴重慶，正式接替傅斯年出任中央研究院總幹事職。傅則於同年十二月初，攜妻帶子離開重慶，遷往李莊。

青年葉企孫

葉企孫與陳寅恪在北平清華園時期就來往密切，堪稱摯友。盧溝橋事變前後，葉與陳曾就戰爭局勢與南遷之事多有商談，直到隨校遷往長沙、昆明，二人仍保持深厚友誼。當陳氏攜家由港抵達桂林的消息報告到中央研究院總辦事處，葉企孫遙望東南，以極大的熱情和愛心關注著這位三百年才出一人的史學大師的命運。未等陳寅恪伏筆作書報告詳情經過，葉以上海人特有的細膩與精明，開始為陳氏未來的生活打起了算盤。一九四二年六月九日，葉致書李莊的傅斯年，大意說：陳寅恪已到桂林，史語所是否有聘其為專任研究員的打算？月薪多少？又說：「薪似可從一月份支起，但從六月起實付寅恪，以前五月薪抵消旅費之一部分。以寅恪夫婦之身體論，住昆明及李莊均非所宜，最好辦法，似為請彼專任所職，而允其在桂林工作，不知尊意如何？」[42]

傅斯年接信看罷，心想這個葉企孫在雜事紛繁中還惦念著寅恪的工作和一家的生計，其心可感，其情可嘉，實乃寅恪不幸之中的大幸。

但有一點是傅斯年斷然不能同意的，這便是專職與兼職之區別，他在隨後覆葉企孫信中說：陳寅恪來史語所任專職，則是傅氏本人及全所同人渴望日久之事，但由於中央研究院和本所有嚴格的制度和服務規程，故陳寅恪不能常住在桂林而遙領本所專任研究員薪水，必須來李莊住在史語所租賃的房中辦公，才可以拿專任之薪。如果陳果能來李莊，其薪金自應為六百元又臨時加薪四十元。否則，不能為之。傅斯年再度搬出為梁思永治病，把史語所醫務室弄得完全破產的尷尬之事，以說明自己是個「於人情之可以通融者無不竭力」之人，而如今「寅恪兄自港返，弟主張本院應竭力努力，弟固以為應該，然於章制之有限制者，則絲毫不通融。蓋凡事一有例外，即有援例者也」。[43]此信寫罷，傅斯年似覺仍有話沒有解釋清楚，又在信箋上端一空白處特地注明寅恪何以歷來稱為「專任研究員暫支兼任薪」之故云云。

葉企孫接信後，覺得傅斯年所言有理，於是在六月三十日回信說：「關於寅恪事，尊見甚是，請兄電彼徵詢其意見，倘彼決定在李莊工作，清華方面諒可容許其續假也。寅恪身體太弱，李莊昆明兩地中究以何處為宜，應由彼自定。」[44]

傅斯年接信，沒有按葉企孫所言去做，理由是：「以前此已兩函與之商榷此事，而電文又不能明也。然寅恪來信，未提及弟信，來信囑弟託杭立武兄設法在廣西大學為彼設一講座云云。」

按傅斯年的意思，既然我兩次寫信問陳氏來不來李莊，何時來李莊，並把李莊的地域特點、風土人情都做了詳細介紹，但陳氏回信除了說自己「正在著作，九月可完」外，「絕未談及到李莊事」。這讓傅斯年深感不解又有點窩火，心想你到底是來還是不來，總該有個說法，如此裝聾作啞是何道理？在此種心情驅使下，索性把葉信扔到一邊不再搭理。

七月下旬，中央研究院總辦事處辦事員劉次簫在致傅斯年的信中附一消息說：「葉先生函商院長聘陳寅恪先生為專任研究員，月薪六百元外加薪四十元，院長已批准照辦。俟葉先生將起薪月日函覆核，聘書即當寄貴所轉寄桂林也。」[45]

這一突然而至的消息，令傅斯年「甚為詫異」，心想自己並沒有收到陳寅恪馬上來李莊的信函，又沒有變更此前的意見，「何以忽然有此？」儘管傅心中不甚痛快，但想到信中有「寄貴所轉寄桂林」一語，稍感釋然。按傅的打算，待聘書一到李莊，即將其壓下，爾後再修書與葉企孫理論不遲。大出傅氏意料的是，七月三十一日又突然接到中研院辦事處職員王毅侯信，告之曰：「發寅恪兄聘書已辦好，企孫兄函囑徑寄桂林，免得轉遞之煩。並云一月至五月領薪由院保留做抵消旅費之一部，弟本日寄寅恪一函，徵其同意（函稿另紙抄奉）。」又說「自六月份起全部寄交先生應用」云云。[46]

抗戰期間的傅斯年

傅斯年看罷此信，如同憑空挨了一記悶棍，當場把信摔在地上，大喊一聲：「他憑什麼！」跳將起來，對葉企孫表示極大不滿。八月六日，傅斯年向葉企孫發出了一陣連珠炮式的「聲明」：

一、弟絕不承認領專任薪者可在所外工作。在寅恪未表示到李莊之前，遽發聘書，而六月份薪起，即由寅恪自用，無異許其在桂林住而領專任薪。此與兄覆弟之信大相背謬。

二、自杏佛、在君以來，總幹事未曾略過所

長直接處理一所之事。所長不好，盡可免之；其意見不對，理當駁之。若商量不同意，最後自當以總幹事之意見為正。但不可跳過直接處理。在寅恪未表示到李莊之前，固不應發專任聘書，即發亦不應直接寄去（以未得弟同意也），此乃違反本院十餘年來一個良好 Tradition 之舉也。

三、為彌補寅恪旅費，為寅恪之著作給獎（或日後有之，彼云即有著作寄來），院方無法報銷，以專任薪為名，弟可承認。在此以外，即為住桂林領專任薪，弟不能承認。此事幸寅恪為明白之人，否則無異使人為「作梗之人」。尊處如此辦法，恐所長甚難做矣。弟近日深感力有不逮，為思永病費，已受同仁責言。今如再添一個破壞組織通則第十條之例，援例者起，何以應付。此弟至感惶恐者也。[47]

如此言辭激烈的戰鬥檄文作完後，傅斯年仍覺尚有千頭萬緒的複雜言語沒有盡情說出，於是繼續揮動大筆，以家長對孩子、老師對學生、長輩對晚生的口氣教訓、指導起來：

即令弟同意此事，手續上亦須先經過本所所務會議通過，本所提請總處核辦。總處照章則辦理。亦一長手續也。又及與此事有關院章各條文：

組織通則第十條，專任研究員及專任副研究員應常在研究所從事研究。

服務通則第二條，本院各處所及事務人員之服務均須遵守本通則之規定。

此外，間接有關者尚多，故領專任研究員薪而在所外工作，大悖院章也。[48]

八月十四日，傅斯年的激憤心情已趨平和，怕陳寅恪接到電報後產生誤會，「此固以寅恪就廣西大學之聘已解決，然或有得罪寅恪太太之可能」。於是又即刻修書一封，先是促其盡速遷川，「瞻念前途，廣西似非我兄久居之地」，「若不早做決意，則將來更困難矣」。爾後對自己不滿葉企孫發聘書之事，又向陳寅恪做了詳細說明和解釋：「此事在生人，或可以為係弟作梗。蓋兄以本院薪住桂，原甚便也。但兄向為重視法規之人，企孫所提辦法在本所之辦不通，兄知之必詳。本所諸君子皆自命為大賢，一有例外，即為常例矣。如思永大病一事，醫費甚多，弟初亦料不到，輿論之不謂弟然也。此事兄必洞達此中情況。今此事以兄就廣西大學之聘而過去，然此事原委就不可不說也。」[49]

八月三十日，陳寅恪覆信傅斯年：「弟尚未得尊電之前，已接到總辦事處寄來專任研究員聘書，即於兩小時內冒暑下山，將其寄回。當時不知何故，亦不知葉企孫兄有此提議（此事今日得尊函始知也，企孫只有一書致弟，言到重慶晤談而已）。弟當時之意，雖欲暫留桂，而不願在桂遙領專任之職。院章有專任駐所之規定，弟所素知，豈有故違之理？今日我輩尚不守法，何人更肯守法耶？此點正與兄同意也……以大局趨勢、個人興趣言之，遲早必須入蜀，惟恐在半年以後也。總之，平生學道，垂死無聞，而周妻何肉，世累尤重，致負並世親朋之厚意，唏已。」[50]

在信的附言中，陳寅恪補充道：「所中諸友乞均道念，如欲知弟近況者，即求以此函與之一閱也。中山、貴大、武大皆致聘書，而中央大學已辭了，而又送來並代為請假（怪極）。弟於此可見教書一行，今成末路，蓋已不能為生，皆半年紛紛改行，致空位如此之多，從未見銀行或稅關之急急求人也。庾子山詩云：『何處覓泉刀，求為洛陽賈。』此暮年之句也。」陳氏不愧是傅斯年的莫逆之交，他已從傅信中解讀出「本所諸君子皆自命為大賢」的箇中況味，為了不致引起諸位「大賢」的誤會，陳寅恪特以這種一切盡在不言中的方式，為傅斯年不動聲色地予以解困。陳氏出身家業正值興旺的名門望族，沒有破落大戶傅斯年那種自喻為「吾少也賤」的人生背景和複雜經歷，有人云：「陳寅恪只是一位兩耳不聞窗外事的書呆子式大師爾！」但通過此次他對自己潔身自律，對世事洞達明晰，以及為傅斯年巧妙解脫史語所同人可能產生誤會所獻的移花接木之術，可見此言大謬。此舉正應了吳宓當年讚譽陳寅恪之語：「不但學問淵博，且深悉中西政治、社會之內幕。」[51]通觀陳寅恪一生為人處世的態度和方式方法，不但不是埋首書齋的考據家或「書呆子」，反倒是一個洞察幽微知曉天下事理的臥龍式人物。

陳寅恪這邊已得到安撫，重慶方面的葉企孫迫於壓力，亦來信向傅斯年做了道歉式解釋，但傅斯年仍不依不饒，覆函中明確表示「為國家保存此一讀書種子」，還是要聘請陳寅恪就任史語所職，並以長者或老子輩對待孫子的架式，指令葉企孫再給陳寅恪發一聘書，傅在信中親自列出了聘書的文字格式：

「專任研究員暫適用兼任研究員之待遇」
月薪一百元外暫加薪四十元

注：此為十年相沿之公式（最初「為適用特約待遇」）。有換文，兩方輪轉，後來不轉了。如改此式，恐須先在本所所務會議中一談，弟覺此式似可不必改也。[52]

葉企孫接到傅斯年的指令，甚感不快，回想自己在清華的地位與勢力，曾幾度出任代理校長，掌管清華一切事務，就連德高望重的梅貽琦也讓著七分。而今身為中央研究院一人之下的總幹事，居然連發個兼職人員聘書這種小事也要由「太上總幹事」親自授命，真是莫大的恥辱。想到此處，葉企孫臉呈紫紅色，憤怒地當著總辦事處工作人員的面大聲說道：「傅斯年此人太過於 high-handed（霸道）了！」[53]遂把傅信棄之一邊不再理會。儘管傅斯年「氣魄大，要錢、花錢，都有本領」，且在別人看來「歷來的總幹事，都敬重他而又多怕他」（董作賓語），但葉企孫卻不吃這一套，他敬傅而不懼傅，心中有自己的主張。見傅斯年來勢凶猛，大有不依不饒之勢，於心灰意冷中理智地採取了敵進我退，惹不起躲得起的戰略戰術，萌生了掛起烏紗帽一走了之的打算。儘管在傅斯年的遙控、指揮、施壓下，葉企孫最終還是給陳寅恪寄發了「兼任」的聘書，但從此不再過問此事，至於陳寅恪是走是留，是死是活，一切都與他無關了。

一九四三年一月十六日，藉梅貽琦赴重慶辦理公務之機，葉企孫與之進行了密談，二人商定葉可於夏秋離渝返昆，重操舊業。同年八月，葉企孫不顧朱家驊再三挽留，堅決辭去中央研究院總幹事職，返昆任教。辭卻的公開理由是葉「覺得長期脫離教書，不合適」，「當初離開昆明時，是向聯大請的假，按當時規定不能超過兩年」云云。但據葉的家人（侄女）

說，其叔父在中研院的同事曾向她透露，最主要的一個原因則是「跟傅斯年合不來」。[54]葉在中研院的助手何成鈞證實了這一說法，並謂：「葉企孫有東南大學（後併為中央大學）、清華大學與美國學術機構的人脈背景，當時的中央研究院十幾個研究所，人員大都是這個系統的。葉人緣好，處事公道，很得這些所長與研究人員的歡心。而傅斯年是北大與歐洲系統的人物，這個系統在中研院的人數並不多，傅之所以能在此立腳，還有些作為，就是靠他性格中具有的山東響馬與水泊梁山好漢們那股敢打硬衝的狠勁。但他那一套不是很受人歡迎，葉先生就曾親自跟我講過傅斯年太過於high-handed（霸道），不能跟他共事等話。據說傅斯年到了臺灣也還是很high-handed，這是他本人性格決定的，是沒辦法改變的事。」[55]葉辭職後，由物理學家李書華出任中研院總幹事兼物理所所長，未久，李辭職，由物理學家薩本棟繼任。

一九四三年夏，日軍為殲滅國民黨中央軍主力，由湖北向常德進攻，戰火逼近長沙，桂林吃緊。迫於形勢，陳寅恪只好再度攜家踏上艱難而漫長的逃亡之路，向四川境內進發。一路經宜山、金城江進入貴州境，再過獨山到都勻。原本就有病的唐篔不幸又染上了痢疾，艱難支撐到貴陽後，病情更加嚴重，腹瀉膿血，經月餘調養，復重新上路。此時陳寅恪又身染沉疴，只得咬著牙關繼續奔波，一家人沿川黔公路又經過一個多月的跋涉，總算於十一月底到達重慶，住進了姻親俞大維、陳新午夫婦家中。原清華研究院畢業生蔣天樞、藍文徵當時正在重慶夏壩復旦大學任教，聽說陳寅恪一家至渝，相約前往拜謁。陳氏夫婦皆重病在身，臥床不起，見弟子到來，強撐身體倚被而坐。藍文徵來時在街上僅買到三罐奶粉，陳寅恪見後愛不釋手，歎曰：「我就是缺乏這個，才會病成這個樣子呵！」[56]

由於李莊地處偏僻，缺醫少藥，生活艱苦異常，對患病在身、雙目即將全部失明的陳寅恪而言，幾乎無法生存。此前陳寅恪已接到燕京大學聘書，在同俞大維夫婦協商後，陳氏決定赴條件稍好的成都燕京大學任教。於是，在一九四三年歲暮，身體稍有好轉的陳寅恪夫婦，攜家離開重慶，乘汽車沿川渝公路趕赴成都。許多年後，據李濟之子李光謨說：陳寅恪之女陳流求在給他的一封信中說，「寅恪先生全家由香港返回內地時，他原打算回到史語所工作（去李莊），後因得知李濟兩個愛女不幸夭折，說明當地醫療條件很差，陳先生擔心自己和家人身體無法適應，乃應燕京大學之聘去了成都。」[57]

陳寅恪原是奔李莊而來，最終卻捨李莊而去。自此，一代史學大師失去了李莊，李莊失去了這位三百年才得一見的大師。而史語所同人與陳寅恪之間的交往也如滾滾長江中游走的魚，漸行漸遠，直至沖出三峽匯入大海的那一刻分道揚鑣，相忘於江湖。

（第一部完）

注釋

1 浦薛鳳，《浦薛鳳回憶錄（中）：太虛空裡一遊塵》（合肥：黃山書社，二〇〇九）。

2 同前注。

3 宗良圯，〈記陳寅恪先生〉，收入俞大維等，《談陳寅恪》（臺北：傳記文學出版社，一九七八）。

4 鄧廣銘，〈在紀念陳寅恪教授國際學術討論會閉幕式上的發言〉，收入紀念陳寅恪教授國際學術討論會祕書組編，《紀念陳寅恪教授國際學術討論會文集》（廣州：中山大學出版社，一九八九）。

5 金岳霖，〈陳寅恪的學問確實淵博得很〉，收入金岳霖學術基金會學術委員會編，劉培育主編，《金岳霖的回憶與回憶金岳霖》（成都：四川教育出版社，一九九五）。

6 周法高，〈記昆明北大文科研究所〉，《傳記文學》四二卷一期、二期（一九八三年一月、二月），轉引自王世儒、聞笛編，《我與北大：「老北大」話北大》（北京：北京大學出版社，一九九八）。

7 陳寅恪著，陳美延編，《陳寅恪集・書信集》（北京：生活・讀書・新知三聯書店，二〇〇一）

8 歐陽哲生主編，《傅斯年全集》卷七（長沙：湖南教育出版社，二〇〇三）。

9 浦薛鳳，《浦薛鳳回憶錄（中）：太虛空裡一遊塵》（合肥：黃山書社，二〇〇九）。

10 那廉君，〈傅孟真先生軼事〉，《傳記文學》一五卷六期（一九六九）。

11 馬亮寬，〈傅斯年與陳寅恪〉，《傅斯年》（濟南：山東人民出版社，一九九一）。

12 吳宓著，吳學昭整理、注釋，《吳宓日記》第八冊（北京：生活・讀書・新知三聯書店，一九九八）。

13 汪曾祺，〈跑警報〉，《滇池》一九八五年三期。

14 吳宓著，吳學昭整理、注釋，《吳宓日記》第八冊（北京：生活・讀書・新知三聯書店，一九九八）。

15 蔣天樞，《陳寅恪先生編年事輯》（增訂本）（上海：上海古籍出版社，一九九七）。

16 陳寅恪著，陳美延編，《陳寅恪集・書信集》（北京：生活・讀書・新知三聯書店，二〇〇一）。

17 陳寅恪著，陳美延、陳流求編，《陳寅恪詩集》（北京：清華大學出版社，一九九三）。詩中「狐狸狐搰」句錄自《吳宓日記》，後陳寅恪《柳如是別傳》為「狐埋狐搰」。典出《國語．吳語》：「夫諺曰：狐埋之而狐搰之，是以無成功。」韋昭注：「埋，藏也；搰，發也。」謂狐性多疑，才埋藏一物，就掘出查看。喻疑慮過甚，不能成事。此處指國民黨兩巨頭蔣介石、汪精衛路線各異，一主戰一主和，終至分裂，導致國事更難收拾。「雞犬飛升」，典出漢代王充《論衡．道虛》：「淮南王學道，招會天下有道之人，傾一國之尊，下道術之士，是以道術之士並會淮南，奇方異術，莫不爭出。王遂得道，舉家升天，畜產皆仙，犬吠於天上，雞鳴於雲中。」比喻一個人做了官，和他有關係的人也都跟著得勢。此時陳寅恪沒有料到，未久將在香港親眼目睹孔氏家族雞犬升天的惡行。

18 陳寅恪著，陳美延編，《陳寅恪集．書信集》（北京：生活．讀書．新知三聯書店，二〇〇一）。

19 同前注。

20 同前注。以下引文同。陳在信中所說的朱，指朱家驊；杭，指杭立武，時任中英庚款基金會總幹事。陳寅恪赴英即由中英庚款基金會墊付旅費，時陳家已將杭立武寄來的三百英鎊全部花掉，陳寅恪正為無力償還而痛苦不堪，但要舉家遷往內地，又不得不硬著頭皮再行請傅斯年借款。

21 歐陽哲生主編，《傅斯年全集》卷七（長沙：湖南教育出版社，二〇〇三）。

22 傅斯年，〈「五四」偶談〉，《中央日報》，一九四三年五月四日。

23 王煊城，〈吳晗在昆明〉，收入浙江省政協文史資料委員會編，《浙江文史集粹．社會民情卷》（杭州：浙江人民出版社，一九九六）。

24 鄒文靖，〈國家之敗，多由官邪——回憶西南聯大的「討孔」運動〉，收入中國人民政治協商會議雲南省委員會文史資料研究委員會編，《雲南文史資料選輯》第三四輯（昆明：雲南人民出版社，一九八八）。

25 何兆武口述，文靖撰寫，《上學記》（北京：生活．讀書．新知三聯書店，二〇〇六）。

26 同前注。

27 鄒文靖，〈國家之敗，多由官邪——回憶西南聯大的「討孔」運動〉，收入中國人民政治協商會議雲南省委員會文史資料研究委員會編，《雲南文史資料選輯》第三四輯（昆明：雲南人民出版社，一九八八）。

28 同前注。

29 同前注。

30 何兆武，〈與陳寅恪先生相關的兩件事〉，《萬象》五卷一〇—一一期合刊（二〇〇三年十—十一月。）何兆武於本次回憶中又說：「倒孔遊行僅此一次，但它引發了沉寂已久的學生運動，使之從此再度蓬勃展開。隨後兩三年間民主運動逐步成燎原之勢，終於至四五年底爆發了『一二・一』運動，它成為此後三年多聲勢浩大席捲全國的學生運動正式登場的第一聲春雷。」

又，國民黨派機搶救陷落香港名流事，由於《大公報》的披露，廣為社會各界所知，坊間傳聞頗多。但所有的議論和義憤大都針對「飛狗院長」孔祥熙一家，學生們示威遊行也是針對孔氏本人及其家族成員的惡行而發。似乎沒有人提到另一位備受矚目的人物宋慶齡，而當時宋慶齡恰好就是乘坐這架飛機與姐姐宋靄齡及其家人一道飛回重慶的。從宋慶齡給胞弟宋子文的信中可以看出，宋慶齡對《大公報》就此事的報導與社會各界反響頗有些不滿，曾一度想出面澄清，後因種種原因而作罷。此信隱匿六十餘年，直到二〇〇四年隨著宋子文檔案公開，才被外界所知。

全國解放後，宋子文移居美國終了一生，其檔案由史丹福大學胡佛研究中心收藏，二〇〇四年部分檔案解禁並對外公布，當時中國新聞社曾發過消息。消息云：

【中新社二〇〇四年四月二十八日電】美國史丹福大學胡佛研究中心美西時間二十六日上午，對外公開所藏的宋子文檔案，供研究使用，當日一早即吸引不少歷史學者與研究人員前往閱覽。據臺灣《聯合報》報導，由於宋子文是中國近代史頗具影響力家庭之一的宋氏家族長子，胡佛研究所資深研究員馬若孟表示，宋子文檔案每件資料都很有價值，包括他關於「西安事變」的日記，及他與二次大戰時期與盟軍中國戰區參謀長史迪威將軍的談話內容，「都是非常新鮮的史料。」據了解，此次史丹福大學公開的宋子文檔案共計六十六盒，分為三部分，後面兩部分（共二十五盒）首度開放閱覽。其中第一部分是宋家在一九七〇年代就捐給胡佛研究中心的文件，約三萬件已陸續開放供學者閱覽；第二部分是與蔣介石和宋美齡相關文件，過去因顧慮宋美齡仍在世，未能公開；第三部分（五十九至六十四盒）則是馮英祥（宋子文長女宋瓊頤的長子）上個月剛捐出的兩千多件重要文件。但第三部分資料中的第六十五盒需有專人協助才可閱覽；第六十六盒未公開，雖然宋氏家族已同意公開，但因為其中牽涉到一些美國政府相關資料，基於美國《檔案法》的規定，必須經數十年後才能公布（見中新網二〇〇四年四月二十八日新聞欄目）。

中新社所說的「當日一早即吸引不少歷史學者與研究人員前往閱覽」，其中一人即為旅美學者張俊義。張氏在翻閱宋檔後，對抗戰時期宋子文與二姐宋慶齡交往的書信、電報頗感興趣，對部分內容做了摘錄、翻譯。其中有一封宋慶齡用英文寫給當時身在美國的宋子文的長信，主要涉及香港淪陷與宋氏一家乘機脫險事，張俊義全文譯出並公開發表，世人乃知當時的一些具體細節與另一側面。

抗戰之後的一九三八年六月，宋慶齡聯合部分中外著名人士發起成立了一個非黨派性質的救濟機構——保衛中國同盟，宋出任主席。在「保盟」成立初期，宋子文給予了大力支持，不僅出任了名譽會長一職，而且在物質上提供了不少便利。如「保盟」總部辦公地點——香港西摩道二十一號，即為宋提供。宋慶齡居住的寓所，即宋子文位於九龍嘉連邊道的私宅。另外，姐弟二人還多次聯名向海外發表公開信，表達中國人民堅定抗戰禦侮的決心，呼籲海外友人共同支持中國抗戰事業。可惜好景不長，隨著各自政見不同，以及蔣介石施加政治壓力，宋子文於一九四一年六月公開發表電文退出「保盟」，不再過問其事，但姐弟二人還保持著較為密切的來往。

一九四一年十一月二十七日，正在美國華盛頓辦外交的宋子文通過各種消息，覺察到了太平洋戰爭爆發的危險，於是給國內的宋美齡拍發急電，要其轉告身在香港的二姐趕緊撤離，電文曰：「太平洋局勢嚴重，一觸即發，請設法使二姐速離香港。感。文」（張俊義，〈抗戰時期的宋子文與宋慶齡——宋子文檔案解讀之四〉，《百年潮》二〇〇四年一二期。以下引文同）。但宋慶齡似乎並未在意弟弟的警告，仍留住香港。

太平洋戰爭爆發八個小時後，日本軍隊發動了對香港的閃電進攻，香港面臨一觸即潰的危局。遠在美國的宋子文掛念二姐宋慶齡的安危，於十二月八日再給宋美齡拍發急電，要其設法搭救二姐：「港危。可黑夜派機設法使二姐出險否？盼覆。庚。」最後的結局是，國民黨派出了飛機，宋藹齡一家與宋慶齡等人安然抵達重慶。驚魂甫定的宋慶齡很快給身在美國、一直掛念著自己安全的宋子文用英文寫了一封長信，詳述在港的歷險過程。全文如下：

重慶，一九四二年一月十二日

親愛的子文：

儘管你及時提出警告，我還是遭遇了日本對九龍的閃電戰。但我們設法逃了出來，且毫髮無傷，這對你一定是個不小的安慰……若不是靄齡姐（Sister E.）碰巧在香港，我還不會這麼快地脫險，她和羅莎蒙德（Rosamonde，是孔祥熙和宋靄齡的大女兒孔令儀的英文名字——譯者）還有蕙芳（Way Fong，即趙惠芳，宋靄齡的女管家——譯者）幾天前才剛剛來此看病和治牙。我們在機場從中午十二點一直等到第二天也就是十二月十日的凌晨五點，才搭乘最後一班飛機逃脫。當時我們四周正在猛烈地交火，每分鐘都有被飛來的炮彈或炸彈炸死的可能，機場上六架被毀的飛機和兩個大彈坑隨時提醒著我們所面臨的危險。所有人都勸我不要冒險，先躲藏在香港比較安全，然後再從香港坐小船到邊界也能逃脫。

九龍至港島間的輪渡服務停止了，只有持特別軍事通行證的人才能上船，所以我一直等到八日晚上才設法趁燈火管制期間來到港島這邊，中央銀行的鍾秉鐸（P.N. Chung，孔系下屬，時為中央銀行廣州分行經理，廣州陷落後遷港辦公——譯者）幫了大忙，他是冒著生命危險在救我。七日晚上，我們聽到報告說，港府發布了總動員令。但是，由於來棲（Kurusu，為太平洋戰爭爆發前日本派去美國談判的特使——譯者）還在跟華盛頓談判，所有人都覺得在未來幾個月日本人肯定不會來襲，再早也要到中國農曆新年以後，所以我們上床睡覺時都很平靜。但是，第二天清早七點半，一波又一波的敵機就從緊靠我們的街區上空飛了過去，投下了致命的炸彈。這時防空炮開始發射，整個天空被黑煙籠罩，大片房屋起火燃燒，人們尖叫著、呼喊著。當我從窗戶望出去，我看到了九架日本飛機飛過我的房子，這些飛機顯然是剛向啟德機場投彈回來，因機場距我們的房子只有五分鐘的路程。

不久，正對我們房子後面的小山上就擠滿了逃難的難民，有窮人也有富人，他們穿著各色雜樣的衣服，甚至有些人只穿了內衣褲，更有些人只裹著毛毯和羊毛巾。這些人剛從他們著火的房子裡跑出來，四周圍到處都是人們可怕的尖叫聲和哭喊聲，這簡直讓我難以忍受……

我們到達這裡的那天上午，《大公報》發表了一篇言語中傷的社論來歡迎我們，指責我們帶了大批行李和七隻餵牛奶的洋犬，以及一批僕從。事實是當時飛機上共有二十三個人，你可以想像每個人能帶幾件行李。這篇社論雖然用詞巧妙，沒有點名，但指的就是我們。我想對社論做出回應，但別人勸我應保持尊嚴和沉默。與此同時，謠言傳得很廣，也很快。靄齡姐說，指控她的事很多，但現在她已不在乎去澄清這些謠言了。

我沒能帶上我的很多文件和其他無價文章，更別說我的狗和衣服了。當我到這裡的時候，我發現我只帶了幾件舊衣服，那還是女僕燈火管制時黑底裡為我隨手抓來的。對一個每天寫東西的人來說，我甚至連一支筆都沒有。我正用的這臺打字機是屬於工合（CIC）的，我希望不久能讓人從仰光或加爾各答捎一臺給我，因為沒有它，在周圍每個人都忙來忙去發揮作用的時候，我甚至連假裝忙碌都不行。

閃電戰第一天我在九龍經歷的緊張時刻，令我的精神極度緊張，頭一周我就像得了一場大病，頭髮大把地脫落，我擔心很快我的頭就會禿了……

姐妹們對我非常好，但你知道我是個獨立性很強的人，靠她們生活我會感到羞恥。一旦我的工作人員到了，天知道他們什麼時候能到，我將繼續開始我原來的工作。

請向家裡所有人帶去我的愛，感謝他們所提供的信息。

愛你的宋慶齡

（南按：由張俊義按宋信英文翻譯。）

宋慶齡的這封信除真實地披露了香港淪陷的一些細節外，特別提到了正在香港的大姐宋靄齡和孔系的中央銀行廣州分行經理鍾秉鐸。當然也沒有忘記敘述在全國鬧得沸沸揚揚的「飛機洋狗事件」。對這一事件「出籠」的經過，張俊義通過對宋子文檔案及其他相關資料的研究，對一些細節做了如下披露。按張的說法，事情經過是：日本襲港時，重慶《大公報》社長胡政之身陷香港，總編輯王芸生找到陳布雷，託其設法救胡。陳布雷旋告王芸生：「蔣委員長已電告香港機構，讓胡先生盡速乘飛機出來。」得知消息，《大公報》派人到重慶珊瑚壩機場接機，機門打開，並無胡政之，卻見大批箱籠、幾條洋狗和老媽從飛機上下來，由身穿西服的孔二小姐接運而去。王芸生得報，甚為氣憤。恰巧這時國民黨在開五屆九中全會，於十二月二十日通過了一個〈增進行政效能，厲行法治制度以修明政治案〉，王芸生遂借題發揮，寫了一篇〈擁護修明政治案〉的社論，發表在十二月二十二日的《大公報》上。從而在社會上引起了一場風波，重慶、昆明等地還發生了大規模學生上街遊行的事件。

王芸生寫這篇社論時大概沒有料到，「國母」孫夫人其時也在機上，而「飛機洋狗事件」攻擊的矛頭雖對準的是孔家，但卻令乘同機抵渝的宋慶齡感到尷尬與委屈。從信中看，宋慶齡曾一度想寫信回擊，後被人勸阻。對於親身遭遇香港歷險的宋慶齡來講，自己之所以能順利脫險，其中多少有大姐宋靄齡的功勞，而她們在香港機場從中午十二點一直等到翌日凌晨五點的驚魂時刻，也非身臨其境者所能體會的。另有這一事件的專家結合宋慶齡的信加以研究，認為當時的孔二小姐並不在這架飛機上。當飛機停在珊瑚壩機場時，孔二小姐前往接機，人們誤認為這位半男不女的活閻王與其母同機從香港飛來。後事情被媒體揭露，便相繼產生了孔二小姐在香港機場阻止陳濟棠、胡政之的逸聞，一連串孔二小姐的惡行也就在民間流傳開來。有研究者認為，當時陳濟棠沒有在香港云云。

抗戰結束後，國共再度分野。宋慶齡再次站到了蔣介石政權的對立面，與弟弟姐妹間的親情再度阻斷。這期間，宋子文的權力達到了政客生涯的頂峰——出任國民政府行政院院長。國共內戰後期，宋子文成了中共方面點名懲辦的戰犯，名次排在蔣介石和孔祥熙之後，名列第十位。一九四九年一月，宋子文辭去最後一項職務——廣東省主席，並拋棄了偏安一隅的蔣介石政權移居美國，靠戰時在中國搜括的大量財富過起了寓公生活。宋慶齡則留在了中國大陸。政治分野最終使兄弟姐妹的骨肉親情分崩離析。

一九七一年四月二十四日晚，宋子文偕夫人在舊金山一位老朋友家裡聚餐，因一塊雞骨頭進入氣管而長時間不能拔出，導致心力衰竭而猝然去世，時年七十七歲。時任美國總統的尼克森曾給蔣介石夫婦發去了一份唁電，云：「他（宋）報效祖國的光輝一生，特別是他在第二次世界大戰期間為我們共同的偉大事業所做的貢獻，將永為美國朋友們銘記不忘。和你們一樣，我們感到他的逝世是一個損失。」

四月二十七日，臺灣《中央日報》第一版報導了宋子文去世的消息，並附有遺像，另在第三版刊載了〈宋子文事略〉，內稱：「宋故院長一生熱愛祖國，於北伐、抗戰與戡亂諸役，或主持政府度支……或主持中央與地方政府，皆有重大貢獻……大陸局勢逆轉後，他出國赴美。在旅美期間，仍時以祖國情況為念」云云。國民黨當局沒有像先前對待孔祥熙那樣，為其在臺灣舉行一個追悼大會，也沒有派政界要人或至親赴美國參加其葬禮，只是由蔣介石頒輓一塊題有「勳猷永念」四字的匾額應付了事。當年孔祥熙死後，蔣介石除了頒發「『總統』褒獎令」予以表揚，外加贈匾、發表祭文，還用「蔣中正」的名字，親自為孔祥熙撰寫了「事略」，兩者相較，待遇甚是懸殊。據臺灣官方發言人的解釋，其妹宋美齡原打算赴美參加葬禮，在「獲悉」中共方面可能派宋慶齡赴美時，遂「立即決定取消此行」，在美國的宋靄齡則猶豫不決。五月一日，在紐約市中心的一個教堂裡舉行了宋子文追思禮拜。參加者有宋的遺孀張樂怡和三個女兒，宋的弟弟宋子良，以及顧維鈞、臺灣駐美「大使」劉鍇等數百人，宋氏三姐妹均未出席。這一情形，死者自不曉不覺，但對於苟活於世的生者，無疑是痛苦的精神折磨。就人性本身來說，這應算是一個為政治而犧牲親情的家庭悲劇範例——不過，這都是題外話了。滾滾凡塵之中，為政治而犧牲骨肉親情者，又何止宋氏一家一姓哉？

31 蔣天樞，《陳寅恪先生編年事輯》（增訂本）（上海：上海古籍出版社，一九九七）。

32 陳流求，〈回憶我家逃難前後〉，收入王永興編，《紀念陳寅恪先生百年誕辰學術論文集》（南昌：江西教育出版社，一九九四）。

33 蔣天樞，《陳寅恪先生編年事輯》（增訂本）（上海：上海古籍出版社，一九九七）。

34 此信由臺灣學者王汎森在傅斯年檔案中獲取，整理此信時，王氏發現傅斯年在空白處批曰：「信中所說陳逆璧君凶妄事，在陷落之初，該女賊（或其代表，原報告不詳）與偽『中山大學』『校長』前往，請其出來。寅恪在床上，云生病，不能動，該賊即加以恫嚇，而偽『校長』反云不要為難病人，遂去。所謂『北京大學』事，係錢逆稻孫所為。錢曾受寅恪推薦，彼此次乃以欲拖之下水以報德，所有寅恪信中所談事，騮先先生知之頗詳，但事關各方面，不便以書信分告諸友也。斯年附白。」

信中提到的錢稻孫，原為清華大學教授、圖書館館長。時為淪陷區日偽「北京大學」校長兼文學院、農學院院長。陳璧君，乃汪精衛夫人，此時已隨其夫汪逆精衛叛國降日，成為中國頭號漢奸。陳璧君時任汪偽「中央政治委員會」委員。

35 陳寅恪著，陳美延編，《陳寅恪集・書信集》（北京：生活・讀書・新知三聯書店，二〇〇一）。
36 同前注。
37 蔣天樞，《陳寅恪先生編年事輯》（增訂本）（上海：上海古籍出版社，一九九七）。
38 陳寅恪著，陳美延編，《陳寅恪集・書信集》（北京：生活・讀書・新知三聯書店，二〇〇一）。
39 同前注。
40 葉企孫，〈自述〉，收入虞昊、黃延復，《中國科技的基石：葉企孫和科學大師們》（上海：復旦大學出版社，二〇〇〇）。
41 同前注。
42 歐陽哲生主編，《傅斯年全集》卷七（長沙：湖南教育出版社，二〇〇三）。
43 同前注。
44 同前注。
45 同前注。
46 同前注。
47 此信上端另有附語：「歷年聘書皆由所轉發，其中時有錯誤，每須校後退還改正。」
48 歐陽哲生主編，《傅斯年全集》卷七（長沙：湖南教育出版社，二〇〇三）。
49 同前注。
50 陳寅恪著，陳美延編，《陳寅恪集・書信集》（北京：生活・讀書・新知三聯書店，二〇〇一）。

51 吳學昭編，《吳宓與陳寅恪》（北京：清華大學出版社，一九九二）。
52 歐陽哲生主編，《傅斯年全集》卷七（長沙：湖南教育出版社，二〇〇三）。
53 吳學昭編，《吳宓與陳寅恪》（北京：清華大學出版社，一九九二）。
54 葉企孫，〈自述〉，收入虞昊、黃延復，《中國科技的基石：葉企孫和科學大師們》（上海：復旦大學出版社，二〇〇〇）。
55 二〇〇四年四月二十五日，作者採訪葉企孫原助手何成鈞記錄。何是清華出身，後為清華大學物理系教授。
56 陳哲三，〈陳寅恪先生軼事及其著作〉，《傳記文學》一六卷三期（一九七〇）。
57 李光謨，《從清華園到史語所：李濟治學生涯瑣記》（北京：清華大學出版社，二〇〇四）。

歷史與現場 294

南渡北歸：南渡・第一部（全新校對增訂、珍貴史料圖片版）

作　者—岳南
主　編—王育涵
特約編輯—蔡宜真
校　對—蔡宜真、呂佳真
責任企畫—林進韋
美術設計—兒日設計
內文排版—極翔企業有限公司

總編輯—胡金倫
董事長—趙政岷
出版者—時報文化出版企業股份有限公司
一〇八〇一九台北市萬華區和平西路三段二四〇號七樓
發行專線—（〇二）二三〇六六八四二
讀者服務專線—〇八〇〇二三一七〇五・（〇二）二三〇四七一〇三
讀者服務傳真—（〇二）二三〇四六八五八
郵撥—一九三四四七二四時報文化出版公司
信箱—一〇八九九臺北華江橋郵局第九九信箱

時報悅讀網—www.readingtimes.com.tw
人文科學線臉書—http://www.facebook.com/humanities.science/
法律顧問—理律法律事務所　陳長文律師、李念祖律師
印　刷—勁達印刷有限公司
初版一刷—二〇一一年五月二十七日
二版一刷—二〇二一年十一月二十六日
二版四刷—二〇二四年八月二十九日
定　價—新台幣七〇〇元
（缺頁或破損的書，請寄回更換）

時報文化出版公司成立於一九七五年，
並於一九九九年股票上櫃公開發行，於二〇〇八年脫離中時集團非屬旺中，
以「尊重智慧與創意的文化事業」為信念。

南渡北歸・南渡By岳南
由中南博集天卷文化傳媒有限公司授權出版

ISBN 978-957-13-8540-2
Printed in Taiwan

南渡北歸：南渡・第一部 / 岳南作. -- 二版. -- 臺北市：時報文化出版企業股份有限公司, 2021.03
面；　公分. --（歷史與現場；294）
ISBN 978-957-13-8540-2（平裝）

1. 知識分子 2. 傳記 3. 民國史

782.238　　　　109022222